누구나 돈 버는
경매 투자의 **비밀**

채움과
사람들

누구나 돈 버는
경매 투자의 비밀

초 판 1쇄 | 2022년 11월 8일

지은이 | 김동희
펴낸곳 | (주)채움과 사람들

판매처 | (주)채움과 사람들 Chaeum and People, Inc.

출판등록 | 2016년 8월 8일 (제 2016-000170호)
주　　소 | 서울시 서초구 사평대로 52길 1, 3층(서초동)
전화번호 | 02-534-4112~3
팩스번호 | 02-534-4117

이 책의 저작권은 저자와 출판사에 있습니다.
서면에 의한 저자와 출판사의 허락없이
책의 전부 또는 일부 내용을 사용할 수 없습니다.

ISBN : 979-11-88541-37-9-13320

저자와 협의에 의해 인지는 붙이지 않습니다.
잘못 만들어진 책은 구입처나 본사에서 교환해 드립니다.

이 책을 읽기 전에

> 산을 움직이려 하는 이는 작은 돌을 들어내는 일로 시작하느니라.　　　- 공자 -

경매는 투자하는 그 순간부터 이익을 확보할 수 있는 안정적인 재테크 시장이다.

　경매는 부동산중개업소에서 일반 매매로 구입하는 것보다 싼 가격으로 부동산을 취득할 수 있다. 시장이 좋으면 좋은 대로 나쁘면 나쁜 대로 시세보다 싸게 살 수 있어서 투자하는 그 순간부터 이익을 확보할 수 있다. 경매로 시세보다 싸게 내 집을 마련하는 사람도 있고, 직장인이 부족한 연봉을 채우기 위해 또는, 정년 퇴직자가 노후를 준비하기 위해 도전하는 모습은 누구보다 자기계발과 미래를 위한 재테크라 할 수 있다. 이런 재테크 분야를 알고 있다는 것은 분명 남들보다 한발 앞선 기회이며 행운이다. 그러나 경매를 잘 안다고 해서 누구나 투자에 성공하는 것은 아니다. 무엇보다 제대로 알고 투자하는 습관이 필요하다.

경매 투자에서 꼭 알고 있어야 할 내용을 교과서처럼 빠짐없이 기술한 책이다!

　필자가 경매를 시작한지 벌써 30년이 훌쩍 지났다. 그동안 다양하고 많은 경험들을 갖고 있지만, 그중에 가장 잘한 것이 있다면 내가 경험한 내용들을 바탕으로 책을 출간한 것이다. 이 책은 35번째로 독자들에게 필자의 경험과 지식을 알려주고자 기술한 것이다.

경매현장에서 가장 많이 듣는 질문이 많은 경매서적을 정독했지만 아직도 경매를 완전하게 이해하지 못한다는 것이다. 그도 그럴 것이 경매서적의 대부분이 독자들에게 필요한 책이라기보다는 초보자의 눈높이에서 그저 허황되기만 한 사례나 수익률을 늘어놓거나 흥미위주로 기술된 책들이 많기 때문이다. 이런 서적들은 다독했더라도 경매를 체계적으로 이해하기는 혼란과 어려움만 가중된다. 제대로 된 경매교과서로 공부했다면 단 한 권의 책으로도 경매를 쉽게 이해하고 실전에 투자하는 데 전혀 문제가 없었을 것이다.

그래서 필자는 이 한 권의 책으로 경매 투자의 기본기를 다지면서 부동산부터 특수물건까지 정복할 수 있도록 기술했다.

이 책의 장점은 민사집행법을 쉽게 풀어서 경매가 진행되는 절차를 알기 쉽게 정리했고, 입찰할 때 권리분석이 잘 안되거나 하자가 발생하는 상황에서 사전처럼 찾아보고 적절히 대처할 수 있도록 권리분석과 그 한 줄기인 배당표 작성까지 정리해 놓았다. 그리고 실제 입찰한 사례로 현장감을 높이면서도 경매를 체계적으로 공부할 수 있도록 그때그때 필요한 요약정리와 꼭 이해하고 있어야 할 기본적인 권리들에 대해서는 별도로 장을 만들어 상세히 설명했다. 그래서 경매를 체계적으로 공부하고, 기초를 튼튼히 할 수 있도록 했다. 필자는 경매를 잘하고 싶다면 늘 기본에 충실하라고 조언한다.

그래야만 오랜 기간 동안 경매를 즐길 수 있다. 그러한 바탕위에서만 한층 심화된 권리분석을 달성할 수 있고, 그에 따라 특수물건까지도 자신감을 가지고 투자할 수 있다.

경매투자 시 기본에서 절대 실패하지 마라!

경매 투자물건은 부동산 중개시장에서 취득하는 것보다 더 안전하다?

법원경매는 집행관이 현황조사와 감정평가사의 물건조사가 이루어지고 나서 매각절차가 진행되니 부동산 초보자라도 이러한 내용을 신뢰하고 살 수 있다. 그리고 경매물건에서 권리분석을 잘못해서 낙찰자가 손해 보는 사례는 100개 물건 중에 10개도 안 된다. 그러니 경매물건 중 90%는 권리분석을 모르고 투자해도 안전하다.

그런데 왜 경매투자로 손해를 보는 사람들이 발생하게 되는 것일까?

그것은 부동산에 대한 물건조사가 잘못되어 그렇다. 즉 손해 보는 사람의 90%는 물건조사를 잘못해서 그렇고, 권리분석을 잘못해서 손해 보는 사례는 10%도 안 된다.

여기서 물건조사란 부동산의 가치를 말한다. 이 가치는 현재가치와 미래가치에 의해서 결정된다. 이러한 가치는 단기적으로 개발호재 등으로 분위기에 휩싸여 움직이기도 하지만, 장기적으로 실수요자들에 의해서 결정되고 있다는 사실은 불변의 진리이다.

경매 투자, 기본에서 절대 실패하지 마라!

경매 투자는 부동산 중개시장에서 취득하는 것보다 더 안전하다?

법원에서 집행관이 현황조사와 감정평가사의 물건조사가 이루어지고 나서 매각절차가 진행되니 부동산 초보자라도 이러한 내용을 신뢰하고 살 수 있다. 그리고 경매물건에서 권리분석을 잘못해서 낙찰자가 손해 보는 사례는 100개 물건 중 10개도 안 된다. 그러니 경매물건 중 90%는 권리분석을 모르고 투자해도 안전하다.

왜 경매 투자로 손해를 보는 사람들이 발생하게 되는 것일까?

그것은 부동산에 대한 물건조사가 잘못된 것이다. 즉 손해 보는 사람의 90%는 물건조사를 잘못해서이며 권리분석을 잘못해서 손해 보는 사례는 10%도 안 된다.

여기서 물건조사란 부동산의 가치를 말한다. 이 가치는 현재가치와 미래가치에 의해서 결정된다. 이러한 가치는 단기적인 개발소재 등으로 분위기에 휩싸여 움직이기도 하지만, 장기적으로는 실수요자들에 의해서 결정되고 있다는 사실은 불변이다.

부동산 경매 투자로 성공하려면 이렇게 해라!

가장 중요한 것은 올바른 부동산 정보를 통해서 정확한 가치 분석을 하고 나서 투자해야 한다. 우리는 이렇게 가치가 있는 물건을 우량한 물건이라 정의하고 있다. 우량 물건은 현장답사를 통해 얻어지는 것으로 발품을 팔아야 한다. 직접 발품을 팔아 실물을 눈으로 확인한 뒤 구입해야 한다. 한 번 봐서 판단하지 말고, 그 다음날 방문해서 두 번, 세 번 확인하는 것이 진정한 발품을 팔아 사는 정보다. 초보자가 한번 봐서 판단하는 것은 진정한 발품 정보가 아니다. 이렇게 정확한 가치를 분석했다면 그다음은 권리분석을 철저히 해야 한다.

권리분석은 경매 투자에서 매수 신청한 입찰가액보다 추가로 인수할 권리나 금액이 있는가를 분석하는 것이다. 낙찰 받은 후 인수할 권리 등이 없다면 사전 권리분석을 잘한 것이다.

경매 투자에서 기초부터 특수물건까지 정복할 수 있도록 다음의 내용을 기술해 놓았다!

01 경매 실전 투자 사례로 배우는 부족한 연봉 채우는 8가지 방법
02 경매의 종류와 진행절차, 공매와의 차이점은?
03 경매에서 기본적으로 권리를 분석하는 방법
04 경매의 꽃인 권리분석 완전정복 핵심 정리
05 경매물건을 찾고 권리분석과 수익분석 후 입찰가 결정 방법
06 경매의 첫걸음! 아파트와 다세대주택 법원입찰 현장학습
07 경매로 내 집 마련과 부족한 연봉 채우는 실전투자 7가지 사례
08 경매로 낙찰 받고 나서 명도는 이렇게 해라!
09 경매에서 실패하기 쉬운 경우와 함정에 빠진 경우 탈출한 15가지 사례
10 경매물건에 가등기와 가처분이 있을 때의 대응방법
11 법정지상권 성립 여부와 그 건물임차인에 대한 배당방법
12 유치권의 성립여부와 매수인의 현명한 대응 방법
13 집합건물에서 토지별도등기와 대지권미등기에 투자하는 비법
14 다양한 특수물건 사례에서 배우는 실전투자 8가지 노하우
15 아파트 등의 집합건물과 재건축 및 재개발사업 실전투자 비법
16 성공사례로 배우는 재건축과 재개발 실전투자 이야기
17 매각절차에서 꼭 알고 있어야 할 경매 투자 실무

이러한 바탕 위에서만 기초부터 특수물건과 재건축·재개발까지 경매 투자를 제대로 즐기면서 한층 심화된 권리분석을 달성할 수 있다.

필자는 독자 여러분들이 이 책으로 경매 투자를 통해서 재테크에 성공할 수 있기를 진심으로 바란다. 마지막으로 이 책을 세상에 출간할 수 있도록 도움 주신 많은 분들께 감사를 전한다.

2022. 11. 02.

저자 김 동 희

목차

Chapter 01 경매 실전투자 사례로 배우는 부족한 연봉 채우기!

01 똑똑한 부동산 투자와 내 집 마련은 타이밍이다! 32
- ◆ 가격보다는 가치가 높은 부동산을 찾아야 돈이 된다! 32
- ◆ 정체기에도 무주택자가 똑똑한 아파트를 사야 하는 이유? 32
- ◆ 부동산 경기변동 4단계에서 돈 버는 방법은 따로 있다! 32

02 경매 첫걸음을 향한 권리분석 이야기! 35
- ◆ 경매 권리분석은 인수할 권리가 있는가를 분석하는 것이다! 35
- ◆ 부동산을 경매로 살 때 유의해야 될 점은? 35
- ◆ 경매로 소멸되는 권리와 인수하는 권리 알아 두기! 35
- ◆ 아파트를 경매로 낙찰 받으면 임차인은 어떻게 되나? 36

03 다세대주택으로 내 집 마련과 부족한 월급 채우는 경매실전 강의 37
- ◆ 사당동 다세대주택 입찰대상 물건정보 내역 37
- ◆ 이 다세대주택을 입찰할 물건으로 선정한 이유? 38
- ◆ 매수 이후에 세금절세 방법을 고려해서 팔아야 높은 수익이 발생한다! 39

04 14년 전에도 오르는 아파트가 있었고, 현재도 마찬가지이다! 40
- ◆ 신도림 태영아파트 주변 현황도와 내부 평면도 40
- ◆ 경매 입찰대상물건 정보내역과 입찰 진행내역 41
- ◆ 네이버 부동산 매물 시세 현황(2020년 3월 당시) 42

05 감정가보다 높은 가격으로 아파트를 낙찰 받아 성공한 사례! 43
- ◆ 잠실 아이스페이스아파트 주변 현황도 43
- ◆ 경매 입찰대상물건 정보내역과 입찰 진행내역 44
- ◆ 나는 낙찰 받고 나서, 한강 조망권 때문에 놀랐다! 45

- ◆ 7억7천만원에 낙찰 받아서 8억8천만원에 팔았다! … 46
- **06 봉천우성아파트를 낙찰 받아 부족한 연봉 만들기에 성공한 사람** … 46
  - ◆ 봉천우성아파트 주변 현황도와 내부 평면도 … 47
  - ◆ 경매 입찰대상물건 정보내역과 입찰 진행내역 … 47
  - ◆ 권리분석을 하다가 놀라운 사실을 또 하나 발견했다! … 48
  - ◆ 어떻게 아파트를 시세보다 1억2천만원 싸게 낙찰 받았을까? … 49
  - ◆ 네이버 부동산 매물 시세 현황(2020년 3월 당시) … 51
- **07 노량진 재개발 1구역 내 연립주택을 낙찰 받아 성공한 사례** … 52
  - ◆ 온비드공매 다세대주택 입찰물건 정보내역 … 52
  - ◆ 입찰결과 확인 및 낙찰 후 대응 방법 … 53
  - ◆ 이 연립주택을 팔아서 1억3,000만원의 높은 수익을 올렸다! … 54
  - ◆ 재개발구역의 도로 4분의 1지분을 낙찰 받아 성공한 사례 … 54
- **08 선순위전입세대원이 있는 아파트를 낙찰 받아 내 집 마련하다!** … 56
  - ◆ 반포동 장원빌라트 아파트 주변 현황도 … 57
  - ◆ 장원빌라트 아파트 사진 및 아파트 내부 평면도 … 58
  - ◆ 경매 입찰대상 물건 정보내역과 입찰 진행내역 … 59
  - ◆ 어떻게 아파트를 시세보다 10억원 정도 싸게 낙찰 받았을까? … 59

02 경매에 대한 기본적 이해와 절차상 차이점

- **01 경매의 의미와 어떠한 기능을 하고 있나?** … 62
  - ◆ 경매는 어떤 것인가? … 62
  - ◆ 경매는 사회적 순기능 역할을 한다! … 63
- **02 경매투자의 매력과 투자방향은 어떻게 하면 되나!** … 64
  - ◆ 경매투자의 매력 … 64
  - ◆ 경매에서 투자방향은 어떻게? … 64
  - ◆ 경매투자에는 함정이 많다! … 64
  - ◆ 부동산 경매에서 높은 수익을 올릴 수 있는 방법 … 65
- **03 민사집행법상 진행되는 경매의 종류는?** … 65
  - ◆ 금전채권에 기초한 강제집행 방법 … 66
  - ◆ 담보권 실행 등을 위한 경매(임의경매) … 67
- **04 경매에서 집행관과 집행법원은 어떤 업무를 하나?** … 69
  - ◆ 집행관은 어떠한 업무를 하고 있나? … 69
  - ◆ 집행법원의 업무에 관한 이해 … 71
- **05 경매대상 부동산과 그 집행 방법** … 72
  - ◆ 토지가 경매대상인 경우 … 72

- ◈ 건물이 경매대상인 경우 … 74
- ◈ 미등기 부동산이 경매대상인 경우 … 74
- ◈ 공장재단, 광업재단 … 75
- ◈ 광업권, 어업권 … 75
- ◈ 지상권 … 75
- ◈ 지역권 … 75
- ◈ 전세권에 설정된 저당권 … 75
- ◈ 소유권보존 등기된 입목 … 75
- ◈ 선박, 자동차, 건설기계 및 항공기 … 76
- ◈ 유체동산에 대한 집행 … 76

03 경매의 종류와 진행절차, 그리고 공매와의 차이점은?

01 경매물건의 종류와 그 차이점은? … 78
- ◈ 담보물권 등의 임의경매는 어떻게 진행되나? … 78
- ◈ 집행권원 등에 의한 강제경매는 어떻게? … 78
- ◈ 임의경매와 강제경매의 공통점과 차이점 비교 분석 … 79

02 한눈에 보는 법원경매 절차 흐름도 … 81

03 공매물건은 어떠한 것이 있나? … 84
- ◈ 한국자산관리공사(KAMCO)의 공매 또는 공매대행 … 84
- ◈ 이용기관 등의 공매대상물건과 매각방법 … 85
- ◈ 금융기관, 신탁회사, 기업 등의 비업무용 재산 등의 공매 … 86

04 경매와 공매의 차이점은? … 86
- ◈ 경매와 공매는 이런 차이가 있다! … 86
- ◈ 경매물건을 낙찰 받고 잔금납부 및 배당까지 마무리되는 과정 … 87
- ◈ 공매물건 낙찰 받고 경매와 같이 배분까지 마무리되는 과정 … 87

05 법원경매와 압류재산 공매가 동시에 진행되는 경우 대응방법 … 88
- ◈ 법원경매와 압류재산 공매가 동시에 경합 시 우선권은? … 88
- ◈ 민사집행법상 경매절차와 국세징수법상 공매절차가 동시에 진행되면? … 88
- ◈ 경매기입등기 ⇨ 임차인 전입 ⇨ 공매공고등기 순에서 소액임차인 판단기준은? … 88
- ◈ 경매와 공매가 동시에 진행될 때 배당요구 방법과 누가 소유권을 취득하나? … 89

06 신탁공매로 우성7차아파트를 낙찰 받아 성공한 사례 … 90
- ◈ 광진구 자양동 우성7차아파트의 사진과 주변 현황도 … 90
- ◈ 우성7차 신탁공매 입찰정보 내역 … 91
- ◈ 광진구에 있는 우성7차아파트를 낙찰 받아 어떻게 성공했나? … 92

04 경매에서 기본적으로 권리를 분석하는 방법

01 경매에서 권리분석은 어떻게 하나? · 95
- ◈ 경매에서 권리분석이란? · 95
- ◈ 말소기준이 되는 채권과 그 원리를 알면 권리분석의 절반은 성공이다! · 95
- ◈ 말소기준권리를 찾아서 기본적으로 권리분석하는 방법 · 97

02 경매절차상에서 하자발생시 낙찰자의 대응방안 · 102
- ◈ 매각기일 이후에서 매각허가결정 전에 발생한 경우 · 102
- ◈ 매각허가결정 이후 대금납부기한 전까지 발생한 경우 · 102
- ◈ 대금납부 이후 배당기일 이전에 발생한 경우 · 103
- ◈ 배당기일 이후에 발생된 경우 · 103

03 물권과 채권의 종류와 이들 상호 간 우선순위 · 104
- ◈ 광의의 채권(물권과 채권을 포함) · 104
- ◈ 물권의 종류와 물권 상호 간의 우선순위 · 105
- ◈ 채권의 종류와 채권 상호 간 우선순위 · 107
- ◈ 물권과 채권 상호 간에 우선순위 · 107
- ◈ 물권과 일반채권이 섞여 있는 기본적인 사례에서 배당분석 · 108

04 한눈으로 보는 우선순위 결정방법 총정리 · 110
- ◈ 저당권부 채권이 조세채권 등의 법정기일보다 늦은 경우와 빠른 경우 · 110
- ◈ 저당권부 채권 등이 없는 경우 배당순위 결정 방법 · 112

05 입찰대상 물건에서 권리를 분석하는 방법 · 113
- ◈ 돈이 되는 우량한 물건을 찾는 것이 먼저다! · 113
- ◈ 말소기준권리를 찾고 인수할 권리가 있는지 확인해라! · 113
- ◈ 임차인의 대항력 유무와 배당요구 여부를 먼저 판단 · 113
- ◈ 조세채권이 있다면 당해세인지, 일반세금인지를 확인해라! · 114
- ◈ 경매에서 배당은 다음과 같은 순위로 하면 된다! · 114
- ◈ 인수할 권리나 금액이 있는가를 확인해라! · 115
- ◈ 남을 가망이 없거나 대위변제 등 경매취소 가능성 분석 · 115
- ◈ 마지막으로 현장답사를 통한 물건분석과 수익분석 후 입찰하면 된다! · 115

05 주택임대차보호법상 임차인의 권리와 다른 채권자와의 우선순위

01 주택임대차보호법의 적용대상 건물과 임차인은? · 117
- ◈ 주택임대차보호법의 적용대상 건물 · 117
- ◈ 주임법으로 보호받을 수 있는 임차인은? · 117

02 주택임차인의 대항력은 언제 어떻게 발생하나? · 118
- ◈ 주택임차인의 대항요건과 대항력(주임법 제3조) · 118

- ◈ 외국인, 외국국적동포, 재외국민의 국내거소 신고와 임대차보호법상 대항력   119
- ◈ 일반거래로 주택소유자가 바뀌는 경우 대항력은?   120
- ◈ 경매나 공매절차에서는 조금 다르게 적용되고 있다!   120
- ◈ 임차인 가족만 전입하고, 나중에 임차인이 전입하면 대항력은 언제 발생할까?   121
- ◈ 근저당권이 설정되고 임차인이 대항요건을 갖춘 경우 대항력이 없는 건가?   121
- ◈ 주택에서 전소유자가 임차인의 지위를 얻었다면 대항력은?   122
- ◈ 대항력 없는 종전임차인과 낙찰자가 잔금납부 전에 임대차계약을 한 경우 대항력은?   122
- ◈ 경매절차에서 낙찰자가 잔금납부하기 전에 임내차계약을 작성했다면 대항력은?   122
- ◈ 임대아파트에서 임차인과 전대차계약으로 대항요건을 갖춘 경우 대항력은?   123
- ◈ 수탁자 동의 없이 계약했더라도 신탁귀속 즉시 대항력이 발생한다?   123
- ◈ 신탁등기된 주택에서 임차인이 대항력을 갖는 경우와 없는 경우   124
- ◈ 임차주택에서 일시적으로 퇴거했다가 재전입하면?   125
- ◈ 공무원의 실수로 주민등록표가 잘못 작성되었다면?   125
- ◈ 임차주택이 경매당하면 대항요건은 언제까지 갖추고 있어야 하나?   125
- ◈ 선행경매에서 배당요구 했다면 제2경매에서 대항력만 주장할 수 있다!   125
- ◈ 금융기관 대출 시 임차인이 무상거주확인서를 작성했다면 대항력은?   126
- ◈ 소유자가 변경되면 새로 계약서를 작성해야 하나?   127
- ◈ 계약금과 중도금만 지급하고, 대항요건과 확정일자를 받았다면 그 효력은?   127
- ◈ 건물과 대지에서 말소기준권리가 다를 때 임차인의 대항력 유무를 판단하는 기준은?   128
- ◈ 소유자가 아니더라도 적법한 임대권한을 가진 자와 계약하면 대항력 있다!   128
- ◈ 임차주택이 경매될 때 계약서를 분실했다면 배당요구를 할 수 없나?   129

03 임차인의 필요비와 유익비 상환청구권   130
- ◈ 필요비 상환청구권은?   130
- ◈ 유익비 상환청구권은?   130
- ◈ 임차인이 지급한 필요비와 유익비의 반환 방법은?   130

04 주택임차인의 최우선변제권과 그 적용대상 범위   131
- ◈ 임차인이 최우선변제금을 받으려면 어떻게 해야 되나?   131
- ◈ 임차인이 최우선변제권에 관한 사항과 적용대상 범위는?   131
- ◈ 주택 임차인이 최우선변제금을 받을 수 있는 요건   135
- ◈ 경매개시기입등기 전에 전입신고를 하면 모두 최우선변제금을 받나?   135
- ◈ 선순위채권이 과다한 주택에 입주하면 최우선변제금을 받지 못하나?   136
- ◈ 소액임차인이 보증금 증액으로 소액임차인이 아니게 된 경우는?   136
- ◈ 보증금을 감액해서 소액임차인에 해당된 경우에도 최우선변제권이 있나?   136
- ◈ 부부 명의로 소액임대차계약서가 별도로 작성된 경우는?   137
- ◈ 아파트에서 소액임대차계약서를 별도로 작성했다면 최우선변제금은?   137

05 확정일자부 우선변제권의 성립요건과 우선변제권은?   137
- ◈ 확정일자부 우선변제권의 의미와 성립요건   137
- ◈ 확정일자를 갖춘 임차보증금채권의 우선변제 요건   138
- ◈ 계약서에 확정일자를 받았다면 그 효력의 발생 시기는?   138

06 주택임차인과 다른 채권자 간에 우선순위에 따른 배당 방법　　　　140
- ◆ 소액임차인결정기준에 따라 최우선변제금이 달라지게 되는 사례　　140
- ◆ 서울시 송파구 주택에서 임차인과 다른 채권간의 배당사례　　141
- ◆ 경기도 성남시(과밀억제권역) 신흥동의 주택에서 임차인과 다른 채권간의 배당사례　　143

07 HUG가 선순위 임차권 양도 받은 경우 매수인이 미배당금을 인수해야 하는지?　　145
- ◆ 주택도시보증공사(HUG)의 전세보증금 반환보증이란?　　145
- ◆ 주택도시보증공사(HUG)에서 전세 보증금 대신 돌려받는 방법　　145
- ◆ HUG가 선순위임차권을 양도 받고 경매 신청한 경우 미배당금 인수 여부　　146

06 상가임차인의 대항력과 우선변제권, 다른 채권자들 간에 배당 방법

01 상가건물임대차보호법의 적용대상 건물과 임차인은?　　148
- ◆ 상가건물임대차보호법의 적용대상 건물　　148
- ◆ 상임법으로 보호받을 수 있는 임차인은?　　148

02 상가임차인의 대항력은 언제 어떻게 발생하나?　　149
- ◆ 상가임차인의 대항요건과 대항력(상임법 제3조)　　149
- ◆ 일반거래로 소유자가 바뀌는 경우 대항력은?　　150
- ◆ 경매나 공매로 소유자가 바뀌는 경우 대항력은?　　150

03 상가임차인이 최우선변제금을 받으려면 어떻게 해야 하나?　　150
- ◆ 소액임차인으로 최우선변제금을 받으려면?　　150
- ◆ 현행법상 소액임차인이면 누구나 최우선변제금을 받을 수 있나?　　152

04 확정일자부 우선변제권의 성립요건과 우선변제권은?　　152
- ◆ 확정일자부 우선변제권은 어떠한 요건을 갖추고 있어야 하나?　　152
- ◆ 상가임차인이 대항요건과 확정일자를 받았다면 그 효력은?　　153
- ◆ 임차인이 상임법상 보호대상 환산보증금을 초과한다면?　　154

05 상가임차인의 권리분석과 배당은 어떻게 하면 되나?　　155
- ◆ 상가건물은 주택에서 임차인의 권리를 공부한 것과 차이가 있다!　　155
- ◆ 상임법상 환산보증금을 초과하는 상가임차인은 대항력이 없었다!　　155
- ◆ 환산보증금 범위 내의 임차인도 유의할 점이 많다!　　156
- ◆ 임차인이 연체차임이 있어도 전세금 전액을 배당 요구할 수 있나?　　157

06 상가건물에서 임차인의 권리와 다른 채권자들 간에 배당방법　　157
- ◆ 서울시 문래동의 상가건물에서 임차인과 다른 채권자 간의 배당사례　　157
- ◆ 등기부상의 권리와 부동산상의 권리를 분석해 보자!　　158
- ◆ 배당 순서와 금액은 다음과 같이 계산하면 된다!　　159
- ◆ 인천광역시 작전동의 상가건물에서 임차인과 다른 채권자 간의 배당사례　　161
- ◆ 등기부상 권리와 부동산상의 권리를 분석해 보자!　　161
- ◆ 배당표를 작성해 보면 더 쉽게 이해할 수 있다!　　162

07 전세권에 대한 권리분석, 그리고 주임법상 임차권과의 관계는?

01 전세권자는 어떠한 권리를 가지고 있나?   165
02 전세권에 의한 경매신청 방법과 우선변제권은?   165
- ◆ 아파트 등의 집합건물 전세권자의 경매신청과 배당방법   165
- ◆ 단독·다가구주택 전세권자의 경매신청과 배당방법   166
- ◆ 전세권자가 주임법상 임차인의 권리를 함께 갖추고 있다면?   166

03 선순위전세권과 후순위전세권의 대항력과 소멸은?   167
- ◆ 선순위전세권자는 대항력과 우선변제권 중 하나 선택?   167
- ◆ 후순위전세권은 경매로 소멸되므로 우선변제권만 있다!   169

04 전세권과 다른 채권자 간 실전 배당분석   169
- ◆ 전세권이 선순위와 후순위인 사례를 통해서 분석하기   169
- ◆ 주임법상 대항요건을 갖춘 선순위전세권자가 말소되는 것으로 오판한 사례   170
- ◆ 대항요건을 갖추지 못한 선순위전세권자가 배당요구해 말소된 사례   171
- ◆ 아파트 선순위전세권자가 증액으로 갱신했다면 배당은 어떻게 하나?   173

08 근저당권 완전정복과 실전 배당사례에서 성공하기!

01 저당권의 종류와 그 대상 범위   177
02 근저당권을 설정하면 어떠한 권리가 있나?   177
03 근저당권의 효력이 미치는 목적물의 범위는?   179
- ◆ 근저당권의 효력의 범위(민법 제358조)   179
- ◆ 부합물을 규정한 법률과 대법원 판례   179
- ◆ 종물을 규정한 법률과 대법원 판례   182

04 공동저당권의 의미와 동시배당과 이시배당 방법   183
- ◆ 공동저당권이란?   183
- ◆ 동시배당(동시 매각절차에서 배당)   183
- ◆ 이시배당(이시 매각 절차에서 배당)   184

05 재단저당제도   184
- ◆ 공장 및 광업재단 저당법이란?   184
- ◆ 공장 토지와 공장 건물의 저당권의 효력   185
- ◆ 공장저당권과 보통저당권 사이에 배당순위   186

06 근저당권에 대해서 알고 있어야 할 핵심 내용정리   186
- ◆ 근저당권과 다른 채권자와 우선순위 결정 방법은?   186
- ◆ 근저당권자의 채권이 확정되는 시기는 언제인가?   188
- ◆ 근저당권의 채권최고액을 초과하는 채권은 어떻게 배당하나?   188

◆ 근저당권부채권에 대한 질권자의 경매신청과 배당요구	189
◆ 근저당권부채권 가압류권자 등의 경매신청과 배당요구방법	190
◆ 근저당권의 채권소멸시효와 소멸시효중단, 그리고 완성	191

07 근저당권과 다른 채권자 간의 권리분석과 배당방법 — 192
- ◆ 근저당권자와 다른 채권자 간에 순위배당 후 안분배당한 사례 — 192
- ◆ 근저당권자 ⇨ 가압류 ⇨ 임차인 전입/확정일자 ⇨ 강제경매 시 배당사례 — 194

09 조세·공과금·임금채권을 정복하는 시간이다!

01 조세채권 상호 간 우선순위와 다른 담보물 등과 우선순위 — 197
- ◆ 조세채권의 우선특권은? — 197
- ◆ 조세채권 상호 간의 우선순위는 어떻게 결정되나? — 197
- ◆ 조세채권과 근저당권 등이 혼재해 있을 때 배당하는 방법 — 198
- ◆ 조세채권과 임금채권, 공과금, 일반채권 간의 우선순위 — 198

02 공과금 상호 간 우선순위와 다른 담보물권 등과 우선순위 — 199
- ◆ 공과금 상호 간에는 동순위가 원칙이다? — 199
- ◆ 공과금과 근저당권 간에 우선순위 결정방법 — 199
- ◆ 공과금과 임금채권, 조세채권, 일반채권 간의 우선순위는? — 200

03 임금채권 상호 간 우선순위와 다른 담보물권 등과 우선순위 — 200
- ◆ 근로자의 임금채권 중 최우선변제금은? — 200
- ◆ 임금채권 상호 간에는 동순위가 원칙이다! — 201
- ◆ 임금채권(최우선변제금 제외)과 저당권부 채권과 우선순위 — 201
- ◆ 임금채권, 조세채권, 공과금채권, 일반채권 간의 배당은? — 201

04 조세·공과금·임금채권 등에 대한 기본 배당특강 — 202
- ◆ 당해세 ⇨ 근저당 ⇨ 임차인 ⇨ 임금채권 순에서 배당특강 — 202
- ◆ 당해세 ⇨ 조세 ⇨ 근저당 ⇨ 공과금 ⇨ 임차인 ⇨ 임금채권 순에서 배당특강 — 202
- ◆ 임차인 ⇨ 공과금 ⇨ 조세 ⇨ 임금 ⇨ 조세채권 순에서 배당특강 — 203
- ◆ 당해세 ⇨ 가압류 ⇨ 공과금 ⇨ 조세 ⇨ 임금채권 순에서 배당특강 — 203

05 조세채권이 다른 채권과 충돌할 때 순환흡수 배당 사례 — 204
- ◆ 순환흡수 배당(당해세 ⇨ 공과금 ⇨ 근저당 ⇨ 조세채권 순일 때) 사례 — 204
- ◆ 조세와 임금채권 등으로 순위가 상호모순관계에서 배당한 사례 — 205

06 공과금과 근저당권, 그리고 임차인 등이 혼재해 있을 때 배당방법 — 207

10 채권의 종류와 가압류 · 압류의 처분금지효, 그에 따른 배당사례

01 채권은 어떠한 종류가 있나? 210
- 일반채권의 종류 210
- 우선특권 있는 채권의 종류 211

02 가압류, 압류의 의미와 그 처분금지 효력은? 212
- 가압류란 어떠한 권리이고, 그 처분금지 효력은? 212
- 압류의 종류와 그 처분금지 효력은? 213

03 가압류와 압류가 다른 근저당권 등과 우선순위에 따른 배당방법 214
- 이철민 가압류 ⇨ 이기자 근저당권 순에서 배당하는 방법 214
- 가압류 ⇨ 근저당 ⇨ 강제경매신청 순에서 배당하는 방법 214
- A 가압류 ⇨ B 임차인 ⇨ C 조세압류 순인 경우 항상 압류〉가압류? 216
- 주택에서 갑 가압류(2,500만원) ⇨ 을 근저당 ⇨ 갑이 5,000만원으로 강제경매신청한 사례 218

04 전소유자의 가압류(압류)의 처분금지효와 배당에서 우선순위는? 220
- 전소유자의 가압류나 압류는 경매로 소멸되는 것이 원칙? 220
- 전소유자의 가압류채권자와 현소유자의 채권자에 배당방법 221

05 가압류와 가처분 등의 보전처분 취소신청 도과기간 224

11 배당은 권리분석의 마침표가 된다!

01 왜 배당을 알아야 하고, 어떻게 진행되고 있나? 226
- 배당과 권리분석은 하나의 줄기로 분리해서 분석할 수 없다! 226
- 배당절차는 어떻게 진행되고, 왜! 배당이의가 필요할까? 226

02 배당에서 우선순위를 결정하는 방법 227
- 1순위 필요비, 유익비(민법 제367조) 227
- 2순위 주택 및 상가임차인과 근로자의 최우선변제금 227
- 3순위 당해세(국세, 지방세) 227
- 4순위 일반조세채권(당해세를 제외한 세금) 228
- 5순위 공과금채권(국민건강, 국민연금, 고용보험, 산재보험, 개발부담금, 고용부담금) 228
- 6순위 저당권부 채권(근저당권, 전세권, 담보등기, 확정일자부 임차권, 등기된 임차권) 228
- 7순위 일반임금채권(최우선변제금을 제외한 임금·퇴직금) 229
- 8순위 일반조세채권 229
- 9순위 공과금채권(국민건강, 국민연금, 고용보험, 산재보험, 개발부담금, 고용부담금) 229
- 10순위 일반채권 229

03 배당순위가 평등한 채권자와 후순위채권자가 병존할 때 배당방법 230
- 채권 상호간의 배당순위는 동순위로 안분배당한 사례 230

| ◈ 가압류 ⇨ 근저당 ⇨ 가압류로 안분 후 흡수배당한 사례 | 230 |
| ◈ 가압류 ⇨ 근저당 ⇨ 확정일자 ⇨ 강제경매 순에서 안분 후 흡수배당한 사례 | 232 |

04 전소유자의 가압류 또는 근저당 등이 다른 채권과 배당하는 방법   233
- ◈ 전소유자의 가압류(압류)가 있을 때 기본적으로 배당하는 방법   233
- ◈ 토지별도 등기가 있을 때 기본적으로 배당하는 방법   233
- ◈ 전소유자의 가압류와 임차인 등이 있을 때 현소유자의 채권자와 배당하는 방법   234
- ◈ 전소유자의 근저당권자 등이 있을 때 현소유자의 채권자와 배당하는 방법   235

05 배당순위가 상호모순관계(A=B, B〉C, C〉A)에서 순환흡수 배당   236
- ◈ 배당순위가 충돌할 때(A=B, B〉C, C〉A) 순환흡수 배당 절차   236
- ◈ 선순위채권자가 자기보다 열후한 채권을 흡수하는 방법   236
- ◈ 열후한 채권자(후순위채권자)가 흡수당하는 순서   236
- ◈ 흡수권자의 흡수한도와 흡수당했던 자가 흡수하는 방법   237

- 연습 01 조세채권 때문에 순위가 상호모순관계인 경우 배당방법   237
- 연습 02 가압류와 근저당, 공과금 등으로 상호모순관계에서 순환흡수 배당   239
- 연습 03 가압류와 임차권, 근저당, 조세채권으로 상호모순관계에서 순환흡수 배당   241

06 배당순위가 충돌(A〉B, B〉C, C〉A)할 때 순환흡수 배당하는 방법   243
- ◈ 배당순위가 순환관계(A〉B, B〉C, C〉A)에서 순환흡수 배당 절차   243
- ◈ 순환흡수 배당에서 흡수하는 방법   243

- 연습 01 당해세〉근저당, 근저당〉소액임차인, 소액임차인〉당해세인 관계에서 배당   244
- 연습 02 당해세 ⇨ 근저당 ⇨ 소액임차인으로 배당순위가 순환관계에 있을 때 배당한 사례   245
- 연습 03 공과금 ⇨ 근저당 ⇨ 조세로 배당순위가 순환관계에 놓이게 된 사례   247

12 경매정보사이트에서 입찰할 물건을 찾아 권리분석하는 방법

01 경매물건은 어떻게 정보를 취득하나?   250
02 법원경매정보사이트에서 투자대상 물건을 찾는 방법   251
- ◈ 법원경매정보 인터넷사이트에서 경매정보 검색 방법   251

03 사설경매정보회사의 경매정보사이트는 어떤 것이 있나?   254
- ◈ 옥션원(구 굿옥션) 경매사이트의 홈페이지와 이용방법   254
- ◈ 부동산태인 경매사이트의 홈페이지와 이용방법   257
- ◈ 지지옥션 경매사이트의 홈페이지와 이용방법   258
- ◈ 스피드옥션 경매사이트의 홈페이지와 이용방법   259

04 입찰할 물건을 찾아서 권리분석하는 방법   260
- ◈ 경매 입찰대상 물건정보내역   260

◆ 이 다세대주택을 입찰할 물건으로 선정한 이유는? 261
◆ 이 물건에 대한 권리분석은 다음과 같은 방법으로 해라! 262

13 공부열람과 현장답사로 2단계 물건분석 및 수익분석 비법

01 등기사항전부증명서와 대장 등의 공적장부를 통한 물건분석 269
◆ 등기사항증명서에 대한 완전정복 269
◆ 건축물대장과 토지대장에 대한 분석방법 278
◆ 지적도, 임야도 279
◆ 토지이용계획확인원 279

02 현장조사를 통해서 물건을 조사하는 방법 280
◆ 현장조사를 통해서 우량한 아파트 고르기 280
◆ 현장조사를 통해서 우량한 단독주택, 다가구주택 고르기 281
◆ 연립주택과 다세대주택이 주택 시장에서 귀한 몸이 되고 있다! 281
◆ 상가건물에 투자해서 성공하려면 어떻게 해야 하나? 281
◆ 공장경매에 입찰할 때 어떤 사항에 유의해야 하나? 282
◆ 농지를 경매로 투자 시 유의사항 283

03 현장답사 물건조사에서 꼭 확인해야 할 사항 요약정리 284
◆ 우량한 물건을 찾는 것이 재테크의 1순위 284
◆ 경매물건정보에 기록된 사실과 현장 물건현황이 일치 여부를 확인 285
◆ 3곳 이상 부동산중개업소를 방문해 정확한 시세조사를 해야 한다! 285
◆ 아파트 관리비의 연체 내역과 조세 및 공과금채권에 대한 확인 285
◆ 주민센터를 방문해서 전입세대 열람 286

04 경매물건의 수익성 분석은 어떻게 해서 입찰가를 결정하면 되나? 287
◆ 수익성 분석 후 입찰가를 결정해라! 287
◆ 낙찰 받은 봉천동 현대아파트를 가지고 세금 절세방법 분석 287

05 개인명의로 취득해서 매도할 때 세금계산 방법과 절세 전략은? 289
◆ 2년 이상 거주하다 비과세로 3억4,000만원에 팔았을 때 수익률 계산 방법 289
◆ 일시적 1세대 2주택 보유 시 비과세 특례를 적극 활용해라! 290
◆ 1년 이상 보유하다 양도세율 60%로 3억3,000만원에 매각할 때 수익률 계산 291
◆ 1년 미만 보유하다 단기양도세율로 3억2,000만원에 매각할 때 수익률 계산 292

06 개인사업자로 취득하는 것이 개인명의와 법인사업자보다 절세가 될까? 293
◆ 개인사업자는 개인 또는 법인과 어떠한 차이점이 있나? 293
◆ 아파트를 개인사업자로 취득해서 매도하면 세금은 얼마나 절세될까? 294

07 법인사업자로 취득하는 것이 개인명의 또는 개인사업자보다 절세가 될까? 298
◆ 법인사업자는 어떠한 세금이 적용될까? 298

- ◆ 법인사업자가 1년 미만 보유하다 3억2,000만원에 팔 때 수익률 계산 … 298
- ◆ 법인사업자와 개인명의, 개인사업자로 취득할 때 차이점은? … 300

14 경매 첫걸음! 아파트와 다세대주택 법원입찰 현장학습

01 아파트와 다세대주택 입찰에 참여하기 전에 확인할 사항 … 302
- ◆ 입찰자가 입찰에 참여할 수 있는 적법한 자격 유무 점검 … 302
- ◆ 입찰참가자의 준비사항 … 302
- ◆ 입찰당일 경매법정에서 입찰 게시판 확인 … 303

02 집행관이 입찰절차에서 유의할 점을 설명하고 있다! … 303
- ◆ 집행관의 경매개시선언에 의한 개시 … 303
- ◆ 입찰의 시작과 마감시간 고지 … 304
- ◆ 입찰대상 물건에 대한 서류 열람 … 304

03 입찰서류를 작성해서 김선생의 확인을 받아 제출하고 있다! … 304
- ◆ 입찰표 작성은 다음과 같이 작성하면 된다! … 304
- ◆ 박문수가 직접 작성한 입찰표 … 306
- ◆ 이정민이 정수철을 대리해 작성한 입찰표와 위임장 … 307
- ◆ 입찰보증금 제공방법과 입찰보증금봉투를 작성하는 방법 … 309
- ◆ 입찰표와 매수신청보증봉투를 넣어 입찰봉투를 작성하는 방법 … 310
- ◆ 입찰봉투를 입찰함에 직접 투입하는 방법 … 311
- ◆ 입찰마감의 선언 … 312

04 입찰 마감 후 최고가매수신고인 결정 및 입찰마감 절차 … 312
- ◆ 최고가매수신고인 등의 결정 및 입찰절차의 마감 … 312
- ◆ 최고가매수신청인에 매수신청보증금 영수증과 농지매각에서 증명서 교부 … 312
- ◆ 유찰자의 매수신청보증금의 반환 … 313
- ◆ 박 사장님 입찰결과를 발표하네요! … 313

05 정 사장이 경매로 다세대주택을 낙찰받아 평생직장을 시작하다! … 314
- ◆ 조용히 하세요, 정 사장이 입찰한 물건을 발표하고 있어요! … 314
- ◆ 어서 가서 매수신청보증금 영수증을 받아 오세요! … 314

15 아파트와 다가구주택으로 내 집 마련 및 재태크로 부족한 연봉을 채워라!

01 전세가로 역세권 아파트를 낙찰 받아 내 집 마련하는 비법 … 316
- ◆ 경매로 매각되는 아파트에 대한 물건분석 … 316
- ◆ 경매 입찰대상 물건 정보내역과 입찰진행내역 … 317
- ◆ 이 물건에 권리의 하자는 없을까? … 318

- ◈ 수익성이 보장되는 선에서 입찰가를 결정해라! ... 319
- ◈ 그럼 점유자는 어떻게 명도하면 될까? ... 320

02 다가구주택에서 대항력 있는 임차인을 이용한 임대수익 올리기 ... 320
- ◈ 기존 주택에서 임차인을 활용해 임대수익과 투자수익을 높여라! ... 320
- ◈ 경매물건에 대한 물건분석 및 권리분석 ... 322
- ◈ 투자대비 임대수익율은 어떻게 되겠는가? ... 323
- ◈ 분양자격과 주택에 대한 리모델링 후 재임대 방법 ... 325

03 임차인을 활용해 최소투자로 수익을 극대화하는 전략 ... 325
- ◈ 다가구주택의 위치도 및 사진 현황 ... 325
- ◈ 경매 입찰대상 물건정보내역과 매각결과 ... 325
- ◈ 입찰대상 물건분석과 권리분석 ... 327
- ◈ 투자대비 임대수익율은 어떻게 되겠는가? ... 329
- ◈ 이 금액을 투자해서 다음과 같이 재임대 시 수익률은? ... 330

04 원룸 30개를 어떻게 권리분석하고 낙찰 받아 성공했을까? ... 331
- ◈ 골드타운 원룸 다가구주택이 경매로 매각된 현황 ... 331
- ◈ 건물과 토지등기부에 등기된 권리 현황 ... 332
- ◈ 골드타운 다가구주택의 임차인 현황과 배당금 수령내역 ... 332
- ◈ 골드타운 다가구주택의 권리분석과 얼마나 기대수익률이 발생했나? ... 334

05 전세금을 떼인 임차인과 전세금을 지킬 수 있었던 임차인? ... 335
- ◈ 나대지 상태에서 등기된 토지별도등기가 있다는 사실 ... 335
- ◈ 임차인보다 선순위채권이 과다한 것이 그 원인? ... 336
- ◈ 임차권등기 전에 이사를 나가 전세금을 떼인 사례 ... 337
- ◈ 임차권등기 이후에 입주해서 4,000만원 손해 본 박 소위 ... 338
- ◈ 임 중령은 전세권등기를 했는데 왜 5,700만원을 떼였나? ... 339
- ◈ 후순위이지만 손해를 줄일 수 있었던 사례 ... 339
- ◈ 대항요건을 갖추고 있지 않았지만 손해 보지 않은 임차인 ... 340

06 청화아파트로 내 집 마련과 재테크로 성공한 사례 ... 341
- ◈ 청화아파트 주변 현황도 ... 341
- ◈ 아파트 입찰대상물건 정보내역과 매각결과 ... 342
- ◈ 지인은 청화아파트에 7년 거주하면서 10억원을 벌었다! ... 343

07 상지리츠빌2차로 10년 동안 임대수익 4억원과 10억원의 시세차익! ... 344
- ◈ 상지리츠빌2차아파트 주변 현황도 ... 344
- ◈ 아파트 입찰대상물건 정보내역과 매각결과 ... 344
- ◈ 상지리츠빌2차아파트에서 임대소득을 포함해 14억원을 벌다! ... 345

16 경매로 낙찰 받고 나서 명도는 이렇게 해라!

01 건물명도도 전략이 필요하다! 347
02 점유자가 없거나 있어도 문을 열어주지 않으면? 349
   ◆ 내용증명 통보서 작성 방법 349
03 협의가 이루어져 명도합의각서를 작성하는 방법 350
04 반드시 이사비용을 지급하거나 강제집행을 하는 것은 아니다! 352
05 협의가 안될 때 법적으로 어떻게 하면 되나? 352
   ◆ 부동산 인도명령 신청 352
   ◆ 강제집행(인도명령, 명도청구소송에서) 353
   ◆ 점유이전금지가처분이란? 354
06 대항력 있는 임차인과 없는 임차인의 건물인도 시기와 부당이득의 범위 355
   ◆ 대항력 있는 임차인의 건물인도 시기와 부당이득의 범위? 355
   ◆ 대항력 없는 임차인의 건물인도와 부당이득을 보게 되는 시점 356

17 경매에서 실패하기 쉬운 사례와 함정에 빠진 사례에서 탈출 비법!

01 경매투자 기본에 충실하여 절대 실패하지 마라! 358
   ◆ 경매투자는 부동산 중개시장에서 취득하는 것보다 더 안전하다! 358
   ◆ 부동산 경매투자로 성공하려면 어떻게 해야 하는가? 358
02 소액임차인으로 잘못 판단해서 낙찰자가 인수할 뻔한 사례에서 탈출한 사례 359
   ◆ 입찰대상 물건정보와 입찰결과 내역 360
   ◆ 매수인의 잘못된 판단으로 보증금을 인수할 뻔한 사례 361
   ◆ 이러한 상황에서 어떻게 탈출할 수 있었을까? 361
03 주임법상 대항요건을 갖춘 선순위전세권자가 배당요구해서 소멸되는 것으로 오판한 사례 362
   ◆ 입찰물건 정보내역과 입찰결과 363
   ◆ 선순위전세권은 소멸되지만 주임법상 임차권은 소멸되지 않는다! 364
   ◆ 이 사례에서 매수인은 1,978만원을 인수해야 한다! 364
04 선순위채권이 과다한 주택에 입주하면 최우선변제금을 받지 못하나? 365
05 계약금 또는 중도금만 지급하고 대항요건을 갖춘 임차인의 대항력 366
   ◆ 임차인이 잔금지급 전에 입주했다면 임차인의 대항력은? 366
   ◆ 임차보증금의 일부를 남겨두고 대항요건을 갖추었다면? 367
06 전 경매에서 배당요구한 선순위임차인으로 낙찰자가 손해를 보게 된 사례 368
   ◆ 전 경매절차에서 선순위임차인에게 미배당금이 발생했다! 369

◆ 현행 경매절차에서 선순위임차인의 배당요구가 배제되었다!   370
◆ 현행 경매절차에서 낙찰자는 예상치 못한 손실을 보게 됐다!   371

07 다가구주택에서 임대인의 지분이 매각될 때 잘못하면 큰코 다친다!   371
◆ 다가구주택 3분의 1 지분경매 물건정보 및 입찰결과   372
◆ 종전 낙찰자가 입찰보증금을 포기하게 된 사연   373
◆ 재매각절차에서 낙찰자가 돈을 벌고 지분에서 탈출할 수 있을까?   374

08 조합이 가압류한 채권은 소멸되는 일반채권이 아니다!   375
◆ 조합이 강제경매신청 후 미배당금에 대해서 유치권을 행사한다!   376
◆ 이 판례에서 세 가지 내용을 확인할 수 있다!   378
◆ 조합이 아닌 다른 유치권자가 가압류한 경우도 마찬가지다!   379

09 상가임차인의 잘못된 배당요구로 낙찰자가 인수할 뻔한 사례   379
◆ 입찰할 물건정보와 입찰결과 내역   379
◆ 상가임차인의 잘못된 배당요구로 낙찰자가 인수할 뻔한 사례   380
◆ 이러한 상황에서 어떻게 탈출할 수 있었을까?   381

10 잘못 만난 물건에서 무잉여로 매각결정 취소해 탈출하다!   381
◆ 입찰물건정보와 대금미납으로 재매각절차가 진행된 내역   381
◆ 입찰대상물건에 대한 분석과 실패한 낙찰   382
◆ 김선생에게, 입찰보증금 반환받기 위한 해결책 한 가지가 생각나다!   382
◆ 이 문제에 두 번째 좋은 아이디어가 생각났다!   383
◆ 경매신청채권자가 무잉여라는 판단을 하게 된 동기와 입찰보증금 반환   383

11 학교법인이나 사찰 소유재산이 매각되고 나서 재매각된 사례   384
◆ 주무관청의 허가가 있어야 매도나 담보제공이 가능한 부동산   384
◆ 학교법인이나 사찰 소유재산 등이 매각되면 이렇게 생각해라!   385
◆ 주무관청의 허가를 받은 근저당권이 있는 유치원 건물이 강제경매되는 경우   387
◆ 사찰소유 재산이 강제경매시 주무관청의 허가가 있어야 한다!   389

12 전세권 경매에서 권리분석과 수익분석, 그리고 명도는 어떻게 하나?   391
◆ 입찰대상 전세권과 입찰결과 내역   392
◆ 전세권 경매에 대한 권리분석과 수익이 얼마나 남았을까?   392
◆ 전세금을 언제 어떻게 반환받을 수 있을까?   393

13 조세채권을 몰라서 3번씩 임차보증금을 포기하게 된 사례   394
◆ 온비드 사이트상의 공매 입찰정보내역   395
◆ 입찰대상물건에 대한 분석과 실패한 낙찰   396
◆ 정확한 예상배분표 작성과 성공적인 낙찰자가 되는 길은?   397

14 근로복지공단 가압류를 일반채권으로 우습게 보면 큰코 다친다!   398
◆ 왜! 매수인이 입찰보증금을 포기하게 되었나?   398
◆ 매수인은 어떻게 탈출할 수 있었을까?   400

15 주택임차보증금 반환채권만 양도받아 배당에 참여할 수 없었던 사례	402
◆ 주택임차권 양도 후 경매되어 법원은 다음과 같이 배당하였다!	402
◆ 배당에서 배제된 임차권 양수인이 배당이의 소송을 제기	403

18 경매물건에 가등기와 가처분이 있을 때 대응방법

01 가등기권자가 있으면 어떻게 분석해야 하나?	406
◆ 청구권보전가등기와 담보가등기	406
◆ 청구권보전가등기와 담보가등기를 확인하는 방법	406
◆ 소유권이전청구권보전을 위한 가등기의 인수 여부와 배당방법	407
◆ 근저당권 설정등기청구권보전을 위한 가등기의 인수 여부와 배당방법	408
◆ 담보가등기는 선순위이든 후순위이든 상관없이 매각절차상에서 소멸된다!	409
02 부동산에 가처분이 있을 때 대응방법	410
◆ 가처분이 선순위인 경우	410
◆ 가처분이 후순위인 경우	411
03 선순위로 가등기나 가처분이 있는 물건에 투자하는 비법	412

19 법정지상권 성립 여부와 그 건물임차인에 대한 배당방법

01 법정지상권이란 어떠한 권리인가?	417
◆ 민법이 인정하는 법정지상권 종류	417
◆ 법정지상권의 성립 요건	418
◆ 법정지상권의 성립 시기	419
◆ 법정지상권의 존속기간	420
◆ 법정지상권이 인정되는 범위	420
◆ 지료청구 대상과 지료결정 방법	421
02 법정지상권이 성립되는 사례와 그 건물임차인에 대한 배당	423
◆ 토지에 저당권이 설정될 당시 그 지상에 건물이 존재한 경우	423
◆ 신축 도중에 설정된 저당권으로 건물소유자가 변경된 경우	425
◆ 법정지상권 성립 후 증축, 개축 또는 신축된 경우에 법정지상권 성립 여부	426
◆ 법정지상권이 있는 건물을 낙찰받을 경우 법정지상권의 승계 취득 여부(적극)	427
◆ 공동근저당권이 설정되고 나서 그 건물과 토지소유자가 달라진 경우	428
03 법정지상권이 성립되지 않는 사례와 임차인 등의 배당분석	430
◆ 나대지에 저당권이 설정되고 건물을 신축 후 토지만 경매된 경우	430
◆ 나대지에 저당권이 설정되고 신축건물만 다른 저당권을 설정한 경우	431
◆ 토지에 저당권이 설정될 당시 그 지상에 건물이 존재한 경우	432

- ◆ 토지와 그 지상 미등기건물을 양수하였다가 토지만 매각 시 법정지상권　434
- ◆ 토지와 건물에 공동저당권이 설정되고 나서 건물을 멸실하고 신축한 경우　436

04 관습법상 법정지상권은 어떻게 분석하면 되나?　437
- ◆ 관습법상 법정지상권의 성립 요건　437
- ◆ 관습법상 법정지상권의 존속기간　438
- ◆ 토지사용의 범위(법정지상권과 동일하다)　438
- ◆ 지료산정 방법　439
- ◆ 지상권자의 갱신청구권, 매수청구권(민법 제283조)　439

05 갑 근저당권 ⇨ 을 가압류 ⇨ 을의 강제경매에서 법정지상권 판단기준은 갑 근저당권　439
- ◆ 가압류에 기한 강제경매로 건물과 토지소유자가 달라진 사례　439
- ◆ 가압류 이전에 저당권이 있었다면 그 저당권을 기준으로 판단해야 한다!　441

20 유치권의 성립 여부와 매수인이 현명하게 대응하는 방법

01 유치권이란 어떤 권리인가?　443
02 유치권의 성립 요건　444
03 유치권자의 권리와 의무, 그리고 소멸은?　445
- ◆ 유치권자의 권리　445
- ◆ 유치권자의 의무　446
- ◆ 유치권의 소멸시효　446

04 유치권이 인정되는 사례와 이에 근거한 법률 및 판례　447
- ◆ 필요비와 유익비로 유치권이 성립되는 사례　447
- ◆ 공사대금 유치권이 성립되는 경우에 대한 판례　448
- ◆ 조합이 조합원에 가지는 신축·분양한 아파트와 관련한 징수금 채권　448

05 유치권이 인정되지 않는 사례와 이에 근거한 법률 및 판례　449
06 유치권자가 점유할 때와 임차인이 점유할 때 어떻게 다른가!　454
- ◆ 소유자의 동의 없이 유치권의 목적물을 임차한 자의 점유　454
- ◆ 소유자의 동의를 얻어 유치권의 목적물을 임차한 자의 점유　454
- ◆ 유치권자의 동의를 얻어 소유자와 임차한 자의 점유　455
- ◆ 소유자에게 적법한 임대권한을 얻어서 임대차계약한 경우　455

07 유치권이 신고된 경우 매수인의 대응방안　456
- ◆ 경매절차에서 유치권이 신고된 경우　456
- ◆ 유치권자에 대한 확인 및 매수인의 대응방안　456

08 유치권이 신고된 경매물건에서 권리분석과 입찰시 유의 사항　458
- ◆ 입찰대상물건과 입찰결과　458
- ◆ 경매 물건에 대한 권리분석과 배당표 작성　458

◆ 낙찰 받고 난 다음 대응방법 459
09 상가주택에 유치권 신고가 된 물건에 입찰하기 460
　◆ 입찰대상물건 정보내역 460
　◆ 상가주택 위치도 461
　◆ 경매 물건에 대한 권리분석과 배당표 작성 461
　◆ 낙찰 받으면 인수할 권리나 금액이 있는가를 알아 보자! 462

21 토지별도등기가 있는 집합건물에 투자하는 비법

01 토지별도등기의 의미와 발생하게 되는 과정 464
　◆ 토지별도등기란 어떠한 의미인가? 464
　◆ 재건축사업에서 대지권 정리과정과 토지별도등기 심화학습 464
02 경매절차에서 토지별도등기가 소멸, 또는 인수 여부? 466
　◆ 토지별도등기는 경매로 소멸되는 것이 원칙이다! 466
　◆ 토지별도등기를 인수조건으로 매각하면 매수인이 부담 467
03 토지별도등기가 있는 물건에 대한 권리분석과 대응전략 469
　◆ 토지별도등기된 경매물건 분석표 469
　◆ 토지별도등기된 경매물건에 대한 권리분석 470
　◆ 토지별도등기된 저당권자 등이 배당요구 시 배당표 작성 472

22 대지권미등기가 있는 집합건물에 투자하는 비법

01 왜 대지권미등기가 발생하고 언제 등기가 되나? 475
02 대지 지분이 있는 데도 전유부분만 매각되는 이유? 476
03 집합건물을 분양받았으나 대지권미등기인 경우 476
　◆ 대지지분까지 분양받았거나 대지권미등기인 사례 476
　◆ 대지지분이 정리되고도 분양대금이나 등록비용을 미납 시 477
　◆ 대지권미등기인 아파트를 낙찰 받았는데 수분양자가 분양대금을 미납했다면? 477
04 대지권미등기인 아파트가 대지가격을 포함해 매각되면? 479
　◆ 대지권미등기 아파트도 대지가격이 감정 평가돼 매각되면? 479
　◆ 전유부분만 경매로 낙찰 받아도 대지권등기를 할 수 있다! 479
05 대지권 평가 없이 전유부분만 매각돼도 대지권등기가 가능 480
　◆ 전유부분만 매수해서 대지권등기와 토지별도등기를 말소한 사례 480
　◆ 대지권 평가 없이 전유부분만 매각돼도 대지권등기가 가능 482
06 대지권이 본래부터 없는 경우(아파트, 다세대, 연립 등) 483

07 대지권미등기인 집합건물이 경매로 매각된 사례 분석 ... 484
- ◆ 대지권미등기(대지가 평가됨) 아파트에 입찰시 대응전략 ... 484
- ◆ 대지권미등기(대지가 평가됨) 아파트에 입찰해서 성공한 사례 ... 489
- ◆ 대지권이 없는 아파트만 낙찰 받은 경우 대응 사례분석 ... 491

23 다양한 특수물건 사례에서 배우는 실전투자 노하우!

01 두 필지 상의 근린주택에서 토지 1필지와 건물 2분의 1만 매각된 사례 ... 494
- ◆ 면목동 근린주택의 사진과 주변 현황도 ... 495
- ◆ 면목동 근린주택 입찰대상물건 정보내역과 매각결과 ... 496
- ◆ 근린주택의 임차인 현황과 등기부에 등기된 내역 ... 497
- ◆ 이 근린주택의 문제점과 올릴 수 있었던 수익은? ... 497

02 소액임차인으로 잘못 판단해서 낙찰자가 인수할 뻔한 사례에서 탈출한 사례 ... 499
- ◆ 입찰대상물건 정보내역과 매각결과 ... 499
- ◆ 경매 물건에 대한 권리분석과 배당표 작성 ... 500
- ◆ 낙찰 받고 난 다음 대응방법 ... 501

03 토지를 낙찰 받고 난 다음 토지사용료로 건물을 강제경매 신청한 사례 ... 503
- ◆ 토지가 먼저 경매돼 이선수가 낙찰 받았다! ... 503
- ◆ 건물만 경매가 진행돼 토지 소유자 이선수가 낙찰 받았다! ... 507

04 아파트 2/3 지분을 낙찰 받아 대법원 판례까지 만들며 임차인을 명도한 사례 ... 511
- ◆ 경매 입찰대상물건 현황과 매각결과 ... 511
- ◆ 경매물건에 대한 권리분석 ... 512
- ◆ 점유자에 대한 명도문제는 어떻게 할 수 있을까? ... 512
- ◆ 대지권등기청구와 가압류, 가처분 등의 토지별도등기 말소청구 소송 ... 514

05 농지가 경매와 공매로 경합되는 사례에서 어떻게 하면 되나? ... 515
- ◆ 농지의 의의와 농지취득자격증명이란? ... 515
- ◆ 농지가 경매로 매각되는 경우 ... 517
- ◆ 농지가 공매로 매각되는 경우 ... 519
- ◆ 선행경매에서 배당요구한 선순위임차인이 후행공매에서 배당 요구해 낙찰자가 손해볼 뻔한 사례 ... 521

06 토지만 낙찰 받고 지상의 미등기건물은 토지 사용료로 보존등기 후 채권가압류한 사례 ... 522
- ◆ 정수철이 계양농협 근저당권을 매입했다! ... 522
- ◆ 정수철이 경매를 신청한 물건정보 내역과 매각결과 ... 523
- ◆ 경매물건에 대한 물건분석과 권리분석 ... 523
- ◆ 낙찰 받고 나서 다음과 같이 탈출하는 방법으로 성공할 수 있었다! ... 524

- ◆ 미등기건물보존등기와 채권가압류 등을 위한 신청서 작성 … 524

07 건물 전부와 대지 2분의 1을 공매로 낙찰 받아 성공한 사례 … 528
- ◆ 다가구주택 공매물건의 사진과 주변 현황도 … 529
- ◆ 다가구주택 건물전부와 대지 2분의 1 지분 온비드 입찰정보 내역 … 530
- ◆ 건물전부와 대지 2분의 1 지분공매 물건에 대한 권리분석 … 531
- ◆ 이 주택은 법정지상권이 성립한다. 그런데도 낙찰 받은 이유는? … 532
- ◆ 필자가 다가구주택을 단독으로 받았다! … 533
- ◆ 매수 이후의 대응 현황 … 533

08 경매로 대지를 낙찰받고 나서 지상무허가 건물을 별도로 매수한 사례 … 534
- ◆ 지상에 무허가건물이 있는 대지 사진과 주변 현황도 … 534
- ◆ 무허가건물이 있는 대지만의 입찰대상 정보내역과 매각결과 … 535
- ◆ 매각 토지와 그 지상 무허가건물, 그리고 토지등기부 현황 … 535
- ◆ 어떻게 분석하고 입찰에 참여했나? … 536
- ◆ 대지만 매수 후 그 지상건물 해결과 어떻게 수익을 높일 수 있었나? … 536

24 성공사례로 배우는 재건축과 재개발 실전투자 이야기

01 분양권을 경매로 사려면, 꼭 알고 있어야 할 내용 … 539
- ◆ 조합원분양권이 경매로 매각되는 경우 … 539
- ◆ 일반분양권이 경매로 매각되는 경우 … 539
- ◆ 조합원분양권이나 일반분양권을 매수 후 수익분석 … 539

02 재건축 조합원입주권이 경매된 사례에 입찰하기 … 540
- ◆ 입찰물건 정보내역과 입찰결과 … 540
- ◆ 조합원분양권이 경매로 매각되는 물건에 대한 권리분석 … 541
- ◆ 금호17차 재개발구역조합은 이렇게 수익분석하고 낙찰 받았다! … 542

03 재건축대상 아파트를 낙찰 받아 분양권자의 지위를 승계해 수익을 올린 사례 … 544
- ◆ 재건축대상 아파트에 입찰할 때 알고 있어야 할 내용은? … 544
- ◆ 신흥주공아파트의 사진과 주변 현황도 … 545
- ◆ 입찰할 신흥주공아파트의 온비드 입찰정보 … 546
- ◆ 아파트를 낙찰 받으면 인수할 권리가 없이 안전할까? … 548
- ◆ 지인이 14대 1의 경쟁률을 뚫고 아파트를 낙찰 받았다! … 548
- ◆ 산성역 포레스티아 재건축 진행과정과 분양 후 수익분석 … 549

04 재건축과 재개발에서 건물이 멸실되어 토지만 경매로 낙찰 받은 경우 … 551
- ◆ 재개발에서 건물이 멸실되어 토지만 경매로 낙찰 받은 경우 … 551
- ◆ 재건축에서 건물이 멸실되어 토지만 경매로 낙찰 받은 경우 … 551

05 성남 신흥2구역 재개발사업의 다세대주택을 매수해서 성공한 사례 … 552
- ◆ 신흥2구역 내의 다세대주택 주변 현황도와 주택사진 … 553

◆ 성남시 수정구 신흥2구역 재개발 사업	554
◆ 신흥2구역 재개발사업으로 신축한 아파트 조감도	556
◆ 재개발대상 다세대주택을 구입할 때 알고 있어야 할 내용	556
◆ 이 주택으로 24평형을 분양신청하면 수익은 얼마나 발생하나?	557

06 재개발구역의 상가주택 1/2로 수익률 255%를 만들다! ... 558
- ◆ 토지 지분공매 절차에서 공매물건의 사진과 주변 현황도 ... 558
- ◆ 상가주택 2분의 1 지분 온비드공매 입찰정보 내역 ... 559
- ◆ 상가주택 1/2 매수 이후 대응방법과 255% 수익률 만들기! ... 559
- ◆ 금광1구역 재개발사업에서 현금청산금을 받고 탈출하다! ... 560

25 매각절차에서 꼭 알고 있어야 할 경매투자 실무

01 법원의 경매개시결정과 그 기입등기촉탁 ... 563
- ◆ 법원의 경매개시결정(민집법 제83조) ... 563
- ◆ 경매개시결정기입등기촉탁(민집법 제94조) ... 563

02 경매개시결정과 이중경매개시결정 등의 압류효력은? ... 564
- ◆ 경매개시결정 압류 효력은? ... 564
- ◆ 이중경매개시결정과 그 압류효력은? ... 564
- ◆ 공동경매와 그 효력은? ... 566

03 경매개시결정에 대한 이의신청과 경매의 취소와 정지, 그리고 취하하는 방법은? ... 567
- ◆ 강제경매와 임의경매개시결정에 대한 이의 ... 567
- ◆ 경매의 취소와 정지, 그리고 제출시기 ... 568
- ◆ 최고가 매수신고인이 없는 경우에 경매를 취하하는 방법 ... 571
- ◆ 최고가매수인과 차순위매수신고인이 있는 경우 경매를 취하하는 방법 ... 571
- ◆ 부동산의 침해방지를 위한 조치 ... 572

04 매각(경매)의 준비 절차 ... 573
- ◆ 배당요구의 종기결정 및 공고·통지 ... 573
- ◆ 채권신고의 최고와 그에 따른 배당요구 ... 574
- ◆ 공유자에 대한 통지 ... 577
- ◆ 집행관의 현황조사 ... 578
- ◆ 매각부동산의 평가와 최저매각가격의 결정 ... 580
- ◆ 매각물건명세서의 작성 및 비치, 열람 ... 581
- ◆ 경매기록 열람·복사를 신청할 수 있는 이해관계인 ... 582
- ◆ 남을 가망이 없을 경우 통지와 경매 취소 ... 583

05 매각기일 및 매각결정기일의 지정과 통지 ... 585
- ◆ 매각기일 및 매각결정기일 지정공고와 이해관계인 통지(법 제104조) ... 585
- ◆ 매각기일 및 매각결정기일 지정과 매각명령 ... 585

- ◈ 매각기일, 매각결정기일의 통지 　587
- ◈ 경매법원의 매각방법 　587
- ◈ 경매법원의 매각조건 　588

06 경매법정에서 확인할 사항과 입찰서류를 작성해서 제출하는 방법　591

07 최고가매수신고인과 차순위매수신고인 등의 결정 후 입찰절차 종결　592
- ◈ 최고가매수신고인의 결정 　592
- ◈ 차순위매수신고인의 결정 　592
- ◈ 공유자의 우선매수권 　592
- ◈ 특별법에 의한 우선매수신고 　593
- ◈ 최고가매수신고인과 차순위매수신고인, 그리고 우선매수신청인 결정 방법 　593
- ◈ 최고가매수신청인에게 매수신청보증금 영수증과 농지매각에서 증명서 교부 　594
- ◈ 매수신청보증금의 반환 　595
- ◈ 새 매각과 재매각 　595
- ◈ 입찰마감의 선언 　595

08 매각결정이 확정되는 과정　596
- ◈ 매각결정기일은? 　596
- ◈ 매각허가에 대한 이의 　596
- ◈ 매각불허가결정 　596
- ◈ 매각허가결정 　597
- ◈ 매각허부결정에 대한 즉시항고와 재항고 　597
- ◈ 매각허가결정의 확정과 그 효력은? 　600

09 매각 대금 납부와 소유권이전촉탁등기　601
- ◈ 매각대금의 지급기한과 통지 　601
- ◈ 소유권의 취득시기와 소유권이전촉탁등기 　603

10 인도명령신청과 점유이전금지 가처분 신청　604
- ◈ 부동산 인도명령신청과 그 당사자는? 　604
- ◈ 인도명령신청서를 작성해서 법원에 제출하는 방법 　605
- ◈ 인도명령결정문 등으로 강제집행하는 방법 　606
- ◈ 점유이전가처분이란? 　608

11 배당절차는 어떻게 진행되고, 왜! 배당이의가 필요할까?　609
- ◈ 경매절차에서 배당이란? 　609
- ◈ 배당기일의 지정 및 통지 　609
- ◈ 경매절차에서 권리신고와 배당요구 　610
- ◈ 경매절차에서 배당 받을 수 있는 채권자 　611
- ◈ 배당요구의 철회 및 대위변제 　613
- ◈ 배당표원안 작성과 이해관계인에 열람 　614
- ◈ 배당기일에 배당을 실시하는 방법 　614
- ◈ 배당표원안에 대한 이의 방법과 원고 승소 시 배당방법 　616

Chapter 01

경매 실전투자 사례로 배우는
부족한 연봉 채우기!

01 똑똑한 부동산 투자와 내 집 마련은 타이밍이다!

◈ 가격보다는 가치가 높은 부동산을 찾아야 돈이 된다!

아무리 잘 지어진 아파트나 오피스텔, 상가라 해도 그 부동산을 원하는 수요가 없다면 가치는 떨어지므로, 가치가 높은 부동산에 투자해야 한다.

똑똑한 부동산(가치가 높은 부동산)의 장점은 오를 때 바로미터 역할을 한다. 제일 먼저 오르고, 떨어질 땐 제일 나중에 하락한다. 가치가 높은 부동산은 경기 침체기에 들어서도 가격이 떨어지지 않고 보합 또는 소폭 하락하다가 상승기류가 시작되면 제일 먼저 오른다. 그러나 이러한 부동산의 단점은 가격이 비싸다는 것이다.

그리고 부동산 가격이 상승했다거나 거품이 끼었다고만 분석하지 마라! 그만큼 물가상승과 인플레이션 등으로 화폐가치가 떨어진 측면이 더 많다. 이러한 상황이 10년동안 지속되다보면 주택을 가지고 있는 사람과 없는 사람의 격차를 또 만들게 된다.

◈ 정체기에도 무주택자가 똑똑한 아파트를 사야 하는 이유?

심형석 미국 SWCU 교수는 "집값 전망에 관계없이 무주택자는 내 집 마련에 나서는 것이 좋다"며 "가능하다면 집값이 오를 수 있는 중심지역 아파트를 사라"고 조언했다.

그는 "단순히 집값이 오르는 것뿐 아니라 내 자산이 가진 가치가 상대적으로 더 많이 오를 수 있는 지역을 선택해야 한다"면서 "1주택자는 장기적으로 집값이 더 비싼 곳으로 옮겨가는 '갈아타기'를 계속해야 한다"고 말했다.

장기적으로 볼 때 부동산은 10년 주기로 반복되면서 침체기에서 상승기를 반복하고 있다. 또 오를 땐 많이 오르고, 떨어질 땐 10%도 떨어지지 않기를 반복하니, 주택은 없는 것보다 있는 것이 훨씬 좋다.

◈ 부동산 경기변동 4단계에서 돈 버는 방법은 따로 있다!

'경기(景氣)'란 한 국가 경제의 전반적인 활동 수준의 좋고 나쁨을 나타내는 것으로, 경기는 일정한 패턴을 가지고 주기적으로 반복하게 된다.

부동산 경기도 일반 경기와 마찬가지로 회복국면, 상향국면, 후퇴국면, 하향국면 등의 순환적 경기변동을 보인다. 이러한 부동산 경기는 지역적·부문별·개별적·국지적으로 나타나서 전국적·광역적으로 확대된다. 호경기가 있으면 그에 따라 주기적으로 불경기가 발생한다. 그 불경기가 부동산 경기를 안정적으로 성장하게 하는 예방주사 역할을 하므로 또 다른 호경기를 만들어 주고, 이러한 순환이 반복해서 부동산 경제를 발전하게 만들어 주고 있다.

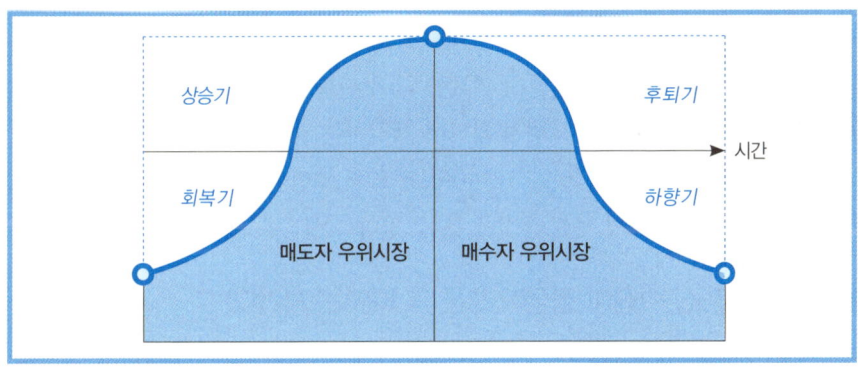

어쨌든 부동산 시장도 재테크로 투자 수익을 올리려는 사람과 실수요자 등에 의해 가격이 상승하는 호경기와 하락하는 불경기가 발생하고, 이러한 변화는 수요와 공급을 맞추는 과정에서 발생하는 것으로, 위의 부동산 경기 변동 그래프와 같이 회복기, 상승기, 후퇴기, 하향기의 4단계로 진행되고 있다. 그리고 이러한 부동산 4경기 국면은 평행선보다는 완만한 상승곡선으로 진행되므로, 똑똑한 부동산을 장기 보유하면 가격이 상승할 수밖에 없는 구조가 된다.

(1) 회복기에는 우수한 지역을 중심으로 매매가 상승!

회복기에는 투자자들이 공격적으로 부동산에 투자하고, 실수요자들 역시 더 오르기 전에 사야 한다는 심리적 압박 속에 투자가 증가되고, 이러한 현상은 부동산의 시장의 황금기(상승기)를 만든다.

이 시기에 우량한 물건에 투자하는 것도 좋지만, 적은 돈과 투자이익을 고려할 때 미래가치가 있는 저평가된 아파트를 대상으로 투자해야 한다.

상승기가 되면 우량한 아파트보다 지금은 저평가되어 있지만, 오를 수 있는 아파트가 더 높은 수익을 가져다준다. 이러한 시기에는 아파트뿐만 아니라 역세권과 학군이 우수한 다세대주택과 다가구주택, 상가건물 등의 투자도 노려볼만하다. 조만간 호경기가 다다르면 아파트뿐만 아니라 다른 주택시장(단독주택, 다세대주택 등)과 상가건물(주상복합, 상가, 오피스텔 등) 등의 시장으로 부동산 가격이 오르기 때문에 높은 투자수익을 기대할 수 있다.

(2) 상승기에는 부동산 가격상승으로 매물보다 매수자가 증가!

상승기의 특징으로는 다시 매도자와 매수자의 가격 차이가 벌어지는 시기로 매도인이 주도권을 가지고 가격을 정한다. 이렇게 매도자 중심으로 시장이 바뀌고, 매수인들은 대출을 받아서라도 적극적으로 집을 사려는 수요가 증가한다.

이 시기에 똑똑한 아파트는 계속 가져가고, 시세차익을 보기 위해 구입한 저평가된 부동산을 하나씩 정리할 필요가 있다.

회복기에 저평가 되어 있던 아파트가 이제는 그 가치를 발휘하고 있으니 그래도 계속 올라줄 수 있는 아파트는 남겨두고, 그렇지 않다고 생각하는 것은 주식처럼 손절매해야 하는 시기가 된 것이다. 이때 제대로 정리를 하지 못하게 되면 조만간 돌아오게 되는 후퇴기와 하향기의 늪을 5년 동안 벗어나지 못해 손실을 볼 수 있다는 생각을 가져야 한다.

(3) 후퇴기는 부동산 가격이 정점에 오른 후 빠지는 시기다!

부동산 경기가 정점에 다다르면 실물경제에서 그에 따른 부작용이 발생하고, 정부는 부동산 시장을 진정시키기 위해서 규제정책을 발표한다. 규제가 시작되면 시장심리가 위축되고 가격하락의 염려 때문에 매수자들의 심리가 위축되어 매수 수요가 점점 줄어 부동산의 시세가 내리지도, 오르지도 않는 시점이 발생한다.

이러한 시기에 다다르면 매도인은 똑똑한 부동산(명품은 경기가 나빠도 가격하락에 둔감하고 나 홀로 독야청청)은 남기고 다른 부동산들은 손절매하는 시기이다.

이 시기는 매수자 우위시장으로 우량한 물건이 급매물로 나왔다면 매수를 고민하고, 대체적으로 더 떨어질 때를 기다렸다가 매수하는 것이 바람직한 시기이다.

(4) 하향기는 후퇴기를 거쳐 부동산 시장이 바닥을 치는 시기

가격이 하락하는 시기라서 일반수요자들은 오히려 매수를 망설이고, 투자자들의 매수 수요만 증가한다. 아마도 투자자들의 선구안이 일반 실수요자들보다 앞서기 때문이다.

이 시기에 재테크로 투자하는 분들은 장기전을 생각해야 한다. 똑똑한 아파트 등을 대상으로 투자하고, 5년을 기다리면 5년 안에 반드시 호경기가 온다. 그때까지 보유했다가 파는 전략이 필요하다.

조금 답답하겠지만 호경기가 되면, 호경기에 사서 파는 것보다 훨씬 높은 수익을 가져다준다. 유의할 점은 우량한 지역의 아파트를 사야 한다는 것이다.

하향기에는 ① 주택이 없는 사람은 용기를 내서 내 집 마련의 기회를 잡고, **② 주택이 있는 사람도** 똑똑한 부동산으로 갈아타서 내 자산의 가치를 높여야 한다.

02 경매 첫걸음을 향한 권리분석 이야기!

◆ 경매 권리분석은 인수할 권리가 있는가를 분석하는 것이다!

 "경매로 부동산을 사면, 중개업소에서 사는 것보다 싸다는 것은 누구나 다 알고 있습니다. 그런데 경매로 사지 못하는 것은 권리분석의 함정 때문이지요. 알고 보면 권리분석도 간단해요.

권리분석이란 내가 경매로 부동산을 매수할 때, 입찰서에 기재한 매수희망가격 이외에 추가로 인수하게 되는 권리나 금액 등이 있는가를 분석하는 것입니다."

"보통의 경우 경매로 낙찰 받아 매각대금을 납부하면 소유권 이전과 동시에 등기부에 설정되었던 권리 등이 소멸되어 매수인에게 인도되는 것이 원칙이지만, 소멸되지 않고 매수인(=낙찰자)의 부담으로 남는 권리가 있을 수 있으니 유의해야 합니다."

◆ 부동산을 경매로 살 때 유의해야 될 점은?

 "선생님, 권리분석에서 유의해야 되는 점은 뭐가 있는지, 알기 쉽게 설명해 주세요."

 "경매로 매각되는 경우 등기사항전부증명서에 가장 먼저 등기된 채권으로 가압류, 압류, 근저당, 담보가등기, 집합건물전세권(전세권자가 직접 경매를 신청했거나 제3자의 경매절차에서 배당요구한 경우), 강제경매개시기입등기 등이 있는 경우, 이들 선순위채권을 보호하기 위해서 이보다 후순위의 채권이나 권리를 소멸시키는 것이 원칙인데, 이와 같은 권리를 말소기준권리라 합니다. 후순위채권이나 권리가 소멸되지 않고 낙찰자가 인수하게 된다면 그만큼 낮은 가격으로 매각될 테고, 그로 인해 선순위채권이 보호받지 못하게 되니까요. 그러나 이들 선순위채권 즉 말소기준권리보다 선순위인 부동산상의 권리나 선순위로 부동산에 등기된 권리가 있다면 소멸되지 않고 낙찰자가 인수해야 합니다."

◆ 경매로 소멸되는 권리와 인수하는 권리 알아 두기!

 "그럼, 선생님. 부동산상의 권리와 등기부상의 권리로 인수하게 되는 권리는 세부적으로 어떤 것이 있죠?"

"허허, 이거 이 대리는 알고자 하는 열의가 대단하신 분이네요.

첫째, 부동산 상의 권리로 인수하게 되는 권리는 임차인이나 유치권자, 법정지상권, 분묘기지권, 지역권 등이 있습니다. 그중 대표적인 권리가 주택이나 상가 임차인으로 말소기준권리보다 먼저 대항요건(전입신고+주택인도)을 갖춘 경우 대항력이 있어서 ① 배당요구를 하지 않고 대항력을 주장하는 경우 낙찰자가 임대인의 지위를 승계(종전임대차 승계)하고, ② 배당요구를 해서 전액 배당받으면 소멸되지만, 미배당금이 발생하면 낙찰자가 인수해야 합니다.

둘째, 등기부상의 권리로 인수하게 권리는 말소기준권리 이전에 등기된 가등기, 가처분, 전세권, 지상권, 환매등기, 임대차등기 등이 있습니다."

"말소기준권리 이전의 권리만 조심하면 되겠군요. 말소기준권리 이후의 권리는 모두 소멸 되니까요."

"그래서 임차인이 말소기준권리 이후에 대항요건을 갖추었으면 대항력이 없게 되는 군요" 이 대리가 알겠다는 듯 대답했다.

◆ 아파트를 경매로 낙찰 받으면 임차인은 어떻게 되나?

"대항력에 대해서 정리해보면, 임차인이 주임법상 대항요건을 갖추고 있는 상태에서 소유자가 변경되면 새로운 소유자가 임대인의 지위를 승계하게 되므로, 임차인은 잔여 임대차 계약기간 보호와 계약기간 종료 후 보증금 반환 청구를 주장할 수 있죠. 이렇게 주택이 일반매매, 상속, 증여 등으로 소유권이 이전되는 경우에는 말소기준권리를 기준으로 하는 것이 아니라 소유권이 이전되기 전까지 대항요건을 갖추고 있으면 새로운 소유자에게 대항력을 주장할 수 있습니다.

그러나 주택과 상가 등이 법원경매나 압류재산공매로 매각되는 경우에는 상황이 달라서, 등기부에 가장 먼저 등기된 채권 즉 말소기준권리를 보호하기 위해서 말소기준권리 이전에 대항요건을 갖춘 임차인만 대항력이 보장되고, 이후에 대항요건을 갖춘 임차인은 소멸됩니다. 이러한 선순위임차인은 대항력을 주장해서 잔여 임대차기간동안 거주할 수도 있고, 스스로 대항력을 포기하고 우선변제권(최우선변제권, 확정일자부 우선변제권)으로 배당요구해서 전액 배당받으면 권리가 소멸되는데, 미배당금이 발생하게 되면 낙찰자가 인수하게 되는 것입니다."

다세대주택으로 내 집 마련과 부족한 월급 채우는 경매실전 강의

 경매사이트에서 물건분석을 통해 입찰대상 물건을 찾아 권리를 분석하는 방법을 기술해 놓았으니 독자 분들도 이렇게 따라 하면 된다.

◆ 사당동 다세대주택 입찰대상 물건정보 내역

No	접수	권리종류	권리자	채권금액	비고	소멸여부
1(갑2)	2005.07.12	소유권이전(매매)	박OO			
2(을11)	2009.04.13	근저당	(주)벤피트	266,000,000원	말소기준등기 양도전:대야신협	소멸
3(을13)	2010.06.08	근저당	(주)벤피트	26,000,000원	양도전:대야신협	소멸
4(을14)	2011.03.08	근저당	(주)벤피트	104,000,000원	양도전:대야신협	소멸
5(갑3)	2014.05.29	가압류	김OO	295,000,000원	2014카단1260	소멸
6(을15)	2014.09.02	근저당	김OO	400,000,000원		소멸
9(갑4)	2015.05.11	임의경매	(주)벤피트	청구금액: 299,744,557원	2015타경0000	소멸

* 등기부현황 (채권액합계 : 1,566,076,462원)

◆ 이 다세대주택을 입찰할 물건으로 선정한 이유?

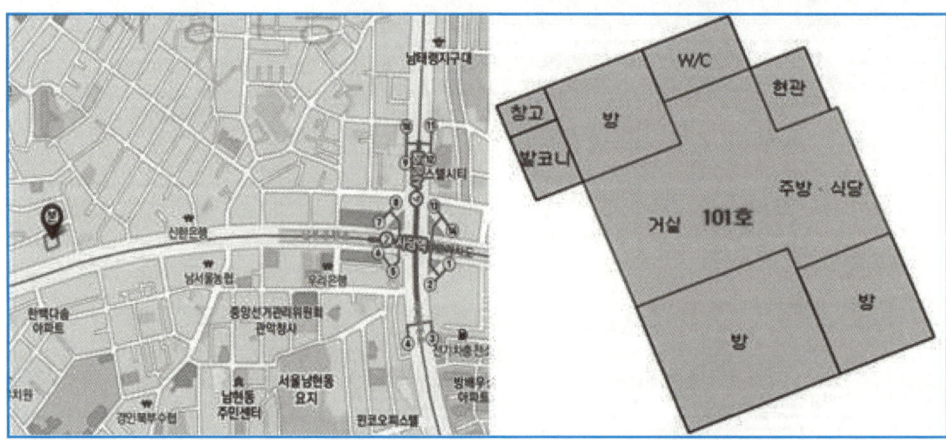

경매물건정보 내역에서 감정평가서와 사진내역 그리고 전자지도를 확인해서 분석해 본 결과 이 물건은 서울시 동작구 사당동에 위치하고 있는 다세대주택이다.

주변에 지하철 2호선과 4호선 지하철 사당역이 도보로 7분 거리에 있고, 버스 등의 대중 교통이 발달해 있는 지역이다. 그래서 강남과 강북 어디로 출퇴근하더라도 사방팔방으로 연결되는 위치에 다세대주택이 위치하고 있다. 그리고 2016년 3월 당시 주택시세가 2억 8,000만원에서 2억9,000만원이고, 전세가 주택가격의 90%인 2억6,000만원에 거래되고 있었다.

그래서 그런지 이 물건은 감정가가 234,000,000원인데 28명이 입찰에 참여해서 지인이 236,340,000원에 낙찰 받았다. 왜냐하면 시세가 감정가보다 높은 2억8,000만원에서 2억 9,000만원이고, 전세 시세도 2억6,000만원에 거래되고 있기 때문이다.

그리고 실수요자들이 선호하는 소형주택이다. 과거에는 대형주택의 가치증가가 컸지만 현재는 중소형주택의 상승세로 이어지고 있는데, 이러한 추세는 계속적으로 변함없이 이어질 것으로 전망된다. 왜냐하면 1인 또는 2인 가구의 증가가 계속되고 있고, 앞으로도 출생률의 저하로 인해 노령인구가 증가되고, 그에 따라 소득수준의 감소로 이어져 중소형의 가치가 증가될 수밖에 없기 때문이다. 이러한 다세대주택은 현재 시세차익도 발생하지만, 계속적으로 가격이 오를수 있는 미래가치도 높다. 문제는 20년 이상 된 노후주택으로 수선해서 팔아야 앞에서와 같은 가격으로 매매하거나 임대가 가능하다는 것이 흠이다.

◆ 매수 이후에 세금절세 방법을 고려해서 팔아야 높은 수익이 발생한다!

입찰 참여자는 총 28명인데 2등은 231,307,900원으로 500만원 차이로 지인이 1등으로 낙찰 받았다. 이 다세대주택을 낙찰 받아 단기 투자로 1년 미만에 팔면 40%, 1년 이상이면 일반세율로 6~42%의 세율을 적용받게 되고(2016년 3월 입찰당시 양도소득세율임), 1가구 1주택자가 9억 이하의 주택을 2년 이상 보유하다가 팔면 주택 양도가격이 9억까지는 양도소득세 비과세 혜택까지 볼 수 있다(양도세 비과세 기준금액이 2021년 12월 8일부터 9억원에서 12억원으로 변경됨).

지인이 매수하고 1,500만원을 들여 새 집처럼 수선해서 1년 동안 임대하다가 팔아서 부족한 생활자금에 보태고 있다. 대략적으로 계산해도 양도금액 3억원-낙찰금액 231,307,900원-소유권이전비용 500만원(명도비용 150만원포함)-주택수선비 1,500만원-매도중개수수료 120만원(0.4%)=47,492,100원(양도차익)-250만원(기본공제)=44,992,100원×15%-108만원(누진공제)=5,668,815원이다.

따라서 양도소득세가 5,665,810원, 지방소득세 566,880원을 납부하면 된다.

그러니 낙찰금액 231,307,900원을 은행에서 70%(1억6,200만원) 대출받아 실제 현금투자는 8,930만원(주택수선비 포함) 투자해서 1년 만에 4,125만원의 투자이익을 벌게 되었다.

대출이자는 고려하지 않은 이유는 반전세로 보증금 1억에 월세 80만원을 받아서 80만원으로 대출이자를 갚고도 남았기 때문이다.

> 〈2021년 1월 1일부터 양도세 비과세 제도 변경〉
> 앞의 사례는 2016년 낙찰 받은 시점을 기준으로 양도세와 비과세를 계산한 것이다. 하지만, 2021년부터 다음과 같이 변경되었다.
> ① 주택 양도소득세율이 2021년 6월 1일부터 1년 미만 보유 시 70%, 1년 이상 2년 미만은 60%, 2년 이상은 6~45%의 세율이 적용된다.
> ② 양도소득세 비과세 혜택 기준금액이 2021년 12월 8일부터 9억원에서 12억원으로 변경되어 시행 중에 있다.

04 14년 전에도 오르는 아파트가 있었고, 현재도 마찬가지이다!

필자가 16년 전에 신도림에 있는 태영 아파트 62평형을 낙찰 받았다가 실수요자에게 바로 판 기억이 난다. 이 아파트는 구로구 구로동 지하철 2호선 신도림역 인근에 위치하고 있었고, 이 당시에는 대형평형이 중소형평형보다 가치가 증가하던 시기였다.

◆ 신도림 태영아파트 주변 현황도와 내부 평면도

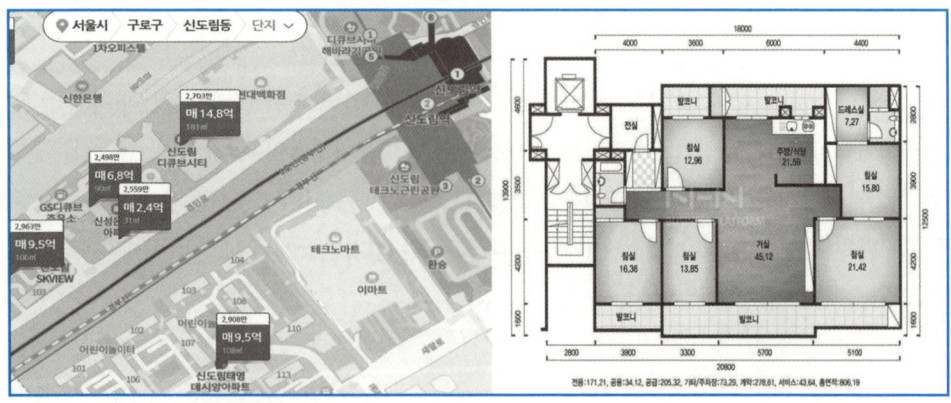

◆ 경매 입찰대상물건 정보내역과 입찰 진행내역

소재지	서울특별시 구로구 구로동 1267. 신도림태영타운 113동 3층 000호 도로명주소검색							
물건종별	아파트(62평형)	감정가	580,000,000원	오늘조회: 1 2주누적: 0 2주평균: 0 조회동향				
대지권	61.88㎡(18.719평)	최저가	(100%) 580,000,000원	구분	입찰기일	최저매각가격	결과	
건물면적	171.22㎡(51.794평)	보증금	(10%) 58,000,000원	1차	2006-06-12	580,000,000원		
매각물건	토지·건물 일괄매각	소유자	윤OO	낙찰 : 681,709,000원 (117.54%)				
개시결정	2005-10-24	채무자	윤OO	(입찰6명,낙찰: OOO)				
사건명	임의경매	채권자	한국보훈복지의료공단	매각결정기일 : 2006.06.19 - 매각허가결정				
				대금지급기한 : 2006.07.26				
				배당기일 : 2006.08.30				
				배당종결 2006.08.30				

● 매각물건현황 (감정원 : 원일감정평가 / 가격시점 : 2005.11.06)

목록	구분	사용승인	면적	이용상태	감정가격	기타
건물	16층중 3층	00.12.22	171.22㎡ (51.79평) (62평형)	방5,주방 외	406,000,000원	
토지	대지권		43788.1㎡ 중 61.88㎡		174,000,000원	
현황 위치	* 신도림역 남서측 인근에 위치 * 거리공원길,도림천로가 위치, 약500미터거리에 신도림역(1호선,2호선)이 있어 교통사정 비교적 양호					

● 임차인현황 (말소기준권리 : 2005.04.27 / 배당요구종기일 : 2006.02.06)

===== 임차인이 없으며 전부를 소유자가 점유 사용합니다. =====

● 등기부현황 (채권액합계 : 590,000,000원)

No	접수	권리종류	권리자	채권금액	비고	소멸여부
1	2005.04.25	소유권이전(매매)	윤OO			
2	2005.04.27	근저당	한국보훈복지의료공단	590,000,000원	말소기준등기	소멸
3	2005.10.21	압류	서울특별시구로구		세무1과-9919	소멸
4	2005.11.03	임의경매	한국보훈복지의료공단	청구금액: 590,000,000원	2005타경00000	소멸

남부지방법원에서 감정가 5억8,000만원으로 1회차에 진행되었던 물건인데, 6명 입찰해서 필자가 681,709,000원을 써서 낙찰 받았다. 그때, 이 아파트의 시세는 7억7,000만원 정도여서 입찰가를 감정가보다 1억원 정도 높은 가격으로 입찰했다. 이 시기에는 아파트 가격이 계속해서 상승하던 시기라 사두면 오를 것이라는 판단으로 그랬다. 그 판단은 적중했다. 낙찰 받고 2006년 7월 26일 잔금을 납부하고 나니, 8억5,000만원으로 오르더니 8월 중순경에는 9억원까지 올랐다. 그리고 2020년 3월에는 다음과 같이 올랐다.

◆ 네이버 부동산 매물 시세 현황(2020년 3월 당시)

랭킹순 | 최신순 | 가격순 | 면적순	랭킹순 | 최신순 | 가격순 | 면적순
신도림태영타운 113동 **매매 12억** 아파트 · 205/171m², 6/16층, 남동향 부분수리,이사협의,로얄동,신도림초역세권,채광굿 LBA태영데시앙공인중개사사무소 | 매경부동산 제공 확인 20.03.20.	**신도림태영타운 113동** **매매 12억** 아파트 · 205/171m², 6/16층, 남향 싱크대수리및 일부수리 정상입주 부자부동산공인중개사사무소 | 매경부동산 제공 확인 20.03.10.
신도림태영타운 113동 **매매 12억** 아파트 · 205/171m², 6/16층, 남동향 부분수리,입주가능,신도림역 초역세권. 신도림공인중개사사무소 | 알터 제공 확인 20.03.20.	**신도림태영타운 113동** **매매 12억 8,000** 아파트 · 205/171m², 중/16층, 남동향 즉시입주로얄동로얄층 일부수리 채광굿 미래초품아 믿음공인중개사 | 부동산뱅크 제공 확인 20.02.27.

<u>2022년 10월 20일 네이버 부동산 매물 시세를 확인했더니 17억~18억원으로 올랐다.</u>
　이렇게 투자는 현재 가치만 보지 말고, 오르는 부동산에 투자하는 것이 중요한 포인트가 된다. 그래서 필자가 낙찰 받아 성공한 사례로, 경매로 투자하는 분들에게 도움을 주고자 기술한 것이다.

05 감정가보다 높은 가격으로 아파트를 낙찰 받아 성공한 사례!

　이 아파트의 장점은 **첫째**, 2호선과 8호선 더블역세권 잠실역에서 도보로 3분 거리에 있는 점이고, **둘째**, 아파트의 가치를 증가시키는 잠실초, 잠현초, 잠실중고 등 명문고가 10분 이내 거리에 위치해 있는 명문학군이다. **셋째**, 대형유통상가 등의 편의 시설로 홈플러스, 롯데월드몰, 롯데마트, 서울아산병원, 등 다양한 생활문화 편의시설이 인접해 있고, **넷째**, 올림픽대로, 송파대로, 강변북로 등으로 연결되는 최고의 사통팔달 입지, **다섯째**, 한강, 석촌호수, 올림픽 공원 등 인근에 녹지공간도 풍부하다는 점이다. 그리고 주변지역 수천세대가 재건축(미성아파트, 진주아파트 등)이 진행되고 있고, 이들 아파트 시세는 18억에서 20억을 호가하고 있다. 그래서 2019년 10월 14일에 이 아파트를 사면 9억원은 충분히 받을 것이라고 판단하고, 2회차에서 20% 저감된 6억1,600만원보다 높은 7억7,700만원에 입찰해서 낙찰 받았다.

◆ 잠실 아이스페이스아파트 주변 현황도

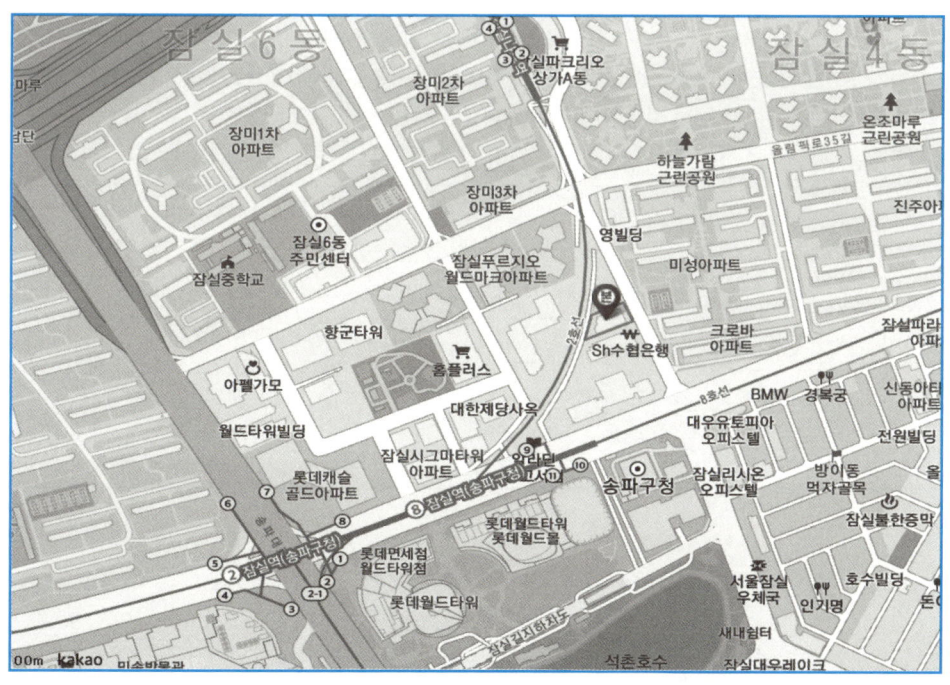

◆ 경매 입찰대상물건 정보내역과 입찰 진행내역

소 재 지	서울특별시 송파구 오금로 58, 잠실아이스페이스 22층 0000호						
물건종별	아파트	감 정 가	770,000,000원	오늘조회: 1 2주누적: 10 2주평균: 1 조회동향			
대 지 권	10.89㎡(3.294평)	최 저 가	(80%) 616,000,000원	구분	입찰기일	최저매각가격	결과
				1차	2019-09-02	770,000,000원	유찰
건물면적	84.11㎡(25.443평)	보 증 금	(10%) 61,600,000원	2차	2019-10-14	616,000,000원	
매각물건	토지·건물 일괄매각	소 유 자	국제자산신탁(주)	낙찰: 777,709,900원 (101%) (입찰12명, 낙찰:대전광역시 (주) OO모닝 / 차순위금액 756,999,999원)			
개시결정	2018-12-03	채 무 자	OOO	매각결정기일: 2019.10.21 - 매각허가결정 대금지급기한: 2019.11.29			
사 건 명	임의경매	채 권 자	OOO캐피탈대부(주)	대금납부 2019.10.30 / 배당기일 2019.11.28 배당종결 2019.11.28			

매각물건현황 (감정원 : 민현기감정평가 / 가격시점 : 2018.12.14 / 보존등기일 : 2001.06.29)

목록	구분	사용승인	면적	이용상태	감정가격	기타
건물	27층중 22층	01.05.31	84.11㎡ (25.44평)	방 2, 거실, 주방겸 식당, 욕실 2, 발코니 등	385,000,000원	* 개별난방설비 * 지하주차장, 북서향
토지	대지권		2149.1㎡ 중 10.89㎡		385,000,000원	

현황 위치	* 송파구청 북측 인근에 위치하며 부근은 대단위 아파트단지 등 주거지와 일부 공공시설, 상업업무시설 등으로 형성된 지역으로 제반환경은 양호시됨. * 본건까지 제반 차량출입이 용이하며, 인근에 노선버스 정류장 및 지하철역(2,8호선 송파구청역)소재로 제반대중교통여건은 편리시됨. * 본건 토지는 사다리형으로서 평탄하게 택지조성함. * 본건 토지의 포장 및 본건 주위로 정비된 포장도로에 접함.

임차인현황 (말소기준권리 : 2017.02.02 / 배당요구종기일 : 2019.02.19)

===== 조사된 임차내역 없음 =====

기타사항	▶본건 부동산에 현지출장하였으나 폐문부재이어서 점유자를 만날 수가 없었음. ▶아파트 관리인에게 문의한 바 나이든 할머니가 자식들과 함께 거주하는 것만 알 뿐. 자세한 거주내역은 모른다고 함. ▶전입세대열람 내역 결과 본건 부동산에는 채무자만 주민등록표에 등재되어 있어 일응 임차인 없음으로 보고함.

등기부현황 (채권액합계 : 15,000,000원)

No	접수	권리종류	권리자	채권금액	비고	소멸여부
1(갑9)	2011.04.29	소유권이전(매매)	OOO		거래가액 금500,000,000원	
2(을22)	2017.02.02	근저당	OOO캐피탈대부(주)	15,000,000원	말소기준등기	소멸
3(갑10)	2017.02.02	소유권이전(신탁)	국제자산신탁(주)			
4(갑15)	2018.12.03	임의경매	OOO캐피탈대부(주)	청구금액: 652,029,500원	2018타경00000	소멸

◆ 나는 낙찰 받고 나서, 한강 조망권 때문에 놀랐다!

이 주상복합 아파트는 종전에 거래된 물건이 없어서 실거래가 사례가 많지 않았다.

1개월 전에 8억2,000만원으로 매물이 나왔다가 8억500만원으로 실거래 된 사실도 있었지만, 나는 9억3,000만에 매물로 내놓았다. 전세 시세는 매수 당시 5억5,000만원이지만, 가파르게 상승해서, 입찰 당시 6억원~6억5,000만원까지 받을 수 있다는 사실을 주변 중개업소를 통해서 확인할 수 있었다.

◆ 7억 7천만원에 낙찰 받아서 8억 8천만원에 팔았다!

필자는 법인 명의로 잠실 아이스페이스아파트 38평형을 7억7,770만원에 낙찰 받고, 앞의 도표와 같이 주변 중개업소에 9억3,000만원에 매물로 내놓았다가 경매절차에서 차순위 입찰한 분에게 8억8,000만원에 팔았다. 그러니 세금을 공제하고도 7,000만원 정도 순수익을 올릴 수 있었다.

이렇게 오르는 부동산을 가지고 투자해야만 낙찰 받을 당시의 시세차익보다 높은 수익을 얻을 수 있다.

06 봉천우성아파트를 낙찰 받아 부족한 연봉 만들기에 성공한 사람

이 아파트는 2020년 2월에 지인에게 낙찰 받아 준 사례이다. 이 아파트의 장점은 지하철 2호선 서울대입구역은 도보로 7분 거리, 7호선 숭실대입구역은 도보로 10분 거리에 있고, 가까운 곳에 서울봉천초등학교와 봉원중학교 등이 있다. 그리고 대형유통상가 등의 편의 시설과 재래시장 등이 인접해 있다.

특히 강남역까지 지하철로 20분 거리에 인접한 43평형 아파트임에도 불구하고, 주변 다른 아파트에 비해 저평가되어 있다는 것이 앞으로 오르는 아파트가 될 여지가 충분한 아파트였다. 그래서 이 아파트에 관심을 가지고 다음과 같이 아파트 주변 현황과 입찰대상 물건분석, 현장답사를 통해서 매매 및 전월세 시세를 조사했다.

◆ 봉천우성아파트 주변 현황도와 내부 평면도

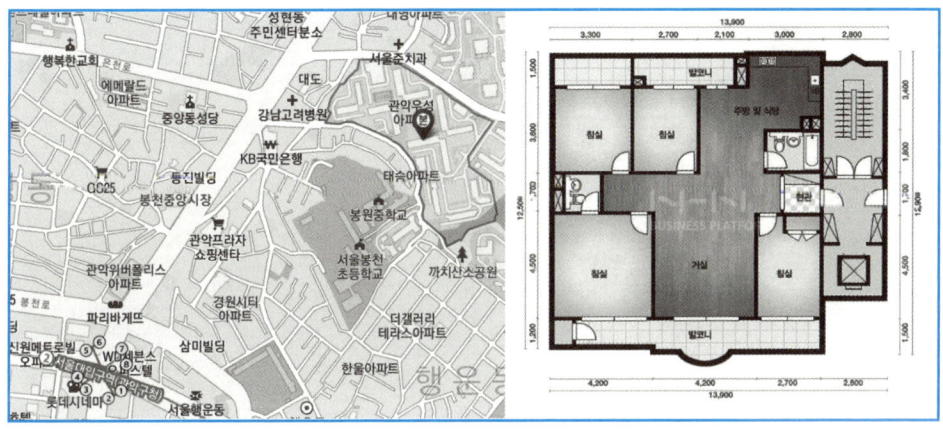

◆ 경매 입찰대상물건 정보내역과 입찰 진행내역

2019타경 0000			● 서울중앙지방법원 본원 ● 매각기일 : **2020.01.08(水) (10:00)** ● 경매 10계 (전화:02-530-2714)				
소 재 지	서울특별시 관악구 봉천○○○○, 봉천우성○○ 도로명검색 D지도 N지도						
물건종별	아파트	감 정 가	699,000,000원	오늘조회: 2 2주누적: 12 2주평균: 1 조회동향			
대 지 권	37.85㎡ (11.45평)	최 저 가	(80%) 559,200,000원	구분	입찰기일	최저매각가격	결과
건물면적	114.78㎡ (34.721평)	보 증 금	(10%) 55,920,000원	1차	2019-12-04	699,000,000원	유찰
매각물건	토지·건물 일괄매각	소 유 자	김○○	2차	2020-01-08	559,200,000원	
개시결정	2019-04-26	채 무 자	재○○	낙찰 : 632,000,900원 (90.42%)			
사 건 명	임의경매	채 권 자	국○○	(입찰2명, 낙찰:관악구 이○○ / 차순위금액 592,300,000원)			
				매각결정기일 : 2020.01.15 - 매각허가결정			
				대금지급기한 : 2020.02.28			
				대금납부 2020.02.05 / 배당기일 2020.03.04			
				배당종결 2020.03.04			

● 매각물건현황 (감정원 : 연우감정평가 / 가격시점 : 2019.06.04 / 보존등기일 : 2001.05.11)

목록	구분	사용승인	면적	이용상태	감정가격	기타
건물	26층중 2층	00.12.13	114.78㎡ (34.72평)	방4, 거실, 주방/식당, 욕실2, 발코니 등	279,600,000원	
토지	대지권		50661.5㎡ 중 37.85㎡		419,400,000원	

● 임차인현황 (말소기준권리 : 2016.08.29 / 배당요구종기일 : 2019.07.09)

임차인	점유부분	전입/확정/배당	보증금/차임	대항력	배당예상금액	기타
정○○	주거용 205호	전 입 일 : 2008.02.18 확 정 일 : 미상 배당요구일 : 없음	미상		배당금 없음	
황○○	주거용 205호	전 입 일 : 2019.03.07 확 정 일 : 2019.03.07 배당요구일 : 2019.07.08	보45,000,000원	없음	소액임차인	

● 등기부현황 (채권액합계 : 1,240,775,251원)

No	접수	권리종류	권리자	채권금액	비고	소멸여부
1(갑3)	2008.01.04	소유권이전(매매)	김○○		거래가액:480,000,000	
2(을13)	2016.08.29	근저당	국○○ (부여지점)	276,000,000원	말소기준등기	소멸
3(을15)	2017.07.19	근저당	국○○	360,000,000원		소멸
4(갑4)	2019.02.22	압류	국○○			소멸
5(갑5)	2019.03.18	가압류	신○○	297,000,000원	2019카단30990	소멸
6(갑6)	2019.03.28	가압류	국○○	206,302,559원	2019카단33063	소멸
7(갑7)	2019.04.26	임의경매	국○○ (여신관리센터)	청구금액: 307,291,899원	2019타경3234	소멸

◆ 권리분석을 하다가 놀라운 사실을 또 하나 발견했다!

경매 입찰대상 물건 정보와 매각물건명세서를 확인하니 2명의 전입세대원이 있었는데, 이 중 ① 황○○는 권리신고 및 배당요구한 대항력 없는 임차인이고, ② 말소기준권리보다 선순위로 전입신고한 정○○는 권리신고를 하지 않았다. 그래서 정○○가 진정한 임차인이라면 낙찰자가 인수해야 되는 상황이다.

매각물건명세서

사건	2019타경0000 부동산임의경매		매각 물건번호	1	작성 일자	2019.11.19	담임법관 (사법보좌관)	김세경	
부동산 및 감정평가액 최저매각가격의 표시	별지기재와 같음		최선순위 설정			2016.08.29, 근저당권	배당요구종기		2019.07.09

부동산의 점유자와 점유의 권원, 점유할 수 있는 기간, 차임 또는 보증금에 관한 관계인의 진술 및 임차인이 있는 경우 배당요구 여부와 그 일자, 전입신고일자 또는 사업자등록신청일자와 확정일자의 유무와 그 일자

점유자 성 명	점유 부분	정보출처 구 분	점유의 권 원	임대차기간 (점유기간)	보 증 금	차 임	전입신고 일자, 사업자등록 신청일자	확정일자	배당 요구여부 (배당요구일자)
정○○	205호	현황조사	주거 임차인				2008.02.18	미상	
황○○	205호	현황조사	주거 임차인				2019.03.07	미상	
	제205호 전부	권리신고	주거 임차인	2019.03.07~20 21.03.06.	45,000,000		2019.03.07	2019.03.07	2019.07.08

그런데 등기부를 확인해보니 금융기관의 채권금액이 아파트 시세를 초과하고 있어서 이상한 생각이 들었다. 진정한 임차인은 대항력이 없는 황OO 임차인 밖에 없을 것이라는 느낌이다.

그래서 입찰하기 전날에 다음과 같이 전입세대를 열람해보니 정OO는 전입신고를 퇴거하고, 황OO 임차인만 남아 있었다.

전입세대 열람 내역(동거인포함)

행정기관: 서울특별시 송파구 마천1동			출력일시: 2020년 01월 07일 11:20:05	
신청주소: 서울특별시 관악구 관악로30길 12, 000동 000호				
순번	세대주성명 / 주소	전입일자 / 최초전입자 전입일자 등록구분	동거인수	동거인사항 순번 성명 전입일자 등록구분
1	황** / 서울특별시 관악구 관악로30길 12, 103동 000호 (봉천동,관악우성아파트)	2019-03-07 거주자 / 황** 2019-03-07 거주자	1	1 이** 2019-06-19 거주자

◆ 어떻게 아파트를 시세보다 1억2천만원 싸게 낙찰 받았을까?

그래서 생각을 해 봤다. 선순위임차인이 퇴거를 해도 대항력이 발생하는 경우의 수를 다음과 같이 분석해 보았다.

① 선순위임차인이 대항력이 있으려면 배당요구종기일까지 권리신고 및 배당요구하고, 배당요구종기일 후에 퇴거하면 대항력과 우선변제권을 유지할 수 있다. 그래서 임차인에게 미배당금이 발생하면 낙찰자가 인수해야 한다.

그런데 ② 권리신고 및 배당요구를 하지 않은 임차인이 퇴거를 한 경우라면 대항력은 소멸되므로, 매수인이 인수하지 않아도 된다는 것을... 즉 이 아파트를 낙찰 받으면 매수인이 인수할 금액이나 권리가 없다는 것이다.

그리고 입찰 당시인 2020년 1월 아파트 시세를 조사해 보니 7억5,000만원 정도로, 낙찰받아 2년 이상 거주하면 9억원 정도는 충분히 받을 것이라고 판단을 했다. 그래서 2회차에서 20% 저감된 5억5,920만원보다 높은 6억3,200만원에 입찰해서 낙찰 받았다.

2020년 1월 8일 낙찰 받고, 2020년 2월 5일 잔금을 납부하고, 아파트는 임차인으로부터 2020년 3월 19일 인도 받았다. 2020년 1월 8일 낙찰 받고, 명도하는 과정에서 정OO는 채무자겸 소유자의 배우자로 밝혀졌고, 인수할 금액이나 권리가 없다는 사실을 확인하면서 권리분석의 중요성을 다시 한번 확인할 수 있었다.

(1) 왜? 이 아파트는 입찰자가 2명밖에 없었을까?

이 아파트에 입찰자가 2명만 있고, 2등한 입찰자가 1등과 4000만원정도 차이난 사실 등을 볼 때, 2등한 입찰자가 본인이 직접 낙찰 받을 목적으로 입찰 전날 퇴거한 것으로 분석할 수 있다. 어쨌든 필자가 입찰 전날 퇴거한 사실을 확인하고, 2등보다 4,000만원 높은 가격으로 낙찰 받았지만, 이 금액은 시세보다는 1억2,000만원 정도 낮은 금액이다.

(2) 선순위로 예상되는 임차인이 없었다면 어떻게 되었을까?

앞의 43평형 아파트에 선순위로 예상되는 임차인이 없었다면 2주 후에 매각되는 이 35평형 아파트처럼 높은 가격으로 매각되었을 것이다.

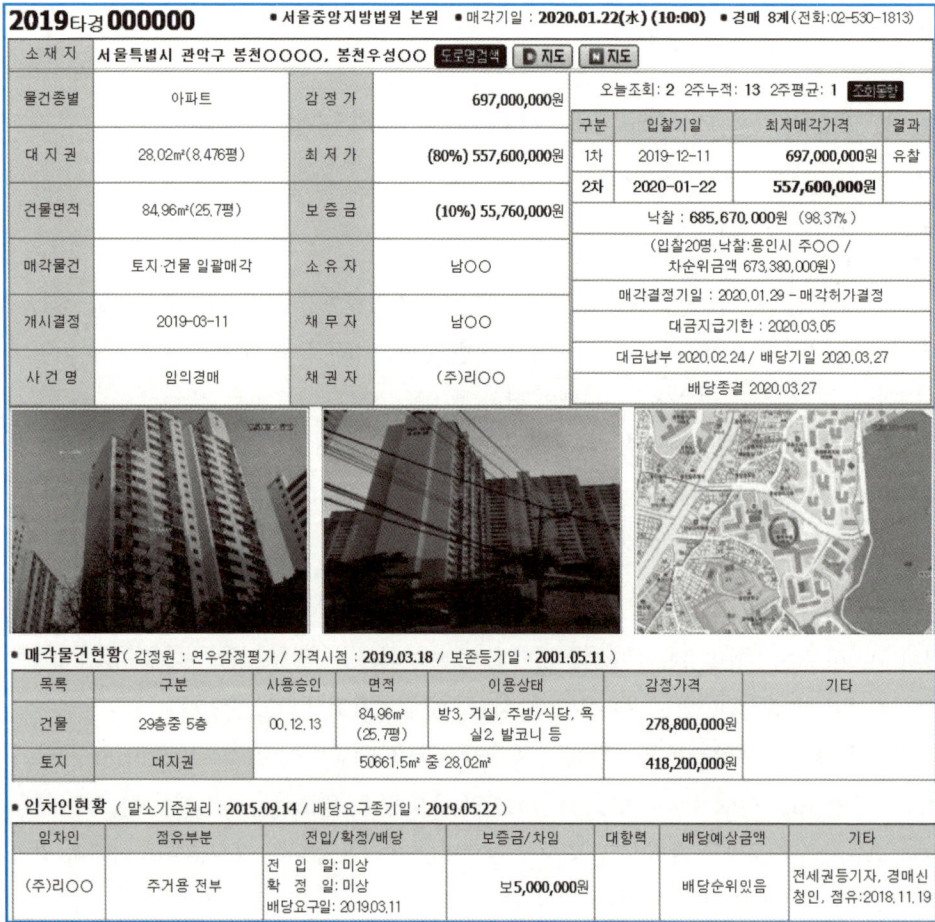

● 임차인현황 (말소기준권리 : 2015.09.14 / 배당요구종기일 : 2019.05.22)

임차인	점유부분	전입/확정/배당	보증금/차임	대항력	배당예상금액	기타
(주)리○○	주거용 전부	전 입 일: 미상 확 정 일: 미상 배당요구일: 2019.03.11	보5,000,000원		배당순위있음	전세권등기자, 경매신청인, 점유:2018.11.19

● 등기부현황 (채권액합계 : 713,000,000원)

No	접수	권리종류	권리자	채권금액	비고	소멸여부
1(갑2)	2003.02.10	공○○지분전부이전	남○○		매매, 개명전:남정호	
2(을14)	2015.09.14	근저당	국○○ (서여의노령업부)	348,000,000원	말소기준등기	소멸
3(갑8)	2017.03.21	소유권이전(신탁)	국○○			
4(갑11)	2018.04.04	소유권이전	남○○		신탁재산의귀속	
5(을22)	2018.11.19	근저당	(주)리○○	360,000,000원		소멸
6(을23)	2018.11.19	전세권(전부)	(주)리○○	5,000,000원	존속기간: 2018.11.19~2020.11.18	소멸
7(갑15)	2019.03.11	임의경매	(주)리○○	청구금액: 258,844,931원	2019타경00000	소멸

이 아파트는 35평형인데 20명이 입찰해서 685,670,000원에 매각되었고, 필자의 지인이 낙찰 받은 43평형 아파트도 선순위로 예상되는 임차인이 없었다면 6억3,200만원보다 훨씬 높은 7억3,000만원 정도에 매각되었을 것이다.

◆ 네이버 부동산 매물 시세 현황(2020년 3월 당시)

현재 이 아파트는 소유권이전등기를 하고 한 달도 안 돼 8억원으로 올랐다. 그러니 2년 후에는 9억원 이상 오를 것이 분명하다고 생각했다. 그 판단은 2022년 10월 현재 11억 5,000만원까지 오른 것을 보면 올바른 판단이었다고 본다. 이렇게 오르는 부동산에 투자해야만 낙찰 받을 당시의 시세차익뿐만 아니라 2년 보유 후에도 올라서 높은 수익을 기대할 수 있다.

 ## 노량진 재개발 1구역 내 연립주택을 낙찰 받아 성공한 사례

필자는 2019년 8월 16일에 노량진 재개발구역에서 두 개의 물건을 낙찰 받았다.

하나는 노량진 재개발1구역의 다세대주택으로, 25평형 아파트를 추가부담금 없이 분양 받을 것이 예상되는 주택이다. 이 주택은 시세가 9억 5,000만원인데 다음과 같이 786,609,800원에 낙찰 받았다.

◆ 온비드공매 다세대주택 입찰물건 정보내역

◆ 입찰결과 확인 및 낙찰 후 대응 방법

상세입찰결과

물건관리번호	2019-04335-001		
재산구분	압류재산(캠코)	담당부점	서울서부지역본부
물건명	서울특별시 동작구 노량진동 000-0 외 1필지 제2층 제000호		
공고번호	201906-19472-00	회차 / 차수	031 / 001
처분방식	매각	입찰방식/경쟁방식	최고가방식 / 일반경쟁
입찰기간	2019-08-12 10:00 ~ 2019-08-14 17:00	총액/단가	총액
개찰시작일시	2019-08-16 11:02	집행완료일시	2019-08-16 11:20
입찰자수	유효 2명 / 무효 0명(인터넷)		
입찰금액	786,609,800원/ 784,300,000원		
개찰결과	낙찰	낙찰금액	786,609,800원
감정가 (최초 최저입찰가)	755,000,000원	최저입찰가	755,000,000원
낙찰가율 (감정가 대비)	104.19%	낙찰가율 (최저입찰가 대비)	104.19%

대금납부 및 배분기일 정보

대금납부기한	2019-09-18	납부여부	미납
납부최고기한	2019-09-30	배분기일	-

(1) 공매로 매수 후 전소유자와 임대차계약서를 작성하다!

필자가 낙찰 받고 나서 잔금을 지급하기 전에 새봉빌라를 방문해서 명도를 협의했는데 이 과정에서 전소유자가 임차인으로 거주하기로 합의되어 전세보증금 2억원에 임대차계약서를 작성했다.

(2) 잔금 납부 후 팔아서 1억3,000만원의 양도차익을 남기다!

이 새봉빌라는 2019년 8월 16일 786,609,800원에 공매로 낙찰 받아 2019년 9월 26일 잔금을 납부했다. 새봉빌라가 위치하고 있는 노량진 재개발1구역은 지하철 1호선과 9호선이 교차하면서 인근에 7호선까지 이용 가능한 트리플 역세권이다. 그래서 그런지 잔금 납부 후 일주일도 안돼 9억5,000만원에 매도할 수 있었다.

◆ 이 연립주택을 팔아서 1억3,000만원의 높은 수익을 올렸다!

낙찰금액 786,609,800원+등기비용 18,535,000원+은행대출이자 400만원+중개수수료 800만원이 소요되어 양도차익은 132,855,200원이다. 여기에 법인세 20%(기본법인세10%와 주택양도차익 법인세10%)+지방소득세 2%(법인세액의 10%)를 공제하면 29,228144원으로 103,627,056원의 순이익이 발생하게 되었다. 그러나 법인세액에서 법인 사업운영 비용을 공제하면 15%와 그에 대한 10%로 16.5%가 예상되니 실제 순이익은 110,934,092원이 될 것이다.

그런데 낙찰 금액에서 5억6,700만원을 대출 받아 구입했으니 실제 현금은 250,144,800원을 투자해서 110,934,092원을 올린 것으로 44.34%의 순이익이 발생했다.

우리들은 1억3,000만원 벌었으니 충분하다고 생각할 수 있다. 그러나 이 물건은 2022년 10월 시세를 조사해 본 결과 20억원 정도까지 가격이 올랐다. 이런 이유로 부동산 투자로 성공하려면 똑똑한 부동산에 투자해서 장기보유해야 한다. 특히 재개발사업구역 내에 있고 아파트분양권을 받을 수 있다면 더욱 그렇다.

◆ 재개발구역의 도로 4분의 1지분을 낙찰 받아 성공한 사례

<u>두 번째로</u> 노량진 재개발6구역과 5구역 두 곳의 지역에 걸쳐져 있는 도로 4분의 1지분으로 30.25㎡이다(총면적은 121㎡×1/4=30.25㎡). 그리고 토지 분할 시점이 1978년도이므로 단독으로 90㎡ 이상의 도로 지분을 가지고 있으면 분양자격을 얻을 수 있는 도로 지분이었다.

(1) 입찰결과 확인 및 낙찰 후 대응 방법

■ 상세입찰결과

물건관리번호	2018-12465-001		
재산구분	압류재산(캠코)	담당부점	서울서부지역본부
물건명	서울특별시 동작구 노량진동 000-000		
공고번호	201906-19472-00	회차 / 차수	031 / 001
처분방식	매각	입찰방식/경쟁방식	최고가방식 / 일반경쟁
입찰기간	2019-08-12 10:00 ~ 2019-08-14 17:00	총액/단가	총액
개찰시작일시	2019-08-16 11:02	집행완료일시	2019-08-16 11:20
입찰자수	유효 4명 / 무효 0명(인터넷)		
입찰금액	53,609,900원/ 46,780,000원/ 46,150,000원/ 45,682,500원		
개찰결과	낙찰	낙찰금액	53,609,900원
감정가 (최초 최저입찰가)	45,677,500원	최저입찰가	45,678,000원
낙찰가율 (감정가 대비)	117.37%	낙찰가율 (최저입찰가 대비)	117.36%

■ 대금납부 및 배분기일 정보

대금납부기한	2019-09-18	납부여부	미납
납부최고기한	2019-09-30	배분기일	-

    이 도로지분은 노량진6구역에서는 2020년 상반기 현금청산 받을 수도 있고, 노량진5구역에서는 지분을 추가로 매입하여 분양신청할 수 있는 권리가 있는 물건이었다.

(2) 그래서 두 가지 전략을 세웠다.

<u>첫 번째로</u>, 추가지분을 매수해서 5구역에 분양신청을 하는 방법이다. 이때 6구역에서는 권리가액에 해당하는 만큼을 받고, 5구역에 넘겨주기로 동작구청과 5구역 조합 등이 합의를 본 상태였다.

<u>두 번째로</u>, 현금청산금을 받는 방법이다. 이 방법도 그리 나쁘지 않았다. 6구역에서는 2020년 상반기에 현금청산금을 받을 수 있고, 5구역도 1년 이내에 현금청산금을 받을 수 있다. 그리고 이 재개발구역 내의 대지 시세가 평당 6,000만원 정도이므로, 대지가의 70~80% 선으로 현금청산금이 정해진다고 가정하면, 대지에 대한 현금청산금은 평당 4,200만원이 예상된다. 그러나 도로는 대지가의 3분의 1 정도로 현금청산되고 있으니, 적어도 1,400만원이 예상되기 때문이다.

이보다 적게 평당 1,100만원만 잡아도 1억원 정도 받을 수 있으니 5,000만원 정도 기대수익이 예상되는 물건이라 입찰해서 낙찰 받았다.

매수 이후에 권리가액의 증가를 목적으로 추가로 매수하는 방법과 권리가액이 부족한 조합원에 파는 전략, 그리고 마지막으로 현금청산 받는 방법으로 접근했었다. 이렇게 접근했으나 상황이 여의치 못해서 현금으로 청산 받는 방법으로 수익을 올릴 수 있었다.

독자 분들도 재개발구역 내에 이러한 도로 지분이 경매나 공매 또는 일반 매물로 나왔다면 필자와 같이 매수해서 돈을 벌기 바란다.

 **선순위전입세대원이 있는 아파트를 낙찰 받아 내 집 마련하다!**

이 장원빌라트 아파트는 **첫째**, 서울시 서초구 반포동에 있는 아파트로, 인근에 노선버스정류장과 지하철 9호선 "신반포역"이 도보로 10분 거리에 있다. **둘째**, 아파트의 가치를 증가시키는 서울반포초, 계성초, 신반포중학교, 세화여자고등학교와 세화남자고등학교 등이 도보

로 10분 거리에 위치해 있는 명문학군이다. **셋째,** 주변이 아파트단지로 기존 반포자이와 삼성래미안퍼스티지 아파트, 그리고 신반포아파트가 재건축으로 신축 중에 있으며, 구반포는 현재 재건축 추진 중이다. 따라서 신반포와 구반포 재건축이 완성되어 입주하는 시기에 또 한 번 아파트 가격이 요동칠 수 있는 우량한 지역이다.

필자는 2일에 거쳐 주변부동산(서래공인중개사무소, 하나공인중개사무소, 도시풍경공인중개사무소 등)을 통해 시세를 확인해 본 결과 내내 시세는 30억원에서 32억원 선이며, 전세는 20억원에서 22억원 선이라는 설명을 들을 수 있었다.

그런데 이 아파트의 감정가가 19억5,000만원으로 책정되어 2022년 7월 13일에 1회차가 진행된 것은 1동 19세대로 7년 전에 거래된 가격만 있고, 그 후에 거래된 실거래가가 없기 때문이다. 그러니 첫 회에 낙찰 받더라도 10억원 이상 저렴한 가격으로 낙찰 받을 수 있는 우량한 아파트로 다음과 같이 분석하고 입찰에 참여하기로 결정했다.

◆ 반포동 장원빌라트 아파트 주변 현황도

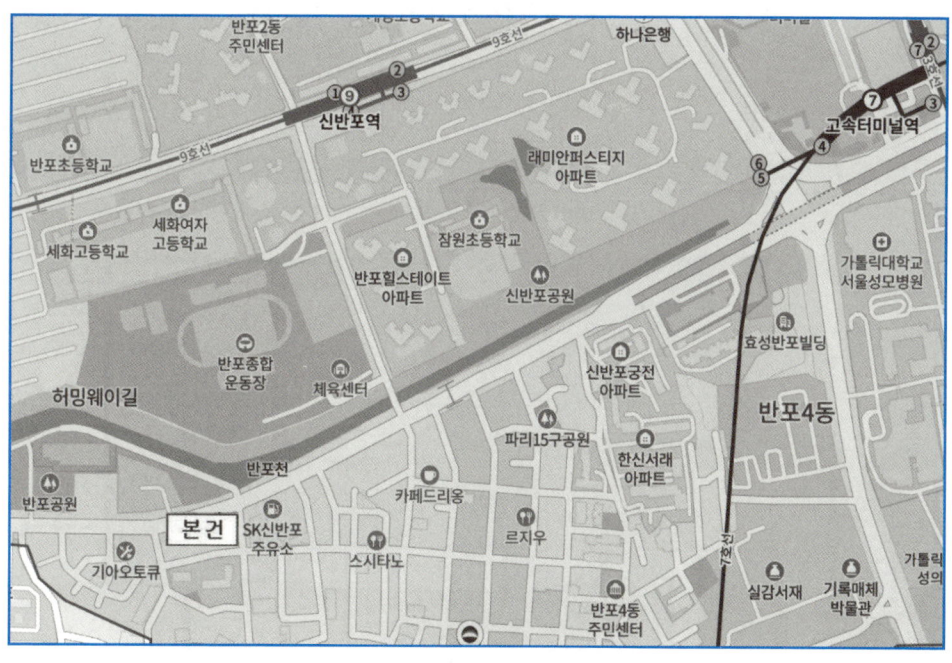

◈ 장원빌라트 아파트 사진 및 아파트 내부 평면도

◆ 경매 입찰대상 물건 정보내역과 입찰 진행내역

소재지	서울특별시 서초구 반포○○○○, 장원빌라○○ (도로명검색)						
물건종별	아파트	감정가	1,950,000,000원	오늘조회:1 2주누적:14 2주평균:1 (조회동향)			
대지권	100.22㎡(30.32평)	최저가	(100%) 1,950,000,000원	구분	매각기일	최저매각가격	결과
건물면적	244.88㎡(74.08평)	보증금	(10%) 195,000,000원	1차	2022-07-13	1,950,000,000원	
매각물건	토지·건물 일괄매각	소유자	김○○	매각 : 2,176,089,800원 (111.59%)			
개시결정	2021-05-07	채무자	김○○	(입찰1명,매수인:광산구 김○○)			
사건명	강제경매	채권자	박○○	매각결정기일 : 2022.07.20 - 매각허가결정			

● 매각물건현황 (감정원 : 다올감정평가 / 가격시점 : 2021.05.14 / 보존등기일 : 2002.07.04)

목록	구분	사용승인	면적	이용상태	감정가격	기타
건물	10층중 8층	02.06.29	244.88㎡ (74.08평)	주거용	390,000,000원	
토지	대지권		1880.4㎡ 중 100.22㎡		1,560,000,000원	

● 임차인현황 (말소기준권리 : 2003.08.29 / 배당요구종기일 : 2021.07.21)

임차인	점유부분	전입/확정/배당	보증금/차임	대항력	배당예상금액	기타
김영민	주거용 전부	전입일자: 2017.02.24 확정일자: 미상 배당요구: 없음	미상	없음	배당금 없음	
유영수	주거용 전부	전입일자: 2003.03.04 확정일자: 미상 배당요구: 없음	미상		배당금 없음	

● 등기부현황 (채권액합계 : 3,138,759,266원)

No	접수	권리종류	권리자	채권금액	비고
1(갑2)	2003.03.03	소유권이전(매매)	김서연		
2(을9)	2003.08.29	근저당	수협중앙회 (신정동지점)	1,279,730,597원	말소기준등기 일본국법화 금134,513,086엔(적용환율:951.38원)

◆ 어떻게 아파트를 시세보다 10억원 정도 싸게 낙찰 받았을까?

주변 부동산중개업소를 통해서 확인해 본 결과 시세가 30억원에서 32억원 정도인데 필자가 2022년 7월 13일에 단독으로 입찰해서 21억7,000만원에 낙찰 받았다. 10억원 정도 싸게 입찰했는데도 다른 입찰자가 없었다. 그 이유는 말소기준권리가 2003년 8월 29일 수협 근저당권인데, 이보다 먼저 2003년 3월 4일 전입신고한 유영수가 있었기 때문이다. 유영수가 임차인이면 매수인은 보증금을 인수해야 하기 때문이고, 그때 인수금액은 최소한 10억원 이상 될 것으로 분석할 수 있기 때문이다. 그럼 필자는 어떻게 분석하고 낙찰 받을 수 있었나?

첫째, 등기부를 확인해보니 채무자겸 소유자와 유영수가 전입신고한 날짜가 동일하고, 채무자겸 소유자가 퇴거한 시점에 김영민이 입주한 것을 확인할 수 있었다(등기부에 전거한 날짜와 퇴거한 날짜가 표시됨).

둘째, 등기부에서 여러 번 경매가 진행되다가 취소되기를 반복했는데, 그 과정에서 채무자겸 소유자세대만 거주하고 다른 세입자가 없음을 증빙하는 집행관의 현황조사서(이전경매사건 2016타경6379)를 확인할 수 있었다.

셋째, 1순위 수협중앙회 근저당권자를 통해서 확인하는 방법이다. 수협은 유지제이차유동화전문유한회사에 근저당권을 넘겼기 때문에 모른다고 했다. 그래서 유동화회사에 확인했더니 대출 당시 채무자겸 소유자와 동일세대원이었기 때문에 대항력이 없다고만 했고 다른 내용은 알려 줄 수 없다고 했다.

따라서 유영수는 선순위 임차인이 아니기 때문에 인수하지 않아도 된다는 분석 후 입찰에 참여해서 단독으로 낙찰 받은 것이다.

낙찰 받고 확인한 결과 유영수는 채무자겸 소유자의 아들인 것을 확인할 수 있었다.

현재 채무자겸 소유자가 유영수는 본인 아들인데 경매절차에서 선순위임차인으로 기재하고 매각했기 때문에 낮은 금액으로 매각되었다는 주장을 하면서 즉시항고 소송을 제기했다.

1심인 경매법원은 기각했고, 현재 서울중앙법원에서 2심인 즉시항고 소송을 진행하고 있다.

즉시항고 소송으로 시간을 소요되겠지만 매각결정을 취소하는 판결은 어려울 것이고 필자가 소유권을 취득하는 것은 어렵지 않을 것으로 판단된다.

독자분들도 선순위전입세대원이 있는 경매물건에서 필자와 같이 분석하고 입찰하면 높은 투자 수익을 올릴 수 있을 것이다.

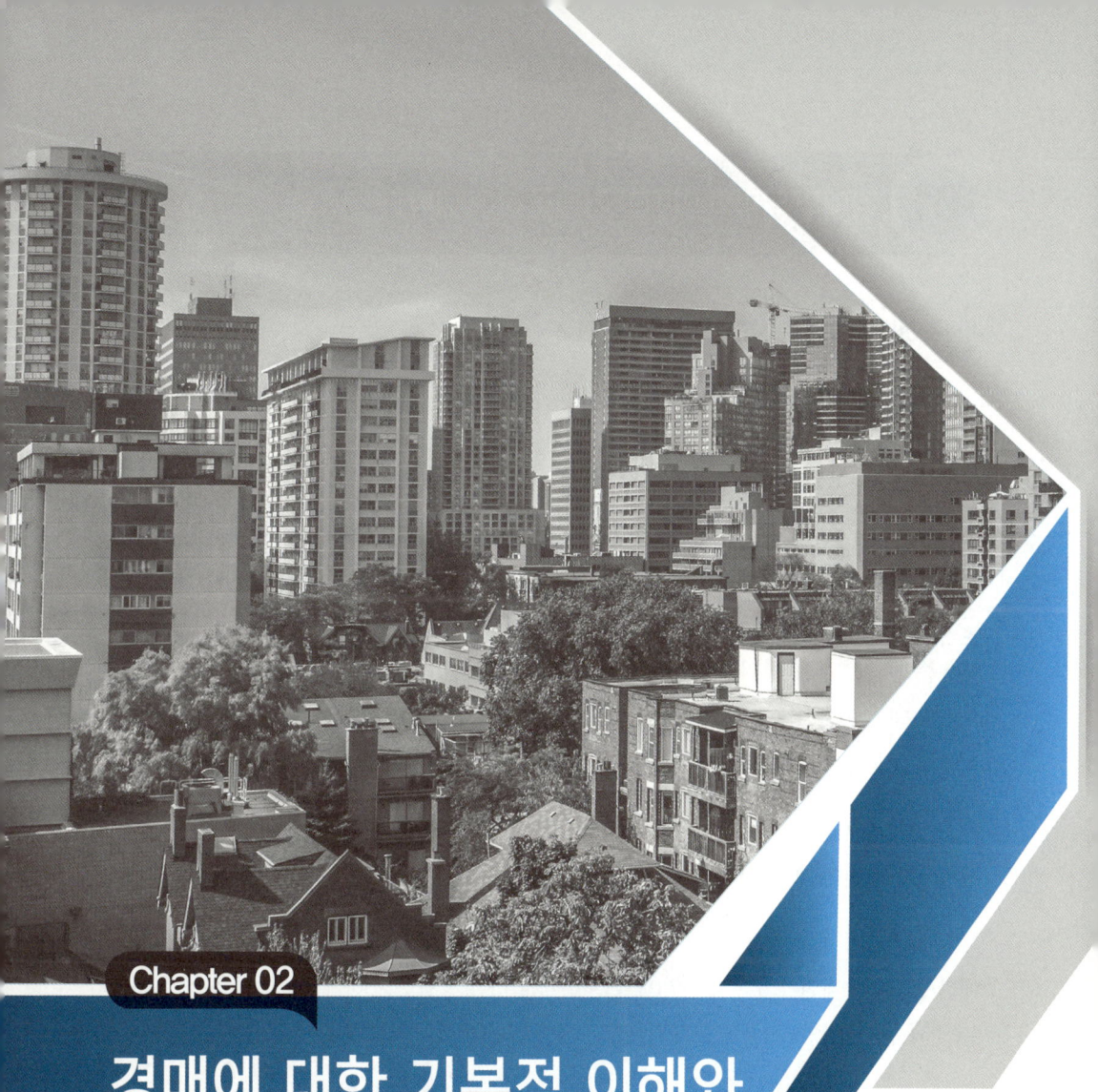

Chapter 02

경매에 대한 기본적 이해와 절차상 차이점

01 경매의 의미와 어떠한 기능을 하고 있나?

◆ 경매는 어떤 것인가?

① 채권자 등이 변제기가 도래했음에도 채무자가 채무변제의 의무를 이행하지 아니할 경우 변제 받고자 하는 채권자가 채권원인증서(근저당권, 집행권원 등)에 기해서 관할법원에 채무자(물상보증인 또는 연대보증인)소유의 부동산을 강제로 매각하여줄 것을 신청하는 절차이다.

이러한 채권원인증서에 따른 경매절차는 돈을 빌려주고 <u>근저당권 등을 설정한 담보물권자(근저당권자, 담보가등기권자 등)가 경매를 신청하는 임의경매</u>가 있고, 담보물권의 설정 없이 차용증만 받고 돈을 빌려준 채권자가 법원에 소송을 제기하여 <u>판결문을 득해서 그 집행권원으로 경매를 신청하는 경우나 집행권원(확정된 이행판결, 약속어음공정증서 등)을 소지한자가 경매를 신청하는 강제경매</u>가 있다.

② 경매는 채권자가 채무자와의 관계를 증명할 수 있는 서류를 첨부하여 경매비용과 함께 신청서를 법원에 제출함으로써 진행된다.

③ 채권자가 채무를 변제 받기 위해 경매에 붙인 부동산이 경쟁 입찰을 통해 낙찰되면 그 매각대금에서 채권자의 우선순위(배당순서)에 따라 채권을 회수하게 되며, 이 절차가 종료되는 것과 동시에 경매절차도 종료된다.

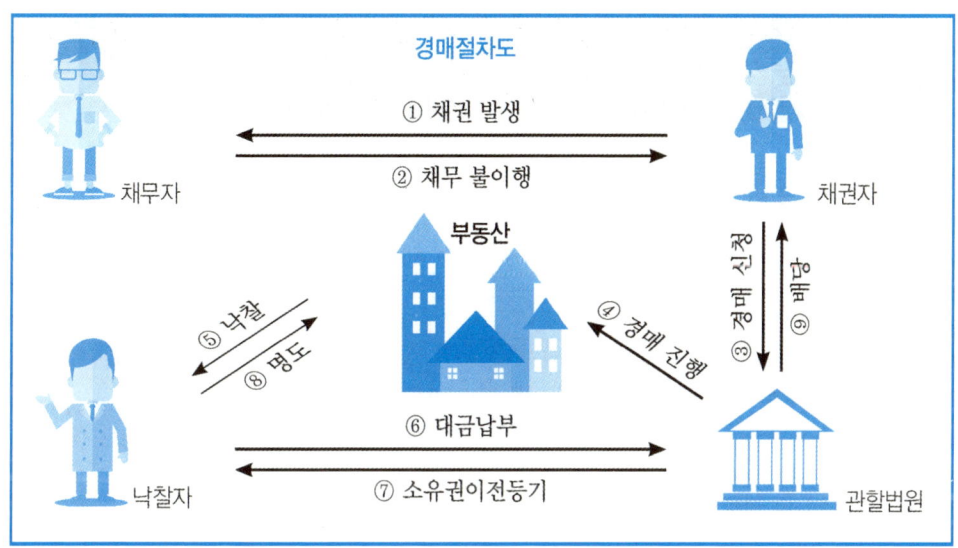

◈ 경매는 사회적 순기능 역할을 한다!

① 법원경매의 본래 취지는 채무자가 빚을 갚지 못할 때 그 재산을 객관적이고, 공정한 가격으로 환가하여 채권자에게 우선순위에 따라 공정한 만족을 주는 일련의 법집행절차이다.

② 입찰자는 법원이 제시한 부동산을 구입하고자 하는 자들이다. 그리고 법원을 매도자, 입찰자를 매수희망인으로 하는 민법상의 정형화된 계약형태의 일종이다.
채권자는 경매로 채권을 회수, 채무자는 변제되는 채무액만큼 채무에서 벗어날 수 있고 개인이 파산하지 아니하고 신용회복할 수 있는 기회가 될 수 있다.

③ 채권자는 경매로 돈을 받고 그 돈으로 새로운 가치를 창출하기 위해 재투자하여 사회에 공헌하게 될 것이고, 채무자는 부동산을 포기함으로서 부동산에 설정된 각종 제한물권 등이 없어지게 되어 새 출발의 계기를 갖게 된다.
이렇게 경매로 매각하지 않으면 일반매매로는 도저히 해결할 수 없는 경우가 많다.

④ 이처럼 경매는 돈의 흐름이 막혀 있던 것을 뚫어주는 역할을 하는 혈액순환제라고 할 수 있다.

02 경매투자의 매력과 투자방향은 어떻게 하면 되나!

◆ 경매투자의 매력

경매투자는 시세보다 저렴하게 구입하게 되므로 낙찰 받는 그 순간부터 이익을 확보할 수 있다. 왜냐하면 경매에서 입찰희망자는 부동산 시세를 정확하게 조사해 그 시세 이하로 입찰에 참여하게 되므로 저렴하게 부동산을 취득하게 되기 때문이다.

그 어떤 투자도 투자하는 그 순간부터 이익이 확보되는 것은 쉽지 않을 것이다.

◆ 경매에서 투자방향은 어떻게?

재테크의 기본은 우량한 물건을 싸게 사는 것이다. 그 다음 우량한 물건을 저렴하게 구입하지 못했더라도 제 가격을 받고 비싸게 파는 전략이 필요하다. 특히 요즘과 같이 경쟁이 치열한 시대에서 우리들이 눈여겨볼 대목이다. 그러나 이러한 내용들을 아는 분들이라면 남들이 쉽게 접근하지 못하는 지분이나 법정지상권, 유치권, 선순위 가등기나 가처분이 있는 물건에 투자해야 높은 기대수익을 올릴 수 있다. 남들 모두가 좋아하는 그런 부동산은 입찰 경쟁률이 높아서 높은 수익을 올리기 어렵다. 그렇다고 준비가 덜 된 사람이 분위기에 휩쓸려 특수물건에 투자했다가 실수하는 일이 있어서는 안 될 것이다. 그리고 경매를 통해 부동산을 취득하기에 앞서 "부동산을 취득하는 목적이 무엇인가?" 즉, "거주목적인가! 투자대상인가!" 등을 명확히 한 후 그에 따른 입찰가격 결정과 자금계획을 세워야 한다. 그 목적이 투자대상인 경우에는 투자회수 기간과 수익성 분석을 정확히 해야 한다.

◆ 경매투자에는 함정이 많다!

리스크(위험성)가 적은 부동산은 경쟁이 치열하니 투자이익이 적고(안전하다), 리스크가 큰 부동산은 투자이익이 큰 것이 대부분이다.

따라서 경매에 대한 권리분석을 잘하면 리스크가 큰 부동산에 투자할 수가 있어 투자이익을 보다 높일 수 있다. 그래서 지속적인 부동산 지식과 경매 지식을 습득하고, 부동산 현장 경험 등을 높여서 부동산 시장의 흐름을 파악하고 예측할 수 있는 능력을 배양해야 한다. 이러한 능력은 현재의 부동산 리스크(입찰 당시 리스크)뿐만 아니라 미래가치가 예상되는 부동산에 투자하여 높은 수익을 얻는 지름길이 될 수 있다.

◆ 부동산 경매에서 높은 수익을 올릴 수 있는 방법

① 법원경매는 물건의 현재 가치만을 보기 보다는 미래가치를 더욱 중요시 해야 한다.

지금의 노른자 땅이 앞으로도 계속적으로 노른자 땅이 되리라는 보장은 어디에도 없으며, 지금의 쓸모없는 땅이 앞으로도 계속적으로 쓸모없는 땅으로 남을 것이라고 쉽게 단정하지 마라!

그래서 미래가치로 물건을 평가하면 눈에 띄지 않던 우량물건이 쉽게 드러난다.

도로개설, 도시계획, 공단조성 등 각종 개발정보에 관심을 갖고 틈이 날 때마다 현장을 방문해 가격을 체크하는 노력이 필요하다.

② 하자가 있는 부동산을 취득하여 하자가 없는 부동산으로 치유하는 것이다(복잡한 권리를 분석하여 권리를 단순화시키고 안전화시키는 방법이다).

③ 정보의 다양화 등으로 개발계획 등이 있는 지역이나 재개발·재건축·뉴타운 등의 위치를 미리 선정하여 저렴하게 구입한 후 높은 가격으로 매각한다. 즉, 틈새시장을 노린다. 특히 주택시장에 대한 투자를 위해서는 재개발·재건축 등에 관해서 폭넓은 지식을 가지고 있어야 한다.

03 민사집행법상 진행되는 경매의 종류는?

민사집행법이 규정하고 있는 민사집행은 ① 강제집행, ② 담보권실행을 위한 경매, ③ 민법·상법·그 밖의 법률의 규정에 의한 경매, ④ 보전처분을 광의의 민사집행이라고 할 수 있고, 위 절차 중 ④ 보전처분을 제외한 절차, 즉 ① 강제집행, ② 담보권의 실행을 위한 경매, ③ 민법·상법·그 밖의 법률의 규정에 의한 경매를 협의의 민사집행이라고 할 수 있다.

◆ 금전채권에 기초한 강제집행 방법

(1) 부동산의 집행

① 강제경매(실질적 경매)

강제경매는 채무자 소유의 부동산을 압류, 현금화하여 그 매각대금으로 채권자의 금전채권의 만족을 얻는 것을 목적으로 하는 강제집행절차이다. 강제경매는 판결 기타 집행권원에 의하여 채무자 소유의 부동산을 압류하여 채무자의 의사와는 관계없이 강제적으로 매각하여 매각한 금액으로 채권자의 채권액을 변제받는 강제집행절차이다.

② 강제관리

강제관리는 채무자의 소유권은 그대로 두고, 채무자 소유의 부동산을 법원이 선임한 관리인으로 하여금 관리하게 하여 얻은 천연과실, 법정과실 등의 수익을 채권자가 만족하는 방법으로 채권을 회수하게 하는 방법이다. 이와 같이 강제경매는 채무자가 경매로 소유권을 잃는 대신 강제관리는 채무자가 소유권을 가지고 사용·수익권만을 상실하게 한다. 채권자는 두 방법을 병행하여 청구하거나 택일할 수 있다(민집 78조3항). 강제관리는 집행력 있는 정본에 의한 강제집행에만 인정되고, 임의경매 즉 담보권 실행을 위한 경매에서는 인정되지 아니한다. 그러나 집행실무에서는 강제관리는 거의 이용되지 않고 있으며 대부분 강제경매가 이용되고 있다.

> **민사소송법 제599조(집행방법)**
> ① 부동산에 대한 강제집행은 채권자의 신청에 의하여 법원이 한다.
> ② 강제집행은 다음 방법으로 한다.
>   1. 강제경매.   2. 강제관리
> ③ 채권자는 자기의 선택에 의하여 1개의 방법이나 2개의 방법으로 집행하게 할 수 있다.
> ④ 강제관리는 가압류의 집행에도 할 수 있다.

(2) 선박집행(민법 제172조)

등기할 수 있는 선박에 대한 강제집행은 강제경매에 관한 규정에 따른다. 다만, 사물의 성질에 따른 차이가 있거나 특별한 규정이 있는 경우는 그러하지 아니한다. 선박에 대한 강제집행의 집행법원은 압류 당시에 그 선박이 있는 곳을 관할하는 지방법원이 된다.

(3) 항공기집행
선박집행의 예에 따라 실시(법 제187조, 규칙 106조)

(4) 자동차, 건설기계집행
부동산집행의 예에 따라 실시

(5) 동산집행
유체동산에 대한 집행과 채권과 그 밖의 재산권에 대한 집행이 있다.

◈ 담보권 실행 등을 위한 경매(임의경매)

임의경매에는 저당권, 질권, 전세권 등의 담보물권을 실행하기 위한 실질적 경매와 민법, 상법, 기타 법률의 규정에 따른 형식적 경매가 있다.

(1) 담보권 실행을 위한 임의경매(실질적 경매)

채무자가 변제기가 도달했음에도 채무를 변제하지 아니할 경우 채권을 변제받기 위한 수단으로 담보물권의 실행을 위한 경매를 신청하는 것이다. 담보물권 즉 근저당권, 질권, 전세권 등 담보권자가 담보물권의 실행을 위한 경매는 채권자가 자기 채권의 만족을 얻기 위하여 실행한다는 점에서 강제경매와 공통점을 가지므로 강제경매와 담보물권의 실행을 위한 경매를 실질적 경매라고 부르고, 이에 대응하여 재산의 가격보전 또는 정리를 위한 경매를 형식적 경매라고 부른다.

> **담보권실행을 위한 경매(실질적 경매)의 종류**
> ① 부동산을 목적으로 하는 담보권실행을 위한 경매(민집법 264조 내지 268조)
> ② 선박을 목적으로 하는 담보권실행을 위한 경매(민집법 269조)
> ③ 자동차, 건설기계 및 항공기를 목적으로 하는 담보권실행을 위한 경매(민집법 270조)
> ④ 유체동산을 목적으로 하는 담보권실행을 위한 경매(민집법 271조, 272조)
> ⑤ 채권과 그 밖의 종류(민집법 273조)

(2) 재산의 가격보전 또는 정리를 위한 형식적 경매

가) 공유물 분할을 위한 경매

현물분할이 어려운 경우 공유물 분할을 위한 경매(민법 제269조 2항), 소유권 이외의 재산권 공유의 경우에 하는 분할을 위한 경매(민법 제278조, 제269조), 상속재산의 분할을 위한 경매(민법 제1013조 2항)가 있다.

나) 자조매각

특정물의 인도의무를 부담하는 자가 그 인도의무를 면하기 위하여 물건을 금전으로 환가하는 것을 목적으로 경매를 신청하는 경우를 일반적으로 자조매각(自助賣却)이라고 한다.

다) 단주의 경매

병합에 적당하지 아니한 단주의 처리(상법 제443조 1항), 준비금의 자본전입시 1주에 미달하는 단주의 처리(상법 제461조 2항), 회사합병으로 인한 주식병합 또는 주식의 분할의 경우(상법 제530조 3항, 443조 준용), 주식회사는 여러 가지의 경우 단주를 경매하여 그 대금을 주주에게 교부할 의무가 있다. 그러나 경매 이외의 방법으로도 할 수 있기 때문에 실무에서는 경매가 신청되는 경우가 거의 없다. 채무자 회생 및 파산에 관한 법률 265조·272조·273조에 정한 경매 등이 이에 해당한다.

라) 타인의 권리를 상실시키는 경매

어떤 물건에 대한 타인의 권리를 상실시키는 것 자체를 직접적인 목적으로 하여 그 권리에 대한 경매를 인정하는 경우[상법 제760조(공유선박의 국적상실과 지분의 매수 또는 경매청구), 집합건물의 소유 및 관리에 관한 법률 제45조 1항에 정한 경매(구분소유자의 의무위반 시 구분소유권의 경매)가 있는데 이는 경매에 의하여 목적재산에 대한 권리가 이전되는 효과를 이용하는 것이다]

마) 청산을 위한 경매

어떤 범위의 재산을 한도로 하여 각 채권자에 대하여 채권액의 비율에 따라 일괄하여 변제하기 위하여 청산을 목적으로 당해 재산을 환가하는 것, 민법 제1037조(한정승인의 경우에 상속채권자가 수증자에게 변제하기 위한 상속재산의 경매), 민법 제1051조 3항(상속재산에 의한 배당변제), 민법 1056조 제2항(상속인이 없는 경우 재산의 청산) 등이 있다.

위 가) ~ 마)를 협의의 형식적 경매라고 한다.

바) 유치권에 의한 경매

유치권에 의한 경매와 민법·상법, 그 밖의 법률이 규정하는 바에 따른 경매(이하 "유치권등에 의한 경매"라 한다)는 담보권 실행을 위한 경매의 예에 따라 실시한다.

위 가) ~ 마)에 따른 경매와 유치권에 의한 경매를 포함하여 광의의 형식적 경매라 한다.

 경매에서 집행관과 집행법원은 어떤 업무를 하나?

집행기관이란 강제집행의 실시를 직무로 하는 국가기관이다. 이러한 집행기관의 종류에는 민사집행법은 원칙적으로 독립적인 집행기관으로 집행관(집행관법 제2조)과 집행법원(민집법 제224조, 제79조)을 두고 예외적으로 수소법원(민집법 제260조, 제261조)을 집행기관으로 하는 경우가 있다.

◆ 집행관은 어떠한 업무를 하고 있나?

집행관은 「법률이 정하는 바에 의하여 재판의 집행, 서류의 송달 기타 법령에 의한 사무에 종사하는 독립적인 단독제 사법기관」이다(법원조직법 제55조 2항, 집행관법 제2조). 집행관은 자기의 판단과 책임하에 독립적으로 국가의 권한을 행사하는 기관이며 법원 또는 법관의 단순한 보조기관이 아니다. 또한 기관인 집행관을 구성하는 자연인인 집행관은 실질적 의미의 국가공무원이다.

(1) 집행관에 의한 영수증의 작성·교부(민집법 제42조)

① 채권자가 집행관에게 집행력 있는 정본을 교부하고 강제집행을 위임한 때에는 집행관은 특별한 권한수여가 없더라도 지급이나 그 밖의 이행을 받고 그에 대한 영수증서를 작성하고 교부할 수 있다. 집행관은 채무자가 그 의무를 완전히 이행한 때에는 집행력 있는 정본을 채무자에게 교부하여야 한다.

② 채무자가 그 의무의 일부를 이행한 때에는 집행관은 집행력 있는 정본에 그 사유를 덧붙여 적고 영수증서를 채무자에게 교부하여야 한다.

③ 채무자의 채권자에 대한 영수증 청구는 제2항의 규정에 의하여 영향을 받지 아니한다.

(2) 집행관의 권한(민집법 제43조)

① 집행관은 집행력 있는 정본을 가지고 있으면 채무자와 제3자에 대하여 강제집행을 하고 제42조에 규정된 행위를 할 수 있는 권한을 가지며, 채권자는 그에 대하여 위임의 흠이나 제한을 주장하지 못한다.

② 집행관은 집행력 있는 정본을 가지고 있다가 관계인이 요청할 때에는 그 자격을 증명하기 위하여 이를 내보여야 한다.

(3) 집행관의 강제력 사용(민집법 제5조 1항)

집행관은 집행을 하기 위하여 필요한 경우에는 채무자의 주거, 창고, 그 밖의 장소를 수색하고 잠근 문과 가구를 여는 등 적절한 조치를 할 수 있다. 2항 제1항의 경우에 저항을 받으면 집행관은 경찰 또는 국군의 원조를 요청할 수 있다.

(4) 집행관의 집행에서 참여자(증인)(민집법 제6조)

집행관은 집행하는 데 저항을 받거나 채무자의 주거에서 집행을 실시하는 데 채무자나 사리를 분별할 지능이 있는 그 친족, 고용인을 만나지 못한 때에는 성년의 두 사람이나 시·군·구·읍·면·동직원(공무원) 또는 경찰공무원 중 한사람을 증인으로서 참여하게 하여야 한다.

(5) 집행관 외의 사람으로서 집행관에게 한 원조요구(민집법 제7조)

① 집행관 외의 사람으로서 법원명령에 의하여 강제집행에 관한 직무를 집행하는 사람은 그 신분 또는 자격을 증명하는 문서를 지니고 있다가 관계인이 신청할 때에는 이를 내보여야 한다.

② 제1항의 사람이 그 직무를 집행하는데 저항을 받으면 집행관에게 원조를 요구할 수있다.

(6) 공휴일, 야간의 집행(민집법 제8조)

공휴일과 야간에는 법원의 허가가 있어야 집행행위를 할 수 있다.

(7) 이해관계인의 기록열람 등본부여(민집법 제9조)

집행관은 이해관계에 있는 사람이 신청하면 집행기록을 볼 수 있도록 허가하고 기록이 있는 서류의 등본을 교부하여야 한다.

(8) 집행관의 집행조서 작성(민집법 제10조)

① 집행관은 집행조서를 작성하여야 한다.
㉠ 집행날짜, 장소, ㉡ 집행목적물과 그 중요히 사정의 개요, ㉢ 집행참여자의 표시, ㉣ 집행참여자의 서명, 날인, ㉤ 집행참여자에게 조서를 읽어주거나 보여주고 그가 이를 승인하면 서명, 날인한 사실, ㉥ 집행관의 기명날인 또는 서명

(9) 집행행위에 속한 최고, 그 밖의 통지(민집법 제11조)

① 집행행위에 속한 최고 그 밖의 통지는 집행관이 말로 하고 조서에 적어야 한다. ② 말로 최고나 통지를 할 수 없는 경우에는 민사소송법 제181조, 제182조, 제187조의 규정을 준용하여 그 조서의 등본을 송달한다. 이 경우 송달증서를 작성하지 아니한 때에는 조서에 송달사유를 적어야 한다.

◆ 집행법원의 업무에 관한 이해

민사집행법이 규정한 집행행위에 관한 법원의 처분이나 그 행위에 관한 법원의 협력사항을 관할하는 집행법원은 법률에 특별히 지정되어 있지 아니하면 집행절차를 실시할 곳이나 실시한 곳을 관할하는 지방법원이 된다(민집법 제3조).

(1) 강제집행 대상 집행법원

집행법원은 원칙적으로 부동산소재지를 관할하는 지방법원이다(민집법 제79조 1항, 제268조). 집행법원의 사물관할은 단독판사의 관할이다(민집법 제7조4항).

다만, 판례는 집행법원의 토지관할은 전속관할이지만 사물관할은 전속관할이 아니므로 단독판사의 관할에 속하는 집행법원의 재판사무를 지방법원합의부에서 심판하였더라도 위법이라고 할 수 없다(대판 63다70) 라고 판단하고 있다.

예외적 관할로는 부동산, 채권에 대한 가압류, 가처분의 집행은 발령법원(가압류, 가처분 명령을 한 법원)이 집행법원이 된다.

(2) 부동산으로 보거나 부동산에 관한 규정이 준용되는 것

법률 또는 민사집행규칙에 따라 부동산으로 보거나 부동산에 관한 규정이 준용되는 것은 그 등기, 등록을 하는 곳의 지방법원이 관할한다(규칙 제41조).

(3) 일개의 부동산이 여러 개 지방법원의 관할에 있는 경우

각 지방법원이 관할권을 가지나 어느 한 법원이 필요하다고 인정하면 사건을 다른 법원으로 이송시킬 수 있다(민집법 제79조 2항).

(4) 여러 개의 부동산이 별개의 지방법원의 관할 내에 산재된 경우

각 지방법원별로 관할이 생기며 동일한 절차에 의하여 경매할 순 없지만 법원은 각각 경매 신청된 여러 개의 재산 또는 다른 법원이나 집행관에 계속된 경매사건의 목적물에 대하여 일괄매각의 결정을 한 다음 다른 법원 또는 집행관으로부터 그 목적물에 대한 경매사건을 이송받아 병합할 수 있다(민집법 제99조).

05 경매대상 부동산과 그 집행 방법

경매 등의 대상은 부동산이 되는데 부동산이란 토지 및 그 정착물 그리고 부동산과 동일시 하는 권리를 말한다.

◈ 토지가 경매대상인 경우

(1) 토지의 부합물·종물

토지에 정착된 공작물 중 독립된 부동산으로 취급할 수 없는 것(부합물, 종물 등)은 토지와 일체로 되어 하나의 부동산으로 취급되어 경매대상에 포함된다.

(2) 미등기수목

① 토지 위에 생립하고 있는 채무자 소유의 미등기수목은 토지의 구성부분으로서 토지의

일부로 간주되어 토지와 함께 경매되는 것이므로 그 수목의 가액을 포함하여 매각대상 토지를 평가해야 한다.

② 그러나 미등기수목일지라도 권원에 의해 식재된 경우에는 그러하지 않는다. 즉 토지임차권에 의하여 식재된 수목, 명인방법을 갖춘 수목은 토지로부터 독립하여 부동산으로 취급되므로 강제경매대상이 되지 못한다.

③ 과수원에 대한 경매 시 특별한 사정이 없는 한 매각대상목적물에 포함되므로 과수원에 대한 평가에 있어서 지상과목에 대한 수종, 수령, 그루수, 시설물 등을 상대로 개별적으로 평가하여 그 지가에 대한 산출기초를 명확히 해야 한다(재민 74-2).

④ 미분리의 천연과실(과수의 열매, 엽연초, 상엽, 입도 등)은 토지의 구성부분으로 통상 압류의 효력이 미치나 매각허가결정 시까지 성숙기 1개월 내에 수확할 수 있는 것은 토지의 경매에서 제외되므로 평가는 할 필요가 있고 따로 과실 수취권자를 채무자로 하여 유체동산에 대한 집행방법으로 집행해야 한다.

(3) 공유지분에 대한 강제경매

① 토지의 공유지분도 독립하여 강제경매의 대상이 된다. 즉 공유자 중 1인의 공유지분에 대하여 강제경매를 진행할 수 있다.

② 공유부동산의 지분에 대한 강제경매신청의 경우 채무자인 공유자 이외에 공유자 전원의 성명, 주소, 채무자가 가지는 지분의 비율을 기재해야 한다. 그 이유는 다른 공유자에게 경매개시결정이 있다는 것을 통지하여야 하고, 또 최저매각가격은 채무자의 지분에 관하여 정하여지기 때문이다(민집법 139조 1항, 2항).

③ 상속재산에 관하여 상속인이 여럿이 있는 경우 민법은 이들 상속인들의 공유로 한다고 규정(민법 제1006조). 따라서 상속재산의 각 지분은 공유지분의 집행대상이 된다.

④ 그러나 다음의 경우는 경매대상이 되지 못한다.
가) 민법상 조합재산은 공유가 아니고 합유이기 때문에 조합원지분을 다른 조합원의 동의가 없는 한 양도할 수 없으므로 조합재산인 개개의 부동산에 관하여 가지는 조합원지분은 경매대상이 되지 못한다.

나) 권리능력이 없는 사단의 재산은 사원전체의 총유(민법 제275조)이므로 그러한 사단의 재산인 부동산에 대하여는 지분권이라는 관념을 생각할 수가 없어서 경매를 할 수 없다.

다) 공동광업권자의 지분은 다른 공동광업권자의 동의가 없으면 처분할 수 없으므로 그 지분은 집행대상이 될 수 없다.

라) 집합건물법 제20조에서 집합건물에서 대지권의 취지가 등기되지 아니한 대지사용권으로서의 토지공유지분은 전유부분과 분리하여 처분할 수 있도록 하는 규약이 있지 아니하는 한 건물과 독립하여 강제경매대상이 되지 아니한다.

◈ 건물이 경매대상인 경우

① 건물은 토지로부터 독립된 부동산으로 취급되므로 경매의 대상이 된다. 건물의 공유지분, 구분소유권도 독립하여 강제경매대상이 된다. 건축 중인 건물은 최소한 기둥과 지붕 그리고 주벽이 이루어져야 독립된 부동산으로 건물이 되므로 이러한 정도에 이르기 전의 단계에서는 부동산집행의 목적이 될 수 없다.

② 미등기의 건물이라도 건축물이 완공되었고 그 건물 소유자가 채무자였다면 채무자의 소유임을 증명할 수 있는 서류, 그 건물의 지번, 구조면적을 증명할 서류 및 그 건물에 관한 건축허가 또는 건축신고를 증명할 서류를 제출하여 부동산경매를 신청할 수 있다(민집법 제81조 1항 2호 단서, 규칙 제42조, 부동산등기법 제134조3항).

③ 기존건물의 부합물이거나 종물인 경우에는 기존건물과 함께 경매대상이 되지만 독립된 건축물인 경우에는 경매대상 건축물의 부합물·종물이 되지 아니하고 경매대상이 되지 아니한다.

◈ 미등기 부동산이 경매대상인 경우

미등기부동산이라도 채무자의 소유이면 강제경매를 신청할 수 있다. 미등기부동산에 관하여 경매개시결정을 하면 등기관이 직권으로 소유권보존등기를 하고 경매개시결정등기를 한다. 미등기부동산에 대한 경매신청을 할 경우 채무자의 명의로 등기할 수 있는 증명서류(채무자의 소유임을 증명하는 서면과 부동산의 표시를 증명하는 서면)를 첨부하여야 한다. 이 경우는 대장등본에 의하여 자기명의로 소유권보존등기를 신청할 수 있는 자에 해당하는 경우이다.

◆ 공장재단, 광업재단

　공장저당법에 의한 공장재단, 광업재단저당법에 의한 광업재단은 한 개의 부동산으로 취급되어 강제경매의 대상이 된다(공장저당법 제10조, 14조, 광업재단저당법 제5조).
　공장재단, 광업재단을 구성하는 기계, 기구 등 동산이라 하더라도 유체동산에 대한 집행이 될 수 있고 그 저당권의 목적물인 토지, 건물, 광업권 등과 함께 부동산에 대한 강제집행의 방법에 의한 경매를 할 수 있다.

◆ 광업권, 어업권

　광업권, 어업권은 법률상 부동산으로 취급되어 경매대상이 된다. 그러나 공동광업권자의 지분은 다른 지분권리의 동의 없이는 처분할 수 없으므로 그 지분은 강제경매대상이 될 수 없다.

◆ 지상권

　토지의 사용수익을 목적으로 하는 권리, 지상권은 부동산의 공유지분(민법 제139조)과 마찬가지로 부동산자체는 아니지만 부동산을 목적으로 하는 권리로서 등기의 대상이 되므로 부동산집행절차에 의하도록 하고 있다.

◆ 지역권

　요역지 소유권에 부종하여 이전되기 때문에(민법 제292조 1항), 요역지와 분리하여 처분할 수 없으므로 독립하여 부동산집행의 대상이 되지 아니한다.

◆ 전세권에 설정된 저당권

　실행방법은 부동산경매절차에 따라야 한다(대결 95마684).

◆ 소유권보존 등기된 입목

　토지의 부착된 수목의 소유자가 소유권보존등기를 받은 것으로 수목의 집단은 소재지를 관할하는 시장, 군수에게 신청해 입목등록원부에 등록된 것에 한한다. 이렇게 소유권보존 등기된 입목은 부동산으로 취급되며 강제경매 대상이 된다.

◆ 선박, 자동차, 건설기계 및 항공기

① 선박에 대한 강제집행(민집법 제172조) – 등기할 수 있는 선박에 대한 강제집행은 강제경매에 관한 규정에 따른다. 다만 사물의 성질에 따른 차이가 있거나 특별한 규정이 있는 경우 그러하지 아니한다.

② 자동차 등에 대한 강제집행(민집법 제187조) – 자동차, 건설기계 및 항공기에 대한 강제집행절차는 제2절내지 제4절의 규정에 준하여 대법원 규칙으로 정한다(자동차경매는 제2편 제3절에 별도 강제집행절차를 기재하였으니 참고바람).

③ 그러나 선박·자동차·건설기계 및 항공기 지분에 대한 강제집행은 위와 같은 절차에 의하지 아니하고 기타 재산권에 대한 강제경매절차에 따른다.

◆ 유체동산에 대한 집행

유체동산에 대한 집행과 채권과 그 밖의 재산권에 대한 집행 등이 있다.

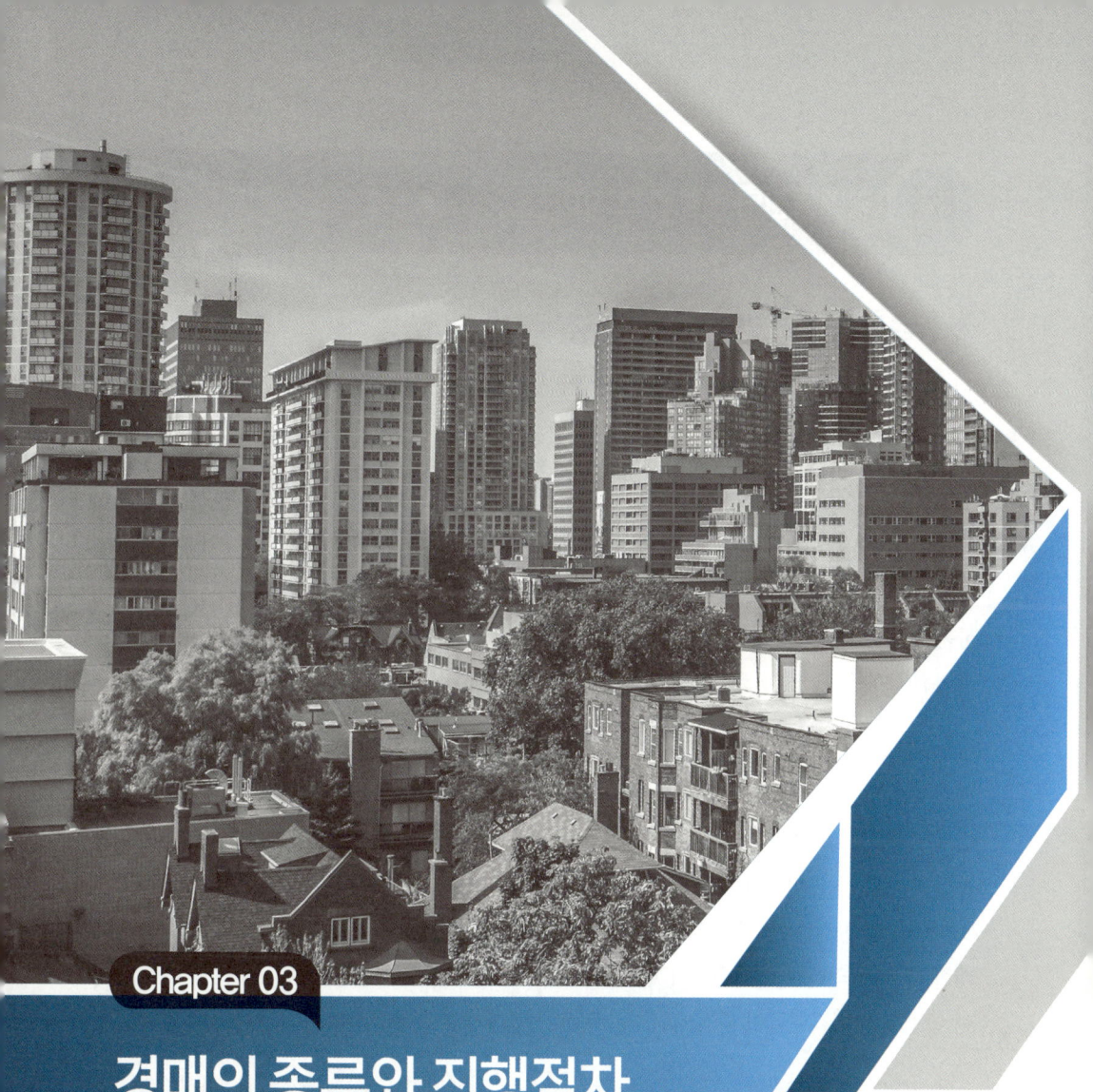

Chapter 03

경매의 종류와 진행절차, 그리고 공매와의 차이점은?

01 경매물건의 종류와 그 차이점은?

◆ 담보물권 등의 임의경매는 어떻게 진행되나?

담보물권자(근저당권, 담보가등기, 집합건물전세권 등)가 채무자가 변제기가 도래했음에도 채무변제의 의무를 이행하지 않으면 담보 설정된 부동산을 담보설정자가 그 담보물권에 기해 경매를 신청하는 방법이다. 이때 담보 설정된 부동산의 소유자는 채무자 또는 물상보증인 등이 될 수 있다.

① 피담보채권의 변제를 받기 위한 경매신청권이 인정되기 때문에 담보권의 존재를 증명하는 서류를 제출하면 된다. 강제경매 신청 시와는 달리 담보권자는 경매신청권이 있어서 집행권원 등이 필요 없다.

② 담보권의 부존재·무효·피담보채권의 불발생·소멸 등과 같은 실체상의 하자가 있으면 경매개시결정을 할 수 없고, 이러한 사유는 매각불허가 사유가 된다. 이를 간과하여 매각허가결정이 확정되고 매수인이 잔금을 완납하고 소유권 이전등기를 마쳤더라도 매수인은 매각부동산의 소유권을 취득하지 못한다(공신력이 인정되지 않고 공시력만 있기 때문이다)(대법원 98다51855 판결). 단 이와 같은 경우라도 경매개시결정에 대한 이의 또는 매각허가결정에 대한 항고에 의하여 매각절차가 취소되지 아니한 채 매각절차가 진행된 결과 매각허가결정이 확정되고 매각대금이 완납되면 매수인은 적법하게 매각부동산의 소유권을 취득한다.

③ 임의경매를 신청할 수 있는 담보권의 종류 - 결산기가 도래한 근저당권, 변제기가 도래한 근저당권, 담보가등기권, 집합건물에 등기된 전세권(존속기간이 도래한 것), 유치권 등이 있다.

◆ 집행권원 등에 의한 강제경매는 어떻게?

(1) 강제경매 신청

집행권원을 가지고 있는 채권자가 채무자가 변제기가 도래했음에도 채무변제의 의무를 이행하지 않으면 집행권원(확정판결, 집행력 있는 공정증서 등)을 가지고 채무자소유재산에 대하여 강제경매를 부동산소재지 관할 법원에 신청할 수 있다. 강제경매신청은 집행력 있는 정본을 첨부해야 한다. 여기서 채무자는 연대보증인, 일반보증인도 포함한다.

(2) 강제경매의 공신적 효과

유효한 집행력 있는 정본에 기해 매각절차가 완료된 때에는 후일 그 집행권원에 표상된 실체상의 청구권이 당초부터 부존재·무효라든가 매각절차 완결 시까지 변제 등의 사유로 인하여 소멸되거나 나아가 재심에 의하여 집행권원이 폐기된 경우라도 매각절차가 유효한 이상 매수인은 유효하게 목적물의 소유권을 취득한다. 즉 강제경매는 공신적 효과가 있다. 일단 유효한 집행력 있는 정본으로 경매절차가 완결된 때에는 후발적인 하자(청구권의 부존재, 무효, 소멸, 이행기의 유예, 채무변제 등의 사유)가 발생 시에도 경매절차가 유효하다면 경락인은 소유권을 유효하게 취득한다. 이의신청, 항고사유가 되지 못하며 채무자는 청구이의의 소로써만 주장할 수 있다.

(3) 강제경매를 신청할 수 있는 집행권원(=채무명의)의 종류

강제집행은 다음 어느 하나에 기초하여 실시할 수 있다(민집법 제56조 집행권원).

① **확정된 이행판결** - 이행의 소에서 승소판결문(항고로만 불복할 수 있는 재판으로 확정 판결된 것)

② **확정된 지급명령** - 법원의 지급명령서에 대하여 채무자의 이의가 없어 확정된 것

③ **가집행 선고부판결문** - 가집행할 수 있음을 선고한 판결문

④ **각종 조서** - 화해조서, 조정조서, 청구의 인낙서 등 그 밖의 확정판결과 같은 효력을 가지는 것

⑤ **공증된 금전채권문서** - 공증된 문서 중 금전 유가증권의 채무이행에 관한 문서, 즉 공증기관(법률사무소 등)에서 공증한 약속어음공정증서

◆ 임의경매와 강제경매의 공통점과 차이점 비교 분석

(1) 임의경매와 강제경매의 공통점

① 경매 매수인의 소유권 취득 시기는 민사집행법 제135조와 민법 제187조에 의거 매각대금을 완납한 때이다.

② 압류의 효력발생 시기 - 경매개시결정기입등기가 된 시기

③ 경매신청시 청구금액의 확장이 인정되지 않는다.

④ 배당요구 방법. ⑤ 배당절차 방법. ⑥ 경매의 준비절차.

⑦ 경매·경락 및 대금지급 절차 등이 동일하다.

(2) 임의경매와 강제경매의 차이점

	임의경매	강제경매
경매대상	담보설정된 특정재산	채무자의 일반재산 전체
우선변제	담보물권자 (근저당권, 담보가등기, 집합건물전세권 등)	채권자의 평등원칙에 의거 채권액에 따른 비율배분 단, 공정증서에 의한 양도담보권 실행에는 우선변제권 있음
집행권원	집행권원(=채무명의)이 필요 없음	집행권원(=채무명의)이 필요함(집행의 전제조건)
공신적 효과 유무	• 공신적 효과 없음 • 경매절차 완결 후 이의에 의해 번복 가능 • 단, 매각대금 완납 후에는 담보권의 소멸에 영향 받지 아니함	• 공신적 효과 있음 • 경매 절차가 유효한 이상 절차 완결 후에는 확정적이다.
이해 관계인	• 압류권자 • 채무자 및 소유자 • 집행력 있는 정본에 의하여 배당요구권자 • 등기부에 기입된 부동산 위의 권리자 • 부동산 위의 권리자로서 그 권리를 증명한 자 • 이해관계인 사망 시 그 사실을 집행법원에 신고하여 그 표시를 정정한 상속인	• 압류권자 • 채무자, 소유자가 동일인이어야 한다. • 집행력 있는 정본에 의하여 배당요구권자 • 등기부에 기입된 부동산 위의 권리자 • 부동산 위의 권리자로서 그 권리를 증명한 자 • 이해관계인 사망 시 그 사실을 집행법원에 신고하여 그 표시를 정정한 상속인
이의사유	• 집행절차의 하자 • 담보권의 부존재, 소멸	• 채무명의의 형식적 부존재 • 강제집행에서 실체상의 하자는 청구이의의 소로써만 주장이 가능하다.

02 한눈에 보는 법원경매 절차 흐름도

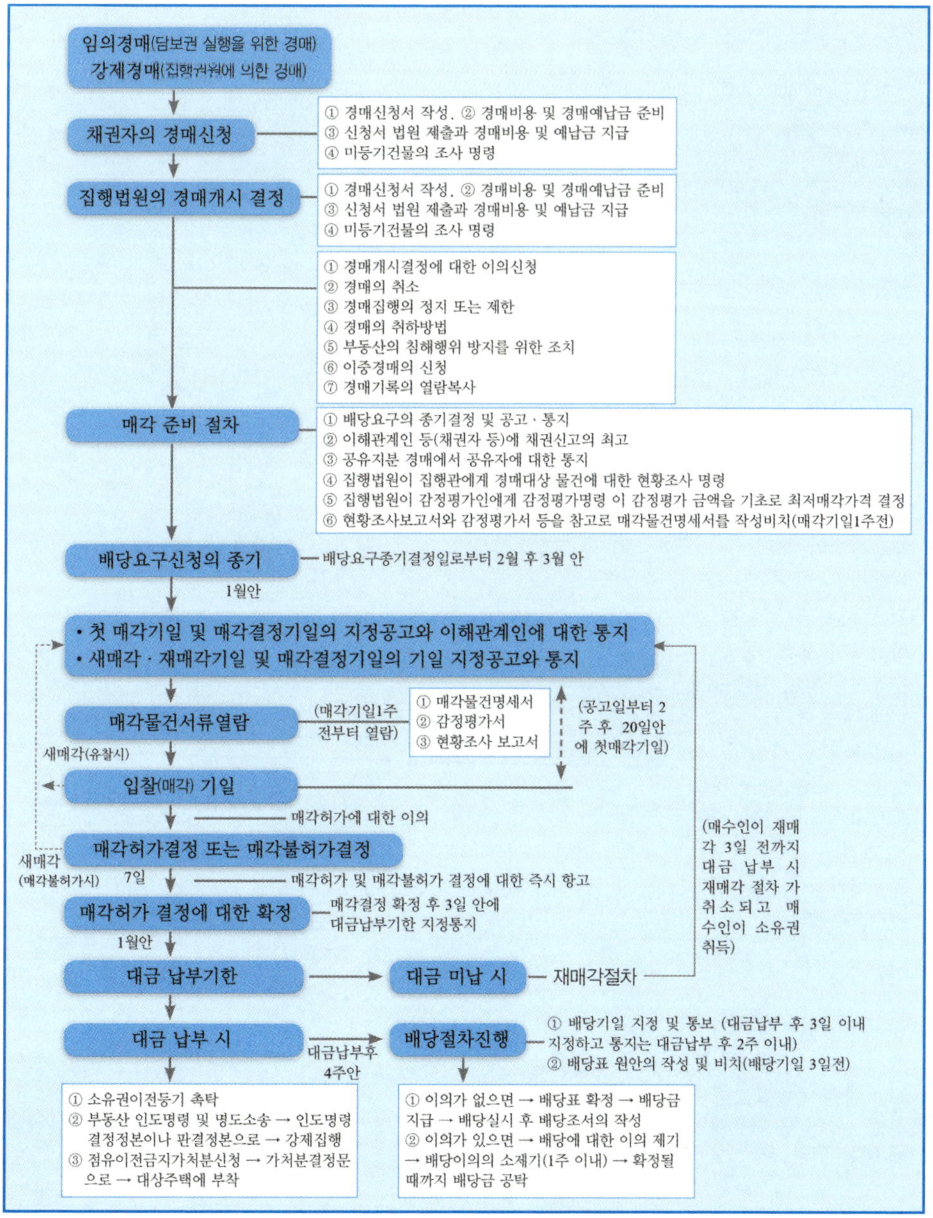

```
임의경매(담보권 실행을 위한 경매)
강제경매(집행권원에 의한 경매)
         │
         ▼
  채권자의 경매신청 ─── ① 경매신청서 작성, ② 경매비용 및 경매예납금 준비
                      ③ 신청서 법원 제출과 경매비용 및 예납금 지급
                      ④ 미등기건물의 조사 명령
         │
         ▼
  집행법원의 경매개시 결정 ─── ① 경매신청서 작성, ② 경매비용 및 경매예납금 준비
                            ③ 신청서 법원 제출과 경매비용 및 예납금 지급
                            ④ 미등기건물의 조사 명령
         │
         ├─────── ① 경매개시결정에 대한 이의신청
         │        ② 경매의 취소
         │        ③ 경매집행의 정지 또는 제한
         │        ④ 경매의 취하방법
         │        ⑤ 부동산의 침해행위 방지를 위한 조치
         │        ⑥ 이중경매의 신청
         │        ⑦ 경매기록의 열람복사
         ▼
  매각 준비 절차 ─── ① 배당요구의 종기결정 및 공고·통지
                   ② 이해관계인 등(채권자 등)에 채권신고의 최고
                   ③ 공유지분 경매에서 공유자에 대한 통지
                   ④ 집행법원이 집행관에게 경매대상 물건에 대한 현황조사 명령
                   ⑤ 집행법원이 감정평가인에게 감정평가명령 이 감정평가 금액을 기초로 최저매각가격 결정
                   ⑥ 현황조사보고서와 감정평가서 등을 참고로 매각물건명세서를 작성비치(매각기일1주전)
         │
         ▼
  배당요구신청의 종기 ─── 배당요구종기결정일로부터 2월 후 3월 안
     1월안
         │
         ▼
  • 첫 매각기일 및 매각결정기일의 지정공고와 이해관계인에 대한 통지
  • 새매각·재매각기일 및 매각결정기일의 기일 지정공고와 통지
         │
         ▼                                          (공고일부터 2
  매각물건서류열람 ─── (매각기일1주  ① 매각물건명세서   주후 20일안
                     전부터 열람)  ② 감정평가서      에 첫매각기일)
  새매각(유찰시)                   ③ 현황조사 보고서
         │
         ▼
  입찰(매각) 기일                                    (매수인이 재매
         │          ── 매각허가에 대한 이의          각 3일 까지
         ▼                                          대금 납부 시
  매각허가결정 또는 매각불허가결정                    재매각 절차 가
  새매각    7일    ── 매각허가 및 매각불허가 결정에  취소되고 매
  (매각불허가시)      대한 즉시 항고                  수인이 소유권
         │                                          취득)
         ▼          ── 매각결정 확정 후 3일 안에
  매각허가 결정에 대한 확정     대금납부기한 지정통지
     1월안
         │
         ▼
  대금 납부기한 ─────── 대금 미납 ── 재매각절차
         │
         ▼         대금납부후
  대금 납부 시       4주안      배당절차진행 ─── ① 배당기일 지정 및 통보 (대금납부 후 3일 이내
                                               지정하고 통지는 대금납부 후 2주 이내)
                                               ② 배당표 원안의 작성 및 비치(배당기일 3일전)
  ① 소유권이전등기 촉탁
  ② 부동산 인도명령 및 명도소송 → 인도명령      ① 이의가 없으면 → 배당표 확정 → 배당금
     결정정본이나 판결정본으로 → 강제집행          지급 → 배당실시 후 배당조서의 작성
  ③ 점유이전금지가처분신청 → 가처분결정문         ② 이의가 있으면 → 배당에 대한 이의 제기
     으로 → 대상주택에 부착                       → 배당이의의 소제기(1주 이내) → 확정될
                                                  때까지 배당금 공탁
```

Chapter 03 경매의 종류와 진행절차, 그리고 공매와의 차이점은?

김선생의 핵심체크 부동산경매사건의 진행기간 등에 관한 예규(재민 91-5)

종 류	기 산 일	기 간	비 고
경매신청서 접수		접수당일	법: 80, 264①
미등기건물 조사명령	신청일부터	3일 안(조사기간은 2주 안)	법: 81③④, 82
개시결정 및 등기촉탁	접수일부터	2일 안	법: 83, 94, 268
채무자에 대한 개시결정 송달	임의경매 : 개시결정일부터 강제경매 : 등기필증 접수일부터	3일 안	법: 85, 268
현황조사명령	임의경매 : 개시결정일부터 강제경매 : 등기필증 접수일부터	3일 안(조사기간은 2주 안)	법: 268
평가명령	임의경매 : 개시결정일부터 강제경매 : 등기필증 접수일부터	3일 안(평가기간은 2주 안)	법: 97①, 268
배당요구종기결정 배당요구종기 등의 공고·고지	등기필증 접수일부터	3일 안	법: 84①②③, 268
배당요구종기	배당요구종기결정일부터	2월 후 3월 안	법: 84①⑥, 법: 87③, 268
채권신고의 최고	배당요구종기결정일부터	3일 안(최고기간은 배당요구종기까지)	법: 84④
최초 매각기일·매각결정기일의 지정·공고(신문공고의뢰), 이해관계인에 대한 통지	배당요구종기부터	1월 안	법: 104, 268
매각물건명세서의 작성, 그 사본 및 현황조사보고서·평가서 사본의 비치		매각기일(입찰기간개시일)1주 전까지	법: 105②, 268, 규: 55
최초매각기일 또는 입찰기간 개시일	공고일부터	2주 후 20일 안	규: 56
입찰기간		1주 이상 1월 이하	규: 68
새 매각기일·새 매각결정기일 또는 재매각기일·재매각결정기일의 지정·공고 이해관계인에 대한 통지	사유발생일부터	1주 안	법: 119, 138, 268

새 매각 또는 재매각기일		공고일부터	2주 후 20일 안	법: 119, 138, 268, 규: 56
배당요구의 통지		배당요구일부터	3일 안	법: 89, 268
매각실시 매각실시	기일입찰, 호가경매		매각기일	법: 112, 268
	기간입찰	입찰기간종료일부터	2일 이상 1주일 안	규: 68
매각기일조서 및 보증금 등의 인도		매각기일부터	1일 안	법: 117, 268
매각결정기일		매각기일부터	1주 안	법: 109①, 268
매각허부결정의 선고			매각결정기일	법: 109②, 126①, 268
차순위매수신고인에 대한 매각결정기일의 지정, 이해관계인에의 통지		최초의 대금지급기한 후	3일 안	법: 104①④, 137①, 268
차순위매수신고인에 대한 매각결정기일		최초의 대금지급기한 후	2주 안	법: 109①, 137①, 268
매각부동산 관리명령		신청일부터	2일 안	법: 136②, 268
대금지급기한의 지정 및 통지		매각허가결정 확정일 또는 상소법원으로부터 기록송부를 받은 날부터	3일 안	법: 142①, 268 규: 78, 194
대금지급기한		매각허가결정 확정일 또는 상소법원으로부터 기록송부를 받은 날부터	1월 안	규: 78, 194
매각부동산 인도명령		신청일부터	3일 안	법: 136①, 268
배당기일의 지정·통지, 계산서 제출의 최고		대금 납부 후	3일 안	법: 146, 268 규: 81
배당기일		대금 납부 후	4주 안	법: 146, 268
배당표의 작성 및 비치			배당기일 3일 전까지	법: 149①, 268
배당표의 확정 및 배당실시			배당기일	법: 149②, 159, 268
배당조서의 작성		배당기일부터	3일 안	법: 159④, 268
배당액의 공탁 또는 계좌입금		배당기일부터	10일 안	법: 160, 268 규: 82
매수인 앞으로 소유권 이전등기 등 촉탁		서류제출일부터	3일 안	법: 144, 268
기록인계		배당액의 출급, 공탁 또는 계좌입금 완료 후	5일 안	

03 공매물건은 어떠한 것이 있나?

◆ 한국자산관리공사(KAMCO)의 공매 또는 공매대행

부동산, 차량, 불용품, 유가증권, 회원권 등이 다양한 물건이 공매대상이 되고 있다. 이들 물건을 위임받아 KAMCO(한국자산관리공사)가 매각절차를 대행하는 압류재산공매, 국유재산공매, 수탁재산공매와 KAMCO 소유인 유입자산공매가 있다. 매각 또는 임대(대부)를 경쟁 입찰방식으로 공매를 진행하게 되는 것이 원칙이나 일정 이하로 저감되면 유찰계약(=수의계약)으로 매각하는 절차를 병행하기도 한다.

(1) 압류재산 공매(공개경쟁입찰원칙)

세무서장, 지방자치단체장, 공과금기관장(국민건강보험, 국민연금보험, 고용 및 산재보험기관장) 등이 기한 내 납부되지 아니한 세금이나 공과금을 강제징수하기 위해 체납자 소유의 재산을 압류한 후 KAMCO(한국자산관리공사)에 매각대행 의뢰한 재산을 압류재산 공매라 한다. 이와 같이 매각의뢰 받은 물건을 감정평가하여 공매공고한 후 매각해서 배분절차까지 전 과정을 KAMCO가 진행하고 있다.

(2) 수탁재산 공매(공개경쟁입찰+유찰(수의)계약)

수탁재산에는 비업무용 재산에 대한 공매와 양도세 감면대상 물건에 대한 공매가 있다.

① 비업무용 재산에 대한 공매 – 금융기관이 연체대출금을 회수하기 위하여 법원경매를 통해 금융기관 명의로 유입한 후 KAMCO(한국자산관리공사)에 매각 의뢰된 재산과 공공기관이 소유하고 있는 비업무용재산으로 KAMCO에 매각 의뢰된 재산, 즉, 금융기관소유 비업무용 재산과 공공기관소유 비업무용 재산 등을 금융기관 또는 공공기관으로부터 매각이 위임된 재산을 KAMCO가 수탁을 받아 일반인에게 공개경쟁 입찰방식으로 매각하는 부동산을 수탁재산 공매라 한다.

② 양도세 감면대상 물건에 대한 공매 – KAMCO에 매각을 의뢰하면 양도한 것과 동일하게 인정되어 양도세의 비과세 또는 중과세 제외혜택을 받을 수 있다.

(3) 국유재산 공매(공개경쟁입찰+유찰(수의)계약)

국가 소유 잡종재산의 관리와 처분을 위임받아 일반인에게 매각 또는 임대(대부)하는 재산을 말한다. 즉 국가기관 등으로부터 매각이 위임된 재산을 KAMCO가 수탁을 받아 일반인에게 공개경쟁 입찰방식으로 매각하는 부동산을 국유재산 공매라 한다.

(4) 유입자산 공매(공개경쟁입찰+유찰(수의)계약)

부실채권정리기금으로 인수한 금융기관 부실채권을 회수하는 과정에서 법원경매를 통해 KAMCO(한국자산관리공사) 명의로 유입한 재산으로 KAMCO가 소유자로 일반인에게 공개경쟁 입찰방식으로 공매절차를 진행하게 된다.

(5) 고정자산 공매(공개경쟁입찰+유찰(수의)계약)

KAMCO(한국자산관리공사)가 금융구조조정과정에서 정리금융기관(퇴출금융기관 등) 등으로부터 취득한 자산으로 사옥·점포·연수원, 비업무용 자산 등을 일반인에게 공개경쟁 입찰방식으로 매각하는 부동산을 고정자산 공매라 한다.

◆ 이용기관 등의 공매대상물건과 매각방법

이용기관 등은 국가기관(국유재산), 지방자치단체(시·군·구유재산), 국가 또는 지방자치단체가 출자·출연한 기관과 기타의 공공기관 등(공유재산)이 있으며 이들 이용기관 등을 보면 행정자치부, 기획예산처, 정보통신부, 국방부, 경찰청 등의 중앙행정기관과 서울특별시 등의 지방자치단체 및 교육기관, 한국전력공사 등의 이용기관 등이 있다.

(1) 이용기관재산에 대한 매각 또는 임대(대부)방법

이용기관 등이 매각이나 임대(대부)를 KAMCO(한국자산관리공사) 온비드 사이트에 이용기관 회원 가입 후 온비드사이트의 전자처분시스템을 이용하여 KAMCO에 입찰등록하고(입찰등록수수료 면제), 낙찰수수료(낙찰금액에 낙찰수수료 부과기준을 적용하여 산정한 금액)를 지급하고 매각 또는 임대(대부)하는 이용기관 공매가 있다.

(2) 공매대상물건

이용기관 등의 매각 또는 임대(대부) 재산은 아파트, 토지, 자동차, 기계, 골프회원권, 유가증권, 기타불용품, 지하철상가, 학교매점운영권, 주차장운영권 등의 다양한 물건이 그 대상이 되고 있다.

◆ 금융기관, 신탁회사, 기업 등의 비업무용 재산 등의 공매

은행 및 금고·신탁회사·기업 등이 감정평가기관의 평가금액을 기초로 하여 최초 매각예정금액으로 정하고 이를 신문에 공고하여 공개입찰방식으로 직접 매각한다. 이들은 공개입찰방식으로 매각을 진행했으나 유찰된 경우에는 유찰되기 전 최저금액 이상으로 수의계약으로도 매각할 수 있다. 앞의 사례들이 온비드에서 찾아볼 수 있는 공매물건인데 반해서 이 공매물건은 각 은행 및 금고·신탁회사·기업의 홈페이지를 방문해서 찾아보는 방법과 신문 광고문을 확인해서 찾는 방법이 있다. 그래서 이러한 물건은 정보가 빠른 사람들만 접근할 수 있고 그렇지 못한 사람들이 접근하기가 어려워서 경매나 온비드 공매보다 싸게 살 수 있다는 장점이 있다. 단점으로는 물건이 많지 않아서 입찰자의 입맛에 맞는 물건을 고르기가 쉽지 않다. 그러나 실수요자가 아니고 재테크로만 본다면 분명 희망적인 분야다.

 04 경매와 공매의 차이점은?

◆ 경매와 공매는 이런 차이가 있다!

① 경매는 개인 또는 법인채권자(담보물권자, 일반채권자)가 민사집행법상의 매각절차로 진행되고, 그 매각기관은 부동산 소재지 관할 법원에서 매각절차를 진행하게 된다.

② 공매는 공공기관 등의 공공목적을 가진 채권(조세채권, 공과금채권 등)과 비업무용재산을 국세징수법 등의 매각절차로 진행되고 그 집행기관도 법원에서 매각하는 것이 아니라 공공기관에서 매각하게 되는데 공매의 대부분은 KAMCO(한국자산관리공사)가 진행하고 있다.

그러니 사인 간의 채권에 의해 법원에서 매각하는 것을 경매로 이해하면 되고, 공채권 등으로 KAMCO 등의 공공기관에서 매각하는 것을 공매로 이해하면 된다.

◆ 경매물건을 낙찰 받고 잔금납부 및 배당까지 마무리되는 과정

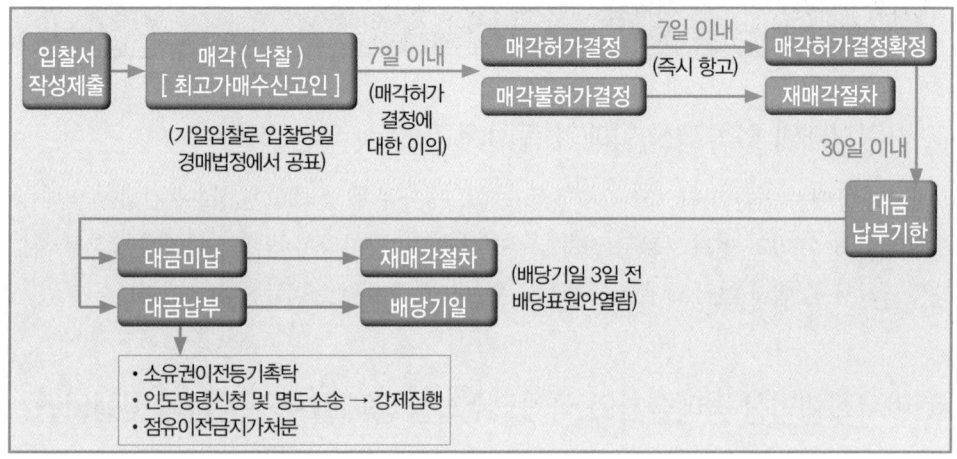

◆ 공매물건 낙찰 받고 경매와 같이 배분까지 마무리되는 과정

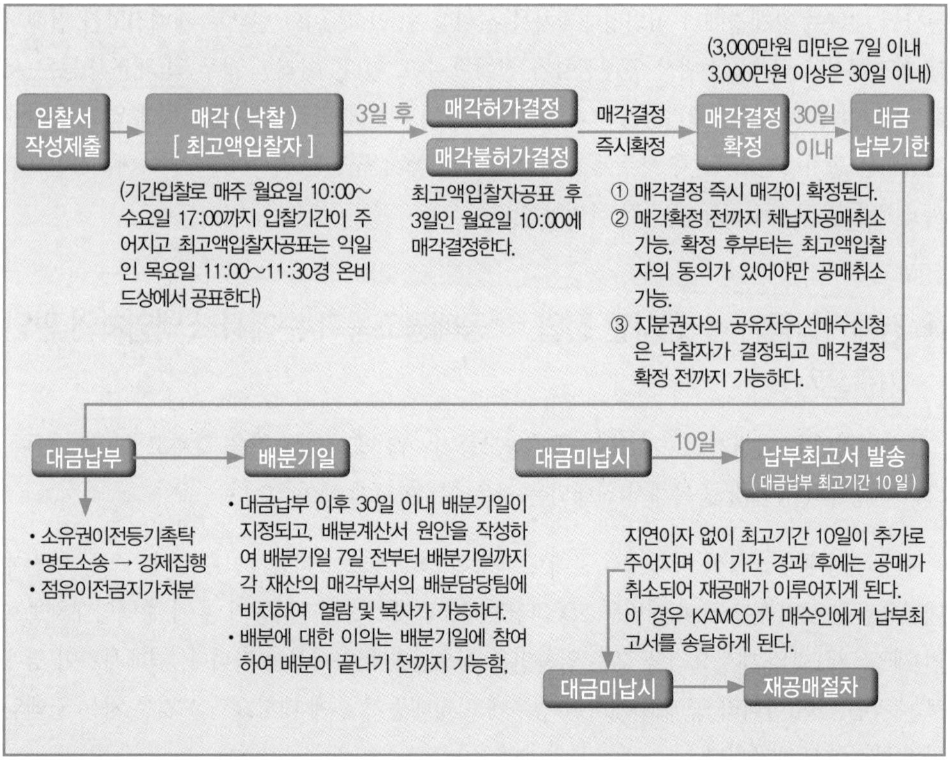

Chapter 03 경매의 종류와 진행절차, 그리고 공매와의 차이점은? 87

05 법원경매와 압류재산 공매가 동시에 진행되는 경우 대응방법

◆ 법원경매와 압류재산 공매가 동시에 경합 시 우선권은?

경매와 공매는 법률이 다르고 존재목적이 다르기 때문에 양 제도는 상호불간섭에 의해 동시에 진행될 수 있고 먼저 종료된 절차가 우선하게 된다. 따라서 경매와 공매에 낙찰된 경우 양쪽 낙찰자 중 먼저 대금 납부한 낙찰자가 우선하여 소유권을 취득한다.

◆ 민사집행법상 경매절차와 국세징수법상 공매절차가 동시에 진행되면?

민사집행법상 진행되는 경매절차와 국세징수법상 진행되는 공매절차는 별개의 절차로서 그 절차상호 간의 관계를 조정하는 법률의 규정이 없으므로 어느 한 쪽이 다른 한 쪽의 진행절차에 관여할 수가 없다. 따라서 국세징수법상 공매절차가 진행되는 과정에도 법원은 그 부동산에 대하여 강제경매나 임의경매절차를 진행할 수 있고, 이와 반대로 경매절차가 진행되는 과정에서도 국세징수법상 공매절차가 진행될 수도 있다. 이러한 경우 <u>각 채권자 등은 서로 다른 절차에서 정한 매각방법이나 배당요구 등의 기준에 따라 참여할 수밖에 없고</u> 동시에 진행되는 절차라면 두 절차 모두에 대하여 그 절차에서 규정한 기준에 따라 이해관계인으로서 권리주장 및 배당요구를 각각 하여야 한다.

◆ 경매기입등기 ⇨ 임차인 전입 ⇨ 공매공고등기 순에서 소액임차인 판단 기준은?

소액임차인은 경매기입등기 또는 공매공고등기 이전에 대항요건을 갖추고 있어야 한다. 그러나 경매와 공매가 중복해서 진행되는 경우에는 어떻게 해야 하나?

공매와 경매가 경합한 상태에서 공매로 매각된 경우에도 소액임차인은 경매기입등기 전에 대항요건을 구비해야 하며(대법원 2003다65940 판결), 경매기입등기 후에 주택임대차보호법 제3조 제1항의 대항요건을 갖춘 임차인은 최우선변제금 대상이 아니다. 경매사건이 경매로 매각된 것이 아니라 공매로 매각된 경우에도 경매등기 후에 대항요건을 갖춘 자는 소액임차인 대상에서 배제된다.

번호	등기목적	접수일	채권자	금액(원)
1	근저당권	2012. 01. 30	국민은행	3억6,000만원
2	압류	2013. 03. 13.	마포세무서	
3	임차인(전입/확정일자)	2014. 02. 12.	홍성수	7,500만원
4	임의경매개시결정등기	2015. 05. 15.	국민은행	청구: 3억6,000만원
5	임차인(전입/확정일자)	2015. 07. 10.	이정민	7,000만원
3-1	공매공고 기입등기	2015. 10. 20.	마포세무서	청구: 5,350만원
6	공매로 낙찰 받음	2016. 04. 13.	박영수	금액: 0,000만원

이 도표에서 소액임차인을 판단하기 위해서 예상배분표를 작성해 보기로 하자!

주택은 서울에 소재하면서 배분할 금액은 5억원, 그리고 마포세무서 조세채권은 당해세가 500만원이고 나머지는 부가세로 법정기일이 2012. 04. 25. 이다.

배당순서는 1순위 : 홍성수 2,500만원(최우선변제금 1), 2순위 : 마포세무서 500만원(당해세 우선변제금), 3순위 : 국민은행 근저당권 3억6,000만원, 4순위 : 홍성수 900만원(최우선변제금 2) - 배당시점으로 소액임차인(1억원 이하/3,400만원), 5순위 : 마포세무서 4,850만원(조세채권 우선변제금), 6순위 : 홍성수 4,100만원(확정일자부 우선변제금), 7순위 : 이정민 1,150만원(확정일자부 우선변제금)으로 배당절차가 종결하게 된다. 이러한 이유는 이정민이 국민은행 설정 당시에 해당하는 소액임차인이더라도 대항요건을 경매기입등기 이후에 갖추었기 때문이다. 이렇게 경매로 매각된 것이 아니라 공매로 매각된 경우에도 선순위 경매나 공매개시결정기입등기가 있으면 그 선순위 기입등기를 기준으로 해야 한다는 것이 대법원 판단이다.

◆ 경매와 공매가 동시에 진행될 때 배당요구 방법과 누가 소유권을 취득하나?

경매와 공매가 동시에 진행되는 경우에 권리신고 및 배당요구를 각각 해야 모든 배당절차에 참여가 가능하다. 그리고 경매나 공매 어떤 집행기관의 매각절차에서도 낙찰자가 발생할 수 있으나 이들의 소유권취득은 대금을 먼저 납부한 낙찰자가 소유권을 취득하게 된다. 이때 그 상대방이 경매인 경우는 공매집행기관에서 경매법원에 경매중지요청서를 보내게 되고, 이로 인해서 임의경매개시결정을 기각처리하면서 경매절차가 종결되고 임의경매개시결정기입등기는 공매절차에서 촉탁으로 말소되게 된다. 반대로 그 상대방이 공매인 경우 또한 경매절차와 같은 절차가 진행되는데 공매절차에서는 공매가 해제된 것으로 표시되고 공매절차가 종결된다.

06 신탁공매로 우성7차아파트를 낙찰 받아 성공한 사례

필자가 이 아파트 시세를 조사할 당시에는 10억5,000만원 정도였고, 주변 교육학군과 버스, 지하철, 교통 역시 우량한 편이어서 2년 거주하다가 팔면, 오르는 아파트로 높은 시세차익을 예상할 수 있었다.

특히 이 아파트의 장점은 첫째, 지하철 2호선과 7호선이 교차하는 건대입구역에서 도보로 5분 거리에 있고, 둘째, 롯데백화점과 이마트 등의 쇼핑센터와 건국대학교 및 건국대학병원 등이 위치하고 있다는 점과, 셋째, 한강이 보이는 정남향 20층에 있다는 것이다.

이 물건에는 유의할 점이 있었는데 공매공고문을 확인하면 1순위로 설정된 농협근저당권 (채권최고액 5억2,800만원)을 인수하는 조건으로 매각하는 것이었다.

여기서 실제로 인수할 금액은 채권최고액이 아니라, 채권최고액의 범위 내에서 채권원금과 낙찰자가 잔금을 납부할 때까지 지연이자를 인수하는 것이므로, 1순위 근저당권을 설정한 농협 금융기관에 확인하고 입찰해야 한다.

따라서 매수인의 아파트 총 취득가격은 입찰서에 기재한 매수금액과 농협 근저당권 인수금액(채권최고액 5억2,800만원)을 포함한 금액이 된다.

이 아파트의 사진과 주변 현황도, 입찰정보 및 입찰결과 내역은 다음과 같다.

◆ 광진구 자양동 우성7차아파트의 사진과 주변 현황도

◆ 우성7차 신탁공매 입찰정보 내역

물건관리번호 : 2018-1100-000000　　물건상태 : 유찰　공고일자 : 2018-11-26　조회수 : 541

[주거용건물 / 아파트]
서울특별시 광진구 자양동 783-1 제000동 제20층 제0000호 아파트

[정정공고] [매각] [인터넷] [기타일반재산] [일반경쟁] [최고가방식] [총액]

사진　지도　지적도　위치도
부동산정보 조회　감정평가서

처분방식 / 자산구분 : 매각 / 기타일반재산
용도 : 아파트
면적 : 토지 - / 건물 84.93㎡
감정평가금액 : 965,000,000원
입찰방식 : 일반경쟁(최고가방식) / 총액
입찰기간 (회차/차수) : 2018-12-03 09:00 ~ 2018-12-03 11:00 (1/1)
유찰횟수 : 11 회
집행기관 : 국제자산신탁 주식회사
담당자정보 : 금융서비스팀 / 노○○ / 02-6202-0000

[입찰유형]
☐ 전자보증서가능　☐ 공동입찰가능
☑ 2회 이상 입찰가능　☐ 대리입찰가능
☐ 2인 미만 유찰여부　☐ 공유자 여부
☐ 차순위 매수신청가능

최저입찰가(예정금액)　　1,146,000,000원

회차별 입찰 정보

입찰번호	회차/차수	구분	대금납부/납부기한	입찰기간	개찰일시	개찰장소	최저입찰가(원)
0001	001/001	인터넷	일시불/매매계약체결일로부터 30일 이내	2018-12-03 09:00~ 2018-12-03 11:00	2018-12-04 14:00	온비드	1,146,000,000
0001	002/001	인터넷	일시불/매매계약체결일로부터 30일 이내	2018-12-03 11:00~ 2018-12-03 13:00	2018-12-04 14:00	온비드	1,031,400,000
⋮	⋮	⋮	⋮	⋮	⋮	⋮	⋮

입찰번호	회차/차수	구분	대금납부/납부기한	입찰기간	개찰일시	개찰장소	최저입찰가(원)
0001	009/001	인터넷	일시불/매매계약체결일로부터 30일 이내	2018-12-07 09:00~ 2018-12-07 11:00	2018-12-10 14:00	온비드	493,315,423
0001	010/001	인터넷	일시불/매매계약체결일로부터 30일 이내	2018-12-07 11:00~ 2018-12-07 13:00	2018-12-10 14:00	온비드	443,983,880
0001	011/001	인터넷	일시불/매매계약체결일로부터 30일 이내	2018-12-07 13:00~ 2018-12-07 15:00	2018-12-10 14:00	온비드	399,585,492
0001	012/001	인터넷	일시불/매매계약체결일로부터 30일 이내	2018-12-07 15:00~ 2018-12-07 17:00	2018-12-10 14:00	온비드	359,626,943

◆ 광진구에 있는 우성7차아파트를 낙찰 받아 어떻게 성공했나?

▪ 상세입찰결과

물건관리번호	2018-1100-000000	기관명	국제자산신탁 주식회사
물건명	서울특별시 광진구 자양동 783-1 제000동 제20층 제0000호 아파트		
공고번호	201811-43412-01	회차 / 차수	012 / 001
처분방식	매각	입찰방식/경쟁방식	최고가방식 / 일반경쟁
입찰기간	2018-12-07 15:00 ~ 2018-12-07 17:00	총액/단가	총액
개찰시작일시	2018-12-10 14:09	집행완료일시	2018-12-10 14:09
입찰자수	유효 4명 / 무효 0명(인터넷)		
입찰금액	387,609,800원/ 386,211,100원/ 363,789,000원/ 359,700,123원		
개찰결과	낙찰	낙찰금액	387,609,800원
감정가 (최초 최저입찰가)	965,000,000원	최저입찰가	359,626,943원
낙찰가율 (감정가 대비)	40.17%	낙찰가율 (최저입찰가 대비)	107.78%

이 아파트는 서울시 광진구 자양동에 소재하고, 지하철 2호선과 7호선 더블역세권 건대입구역이 인근에 위치하고 있다. 시세는 10억5,000만원 정도인데, 12회차 입찰기간에 387,609,800원에 낙찰 받아 싸다고 생각할 수 있지만, 선순위저당권 채권최고액 5억2,800만원을 인수하게 되므로 총 취득가는 915,609,800원으로 시세차익을 1억3,439만원 정도 볼 수 있는 물건이다. 일반적으로 입찰자들은 여기까지만 생각한다.

그러나 <u>인수하는 농협근저당권은</u> 지연이자를 포함해서 채권최고액까지 인수하는 것은 맞지만, 실제 채권(입찰해서 잔금을 납부할 때까지 원금과 지연이자)만 인수하는 것이므로, 입찰하기 전에 농협과 이 채권을 매입한 유암코주식회사에 확인하니 지연이자를 포함해서 4억5,000만원이었다.

그래서 내가 이 아파트를 취득한 총 금액은 837,609,800원이 된다. 2018년 12월 10일 취득할 당시에는 시세가 10억5,000만원으로 2억원 정도 싸게 구입한 셈이지만, 4년 동안 보유하다보니 2022년 11월에는 16억원에서 17억원으로 가격이 상승했다. 그러니 취득 후 4년 보유하다가 12억원까지 비과세 혜택을 보고 매도하면 7억원 정도 시세차익을 볼 수 있는 물건이다.

김선생 공매 TIP

이런 공매물건을 찾아서 투자를 하고 싶다면 필자의 저서인 ① 온비드 공매 투자의 비밀과 ② 신탁공매 투자의 비밀을 참고하기 바란다.

Chapter 04

경매에서 기본적으로 권리를 분석하는 방법

01 경매에서 권리분석은 어떻게 하나?

◆ 경매에서 권리분석이란?

경매로 물건을 취득하기 위해서는 입찰에 참여해서 낙찰을 받으면 된다. 이렇게 **낙찰을 받았을 경우에 내가 입찰서에 기재한 매수희망가격 이외에 추가로 인수하게 되는 권리나 금액 등이 있는가 등을 분석**하는 것이다. 경매로 낙찰 받아 매각대금을 납부하면 소유권이전과 동시에 등기사항전부증명서에 설정되었던 권리 등이 모두 소멸되어 매수인에게 인도되는 것이 원칙이지만, 간혹 소멸되지 않고 매수인의 부담으로 남게 되는 권리가 있을 수 있다. 그래서 인수할 권리 등이 없다면 매수희망가가 취득가가 되지만, 있다면 그만큼 부담을 안고 사게 된다는 사실을 이해하고 매수희망가를 정해야 한다.

◆ 말소기준이 되는 채권과 그 원리를 알면 권리분석의 절반은 성공이다!

(1) 말소기준권리란?

(근)저당권, 가압류, 압류, 담보가등기, 전세권(집합건물인 경우 예외적으로 인정), 강제경매기입등기 중에서 제일 먼저 등기사항전부증명서에 기재된 권리가 말소기준권리가 된다. 전세권이 예외적으로 말소기준권리로 인정되는 경우는 집합건물(아파트, 다세대, 연립 등)에서 최선순위 전세권이 경매를 신청하였거나 타인의 경매절차에서 배당요구한 경우에는 매각으로 소멸하면서 말소기준권리가 될 수 있다(민집법 제91조 4항 단서). 그러나 배당요구를 하지 않았다면 대항력이 있어서 매수인이 인수해야 한다.

> **말소기준권리는 다음과 같은 성립요건이 필요하다**
> ① 등기부상에서 가장 먼저 등기된 채권이고, ② 돈 받고 소멸되는 채권이면서,
> ③ 매각대상물 전체에 효력을 미치는 채권이어야 한다. 이러한 권리가 없으면
> ④ 경매개시결정기입등기가 말소기준권리가 된다.

(2) 말소기준권리가 인수하는 권리와 소멸하는 권리를 판단하는 기준점이 된다.

① 말소기준권리로 가압류, 압류, 근저당, 담보가등기, 집합건물전세권, 강제경매개시기입

등기 등이 있다면, 이들 선순위채권을 보호하기 위해서 이보다 후순위의 채권이나 권리를 소멸시키는 것이 원칙이다. 왜냐하면 후순위채권이나 권리가 소멸되지 않고 낙찰자가 인수하게 된다면 그만큼 낮은 가격으로 매각될 테고 그로 인해 선순위채권이 보호받지 못하게 되기 때문이다.

② 말소기준권리보다 선순위인 부동산상의 권리나 선순위로 부동산에 등기된 권리가 있다면 소멸되지 않고 매수인이 인수하게 된다.

부동산 상의 권리로 인수하는 권리는 ■대항력 있는 임차인, ■유치권, ■법정지상권, ■분묘기지권, ■지역권, ■예고등기 등이 있는데, 그 중 대표적인 권리가 주택이나 상가임차인으로 말소기준권리보다 먼저 대항요건을 갖춘 경우 대항력이 있어서 인수해야 한다.

등기부상의 권리로 인수하는 권리는 말소기준권리 이전에 등기되어 있는 ■가등기, ■가처분, ■전세권, ■지상권, ■환매등기, ■임대차등기(민법 제621조) 등이 있다(민집법 제91조 4항).

③ 말소기준권리보다 선순위인 경우로 말소되는 권리는 ■임차권등기명령에 의한 임차권등기(주임법 제3조의2, 상임법 제6조), ■가등기가 담보가등기인 경우와 저당권 설정 등의 가등기인 경우, ■전세권자가 경매를 신청했거나 배당요구를 한 경우, ■대항력 있는 임차인과 임대차등기권자(민법 제621조)가 대항력을 포기하고 배당요구를 했다면 배당받고 소멸하는 것이 원칙이지만 미배당금이 발생하면 매수인이 인수해야 한다.

④ 이 밖에도 말소기준권리보다 선순위이든 후순위이든 간에 소멸되지 않고 매수인에게 인수되는 권리로 법정지상권, 분묘기지권, 유치권, 예고등기, 가처분(건물철거 및 토지인도청구권 보전을 위한 가처분) 등이 있다. 그리고 소유권 다툼에 관한 가처분이 후순위인 경우에는 경매절차에서 소멸되지만, 그 권리가 갖는 효력 즉 본안소송에서 가처분권자가 승소하게 되면 말소된 가처분이 회복되고 그에 따라 매수인이 소유권까지 잃을 수 있으니 주의해야 한다.

(3) 한눈으로 분석해 본 소제주의와 인수주의

소제주의는 낙찰로 인하여 소멸되는 권리이고, 인수주의는 낙찰자에게 인수되는 권리이다.

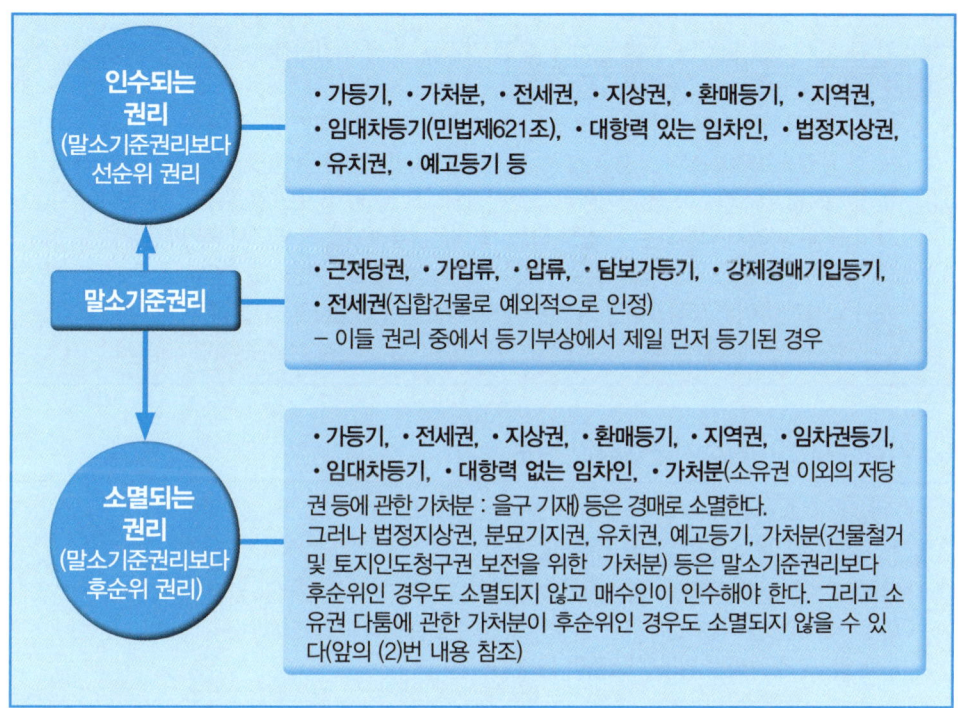

◆ 말소기준권리를 찾아서 기본적으로 권리분석하는 방법

(1) 근저당권이 말소기준권리인 경우

가) 갑 근저당 ⇨ 을 세금압류 ⇨ 병 임차인 ⇨ 갑의 임의경매신청
　　말소기준권리
　이 사례에서 매수인이 인수할 권리가 없다.

나) 갑 지상권 ⇨ 을 근저당 ⇨ 병 세금압류 ⇨ 정 임차인 ⇨ 을의 임의경매신청
　　　　　　　말소기준권리
　이 사례에서 매수인이 갑 지상권을 인수해야 한다.

다) 갑 가처분 ⇨ 을 임차인 ⇨ 병 근저당 ⇨ 정 가압류 ⇨ 병의 임의경매신청
　　　　　　　　　　　　말소기준권리
　이 사례에서 매수인이 갑 가처분과 을 임차인을 인수해야 한다. 그러나 을 임차인이 배당요구했고 전액 배당 받았다면 소멸하게 되지만 미배당금이 발생하면 매수인이 인수해야 한다.

> 라) 갑 근저당 ⇨ 을 임차인 ⇨ 병 근저당 ⇨ 정 가압류 ⇨ 병의 임의경매신청
> 　　1차 말소기준권리　　　2차 말소기준권리
>
> 이 사례에서 매수인이 인수할 권리가 없다. 그런데 최우선순위인 갑 근저당권이 있다 하더라도 그 채권최고액이 소액인 경우 다음 순위인 을 임차인이 갑 근저당채무를 채무자를 대위하여 변제하면 말소기준이 병 근저당권으로 변경되므로 을 임차인은 대항력을 갖게 된다(순위상승의 원칙). 따라서 낙찰자는 ① 입찰 직전, ② 대금납부하기 전에 반드시 등기부등본을 열람하여 대위변제로 인하거나 기타사유로 하자가 발생하지 않도록 확인하고 점검해야 한다. 대위변제가 입찰기일 이후 매각결정일 이전이라면 매각불허가 신청하면 되고, 매각결정일 이후 대금납부 전이라면 매각결정의 취소신청 또는 매각대금 감액청구를 하면 된다(법 제639조).

(2) 가압류채권이 말소기준권리인 경우

> 갑 가압류 ⇨ 을 임차인 ⇨ 병 근저당 ⇨ 병의 임의경매신청
> 　1차 말소기준권리　　　2차 말소기준권리
>
> 이 사례는 말소기준권리가 갑 가압류이므로 매수인이 인수할 권리가 없다. 그러나 을 임차인이 갑의 채권액을 대위변제하면 갑 가압류등기가 말소되고 을 임차인은 대항력이 발생된다. 이때 말소기준권리는 병 근저당권이 된다.

(3) 세금 압류채권 등이 말소기준권리인 경우

> 갑 세금압류 ⇨ 을 임차인 ⇨ 병 근저당 ⇨ 정 공과금압류 ⇨ 병의 임의경매 신청
> 　말소기준권리
>
> 이 사례는 말소기준권리가 갑 세금압류이므로 매수인이 인수할 권리가 없다. 그러나 을 임차인이 갑의 채권액을 대위변제하면 갑 압류등기가 말소되고 을 임차인은 대항력이 발생된다. 이때 말소기준권리는 병 근저당권이 된다. 이 경우 을 임차인이 배당받지 못한 금액은 낙찰자가 인수해야 된다.

(4) 가등기와 가처분 등이 말소기준권리가 되는 경우

　소유권 또는 전세권, 지상권, 지역권 등의 용익물권과 근저당권, 권리질권 등의 담보물권, 등기된 임차권 등의 물권에 준하는 권리 등을 취득하기 위하여 장래에 할 본등기를 대비하여 미리 그 순위를 보전하는 것인데, 가등기는 그것만으로는 등기로서의 효력이 없으나, 후에 본등기를 하면 그 본등기의 순위는 가등기의 순위로 소급된다(순위보전의 효력). 이러한 가등기는 등기부에 등기된 형식으로만 보면 대부분이 청구권보전가등기로 등기되어 있어서 실제로 소유권이전등기청구권보전가등기 인지(또는 근저당권설정등기청구권보전가등기), 담보가등기인지 확인하기가 어렵다. 그래서 법원은 이러한 가등기를 구

분하기 위하여 가등기담보 등에 관한 법률 제16조 제1항에 의한 담보가등기인지 소유권이전등기청구권보전가등기인지를 법원에 신고할 것을 가등기권자에게 최고하고 있다.

이때 담보가등기로 권리신고를 했거나 근저당권설정등기청구권보전가등기로 권리를 신고한 경우에는 말소기준권리가 될 수도 있다.

가) 갑 담보가등기 ⇨ 을 임차인 ⇨ 병 근저당 ⇨ 정 세금압류 ⇨ 병의 임의경매신청
　　말소기준권리
이 사례는 말소기준권리가 갑 담보가등기로 매수인이 인수할 권리가 없다.

나) 갑 소유권이전등기청구권보전가등기 ⇨ 을 임차인 ⇨ 병 근저당 ⇨ 정 세금압류 ⇨ 병의 임의경매신청　　**말소기준권리**
이 사례는 말소기준권리가 병 근저당권으로 매수인은 갑 가등기와 을 임차인을 인수해야 한다.

다) 갑 근저당권설정등기청구권보전가등기 ⇨ 을 임차인 ⇨ 병 근저당 ⇨ 정 세금압류 ⇨ 병의 임의경매신청　**말소기준권리**
경매개시결정등기 전의 저당권설정의 가등기가 있으면 본등기를 하면 우선변제를 받을 수 있으므로 본등기를 하였다고 가정하고 배당할 금액을 정하여 공탁한다. 그래서 근저당권설정등기청구권보전가등기가 최선순위라면 그 가등기 시점이 말소기준권리가 되므로 그 후에 대항요건을 갖춘 을 임차인은 대항력이 없어서 배당받고 소멸되는 임차인이 된다. 이때 가등기권자에게 배당하는 방법은 경매개시 전에 본등기가 되어 있으면 자동배당대상자가 되고, 경매개시 전부터 대금납부 전에 본등기를 해서 배당기일까지 그러한 사실을 증명하면 배당 참여가 가능하다. 그러나 이 시기까지 본등기가 이루어지지 않았다면 법원은 그 권리신고한 금액에 대해서 공탁하고 선순위가등기를 촉탁으로 말소하게 된다.

라) 갑 가처분(근저당권설정등기청구권에 관한 가처분) ⇨ 을 임차인 ⇨ 병 근저당 ⇨ 정 세금압류 ⇨ 병의 임의경매신청　　**말소기준권리**
이 사례에서 매수인은 갑 가처분과 을 임차인이 대항력이 있어서 인수해야 하므로 경매절차 밖에서 가처분권자가 승소하면 근저당권이 설정되고 그 근저당권의 채권금액을 인수하게 된다. 그러나 가처분권자가 패소하면 인수할 채권이 없다. **그리고 알고 있어야 할 내용은** 가처분권자가 경매개시결정등기 전에 본안소송에서 승소하여 근저당권을 설정하게 되었다면 자동 배당대상자가 되고, 배당요구종기일 전에 승소해서 근저당권을 설정하고 그에 기해 배당요구종기 전까지 배당요구를 했다면 배당받고 소멸되는 가처분이 된다. 이렇게 가처분 후에 승소해서 근저당권이 설정되고 배당받고 소멸하는 갑 근저당권의 순위는 가처분 시점으로 순위가 상승하게 된다. 따라서 말소기준권리는 가처분 시점으로 판단하게 되므로 을 임차인은 대항력이 없게 된다. 그래서 배당순위는 1순위는 갑 근저당권(가처분에 기한 순위상승), 2순위는 을 임차인, 3순위는 병 근저당권 순이 된다.

(5) 전세권설정등기가 말소기준권리인 경우

가) 갑 전세권(집합건물) ⇨ 을 근저당 ⇨ 병 가압류 ⇨ 병의 강제경매신청
   말소기준권리

이 사례는 말소기준권리가 갑 전세권등기로 매수인이 인수할 권리가 없다. 집합건물(아파트, 연립, 다세대 등) 등에 설정된 전세권이라면 임의경매신청이 가능하며 최선순위 전세권이 경매를 신청하였든가, 타인의 경매절차상에서 배당요구를 한 경우라면 말소기준권리가 될 수 있다.

나) 갑 전세권(단독주택) ⇨ 을 임차인 ⇨ 병 근저당 ⇨ 병의 임의경매신청
                                        말소기준권리

이 사례는 말소기준권리가 병 근저당권으로 매수인이 갑 전세권과 을 임차인을 인수해야 한다. 물론 갑 전세권자가 배당요구했거나 을 임차인이 전액 배당받았다면 소멸하는 것은 앞에서 설명한 바와 같다.

(6) 강제경매개시결정기입등기가 말소기준권리인 경우

갑 임차인 전입 ⇨ 을 임차인 전입 ⇨ 병 임차인 전입 ⇨ 갑의 강제경매신청
                                              말소기준권리

이 경매 사건은 갑 임차인이 전세보증금 반환청구소송으로 판결문을 얻어서 대지 및 주택전체에 대하여 강제경매를 신청한 사례이다. 이때 말소기준권리는 갑의 강제경매개시결정기입등기가 되므로 갑 임차인과 을 임차인, 병 임차인 등은 대항력이 있는 임차인이다. 따라서 을 임차인과 병 임차인이 배당요구하지 않았다면 인수해야 한다. 배당요구를 했더라도 갑 임차인과 을 임차인, 그리고 병 임차인에게 미배당금이 발생하면 매수인이 인수해야 되므로 예상 배당표를 작성해서 임차인들이 배당받게 되는 금액을 확인하고 입찰해야 한다.

(7) 공동소유주택에서 말소기준권리는 어떻게 판단하면 되나?

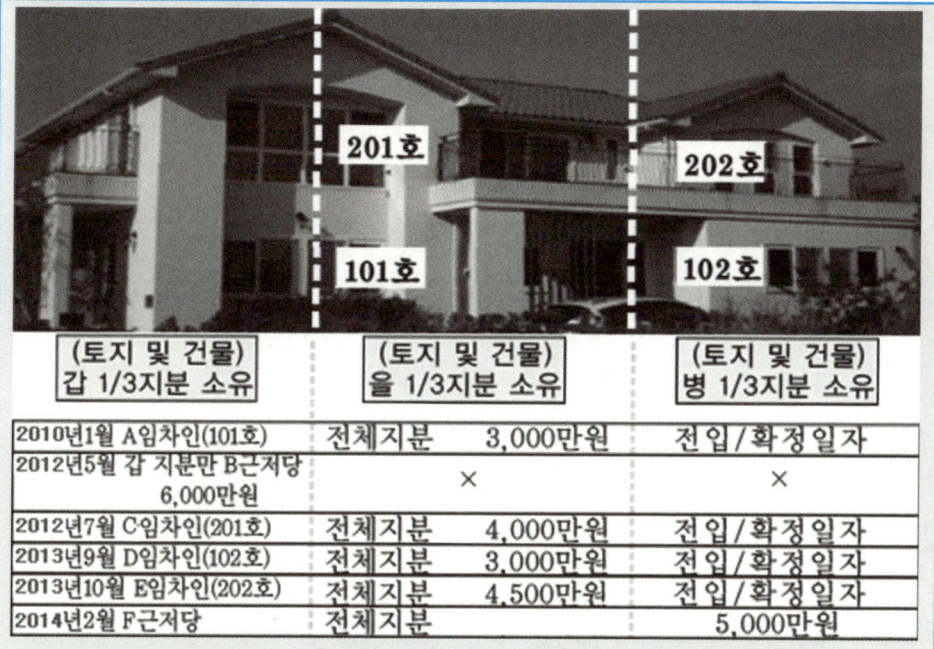

가) F 근저당권자가 공동소유주택 전체를 경매 신청한 사례

공동소유주택 전체를 F 근저당권자가 경매신청했다면 말소기준권리는 최초로 갑 3분의 1지분만 설정한 B 근저당권이 아니라 전체를 설정한 F 근저당권이다. 따라서 A, C, D, E 임차인 등은 대항력이 있는 임차인이므로 배당요구를 하지 않았거나 미배당금이 발생하면 매수인이 인수해야 한다.

나) B 근저당권자가 갑 3분의 1지분만 경매 신청한 사례

이 사례에서는 말소기준권리가 B 근저당권이다. 따라서 매수인에게 대항력 있는 임차인은 A 임차인 밖에 없으므로 A가 미배당금이 발생하면 인수하게 되지만 C, D, E 임차인 등은 인수 대상이 아니다. 그러나 매수인이 C, D, E 임차인 등에 대해서 인도명령을 신청할 수 없다. 왜냐하면 을과 병 3분의 2지분과의 임대차계약 효력이 남아 있어서 민법 제265조에 따라 적법하게 사용·수익할 수 있는 권리가 있기 때문이다.

02 경매절차상에서 하자발생시 낙찰자의 대응방안

매각기일(최고가매수신고인 결정) 이후 권리변동(대위변제, 가등기권자의 본등기, 기타 권리변동 등)에 대한 대응방안

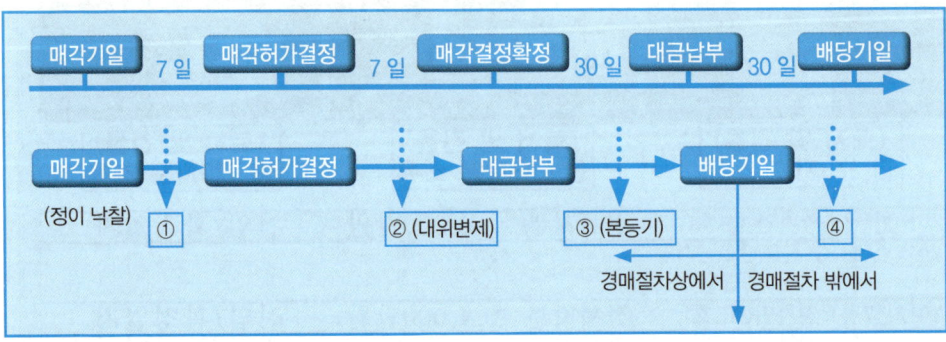

◆ 매각기일 이후에서 매각허가결정 전에 발생한 경우

갑 전입 ➡ 을 근저당권 ➡ 을 임의경매신청에서 ① 기간 내에 알게 되었을 때

민사집행법 제121조 5호에서는 매각물건명세서 작성에 중대한 흠결이 있을때 예를들어 매각물건명세서에 임차인의 대항력 있음을 표시하지 않은 상태에서 낙찰자가 모르고 입찰에 참여하여 낙찰 받았을 경우 낙찰자는 매각불허가 신청을 할 수 있도록 되어 있다.

◆ 매각허가결정 이후 대금납부기한 전까지 발생한 경우

낙찰자가 매각허가결정 이후에 대위변제로 1순위 저당권이 말소된 경우 ➡ 매각결정 취소 신청이 대금납부 전까지 가능하다.

갑 근저당권 ➡ 을 임차인 ➡ 병 근저당권 ➡ 병 경매개시결정 ➡ 정 낙찰자 ➡ 갑 근저당권 대위변제 : ② 기간 동안에 대위변제 시에는 매각허가결정 취소를 신청할 수 있다.

후순위 을 임차인이 갑 근저당권을 대위변제를 하면 선순위가 되므로 매수인은 을 임차인을 인수해야 한다. 이렇게 매각 시보다 취득가의 증가를 가져오게 되면 매각허가결정을 취소 신청할 수 있다.

◆ **대금납부 이후 배당기일 이전에 발생한 경우**

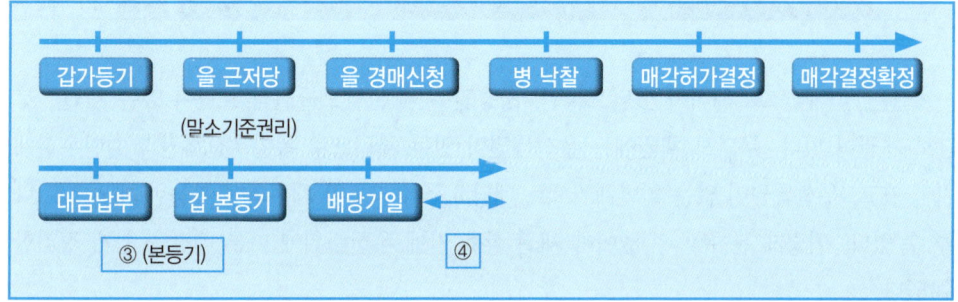

 이 그림에서 ③ 기간 동안에 가등기권자가 본등기로 매수인이 대금 완납하였음에도 소유권을 상실한 경우 ⇨ 매수인은 매매계약 해제 및 경매대금 반환청구를 할 수 있다. 배당표원안은 배당기일 3일 전에 작성되므로 배당기일 2~3일 전에 배당표 등본에 대한 교부 신청·열람·등사청구서를 확인하여 대위변제나 기타 변수 등을 확인해야 한다.
 이러한 경우는 낙찰자가 가등기를 담보가등기로 해석했거나 선순위 근저당권이 있었는데 대위변제로 가등기가 선순위가 된 사례이다.

◆ **배당기일 이후에 발생된 경우**

 경매절차 밖에서 ④ 기간 동안에는 가처분이 말소회복소송으로 등기가 말소된 경우
 민법 제578조 경매와 매도인의 담보책임 ㉠ 채무자에게 청구하거나, ㉡ 배당받은 채권자를 상대로 별도의 소송, 즉 부당이득 반환청구 소송을 제기할 수 있다.

 ① 낙찰자가 소유권을 상실하게 된 경우 민법 제578조(=경매와 매도인의 담보책임) 규정에 의해 채무자에게 계약해제를 요청할 수 있다. 그러나 대부분 채무자가 자력이 없기 때문에 배당 받은 채권자를 상대로 부당이득반환을 청구하면 될 것이다.

 ② 선순위 갑 근저당권의 채권액이 없는 경우에 형식적 말소기준권리가 되기 때문에 말소기준권리가 될 수 없어서 후순위 을 가처분은 경매절차상에서 소멸되었으나 경매절차 밖에서 이를 회복시켜주어야 한다. 따라서 대금납부 전 또는 배당기일 전까지는 최소한 등기부등본이나 경매 기록 등을 점검해야 한다.

03 물권과 채권의 종류와 이들 상호 간 우선순위

채권은 광의적으로 해석하면 담보물권, 저당권부 채권(담보물권적 효력이 있는 채권), 무담보 채권이 있다. 무담보 채권에는 우선특권이 있는 채권으로 특별우선채권과 일반우선채권이 있고, 우선특권이 없는 일반채권으로 배당요구가 가능한 채권과 불가능한 채권으로 나눌 수 있다. 이렇게 분류할 수 있어야 채권 상호 간에 우선순위에 따른 배당을 쉽게 정리할 수 있다.

◆ 광의의 채권(물권과 채권을 포함)

(1) 특별우선채권
민법상 필요비와 유익비 상환청구권, 주임법과 상임법상 소액보증금 중 일정액, 근로자의 최우선변제금, 조세채권 중 당해세이다.

(2) 담보물권
근저당권, 전세권 등.

(3) 저당권부 채권
담보가등기(채권을 담보로 가등기한 채권), 확정일자부 임차권(대항요건과 확정일자를 갖춘 임차인, 등기된 임차권(임차권등기명령에 의한 임차권등기와 임대차등기).

(4) 우선특권이 있는 채권
조세채권(당해세 제외), 공과금(국민건강·국민연금보험, 고용·산재보험 등), 근로자의 임금채권(최우선변제금 제외).

(5) 일반채권
① 배당에 참여할 수 있는 채권 : 가압류, 강제경매신청채권, 집행권원에 의한 배당요구채권, 우선특권 없는 공과금채권.

② 배당에 참여할 수 없는 채권 : 집행권원이 없는 차용증 등을 소지한 채권자, 확정일자 없는 주택임차인(소액보증금 중 일정액은 제외), 주임법 및 상임법상 보호대상이 아닌 상가 또는 토지 임차인 등은 경매목적 부동산에 가압류등기를 하지 아니하거나 보증금에 대한 채권원인증서만으로 배당요구가 불가하다.

> **알아두면 좋은 내용**
>
> **왜 필자는 물권과 채권을 이렇게 분석하고 있을까?**
> 물권과 채권 간의 우선순위와 주택과 상가에서 소액임차인을 결정하는 기준을 쉽게 이해할 수 있도록 분석한 것이다.
> 소액임차인을 결정하는 기준은 원칙적으로 배당 시점으로 현행법상 소액임차인이면 일정액을 최우선변제금으로 배당 받을 수 있다.
> 그런데 예외적으로 주임법 시행령 부칙 제4조(소액보증금 보호에 관한 적용례) 이 영 시행 전에 임차주택에 대하여 담보물권을 취득한 자에 대해서는 종전의 규정에 따른다. 즉 현행법이 개정되기 전에 설정된 담보물권이 있을 때 개정 후 소액임차인은 그 담보물권에 우선하지 못한다. 이 규정에 해당하는 담보물권은 근저당과 전세권, 담보가등기, 확정일자부 임차권, 등기된 임차권 등을 의미한다. 그러니 이들을 제외한 특별우선채권 중 당해세, 우선특권이 있는 조세·공과금·임금채권, 그리고 일반채권에 대해서는 현행법상 소액임차보증금 중 일정액에 항상 후순위가 된다. 이런 이유로 순위가 충돌하게 되고, 순환흡수 배당 사례도 발생 한다.

◆ 물권의 종류와 물권 상호 간의 우선순위

(1) 물권의 정의와 종류

물권이란 특정물건을 직접적, 배타적으로 지배하여 이익을 얻을 수 있는 권리(사용, 수익, 처분할 수 있는 권리)로서 지배권이며, 대물권이다. 모든 사람에게 주장이 가능한 절대권이기 때문에 대부분 등기부에 공시된다. 물권은 설정계약에 의해서 성립되지만 법률 또는 관습법에 의해서도 발생한다. 이런 물권의 종류는 물건을 사용, 수익, 처분권을 모두 가지고 있는 소유권과 물건을 사실상 점유할 수 있는 점유권, 소유권을 제한할 수 있는 제한물권으로 담보물권과 용익물권이 있다. 담보물권에는 유치권, 질권, 저당권 등이 있으며, 용익물권에는 지상권, 지역권, 전세권 등이 있다. 이밖에도 관습법상의 물권으로 분묘기지권과 관습법상의 법정지상권 등이 있다. 이 밖에도 물권은 아니지만 물권적 효력을 갖는 저당권부 채권으로 담보가등기, 확정일자부 임차권, 주택과 상가건물의 임대차등기 등이 있다.

(2) 동일한 물권 상호 간의 우선순위(일물 일권주의)

일물일권주의는 한 개의 물건 위에는 동일한 내용의 물권이 동시에 두 가지 이상 성립하지 못한다는 원칙이다.

이는 물권의 배타적 지배권의 성격을 보장하기 위한 것으로, 하나의 물건 위에는 동일한 종류, 내용, 순위의 물권은 동시에 성립할 수 없다는 것이다. 즉 1개의 물건 위에 2개의 소유권·전세권·지상권 등이 중복해서 성립할 수 없다. 일물일권주의는 한 개의 물건위에 그 내용이 양립될 수 없는 물권은 하나만 존재할 수 있고, 물건의 일부에 관하여는 물권이 존재할 수 없으며, 수개의 물건 위에는 하나의 물권이 있을 수 없다.

<u>그러나 내용이 모순되지 않는 물권 상호간에는</u> 즉 두 개 이상 양립이 가능한 물권은 한 개의 물건 위에 동시에 성립할 수 있다.

따라서 서로 용납하는 지배를 내용으로 하는 물권(종류, 성질, 범위 등을 달리하는 물권)이 동시에 두 개 이상 성립함은 일물일권주의에 반하는 것이 아니다.

(3) 동일한 물권이 아닌 경우에 우선순위

① 소유권과 제한물권(담보물권, 용익물권)이 동일 물건 위에 존재하는 경우 시간의 선후에 관계없이 항상 제한물권이 우선한다.

(예) 이도령 소유 ⇨ 국민은행 근저당권 ⇨ 춘향이로 소유권이 이전되는 경우, 근저당권은 이도령이 소유자로 있을 때나 춘향이로 소유자가 변경돼도 우선한다.

② 제한물권(담보물권과 용익물권) 상호 간의 우선순위는 먼저 등기된 담보물권이 우선한다. 같은 날짜에 설정된 것은 접수번호에 따라 선후가 정해진다.

③ 저당권부 채권 상호 간 우선순위는 등기일자와 효력발생 일시에 따라 우선순위가 정해진다.

(4) 물권우선주의

하나의 물건 위에 물권과 채권이 함께 존재하는 경우 그 성립의 선후와 관계없이 물권이 채권에 우선하는 것이 원칙이다. 그러나 이 원칙에도 예외가 있다. 그 예외는 다음 채권설명에서 다루어 보겠다.

◆ 채권의 종류와 채권 상호 간 우선순위

(1) 채권의 정의와 종류

　채권이란, 특정인(채권자)이 특정인(채무자)에 대하여 일정한 행위(=급부)를 청구할 수 있는 권리로서 상대적이고 비배타적인 권리이다. 채권은 채무자에게만 주장할 수 있는 대인적 권리로시 채무지의 행위에 의하여 권리내용이 실행되는 권리이다. 채권은 특정한 사람에게만 주장이 가능한 상대권으로 대부분 등기부에 공시되지 않는다. 이러한 채권은 계약(정약과 승낙)에 의해서 성립된다. 그리고 채무자가 임의로 그 행위를 하지 않을 경우 채권자는 법원에 청구하여 강제집행을 청구할 수 있다. 채권의 종류는 우선특권이 있는 채권으로 특별우선채권(1순위 필요비와 유익비, 2순위로 최우선변제금, 당해세)과 일반우선채권(조세, 공과금, 임금채권)이 있고, 우선특권이 없는 일반채권으로 배당요구가 가능한 채권(가압류, 강제경매 신청채권, 집행권원에 의한 배당요구채권, 우선특권 없는 공과금채권)과 불가능한 채권(집행권원이 없는 차용증 등을 소지한 채권자, 확정일자 없는 주택임차인(소액임차인의 소액보증금 중 일정액은 제외)으로 나눌 수 있다.

(2) 채권 상호 간의 우선순위

　원칙적으로 채권자 평등의 원칙에 따라서 우열이 없이 그 채권의 성립시기, 효력발생 시기를 불문하고 동순위로서 안분배당하게 된다. 그러나 채권이 특별우선채권과 일반우선채권, 일반채권 간에는 동순위가 되는 것이 아니라, 항상 특별우선채권이 우선하고, 그 다음 일반우선채권, 일반채권 순이 된다.

◆ 물권과 채권 상호 간에 우선순위

(1) 물권우선주의가 원칙

　'매매는 임대차를 깬다.' 라는 말이 있다. 이 말은 채권과 물권이 충돌하면 물권이 우선한다는 것으로 주택임대차보호법이 탄생하기 전 임차인이 대항력이 없던 시기로, 임차주택이 매매로 소유자가 변경되면 새로운 소유자에게 대항할 수 없었다. 그래서 계약기간 중이라도 새로운 소유자가 주택을 비워 달라고 요구할 수 있었다. 새로운 소유자는 소유권이전등기로 물권을 취득했는데 반해서 임대차는 채권이기 때문이다. 이와 같이 민법에서는 물권이 채권에 우선한다는 물권우선주의 원칙을 택하고 있다.

(2) 물권우선주의의 예외

채권은 물권과 같이 등기부에 등기되지 않아서 등기부에 등기된 물권에 우선할 수 없는 것이 대부분이다. 그러나 등기되지 않은 채권도 특별우선채권과 일반우선채권이라면 우선특권이 있어서 물권과의 관계에서 우선할 수도 있고, 우선특권이 없는 채권이라도 등기된 일반채권(가압류등기, 압류등기, 강제경매신청기입등기)이라면 물권과 선후 등기순위에 따라 일반채권이 선순위인 경우 처분금지효력이 물권에 미치게 되어 후순위 물권과 동순위로 안분 배당한다. 그러나 후순위 가압류등기와는 물권이 우선하게 된다.

◆ 물권과 일반채권이 섞여 있는 기본적인 사례에서 배당분석

① 갑 근저당권 ⇨ 을 가압류 ⇨ 병 임차인 전입/확정일자(최우선변제금은 계산하지 아니함)

1순위 : 갑 근저당권. 2순위 : 을 가압류＝병 임차인(확정일자 임차인)이므로 동순위로서 안분 배당한다.

② 갑 임차인 전입/확정일자 ⇨ 을 가압류 ⇨ 병 강제경매 신청 ⇨ 정 가압류 ⇨ 을의 강제경매 신청

배당순위 : 1순위 : 갑 임차인의 확정일자 우선변제권. 2순위 : 을 가압류 ＝ 병 강제경매 신청 ＝ 정 가압류는 동순위로서 안분 배당한다.

③ 갑 가압류 ⇨ 을 근저당권 ⇨ 병 임차인 전입/확정 ⇨ 을의 임의경매

물권은 일반채권에 우선하고 물권은 우선변제권이 있으나 우선변제권은 물권보다 후순위 권리자에 해당되는 것이지 선순위로 등기된 일반채권자까지 해당되지 아니하므로 동순위로 안분 배당한다. 일반채권은 우선변제권 없고, 채권자 평등주의로 모두가 평등하다. 배당순위 : 1차 갑＝을이고, 갑＝병이므로 동순위로 1차 안분배당 : ① 갑, ② 을, ③ 병을 안분배당하고, 2차 흡수배당 : 을은 병보다 우선순위로 을은 병의 1차 안분액 한도 내에서 을의 채권이 만족할 때까지(안분부족액을) 흡수하는 절차를 거치게 된다.

④ 그러나 전소유자의 가압류채권은 현소유자의 채권에 우선한다.
갑 소유자 ⇨ 을 가압류 3,000만원 ⇨ 병 소유권이전 ⇨ 정 근저당 1억2,000만원 2014. 1. 14. ⇨ 무 임차인(9,500만원) 전입/확정 ⇨ 정의 임의경매 2014.9.20. ⇨ 기 재산세(당해세) 100만원 교부청구 순 일때 배당순위(주택은 서울 소재)

1순위 : 을 가압류 3,000만원(가압류의 처분금지효로 우선변제 1)
2순위 : 무 임차인 3,200만원(최우선변제금 1)
3순위 : 기 재산세 100만원(우선변제금 2) … 순으로 배당된다.

가압류가 되고 나서 소유자가 변경되면 가압류된 채권금액에 대해서 소유권이전등기가 무효가 되므로 배당금에 대해서 현소유자의 채권자(임차인의 최우선변제금, 당해세 등)보다 우선해서 변제받게 된다. 이러한 이유는 가압류의 처분금지효력 때문이다.

⑤ 전소유자의 근저당권은 현소유자의 채권에 우선한다.
갑 소유자 ⇨ 을 근저당 5,000만원 2014. 1. 10. ⇨ 병 소유권이전 ⇨ 정 근저당 1억2,000만원 2014. 3. 20. ⇨ 무 임차인(9,500만원) 전입/확정 ⇨ 정의 임의경매 2014.9.20. ⇨ 기 재산세(당해세) 100만원 교부청구 순 일때 배당순위(주택은 서울 소재)

1순위 : 무 임차인 3,200만원(최우선변제금 1)
2순위 : 을 근저당 5,000만원(우선변제금 1)(현소유자의 소액임차인보다 우선하지 못하지만, 현소유자의 당해세보다는 전소유자의 근저당권이 우선한다는 것이 대법원 판례이다)
3순위 : 기 재산세 100만원(우선변제금 2)
4순위 : 정 근저당 1억2천만원(우선변제금 3) … 순으로 배당된다.

04 한눈으로 보는 우선순위 결정방법 총정리

◆ **저당권부 채권이 조세채권 등의 법정기일보다 늦은 경우와 빠른 경우**

순위	배당채권	내용
0순위	경매집행비용	배당금[매각대금＋배당기일까지 이자＋몰수된 보증금]에서 경매·공매 집행비용을 최우선적으로 공제한다(민집법 제53조)
1순위	필요비, 유익비	저당물의 제3취득자나 임차권, 점유권, 유치권자가 그 부동산에 보존개량을 위하여 필요비, 유익비를 지불한 경우 매각대금에서 우선변제한다 (민법 제367조).
2순위	(1) 임차인의 소액임차보증금 중 일정액 (최우선변제금)	① 주임법 제8조 제1항 소액보증금 변천사! 〈Chapter 05의 04 주택임차인의 최우선변제권과 그 적용대상 범위, 131~132쪽 참조〉 ② 상임법 제14조 제1항 소액보증금 변천사! 〈Chapter 06의 03 상가임차인이 최우선변제금을 받으려면 어떻게 해야 하나? 149~150쪽 참조〉
2순위	(2) 근로자의 최종 3월분 임금·최종 3년분의 퇴직금·재해보상금 (최우선변제금)	① 임금 최종 3월분 최우선변제(1987. 11. 28.부터 저당권보다 우선 배당 시행) ② 퇴직금전액, 재해보상금의 최우선변제(1989. 03. 29. 근로기준법 개정 시행) ③ 퇴직금전액이 최우선변제에서 최종 3년분의 퇴직금만 최우선변제 인정(1997. 12. 24. 이후 개정 시행되었고, 그 이전기간은 경과조치로 인정하고 있으나 그 기간은 250일 초과 시 250일 기간까지만 인정)
		(1) ＋ (2)번은 동순위로 안분 배당한다.
3순위	당해세	당해세는 매각부동산 자체에 대하여 부과된 국세와 지방세 그리고 그 가산금을 말한다. ① 국세 중 당해세의 종류는 상속세, 증여세, 종합부동산세를 말한다(국세기본법 제35조 제5항). 단, 상속·증여세는 담보권 설정 당시 납세의무가 있는 경우만 인정됨. ② 지방세 중 당해세는 재산세·자동차세·지역자원시설세(공동시설세와 지역개발세 통합) 및 지방교육세(재산세와 자동차세에 부가되는 지방교육세만 해당)를 말한다(지방세기본법 제99조 제5항)(지방세, 당해세 시행일은 1996. 01. 01.)

순위	권리	내용
4순위	일반조세채권 (저당권부 채권보다 법정기일이 빠르거나 같은 경우)	① 저당권부 채권(근저당권, 전세권, 담보가등기, 확정일자부 임차권, 등기된 임차권)보다 조세채권 법정기일이 빠르거나 같은 경우 ② 조세채권과 저당권부 채권 간의 우선순위 　1차적으로 조세채권과 저당권부 채권과는 법정기일과 설정등기일을 가지고, 1등 당해세 ⇨ 2등 저당권부 채권보다 법정기일이 빠른 일반조세채권 ⇨ 3등 저당권부 채권 ⇨ 4등 법정기일이 늦은 조세채권 순으로 배당 하고, 2차적으로 1차에서 배당 받은 배당금을 갖고, 일반조세채권(당해세 제외)끼리는 ㉠ 1등 납세담보된 조세채권, ㉡ 2등 압류선착주의 적용흡수(조세채권끼리는 법정기일과 상관없이 최초압류권자가 참가압류권자와 교부청구권자 흡수), ㉢ 3등 참가압류권자와 교부청구한 조세채권끼리는 동순위로 안분 배당한다.
5순위	법률상 우선권 있는 공과금 등(납부기한이 빠르거나 같은 경우)	저당권부 채권(근저당권, 전세권, 담보가등기, 확정일자부 임차권, 등기된 임차권)보다 공과금의 납부기한이 빠르거나 같은 경우 이 경우 5순위 공과금과 6순위 저당권부 채권과 8순위 일반조세채권 등이 혼재해 있는 경우, 5순위 공과금 > 6순위 저당권부 채권이고, 6순위 저당권부 채권 > 8순위 일반조세채권이고, 8순위 일반조세채권 > 5순위 공과금인 관계로 배당순위가 서로 물고 물리는 순환관계에 놓이게 된다. 이때 배당방법은 순환흡수 배당 절차에 의해 배당해야 한다. <u>법률상 우선권이 있는 공과금은</u> ① 국민건강보험료, ② 국민연금보험료, ③ 고용보험료, ④ 산재보험료, ⑤ 개발부담금, ⑥ 고용부담금 6개가 있다.
6순위	저당권부 채권(근저당권, 전세권, 담보가등기, 확정일자부 임차권, 등기된 임차권)	이들 상호간의 순위는 설정등기일, 우선변제 효력발생일, 조세채권은 법정기일, 공과금은 납부기한이 된다. ① 담보물권(근저당권, 전세권, 담보가등기)의 기준일은 등기일이고 이들 상호간의 순위는 등기 된 순위이다. ② 확정일자부 임차권은 확정일자부 우선변제권의 효력발생 일시를 가진다. ③ 등기된 임차권은 주임법과 상임법상 임차권등기명령에 의한 임차권등기와 민법상 임대차등기가 있다. 이들은 등기하기 전에 대항요건과 확정일자를 갖추고 있었다면 그 갖춘 시기에, 갖추지 않았다면 등기 시점에 대항력과 우선변제권이 발생한다.
7순위	일반임금채권(최우선임금변제권 제외)	근로기준법 제38조(임금채권 우선변제) 1항은 질권, 저당권에 의하여 담보된 채권을 제외하고는 조세, 공과금 및 다른 채권에 우선하여 변제되어야 한다. 다만 질권·저당권에 우선하는 조세·공과금에 대하여는 그러하지 아니한다. 근로자 퇴직급여 보장법 제11조 퇴직금 우선변제 내용도 같다. ① 일반임금채권은 조세(당해세 포함), 공과금에 우선한다. ② 저당권부 채권에 대하여는 후순위이다. ③ 저당권부 채권에 우선하는 조세, 공과금보다는 후순위이다.

순위		내용
8순위	일반조세채권(저당권부 채권보다 법정기일이 늦은 경우)	국세, 가산금 또는 체납처분비(국세징수법 제35조), 지방세 등 지방자치단체의 징수금(지방세법 제31조)의 법정기일이 저당권부 채권보다 늦은 경우이다.
9순위	법률상 우선권 있는 공과금 등(납부기한이 늦은 경우)	국세, 지방세 다음으로 징수되는 공과금(국민건강보험료, 연금보험료, 고용보험료, 산재보험, 개발부담금, 고용부담금)의 납부기한이 저당권부 채권보다 늦은 경우이다. ① 조세채권보다 항상 후순위 ② 일반 임금채권보다 후순위이나 저당권부보다 우선하는 공과금인 경우 우선한다. ③ 공과금은 일반채권에 항상 우선한다.
10순위	일반채권	일반채권으로 가압류채권, 강제경매신청채권, 경매목적부동산의 소유자를 채무자로 하는 집행권원이 있는 채권(확정된 판결문, 공증된 약속어음 등), 재산형, 과태료 및 국유재산법상의 사용료, 대부금 등이 모두 배당요구가 가능하며 배당절차에서 이들은 모두가 동순위로 안분배당받게 된다.

◆ 저당권부 채권 등이 없는 경우 배당순위 결정 방법

순위	배당채권	비고
0순위	경매집행비용	
1순위	필요비·유익비	
2순위	(1) 임차인의 최우선변제금 (2) 근로자의 최우선변제금	
3순위	일반임금채권 (최우선임금변제금 제외)	일반임금채권은 조세(당해세포함), 공과금 및 일반채권에 우선한다. 다만 저당권, 질권 등의 우선변제권의 권리보다 앞서는 조세, 공과금에는 그러하지 아니한다.
4순위	당해세	조세채권은 공과금 및 일반채권에 항상 우선한다.
5순위	일반조세채권	
6순위	법률상 우선권 있는 공과금 등	공과금은 일반채권에 항상 우선한다.
7순위	일반채권	

05 입찰대상 물건에서 권리를 분석하는 방법

◈ 돈이 되는 우량한 물건을 찾는 것이 먼저다!

재테크에서 첫 걸음은 돈이 될 수 있는 물건을 찾는 것이다. 이런 물건은 그냥 얻어지는 것이 아니라 현장을 누비며 땀 흘려 분석한 결과로 얻게 되는 것이다.

◈ 말소기준권리를 찾고 인수할 권리가 있는지 확인해라!

첫 번째, 말소기준권리 이전 권리는 인수, 이후의 권리는 소멸한다.

두 번째, 말소기준권리가 담보물권(근저당권, 담보가등기, 전세권)이냐, 무담보채권(가압류, 압류, 강제경매신청)이냐를 구분해서 담보물권이면 소액임차인 결정기준이 되고, 무담보채권이면 현행법상 소액임차인의 최우선변제금보다 항상 후순위가 된다는 판단을 해야 한다.

◈ 임차인의 대항력 유무와 배당요구 여부를 먼저 판단

(1) 말소기준보다 선순위로 대항요건을 갖춘 임차인의 권리

① 임차인이 대항력을 선택해서 계속 거주를 희망하는 경우에는 계약기간동안 사용·수익할 수 있고, 계약기간이 만료되면 전세보증금반환채권과 주택인도의 동시이행항변권을 갖게 된다. 그러니 경매로 낙찰 받은 매수인은 이러한 권리를 인수하게 된다.

② 임차인이 대항력을 스스로 포기하고, 배당요구를 하여(계약해지의사를 밝히면서 전세보증금반환채권을 가지고 우선변제권을 주장한 것에 해당) 전액 배당받게 되면 매수인의 명도확인서가 필요하고, 미배당금이 발생하면 명도확인서 없이 배당받고 나머지 미배당금은 매수인이 반환해 줄 때까지 주택인도를 거부하면서 동시이행항변권만 갖게 된다. 간혹 임차인이 일부 배당받고 배당받은 금액을 매수인에게 주면서 대항력을 주장하는 사례가 있어서 내용을 정확하게 분석한 것이다. 그러니 임차인이 배당요구를 했다면 계약해지 의사를 밝히면서 우선변제권을 주장한 것이므로 대항력은 없는 것이고 전세보증금반환채권만 남게 되는

것이다(이러한 법리는 일반매매로 소유자가 변경되면 임차인은 대항력을 주장하지 않고 계약을 해지할 수 있는 권리에서 나온 것이라 이해하면 된다).

(2) 말소기준보다 후순위로 대항요건을 갖춘 임차인은?

말소기준권리보다 후순위로 대항력이 없어서 경매로 소멸되는 권리로 전세보증금반환채권으로 우선변제권만 갖게 된다. 그러니 매수인의 부담으로 남지 않고 채무자의 부담으로 남게 된다. 매수인은 잔금납부와 동시에 주택인도를 요구할 수 있어서 인도명령을 신청할 수 있고, 임차인은 그때부터 부당이득의 대상이 된다. 따라서 예상배당표를 작성해서 배당받을 금액이 있는가를 파악하라(배당금이 있어야 명도가 쉽기 때문이다).

(3) 임차인이 배당요구했다면 우선변제권이 있다

선순위나 후순위 모두 우선변제권이 있어서 배당요구를 할 수 있다. 이러한 우선변제권에는 소액임차인은 최우선변제금과 확정일자부 우선변제금이 있고, 소액임차인이 아니면 확정일자부 우선변제권만 있다.

◆ 조세채권이 있다면 당해세인지, 일반세금인지를 확인해라!

1차적으로 당해세가 있는가를 확인해서 최우선변제금 다음 순으로 우선 배당하고, 당해세를 제외하고 또는 당해세가 없으면 일반세금은 법정기일을 가지고 저당권부 채권과 우선순위에 따라 다음 사례와 같이 순위배당하면 된다.

◆ 경매에서 배당은 다음과 같은 순위로 하면 된다!

경매로 매각되면 매각대금에서 0순위로 경매비용이 먼저 변제받고, 나머지 금액이 실제로 채권자에게 배당할 금액이 된다. 배당금 중에서 1순위로 배당받는 것이 필요비·유익비 상환청구권, 2순위가 소액임차인과 근로자의 최우선변제금, 3순위가 당해세가 된다. 따라서 압류 및 교부청구한 조세채권이 있다면 당해세 유무를 확인하고 당해세만 3순위로 먼저 배당하고 나머지 일반세금은 법정기일을 가지고 4순위부터 저당권부 채권(근저당권, 담보가등기, 전세권, 확정일자부 우선변제권, 등기된 임차권) 등과 우선순위에 따라 다음과 같이 순위배당하면 된다.

> 4순위 [일반조세채권] - 담보권보다 법정기일이 빠른 경우
> 5순위 [공과금] - 담보권보다 공과금의 납부기한이 빠른 경우
> 6순위 [담보권(저당권, 전세권, 담보가등기, 확정일자 임차권, 등 기된 임차권)]
> 7순위 [일반임금채권]
> 8순위 [일반조세채권 - 담보권보다 법정기일이 늦은 경우]
> 9순위 [공과금 - 담보권보다 공과금의 납부기한이 늦은 경우]
> 10순위 [우선변제권이 없는 일반채권]

◆ 인수할 권리나 금액이 있는가를 확인해라!

앞에서와 같이 예상배당표를 통해서 대항력 있는 임차인 등이 미배당금 여부를 확인하고, 있다면 인수해야 한다. 그리고 경매로 소멸되지 않는 권리가 있는지를 확인한다.

◆ 남을 가망이 없거나 대위변제 등 경매취소 가능성 분석

① 후순위채권자가 경매 신청한 경우 매각부동산이 저감됨에 따라 남을 가망이 없어서 경매가 취소될 수도 있으니, 예상배당표를 작성해 보고 대비해라!

② 말소기준권리가 되는 채권금액이 소액이고, 후순위로 임차인이나 가등기 등이 배당받지 못하고 소멸되는 경우에는 낙찰자가 잔금 납부하기 전까지 대위변제할 가능성이 높다. 이 경우 말소기준권리가 임차인 등보다 후퇴하게 되므로, 낙찰자가 임차인과 가등기 등을 인수하게 될 수도 있으니 주의해야 한다.

◆ 마지막으로 현장답사를 통한 물건분석과 수익분석 후 입찰하면 된다!

앞에서와 같은 기본적인 권리분석후 현장답사를 통한 물건분석과 수익분석을 한 다음 입찰가를 결정해서 입찰에 참여하면 된다.

Chapter 05

주택임대차보호법상 임차인의 권리와 다른 채권자와의 우선순위

01 주택임대차보호법의 적용대상 건물과 임차인은?

◆ 주택임대차보호법의 적용대상 건물

　주임법은 주거용 건물의 전부 또는 일부의 임대차에 관하여 이를 적용하고, 그 임차주택의 일부가 주거 목적 외의 목적으로 사용되는 경우에도 마찬가지이고(주임법 제2조), 주거로 사용하고 있는 건물이 주택으로 등기가 되었든, 미등기든, 무허가 건물이든, 비주거용건물의 일부를 주거용 건물로 이용하는 경우 모두 적용대상이 되는데 **그 주거용 건물의 용도로 사용하는 판단 시점은 임대차계약체결 시점으로 판단해서 주임법의 적용을 받게 된다.** 다만 일시 사용하기 위한 임대차임이 명백한 경우에는 적용되지 않는다(일시사용을 위한 임대차 - 주임법 11조).

◆ 주임법으로 보호받을 수 있는 임차인은?

(1) 주택임대차보호법은 자연인만 보호대상

　주택임차인은 자연인만 대상이 되고 법인은 자연인이 아니라 대상이 될 수 없다[대법2003다23885]. 대한민국 국민과 외국인(출입국관리법 제88조의 2)과 외국국적의 재외동포(재외동포법 제9조)도 자연인으로 임차인이 될 수 있고, 이들 임차인이 대항요건만 갖추고 있으면 대항력이 인정되어 특별법(주임법)의 보호대상이 된다. 여기서 자연인이란 법이 권리능력을 인정하는 자연적 생활체로서의 인간을 말하는 것으로 재단이나 사단인 법인에 대립하여 개인을 가리키는 데 쓰이는 개념이다.

(2) 주택임대차보호법으로 보호받는 법인도 있다?

　법인은 원칙적으로는 보호를 받을 수 없지만 예외적으로 보호를 받을 수 있는 경우가 있는데, ① **주임법 제3조 2항의 전세임대주택을 지원하는 법인이 주택을 임차한 후** 지방자치단체의 장 또는 그 법인이 선정한 입주자가 그 주택을 인도받고 주민등록을 마쳤을 때 주임법 제1항을 준용하여 다음날 오전 0시에 대항력이 발생하게 되는데, 이러한 법인은「한국토지주택공사법」에 따른 한국토지주택공사,「지방공기업법」에 따라 주택사업을 목적으로 설립된 지방공사 등이 있다.

② 주임법 제3조 3항 「중소기업기본법」 제2조에 따른 중소기업에 해당하는 법인이 소속 직원의 주거용으로 주택을 임차한 후 그 법인이 선정한 직원이 해당 주택을 인도받고 주민등록을 마쳤을 때에는 제1항을 준용하여 다음날 오전 0시에 대항력이 발생하지만, 임대차가 끝나기 전에 그 직원이 변경된 경우에는 그 법인이 선정한 새로운 직원이 주택을 인도받고 주민등록을 마친 다음날 오전 0시에 대항력이 발생하게 된다. 여기서 중소기업기본법 제2조에 따른 중소기업의 범위는 중소기업기본법 제2조 1항 제1호(중소기업의 범위)와 중소기업법 시행령 제8조(소기업 기준), 소기업 및 소상공인을 위한 특별조치법 제2조(소상공인 기준)를 검색해서 참고하면 될 것이다.

(3) 임대차 계약 후 대항요건을 갖추고 있어야 한다.

임대차는 당사자 일방이 상대방에게 목적물을 사용·수익하게 할 것을 약정하고, 상대방이 이에 대한 차임 지급을 약정함으로 성립하는 유상, 쌍무, 낙성, 불요식 계약이다. 이렇게 계약 후 대항요건을 갖추면 다음날 오전 0시에 대항력이 발생해서 주임법으로 보호 받을 수 있다. 다만 상대방에게 무상으로 사용·수익하도록 약정하고 주택을 인도한 사용대차의 경우에는 임대차로 볼 수 없기에 주임법의 보호대상이 아니다.

 ## 02 주택임차인의 대항력은 언제 어떻게 발생하나?

◆ 주택임차인의 대항요건과 대항력(주임법 제3조)

① 임대차는 그 등기가 없는 경우에도 임차인이 주택인도와 주민등록을 마친 때에는 그 익일로부터 제3자에 대하여 효력이 생긴다. 이 경우 전입신고를 한 때에 주민등록이 된 것으로 본다(여기서 전입이라는 대항요건은 임차인 본인뿐만 아니라 배우자나 자녀 등 가족의 주민등록도 포함된다).

② 제1항에서 제3자에 대하여 효력이 생긴다는 내용은 임차주택의 양수인(기타 임대할 권리를 승계한 자를 포함)은 임대인의 지위를 승계한 것으로 본다.

③ 민법 제575조제1항, 제3항(제한물권이 있는 경우와 매도인의 담보책임) 및 제578조(경

매와 매도인의 담보책임)의 규정은 이 법에 의하여 임대차의 목적이 된 주택이 매매 또는 경매의 목적물이 된 경우에도 이를 준용한다.

> **알아두면 좋은 내용**
>
> **대항요건은 임차인 본인뿐만 아니라 배우자나 자녀 등 가족의 주민등록도 포함**
> (1) 가족의 범위는 민법 제779조(가속의 범위) 제1항 다음의 자는 가족으로 한다. 1. 배우자, 직계혈족 및 형제자매, 2. 직계혈족의 배우자, 배우자의 직계혈족 및 배우자의 형제자매. 제2항 1항 2호의 경우에는 생계를 같이 하는 경우에 한한다.
> (2) 주민등록법 시행령 제6조 제2항에 따르면 "세대별 주민등록표의 등재순위는 세대주, 배우자, 세대주의 직계존비속의 순위로 하고, 그 외에는 세대주의 신고에 따른다. 다만 민법 제779조에 따른 가족의 범위에 속하지 아니하는 사람은 '동거인'란에 기록한다."고 명시되어 있다. 따라서 동거인은 가족의 범위를 벗어나는 것이다.

◈ 외국인, 외국국적동포, 재외국민의 국내거소 신고와 임대차보호법상 대항력

(1) 외국인, 외국국적동포의 국내거소 신고와 임대차보호법상 대항력

출입국관리법이 2002. 12. 5. 법률 제6745호로 개정되면서 외국인의 편의를 위해 제88조의2를 신설하였다. 이에 따르면, 법령에 규정된 각종 절차와 거래관계 등에서 외국인등록증과 외국인등록 사실증명으로 주민등록증과 주민등록등본·초본을 갈음하고(제1항), 외국인등록과 체류지 변경신고로 주민등록과 전입신고를 갈음한다(제2항). 따라서 외국인이나 외국국적동포가 출입국관리법에 따라 마친 외국인등록과 체류지 변경신고는 주택임대차보호법 제3조 제1항에서 주택임대차의 대항요건으로 정하는 주민등록과 같은 법적 효과가 인정된다. 이러한 법리가 임차인의 배우자나 자녀 등 가족의 주민등록이 포함되는 가에 대해서 대법원 2014다218030, 218047은 마찬가지로 적용된다고 보고 있다.

(2) 재외국민의 국내거소 신고와 임대차보호법상 대항력

구 재외동포법에 출입국관리법 제88조의2 제2항과 같이 재외국민의 국내거소신고와 거소이전신고가 주민등록과 전입신고를 갈음한다는 명문의 규정은 없지만, 출입국관리법 제88조의2 제2항을 유추적용하여 재외국민이 구 재외동포법 제6조에 따라 마친 국내거소신고와 거소이전신고도 외국국적동포의 그것과 마찬가지로 주민등록과 전입신고를 갈음한다고 보아야 한다(대법원 2014다218030, 218047 판결 참조).

따라서 재외국민의 국내거소신고는 주택임대차법 제3조 제1항에서 주택임대차의 대항요건으로 정하는 주민등록과 같은 법적 효과가 인정되어야 하고, 이 경우 거소이전신고를 한 때에 전입신고가 된 것으로 보아야 한다는 최근 대법원 2019. 4. 11. 선고 2015다254507 판결이 나왔다.

> [재외동포, 재외국민, 외국국적동포의 구분]
> ① 재외동포 - 재외국민과 외국국적동포를 모두 포함하는 개념이다
> ② 재외국민 - 대한민국의 국민으로서 외국의 영주권을 취득한 자 또는 영주할 목적으로 외국에 거주하고 있는 자
> ③ 외국국적동포 - 대한민국의 국적을 보유하였던 자 또는 그 직계비속으로서 외국국적을 취득한 자

◈ 일반거래로 주택소유자가 바뀌는 경우 대항력은?

임차인이 주택인도와 주민등록이라는 대항요건을 모두 갖추면 다음날 오전 0시에 대항력이 발생하게 돼(대법 2001다30902), 소유자가 바뀌어도 새로운 소유자에게 임대차 기간동안 주택을 사용·수익할 수 있고, 종료 시에 주택인도와 동시에 보증금반환을 청구할 권리를 갖게 된다. 일반거래는 매매, 상속, 증여 등으로 소유자가 변경되는 것을 말한다.

 판례 돋보기

> **주민등록이 대항력의 요건을 충족시키는 공시방법이 되기 위한 요건**
> 주임법 제3조 제1항에서 주택의 인도와 더불어 대항력의 요건으로 규정하고 있는 주민등록은 거래의 안전을 위하여 임차권의 존재를 제3자가 명백히 인식할 수 있게 하는 공시방법으로 마련된 것으로서, 주민등록이 대항력의 요건을 충족시킬 수 있는 공시방법이 되려면 단순히 형식적으로 주민등록이 되어 있다는 것만으로는 부족하고, <u>주민등록에 의하여 표상되는 점유관계가 임차권을 매개로 하는 점유임을 제3자가 인식할 수 있는 정도</u>여야 한다(대법2002다38361, 38378).

◈ 경매나 공매절차에서는 조금 다르게 적용되고 있다!

경매나 공매로 소유자가 변경되는 경우에는 일반 거래와는 달리 말소기준권리를 기준으로

대항력 여부를 계산하게 된다. 선순위채권자의 처분제한을 받은 임대인과 임대차계약서를 작성하고 대항요건을 갖춘 임차인이나 후순위채권자 등은 선순위채권자의 처분권의 행사로 소멸하게 하여 선순위채권을 보호해야 한다. 따라서 등기부에 가장 먼저 등기된 말소기준권리(근저당, 가압류, 압류, 담보가등기, 전세권(집합건물), 강제경매개시결정기입등기)를 보호하기 위해서 이보다 먼저 대항요건을 갖춘 임차인만 대항력이 인정되므로 경매절차에서 대항력을 주장하거나 배딩요구해시 우선변제권(최우선변제금과 확정일자부 우선변제금)을 주장할 수도 있다. 그러나 후순위로 대항요건을 갖춘 임차인은 대항력이 없어서 우선변제권만 주장할 수밖에 없고 설령 보증금을 전액 배당 받지 못하더라도 임차권은 소멸하게 된다.

◈ 임차인 가족만 전입하고, 나중에 임차인이 전입하면 대항력은 언제 발생할까?

동일세대원 중 일부가 최초로 전입신고 ⇨ 근저당권설정 ⇨ 세대주(임차인)의 전입 ⇨ 임의경매 신청

전입세대열람과 등기부를 확인한 결과 이렇게 되어 있다면 임차인은 가족구성원이 최초 전입신고를 한 날짜를 기준으로 대항력이 발생하므로 이 시점으로 대항력 여부를 따져봐야 한다. 주임법 제3조 1항에서 규정하고 있는 주민등록이라는 대항요건은 본인뿐만 아니라 그 배우자와 자녀 등 가족의 주민등록을 포함한다. 그리고 대항력이 인정되는 "가족"의 주민등록은 임차인과 세대를 같이 하고 있던 가족으로서 주택을 임차한 후에도 임차인과 공동으로 임차주택에 거주하고 있는 동거가족에 한한다(95다30338).

따라서 아들이 임차인이고 아버지가 최초 전입 시 대항력이 인정되려면, 종전주택에서 동일세대원으로 거주하다가 아들보다 아버지가 먼저 입주한 경우에 한정하고, 세대를 달리하다가 입주한 경우는 대항력이 인정되지 못한다.

◈ 근저당권이 설정되고 임차인이 대항요건을 갖춘 경우 대항력이 없는 건가?

일반매매로 소유자가 변경될 때에는 새로운 소유자에게 대항력을 주장할 수 있지만, **먼저 설정된 저당권에 의하여 주택(상가건물)이 경매된 경우에는 대항요건을 갖춘 임차권도 소멸하게 되는데,** 만일 소멸하지 않는다면 경락이 잘 이루어지지 않을 것이고, 그것은 곧 선순위 저당권의 담보가치를 훼손하는 것이 되기 때문이다. 나아가 임차권이 먼저 대항력을 갖추고 저

당권이 후순위로 설정되었다 하더라도, 그 저당권설정등기 이후에 증액한 보증금으로써는 그 주택의 경락인에게 대항할 수 없다(대판 90.8.24. 90다카11377).

◆ 주택에서 전소유자가 임차인의 지위를 얻었다면 대항력은?

주택의 소유자가 임차인으로 지위가 바뀐 경우 새로운 소유자 앞으로 소유권이전등기일 다음날 오전 0시에 대항력이 발생한다(대법 99다59306, 99다70556, 2001다61500). 등기부상 소유자로 되어 있는 상태에서는 주민등록이 주택임대차보호법 제3조 제1항 소정의 대항력 인정의 요건이 되는 적법한 공시방법으로서의 효력이 없다고 본 사례(대법원 98다32939 판결)이다.

◆ 대항력 없는 종전임차인과 낙찰자가 잔금납부 전에 임대차계약을 한 경우 대항력은?

경매절차에서 대항력 없는 종전임차인과 낙찰자가 잔금납부 전에 새로 임대차계약을 체결하고 매각대금을 납부한 경우, 종전 임차인의 주민등록은 낙찰인의 소유권 취득 이전부터 낙찰인과 종전 임차인 사이의 임대차관계를 공시하는 기능을 수행하고 있었으므로, 종전 임차인은 당해 부동산에 관하여 낙찰인이 낙찰대금을 납부하여 소유권을 취득하는 즉시 임차권의 대항력을 취득한다(대법원 2002다38361, 38378). 따라서 임차인은 잔금납부 즉시 대항력이 발생하여 경락잔금 대출로 소유권이전등기 다음 접수번호로 설정된 근저당권에 의해 경매된 경우에도 임차인은 대항력이 있다. 이러한 법리는 상임법상 보호대상인 환산보증금 범위 내에 있는 상가임차인도 마찬가지이다.

◆ 경매절차에서 낙찰자가 잔금납부하기 전에 임대차계약을 작성했다면 대항력은?

경매주택에 거주하고 있지 않았던 갑이 임의경매절차에서 최고가매수신고인의 지위에 있던 을과 주택임대차계약을 체결한 후 주택을 인도받아 전입신고를 마치고 임대차계약서에 확정일자를 받았다. 그리고 그 다음날 을이 매각대금을 완납하고 병 주식회사에 근저당권설정등기를 마쳐준 사안에서, 을이 최고가매수신고인이라는 것 외에는 임대차계약 당시 적법한 임대권한이 있었음을 인정할 자료가 없는데도, 갑이 아직 매각대금을 납부하지도 아니한 최고가매수신고인에 불과한 을로부터 주택을 인도받아 전입신고 및 확정일자를 갖추었다는 것만으로 제3조의 제2항에서 정한 우선변제권을 취득하였다고 본 원심판결에 법리오해 등의 위법이 있다고 한 사례(대법원 2014.02.27. 선고 2012다93794 판결[배당이의]).

이 대법원 판단은 甲은 乙이 추후 소유권을 취득해도 대항력과 우선변제권을 전혀 취득할 수 없다는 것을 의미하는 것은 아니고, 甲은 乙이 추후 소유권을 취득하면 대항력과 우선변제권을 취득할 수는 있지만, 정당한 임대권한이 없는 자로부터 임차한 경우에는 이미 인도 및 주민등록이 있었다고 하더라도 임대인이 정당한 임대권한을 취득한 날을 기준으로 그 다음날 대항력이 발생한다는 전제에서, 丙이 乙의 소유권 취득 당일 근저당권을 취득한 이상 甲은 丙보다 선순위 우선변제권을 취득할 수 없다는 것을 의미하고 있다.

◆ 임대아파트에서 임차인과 전대차계약으로 대항요건을 갖춘 경우 대항력은?

전차인이 전입신고를 마치고 거주하던 중 임차인이 소유권을 취득하고 근저당권을 설정한 경우 전차인은 임차인이 소유권이전등기가 이루어진 다음날 오전 0시에 대항력을 취득하게 되는 것이 아니라 소유권이전 즉시 대항력을 취득하게 되어 소유권이전등기와 동시에 설정된 은행근저당권보다 대항력이 있게 된다(대법 2000다58026,58033). 앞의 사례와 같이 임차인은 대항력이 있다.

◆ 수탁자 동의 없이 계약했더라도 신탁귀속 즉시 대항력이 발생한다?

신탁등기 후에 수탁자와 우선수익자 동의 없이 위탁자와 계약한 임차인의 대항력은 없지만, 신탁이 귀속되면 즉시 대항력과 우선변제권이 발생한다.

주민등록이 2014. 1. 27.부터 소유자 아닌 상대방이 거주하는 것으로 나타나 있어 제3자들이 보기에 상대방의 주민등록이 소유권 아닌 임차권을 매개로 하는 점유라는 것을 인식할 수 있었으므로 위 주민등록은 상대방이 전입신고를 마친 2014. 1. 27.부터 임대차를 공시하는 기능을 수행하고 있었다고 할 것이므로, 상대방은 이 사건 주택에 관하여 대운산업개발 명의의 소유권이전등기가 경료되는 즉시 위 임차권의 대항력을 취득하였다(대구지방법원 2017라272호 부동산인도명령 결정).

◆ **신탁등기된 주택에서 임차인이 대항력을 갖는 경우와 없는 경우**

(1) 신탁등기된 주택에서 임차인이 대항력을 갖는 경우

수원지방법원 2009. 12. 22. 선고 2009가단18799 손해배상사건(2심 : 서울고등법원 2010. 7. 14.선고 2010나8039호)도 신탁회사 동의 없이 위탁자와 임의로 임대차계약을 하고, 그 임차보증금을 다른 곳에 유용하고, 케이비신탁에게 지급하지 않은 상태에서 2007. 4.경 부도가 났고, 케이비신탁은 원고의 임차권을 인정할 수 없다면서 원고에게 이 사건 아파트에서 퇴거를 통보하였고, 아파트에서 명도 당하게 된 임차인(원고)이 공동중개인들에게 손해배상책임을 청구한 사건이다.

(2) 신탁등기된 주택에서 임차인이 대항력을 갖는 경우

① 신탁등기 전에 소유자와 임대차계약을 체결하고 대항요건을 갖춘 후 신탁등기가 이루어졌다면 임차인은 대항력이 있다.

② 신탁등기 이후에 입주한 임차인이 수탁자와 우선수익자의 동의를 얻어 위탁자와 계약을 체결한 경우

③ 수탁자가 우선수익자의 동의를 얻어 임차인과 임대차계약을 체결한 경우 등은 주임법상 대항력과 우선변제권(최우선변제권, 확정일자부 우선변제권)으로 보호 받을 수 있지만 앞의 (1)번처럼 수탁자와 우선수익자 동의 없는 임대차로는 대항력을 행사할 수 없다.

그러나 유의할 점은 수탁자와 우선수익자의 동의을 얻었더라도 대법원 2019다300095 판결처럼 동의를 얻은 경우

> "우선수익자인 농협중앙회는 2007. 6. 4.경 한국토지신탁에 이 사건 오피스텔에 관하여 'OOO의 임대차계약 체결에 동의하되, 수탁자는 보증금 반환에 책임이 없다' 는 취지의 동의서를 작성하여 교부하였고, 한국토지신탁은 이를 위탁자 OOO에 교부하였다."

이렇게 임대차계약에 동의하는 과정에서 보증금 반환채권은 수탁자와 우선수익자가 책임지지 않고, 위탁자에게만 청구할 수 있다는 조건으로 동의해 주는 사례가 많은데, 이러한 경우 주택 임차인은 수탁자와 우선수익자, 신탁공매로 낙찰 받은 사람에게 대항할수 없으므로 임차인 입장에서는 주의해야 한다.

◆ 임차주택에서 일시적으로 퇴거했다가 재전입하면?

임차인이 그 가족들의 주민등록을 그대로 둔 채 자신만 주민등록을 일시적으로 옮긴 경우에는 대항력과 우선변제권은 그대로 유지되나, 임차인과 그의 세대원 전원이 주민등록을 퇴거했다가 다시 전입신고를 한 경우에는 주민등록을 재전입 신고한 다음 날 오전 0시에 대항력이 발생하게 된다. 이 경우 퇴거하기 전에 계약서에 이미 확정일자를 받은 경우에는 또다시 확정일자를 받지 않아도 되지만, 그 확정일자부 우선변제권의 효력은 재전입해서 대항력이 발생하는 시점에 발생한다.

◆ 공무원의 실수로 주민등록표가 잘못 작성되었다면?

보호를 받을 수 있다. 담당공무원의 착오로 주민등록표상의 지번이 잘못 기재된 경우 이러한 사유 등을 원인으로 정정하였다면 정정하기 전의 최초 전입일자로 대항력을 인정받을 수 있게 된다(대법 91다18118 판결).

◆ 임차주택이 경매당하면 대항요건은 언제까지 갖추고 있어야 하나?

민사집행법에서는 배당요구종기 시까지만 대항요건을 갖추고 있으면 그 다음 이사 나가도 대항력과 우선변제권이 그대로 유지되어 배당기일에 배당 받는 데에는 문제가 없다. 그러나 경매나 공매 절차는 종종 취소가 되는 사례가 발생하고, 그렇게 된다면 임차인은 대항력과 우선변제권을 상실하게 되니, 부득이하게 이사 나갈 사정이 있으면 임차권등기를 해 놓고 이사 가야 한다.

◆ 선행경매에서 배당요구 했다면 제2경매에서 대항력만 주장할 수 있다!

선순위임차인이 제1경매절차에서 우선변제권을 선택해서 배당요구를 하였으나 보증금 전액은 배당받을 수 없었던 때에는 경락인에 대하여 이를 반환 받을 때까지 임대차관계의 존속을 주장할 수 있을 뿐이고 제2경매절차에서 우선변제권으로 배당 받을 수 없다(대법 2005다21166 판결).

◆ 금융기관 대출 시 임차인이 무상거주확인서를 작성했다면 대항력은?

첫 번째로 무상거주확인서를 받은 금융기관과 임차인 간의 문제

금융기관이 직접 낙찰 받은 경우 경매절차에서 임차인으로 권리 신고하여 임대차 사실이 있음을 주장하더라도 임차인으로 권리 주장은 신의칙에 위반 된다고 볼 수 있어서 금융기관이 명도를 구함에서 거부할 수 없다(대법 87다카1708 판결).

제3자가 낙찰 받았고 금융기관은 배당요구만 한 경우라도 임차인이 경매절차에서 이를 번복하여 대항력 있는 임대차의 존재를 주장함과 동시에 근저당권자보다 우선적 지위를 가지는 확정일자부 임차인임을 주장하여 그 임차보증금 반환채권에 대한 배당요구를 하는 것은 특별한 사정이 없는 한 금반언 및 신의칙에 위반되어 허용될 수 없다(대법 97다12211 판결).

두 번째로 제3자가 낙찰 받은 경우에 무상거주확인서를 작성한 임차인이 배당요구를 하지 않은 경우

무상거주확인서가 있다는 사실을 경매기록을 통해 확인할 수 있었는데 무상거주확인서를 써준 임차인이 경매절차가 끝날 때까지도 그 임대차관계를 밝히지 아니하여 낙찰자가 이를 알지 못하고 낙찰 받았다면, 낙찰자가 소유권을 취득하고 명도 청구할 때 태도를 번복하여 임대보증금 반환을 요구하며 명도를 거부하는 것은 특단의 사정이 없는 한 금반언 내지 신의칙에 위반(대법 87다카1738 판결)되어 인정될 수 없다.

세 번째로 제3자가 낙찰 받은 경우에 무상거주확인서를 작성하고 배당요구를 한 임차인의 대항력(대법원 2016다248481 판결)

갑과 을은 2008. 6. 19. ○○아파트에 관하여 월차임 없이 보증금 2억4,000만원으로 하는 임대차계약을 체결하였고, 을은 2008. 8. 8. ○○아파트에 입주하면서 전입신고를 마치고 확정일자를 받았다. 그 후 갑이 은행으로부터 대출을 받으면서 을에게 무상거주확인서를 작성해 줄 것을 부탁하였고, 을은 은행에게 '임대차계약으로 인한 채권채무관계가 없음'을 확인하는 내용의 무상거주확인서를 작성해 주었다. 이후 대출은행이 임의경매를 신청하였고, 경매절차에서 을은 보증금 2억4,000만원, 전입신고 및 확정일자 각 2008. 8. 8.로 권리신고 및 배당요구신청서를 제출하였다. 병은 임의경매절차에서 최고가 매수인으로 ○○아파트의 소유권을 취득하였고, 이후 진행된 배당기일에 을에게 2억4,000만원 전액을 배당하는 내용의 배당표가 작성되었으나 무상거주확인서를 받은 대출은행이 배당액 전부에 관하여 이의하여 배당이의 소송에서 을의 배당액을 0원으로 하는 내용으로 화해권고결정이 확정되었다. 그리고 낙찰자가 다음과 같이 명도소송을 진행했다.

> 🏠 **알아두면 좋은 판결**
>
> **법원의 판단(1심과 2심, 대법원의 판결)**
> 1심은 원고에게 대항력을 행사하는 것이 신의칙에 위배되는 행위라고 할 수 없다고 판단했다. 2심은 피고가 무상거주확인서로 인하여 배당금을 못 받게 되자, 보증금을 회수하지 못하였음을 이유로 낙찰자에게 주임법상의 대항력을 행사하는 것은 모순행위에 해당한다고 판단했다.
> 3심인 대법원은 피고가 권리신고 및 배당요구를 함으로써 임대차계약의 내용 등이 매각물건명세서에 기재되어 공시되었고, 원고는 이를 신뢰하고 피고의 보증금이 전액 매각대금에서 배당되어 임차보증금반환채무를 인수하지 않을 것을 전제로 하여 매수가격을 결정하였다고 봄이 상당하므로 피고가 은행에 무상거주확인서를 작성해 준 사실 때문에 배당표가 경정되어 보증금을 전액 배당받지 못하게 되었다고 하더라도 이를 이유로 주임법상 대항력을 주장하는 것은 신의칙에 위반된다고 판결했다.

◈ 소유자가 변경되면 새로 계약서를 작성해야 하나?

임차인이 대항요건을 갖추어 대항력이 발생하면 그 이후에 주택 소유자가 바뀌어도 새로운 소유자에게 대항력이 있어서 계약서를 다시 쓰지 않아도 된다. 어쨌든 전세금을 증액하지 않고 갱신하는 경우에는 종전계약에 의한 대항력과 우선변제권이 그대로 유지 된다. 하지만 증액해서 다시 쓰는 경우 최초 임대차계약에서 대항력과 우선변제권이 발생하고, 증액분은 증액한 시점을 기준으로 대항력과 우선변제권이 발생하게 된다.

◈ 계약금과 중도금만 지급하고, 대항요건과 확정일자를 받았다면 그 효력은?

대항력을 갖춘 임차인이 근저당권 설정등기 이후에 보증금을 증액하는 경우에는 증가된 금액에 대해서는 대항력이 없지만(대법2010다12753)(증액계약은 또 다른 새로운 계약임), 근저당권이 설정되기 전에 임대인과 임차인이 보증금 1억원으로 하는 임대차계약서를 작성하였다면 계약은 이미 성립한 것이고, 그에 기해서 대항요건인 주민등록과 주택인도를 갖추어서 대항력이 발생되었으므로 근저당권이 설정된 것을 모르고 잔금을 지급했더라도 앞에서 보증금 증액을 근저당권 설정 이후에 증액하는 것과 같이 볼 수는 없을 것이다. 이렇게 판단하고 있는 이유는 계약의 동일성이 유지되고 그에 따라 대항력을 갖추고 있다면 그 종된 권리인 전세보증금은 언제 지급하더라도 그 효력이 미칠 수밖에 없으며, 이렇게 하더라도 후순위채권자들이 예측하지 못한 손실이 발생하지 않기 때문이다. 이러한 판단은 대법원 2000다61855 판결에서도 찾아볼 수 있는데 **임차인이라 함은 적법하게 임대차계약을 체결하여, 그 임대차관계가 유지되고 있으면 족한 것이며, 반드시 새로운 이해관계인이 생기기 전까지 임대**

<u>인에게 그 보증금을 전부 지급하여야만 하는 것은 아니라고 할 것인바</u>, 원심(서울지방법원 2000나31563 건물명도 청구소송에서 대항력을 인정함)이 확정한 대로, 피고가 이 사건 주택의 당시 소유자로부터 이를 임차하기로 하는 임대차계약을 체결한 후 이를 인도받아 전입신고를 마친 시점이 소외 한국주택은행 명의의 이 사건 근저당권설정등기일 이전인 이상, 피고는 위 근저당권자에게도 대항할 수 있는 임차인이라고 판결하였다.

◈ 건물과 대지에서 말소기준권리가 다를 때 임차인의 대항력 유무를 판단하는 기준은?

단독·다가구주택에서 건물과 토지의 말소기준권리가 다른 경우 임차인의 대항력 기준은 토지와 건물에 설정된 말소기준권리 중 가장 **빠른** 날짜가 되는 것이 아니라 건물의 말소기준만을 가지고 판단하게 된다. 이는 임대차대상이 건물이고 임차인은 건물 사용·수익을 목적으로 하기 때문이다. 그래서 주택임차인은 건물에서 대항력과 우선변제권을 주장할 수 있지만, 토지에 대해서는 대항력을 주장할 수 없고 우선변제권만 주장할 수 있다. 그래서 토지만 매각되면 임차인은 배당요구만 가능하고, 매수인은 임차인을 인수하지 않아도 된다.

◈ 소유자가 아니더라도 적법한 임대권한을 가진 자와 계약하면 대항력 있다!

① 주택임대차보호법이 적용되는 임대차로서는 반드시 임차인과 주택의 소유자인 임대인 사이에 임대차계약이 체결된 경우에 한정된다고 할 수는 없고, 주택의 소유자는 아니지만 주택에 관하여 적법하게 임대차계약을 체결할 수 있는 권한(적법한 임대권한)을 가진 임대인과 임대차계약이 체결된 경우도 포함된다.

② 매매계약의 이행으로 매매목적물을 인도받은 매수인은 그 물건을 사용·수익할 수 있는 지위에서 그 물건을 타인에게 적법하게 임대할 수 있으며, 이러한 지위에 있는 매수인으로부터 매매계약이 해제되기 전에 매매목적물인 주택을 임차하여 주택의 인도와 주민등록을 마침으로써 주택임대차보호법 제3조 제1항에 의한 대항요건을 갖춘 임차인은 민법 제548조 제1항 단서에 따라 계약해제로 인하여 권리를 침해받지 않는 제3자에 해당하므로 임대인의 임대권원의 바탕이 되는 계약의 해제에도 불구하고 자신의 임차권을 새로운 소유자에게 대항할 수 있다.

③ 아파트 수분양자가 분양자로부터 열쇠를 교부받아 임차인을 입주케 하고 임차인이 주택임대차보호법상 대항력을 갖춘 후, 수분양자가 분양계약상 아파트 입주를 위하여 요구되는 의무를 다하지 못하여 분양계약이 해제되어 수분양자가 주택의 소유권을 취득하지 못한 사안에서, 임차인은 아파트 소유자인 분양자에 대하여 임차권으로 대항할 수 있다고 한 사례(위 ①, ②, ③항은 대법원 2007다38908, 38915 판결참조).

④ 매매계약의 이행으로 주택을 인도받아 그 임대권한을 명시적 또는 묵시적으로 부여받은 매수인으로부터 매매계약의 해제 전에 그 주택을 임차하여 주택임대차보호법상의 대항요건을 갖춘 임차인이, 매매계약의 해제에도 불구하고 자신의 임차권으로 매도인의 명도청구에 대항할 수 있는지 여부(적극)(대법원 2008다65617 판결참조).

위 내용을 종합해 보면 매매계약을 체결 후, 중도금 또는 잔금을 지급하기 전에 매수인이 매도인으로부터 명시적, 묵시적으로 임대권한을 부여 받아 임차인과 임대차계약을 체결하고 임차인이 대항요건을 갖춘 경우 다음날 오전 0시에 대항력이 발생한다. 설령 계약이 해제되는 경우에도 매도인에게 임차권이 자동승계되므로 안전하게 임차권을 보호 받을 수 있다. 여기서 묵시적 동의란 주택을 매수인이 사용·수익할 수 있도록 동의하여 임차인이 대항요건을 갖추게 만든 상황이다. 명시적 동의란 매매계약서 특약사항란에, 매매계약 후 잔금 지급하기 전에 매수인을 임대인으로 임대차계약 후 그 임대차보증금으로 잔금을 지급하기로 한다. 또는 임대차보증금으로 중도금을 지급하기로 한다 등을 명시하는 방법이다.

◆ 임차주택이 경매될 때 계약서를 분실했다면 배당요구를 할 수 없나?

임차인이 대항요건과 계약서에 확정일자를 부여 받아 우선변제권을 취득하였다면, 그 임대차계약서를 분실한 경우나 멸실 되었다고 하여 우선변제권이 소멸되었다고 볼 수 없고(대법96다12474), 다만 확정일자를 부여 받은 사실을 입증하게 된다면 경매 또는 공매절차에서 우선변제 받는 데에는 지장이 없다. 입증을 위한 서류로는 확정일자를 부여받은 기관(등기소, 주민센터, 구청, 공증인사무소 등) 등에서 확정일자부 또는 확정일자발급대장 사본을 교부받고 부동산중개업소에서 보관중인 임대차계약서부본을 교부받아 법원경매계에 제출하는 방법 등으로 소명해서 배당요구하면 된다. 계약서사본마저 없어서 보증금의 액수를 특정할 수 없는 경우 계약서원본의 분실신고 접수증(경찰서 등)이나 보증인의 인우보증서를 제출하고, 계약서 작성당시 계약금의 지불방법과 지불내역 등을 증빙자료로 제출하면서 배당요구하면 된다.

03 임차인의 필요비와 유익비 상환청구권

◈ 필요비 상환청구권은?

민법 제626조 제1항 『임차인이 임차물의 보존에 관한 필요비를 지출한 때에는 임대인에 대하여 그 상환을 청구할 수 있다』 즉 보일러 시설이나 수도관의 누수현상, 욕실 등의 하자, 전기시설, 창문 등의 파손, 기타 임차인으로서 주택을 사용하기 위해서 기본적으로 필요한 부분 등에서 하자 발생 시 이를 임차인이 수선비를 지출하고 개선하였다면 필요비가 되고 그 반환을 임대인 또는 새로운 소유자(일반매매 또는 경매 등으로 취득한 제3자)에게 청구할 수 있고 그 필요비를 지급할 때까지 주택인도를 거부할 수도 있다.

◈ 유익비 상환청구권은?

민법 626조 제2항 『임차인이 유익비를 지출한 경우에는 임대인은 임대차 종료 시에 그 가액의 증가가 현존한 때에는 임차인이 지출한 금액이나 그 증가액을 상환하여야 한다(제2항)』 유익비는 유치물의 객관적 가치를 증가시키는데 소요된 비용으로 유치권자의 주관적 필요에 따라 소요된 비용은 유익비로 인정되지 아니하고 객관적으로 가치를 증가시키는 경우만 인정된다. 인정된다 하더라도 그 가액의 증가가 현존하는 경우만 인정하게 되므로 그 비용을 전부 보상 받기는 어렵고, 임대인의 동의 없이 수선한 것으로 필요비가 아닌 유익비라면 더욱이 어렵다.

◈ 임차인이 지급한 필요비와 유익비의 반환 방법은?

임차인의 필요비와 유익비상환청구권은 임대인이나 제3취득자에게 청구할 수 있는 권리로 필요비상환청구권은 그 비용이 발생한 시점에서 청구가 가능하지만, 유익비상환청구권은 계약기간 종료 후에만 청구할 수 있다는 차이점이 있다. 그런데 그 임차건물이 경매 당하게 되면 임차인은 필요비와 유익비상환청구권을 가지고 배당요구할 수 있고 이 경우 매각대금에서 경매비용을 공제한 금액에서 1순위로 배당받게 된다. 그런데 배당요구를 하지 않았다면 배당에 참여할 수는 없고, 낙찰자에게 유치권자로 대항할 수 있는 권리가 있어서 변제 받을 때까지 건물 명도를 거부할 수 있다.

04 주택임차인의 최우선변제권과 그 적용대상 범위

◆ 임차인이 최우선변제금을 받으려면 어떻게 해야 되나?

주택임차인이 최우선변제금을 받으려면 경매기입등기 이전, 또는 공매공고등기 이전에 대항력(대항요건인 주민등록과 주택인도를 갖춘 다음날 오전 0시에 대항력 발생)이 발생해야 되고, 소액임차인에 해당되면 보증금 중 일정액에 대하여 주택가액(대지가액을 포함한다)의 2분의 1 범위 안에서 다른 담보물권보다 우선해서 변제받을 수 있는 권리를 갖게 된다(주임법 제8조). 이때 최우선변제금은 대항력만 발생하면 되는 것이지, 확정일자까지 요구되는 것이 아니다. 그런데 소액임차인에 해당된다고 하더라도 배당요구종기일까지 배당요구를 해야만 최우선변제금을 배당 받을 수 있고, 하지 않았다면 배당 받을 수 없다.

◆ 임차인이 최우선변제권에 관한 사항과 적용대상 범위는?

이러한 소액임차인으로서 최우선변제금을 받으려면 다음 각 구간에 해당되는 보증금의 범위 내에 있어야 한다.

(1) 주택임차인의 소액보증금과 최우선변제금 기간별 지역별 변천사

담보물권설정일	주택소액임차인 최우선변제금		
	지역	보증금 범위	최우선변제액
생략 :	생략 :	생략 :	생략 :
90.02.19.~ 95.10.18.	① 특별시, 광역시, 군지역 제외	2,000만원 이하	700만원까지
	② 그 밖의 지역	1,500만원 이하	500만원까지
95.10.19.~ 2001.09.14.	① 특별시, 광역시, 군지역 제외	3,000만원 이하	1,200만원까지
	② 그 밖의 지역	2,000만원 이하	800만원까지
2001.09.15.~ 2008.08.20.	① 수도권 과밀억제권역	4,000만원 이하	1,600만원까지
	② 광역시(인천광역시, 군지역 제외)	3,500만원 이하	1,400만원까지
	③ 그 밖의 지역	3,000만원 이하	1,200만원까지
2008.08.21.~ 2010.07.25.	① 수도권 과밀억제권역	6,000만원 이하	2,000만원까지
	② 광역시(인천광역시, 군지역 제외)	5,000만원 이하	1,700만원까지
	③ 그 밖의 지역	4,000만원 이하	1,400만원까지

기간	지역	보증금 범위	최우선변제액
2010.07.26.~ 2013.12.31.	① 서울특별시	7,500만원 이하	2,500만원까지
	② 수도권 과밀억제권역(서울시 제외)	6,500만원 이하	2,200만원까지
	③ 광역시(과밀억제권역, 군지역은 제외), 안산시, 용인시, 김포시, 광주시(경기)	5,500만원 이하	1,900만원까지
	④ 그 밖의 지역	4,000만원 이하	1,400만원까지
2014.01.01.~ 2016.03.30.	① 서울특별시	9,500만원 이하	3,200만원까지
	② 수도권 과밀억제권역(서울시 제외)	8,000만원 이하	2,700만원까지
	③ 광역시(과밀억제권역, 군지역은 제외), 안산시, 용인시, 김포시, 광주시(경기)	6,000만원 이하	2,000만원까지
	④ 그 밖의 지역	4,500만원 이하	1,500만원까지
2016.03.31.~ 2018.09.17.	① 서울특별시	1억원 이하	3,400만원까지
	② 수도권 과밀억제권역(서울시 제외)	8,000만원 이하	2,700만원까지
	③ 광역시(과밀억제권역, 군지역은 제외), 세종시, 안산시, 용인시, 김포시, 광주시(경기)	6,000만원 이하	2,000만원까지
	④ 그 밖의 지역	5,000만원 이하	1,700만원까지
2018.09.18.~ 2021.05.10.	① 서울특별시	1억1,000만원 이하	3,700만원까지
	② 수도권 과밀억제권역(서울시 제외), 세종시, 용인시, 화성시	1억원 이하	3,400만원까지
	③ 광역시(과밀억제권역, 군지역은 제외), 안산시, 김포시, 광주시(경기), 파주시	6,000만원 이하	2,000만원까지
	④ 그 밖의 지역	5,000만원 이하	1,700만원까지
2021.05.11.~ 현재	① 서울특별시	1억5,000만원 이하	5,000만원까지
	② 수도권 과밀억제권역(서울시 제외), 세종시, 용인시, 화성시	1억3,000만원 이하	4,300만원까지
	③ 광역시(과밀억제권역, 군지역은 제외), 안산시, 김포시, 광주시(경기), 파주시	7,000만원 이하	2,300만원까지
	④ 그 밖의 지역	6,000만원 이하	2,000만원까지

수도권 과밀억제권역(수도권정비계획법 시행령)

① 서울특별시, ② 인천광역시(강화군, 옹진군, 서구 대곡동·불로동·마전동·금곡동·오류동·왕길동·당하동·원당동, 인천경제자유구역 및 남동 국가산업단지는 제외한다), ③ 의정부시, ④ 구리시, ⑤ 남양주시(호평동, 평내동, 금곡동, 일패동, 이패동, 삼패동, 가운동, 수석동, 지금동 및 도농동만 해당한다), ⑥ 하남시, ⑦ 고양시, ⑧ 수원시, ⑨ 성남시, ⑩ 안양시, ⑪ 부천시, ⑫ 광명시, ⑬ 과천시, ⑭ 의왕시, ⑮ 군포시, ⑯ 시흥시[반월특수지역(반월특수지역에서 해제된 지역을 포함한다)은 제외한다]

(2) 현행주임법상 소액임차인이면 최우선변제금을 받는 것이 원칙이다.

주임법 제8조 1항에서 임차인은 보증금 중 일정액을 다른 담보물권자보다 우선하여 변제받을 권리가 있다. 따라서 소액임차인에 해당되면 주택가액(대지가액 포함)의 2분의 1범위 내에서 최우선변제금을 받을 수 있는 것이 원칙이다. 여기서 주택가액은 배당할 금액에서 경매비용을 공제한 금액을 말한다. 그리고 부칙 제1조(시행일) 이 영은 공포한 날부터 시행한다로 규정하고 있다. 그러니 **현행주임법상 소액임차인을 적용하는 시기는 채권이 소멸되는 시점인 배당시점으로 판단**하면 된다. **그리고 대구지방법원 2003가단134010 판결에서도** 이러한 판단을 하고 있는데, '**임대차관계가 지속되는 동안 임대차보증금의 증감·변동이 있는 경우, 소액임차인에 해당하는지 여부의 판단시점은 원칙적으로 배당 시로 봄이 상당하고,** 따라서 처음 임대차계약을 체결할 당시 임대차보증금의 액수가 적어서 소액임차인에 해당한다고 하더라도 그 후 갱신과정에서 증액되어 그 한도를 초과하면 더 이상 소액임차인에 해당하지 않게 되고, 반대로 처음에는 임대차보증금의 액수가 많아 소액임차인에 해당하지 않는다 하더라도 그 후 갱신과정에서 감액되어 한도 이하로 되었다면 소액임차인에 해당한다.'

그러면 소액임차인 결정기준이란 용어는 왜 생긴 것일까?

담보물권자가 예측하지 못하는 손실을 막고자 ① 주임법 부칙 제4항(소액보증금의 보호에 관한 경과조치) 제8조의 개정규정은 이 법 시행 전에 임차주택에 대하여 담보물권을 취득한 자에 대하여는 이를 적용하지 아니한다. ② 주임법 시행령 부칙 제4조(소액보증금의 범위변경에 따른 경과조치) 이 영 시행 전에 임차주택에 대하여 담보물권을 취득한 자에 대하여는 종전의 규정을 적용한다는 예외 조항을 두었기 때문이다.

그래서 이 예외조항에 근거해서 우리의 귀에 익숙한 소액임차인의 결정기준이 탄생하게 되었다. 담보물권자를 보호하기 위해 담보물권이 설정된 시기에 해당하는 소액임차인만 담보물권보다 우선해서 변제받을 수 있지만 그 구간에서 소액임차인에 해당하지 못하면 담보물권보다 우선하지 못하게 된 것이다(대법원 2001다84824 판결, 92다49539 판결 참조). 예를 들어 서울의 경우 2008. 08. 21. ~ 2010. 07. 25. 까지 설정된 근저당권이 있다면 소액임차인이 되기 위해서는 임차보증금이 6,000만원 이하여야 하고, 이 경우 일정액 2,000만원을 최우선변제금으로 담보물권보다 우선해서 배당 받을 수 있다. 따라서 현행법상 소액임차인(9,500만원 이하)이더라도 앞의 구간에 설정된 담보권에 우선할 수 없다. 이때 현행법상 소액임차인에 대해서 예외조항을 둔 담보물권에는 근저당권, 담보가등기, 전세권 등이 포함된다.

그리고 확정일자를 갖춘 임차인은 부동산 담보권자에 유사한 지위에 있다는 판례(대판 92다 30597, 92다49539, 2007다45562)를 근거로 위 주임법 시행령 부칙 제2조의 담보물권에 포함시켜야 한다는 견해가 있다. 그리고 최근 확정일자를 기준으로 판단해야 한다는 창원지방법원 2014나4570 판결이 나왔다. 이밖에도 법원실무제요 민사집행 II 513쪽에서 주임법 시행령 부칙 제4조에 해당하는 담보물권은 저당권이나 가등기담보권 등은 해당되나 가압류는 포함되지 않는다. 확정일자를 갖춘 임차인은 부동산담보권자에 유사한 지위에 있다는 대법원 판례(대판 92다30597, 92다49539, 2007다45562)를 근거로 긍정하는 견해가 다수설이다. 그리고 2015년도에 법원공무원교육원이 발간된 민사집행실무 I 540쪽에서도 서울지방법원 실무례는 확정일자임차인은 부동산담보권자에 유사한 지위에 있다는 판례를 근거로 긍정설이 우세하다고 기술하고 있다. 그래서 배당실무에서도 소액임차인결정기준에 확정일자도 포함해서 계산하고 있다는 사실을 서울중앙지방법원 사법보좌관 및 실무자분들을 통해서 확인할 수 있었다. 그리고 공매절차를 주관하는 한국자산관리공사도 마찬가지로 확정일자부 임차권을 소액임차인결정기준으로 삼고 배당하고 있었다. 이렇게 확정일자가 소액임차인 결정기준이 된다면 확정일자와 동일한 효력을 갖게 되는 등기된 임차권(임대차등기와 임차권등기) 역시 포함돼야 하기 때문에 주임법 시행령 부칙 제4조에서 정하고 있는 담보물권은 근저당권, 담보가등기, 전세권, 확정일자부 임차권, 등기된 임차권으로 이해하고 소액임차인을 결정하는 기준으로 삼으면 된다.

 김선생 핵심채크

주택임대차보호법상 대항요건과 확정일자를 갖춘 임차인들이 소액임차인의 지위를 겸하는 경우, 그 배당방법
주택임대차보호법 제3조의2 제2항은 대항요건(주택인도와 주민등록전입신고)과 임대차계약증서상의 확정일자를 갖춘 주택임차인에게 부동산 담보권에 유사한 권리를 인정한다는 취지로서, 이에 따라 대항요건과 확정일자를 갖춘 임차인들 상호간에는 대항요건과 확정일자를 최종적으로 갖춘 순서대로 우선 변제받을 순위를 정하게 되므로, 만일 대항요건과 확정일자를 갖춘 임차인들이 주택임대차보호법 제8조 제1항에 의하여 보증금 중 일정액의 보호를 받는 소액임차인의 지위를 겸하는 경우, 먼저 소액임차인으로서 보호받는 일정액을 우선 배당하고 난 후의 나머지 임차보증금채권액에 대하여는 대항요건과 확정일자를 갖춘 임차인으로서의 순위에 따라 배당을 하여야 하는 것이다(대법원 2007다45562 판결).

소액임차인을 결정하는 기준은?
① 소액임차인 결정기준은 원칙적으로 배당시점으로 현행 주택임대차보호법상 소액보증금 중 일정액이다.

② 그러나 배당시점으로 현행법상 소액임차인이더라도 저당권부 채권(근저당, 전세권등기, 담보가등기, 확정일자부 임차권, 등기된 임차권)이 있는 경우에는 예외적으로 저당권부 채권이 설정 당시에 해당하는 구간의 소액임차보증금이어야 일정액을 최우선변제금으로 저당권부 채권보다 우선해서 변제 받을 수 있고, 초과하는 경우에는 저당권부 채권보다 우선하지 못해서 저당권부 채권이 먼저 배당 받는다.

③ 이렇게 배당시점으로 소액임차인이 저당권부 채권에 대항할 수 없는 경우에도 조세채권(당해세 포함), 공과금채권, 일반임금채권, 가압류 등의 일반 채권에 대해서는 항상 우선한다. 그래서 선순위 가압류 후에 근저당권이 있고, 이 근저당권에 대항할 수 없는 소액임차인이더라도 배당시점으로 소액임차인이면 선순위 가압류채권보다 항상 우선해서 ㉠ 가압류=근저당이고, ㉡ 근저당〉최우선변제금이고, ㉢ 최우선변제금〉가압류인 관계로 인해서 순위가 상호모순관계에 빠지게 되므로 1차 동순위로 안분 배당하고, 2차 순환흡수 배당을 하게 되는 것이다.

◈ 주택 임차인이 최우선변제금을 받을 수 있는 요건

① 배당요구종기까지 배당요구 한 임차인
② 보증금의 액수가 소액보증금에 해당할 것
③ 첫 경매개시결정등기 전에 주임법 제3조 제1항의 대항력이 발생해야 한다.
④ 배당요구종기까지 대항력(대항요건을 계속 유지)을 유지할 것(공매도 동일)
⑤ 등기된 주택이든 미등기주택이든 모두가 해당

◈ 경매개시기입등기 전에 전입신고를 하면 모두 최우선변제금을 받나?

경매기입등기 이전에 임차인이 대항요건을 갖추고 소액임차인이면 최우선변제권을 갖게 되는 것이 원칙이다. 그러나 경매기입등기일로부터 6월 이내에 대항요건을 갖춘 임차인이면 경매법원에서 보정명령, 심문절차를 거쳐서 위장 임차인으로 판단되면 최우선변제금의 배당에서 배제될 수도 있다. 그리고 경매개시 1개월을 전·후해서 소액임차인을 만드는 채무자나 부동산중개업자, 이해관계자들이 있는데, 이때에는 상황이 더 심각하다. 배당실무에서 1차적으로 위장임차인 여부를 앞에서와 같이 가려내고 여기서 인정하고 넘어간다고 하더라도 후순위저당권자 등이 배당이의 소송과 동시에 경찰서에 형사로 고발하는 경향이 있어서 주의해야 한다. 어쨌든 이 과정에서 위장임차인으로 판단되면 배당에서 배제된다. 그래서 경매가 임박해서 입주한 임차인이 소액임차에서 배제되지 않으려면 경매가 임박한 사실을 모르고 입주한 것이 관건이고, 임대차계약서에 확정일자는 물론이고 전세금 입금내역이 분명해야 하며, 그 주택에 거주하고 있었다는 증빙자료로 입주자카드, 관리비와 통신비 등의 납부 증명서가 필요하다.

◈ 선순위채권이 과다한 주택에 입주하면 최우선변제금을 받지 못하나?

대법원 2013다62223호 판결에서 저당권 설정 등으로 실질적인 담보가치가 전혀 없는 주택을 시세보다 월등하게 저렴한 소액임대차보증금 상당액만 지급하고 임차한 임차인이 주택임대차보호법상 소액임차인으로서 보호받을 수 있는지 여부(소극)

원고(임차인)는 소액임차인을 보호하기 위하여 경매개시결정 전에만 대항요건을 갖추면 우선변제권을 인정하는 주임법을 악용하여 부당한 이득을 취하고자 임대차계약을 체결한 것으로 봄이 상당하고, 이러한 원고는 주택임대차보호법상의 보호대상인 소액임차인에 해당하지 않는다고 판단하였다.

◈ 소액임차인이 보증금 증액으로 소액임차인이 아니게 된 경우는?

최우선변제금 제도는 보증금을 적게 가지고 있는 열악한 임차인을 보호하기 위해서 만들어진 특별법으로 주택이 경매당하더라도 소액임차보증금 중 일정액을 최우선해서 보장하므로 인해 사회적인 약자를 보호하려는 데 그 목적이 있는 것이다. 그런데 동일한 임차인이 보증금을 증액해서 소액임차보증금 한도를 초과해버리면 그러한 임차인을 보호하면서까지 선순위채권보다 우선해서 보호할 목적이 없어지게 되기 때문이 보호 받지 못하게 된다.

◈ 보증금을 감액해서 소액임차인에 해당된 경우에도 최우선변제권이 있나?

처음 임대차계약을 체결할 당시 보증금액이 소액임차인에 해당하지 않았지만 그 후 새로운 임대차계약에 의하여 정당하게 보증금을 감액하여 소액임차인에 해당된 경우, 그 임대차계약이 통정허위표시에 의한 계약이어서 무효라는 등의 특별한 사정이 없는 한 그러한 임차인은 같은 법상 소액임차인으로 보호받을 수 있다(대법2007다23203).

◆ 부부 명의로 소액임대차계약서가 별도로 작성된 경우는?

　주택임대차에서 동일 세대원 상호 간에는 하나의 대항력이 유지된다. 따라서 부부 간에 별도로 최우선변제금을 받을 목적으로 각각 소액임차보증금으로 임대차계약서를 작성했더라도 동일 세대원 간에는 그 보증금을 합쳐서 판단하게 되므로 소액임차보증금을 초과해 버리는 상황이 발생해 하나의 최우선변제금도 보장받지 못하는 사례를 실무에서 찾아볼 수 있다.

◆ 아파트에서 소액임대차계약서를 별도로 작성했다면 최우선변제금은?

　동일세대원이 아닌 별도 세대가 하나의 아파트에 어느 특정된 부분(현관에서 좌측 방2개, 우측 작은방 1개)에 대해서 소액임대차계약을 했다면 각각 최우선변제권이 인정될 수 있다. 유의할 점은 경매가 임박해서 작성했거나 선순위채권이 과다할 때, 그밖에 보증금이 입금된 내역이 불분명할 때에는 인정되지 않을 수도 있다. 그래서 계약서에 확정일자를 부여 받는 것은 물론이고, 임차보증금 입금내역, 그리고 거주 사실을 증빙하기 위한 입주자카드, 관리비, 공과금, 통신비 등의 납부 증빙자료를 가지고 있어야 한다.

05 확정일자부 우선변제권의 성립요건과 우선변제권은?

◆ 확정일자부 우선변제권의 의미와 성립요건

　주택임대차보호법 제3조제1항의 대항요건인 주택의 인도(점유)와 주민등록(전입신고)을 갖춘 임차인이 계약서에 확정일자를 부여 받았다면 주택이 경매나 공매로 매각되는 과정에서 후순위 제3채권자들에 우선하여 변제 받을 수 있는 권리이다.
　여기서 확정일자에 의한 우선변제권은 반드시 대항요건을 갖추고 대항력이 발생해야 그 효력이 발생하게 된다.

확정일자란 무엇이고 어떤 효력을 갖고 있는지 확실히 알아두자!

　우선변제권의 요건으로 임대차계약증서상의 확정일자를 갖추도록 한 것은 당해 임대차의 존재사실을 제3자에게 공시하기 위한 것이 아니라, 임대인과 임차인 사이의 담합으로 보증금의 액수를 사후에 변경함으로서 다른 권리자를 해하는 것을 방지하기 위한 것이다(대법 99다7992). 따라서 확정일자로 인정되는 것은 ① 공증인 사무소, 법무법인 또는 공증인가 합동법률사무소 등에서 임대차계약서를 공정증서로 작성한 경우, ② 동사무소(주민센터), 법원등기과 또는 등기소, 구청 등의 관공서, 공증기관 등에서 임차차계약서에 확정일자 인을 받은 경우, ③ 임대차계약서 자체에 확정일자를 받지 않았더라도 임대차계약서에 대하여 사서증서의 인증을 받은 경우이다.

◆ 확정일자를 갖춘 임차보증금채권의 우선변제 요건

① 대항요건을 갖추고 계약서에 확정일자를 받아야 한다.
② 배당요구종기까지 배당요구를 하였을 것
③ 배당요구종기까지 대항력을 유지할 것
④ 이러한 확정일자를 갖춘 임차인이 배당을 받기 위해서는 첫 경매개시결정기입등기 전에 대항요건을 갖춰야 하는가에 대하여는 소액보증금 중 최우선변제권의 경우와는 달리 첫 경매개시등기 이후에 대항력을 갖추고 확정일자를 받아도 된다는 것이 판례와 다수설이다(대법 2004다26133 판결)

◆ 계약서에 확정일자를 받았다면 그 효력의 발생 시기는?

주임법 제3조의2 제1항에 규정된 확정일자를 입주 및 주민등록과 같은 날 또는 그 이전에 갖춘 경우에는 우선변제적 효력은 대항력과 마찬가지로 인도와 주민등록을 마친 다음 날을 기준으로 발생한다(대법 97다22393, 98다26002, 99다67960).

(1) 대항력과 확정일자 우선변제 효력발생일시 계산방법

① 05. 01. 전입신고와 주택인도 ⇨ 05. 10. 계약서에 확정일자 :
  대항력은 05월 02일 오전 0시, 우선변제권은 05월10일 주간.
  (주간의 의미: 주민센터 근무 시간으로 09:00 ~ 18:00)

② 05. 01. 계약서에 확정일자 ⇨ 05. 10. 전입신고와 주택인도 :
  대항력과 우선변제권은 05월 11일 오전 0시

③ 05. 01. 전입신고와 주택인도 ⇨ 05. 01. 계약서에 확정일자 :
대항력과 우선변제권은 05월 02일 오전 0시에 발생한다.

④ 05. 01. 전입신고와 계약서에 확정일자 ⇨ 05. 10. 주택인도 :
대항력과 우선변제권은 05월 11일 오전 0시에 발생한다.

(2) 임차인의 대항력·우선변제권, 기타 물권과의 배당

– 임차인의 최우선변제금과 경매집행비용 계산하지 않음–

① 갑 근저당권(15.01.10.) ⇨ 을 임차인(전입 및 확정일자)(15.01.10.) ⇨ 갑이 임의경매 신청
  ㉮ 갑 근저당권 우선변제권 2015. 01. 10. 주간
     (주간의 의미: 등기소 근무시간으로 09:00 ~ 18:00)
  ㉯ 을 임차인 대항력 발생시기 2015. 01. 11. 오전 0시
     을 임차인 확정일자에 의한 우선변제 2015. 01. 11. 오전 0시
     따라서 배당순위는 갑이 배당받고 배당 잔액이 있으면 을이 받는다.
     여기서 을이 후순위로 낙찰자가 인수해야 할 금액이 없다.

② 갑 임차인(전입 및 확정일자)(15.05.10.) ⇨ 을 근저당권 (15.05.11.) ⇨ 을의 임의경매신청
  ㉮ 갑 임차인 대항력 2015. 05. 11 오전 0시
     갑 임차인 확정일자에 의한 우선변제 2015. 05. 11 오전 0시
  ㉯ 을 근저당권 우선변제권 2015. 05. 11. 주간
     따라서 배당순위는 갑 임차인 1순위 배당 ⇨ 을 근저당권 2순위 배당, 갑의 미배당 금액이 있으면 낙찰자 인수사항이나 그렇게 되면 경매진행이 정지될 것이다. 왜냐하면 경매신청자에게 배당금액이 없기 때문이다.

③ 갑 근저당권(15.05.09) ⇨ 을 임차인(확정일자)(15.05.10) ⇨ 을 전입(15.05.11)
  ⇨ 병 근저당권(15.05.11) ⇨ 병 임의경매 신청
  ㉮ 갑의 우선변제권 2015. 05. 09. 주간
  ㉯ 을의 대항력 2015. 05. 12. 오전 0시. 을의 확정일자 우선변제 2015. 05. 12. 오전 0시
  ㉰ 병의 우선변제권 2015. 05. 11. 주간
     따라서 배당순위는 1순위 갑 ⇨ 2순위 병이 배당받고 나서 ⇨ 3순위로 을이 배당받는다. 여기서 낙찰자의 인수사항은 없다.

주택임차인과 다른 채권자 간에 우선순위에 따른 배당 방법

◆ **소액임차인결정기준에 따라 최우선변제금이 달라지게 되는 사례**

　서울시 대방동에 있는 다가구주택이 4억5,000만원에 매각되어 경매비용 600만원을 공제하고 실제 배당할 금액은 4억4,400만원이다.

> ① 2007.05.20. 기업은행 근저당권 4,800만원
> ② 2009.10.20. 박수진 임차인(전입/확정일자)(6,500만원)
> ③ 2012.05.25. MK새마을금고 근저당권 1억원
> ④ 2013.08.20. 김철수(전입/확정일자)(보증금 6,000만원)
> ⑤ 2018.09.25. 안영철(전입/확정일자)(보증금 7,000만원)
> ⑥ 2021.06.10. 정수민 근저당권 1억5,000만원
> ⑦ 2021.10.10. 우선명(전입/확정일자)(보증금 4,000만원)
> ⑧ 2022.01.10. 임의경매신청 ⇨ 배당기일 2022. 08. 10

이 사건에 대해서 배당표를 작성하면 다음과 같다.

- **1순위** : 우선명 임차인 1,600만원(최우선변제금 1) – **1차적 소액임차인 결정기준 : 2007. 05. 20. 기업은행 근저당권**(4,000만원 이하/1,600만원).

- **2순위** : 기업은행 4,800만원(근저당권 우선변제금).

- **3순위** : ① 우선명 임차인 400만원(법개정에 따른 소액보증금 중 일정액 증가분) + ② 김철수 임차인 2,000만원(최우선변제금 2) – **2차적 소액임차인 결정기준 : 2009. 10. 20. 박수진 확정일자**(6천만원 이하/2천만원).

- **4순위** : 박수진 임차인 6,500만원(확정일자부 임차권)

- **5순위** : ① 우선명 임차인 500만원(법개정에 따른 소액보증금 중 일정액 증가분) + ② 김철수 임차인 500만원(법개정에 따른 소액보증금 중 일정액 증가분) + ③ 안영철 임차인 2,500만원(최우선변제금 3) – **3차적 소액임차인 결정기준 : MK새마을금고 근저당권, 김철수 확정일자**(7,500만원 이하/2,500만원).

- **6순위** : MK새마을금고 근저당 1억권(근저당권 우선변제금)

- **7순위** : 김철수 임차인 3,500만원(확정일자부 우선변제금)

- 8순위 : ① 우선명 임차인 1,200만원(법개정에 따른 소액보증금 중 일정액 증가분) + ② 안영철 임차인 1,200만원(최우선변제금 4) **– 4차적 소액임차인 결정기준 : 안영철 확정일자**(1억1,000만원 이하/3,700만원).

- 9순위 : 안영철 3,300만원(확정일자부 우선변제금)

- 10순위 : 우선명 임차인 300만원(법개정에 따른 소액보증금 중 일정액 증가분)(최우선변제금 4) **– 5차적 현행 주택임대차보호법상 소액임차인**(2021.05.11.~ 현재, 1억5,000만원 이하/5,000만원).

- 11순위 : 정수민 근저당 6,100만원(우선변제금)

◈ 서울시 송파구 주택에서 임차인과 다른 채권간의 배당사례

서울특별시 송파구 문정동 000번지 2층 다가구주택에 거주하고 있는 임차인 현황과 등기부현황, 경매절차에서 배당요구한 채권자, 그리고 매각대금에서 경매비용 등은 다음과 같다.

주 소	면 적	경 매 진행과정	1) 임차인조사내역 2) 기타청구	등기부상의 권리관계

서울시
송파구
문정동
000번지
2층
다가구
주택
	대지
	148㎡
	건물
	1층
	94㎡
	2층
	85㎡
	지하
	72㎡
		감정가
		520,000,000원
		
		배당요구종기일
		(2018. 05. 31.)
		
		최저가
		1차
		520,000,000원
		유찰
		
		2차(20% 저감)
		416,000,000원
		유찰
		
		낙찰
		2018. 09. 22.
		508,809,800원
		경매비용
		550만원
		잔금납부
		2018. 11. 05.
		배당기일
		2018. 12. 05.
			1) 임차인
			① 이정현(지하 01호)
			전입 2005.07.30.
			확정 〈없음〉
			보증금 6,000만원
			배당 2018.05.18.
			② 박정희(1층 101호)
			전입 2008.12.20.
			확정 2008.12.20.
			배당 2018.05.25.
			보증금 8,000만원
			③ 김정민(1층 102호)
			전입 2013.10.25.
			확정 2013.10.25.
			배당 2018.05.23.
			보증금 7,500만원
			④ 김인수(2층 전체)
			전입 2010.12.15.
			확정 2010.12.15.
			배당 2018.05.10.
			보증금 1억원
			
			2) 기타청구
			① 압류 송파구청 : • 재산세 150만원(당해세),
			  • 취득세 450만원(법정기일 : 13.12.20.)
			② 압류 국민건강보험 : 300만원
			  (납부기한 2013.11.10.~14.04.10.)
				소유자 김영민
				근저당 국민은행
				2005.12.20.
				(1억2,000만원)
				근저당 수원신협
				2009.03.20.
				(8,400만원)
				가압류 박혜진
				2014.03.20.
				(5,000만원)
				압류 국민건강보험
				2014.06.25.
				압류 송파구청
				2014.09.10
				
				임의경매 국민은행
				청구 1억2,850만원
				〈2018.01.20.〉

이 경매사건에서 말소기준권리는 국민은행 근저당권으로 이정현을 제외하고는 대항력 있는 임차인이 없다. 그리고 배당에서 국민은행 근저당권에 우선하는 소액임차인(최우선변제금)이 있는가를 분석해야 되는데, 근저당권이 2005.12.20.에 설정되었으므로 이 기간(2001.09.15.~08.08.20.)에 해당하는 소액임차인 되려면 4,000만원 이하여야 최우선변제금 1,600만원을 국민은행 근저당권보다 우선해서 변제받을 수 있는데, 그런 소액임차인이 없다. 그렇지만 국민은행보다 우선하는 송파구청 당해세가 존재하므로 1순위로 당해세, 2순위로 국민은행, 3순위로 그 다음 수원신협 근저당권을 기준으로 소액임차인을 결정해서 배당하는 순서로 배당하면 된다.

그러면 매각대금 508,809,800원에서 경매비용 550만원을 빼면 실제 배당할 금액이 503,309,800원이므로 다음과 같이 배당하면 된다.

- **1순위** : 송파구청 재산세 150만원(당해세 우선변제금)
- **2순위** : 국민은행 근저당권 1억2,000만원(근저당권 우선변제금)
- **3순위** : 이정현 임차인 2,000만원(최우선변제금 1) **- 1차적 소액임차인 결정기준 : 박정희 확정일자와 수원신협 근저당권(6,000만원 이하/2,000만원)**
- **4순위** : 박정희 임차인 8,000만원(확정일자부 우선변제금)
- **5순위** : 수원신협 근저당권 8,400만원(근저당권 우선변제금)
- **6순위** : ① 이정현 500만원(법개정에 따른 소액보증금 중 일정액 증가분) + ② 김정민 2,500만원(최우선변제금 2) **- 2차적 소액임차인 결정기준 : 김인수 확정일자와 김정민 확정일자(7,500만원 이하/2,500만원).**
- **7순위** : 김인수 임차인 1억원(확정일자부 우선변제금)
- **8순위** : 김정민 임차인 5,000만원(확정일자부 우선변제금)
- **9순위** : 이정현 1,200만원(법개정에 따른 소액보증금 중 일정액 증가분) **- 3차적 주택임대차보호법상 소액임차인(2018.09.18. ~ 2021.05.10. 1억1,000만원 이하/3,700만원).**
- **10순위** : 송파구청 취득세 450만원(조세채권 우선변제금)
- **11순위** : 국민건강보험료 1,309,800원(조세채권 우선변제금)으로 배당이 종결된다.

그러나 대항력 있는 이정현 임차인이 3,700만원 배당 받아서, 미배당금 2,300만원을 매수인이 인수해야 한다.

 **여기서 잠깐만!**

> 배당순위에서 3순위와 6순위, 그리고 9순위의 최우선변제금은 1순위의 당해세보다 항상 우선해서, 순환배당을 해야 하나 당해세가 소액이고, 9순위의 최우선변제금까지 전액 배당받게 되므로 앞에서와 같은 순서로 배당한 것이다. 그러나 소액임차인들이 최우선변제금을 적게 받게 된다면 순환흡수 배당 절차로 배당해야 한다.

◈ 경기도 성남시(과밀억제권역) 신흥동의 주택에서 임차인과 다른 채권간의 배당사례

경기도 성남시 수정구 신흥동 2층 다가구주택에 거주하고 있는 임차인과 등기부 현황, 경매절차에서 배당요구한 채권자, 그리고 경매비용과 배당금은 다음과 같다.

주소	면적	경매 진행과정	1) 임차인조사내역 2) 기타청구	등기부상의 권리관계
경기도 성남시 수정구 신흥동 000번지 2층 다가구주택	대지 145㎡ 건물 1층 75㎡ 2층 75㎡	감정가 450,000,000원 배당요구종기일 (2018. 06. 30.) 최저가 1차 450,000,000원 유찰 2차(30% 저감) 315,000,000원 유찰 낙찰 2018. 11. 25. 389,050,800원 경매비용 485만원	1) 임차인 ① 이승기(1층 101호) 전입 2014.03.10. 확정 2014.03.10. 배당 2018.06.20. 보증금 6,000만원 ② 정소영(1층 102호) 전입 2015.10.20. 확정 2015.10.20. 배당 2018.06.22. 보증금 8,000만원 ③ 우선명(2층 전체) 전입 2009.12.10. 확정 2009.12.10. 배당 2018.06.05. 보증금 1억원 2) 기타청구 ① 압류 수정구청 : • 재산세 100만원(당해세), • 취득세 795만원(법정기일: 14.06.30.) ② 압류 성남세무서 : 부가세 1,350만원 (법정기일: 2014.04.25.~2014.10.25.)	소유자 박정희 근저당 신한은행 2010.12.10. (1억2,000만원) 근저당 성남신협 2014.02.10. (6,000만원) 압류 성남세무서 2015.01.25. 압류 수정구청 2015.02.20. 임의경매 신한은행 청구 1억2,000만원 〈2018.01.30.〉

매각대금 389,050,800원에서 경매비용 485만원을 빼면 실제 배당할 금액은 384,200,800원이다.

- 1순위 : 이승기 임차인 2,000만원(최우선변제금 1) – 1차적 소액임차인 결정기준 : 우선명 확정일자(6,000만원/2,000만원)

- 2순위 : 수정구청 재산세 100만원(당해세 우선변제금)
- 3순위 : 우선명 임차인 1억원(확정일자부 우선변제금)
- 4순위 : 이승기 임차인 200만원(최우선변제금 2) - **2차적 소액임차인 결정기준 : 신한은행 근저당(6,500만원/2,200만원)**
- 5순위 : 신한은행 근저당권 1억2,000만원(근저당권 우선변제금)
- 6순위 : ① 이승기 500만원(법 개정에 따른 소액보증금 중 일정액 증가분) + ② 정소영 2,700만원(최우선변제금 3) - **3차적 소액임차인 결정기준 : 성남신협 근저당, 이승기와 정소영 확정일자(8,000만원/2,700만원)**
- 7순위 : 성남신협 근저당권 6,000만원(근저당권 우선변제금)
- 8순위 : 이승기 임차인 3,300만원(확정일자부 우선변제금)

 여기서 잠깐만!

다음 9순위에서는 정소영 확정일자를 기준으로 소액보증금 중 일정액을 판단하면 소액임차인이 아니다. 그리고 수정구청 취득세와 성남세무서 부가세가 정소영 확정일자보다 빠르기 때문에 순차배당하면 조세채권이 9순위와 10순위로 먼저 배당 받게 되므로 임차인 등에게 배당할 금액이 그만큼 적어질 수밖에 없다.
그런데 임차인이 현행주택임대차보호법상 소액임차인이면 즉 수도권 과밀억제권은 2018. 09. 18. ~ 현재, 1억원 이하인 경우 3,400만원을 최우선변제금으로 조세채권이나 가압류 등의 일반채권보다 우선 배당 받을 권리가 있다. 그리고 대법원은 자기의 확정일자보다 항상 소액보증금 중 일정액이 우선한다고 판단하고 있다. 이는 자기의 권리에 의해 적게 배당 받게 되는 모순점 등과 소액임차인으로 임차인을 보호하려는 주임법 등의 취지를 고려하면 당연한 판단이다. 따라서 다음과 같이 현행법상 소액임차인을 9순위로 먼저 배당하고 조세채권의 법정기일과 임차인 등의 확정일자를 가지고 순차배당하게 된다.

- 9순위 : 정소영 700만원(법 개정에 따른 소액보증금 중 일정액 증가분)(최우선변제금 4) - **3차적 주임법상 소액임차인(2014.01.01.~2016.03.30. 1억원 이하/3,400만원)**
- 10순위 : 성남세무서 부가세 9,200,800원(법정기일에 따른 조세채권 우선변제금, 수정구청 세금과는 압류선착주의 적용)
- 11순위 : 수정구청 취득세 0원(법정기일에 따른 조세채권 우선변제금)
- 12순위 : 정소영 0원(확정일자부 우선변제금)으로 배당이 종결되고 대항력 있는 우선명 임차인이 전액 배당 받게 되어 매수인이 인수할 금액은 없다.

07 HUG가 선순위 임차권 양도 받은 경우 매수인이 미배당금을 인수해야 하는지?

◆ 주택도시보증공사(HUG)의 전세보증금 반환보증이란?

전세보증금 반환보증이란, 전세계약 종료 시 임대인이 임차인에게 반환하는 전세보증금의 반환을 책임지는 보증 상품으로, ① 주택도시보증공사(HUG)(재권양도 방식으로 대출), ② 서울보증보험(SGI)(질권설정 방식으로 대출), ③ 한국주택금융공사(HF)(임대인 동의 없이 임차인의 신용만으로 대출)에서 취급하고 있다.

전세보증금 반환보증은 임차인이 주택의 인도와 전입신고, 그리고 전세계약서상 확정일자까지 마치고 나서 신청해야 한다. 그리고 ① HUG의 채권양도와 ② SGI의 질권 설정 사실 등을 임대인에게 통지한다.

◆ 주택도시보증공사(HUG)에서 전세 보증금 대신 돌려받는 방법

주택도시보증공사에 직접 방문하여 신청할 수도 있고, 메일로 서류를 받아 작성 후 우편으로 신청할 수도 있다.

〈HUG에 보증 이행청구 신청 시 제출 서류〉

① 보증채무이행 청구서, ② 전세계약서 원본(은행이 보관중인 경우 사본 제출 가능), ③ 주민등록(초)본(주소변동내역 포함 발급), ④ 주택 임차권등기가 등재된 등기사항전부증명서, ⑤ 대위변제증서, ⑥ 계좌입금의뢰서(통장사본 첨부), ⑦ 명도확인서 및 퇴거(예정)확인서, ⑧ 주택임차권등기명령취하 및 해제신청서와 관련 위임장, ⑨ 배당금 수령 관련 위임장, ⑩ 인감 증명서 2부(필요서류에 날인한 인감), ⑪ 신분증 사본(앞, 뒤)

이렇게 HUG가 임차인에게 보증 이행청구 서류를 받는 과정을 통해 임차권을 양도받고 임차인에게 전세보증금을 지급하는 절차로 진행된다. 이 절차에서 중요한 부분이 임차인이 계속 대항요건을 유지하는 경우에는 문제가 없겠지만, 퇴거하면 대항력과 확정일자부 우선변제권이 상실한다. 그래서 HUG는 위 ④번과 같이 주택 임차권등기가 등재된 등기사항전부증명서를 확인하고 임차권을 양도 받는다. 임차인이 임차권등기 후에 퇴거하더라도 임차인의 대항력과 확정일자부 우선변제권이 그대로 유지되고, 임차권 양도 받은 HUG도 임차인의 대항력과 우선변제권으로 보호 받을 수 있다. 그리고 유의할 점은 ① 임차권등기 없이 양도받으면 임차인과 HUG 모두 대항력 없는 일반채권자가 된다는 사실과 ② 임차권등기 후 HUG가 양도 받아도 배당받을 권리는 임차인에게 있어서, 임차인을 대위해서 배당받아야 한다(그래서 위 ⑨ 배당금 수령 관련 위임장이 필요함).

◆ HUG가 선순위임차권을 양도 받고 경매 신청한 경우 미배당금 인수 여부

주택도시보증공사(HUG)는 전세보증금 반환보증 의무가 발생하면 임차권을 양도받고 전세보증금을 임차인에게 반환하고, 경매를 신청해서 배당금으로 충당하는 절차를 진행된다.

첫째, 경매절차에서 미배당금이 발생하면 선순위 임차인이 대항력 있어서 매수인이 인수해야 한다. 이런 문제로 매각되지 못하고 경매가 취소되는 사례가 빈번하다. 이런 경우 HUG가 직접 낙찰 받아서 해결하는 방법도 있지만, 이 업무를 담당할 직원도 있어야 하는 문제로, 경매절차에서 배당받고 대항력을 포기한다는 확약서를 제출하는 사례가 증가하고 있다.

둘째, 이 경매 사례는 주택도시보증공사(HUG)가 대항력을 포기한다는 확약서를 첨부해서 경매를 신청한 사건이다.

새 주소	서울특별시 양천구 목동중앙본로○○○○, 서림그랑○○							
대 지 권	25.42㎡(7.69평)	최 저 가	(100%) 329,000,000원	구분	매각기일	최저매각가격	결과
건물면적	40.12㎡(12.14평)	보 증 금	(10%) 32,900,000원	1차	2022-08-10	329,000,000원	유찰
매각물건	토지·건물 일괄매각	소 유 자	박○○	2차	2022-09-22	263,200,000원	유찰
개시결정	2021-11-08	채 무 자	박○○		2022-10-19	210,560,000원	변경
사 건 명	강제경매	채 권 자	주택도시보증공사	3차	2022-11-24	329,000,000원	

● 임차인현황 (말소기준권리 : 2021.11.08 / 배당요구종기일 : 2022.02.08)

임차인	점유부분	전입/확정/배당	보증금/차임	대항력	배당예상금액	기타
김○○	주거용 전부	전입일자: 2018.11.26 확정일자: 2018.11.14 배당요구: 2020.12.24	보295,000,000원	있음	배당순위있음	임차권등기자
주택도시보증공사	주거용 전부	전입일자: 2018.11.26 확정일자: 2018.11.14 배당요구: 2022.02.04	보295,000,000원	있음	예상배당표참조	경매신청인
임차인분석	[사건내역] 임차인 및 임차권승계인 주택도시보증공사의 매수인에 대한 대항력 포기조건 매각 ☞ 3차 방문시까지도 아무도 만나지 못하였고(폐문부재), 경매현황조사 안내문을 우편함 및 현관문 틈에 남겼으나 연락이 없고 전입세대열람내역상 등재자가 없어 점유자 미상이니 그 점유관계 등은 별도의 확인을 요함. ☞ 주택도시보증공사 : 경매신청채권자이고 임차인 김○○의 임차보증금반환채권 승계인임. ▶ 매수인에게 대항할 수 있는 임차인 있으며, 보증금이 전액 변재되재 아니하면 잔액을 배수인이 인수함.					

● 등기부현황 (채권액합계 : 295,000,000원)

No	접수	권리종류	권리자	채권금액	비고	소멸여부
2(을3)	2020.12.24	주택임차권(전부)	김○○	295,000,000원	전입:2018.11.26 확정:2018.11.14	
3(갑5)	2021.11.08	강제경매	주택도시보증공사 (서울동부관리센터)	청구금액: 312,918,217원	말소기준등기 2021타경114034	소멸

법원에서는 HUG가 대항력이 있다는 점을 기재해 놓았지만, **채권자로부터 대항력을 포기한다는 확약서가 제출되어 있다는 내용을 경매 입찰기록에 고지되어 있어서 미배당금을 매수인이 인수하지 않아도 된다**. 이런 사례는 첫째, 주택 시세에 근접한 전세보증금일 때 발생하고, 둘째, 임차인이 입주 당시 세금체납 등을 제대로 확인하지 못해서 법정기일이 빠른 세금이 먼저 배당 받아서 미배당금이 발생한다. 따라서 임대차계약 당시 주택 시세와 국세와 지방세 완납증명서를 확인하고 계약해야 한다.

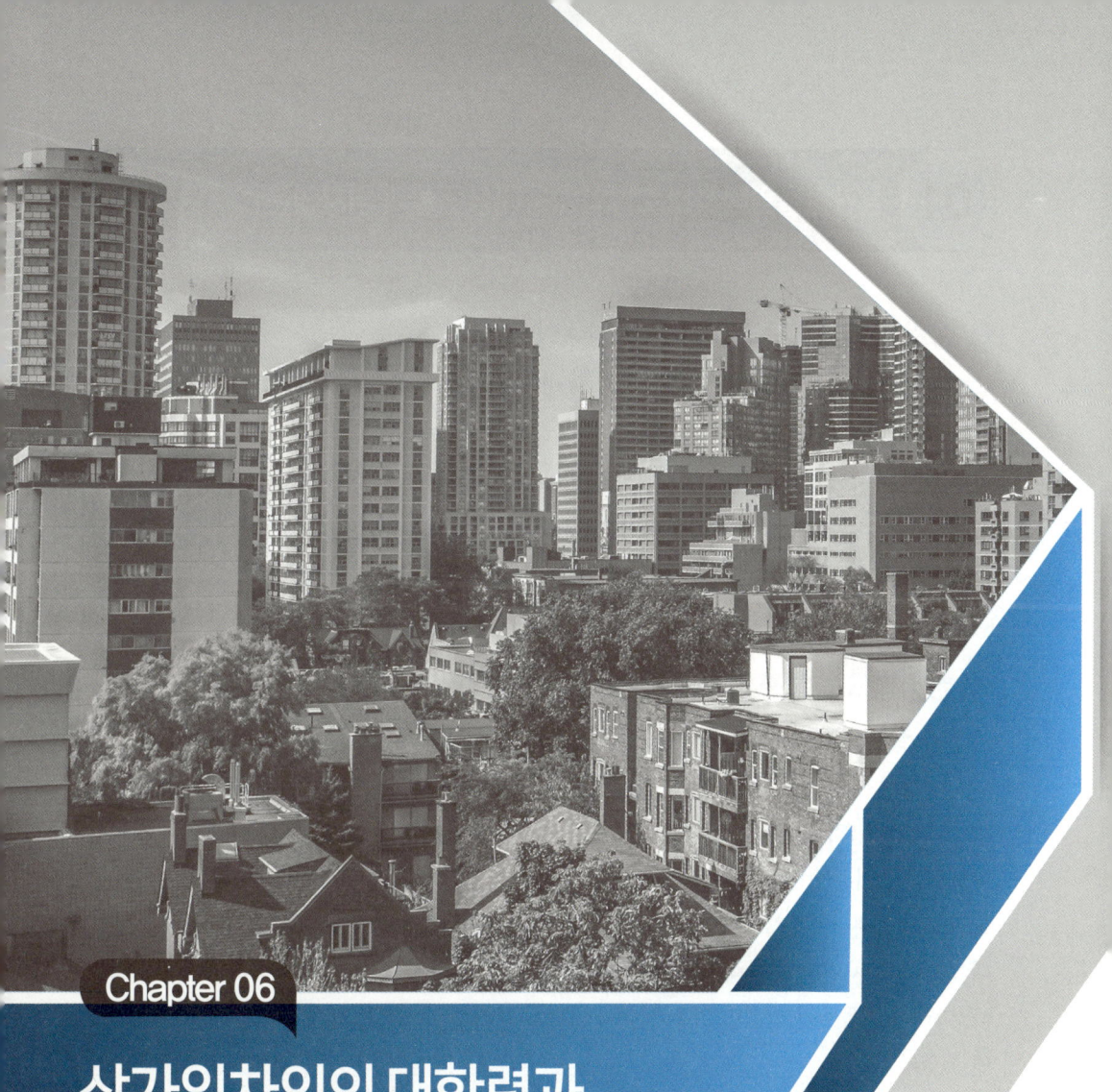

Chapter 06

상가임차인의 대항력과 우선변제권, 다른 채권자들 간에 배당 방법

01 상가건물임대차보호법의 적용대상 건물과 임차인은?

◆ 상가건물임대차보호법의 적용대상 건물

  상가건물임대차보호법도 주택임대차보호법의 적용대상 건물처럼 임대차 목적물의 전부 또는 일부를 건물로 사용하는 경우에도 적용 대상이다. 영업용으로 사용하고 있는 건물이 영업용 건물로 등기가 되었든, 미등기든, 무허가 건물이든, 비영업용 건물의 일부를 영업용 건물로 이용하든 **사업자등록을 할 수 있는 건물이면 모두 적용 대상**이 되는데 그 영업용 건물의 용도로 사용하는 판단 시점은 임대차계약체결 시점으로 판단해서 상임법의 적용을 받게 된다.

◆ 상임법으로 보호받을 수 있는 임차인은?

  ① 상가건물임대차보호법의 보호를 받으려면 사업자등록을 할 수 있는 건물에서 대항요건(사업자등록+건물인도)을 갖추고, 대통령이 정하는 환산보증금(보증금 +월세×100)이 상임법 적용대상 범위 내에 있어야 했다(상임법 시행령 제2조 1항). 즉 기존에는 대통령이 정하는 환산보증금 기준(2014. 1. 1. 시행)으로 4개의 권역으로 나누어 •서울특별시는 4억원, •수도권 과밀억제권역은 3억원, •광역시는 2억4천만원, •그 밖의 지역은 1억8천만원을 범위 내에 있는 임차인만 보호대상이고, 초과하는 임차인은 보호대상이 아니어서 대항력이 없었다. 그래서 건물주가 바뀌면 기존 임대차 계약을 주장할 수 없고, 강제 퇴거당하는 사례가 빈번 했었다.

  ② 그런데 2015. 05. 13. 부터 상임법 개정(상임법 제2조 3항)에 따라 ①항의 환산보증금(보증금+월세×100)을 초과하는 상가임차인에게도 상가건물 소유자가 변경 돼도 새로운 소유자에게 임대인의 지위를 승계하도록 대항력을 인정했고, 최소 5년간 계약갱신요구권도 보장 받을 수 있게 되었다. 다만 백화점과 대형마트 등 유통산업발전법에서 규정한 대규모 점포는 적용대상에서 제외된다. 그리고 이 법은 2015년 05월 13일 이후 새로 계약하거나 갱신된 임대차부터 적용한다. 이젠 환산보증금에 관계없이 모든 상가 임차인들이 적법한 대항요건(사업자등록과 건물인도)만 갖추고 있으면 소유자가 변경돼도 대항력과 5년간 계약갱신요구권으로 보호를 받을 수 있게 되었다.

이러한 계약갱신요구권 행사기간은 5년에서 10년으로 연장(상임법 제10조 제2항)되어 2018년 10월 16일부터 새로 계약을 체결한 임차인과 시행 전 존속적인 임대차는 계약을 갱신한 경우만 인정된다.

③ 2019년 4월 02일부터 현재는 상임법 시행령 제2조 1항이 개정되어 대통령이 정하는 환산보증금 기준은 4개의 권역으로 나누어 ■서울특별시는 9억원 이하, ■수도권 과밀억제권역 및 부산광역시는 6억9천만원 이하, ■광역시(과밀억제권역과 군지역, 부산시 제외), 세종특별자치시, 파주시, 화성시, 안산시, 용인시, 김포시 및 광주시는 5억4천만원 이하, ■그 밖의 지역은 3억7천만원 이하로 변경되었다.

결론적으로 현재는 상임법상 보호대상인 환산보증금 범위 내에 있는 임차인은 대항력(계약갱신요구권 10년 포함)과 우선변제권(최우선변제권, 확정일자부 우선변제권)을 가지고 있으나 환산보증금 범위를 초과하는 임차인은 대항력(계약갱신요구권 10년 포함)만 있고 경매나 공매절차에서 배당요구할 수 있는 우선변제권(최우선변제권, 확정일자부 우선변제권)은 없다.

상가임차인의 대항력은 언제 어떻게 발생하나?

◈ 상가임차인의 대항요건과 대항력(상임법 제3조)

① 임대차는 그 등기가 없는 경우에도 임차인이 건물의 인도와 사업자등록을 신청하면 그 다음 날부터 제3자에 대하여 효력이 생긴다.

② 임차건물의 양수인(그 밖에 임대할 권리를 승계한 자를 포함한다)은 임대인의 지위를 승계한 것으로 본다.

③ 이 법에 따라 임대차의 목적이 된 건물이 매매 또는 경매의 목적물이 된 경우에는 민법 제575조 제1항·제3항 및 제578조를 준용한다.

◆ **일반거래로 소유자가 바뀌는 경우 대항력은?**

　상가임차인이 상임법상 대항요건(사업자등록과 건물인도)을 모두 갖춘 다음 날 오전 0시부터 대항력이 발생하므로, 그 후에 소유자가 바뀌어도 새로운 소유자에게 임대차기간 동안 상가건물을 사용·수익할 수 있고, 종료 시에 상가건물 인도와 동시에 보증금반환을 청구할 권리를 갖게 된다. 일반거래는 매매, 상속, 증여 등으로 소유자가 변경되는 것을 말한다.

◆ **경매나 공매로 소유자가 바뀌는 경우 대항력은?**

　경매·공매절차에서는 조금 다르게 적용되고 있다.

　말소기준권리(근저당, 가압류, 압류, 담보가등기, 전세권(집합건물), 강제경매개시결정기입등기) 이전에 대항요건을 갖춘 경우만 대항력이 있고 이후에 대항요건을 갖춘 경우에는 대항력이 없다. 상가임차인의 대항력만 가지고 판단할 때에 ■환산보증금(보증금 +월세×100)이 상임법 적용대상 범위 내(상임법 제2조 1항)에 있는 임차인과 초과하는 임차인(제2조 3항)이 차이가 없어 보인다. 그러나 유의할 점은 ① 환산보증금을 범위 내에 있는 임차인이 ■선순위인 경우 대항력과 우선변제권(최우선변제금과 확정일자부 우선변제금) 중 선택할 수 있고, ■후순위인 경우 대항력이 없어서 우선변제권으로 배당 받고 소멸된다. ② 환산보증금을 초과하는 임차인이 ■선순위인 경우 대항력만 인정되고 배당요구해서 우선변제 받을 수 있는 권리는 없다. 그래서 ■후순위인 경우 심각해진다. 대항력이 없어서 소멸되는 임차권에 불과한데, 배당요구해서 우선변제 받을 수 있는 권리(최우선변제금과 확정일자부 우선변제금)가 없어서, 일반채권자로 채권가압류 후 배당요구종기 전까지 배당요구해야 배당참여가 가능하다.

 **03** 상가임차인이 최우선변제금을 받으려면 어떻게 해야 하나?

◆ **소액임차인으로 최우선변제금을 받으려면?**

　임차인은 보증금 중 일정액을 다른 담보권자보다 우선하여 변제받을 권리가 있다. 이 경우 임차인은 건물에 대한 경매신청의 등기 전에 상임법 제3조 제1항의 대항요건(사업자등록과 건물인도)을 갖추어야 한다(상임법 제14조 1항). 경매신청등기 전에 대항요건을 갖춘 상가임차인은 전세의 경우 보증금을, 월세일 경우 보증금+(월세×100)으로 환산하여 그 보증금액이 다음 소액보증금과 최우선변제금 기간별 지역별 변천사의 보증금 범위 내에 있는 경우는 일정액을 담보물권자보다 우선하여 변제받을 수 있다. 이때 유의할 점은 보증금 중 일정액의 합산액이 상가건물(대지포함)의 가액의 2분의 1(2014.1.1.부터 개정됨, 개정 전 2013. 12. 31. 까지는 3분의 1)을 초과하는 경우에는 각 임차인이 보증금 중 일정액의 비율로 그 상가건물의 가액의 2분의 1에 해당하는 금액을 분할한 금액을 각 임차인의 보증금 중 일정액으로 본다. 최우선변제금액은 아래 ①, ②, ③, ④권역에서 환산보증금이 소액보증금액에 해당할 때에 소액보증금 중 일정액을 우선하여 변제받을 수 있는 금액이다.

개정 전			개정 후				
권역별	2002.11.1.부터 2010.7.25.까지		권역별	1차개정 2010.7.26. ~2013.12.31.		2차 개정 2014.1.1. 이후부터 현재까지	
	보증금	최우선 변제금		보증금	최우선 변제금	보증금	최우선 변제금
① 서울특별시	4,500만원	1,350만원		5,000만원	1,500만원	6,500만원	2,200만원
② 수도권 과밀억제권역 (서울 제외)	3,900만원	1,170만원	② 수도권 과밀억제권역(서울 제외)	4,500만원	1,350만원	5,500만원	1,900만원
③ 광역시(인천, 군 지역 제외)	3,000만원	900만원	③ 광역시(수도권 과밀억제권역과 군 지역은 제외), 안산, 용인, 김포, 광주(경기)	3,000만원	900만원	3,800만원	1,300만원
④ 그 밖의 지역	2,500만원	750만원	④ 그 밖의 지역	2,500만원	750만원	3,000만원	1,000만원
환산보증금			환산보증금				

김선생의 한마디

환산보증금 계산법 : 임대보증금+(월세×100)
2차 개정 이후인 2014.1.1. 이후부터 현재까지를 기준으로 계산하면,
① 서울 소재 보증금 1,000만원에 월세 50만원이라면 1,000만원+(50만원×100)5,000만원= 6,000만원으로 소액임차인에 해당되어 저당권 등에 우선하여 최우선변제금 2,200만원을 받을 수 있다.
② 보증금 3,000만원에 월세 40만원이라면 3,000만원+(40만원×100)4,000만원=7,000만원으로 소액임차인에 해당되지 못함으로 최우선변제 대상이 아니다.

◆ **현행법상 소액임차인이면 누구나 최우선변제금을 받을 수 있나?**

첫 번째로 매각물건에 등기된 담보물건이 없다면 현행법에 따라 서울의 경우 6,500만원 이하인 임차인이 상가건물가액의 2분의 1 범위 내에서 2,200만원을 1순위로 배당 받을 수 있다.

두 번째로 담보물권(근저당권, 담보가등기, 전세권, 확정일자부 임차권, 등기된 임차권)**이 있고 그 담보물권이 상임법 시행일 이전에 설정되었다면** 상임법 적용대상이 아니어서 최우선변제권이 인정되지 않으므로 1순위로 담보물권이 배당 받게 되고, 2순위로 최우선변제금 순으로 배당하게 된다.

세 번째로 담보물권이 상임법 시행일 이후에 설정되었다면, 소액보증금이 각 지역별로 해당되는 금액 이하인 경우만 최우선변제금을 받을 수 있다. 그런데 유의할 점은 현행상임법상 환산보증금이 소액임차인에 해당되어도, 그 이전에 담보물권이 설정되어 있다면 그 담보물권 설정 당시에 해당하는 구간에 소액임차보증금이어야 그 담보물권보다 우선해서 최우선변제금을 받을 수 있다. 담보물권자가 예측하지 못하는 손실을 막고자 상임법 시행령 부칙 제4조(소액보증금 보호에 관한 적용례) 이 영 시행 전에 담보물권(근저당권, 담보가등기, 전세권, 확정일자부 임차권, 등기된 임차권)을 취득한 자에 대해서는 종전의 규정에 따른다는 예외 조항을 두었기 때문이다. 그래서 이 예외조항에 근거해서 우리의 귀에 익숙한 소액임차인의 결정기준이 탄생하게 되었고, 담보물권자를 보호하기 위해 담보물권이 설정된 시기에 해당하는 소액임차인만 담보물권보다 우선해서 변제받을 수 있지만 그 구간에서 소액임차인에 해당하지 못하면 담보물권보다 우선하지 못하게 된 것이다.

04 확정일자부 우선변제권의 성립요건과 우선변제권은?

◆ **확정일자부 우선변제권은 어떠한 요건을 갖추고 있어야 하나?**

상임법 제5조제2항 상가임차인이 제3조제1항의 대항요건을 갖추고 관할세무서장으로부터 임대차 계약서상 확정일자를 받으면 경매에서 임차건물(임대인소유의 대지를 포함)의 매각대금에서 후순위권리 그 밖의 채권자보다 우선하여 임차보증금을 변제 받을 권리가 있다.

(1) 상가임대차보호법의 적용대상은 어떻게 되는가!

상가임대차는 영세상인을 보호하기 위한 것이므로 다음 (2)번과 같이 4개의 권역별 기간별에 해당하는 환산보증금 이하인 임차인만 대항요건과 확정일자를 갖춘 경우 대항력(계약갱신요구권 10년 포함)과 확정일자부 우선변제권으로 후순위채권자보다 우선해서 변제 받을 수 있다. 그러나 환산보증금이 법 적용 기준금액을 초과한다면 대항력(계약갱신요구권 10년)만 인정되고 확정일자부 우선변제권으로 배당요구할 수 있는 우선변제권은 없다. 그래서 말소기준권리 이전에 대항요건을 갖추고 있는 선순위임차인만 대항력으로 보호받고, 후순위임차인은 대항력과 우선변제권이 없는 일반채권에 불과해서 손해를 볼 수밖에 없다는 사실을 알고 있어야 한다.

(2) 상임법 적용대상 환산보증금의 권역별 기간별 변천사

권역별	2002.11.1.~2008.8.20. 까지	2008.8.21.~2010.7.25. 까지	권역별	2010.7.26~2013.12.31 까지	2014.1.1.~2018.1.25 까지	권역별	2018.1.26.~2019.4.1 까지	2019.4.2.~현재까지
① 서울특별시	2억4천만원 이하	2억6천만원 이하	① 서울특별시	3억원 이하	4억원 이하	① 서울특별시	6억1천만원 이하	9억원 이하
② 수도권과 밀억제권역(서울시 제외)	1억9천만원 이하	2억1천만원 이하	② 수도권 과밀억제권역(서울 제외)	2억5천만원 이하	3억원 이하	② 수도권과밀억제권역(서울시 제외), 부산시	5억원 이하	6억9천만원 이하
③ 광역시(인천, 군지역 제외)	1억5천만원 이하	1억6천만원 이하	③ 광역시(과밀억제권역과 군 지역 제외), 안산, 용인, 김포, 광주(경기)	1억8천만원 이하	2억4천만원 이하	③ 광역시(과밀억제권역과 군 지역, 부산시 제외), 세종시, 안산, 용인, 김포, 광주(경기), 파주, 화성	3억9천만원 이하	5억4천만원 이하
④ 그밖의지역	1억4천만원 이하	1억5천만원 이하	④ 그 밖의 지역	1억5천만원 이하	1억8천만원 이하	④ 그 밖의 지역	2억7천만원 이하	3억7천만원 이하
비고	환산보증금	환산보증금		환산보증금	환산보증금			환산보증금

◆ 상가임차인이 대항요건과 확정일자를 받았다면 그 효력은?

상가 임차인에 대한 대항력과 우선변제권은 이렇게 알고 있으면 된다.

① 상임법 시행 전인 2002년 05월 10일 사업자등록/건물인도 ⇨ 2002년 11월 01일 확정일자를 받았다면 : 대항력과 확정일자 우선변제권은 2002년 11월 02일 오전 0시에 발생하

게 된다(기존임대차는 상임법 시행 후에 상임법 적용대상이 되므로 그때 비로소 대항요건을 갖춘 것).

② 상가임차인이 2005년 05월 01일 사업자등록/건물인도 ⇨ 05월 10일 확정일자를 받았다면 : 대항력은 05월 02일 오전 0시, 확정일자부 우선변제권은 05월 10일 당일주간에 발생하게 된다.

③ 상가임차인이 2005년 05월 01일 확정일자를 받고 ⇨ 5월 10일 사업자등록/건물인도를 받았다면 : 대항력은 05월 11일 오전 0시, 확정일자부 우선변제권은 05월 11일 오전 0시에 발생하게 된다.

④ 상가임차인이 2005년 05월 01일 사업자등록/건물인도와 확정일자를 받았다면 대항력과 우선변제권은 05월 02일 오전 0시에 발생하게 된다.

◆ 임차인이 상임법상 보호대상 환산보증금을 초과한다면?

환산보증금을 초과하는 상가임차인은 2015년 5월 13일 이후 계약한 임대차와 갱신한 임대차에 한해서 대항력과 계약갱신요구권 10년(2018년 10월 16일부터 새로 계약을 체결하거나 갱신된 임대차의 경우 10년, 이 개정법 시행 전 존속적인 임대차는 5년)만 인정되고, 우선변제권(경매나 공매절차에서 배당요구해서 최우선변제금과 확정일자부 우선변제금으로 배당받을 수 있는 권리)은 없다.

첫째, 일반 매매로 소유자가 변경되는 경우에는 새로운 소유자에게 다음 [예제 1]과 같이 대항력만 주장할 수 있는 것이지, 경매절차와 같이 우선변제권을 사용할 수 없다.

그러나 경매로 매각되는 경우에는 다음 [예제 2]와 같이 다르게 분석해야 한다.

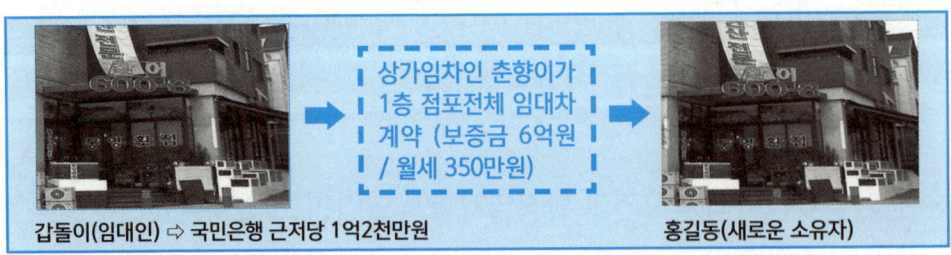

[예제 1] 서울 소재 상가건물에서 임대인 이갑돌과 임차인 춘향이가 임대차 계약하고 대항요건(사업자등록과 건물인도)을 갖추고 있다가, 그 상가건물이 일반매매로 홍길동에게 이전되면, 설령 환산보증금 9억5,000만원[6억원+3억5,000만원(월세350만원×100)]으로 상임법의 보호대상 금액을 초과해도 새로운 소유자에게 대항력을 주장할 수 있다.

[예제 2] 위 사례가 경매나 압류재산공매로 매각되는 경우라면 말소기준권리인 국민은행 근저당권보다 후순위로 대항요건을 갖추고 있어서 대항력이 없고, 환산보증금을 초과하므로 우선변제권(최우선변제금과 확정일자부 우선변제금)도 없어서 임차보증금을 손해 볼 수밖에 없다. 배당에 참여하려면 일반채권자로 채권가압류 후 배당요구종기 전에 배당요구해야만 일반채권자로 참여가 가능하니 임차보증금을 손해 볼 수밖에 없을 것이다.

05 상가임차인의 권리분석과 배당은 어떻게 하면 되나?

◈ 상가건물은 주택에서 임차인의 권리를 공부한 것과 차이가 있다!

주택임차인은 월세와 상관없이 보증금만을 가지고 계산하고 임차보증금의 상한선도 없어서 모두가 주임법의 보호대상이 되지만, 상가임차인은 임차보증금의 상한선이 있는데 중요한 점은 주택임차인과 다르게 월세도 보증금으로 환산해서 적용하여 4개의 권역별로 각기 다르게 환산보증금을 적용하고 있다.

◈ 상임법상 환산보증금을 초과하는 상가임차인은 대항력이 없었다!

종전에는 환산보증금을 초과하는 상가임차인은 상임법의 보호대상이 아니어서 대항력과 우선변제권(경매나 공매절차에서 배당요구해서 최우선변제금과 확정일자부 우선변제권으로 배당받을 수 있는 권리)이 없는 일반채권자에 불과 했었다.

그러나 2015년 5월 13일부터 개정된 법률에 따라 환산보증금을 초과하는 임차인도 대항력을 인정받게 되었다.

이들 간의 차이점은 ① 상임법상 보호대상인 환산보증금 범위 내에 있는 임차인은 대항력과 우선변제권을 인정하고 있지만, ② 초과하는 임차인은 대항력(10년 계약갱신요구권까지 인정)만 있고, 경매나 공매절차에서 배당요구할 수 있는 우선변제권(최우선변제권과 확정일자부 우선변제권)이 없다. 그래서 상가건물이 일반 매매로 소유자가 변경되는 경우에는 환산보증금 범위 내 임차인과 초과하는 임차인 모두 대항력으로 보호받을 수 있지만, 경매나 압류재산공매로 매각되면 다음과 같이 분석해야 한다.

첫째, 환산보증금 범위 내에 있는 임차인이 선순위임차인(말소기준권리 전에 대항요건을 갖춘 임차인)은 대항력을 주장할 수도 있고, 대항력을 스스로 포기하고 우선변제권으로 배당요구할 수 있는데, 이때 미배당금은 매수인이 인수해야 한다. 후순위임차인은 대항력이 없지만 배당 요구할 수 있는 우선변제권을 가지고 있다.

둘째, 환산보증금을 초과하는 임차인은 배당 요구할 수 있는 우선변제권은 없지만, 대항력이 있어서 매수인이 인수해야 한다. 후순위임차인은 대항력도 없고, 우선변제권도 없는 일반채권자에 불과하다. 이런 임차인이 배당에 참가하려면 배당요구종기 전까지 임차보증금 반환 채권을 원인으로 채권 가압류해 배당요구를 하면 되나, 우선변제권이 없는 일반채권자에 불과해서 임차보증금을 손해 볼 수밖에 없다.

◈ 환산보증금 범위 내의 임차인도 유의할 점이 많다!

첫째, 말소기준권리가 누가 되고, 말소기준권리가 되는 근저당권 등이 상임법 시행일 전인가, 이후인가를 계산해서, 담보물권(근저당권, 전세권, 담보가등기) 등이 시행일 이전에 설정되었다면 이 법의 적용대상이 아니어서 상가임차인보다 우선해서 변제받게 된다(환산보증금을 초과하는 임차인 역시 마찬가지다).

둘째, 담보물권 등이 시행일 이후에 등기된 경우, 상가임차인이 최우선 변제받을 수 있는 소액임차보증금의 범위 내에 있는 지와 있는 경우에도 개정 전(소액보증금 4,500만원)이냐, 1차 개정~2차 개정 전(소액보증금 5,000만원), 2차 개정 이후(소액보증금 6,500만원)이냐로 구분해서 담보물권을 기준으로 소액임차인을 판단해 최우선변제금을 계산해야 한다.

이때도 유의해야 할 사항은 2013. 12. 31. 이전에 설정된 담보물권에 대해선 소액보증금 중 일정액(최우선변제금)의 합계가 상가건물가액의 3분의 1범위 내에서만 우선변제 받고, 2014. 01. 01. 이후에 설정된 담보물권에 대해선 상가건물가액의 2분의 1(2014. 1. 1.부터 현재) 범위 내에서 담보물권보다 우선해서 배당받을 수 있다는 사실이다.

셋째, 상임법으로 보호받을 수 있는 환산보증금 적용대상 범위 내에 있는 임차인이 소액임차인이 아니면, 또는 소액임차인으로 최우선변제금을 제외한 나머지 금액은 확정일자부 우선변제권으로 배당받을 수 있는데 이때도 다음과 같은 내용에 유의해야 한다.

<u>상임법의 적용기준도</u> 개정 전이냐(서울기준 현행 환산보증금 2억4천만원), 1차 개정 이후냐(2억6천만원), 2차 개정 이후냐(3억원), 3차 개정 이후냐(4억원), 4차 개정 이후냐(6억1천만원), 5차 개정 이후냐(9억원)에 따라 적용대상 금액이 달라지고, 상임법 적용기준 이하인 경우만 대항요건을 갖추고 계약서에 확정일자를 부여받고 있으면 확정일자에 의해 후순위 채권자보다 우선해서 변제받을 권리가 있다는 사실에 입각해서 권리분석과 배당표를 작성하면 된다.

◆ 임차인이 연체차임이 있어도 전세금 전액을 배당 요구할 수 있나?

경매 배당실무에서는 법원실무제요에 따라 연체차임 처리는 임차인이 집행관의 현황조사, 권리신고 및 배당요구, 다른 채권자들의 배당이의 등으로 알 수 있었고, 임차인이 연체차임을 인정하고 있다면 배당에서 당연히 공제하고 배당하고 있다. 하지만, 임차인이 연체차임을 인정하지 않는다면 법원은 전액 배당할 수밖에 없고 배당이의소송을 제기해야 한다. 이에 대한 대법원의 판단은 경매절차에서 저당권자가 차임채권 등에 대하여는 민사집행법 제273조에 따른 채권집행의 방법으로 별개로 저당권을 실행하지 아니한 경우에는 저당부동산에 대한 압류의 전후와 관계없이 임차인이 연체한 차임 등의 상당액이 임차인이 배당받을 보증금에서 당연히 공제된다(대법 2015다230020 판결).

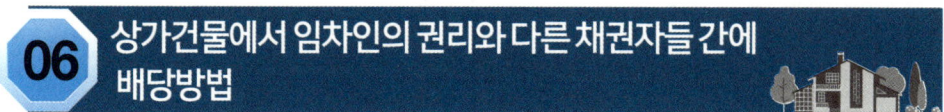

06 상가건물에서 임차인의 권리와 다른 채권자들 간에 배당방법

◆ 서울시 문래동의 상가건물에서 임차인과 다른 채권자 간의 배당사례

이 건물은 상가건물이므로 상임법 시행 전, 시행 후의 근저당권이 있는 경우와 소액보증금 합계가 낙찰가의 2분의 1(2014.1.1.부터 현재)(개정 전 2013. 12. 31. 까지는 3분의 1)을 초과하는 경우에 어떻게 권리분석과 배당표를 작성하는 지를 분석해야 한다.

주소	면적	경매 진행과정	법원임차조사내역	등기부상 권리관계

서울시 영등포구 문래동 480번지	대지 181㎡ (54.75평)
	
	건물
	1층 208㎡
	2층 208㎡
	3층 154㎡
	지층 154㎡
		감정가
		13억 6,000만원
		
		대지
		8억 1,600만원
		
		건물
		5억 4,400만원
		
		경매진행과정
		최저가
		1차 13억 6,000만원
		유찰
		2차 10억 8,800만원
		유찰
		3차 8억 7,040만원
		
		낙찰
		(8억 8,800만원)
			① 김종권 4,500만원
			  사업자등록 01.10.10.
			  확정일자 02.12.10.
			  배당요구 19.05.30.
			② 김수철 5,000만원/100만원
			  사업자등록 14.12.10.
			  확정일자 14.12.10.
			  배당요구 19.05.10.
			③ 심동준 2,500만원/20만원
			  사업자등록 13.07.10.
			  배당요구 19.05.12.
			④ 이기철 2억 5,000만원/
			  300만원
			  사업자등록 12.10.10.
			  확정일자 18.01.26.
			  (종전에 환산보증금 초과로 확정일자를 못 받다가 18.01.26. 법개정으로 환산보증금 범위에 해당되어 확정일자를 받음)
			  배당요구 19.05.05.
			⑤ 최성식 4,000만원/10만원
			  사업자등록 12.03.10.
			  확정일자 12.08.15.
			  배당요구 19.05.21.
			⑥ 이명구 1억원/850만원
			  사업자등록 01.03.10.
			  확정일자〈없음〉
			  배당요구 19.05.10.
			  (환산보증금초과로 확정일자 바지 못함)
			⑦ 정만희 1억원/700만원
			  사업자등록 15.01.10.
			  확정일자 19.04.02
			  배당요구 19.05.16.
			  (종전에 환산보증금 초과로 확정일자를 못 받다가 19.04.02. 법개정으로 환산보증금 범위에 해당되어 확정일자를 받음)
				소유권자 김정숙
				2001.10.01.
				근저당권 국민은행
				2001.12.10.
				(2억 4,000만원)
				근저당권 SK신협
				2008.05.10.
				(1억 2,000만원)
				가압류 이순신
				2015.05.25
				(5,000만원)
				압류 영등포구청
				2015.10.05.
				재산세 150만원
				(법정기일:
				18년6월~19년7월분)
				취득세 1,360만원
				(법정기일: 14.04.10)
				
				SK신협 임의경매
				2019.01.20.
				(청구금액
				1억 2,000만원)

◈ 등기부상의 권리와 부동산상의 권리를 분석해 보자!

첫째, 말소기준권리인 국민은행 근저당권의 등기일이 2001. 12. 10. 이므로, 상임법 시행일 2002. 11. 1. 전에 설정되어 이 법의 적용대상이 아니다.

둘째, 최우선 변제받을 수 있는 임차보증금의 범위 내에 있는 경우 즉 보증금이 4,500만원(개정 전)이냐, 1차 개정 후~2차 개정 전(5,000만원), 2차 개정 후(6,500만원)이냐로 구분해 소액임차인을 판단해서 최우선변제금을 계산해야 한다. 유의할 점은 주택과 다르게, 보증금 + 월세 × 100으로 하는 환산보증금이 소액임차보증금 범위 내에 있어야 한다.

셋째, 소액임차인이 아니면, 상임법의 적용대상에 해당되는 환산보증금이어야 상임법상 대항력과 우선변제권이 인정되지, 초과하면 선순위임차인만 대항력이 인정되고, 후순위는 대항력과 우선변제권이 없는 일반채권자에 불과하다.

상임법의 적용기준도 개정 전이냐(서울기준 현행 환산보증금 2억4천만원 이하), 1차 개정 이후냐(2억6천만원 이하), 2차 개정 이후(3억원 이하), 3차 개정 이후냐(4억원 이하), 4차 개정 이후냐(6억1천만원 이하), 5차 개정 이후냐(9억원 이하)에 따라 적용대상금액이 달라지고, 상임법적용기준 이하인 경우만 상임법을 적용 받을 수 있어서, 대항요건을 갖추고 확정일자를 받으면 확정일자에 의해 후순위채권자보다 우선해서 배당 받을 수 있다.

◆ 배당 순서와 금액은 다음과 같이 계산하면 된다!

매각금액 8억8,800만원 - 경매비용 700만원으로 배당금액은 8억8,100만원이다.

- **1순위** : 영등포구청 재산세 150만원(당해세 우선변제금)
- **2순위** : 국민은행 2억4,000만원(근저당권 우선변제금)(상임법 시행이전).
- **3순위** : ① 김종권 1,350만원[보증금:4,500만원] + ② 심동준 1,350만원[환산보증금:2,000+(15만원×100)=3,500만원](최우선변제금) - **1차적 소액임차인 결정기준 : 김종권 확정일자, SK신협 근저당권(4,500만원 이하/1,350만원)**.
- **4순위** : 김종권 3,150만원(확정일자부 우선변제금)
- **5순위** : SK신협 1억2,000만원(근저당권 우선변제금)
- **6순위** : ① 심동준 150만원(법개정에 따른 소액보증금 증가분) + ② 최성식 1,500만원(최우선변제금 2) - **2차적 소액임차인 결정기준 : 최성식 확정일자(5,000만원 이하/1,500만원)**.
- **7순위** : 최성식 2,500만원(확정일자부 우선변제금)
- **8순위** : 심동준 700만원(법개정에 따른 소액보증금 증가분) - **3차적 현행 상가건물임대**

차보호법상 소액임차인(6,500만원 이하/2,200만원)을 계산하고 한도도 3분의 1이 아닌 2분의 1(2014년부터 개정됨)로 배당해야 한다.

김선생의 도움말

8순위까지는 1순위 당해세가 3순위, 6순위, 8순위의 소액보증금보다는 우선하지 못하기 때문에, 이들 상호간에 순위가 서로 물고 물리는 순환관계에 있다. 따라서 순환흡수 배당절차를 진행해야 하나 배당금액이 모두 충족되어 표시하지 않았다.

- **9순위** : 영등포구청 1,360만원(조세채권 우선변제금)
- **10순위** : 김수철 5,000만원(확정일자부 우선변제금)
- **11순위**에서는 배당잔여금 3억4,890만원을 가지고 ① 이순신 가압류 5,000만원 ⇨ ② 이기철 2억5,000만원(확정일자) ⇨ ③ 정만희 1억원(확정일자)이므로 동순위로 1차 안분배당하고, 2차로 이기철(확정일자)이 후순위 정만희(확정일자) 1차 안분배당금을 흡수하면 된다.

1차 안분배당

① 이순신(가압류)=3억4,890만원(배당잔여금)×5,000만원/4억원=43,612,500(종결)

② 이기철(확정일자)=3억4,890만원(배당잔여금)×2억5천만원/4억원=218,062,500원

③ 정만희(확정일자)=3억4,890만원(배당잔여금)×1억원/4억원= 87,225,000원

2차 흡수배당

② 이기철(확정일자)=218,062,500원(1차안분액)+31,937,500원(③을 흡수)=2억5,000만원(종결)

③ 정만희(확정일자)=87,225,000원(1차안분액)-31,937,500원(②에 흡수당함)=55,287,500원(종결)으로 배당이 끝난다.

그리고 대항력 있는 임차인 등이 없어서 낙찰자 인수금액이 없다. 정만희 임차인과 환산보증금을 초과해서 확정일자가 없어서 배당요구하지 못한 이명구 임차인을 제외하고 모두 전액 배당받는다.

🏠 알아두면 좋은 내용

상가건물에서 배당 받지 못한 임차인 명도 분석

① 정만희 상가임차인은 보증금의 상당부분 손실이 발생하지만, 배당금 55,287,500원을 받으려면 낙찰자의 명도확인서가 필요하기 때문에 명도에 어려움이 없다.

② 이명구 상가임차인은 사업자등록이 2001. 03. 10. 이므로 말소기준권리보다 선순위이나 두 가지 측면에서 대항력이 없다.

하나는 말소기준권리인 국민은행 근저당(2001. 12. 10.)이 상임법 태동 전에 설정되어 상임법으로 대항력을 주장할 수 없다.

두 번째로 현행법상 환산보증금을 초과하여 대항력만 인정되고 우선변제권이 없는데, 대항력도 말소기준권리 이후 즉 2015년 5월 13일 이후에 계약하거나 갱신된 임대차에 대해서만 인정하는데 그 이전에 기업은행 근저당(2001. 12. 10.)의 말소기준권리가 있어서 대항할 수 없기 때문이다. 따라서 이명구 임차인은 보증금 1억원을 전액손실 보게 되므로, 추가로 명도비용이 발생할 것으로 예상된다.

◆ 인천광역시 작전동의 상가건물에서 임차인과 다른 채권자 간의 배당사례

주소	면적	경매가 진행과정	1) 임차인조사내역 2) 기타청구	등기부상 권리관계
인천광역시 부평구 작전동 ○○○번지 상가건물 채무자겸 소유자 : 김유민 경매신청 채권자 : 외환은행	대지 132㎡ 건물 1층 75㎡ 2층 74㎡ 3층 74㎡	감정가 120,000,000원 최저가 1차 120,000,000원 유찰 2차(20% 저감) 96,000,000원 유찰 3차 76,800,000원 낙찰 2016.05.10. 86,700,000원	1) 임차인 ① 이경수 2,000만/10만원 　사업자등록 2002.12.10. 　확정일자 2002.12.10. 　배당요구 2015.07.20. ② 김인규 3,500만원 전세 　사업자등록 2003.11.20. 　확정일자 2015.07.15. 　배당요구 2015.07.15. ③ 이수민 2,000만/15만원 　사업자등록 2003.05.16. 　확정일자× 　배당요구 2015.07.20. ④ 이철중 1,000만/20만원 　사업자등록 2003.12.15. 　확정일자× 　배당요구 2015.07.30. ⑤ 박수경 3,000만/300만원 　사업자등록 2001.02.10. 　확정일자× 　배당요구 2015.06.25	소유자 김유민 근저당 기업은행 2002.10.10. 2,600만원 근저당 이수철 2003.05.10. 500만원 가압류 한순규 2003.10.10. 1,800만원 임의 기업은행 청구 2,600만원 〈20015.04.10〉

◆ 등기부상 권리와 부동산상의 권리를 분석해 보자!

첫째, 말소기준권리가 누가 되고 시기는 언제인가!

말소기준권리인 기업은행 근저당권의 설정등기일이 2002. 10. 10. 인데, 상임법 시행일인 2002. 11. 1. 이전이므로 기업은행 근저당권은 이 법의 적용대상이 아니다. 임차인이 사업자등록을 이 근저당권보다 먼저 갖추어도 대항력이 없고, 소액임차인에 해당돼도 이 근저당권에 최우선변제금으로 우선해서 변제받지 못하는 후순위에 불과하다.

둘째, 최우선 변제받을 수 있는 임차보증금의 범위 내에 있는 경우에도 개정 전(소액보증금 3,900만원)이냐 1차 개정 후 ~ 2차 개정 전(소액보증금 4,500만원), 2차 개정 후(소액보증금 5,500만원)이냐로 구분해서 소액임차인을 판단해서 최우선변제금을 계산해야 한다. 그런데 소액임차인은 환산보증금을 가지고 하기 때문에 ⑤ 박수경 3,000만/300만원은 소액임차인도 아니고 상임법 보호대상이 아니다. 왜냐하면 3차 개정 이후 인천광역시는 환산보증금이 3억원이므로 이 금액을 초과한 임차인은 일반채권자에 불과해 배당에 참여할 수 없는 임차인이다.

셋째, 환산보증금이 현행법상 상임법 적용기준에 해당되는 경우에도 개정 전이냐(인천광역시기준 환산보증금 1억9천만원 이하), 1차 개정 이후냐(2억1천만원 이하), 2차 개정 이후(2억5천만원 이하), 3차 개정 이후냐(3억원 이하), 4차 개정 이후냐(5억원 이하), 5차 개정 이후냐(6억9천만원 이하)에 따라 적용대상금액이 달라지고, 상임법적용기준 이하인 경우만 대항요건을 갖추고 확정일자를 받으면 확정일자에 의해 후순위채권자보다 우선변제권이 발생한다. 그러나 적용범위를 초과하면 선순위임차인만 대항력이 인정되고, 후순위는 대항력과 우선변제권이 없는 일반채권자에 불과하다.

◆ 배당표를 작성해 보면 더 쉽게 이해할 수 있다!

배당금액이 85,700,000원(86,700,000원 - 집행비용 100만원)이므로 배당순위는 다음과 같다.

1순위 : 기업은행 2,600만원(근저당권 우선변제금)	상임법시행일 2002.11.1. 이전
2순위 : ① 이경수 1,170만원[환산보증금:2,000+(10×100)=3,000만](최우선변제 1) ② 김인규 1,170만원[환산보증금 : 3,500+0=3,500만](최우선변제 1) ③ 이수민 1,170만원[환산보증금 : 2,000+(15×100)=3,500만](최우선변제 1) ④ 이철중 1,000만원[환산보증금 : 1,000+(20×100)=3,000만](최우선변제 1)	시행일 이후이나 인천광역시 지역이므로 3,900만원 이하 1,170만원이다.

이와 같이 배당되어야 하나 상임법에서는 최우선변제금의 합계금액이 배당금액의 3분의 1(2014년부터 2분의 1로 변경)을 초과하면 안 되므로(3분의 1만 2003년 이수철 근저당권에 대항할 수 있는 소액임차인), 3분의 1의 범위 내에서 안분배당하게 된다.

따라서 28,566,666원(8,570만원×⅓) 이내야 하는데 최우선변제금의 합계가 4,510만원 (1,170+1,170+1,170+1,000)으로 초과하게 되므로 다음과 같이 28,566,666원 이내로 안분해서 배당하게 된다.

① 이경수 = 28,566,666원 × $\frac{1,170만원}{4,510만원}$ = 7,410,865원

② 김인규 = 28,566,666원 × $\frac{1,170만원}{4,510만원}$ = 7,410,865원

③ 이수민 = 28,566,666원 × $\frac{1,170만원}{4,510만원}$ = 7,410,864원

④ 이철중 = 28,566,666원 × $\frac{1,000만원}{4,510만원}$ = 6,334,072원

- **3순위** : 이경수 임차인 12,589,135원(우선변제권 2)

- **4순위** : 이수철 근저당권 500만원(우선변제권 3)

그리고 5순위부터는 더 이상 담보물권이 없어서 배당시점(2014. 01. 01.부터 현재까지)을 기준으로 현행법상 소액임차보증금을 계산하고 한도도 3분의 1이 아닌 2분의 1(42,850,000 원-2순위 최우선변제금 28,566,666원=14,283,334원)로 배당해야 하나 배당금이 13,544,199원 밖에 없어서 이 금액을 가지고 현행법상 5,500만원 이하인 임차인이 1,900만원을 최우선변제금을 동순위로 안분 배당하다.

- **5순위는** ① 김인규 = 13,544,199원(배당잔여금) × 11,589,135/26,844,198 = 5,847,280원

② 이수민 = 13,544,199원(배당잔여금) × 11,589,135 / 26,844,198 = 5,847,280원

③ 이철중 = 13,544,199원(배당잔여금) × 3,665,928 / 26,844,198 = 1,849,639원으로 배당이 종료된다.

Chapter 07

전세권에 대한 권리분석,
그리고 주임법상
임차권과의 관계는?

01 전세권자는 어떠한 권리를 가지고 있나?

　전세권은 전세목적물을 전세 기간 동안 사용·수익할 수 있는 용익물권이면서 전세권 기간 만료 시에는 소유자가 전세금을 반환해주지 아니할 경우 전세권을 처분(임의경매신청)하여 그 매각대금으로부터 우선 변제받을 수 있는 담보물권적 성격까지 가지고 있는 권리이다.

　주택임대차보호법이 태동하기 전에 임차인의 권리는 매우 불안정한 지위에 있었기 때문에 임차인이 권리를 지키기 위해 가장 많이 이용했던 방법이 전세권 제도 였다. 이러한 전세권은 전세기간 동안 사용·수익은 물론 기간 만료 후 전세금을 반환 받지 못하는 경우 다음과 같이 경매를 신청해서 우선 변제받을 권리도 함께 가지고 있다

02 전세권에 의한 경매신청 방법과 우선변제권은?

　전세권설정자가 전세금의 반환을 지체한 때에는 전세권자는 민사집행법의 정한 바에 의하여 전세권의 목적물의 경매를 청구할 수 있다(민법 제318조).

◆ 아파트 등의 집합건물 전세권자의 경매신청과 배당방법

　아파트, 다세대, 연립주택, 오피스텔 등의 집합건물에 설정된 전세권은 집합건물 소유 및 관리에 관한 법률 제20조에 따라 구분 소유자의 대지 사용권과 전유부분을 분리하여 처분할 수 없고, 공유부분에 대한 지분은 전유부분의 처분에 따른다고 규정하고 있다. 따라서 집합건물전세권은 임의경매신청이 가능하며, 경매신청 시 또는 제3자의 경매신청에서 전세권자는 건물부분과 토지부분 모두에서 후순위 채권자보다 우선해서 배당 받을 수 있다. 그리고 전세권자가 최선순위인 경우 말소기준권리가 될 수 있다.

◆ 단독 · 다가구주택 전세권자의 경매신청과 배당방법

　단독주택, 다가구주택과 같이 건물의 일부에 전세권을 설정한 경우 전세권의 효력은 건물 일부에 대해서만 미치고 토지에는 그 효력이 미치지 못하므로 최선순위전세권 이라도 말소기준권리가 될 수 없다. 그리고 아파트 등에 설정된 전세권처럼 임의경매신청도 할 수 없다. 건물일부에 설정된 전세권자는 소유자를 상대로 전세금 반환청구소송을 통해 판결문을 얻어 토지와 건물 전부를 강제경매 신청할 수밖에 없는데, 건물 전체 매각대금에 대해서 전세권으로 우선변제를 받고, 토지매각대금에 대해서는 강제경매신청채권자로서 일반채권자와 같이 우선변제권 없이 동순위로서 안분배당 받게 된다.

◆ 전세권자가 주임법상 임차인의 권리를 함께 갖추고 있다면?

　경매신청은 앞에서와 같이 전세권자로 경매를 신청할 수 있다. 그리고 우선변제권을 행사 방법도 전세권자로 배당요구할 권리와 주임법상 임차권으로 배당요구할 권리를 동시에 가지고 있다. 그래서 두 개의 권리 모두 가지고 배당요구할 수도 있고, 분리해서 배당요구할 수도 있어 임차인의 권리를 안전하게 지킬 수 있다. 그리고 임차인이 전입신고만 하고, 확정일자를 받지 못한 경우도 전세권 설정등기가 이루어지면 전세권 설정등기일에 확정일자를 갖춘 것으로 봐 주임법상 확정일자에 의한 우선변제를 받을 수 있다(∵ 전세권설정계약서에 등기관의 접수확인을 확정일자로 볼 수 있기 때문). 이런 점이 전세권만 갖추지 말고 주임법상 대항요건도 함께 갖추고 있어야 되는 이유다.

> **[전세권자의 우선변제권은 어떻게 결정하나?]**
> 집합건물(아파트·다세대·연립 등)에 설정된 전세권은 대지와 건물 전체의 매각대금에서 그 전세권설정등기일을 기준으로 우선 변제받을 수 있다. 이에 대한 보충설명으로 판례는 아파트 건물 안에 저당권이 설정된 경우에 대지권을 건물의 종된 권리로 보아 저당권의 효력은 저당부동산의 종물 등에 미친다는 민법 제358조 규정을 유추하여 건물 만에 설정된 저당권이라도 그 효력이 대지권이 미치므로 대지권의 경락대금에서도 배당받을 수 있다고 판결(대법원 1995.8.22. 선고, 94다12722 판결). 다만 단독·다가구주택에 대한 전세권등기는 대지를 포함하지 않고 주택에만 전세권 등기한 경우로 대지의 매각대금에서 우선변제를 받을 수 없다. 오로지 건물매각대금에서만 우선변제를 받을 수 있는 것이다. 그러나 전세권자가 사전에 임차인으로서 대항요건을 갖추었다면 다음 판례내용과 같이 전세권등기일에 임대차계약서상에 확정일자를 받은 것과 동일한 효력이 발생하여 토지 및 건물매각대금 전부에 대하여 후순위 권리자보다 우선 변제받을 수 있다(대판 2001다51725).

03 선순위전세권과 후순위전세권의 대항력과 소멸은?

◆ 선순위전세권자는 대항력과 우선변제권 중 하나 선택?

선순위의 전세권·지상권·지역권·등기된 임차권 등은 대항력이 있어 매각으로 소멸되지 않고 매수인이 인수해야 한다(민사집행법 제91조 4항). 다만 이 용익권 중 전세권의 경우에는 전세권자가 민사집행법 제88조에 따라 배당요구를 하면 매각으로 소멸한다. 선순위전세권은 실제 존속기간이 지났는지, 지나지 않았는지 상관없이 오로지 전세권자의 배당요구나 경매신청 시에만 매각으로 소멸되므로 첫 경매개시결정기입등기 전에 등기되어 있더라도 자동배당되는 것이 아니고 반드시 배당요구 등이 필요하다.

(1) 선순위전세권자가 대항력을 주장하는 경우

① 존속기간이 남아 있는 경우 매수인은 전세권의 존속기간과 전세보증금을 인수해야 한다.

② 존속기간이 지난 경우에는 전세권이 법정갱신된 것으로 본다. 이 경우 존속기간을 정하지 않은 것으로 보아 그 존속기간은 1년으로 의제되어 매수인은 언제든지 전세권의 소멸을 통고할 수 있고, 전세권 소멸 통고를 받은 날로부터 6월이 지나면 전세권은 소멸된다.

(2) 선순위전세권자가 대항력을 포기하고 우선변제권을 택하면?

후순위채권자 등의 경매절차에서 배당요구를 했다면 선순위전세권자는 매각으로 소멸된다. 전세권은 용익물권이면서 담보권적인 두 가지 성질을 가지고 있어서 용익적인 성질로서 선순위전세권자는 대항력이 인정되어 매수자가 원칙적으로 전세권의 존속기간과 전세보증금을 인수해야 된다. 그러나 선순위전세권자가 배당요구를 했다면 배당받고 소멸되는 것이 원칙이다.

① 주임법상 대항요건을 갖추지 않은 선순위전세권자의 배당요구

선순위전세권자가 전세금을 전액 배당 받지 못하더라도 매수인이 인수하지 않고 소멸되며, 임대인(채무자)에게만 그 권리를 주장할 수밖에 없어 손실이 예상된다.

이는 상가임차인이 상임법상 대항요건을 갖추고 있지 않거나 토지 등의 선순위전세권자가 경매·공매절차에서 배당요구하여 전액 배당 받지 못하는 경우도 마찬가지다.

② 주임법상 대항요건을 갖춘 선순위전세권자의 배당요구

선순위전세권과 주택임대차보호법상 임차인으로서의 지위를 함께 가지고 있는 임차인은 선순위전세권자의 지위로서는 우선변제 받고(전세금 부족분이 있어도) 소멸되지만, 주임법상 임차인의 지위로서는 대항력이 있어서 전액 배당받지 못한 경우 미배당금을 매수인이 인수하게 된다. 전세권은 배당요구하면 매각으로 소멸되지만 주임법상의 대항력이 있는 임차권은 보증금이 전액 변제되지 않으면 소멸되지 않기 때문이다.

그리고 주임법상 임차인으로서의 지위와 전세권자로서의 지위를 함께 가지고 있는 자가 그 중 주임법상 임차인의 지위에 기하여 경매법원에 배당요구를 했더라도, 배당요구를 하지 않은 전세권은 배당요구가 있는 것으로 볼 수 없어서 대항력이 유지된다.

뿐만 아니라 선순위전세권등기 후에 그 지위를 강화하기 위해 후순위로 주임법상 대항요건을 함께 갖추고 있는 경우 선순위전세권으로 배당요구를 하였더라도 주임법상의 지위가 상실되지 않기 때문에 미배당금이 발생하면 매수인이 인수하게 된다(대법원 2010마900 결정, 대법원 2009다40790 판결).

[최선순위전세권자가 주임법상 대항력을 갖고 있다면?]
1. 최선순위로 전세권설정등기를 마치고 등기부상 새로운 이해관계인이 없는 상태에서, 임대차계약을 체결하여 주임법상 대항요건을 갖추었다면, 전세권자로서의 지위와 주임법상 대항력을 갖춘 임차인으로서의 지위를 함께 가진다. 이렇게 전세권과 더불어 주임법상 대항력을 갖추는 것은 자신의 지위를 강화하기 위한 것이지 원래 가졌던 권리를 포기하고 다른 권리로 대체하려는 것은 아니라는 점, 자신의 지위를 강화하기 위하여 설정한 전세권으로 인하여 오히려 주임법상의 대항력이 소멸된다는 것은 부당하다는 점, 동일인이 같은 주택에 대하여 전세권과 대항력을 함께 가지므로 대항력으로 인하여 전세권 설정 당시 확보한 담보가치가 훼손되는 문제는 발생하지 않는다는 점 등을 고려하면, 최선순위 전세권자로서 배당요구를 하여 전세권이 매각으로 소멸되었다 하더라도 변제받지 못한 나머지 보증금에 기하여 대항력을 행사할 수 있고, 그 범위 내에서 임차주택의 매수인은 임대인의 지위를 승계한 것으로 봐야 한다(대법원 2010. 7. 26. 자 2010마900 판결).
2. 대법원 2010. 6. 24. 선고 2009다40790 판결 요약정리
  ① 주택임대차보호법상 임차인으로서의 지위와 전세권자로서의 지위를 함께 가지고 있는 자가 임차인으로서의 지위에 기하여 경매법원에 배당요구를 한 경우, 전세권에 관하여도 배당요구가 있는 것으로 볼 수 있는지 여부(소극)
  ② 집행법원이 매각물건명세서의 작성에 관하여 부담하는 의무의 내용 및 집행법원이나 경매담당 공무원이 매각물건명세서 작성에 관한 직무상의 의무를 위반한 경우, 국가배상책임이 성립하는지 여부(적극)
  ③ 매각물건명세서를 작성하면서 매각으로 소멸되지 않는 최선순위 전세권이 매수인에게 인수된다는 취지의 기재를 하지 아니한 경매담당 공무원 등의 직무집행상의 과실로 인하여 매수인이 입은 손해에 대하여 국가배상책임을 인정한 사례

◈ 후순위전세권은 경매로 소멸되므로 우선변제권만 있다!

후순위전세권이 경매기입등기 전에 등기되었다면 매각으로 소멸되는 대신 별도의 배당요구가 없어도 당연히 배당에 참여할 수 있다. 그러나 경매기입등기 후에 등기되었다면 배당요구종기일까지 배당요구해야 하며 배당요구를 하지 않으면 배당절차에 참여하지 못하고 소멸한다.

 04 전세권과 다른 채권자 간 실전 배당분석

◈ 전세권이 선순위와 후순위인 사례를 통해서 분석하기

(1) 전세권설정등기가 최선순위인 경우

> 갑 전세권설정등기 ➪ 을 근저당권 ➪ 병 공과금채권압류(납부기한이 을 저당권보다 늦은 경우) ➪ 을이 경매신청 ➪ 정이 낙찰

① 아파트와 다세대주택 등의 집합건물인 경우
㉠ 갑 전세권이 배당요구하지 않았다면 낙찰자 정이 갑 전세권을 인수해야 되고 이때 말소기준권리는 을 근저당권이다.
㉡ 갑 전세권이 배당요구했다면 갑은 배당받고 소멸되며 갑이 말소기준권리가 될 수 있다. 이 경우에는 낙찰자 정은 인수금액이 없다.

② 단독·다가구주택과 같은 일반건물인 경우
갑 전세권이 배당요구하지 않았다면 낙찰자 정이 갑 전세권을 인수해야 한다. 유의할 점은 건물일부에 설정된 전세권은 건물매각대금에 대해서만 우선변제권이 있고, 토지매각대금에 대해서는 우선변제권이 없다. 그리고 배당요구를 하였던, 하지 않았던 간에 말소기준권리가 될 수 없다.

(2) 전세권설정등기가 후순위인 경우

> 갑 근저당권 ➪ 을 전세권 ➪ 병 일반세금 압류(법정기일이 을 전세권보다 늦은 경우) ➪ 을이 경매신청 ➪ 정이 낙찰 받은 경우

을 전세권이 집합건물이든, 단독주택이든 간에 구분하지 아니하고 모두가 말소기준권리 갑 근저당권보다 후순위로서 대항력 없이 소멸된다.

◈ **주임법상 대항요건을 갖춘 선순위전세권자가 말소되는 것으로 오판한 사례**

(1) 입찰물건 정보내역과 입찰결과

2008타경0000호 (물건 1번) 산지방법원 본원 • 매각기일 : 2009.06.16(火) (10:00) • 경매 15계 (전화:051-590-1835)

소 재 지	부산광역시 금정구 구서동 000-0 천양스카이빌 2층 000호 도로명주소검색					
물건종별	오피스텔	감 정 가	53,000,000원	오늘조회: 1 2주누적: 1 2주평균: 0 조회동향		
				구분	입찰기일	최저매각가격	결과
대 지 권	12㎡(3.63평)	최 저 가	(51%) 27,136,000원	1차	2009-03-03	53,000,000원	유찰
				2차	2009-04-07	42,400,000원	유찰
건물면적	35.72㎡(10.805평)	보 증 금	(10%) 2,720,000원	3차	2009-05-12	33,920,000원	유찰
				4차	2009-06-16	27,136,000원	
매각물건	토지·건물 일괄매각	소 유 자	(주)OO주택	낙찰 : 31,220,000원 (58.91%)		
개시결정	2008-10-13	채 무 자	(주)OO주택	(입찰1명, 낙찰:서울시 강남구 삼성동 김OO) 매각결정기일 : 2009.06.23 - 매각허가결정		
사 건 명	강제경매	채 권 자	신용보증기금	대금납부 2009.07.09 / 배당기일 2009.08.25 배당종결 2009.08.25		

• 매각물건현황 (감정원 : 대화감정평가 / 가격시점 : 2008.10.17 / 보존등기일 : 2004.03.78)

목록	구분	사용승인	면적	이용상태	감정가격	기타
건물	10층중 2층		35.72㎡ (10.81평)	주거용	31,800,000원	
토지	대지권		703.4㎡ 중 12㎡		21,200,000원	
현황 위치	·지하철1호선 구서동역 서측 인근에 위치, 서측으로 약6미터 폭의 포장도로와 접함 ·부근은 중,소규모 공동주택 및 단독주택,각종 근린시설 등 혼재					

• 임차인현황 (말소기준권리 : 2007.12.10 / 배당요구종기일 : 2009.01.05)

임차인	점유부분	전입/확정/배당	보증금/차임	대항력	배당예상금액	기타
황OO	주거용 전부	전 입 일: 2007.09.18 확 정 일: 2007.09.14 배당요구일: 2008.10.30	보50,000,000원	있음	순위배당가능	선순위 전세권등기자
임차인분석	▶매수인에게 대항할 수 있는 임차인 있으며, 보증금이 전액 변제되지 아니하면 잔액을 매수인이 인수함					

• 등기부현황 (채권액합계 : 324,054,888원)

No	접수	권리종류	권리자	채권금액	비고	소멸여부
1	2004.03.18	소유권보존	(주)OO주택			
2	2007.09.14	전세권(전부)	황OO	50,000,000원	존속기간: 2007.09.14~2009.09.13	소멸
3	2007.12.10	압류	부산광역시 금정구		말소기준등기 세무과-391	소멸
4	2007.12.11	가압류	신용보증기금	274,054,888원		소멸
5	2008.03.24	압류	부산광역시			소멸
6	2008.10.13	강제경매	신용보증기금 (등래지점)	청구금액: 324,408,147원	2008타경0000호 신용보증기금가압류의 본압류로의 이행	소멸

(2) 선순위전세권은 소멸되지만 주임법상 임차권은 소멸되지 않는다

임차권보다 먼저 설정된 전세권 등의 담보권이 경매로 소멸하게 되면 그보다 후순위의 임차권은 선순위 담보권의 담보가치의 보호하기 위해서 그 대항력을 상실한다. 이러한 이유는 선순위 권리가 나중에 성립된 임차권으로 인하여 담보력이 약화되는 것을 방지하기 위한 것

이다. 그러나 선순위전세권이 말소기준이 되더라도 자기의 권리를 강화하기 위해 후순위로 주임법상 대항요건을 갖춘 임차인은 소멸되지 않아서 임차인에게 미배당금이 발생하면 낙찰자가 인수해야 한다.

왜냐하면 이렇게 주임법상 후순위 임차권이 소멸되지 않아도 선순위전세권이 담보채권의 손실이 발생하지 않고 오히려 보호를 받을 수 있기 때문이다.

대법 2008마212는 두개의 권리를 가진 자는 별개로 배당요구할 수 있고 배당요구하지 않은 선순위전세권은 낙찰자의 인수라는 것이고, 대법 2010마900은 선순위전세권으로 배당요구하면 전세권은 당연히 소멸되지만 자신의 권리를 강화하기 위해서 주임법상 대항요건을 함께 갖춘 임차인은 후순위라도 소멸되지 않아서 미배당금이 발생하면 낙찰자가 인수하게 된다는 판례이다.

(3) 이 사례에서 매수인의 인수금액은?

이 사례와 같이 주임법상 임차권으로 배당요구하지 않고 선순위전세권으로 배당요구하면 전세권은 소멸되지만 주임법상 대항력은 전액 배당받을 때까지 남게 돼 임차인의 미배당금을 인수하게 된다.

따라서 매각대금 3,122만원에서 경매비용 100만원을 빼고 1순위로 전세권자가 3,022만원을 배당받아 미배당금 1,978만원을 인수하게 돼 매수인의 총 취득금액은 5,100만원이 된다는 것이 전세권자들이 소송을 해서 만들게 된 대법 2010마900 판결 내용이다.

◆ 대항요건을 갖추지 못한 선순위전세권자가 배당요구해 말소된 사례

(1) 입찰물건 정보내역과 입찰결과

2008타경0000호 (물건2번)		• 부산지방법원 본원 • 매각기일 : 2009.05.12(火) (10:00) • 경매 15계(전화:051-590-1835)						
소재지	부산광역시 금정구 구서동 000-0 천양스카이빌 2층 000호 [도로명주소검색]							
물건종별	오피스텔	감정가	58,000,000원	오늘조회: 1 2주누적: 0 2주평균: 0 [조회동향]				
				구분	입찰기일	최저매각가격	결과	
대지권	13.1㎡(3.963평)	최저가	(64%) 37,120,000원	1차	2009-03-03	58,000,000원	유찰	
				2차	2009-04-07	46,400,000원	유찰	
건물면적	39㎡(11.798평)	보증금	(10%) 3,720,000원	3차	2009-05-12	37,120,000원		
				낙찰 : 50,199,000원 (86.55%)				
매각물건	토지·건물 일괄매각	소유자	(주)OO주택	(입찰3명,낙찰:부산시 금정구 서동 박OO / 2등입찰가 41,000,010원)				
개시결정	2008-10-13	채무자	(주)OO주택	매각결정기일 : 2009.05.19 - 매각허가결정				
				대금지급기한 : 2009.06.10 - 기한후납부				
사건명	강제경매	채권자	신용보증기금	배당기일 : 2009.08.25				
				배당종결 2009.08.25				

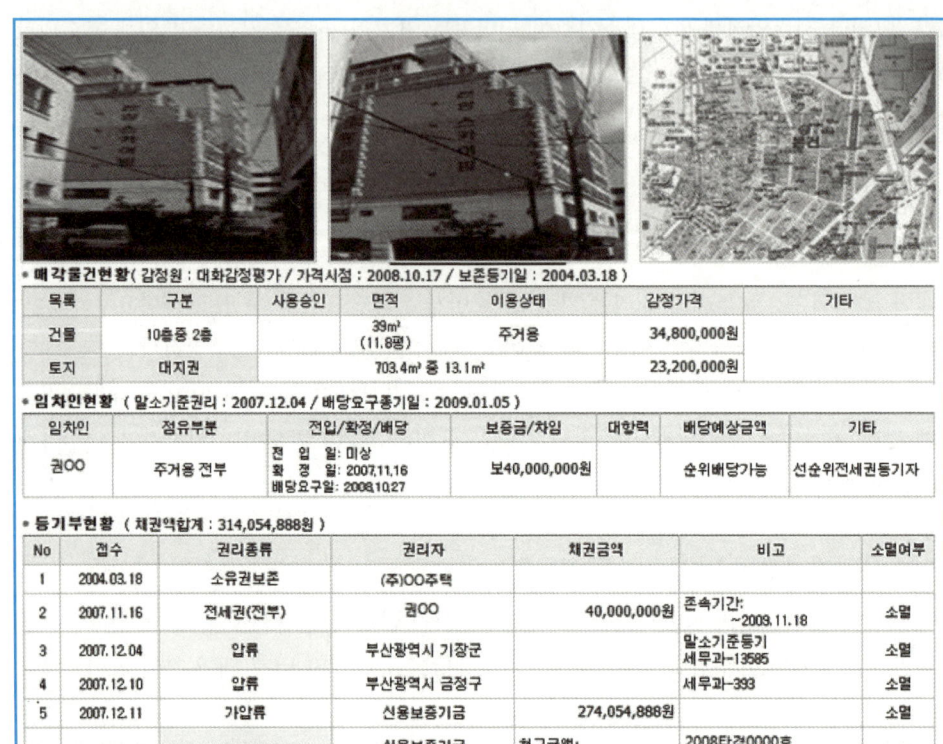

(2) 주임법상 대항요건을 갖추지 못한 선순위전세권은?

선순위전세권자가 경매절차에서 배당요구하면 소멸된다. 전세권자가 전세보증금을 전액 배당받지 못하여 부족액이 있는 경우라도 낙찰자가 인수하지 않고 소멸되며 오로지 임대인(채무자)에게만 그 권리를 주장할 수밖에 없어 손실이 예상된다.

따라서 최선순위전세권자의 배당요구는 예상배당표를 미리 작성해 보고 자신보다 선순위의 권리나 채권 등이 있는가 여부 등을 분석하고 난 후 전액 배당가능 시에만 배당요구를 해야 한다.

김선생의 알아두면 좋은 내용

배당요구한 전세권자는 다른 채권자의 배당요구내역을 확인해라!

혹시 여러분이 앞에서와 같은 상황이라면 다른 채권자의 배당요구한 내역을 확인해서 전세권으로 배당금이 충족되는가를 예상배당표로 확인하고 부족할것으로 예상된다면 배당요구종기 전까지 배당요구를 철회해서 선순위전세권으로 대항력을 주장해라!

(3) 이 사례에서 매수인의 취득금액은?

이 사례에서 선순위전세권자가 주임법상 대항요건을 갖추지 못해 전세권으로 배당받고 소멸된다.

그러나 전세권자는 1순위로 매각대금 50,199,000원에서 경매비용을 제외하고 4,000만원 전액 배당받을 수 있으나 선순위채권이 있었다면 손해를 볼 수 있다는 사실을 알고 있어야 한다. 어쨌든 이 사례에서 낙찰자는 낙찰 받은 금액 이외에 추가로 인수할 금액이 없다.

◆ 아파트 선순위전세권자가 증액으로 갱신했다면 배당은 어떻게 하나?

(1) 이 사건에 대한 권리분석과 배당표 작성

주소	면적	경매 진행과정	1) 임차인내역 2) 기타청구	등기부상의 권리관계
서울시 종로구 창신동 우성 아파트 ○○○동 ○○○호	대지 11,500㎡ 중 48㎡ 건물 65㎡ (24평형)	감정가 300,000,000원 최저가 1차 300,000,000원 유찰 2차 240,000,000원 낙찰 2015. 04. 10. 253,700,000원 〈유수민〉	1) 임차인 ① 이필승 전입 2012.02.15. 확정일자 〈없음〉 1차 전세권 1억원 2차 전세권 5,000만원 증액으로 1억5,000만원 설정함. 배당요구 2014.11.30. 전세금 1억5,000만원 2) 기타청구 ① 교부청구 종로구청 • 재산세 40만원 • 취득세 1,553만원 (법정 2013.03.20.)	소유자 이기자 전세권 이필승 2012.02.15. 1억원 근저당권 대우캐피탈 2012.5.30. 1억2,000만원 전세권 이필승 2014.02.20. 1억5,000만원 가압류 송만기 2014.05.10. 8,000만원 임의경매 대우캐피탈 청구 1억2,000만원 〈2014.07.10.〉

집합건물 즉 아파트 등에 최선순위전세권이 설정되어 있으면 대항력이 있어서 낙찰자가 인수해야 한다. 그러나 최선순위전세권자가 배당요구하면 배당받고 소멸하게 되는데, 이러한 집합건물 전유부분에 설정된 전세권은 그 종된 권리인 대지권에도 미치므로, 건물·토지매각대금 전체에 대하여 배당 받을 수 있다. 그러므로 말소기준권리도 된다. 만일 최선순위전세권자가 배당요구하지 않았다면 배당에 참여할 수 없고 낙찰자가 인수해야 되는데 이 경우 말소기준권리는 대우캐피탈 근저당이 된다.

이 사건에서는 배당요구를 했기 때문에 이필승 전세권이 말소기준권리다.

매각대금이 (253,700,000 - 집행비용 280만원) 2억5,090만원이므로 배당순위는

- 1순위 : 종로구청 40만원(당해세 우선변제금)

- 2순위 : 이필승 전세권자 1억원(전세권 우선변제금)

- 3순위 : 대우캐피탈 근저당 1억2,000만원(근저당권 우선변제금)

- 4순위 : 종로구청 취득세 1,553만원(조세채권 우선변제금)

- 5순위 : 이필승 전세권 1,497만원으로 배당이 종결되고 낙찰자에게는 인수금액이 없다.

최선순위전세권자는 대우캐피탈 근저당권이 설정되고 나서 증액해서 2차 전세권은 3,503만원을 손해 보게 되었다.

이렇듯 전세권등기 후에 근저당권이 설정되고 전세금 증액을 원인으로 후순위로 전세권을 설정하면, 1차 최선순위전세권은 용익권은 없고 담보물권으로 우선변제권만 갖게 되고, 2차로 증액한 전세권으로 용익권과 우선변제권(5,000만원)이 발생하게 되는데 이 용익권과 우선변제권은 대우캐피탈보다 후순위가 된다. 그래서 이 아파트 전세권은 대항력을 주장할 수 없고 오로지 1차 전세권으로 우선변제권과 2차 전세권으로 우선변제권만 갖게 된다.

(2) 전세권의 존속기간 갱신과 전세보증금의 증액 시 이렇게 대처?

① 1차 전세권등기 후에 등기된 채권이 없는 경우

전세권의 부기등기형식으로 존속기간의 연장 또는 전세보증금의 증액으로 변경등기하면 된다. (예를 들어, 전세권이 순위번호가 5번이면 5-1번으로)

② 1차 전세권등기 후에 근저당권이 설정되어 있는 경우
㉠ 후순위 근저당권자의 동의가 있는 경우

부기등기형식으로 순위번호 5-1번으로 하고, 이 경우 후순위 근저당권자보다 대항력과 우선변제권을 주장할 수 있으나 실무에서는 동의가 이루어지는 경우는 드물고 없다고 보는 것이 맞다. 왜냐하면 후순위채권자가 부기등기를 용인하면 그 증액한 전세금보다 후순위가 되니 그렇게 할 채권자가 없기 때문이나.

㉡ 후순위 근저당권자의 동의가 없는 경우

이 경우 후순위근저당권자보다 후순위로 주등기를 하게 되므로, 예를 들면 5번 전세권 ⇨ 6번 근저당권 ⇨ 주등기로 7번 전세권존속기간만 변경 또는 존속기간과 전세보증금을 증액 변경하게 된다.

전세권갱신을 근저당권등기 후에 주등기로 설정하면

㉮ 전세권존속기간만 변경하는 경우

7번 주등기로 변경등기 시에 5번에서 존속기간을 말소하고 나서 7번에서 주등기로 존속기간을 변경하여 전세권을 설정하게 되고, 이 경우 선순위전세권은 담보물권으로서 후순위저당권보다는 우선변제를 받을 수 있으나 대항력을 주장하기는 어렵게 된다.

㉯ 존속기간과 전세보증금을 증액 변경하는 경우

7번 주등기로 변경등기 시에 5번에서 존속기간과 전세금을 말소하고 나서 7번에서 주등기로 존속기간과 증액된 전세보증금으로 변경하여 전세권을 설정등기하게 되는데, 이 경우 선순위전세권은 종전 전세보증금에 대해서 담보물권으로서 후순위저당권보다는 우선변제를 받을 수 있으나 대항력과 증액된 전세보증금에 대해서는 우선변제권을 주장하지 못하고 후순위가 된다는 점에 유의해야 한다.

Chapter 08

근저당권 완전정복과 실전 배당사례에서 성공하기!

01 저당권의 종류와 그 대상 범위

저당권의 종류는 저당권, 근저당권, 포괄근저당권, 공동저당권, 선박저당권, 임목저당권, 공장저당권, 사업재단지당권 등이 있다.

이러한 저당권 등의 목적이 될 수 있는 것은 부동산과 부동산물권(지상권, 전세권 등)뿐만 아니라 광업권, 공장재단, 광업재단, 어업권, 댐 사용권, 선박, 항공기, 자동차, 일정한 건설기계 등도 특별법에 의해 저당권의 목적이 될 수 있다.

민법 제356조(저당권의 내용)는 저당권자가 채무자 또는 제3자가 점유를 이전하지 아니하고 채무의 담보로 제공한 부동산에 대하여 다른 채권보다 자기채권의 우선변제 받을 권리가 있다고 규정하고 있다. 그 저당권의 효력은 저당부동산에 부합된 물건과 종물에 미친다. 그러나 법률에 특별한 규정 또는 설정행위에 다른 약정이 있으면 그러하지 아니하다(민법 제368조).

02 근저당권을 설정하면 어떠한 권리가 있나?

근저당권은 계속적 거래관계로부터 생기는 다수의 불특정채권을 장래의 결산기에서 일정한 한도액까지 담보할 목적으로 설정된 근저당권을 말하는데, 법적성질은 장래의 증감, 변동하는 불특정채권을 말하고 근저당권은 피담보채권의 소멸에 관한 부종성의 예외로서 피담보채권액이 일시감소하거나 없어지게 되더라도 근저당권의 존속자체에는 아무런 영향이 없는 부종성에 대한 예외가 인정된다.

① 근저당은 장래 증감, 변동하는 불특정채무를 채권최고액의 한도 내에서 보장한다.

② 근저당은 원 채무가 모두 변제되거나 일부변제가 된 경우라도 계약당사자가 근저당권 설정계약을 해지하지 않는 한 말소되지 않기 때문에 언제든지 추가대출을 받아서 사용할 수 있다. 이때 추가 대출금은 채권최고액까지 별도의 근저당 설정등기 없이 증가시킬 수 있으며

이 경우 임차인이나 기타 후순위 채권자들이 추후로 대출받아 증가시킨 것을 이유로 무효임을 주장할 수 없다. 채권최고액의 범위 내에서는 최초등기 시점을 기준으로 우선변제권을 갖게 된다.

③ 매각대금으로 저당권의 원금, 이자, 위약금, 손해배상금, 실행비용 등을 만족 시킬 수 없을 때에는 실행비용 ⇨ 손해배상금 ⇨ 위약금 ⇨ 이자 ⇨ 원금 순서로 충당한다(민법 479조).

④ 근저당권의 소멸은 피담보채권이 확정되는 때에 채권이 존재하지 아니하거나, 채권이 있더라도 변제로 소멸한 때, 근저당권자가 경매신청으로 경매절차가 종료되면 근저당권자는 배당을 받고 소멸된다. 피담보채권이 확정되기 전에도 채권이 변제 등으로 소멸하거나 채무자가 거래의 계속은 원하지 아니하는 경우는 근저당 설정계약을 해지하고 설정등기의 말소를 청구할 수 있다(대법원 66다 68, 65다1617 판결).

⑤ 포괄근저당권이란 채권의 기초가 되는 계속적 거래계약에 의하여 발생하는 채권뿐만 아니라 당사자 사이에 발생하는 현재 및 장래의 일체의 채권을 일정한도액까지 담보하기 위하여 설정된 근저당을 말한다. 이처럼 근저당과 구별되는 점은 기본계약이 여러 개 즉 증권신탁계약, 당좌대월계약, 어음계약 등을 담보로 하여 설정되는 계약으로 법률의 규정은 없으나 학설과 판례가 인정하고 있었다.

🏠 포괄근저당권을 전면 금지했으나 아직도 피해가 속출하고 있다 🏠

정부는 대출자가 빚을 갚지 못하면 보증인이 대출자의 모든 빚을 대신 떠안는 이른바 '포괄근저당' 제도의 폐해가 심각하다고 보고, 은행권에 이어 2013년 7월부터 제2금융권 회사들도 포괄근저당 설정을 전면금지했다.
그러나 금지조치 이후에도 2금융권의 포괄근저당 설정 관행이 없어지지 않아 피해자가 끊이지 않고 있다. 그 이유는 포괄근저당 제도가 법이 아니라 금융회사 내규로만 금지돼 있기 때문이다.

03 근저당권의 효력이 미치는 목적물의 범위는?

◈ 근저당권의 효력의 범위(민법 제358조)

근저당권의 효력은 근저당권이 설정된 부동산뿐만 아니라, 그 부동산에 부합된 물건과 종물에도 미친다.

그런데 담보부동산이 경매가 진행되면 제시 외 건물이 매각대상에 포함되는 부합물 내지 종물인지, 아닌지를 판단하는 것은 쉽지 않다.

제시 외 건물이란 경매·공매신청 채권자가 경매·공매할 부동산란에 기재하지 않았고, 감정평가의뢰서에도 기재하지 않았으나 감정평가사가 현장을 방문 평가하는 과정에서 새롭게 발견된 건물이다. 이때 감정인은 제시 외 건물이라고 기재한다. 이러한 제시 외 건물은 경매·공매절차에서 당연히 매각대상에 포함되는 부합물이나 종물일 수도 있고 매각에서 제외되는 독립된 건물일 수도 있다.

매각대상에 포함되는 부합물, 종물 등은 감정인이 감정평가하고 이는 저당권의 효력이 미치게 된다. 그러나 매각대상에서 제외되는 독립된 건물이라면 낙찰자가 소유할 수 없고 제3자 소유가 되므로 주의해야 한다.

◈ 부합물을 규정한 법률과 대법원 판례

(1) 부합물의 경우(민법 제256조)

부동산의 소유자는 그 부동산의 부합물건의 소유권을 취득한다.

그러나 타인의 권원에 의해 부속된 것은 그러하지 아니한다.

이와 같이 경매신청 채권자가 경매의 목적물에 기재하지 않는 경우에도 부합물은 민법 제256조 규정에 따라 당연히 경매대상이 되고 저당권의 효력이 미친다.

(2) 부합물에 대한 대법원의 판단

① 저당권의 효력은 저당부동산에 부합된 물건에도 미치므로 목적부동산과 결합하여 거래관념상 부동산의 일부분이 되었다고 인정되는 것에도 저당권의 효력이 미친다(대법원 83다

469 판결). 이는 저당권 설정 당시에 이미 부합된 것이나 또는 그 후에 부합된 것이냐를 가리지 않고 저당권의 효력이 미친다.

② 권원 없이 타인의 건축물에 증축 또는 개축되는 경우 그 부분이 독립된 구분소유권의 객체로 거래될 수 없는 것일 때에는 기존 건물에 부합한다(대법원 80다2643, 2648 판결). 증축부분에 대한 평가를 누락한 평가액을 최저경매가격으로 정한 것은 잘못이다(대법원 81마151결정).

③ **대법원 2002. 10. 25. 선고 2000다63110 판결**
㉮ 건물이 증축된 경우에 증축 부분이 기존건물에 부합된 것으로 볼 것인가 아닌가 하는 점은 증축 부분이 기존건물에 부착된 물리적 구조뿐만 아니라, 그 용도와 기능의 면에서 기존건물과 독립한 경제적 효용을 가지고 거래상 별개의 소유권 객체가 될 수 있는지의 여부 및 증축하여 이를 소유하는 자의 의사 등을 종합하여 판단하여야 한다.

㉯ 지하 1층, 지상 7층의 주상복합건물을 신축하면서 불법으로 위 건물 중 주택 부분인 7층의 복층으로 같은 면적의 상층을 건축하였고, 그 상층은 독립된 외부 통로가 없이 하층 내부에 설치된 계단을 통해서만 출입이 가능하고, 별도의 주방시설도 없이 방과 거실로만 이루어져 있으며, 위와 같은 사정으로 상·하층 전체가 단일한 목적물로 임대되어 사용된 경우, 그 상층 부분은 하층에 부합되었다고 본 사례.

㉰ 건물의 증축 부분이 기존건물에 부합하여 기존건물과 분리하여서는 별개의 독립물로서의 효용을 갖지 못하는 이상 기존건물에 대한 근저당권은 민법 제358조에 의하여 부합된 증축 부분에도 효력이 미치는 것이므로 기존건물에 대한 경매절차에서 경매목적물로 평가되지 아니하였다고 할지라도 경락인은 부합된 증축 부분의 소유권을 취득한다.

④ 바닥면적이 64.65m^2인 이 사건 벽돌조 슬래브지붕 2층 주택(기존건물) 위에 건평 27.4m^2가 3층으로서 증축되어 방 1개, 거실 1개 및 욕실로 사용되고 있으나 위 증축부분은 외관상 위 기존건물과 일체가 되어 1동의 건물의 3층으로 되어 있을 뿐 아니라 그 부분에는 화장실과 부엌의 하수관이 없고 밖으로 나가기 위해서는 기존건물 2층으로 내려오는 옥내계단을 통하는 외의 다른 출입방법이 없는 사실이 인정되고 위 사실에 비추어 보면 위 3층 부분은 그 물리적 구조뿐만 아니라 그 용도와 기능의 면에서도 기존건물과 독립한 경제적 효용을 가지고 거래상 별개의 소유권의 객체가 될 수 있는 것이라고는 할 수 없다. 위와 같은 사실관계로 위 3층 부분이 기존건물에 부합하여 기존건물을 임의경매절차에서 경락받아 그 소

유권을 취득한 원고의 소유로 귀속된 것으로 판단한 원심의 판결은 정당하다(대법원 92다 26772 판결).

⑤ 주유소 땅 속에 부설된 유류저장탱크는 주유소토지의 부합물이 되는 경우가 많다(대법원 94다2138 판결).

⑥ 수목이 입목에 관한 법률에 따라 등기된 입목과 명인방법을 갖춘 수목이 아닌 한 부합물의 평가대상이 된다(대법 76마275 결정). 즉 토지소유자가 미등기 수목을 식재하였다면 토지의 부합물에 해당되고 감정평가표상에 미등기 수목의 가격이 포함되어 있다면 경락자는 토지와 함께 소유권을 취득할 수 있을 것이다. 또한 제3자가 권원 없이 수목을 식재한 경우에도 미등기 수목은 토지의 부합물로 토지낙찰자 소유가 된다.

⑦ 토지에 대한 수목이나 건물에 대한 증·개축부분 및 부속건물 등은 부합물의 대표적인 예로 토지에 저당권을 설정하였을 경우 그 토지상의 정원수와 정원석, 석등 등에도 저당권의 효력이 미친다(대법원 90다카21095 결정).

⑧ 동산이 민법 제256조에 의하여 부동산에 부합된 것으로 인정되기 위해서는 그 동산을 훼손하거나 과다한 비용을 지출하지 않고서는 분리할 수 없을 정도로 부착·합체되었는지 여부 및 그 물리적 구조, 용도와 기능면에서 기존 부동산과는 독립한 경제적 효용을 가지고 거래상 별개의 소유권의 객체가 될 수 있는지 여부 등을 종합하여 판단하여야 하고, 이러한 부동산에의 부합에 관한 법리는 건물의 증축의 경우는 물론 건물의 신축의 경우에도 그대로 적용될 수 있다(대법원 2009다15602 판결).

⑨ 토지상에 타인의 권원 즉 지상권, 전세권, 임차권등기에 의하여 부속된 물건이나 수목이 식재되어 있는 경우이다. 부속된 물건이 어느 정도 독립성이 있는 경우는 부합물로 평가대상에서 제외된다. 또한 수목 등이 식재되어 있다면 수목은 토지에 부합되지 않고 수목을 식재한 사람이 소유하게 된다.

⑩ 농작물인 경우 농작물을 경작한 자가 권원 있이 경작하였든가, 권원 없이 농작물을 경작하였든가 관계없이 경작한 자가 소유자가 된다.

◈ 종물을 규정한 법률과 대법원 판례

(1) 종물의 경우(민법 제100조)

물건의 소유자가 그 물건의 상용에 공하기 위하여 자기 소유인 다른 물건을 이에 부속한 때에는 그 부속물은 종물이다(제1항).

종물은 주물의 처분에 따른다(제2항). 종물의 경우에도 경매신청 채권자가 경매목적물에 기재하지 않은 경우에도 종물은 민법 제100조에 의하여 당연히 경매대상이 되고 따라서 저당권의 효력이 미친다.

(2) 종물에 대한 대법원의 판단

① 부동산의 종물은 주물의 처분에 따르고 저당권은 그 목적 부동산의 종물에 대하여도 그 효력이 미치기 때문에(민법 제358조) 이러한 물건도 목적 부동산과 함께 경매의 대상이 되고 또한 낙찰로 낙찰자의 소유에 귀속하게 된다(대법원 92다43142 판결).

이는 저당권 설정 당시에 이미 부속된 것이나 또는 그 후에 부속된 것이거나 가리지 않고 저당권의 효력이 미친다. 토지에 대한 종물로는 과수원이나 농장의 창고, 건물에 대한 종물로는 공장에 딸린 창고, 주택에서 떨어져 있는 작은 화장실 등이다.

② 압류의 효력은 종물에도 미치므로 종물도 평가대상이 된다. 압류 후나 저당권 설정 후의 종물도 평가의 대상이 된다(대법 71마757 결정). 다만 제3자의 소유인 종물에는 종물이론이 적용되지 않으므로 평가대상이 되지 않는다. 종물이 평가대상이 된다 하더라도 반드시 목적부동산과 별도로 산출할 필요는 없다. 그러나 고가의 종물은 독립하여 평가하여야 할 것이다.

부동산의 종물 중 동산인 것은 보일러시설, 지하수펌프, 주유소의 주유기(건물의 종물임, 대법원 94다6345 판결참조), 농지에 부속한 양수시설 등이 있다.

부동산인 경우는 별동으로 되어 있거나 동일 지번상에 건축되어 있는 경우라도 당연히 종물이라고 볼 수 없고 그 독립성의 인정 여부에 따라서 그것이 인정되지 않은 경우에 한하여 종물로 볼 수 있다(대법원 66마222 결정).

③ 아파트 등 집합건물의 경우 대지의 분·합필 및 환지 절차의 지연 그리고 각 세대당 지분비율 결정의 지연 등으로 구분건물의 전유부분만 소유권 이전이 먼저 되고 대지지분에 대한 소유권 이전 등기가 되기 전에 전유부분에 설정된 저당권의 효력은 종된 권리인 대지권에도

그 효력이 미친다(대법 2001다22604 판결).

④ 전유부분에 설정된 전세권의 효력 역시 종된 권리인 대지권에도 미쳐 배당 시 토지 및 건물매각대금 전부에 대하여서도 우선변제권을 주장할 수 있다(대법 2001다68389 판결).

⑤ 건물의 소유를 위하여 토지상에 지상권을 설정하고 그 건물에 근저당권이 설정된 경우 지상권은 건물소유권에 대한 종된 권리(대법 91다527 판결)로서 건물근저당권 실행으로 건물을 낙찰 받은 자는 종전의 지상권에 대하여 이전등기를 요구할 수 있다. 지상권은 건물소유권에 대한 종된 권리이다.

⑥ 매각의 결과 매수인이 법정지상권을 취득하는 경우에 그 장래의 법정지상권은 평가의 대상이 된다. 압류 및 저당권의 효력은 부동산의 종된 권리에도 미치고 매수인은 그 종된 권리도 취득한다.

04 공동저당권의 의미와 동시배당과 이시배당 방법

◈ 공동저당권이란?

동일한 채권의 담보를 위하여 수 개의 부동산 위에 설정된 저당권을 말한다(민법 제368조). 각각의 부동산마다 1개의 저당권이 성립하고 각 부동산은 등기된 채권 전액에 대하여 책임지며 채권자가 어느 부동산에 의하여 채권 전액을 변제받은 경우에는 다른 저당권은 목적의 달성으로 인하여 소멸한다.

◈ 동시배당(동시 매각절차에서 배당)

공동저당권의 목적부동산이 전부 매각되어 그 경매대가를 동시에 배당하는 경우에는 각 부동산의 경매대가에 비례하여 그 채권의 분담을 정한다. 민법 제368조에서 각 부동산의 경매대가라 함은 매각대금에서 당해 부동산이 부담할 경매비용과 선순위 채권을 공제한 잔액을 말한다.

◈ 이시배당(이시 매각절차에서 배당)

민법 제368조제2항 공동저당 부동산 중 일부의 경매대가를 먼저 배당하는 경우에는 그 경매대가에서 그 채권을 전부 변제받을 수 있다. 이 경우에는 그 매각한 부동산의 차순위 저당권자는 선순위 저당권자가 동시에 배당하였더라면 다른 부동산의 경매대가에서 변제받을 수 있는 금액의 한도 내에서 선순위자를 대위하여 저당권을 행사할 수 있다. 대위권의 발생 시기는 공동저당권자의 채권이 완제된 때이고, 공동저당권자가 가지고 있던 저당권이 후순위 저당권자에게 이전한다. 이때 이전등기 없이 효력이 발생한다.

재단저당제도

재단저당법이란 기업경영을 위한 토지, 건물, 기계, 기구, 기타의 목적설비나 공업소유권 등을 일괄하여 하나의 재단으로 구성하고 그 위에 저당권을 설정하는 것을 인정하는 제도이다. 우리나라의 재단저당법으로는 공장저당법과 광업재단저당법이 있으며 재단저당법에도 민법의 저당권에 관한 규정이 준용된다. 그럼 공장저당법 등에 대해서 자세하게 알아보기로 한다.

◈ 공장 및 광업재단 저당법이란?

이 법은 공장재단 또는 광업재단의 구성, 각 재단에 대한 저당권의 설정 및 등기 등의 법률관계를 적절히 규율함으로써 공장 소유자 또는 광업권자가 자금을 확보할 수 있게 하여 기업의 유지와 건전한 발전 및 지하자원의 개발과 산업의 발달을 도모함을 목적으로 한다. 이 재단저당법에도 민법의 저당권에 관한 규정이 준용된다.

> **[공장 및 광업재단 저당법(약칭: 공장저당법)]**
> ① 공장 소유자가 공장에 속하는 토지에 설정한 저당권의 효력은 그 토지에 부합된 물건과 그 토지에 설치된 기계, 기구, 그 밖의 공장의 공용물에 미친다. 다만, 설정행위에 특별한 약정이 있는 경우와 「민법」 제406조에 따라 채권자가 채무자의 행위를 취소할 수 있는 경우에는 그러하지 아니하다(제3조, 공장 토지의 저당권).
> ② 공장 소유자가 공장에 속하는 건물에 설정한 저당권에 관하여는 제3조를 준용한다. 이 경우 "토지"는 "건물"로 본다(제4조, 공장 토지의 저당권).
> ③ 공장에 속하는 토지나 건물에 대한 저당권설정등기를 신청하려면 그 토지나 건물에 설치된 기계, 기구, 그 밖의 공장의 공용물로서 제3조 및 제4조에 따라 저당권의 목적이 되는 것의 목록을 제출하여야 한다(제6조, 저당권 목적물의 목록).

◆ 공장 토지와 공장 건물의 저당권의 효력

(1) 공장저당권이 공장에 미치는 효력

공장에 속하는 토지와 건물에 설정한 저당권은 그 토지 또는 건물에 설치된 기계 등에 미친다 할 것이므로 경매목적물 중 기계목록에 쓰여 있는 물건들이 비록 저당권 설정 당시에 설치된 것이 아니라 하더라도 그 저당권의 효력은 이러한 물건에도 영향을 미치며, 그 기계 등에 대하여 경매개시결정을 하지 아니하였더라도 그 기본된 토지와 건물에 미친다고 보아야 한다.

(2) 여러 개의 공장저당권 상호 간에 우선순위

① 공장저당법 제6조 소정의 목록의 내용이 모두 동일한 경우에는 그 설정등기의 선후에 따라 우선순위가 정해진다.

② 공장저당법 제6조 소정의 목록의 내용이 서로 다른 경우에 일치하는 부분은 ㉮와 같이 하고, 일치하지 아니하는 부분은 일치하지 아니하는 기계·기구에 대하여 어느 공장저당권이 우선하느냐에 따라 우선순위가 결정된다. 대법원은 특정한 기계·기구, 기타 공용물이 후순위 공장저당권의 목록만 포함되고, 선순위의 공장저당권에는 포함되지 아니하는 경우 후순위의 공장저당권에만 효력이 미치고 선순위의 저당권에는 효력이 미치지 않는다. 이 경우 각 물건마다 감정평가액의 비율로 매각대금을 안분한 다음 우선순위에 따라 배당하면 된다(대법원 2005다76310 판결).

◆ 공장저당권과 보통저당권 사이에 배당순위

공장저당권과 보통저당권 사이에 우선순위도 그 등기순위에 따라 우선순위가 정해지지만, 차이가 있다면 보통저당권자의 저당권의 효력은 공장에 설치된 기계·기구, 기타 공장의 공용물에는 미치지 못하므로 그 기계·기구 등에서 우선 변제받을 수 없다. 따라서 공장저당권자와 보통 저당권자 사이의 배당을 위해서 매각대금은 토지와 건물자체의 매각대금과 그 기계·기구 등의 매각대금을 구분하여야 한다. 이때 그 매각대금은 각 목적물의 최저매각 비율에 의하여 안분한 금액으로 하는 것이 타당하다.

 06 근저당권에 대해서 알고 있어야 할 핵심 내용정리

◆ 근저당권과 다른 채권자와 우선순위 결정 방법은?

(1) 특별우선채권과의 우선순위

① 필요비·유익비 상환청구권

② 주임법상(상임법상) 소액보증금 중 일정액(최우선변제금)

③ 근로자의 임금채권 중 최종 3월분 임금과 최종 3년분 퇴직금, 재해보상금(최우선변제금)

④ 국세, 지방세 중 당해세로 인정되는 조세채권

이들과의 우선순위에서는 저당권부 채권(근저당권, 전세권, 담보가등기, 확정일자부 임차권, 임대차등기)은 그 성립시기와 상관없이 후순위가 된다.

(2) 저당권부 채권자 간의 우선순위

① 근저당권과 전세권, 담보가등기권 간의 우선순위는 등기부의 설정일자를 기준으로 한다. 단, 같은 날에 발생한 경우는 접수번호에 의하여 순위가 정해진다.

② 근저당권과 확정일자부 임차권, 임대차등기권자와는 확정일자부 임차권과 임대차등기권자의 효력발생 시기와 근저당권의 등기일자를 비교해서 우선순위를 정한다.

(3) 근저당권과 조세채권 및 공과금 간의 우선순위

① 당해세가 아닌 일반조세채권은 압류한 조세채권과 배당요구종기일까지 교부청구한 조세채권이 있는데 이들은 그 조세채권의 법정기일과 근저당권설정등기일을 기준으로 우선순위는 정하게 된다.

② 공과금(국민건강보험, 국민연금, 고용보험, 사재보험)과의 관계에 있어서는 공과금의 납부기한과 근저당권설정등기일을 기준으로 하는 것이지 압류일자를 기준으로 하는 것이 아니다. 여기서 조세채권과 공과금 등의 법정기일(납부기한 등)이 근저당권과 같은 날일 경우는 조세·공과금채권이 우선한다.

③ 일반조세채권과 공과금과의 관계에 있어서는 조세채권이 항상 우선한다.

(4) 근저당권과 일반임금채권(최우선변제금 제외) 간의 우선순위

① 근저당권과 일반임금채권 간에는 임금채권의 성립 시기를 따지지 아니하고 항상 선순위가 된다.

② 조세채권·공과금과의 관계에서는 일반임금채권(최우선변제대상 아닌 임금)은 조세채권(당해세 포함), 공과금, 일반채권에 우선한다.
다만 근저당권에 우선하는 조세채권, 공과금에 대하여는 그러하지 아니한다.

(5) 근저당권과 일반채권 간의 우선순위

① 근저당권과 일반채권(가압류, 집행권원에 의한 배당요구채권자, 강제경매신청채권자) 간에는 근저당권이 일반채권보다 선순위로 등기돼 있으면 우선변제권이 있어서 후순위 일반채권보다 우선해서 배당받게 된다.

② 근저당권이 일반채권보다 후순위이면 선순위채권에 대해서 우선변제권을 가지지 못해서 동순위로 안분배당하게 된다.
갑 가압류 ⇨ 을 근저당권 ⇨ 병 강제경매신청채권순인 경우는 1차적으로 안분배분하고 2차적으로 을 근저당권이 병 일반채권을 흡수하는 배분절차를 거치게 된다.

◆ 근저당권자의 채권이 확정되는 시기는 언제인가?

(1) 근저당권자가 경매를 신청한 경우

근저당권자가 임의경매신청자인 경우 피담보채권액의 확정은 경매신청 시에 그 피담보채권이 확정된다. 경매신청에 따라 근저당의 피담보채권이 확정되면 그 이후에 발생하는 원금채권은 그 근저당권에 의해 담보되지 않고, 지연이자 부분만 경매신청기일부터 배당기일까지 채권최고액의 범위 내에서 담보된다. 경매개시결정이 있은 후 경매신청이 취하되면 채무확정의 효과가 번복되는지 여부(소극)(대법원 2001다73022 판결)

(2) 경매를 신청하지 않은 다른 근저당권자

경매신청자가 아닌 다른 근저당권자들은 경매신청 시에 채권이 확정되는 것이 아니라 경매로 소멸되는 때, 즉 매수인이 매각대금을 완납하는 때에 확정된다. 따라서 매수인이 잔금을 납부할 때까지는 원금과 지연이자가, 잔금 납부부터 배당기일까지는 지연이자만 채권최고액의 범위 내에서 담보된다.

◆ 근저당권의 채권최고액을 초과하는 채권은 어떻게 배당하나?

(1) 부동산 소유자가 채무자인 경우

소유자가 채무자인 경우에는 채권최고액 뿐만 아니라 실제의 채무액을 모두 변제하여야만 근저당권을 말소 청구할 수 있다.

① 근저당 설정자와 채무자가 동일하고 배당 받을 채권자나 제3취득자가 없는 한 근저당권자의 채권최고액이 근저당권의 채권최고액을 초과하는 경우 매각대금 중 그 최고액을 초과하는 금액이 있더라도 근저당설정자에게 반환할 것이 아니고 근저당권자의 채권최고액을 초과하는 채무의 변제에 충당해야 한다(대법2008다4001판결).

② 근저당권의 채권최고액을 초과한 근저당권자와 일반채권자 등이 있는 경우에는 근저당권의 채권최고액을 초과부분에 대한 배당요구는 경매신청이나 채권계산서 제출만으로는 안되고 별도로 민사집행법에 의한 적법한 배당요구(가압류 등)를 하거나 그 밖에 달리 배당 받을 수 있는 채권으로서 필요한 요건을 갖추어야 한다. 경매절차에서는 초과하는 부분에 대해서 가압류 등을 하고 나서 배당을 요구하는 경우도 우선변제의 효력이 없어서 일반채권자 등과 동순위로서 안분배당 받게 된다.

(2) 부동산소유자가 제3취득자, 물상보증인인 경우

제3취득자, 물상보증인 등이 채무를 변제하는 경우 근저당의 피담보채권이 채권최고액을 초과하더라도 채권최고액까지만 변제하고 근저당권 말소를 청구할 수 있다. 이러한 법리는 경매에서도 적용되므로 물상보증인 또는 제3취득자 등이 있는 경우 근저당권자가 채권최고액의 범위를 초과하는 채권으로 배당요구하더라도 채권최고액까지만 우선배당하고, 배당잔액은 근저당의 채권최고액을 초과하는 금액을 배당해서는 안 되고, 근저당권 실징자인 물상보증인이나 근저당이 설정되고 소유권을 취득한 제3취득자에게 배당해야 한다.

◆ 근저당권부채권에 대한 질권자의 경매신청과 배당요구

(1) 근저당권부채권에 대한 질권자의 경매신청과 대항요건

근저당권부채권이 질권의 목적으로 된 경우에 질권자는 질권의 행사로 저당권의 실행을 위하여 경매신청을 할 수 있다. 다만 그 근저당권등기에 질권의 부기등기가 경료되어 있어야 한다(민법 제348조). 권리질권의 설정으로 제3채무자에 대하여 대항하기 위해서는 질권설정자가 제3채무자에게 질권설정 사실을 확정일자 있는 증서로 통지하거나, 제3채무자가 질권설정을 승낙하여야 하고, 제3채무자 이외의 제3자에 대하여 질권의 설정을 대항하기 위해서는, 통지 또는 승낙을 확정일자 있는 증서에 의하여 하여야 하므로(민법 제349조), 근저당권등기에 질권의 부기등기를 마쳐도 채권양도에 관한 소명자료가 없으면 임의경매신청을 할 수 없다. 따라서 질권자가 경매를 신청하기 위해서는 근저당권에 질권의 부기등기와 확정일자 있는 증서로 통지한 소명자료를 첨부해서 경매를 신청해야 한다.

(2) 근저당권부채권에 대한 질권자의 배당요구방법

① 질권자가 배당요구하고 배당금을 수령하기 위해서는 대항요건(통지나 승낙)을 구비하였음을 소명하는 자료를 함께 제출해서 배당요구해야 한다. 질권자가 질권설정의 등기를 하면서 제3채무자에 대한 대항요건을 갖추지 못하였다면, 질권의 부기등기가 경료되어 있어도 질권자는 배당요구할 수 없고, 배당금은 저당권자에 지급되어야 하고, 질권자는 저당권자가 배당받을 배당금에 대하여 압류 및 전부명령 또는 압류 및 추심명령으로 청구할 수밖에 없게 된다.

② 근저당권자가 채권계산서(배당요구)를 제출하지 않았다면 질권자가 채권자대위를 통해서(근저당권자를 대위해서) 채권계산서를 제출하고, 질권자로서 배당요구는 확정일자 있는 증서와 함께 제출하면 된다.

◆ 근저당권부채권 가압류권자 등의 경매신청과 배당요구방법

(1) 근저당권부채권 가압류권자(압류) 등의 경매신청

① 근저당권부채권의 가압류권자가 경매를 신청하려면 본안 소송을 통해 확정판결을 받아 그 집행권원에 의한 근저당권부채권 압류 및 추심명령 또는 압류 및 전부명령으로 부기등기하고, 그 근저당권부채권 압류 및 추심명령 등에 기한 부동산임의경매를 신청하면 된다. 집행권원을 가지고 있다면 본안소송절차 없이 바로 이와 같은 절차로 임의경매를 신청할 수 있다.

② 제3자 소유부동산에 대한 근저당권부채권을 압류하고, 그 내용을 확정일자 있는 증서로 통지하면 제3자의 대항요건을 갖추게 되지만, 이밖에 추심권을 취득한 후 그 등기부등본을 제출하는 방법으로 부동산경매신청이 가능하다. 근저당권부채권이 압류되면 그 근저당권에 대하여도 당연히 압류효력이 미치므로 압류채권자는 추심명령을 발령받아 추심권을 취득하면 그 추심의 한 방법으로 피압류채권(피담보채권)의 만족을 위해 그 종된 권리인 근저당권의 환가권능을 발동시켜 자기 명의로 그 압류의 효력이 미치고 있는 근저당권의 실행을 신청하는 것이 가능하다.

(2) 근저당권부 채권 가압류권자 등의 배당요구

① 근저당권부채권 가압류권자가 직접 배당요구가 불가하므로 채권자대위를 통해서 근저당권자 명의로 채권계산서를 제출하면서, 근저당권부채권 가압류자임을 소명하는 서류를 첨부해서 집행법원에 배당요구를 해야 한다. 이때 근저당권부채권을 가압류한 채권자가 근저당권자에게 배당될 금액에서 가압류권자로 우선변제 받으려면 가압류권자로는 안되고, 본안소송을 통해 집행권원을 얻어 별도로 압류 및 추심명령이나 압류 및 전부명령을 해야 배당받을 수 있다. 가압류채권자가 가압류를 본압류로 이전하는 압류 및 추심명령을 하지 않고 별도의 압류 및 추심명령을 한 경우에는 가압류의 피보전권리와 압류의 집행채권이 동일하다는 것을 소명하여야 할 것이나, 가압류취하증명을 첨부하는 경우에는 채권의 동일성을 소명하지 않아도 될 것이다.

② 근저당권부채권 압류 및 추심명령 또는 압류 및 전부명령으로 부기등기하고 있다면, 앞에서와 같이 채권자대위를 통해서 근저당권자 명의로 채권계산서를 제출하면서, 근저당권부채권 압류 및 추심명령이나 압류 및 전부명령권자임을 소명하는 서류를 첨부해서 집행법원에 배당요구를 해야 한다. 그러면 근저당권자에게 배당될 금액에서 우선적으로 배당받고, 나머지는 근저당권자가 배당받게 된다.

◆ 근저당권의 채권소멸시효와 소멸시효중단, 그리고 완성

(1) 근저당권의 채권소멸시효

근저당권은 별도로 소멸시효에 걸리지는 아니하고, 근저당권의 피담보채권이 소멸시효 완성으로 소멸한다면 근저당권도 소멸하게 된다. 타인에게 돈을 빌려준 경우 그로 인한 대여금채권은 10년간 행사하지 않을 경우 소멸시효에 걸려 소멸한다. 채권이 소멸되면 이를 담보로 한 근저당권도 부종성에 의해 소멸하여 채무자가 근저당권말소청구를 행사할 수 있다.

(2) 근저당권 실행 시 소멸시효 완성을 묵시한 경우 시효이익의 포기인지 여부

일반 민사상 대여금채무의 소멸시효기간은 10년(민법 제162조 1항). 그런데 소멸시효의 이익은 미리 포기하지 못하지만(민법 제184조 1항), 소멸시효기간이 경과되어 소멸시효가 완성된 후 그 채무를 승인하는 경우에는 소멸시효 이익의 포기로 봐야 한다(대법원 2001다3580 판결, 대법원 2000다25484 판결).

(3) 근저당권의 채권소멸시효 중단과 채권소멸시효 완성

근저당권의 채권소멸시효 완성기한 중 소멸시효 중단에 관한 사유가 발생 시 중단사유 이후부터 다시 기산점이 된다. 근저당권의 채권소멸시효 중단사유는 반드시 새로운 대여계약을 체결하거나 갱신해야 하는 것은 아니고, 대여금의 변제를 청구하거나 채무자의 승인에 의해서 소멸시효는 중단된다. 중단사유가 없는 경우에는 근저당권의 채권소멸완성기간인 10년이 지나면 채권소멸시효가 완성되고, 이후 채무자 또는 제3취득자 등이 시효완성에 따른 채권소멸시효에 따른 근저당권을 말소 청구할 수 있다고 판단된다.

07 근저당권과 다른 채권자 간의 권리분석과 배당방법

◆ **근저당권자와 다른 채권자 간에 순위배당 후 안분배당한 사례**

주소	면적	경매 진행과정	1) 임차인조사내역 2) 기타청구내역	등기부상 권리관계

서울시
영등포구
문래동
○○○
번지
다가구
주택
	대지
	145㎡
	
	건물
	1층 90㎡
	2층 90㎡
	옥탑 35㎡
		감정가
		500,000,000원
		
		최저가
		1차
		500,000,000원
		유찰
		2차
		400,000,000원
		낙찰
		479,818,500원
		낙찰자 정기자
			1) 임차인
			① 이수철
			  전입 2012.09.10.
			  확정 2014.04.10.
			  배당 2015.05.10.
			  (보)1억원
			② 이미자
			  전입 2014.05.03.
			  확정 2014.05.03.
			  배당 2015.05.06.
			  (보)75,000,000원
			③ 김수민
			  전입 2014.10.31.
			  확정 2014.10.31.
			  배당 2015.05.31.
			  (보)25,000,000원
				소유자 김철민
				2012.10.30.
				근저당 우리은행
				2012.10.30.
				2억4,000만원
				가압류 대우캐피탈(주)
				2013.10.30.
				3,500만원
				압류 영등포구 세무서
				2014.08.30.
				부가세(법정기일
				2014.01.25.)
				1,548만원
				임의경매 우리은행
				청구 225,139,000원
				〈2014.12.30.〉

상기 물건분석표를 보고서 배당표를 작성해 보기로 하자!

배당금 479,818,500원 − 400만원(집행비용) = 475,818,500원이다.

- **1순위** : ① 이미자 2,500만원 + ② 김수민 2,500만원(최우선변제금 1) − **소액임차인 결정기준 우리은행(7,500만원 이하/2,500만원)**

- **2순위** : 우리은행 2억4,000만원(근저당권 우선변제금)

- **3순위** : 이미자 임차인 700만원 (최우선변제금 2) − **임차인 등의 확정일자와 배당 시점으로 소액임차인(9,500만원 이하/3,200만원)**

- **4순위** : 영등포세무서 1,548만원(조세채권 우선변제금) − 조세채권은 공과금 및 일반채권(가압류)에 항상 우선하며, 근저당권이나 확정일자부 임차권과는 법정기일을 비교하여 우선순위를 정한다.

• 5순위 : ① 대우캐피탈 가압류(3,500만원) = ② 이수철 확정일자부 우선변제금(1억원)이고, ① = ③ 이미자 확정일자부 우선변제금(4,300만원)인 관계에 있다. 따라서 동순위로 안분 배당한다.

1차 안분배당

① 대우캐피탈 = $163,338,500원 \times \dfrac{3,500만원}{1억800만원}$ = 32,117,121원(송결)

② 이수철 = $163,338,500원 \times \dfrac{1억원}{1억800만원}$ = 91,763,202원

③ 이미자 = $163,338,500원 \times \dfrac{4,300만원}{1억800만원}$ = 39,458,177원

그런데 ② 이수철 확정일자가 ③ 이미자 확정일자보다 선순위이므로, 2차로 선순위자 ②가 ③을 흡수하면 다음과 같이 된다.

2차 흡수배당

② 이수철 = 91,763,202원(1차안분액) + 8,236,798원(③을 흡수함) = 1억원(종결)

③ 이미자 = 39,458,177원(1차안분액) − 8,236,798원(②에 흡수당함) = 31,221,379원으로 종결된다.

따라서 최종배당결과는 다음과 같다.
ㄱ) 이미자 = 2,500만원(1) + 700만원(3) + 31,221,379원(5순위) = 63,221,379원.
ㄴ) 김수민 = 2,500만원(1).
ㄷ) 우리은행 = 2억4,000만원(2)
ㄹ) 영등포세무서 = 1,548만원(4)
ㄹ) 대우캐피탈 = 32,117,121원(5)
ㅁ) 이수철 = 1억원(5순위)로 대항력 있는 이수철 임차인이 전액 배당받게 되므로 매수인이 인수할 금액은 없다.

◈ 근저당권자 ⇨ 가압류 ⇨ 임차인 전입/확정일자 ⇨ 강제경매 시 배당사례

주소	면적	경매 진행과정	1) 임차인 조사내역	등기부상의 권리관계
경기도 광명시 광명동 ○○○번지 다가구주택	대지 106㎡ 건물 1층 75㎡ 2층 64㎡	감정가 350,000,000원 최저가 1차 350,000,000원 유찰(30%저감) 2차 245,000,000원 낙찰 248,500,000원 〈2015. 10. 10.〉 낙찰자 이수진	① 송만복 전입 2011.01.20. 확정 2013.06.10. 배당 2015.05.25. 보증금 7,000만원 ② 이기철 전입 2012.07.10. 확정 2015.06.20. 배당 2015.06.20. 보증금 6,000만원 ③ 광명시 교부청구 150만원 (재산세)	소유자 이영주 근저당 국민은행 2011.02.11. 9,600만원 가압류 이한국 2012.03.25. 3,000만원 가압류 구자성 2013.05.10. 4,000만원 강제경매 이한국 청구 5,000만원 2015.01.10.

 이 경매사건에서 말소기준권리는 2011. 02. 11. 설정된 국민은행이다. 그래서 대항력 있는 송만복 임차인에게 미배당금이 발생하면 매수인이 인수하게 된다. 그리고 주의할 사항은 이한국이 3,000만으로 가압류하고 나서 본안소송에서는 5,000만원으로 판결 받아 강제경매를 신청했으므로 3,000만원 가압류권자는 선순위로 배당참여가 가능하지만, 강제경매신청 시 추가된 2,000만원은 후순위로 배당 참여가 가능하다는 생각을 가지고 배당해야 한다.

 배당금 245,500,000원(매각대금 248,500,000원 - 집행비용 300만원)이므로, 배당표를 작성하면 다음과 같이 된다.

- **1순위** : 이기철 임차인 2,200만원(최우선변제금 1) - **1차적 소액임차인결정기준**: 국민은행 근저당권과 송만복 확정일자(수도권 과밀억제권역 6,500만원 이하/2,200만원).

- **2순위** : 광명시청 재산세 150만원(당해세 우선변제금)

- **3순위** : 국민은행 근저당 9,600만원(근저당권 우선변제금)

- **4순위** : ① 이기철 500만원 + ② 송만복 2,700만원(최우선변제금 1) - **2차적 소액임차인결정기준**: 이기철 확정일자와 배당 시점(수도권 과밀억제권역 8,000만원 이하/2,700만원).

5순위에서는 ① 이한국 가압류(3,000만원)는 ①=② 구자성 가압류(4,000만원)=③ 송만복 확정일자(4,300만원)=④ 이기철 확정일자(3,300만원)=⑤ 이한국 강제경매(2,000만원)인 관계에 있다.

② 구자성 가압류(4,000만원)는 ②=①=③=④=⑤인 관계에 있다.

③ 송만복 확정일지(4,300만원)는 ③=①=②이고, ③〉④와 ⑤인 관계에 있다.

④ 이기철 확정일자(3,300만원)는 ④=①=②이고, ④〉⑤이고, ④〈③인 관계에 있다.

⑤ 이한국 강제경매(2,000만원)는 ⑤=①=②이고, ⑤〈③과 ④인 관계에 있다.

따라서 1차로 동순위로 안분배당하고 2차로 흡수하는 배당절차로 진행해야 한다.

1차 안분배당하면 다음과 같다.

① 이한국 가압류 = 9,400만원 × $\dfrac{3,500만원}{1억6,600만원}$ = 16,987,952원(종결)

② 구자성 가압류 = 9,400만원 × $\dfrac{4,000만원}{1억6,600만원}$ = 22,650,602원(종결)

③ 송만복 확정일자 = 9,400만원 × $\dfrac{4,300만원}{1억6,600만원}$ = 24,349,398원

④ 이기철 확정일자 = 9,400만원 × $\dfrac{3,300만원}{1억6,600만원}$ = 18,686,747원

⑤ 이한국 강제경매 = 9,400만원 × $\dfrac{2,000만원}{1억6,600만원}$ = 11,325,301원

2차 흡수배당

③ 송만복 확정일자 = 24,349,398원(1차안분액)+18,650,602원(⑤에서 11,325,301원을, ④에서 7,325,301원을 흡수함) = 4,300만원(종결)

④ 이기철 확정일자 = 18,686,747원(1차안분액)−7,325,301원(③에 흡수당함) = 11,361,446원(종결)

⑤ 이한국 강제경매 = 11,325,301원(1차안분액)−11,325,301원(③에 흡수당함) = 0원(종결)으로 배당이 종결된다.

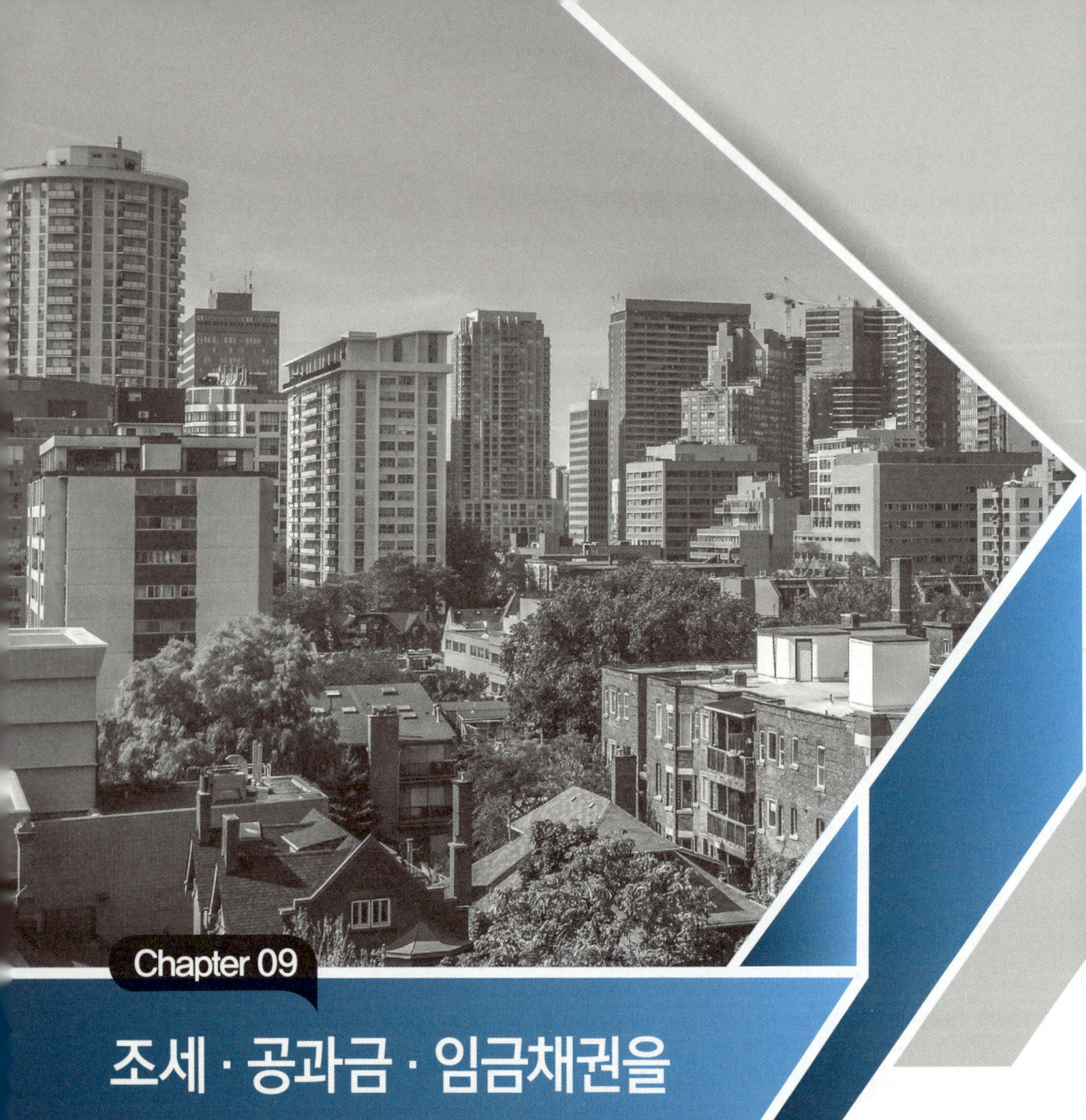

Chapter 09

조세 · 공과금 · 임금채권을 정복하는 시간이다!

조세채권 상호 간 우선순위와 다른 담보물 등과 우선순위

◆ 조세채권의 우선특권은?

조세채권은 원칙적으로 납세자의 총재산에 대하여 다른 공과금 기타 채권에 우선하여 징수하게 되는데, 여기서 기타의 채권이란 사법상 금전채권을 말하므로 특정물의 급부를 목적으로 하는 저당권부 채권 등은 해당하지 않는다(국세기본법 제35조 1항, 지방세기본법 제71조 1항, 관세법 제3조 2항). 따라서 사채권이 저당권부 채권이면 조세채권의 법정기일과 담보물권 등의 설정등기일, 임차인의 확정일자부 우선변제권의 효력발생일시를 비교해서 그 우열을 정하게 되는데 같은 날이면 동순위가 되는 것이 아니라 조세가 우선하게 된다. 그러나 공과금채권과 무담보채권과의 관계에서는 조세채권이 항상 우선한다.

◆ 조세채권 상호 간의 우선순위는 어떻게 결정되나?

조세채권 상호 간에는 동순위가 원칙이지만, 조세채권 상호 간에도 예외적으로 체납처분비 우선의 원칙(비용우선원칙), 당해세 우선의 원칙, 납세담보우선의 원칙, 압류선착주의가 적용되어 0순위로 경매집행비용(국세기본법 제35조 1항 단서, 지방세기본법 제72조, 동법 71조 1항 단서)을 제외한 매각대금에서, 1순위로 당해세(국세기본법 제35조 5항, 지방세기본법 제71조 5항), 2순위로 납세담보(국세기본법 제37조, 지방세기본법 제74조), 3순위로 압류선착주의(국세기본법 제36조, 지방세기본법 제73조), 4순위로 참가압류와 교부청구한 조세채권 상호 간에는 법정기일의 우선과는 상관없이 항상 동순위로 안분배당하게 된다. 그리고 조세채권·가산금 및 체납처분비 상호 간의 징수순위는 국세는 체납처분비 ⇨ 국세 ⇨ 가산금 순이고(국세징수법 제4조), 지방세는 체납처분비 ⇨ 지방세 ⇨ 가산금 순이다(지방세법 제62조 1항). 2항에서는 1항에서 지방세의 경우 제17조(도세 등에 대한 징수의 위임)에 따른 도세는 시·군세에 우선하여 징수한다. 어쨌든 조세채권 간 우선순위에서 유의할 점은 당해세와 납세담보된 채권을 제외한 조세채권 간에는 법정기일의 선후는 의미가 없으며 단지 압류여부에 따라 압류선착주의가 적용되고, 압류하지 아니한 조세채권 상호 간에는 동순위로 안분 배당받게 되는데, 압류선착주의에 적용을 받게 되는 압류권자는 최초압류권자에 한하고, 참가압류권자는 교부청구한 조세채권자와 동순위로 안분배당하게 된다는 점에 유의해야 한다.

◆ 조세채권과 근저당권 등이 혼재해 있을 때 배당하는 방법

1차적으로 1순위로 당해세를 배당하고 나서, 2차적으로 저당권부 채권 등의 등기일 또는 확정일자 효력발생일시보다 법정기일이 빠르거나 같은 조세채권 ⇨ 저당권부 채권(근저당, 담보가등기, 전세권, 확정일자부 임차권, 등기된 임차권) ⇨ 저당권부 채권 등의 등기일 또는 확정일자 효력발생일시보다 법정기일이 늦은 조세채권 순으로 배당하고, 3차적으로 조세채권 중에서 2차에서 법정기일에 따라 배당받은 조세채권 합계금액에서 1등으로 납세담보된 조세채권이 흡수하고(납세담보된 채권은 압류된 채권보다 우선변제 받는다) ⇨ 납세담보된 조세채권을 배당하고 남은 배당금을 가지고 압류선착주의를 적용하여 압류한 조세채권이 흡수하고 ⇨ 최초압류권자에 흡수되고 남은 배당금을 가지고 참가압류권자와 교부청구권자가 동순위로 안분배당하면 된다. 경매는 이렇게 참가압류권자에게는 압류선착주의를 적용하지 않고 교부청구권자와 동순위로 배당하게 되지만, 한국자산관리공사가 매각절차를 진행하는 공매에서는 참가압류권자에게도 압류선착주의를 적용하고 있다는 사실을 알고 있어야 한다.

◆ 조세채권과 임금채권, 공과금, 일반채권 간의 우선순위

조세채권은 원칙적으로 임금채권과의 관계에서 후순위가 되나 예외적으로 조세채권이 저당권부 채권(근저당, 담보가등기, 전세권, 확정일자부 임차권, 등기된 임차권)에 우선하는 경우만 임금채권보다 우선해서 배당 받을 수 있다. 이는 임금채권(최우선변제금 제외)이 항상 저당권부 채권에 후순위가 되기 때문에 이보다 선순위가 되는 당해세나 법정기일이 빠른 조세가 있고, 그 다음 저당권부채권이 있다면 임금채권이 이러한 조세채권에 후순위가 될 수밖에 없다. 그러나 공과금과 일반채권에 대해서는 조세채권이 항상 우선한다. 이런 이유로 배당에서 순위가 충돌하고, 그에 따라 순환흡수 배당 절차를 진행하게 되는 원인이 되고 있다.

02 공과금 상호 간 우선순위와 다른 담보물권 등과 우선순위

공과금이란 조세채권 이외에 국가 또는 공공단체에 대한 공적부담금으로 국세징수법상 체납처분 또는 국세징수의 예에 따라 징수할 수 있는 채권을 말하는데, 이러한 공과금이 체납된 경우 국세징수법상의 체납처분 예에 따라서 압류·참가압류·교부청구가 가능하다. 이런 공과금은 국민건강보험료, 국민연금보험료, 고용보험료, 산재보험료, 개발부담금, 고용부담금 등이 있다.

◈ 공과금 상호 간에는 동순위가 원칙이다?

공과금끼리만 있는 경우 공과금의 납부기한의 우선순위는 무시되고 동순위로 안분배당하게 된다.

> [공과금과 조세채권 간에, 공과금 상호 간에 압류선착주의 적용 여부]
> ① 압류선착주의를 규정한 지방세법 제34조가 산업재해보상보험료와 지방세 상호간에도 준용되는지 여부(소극)(대법 2008다47732 판결)
> ② 국민연금보험료와 산업재해보상보험료 상호간에도 압류선착주의를 규정한 국세기본법 제36조가 준용되는지 여부(소극)(대법2004다44384 판결)

◈ 공과금과 근저당권 간에 우선순위 결정방법

공과금과 저당권부 채권(근저당, 담보가등기, 전세권, 확정일자부 임차권, 등기된 임차권)간의 우선순위는 공과금의 납부기한과 저당권부 채권 등의 등기일자 또는 확정일자 효력발생일시를 기준으로 우선순위가 정해진다. 따라서 공과금의 납부기한이 근저당권 등기일자보다 빠르거나 같을 때는 공과금이 우선하고, 늦을 때는 근저당권 등이 우선하게 된다.

> 국민연금(납부기한 2020. 05. 10.) ⇨ 국민은행 근저당(2020. 06. 15.) ⇨ 국민건강보험(납부기한 2020. 07. 10.) ⇨ 고용산재보험(납부기한 2020. 09. 30.) ⇨ 국민은행 임의경매 신청

공과금 상호 간에는 압류선착주의가 적용되지 아니하고 공과금끼리는 동순위이다. 그러나

이 사례와 같이 공과금과 근저당권이 혼재해 있고, 공과금이 근저당보다 선순위이고, 그 후순위로 공과금이 있다면, 배당순위는 근저당권보다 납부기한이 빠른 국민연금 1순위로 배당받고, 2순위 근저당, 3순위에서는 국민건강보험과 고용산재보험이 동순위로 안분배당하면 된다.

◈ 공과금과 임금채권, 조세채권, 일반채권 간의 우선순위는?

　공과금은 조세채권에 대해선 항상 후순위이다. 그리고 임금채권(최우선변제금 제외)에 대해선 후순위가 되는 것이 원칙이지만, 예외적으로 공과금이 저당권부 채권보다 선순위인 경우에 한해서 공과금채권이 임금채권보다 우선해서 배당받게 된다.

 임금채권 상호 간 우선순위와 다른 담보물권 등과 우선순위

◈ 근로자의 임금채권 중 최우선변제금은?

　① 근로자의 임금채권 중 최종 3월분의 임금·최종 3년간의 퇴직금·재해보상금 등의 최우선변제금은 사용자의 총재산에 대하여 질권·저당권 등에 따라 담보된 채권, 조세·공과금 및 다른 채권에 우선하여 변제받을 수 있다.

　② 최종 3개월분의 임금 채권이 사용자의 총재산에 대하여 사용자가 사용자 지위를 취득하기 전에 설정한 질권 또는 저당권에 따라 담보된 채권에도 우선하여 변제되어야 한다(대법원 2011다6877 판결).

　③ 그러나 사용자가 재산을 취득하기 전에 설정된 담보권은 즉 전소유자를 채무자로 설정된 근저당권에 대해서 현소유자를 사용인으로 하는 최우선변제금이 우선하지 못한다(대법 2002다65905 판결).

　④ 근저당권과 일부대위변제자 간에는 채권자가 대위변제자에 대하여 우선변제권을 가진다(대법원 2001다2426 판결). 근로복지공단이 임금채권 중 일부를 체당금으로 지급한 경우 대위행사하는 채권 간의 우선순위도 마찬가지로 근로자가 우선한다(대법 2008다13623 판결).

> **[근로자의 임금채권 중 최우선변제금]**
> 근로자의 최종 3월분의 임금과 재해보상금은 사용자의 총재산에 대하여 질권·저당권 또는 「동산·채권 등의 담보에 관한 법률」에 따른 담보권에 따라 담보된 채권, 조세·공과금 및 다른 채권에 우선하여 변제되어야 한다(근로기준법 제38조 2항), (근로자 퇴직급여보장법 제12조 2항).

◆ 임금채권 상호 간에는 동순위가 원칙이다!

임금 최우선변제금이 1순위로 배당받고, 일반임금채권 상호 간에는 동순위가 된다.

◆ 임금채권(최우선변제금 제외)과 저당권부 채권과 우선순위

임금채권은 저당권부 채권(근저당, 담보가등기, 전세권, 확정일자부 우선변제권, 등기된 임차권)보다 항상 후순위가 된다.

◆ 임금채권, 조세채권, 공과금채권, 일반채권 간의 배당은?

조세채권(당해세포함)과 공과금채권은 임금채권(최우선변제대상을 제외)에 뒤지는 것이 원칙이나 그 법정기일 등이 담보물권(근저당권, 전세권, 담보가등기, 확정일자임차권, 등기된 임차권)보다 앞서는 경우나 같은 경우에는 조세채권과 공과금채권이 우선순위가 된다. 그리고 조세와 공과금 상호 간에는 항상 조세채권이 우선하고, 일반채권에 대해서는 조세나 공과금채권이 항상 선순위가 된다. 그리고 유의할 점은 임금자체에 대해서만 우선변제권이 인정되지만, 임금 등의 지연손해금에 대해서 우선변제권이 없으므로 임금채권자 등이 집행력 있는 정본에 의하여 배당요구하는 경우 임금 원금만 우선 배당하고, 지연손해금은 일반채권자들과 동순위로서 안분배당 받게 된다는 것이다.

> **[근로자의 일반임금채권의 우선변제금]**
> 퇴직금은 사용자의 총재산에 대하여 질권·저당권 또는 「동산·채권 등의 담보에 관한 법률」에 따른 담보권에 의하여 담보된 채권을 제외하고는 조세·공과금 및 다른 채권에 우선하여 변제되어야 한다. 다만, 질권·저당권 또는 「동산·채권 등의 담보에 관한 법률」에 따른 담보권에 우선하는 조세·공과금에 대하여는 그러하지 아니하다(근로기준법 제38조 1항, 근로자 퇴직급여보장법 제12조 1항).

04 조세·공과금·임금채권 등에 대한 기본 배당특강

◆ 당해세 ⇨ 근저당 ⇨ 임차인 ⇨ 임금채권 순에서 배당특강

> 갑 근저당권 5,000만원(2019.02.10.) ⇨ 을 임차인 1억원(전입/확정 2019.03.10.) ⇨ 병 임금채권 4,500만원(가압류 2019.07.10. 이중 최우선변제금 1,500만원) ⇨ 갑의 경매신청(2019.07.25.) ⇨ 정 당해세 500만원(교부청구 2019.10.10. 법정기일 2018년~2019년도분)

배당금 1억8,000만원이고 주택이 서울 소재라면
- **1순위** : ① 병 임금채권 1,500만원(최우선변제금 1) + ② 을 임차인 3,700만원(최우선변제금 1) − 소액임차인결정기준 : 갑 근저당권과 을 확정일자(1억1,000만원 이하/3,700만원)
- **2순위** : 정 500만원(당해세 우선변제금)
- **3순위** : 갑 5,000만원(근저당권 우선변제금)
- **4순위** : 을 6,300만원(확정일자부 우선변제금)
- **5순위** : 병 1,000만원(임금채권 우선변제금)이 된다.

을은 대항력이 없어서 낙찰자가 인수할 금액이 없다.

◆ 당해세 ⇨ 조세 ⇨ 근저당 ⇨ 공과금 ⇨ 임차인 ⇨ 임금채권 순에서 배당특강

> 갑 근저당권 6,000만원(2019.01.10.) ⇨ 을 임차인 1억원(전입/확정 2019.02.10.) ⇨ 병 국민연금 1,500만원(압류 2019.06.10)(납부기한 2019년3월~10월까지) ⇨ 정 임금채권 4,200만원(가압류 2019.07.10. 이중 최우선변제금 1,800만원) ⇨ 무 조세채권 5,000만원(압류 2019.07.30. 법정기일 2018.03.31.) ⇨ 갑이 경매신청(2019.08.10.) ⇨ 기 당해세 500만원(교부청구 2019.10.10. 법정기일 2018년~2019년도분)

배당금이 2억6천만원이고 주택이 서울 소재 시에
- **1순위** : ① 정 임금채권 1,800만원(최우선변제금 1) + ② 을 임차인 3,700만원(최우선변제금 1) − 소액임차인결정기준 : 갑 근저당권과 을 확정일자(1억1,000만원 이하/3,700만원)
- **2순위** : 기 500만원(당해세 우선변제금)

- 3순위 : 무 5,000만원(조세채권 우선변제금)
- 4순위 : 갑 6,000만원(근저당권 우선변제금)
- 5순위 : 을 6,300만원(확정일자부 우선변제금)
- 6순위 : 정 2,400만원(임금채권 우선변제금)
- 7순위 : 병 300만원(공과금채권 우선변제금)으로 배당이 종결된다.

◈ 임차인 ⇨ 공과금 ⇨ 조세 ⇨ 임금 ⇨ 조세채권 순에서 배당특강

갑 임차인 9,500만원(전입/확정 2018.01.10.) ⇨ 을 고용·산재보험 2,800만원(압류 2019.01.10.)(납부기한 2018년 2월~2019년 12월분) ⇨ 병 조세채권 4,200만원(압류 2019.02.20)(법정기일 2018.05.31. 당해세 아님) ⇨ 정 임금채권 5,200만원(가압류 2019.05.10. 이중 최우선변제금 2,000만원) ⇨ 병이 공매신청(2020.06.20.) ⇨ 무 조세채권 2,500만원(교부청구 법정기일 2018.05.31. 당해세 아님)

배당금이 2억3,500만원이고 주택이 서울 소재 시

- 1순위 : ① 정 임금채권 2,000만원(최우선변제금 1) + ② 갑 임차인 3,700만원(최우선변제금 1) – 현행 주택임대차보호법상 소액임차인(2018.09.18. ~ 현재, 1억1천만원 이하/3,700만원)
- 2순위 : 갑 임차인 5,800만원(확정일자부 우선변제금)
- 3순위 : 정 3,200만원(임금채권 우선변제금)
- 4순위 : 병 4,200만원(조세채권 우선변제금, 병과 무와는 압류선착주의 적용)
- 5순위 : 무 2,500만원(조세채권 우선변제금)
- 6순위 : 을 2,100만원(공과금채권 우선변제금)으로 배당이 종결된다.

◈ 당해세 ⇨ 가압류 ⇨ 공과금 ⇨ 조세 ⇨ 임금채권 순에서 배당특강

갑 가압류 7,500만원(2018.01.15.) ⇨ 을 국민건강 3,500만원(압류 2018.07.10)(납부기한 2018년01월~12월까지) ⇨ 병 조세채권 9,500만원(압류 2019.02.10)(법정 2018.08.10, 당해세 아님) ⇨ 정 임금채권 7,500만원(가압류 2019.05.10. 이중 최우선변제금은 3,500만원) ⇨ 을이 공매신청(2020. 01. 10) ⇨ 무 당해세 1,000만원(교부청구 2020.04.10. 법정기일 2018년~2019년도분)

배당금이 2억5,500만원이고 주택이 서울 소재 시

- 1순위 : 정 3,500만원(임금채권 최우선변제금채권).
- 2순위 : 정 4,000만원(임금채권 우선변제금).

- **3순위** : 무 1,000만원(당해세 우선변제금)
- **4순위** : 병 9,500만원(조세채권 우선변제금)
- **5순위** : 을 3,500만원(공과금 우선변제금)
- **6순위** : 갑 가압류 4,000만원(일반채권자 배당금)

일반임금채권은 조세채권(당해세 포함)보다 우선하고, 조세채권끼리는 당해세가 우선하고, 조세채권은 공과금 및 기타 일반채권에 우선한다. 공과금채권은 조세보다는 후순위가 되지만 일반채권보다는 항상 우선한다.

05 조세채권이 다른 채권과 충돌할 때 순환흡수 배당 사례

◆ 순환흡수 배당(당해세 ⇨ 공과금 ⇨ 근저당 ⇨ 조세채권 순일 때) 사례

갑 국민건강보험 2,500만원(압류 2019.05.20. 납부기한 2018년01월~2019년04월까지) ⇨ 을 근저당권 7,500만원(2019.06.15.) ⇨ 병 조세채권 5,500만원(압류 2020.01.20.)(부가세 법정기일 2019.07.25.) ⇨ 을 경매신청(2020. 03. 10) ⇨ 정 당해세 500만원(교부청구 2020.06.10. 법정기일 2018년~2019년도분)

배당금이 1억3,000만원인 경우

- **1순위** : 정 500만원(당해세 우선변제금)
- **2순위**에서는 갑＞을이고, 을＞병이고, 병＞갑이 우선순위이므로 서로 물고 물리는 순환관계에 있다. 이때 배당방법은 1차로 안분배당하고, 2차로 흡수하는 순환흡수 배당 절차를 거쳐야 한다.

1차로 동순위로 안분배당

① 갑 국민건강보험 = 1억2,500만원 × $\dfrac{2,500만원}{1억5,500만원}$ = 20,161,290원

② 을 근저당 = 1억2,500만원 × $\dfrac{7,500만원}{1억5,500만원}$ = 60,483,871원

③ 병 조세 = 1억2,500만원 × $\dfrac{5,500만원}{1억5,500만원}$ = 44,354,839원

2차적으로 순환흡수 배당

① 갑 = 20,161,290원(1차안분액) + 4,838,710원(을에서 흡수) - 10,645,161원(병에 흡수당함) = 14,354,839원(종결)

② 을 근저당 = 60,483,871원(1차안분액) - 4,838,710원(갑에 흡수당함) + 14,516,129원(병에서 흡수) = 70,161,290원(종결)

③ 병 조세 = 44,354,839원(1차안분액) - 14,516,129원(을에 흡수당함) + 10,645,161원(갑에서 흡수) = 40,483,871원으로 배당이 종결된다.

> **[알아두면 좋은 순환흡수 배당방법]**
> ① 1차적으로 각 채권자의 채권액을 기초로 안분배당하고, 2차적으로 선순위 채권자가 그의 안분액에다 자기채권액의 부족액만큼을 후순위채권자의 1차 안분배당액에서 자기채권이 만족할 때까지 흡수한다.
> ② 흡수순서는 선순위자로부터 흡수하고 흡수당하는 순서는 제일 후순위자에게서 흡수하고 부족하면 그 다음 후순위자에게서 흡수한다.
> 〈자세한 내용은 다음 순환흡수 배당편을 참고하면 된다〉

◆ 조세와 임금채권 등으로 순위가 상호모순관계에서 배당한 사례

> 갑 가압류 5,000만원(2019.01.10.) ⇨ 을 조세채권 6,500만원(압류 2019.05.30.)(법인세 법정기일 2017년~2018년도분) ⇨ 병 임차인 1억원(전입/확정 2019.03.10.) ⇨ 정 국민건강보험 1,000만원(압류 2020.01.10.)(납부기한 2019년04월~2019년12월까지) ⇨ 무 임금채권 3,500만원(가압류 2020.02.10. 이중 최우선변제금은 1,500만원) ⇨ 을 공매신청(2020.03.20) ⇨ 기 당해세 500만원(교부청구 2020.07.25. 법정기일 2019년~2020년도분)

배당금이 2억원이고 주택이 서울 소재하는 경우

- 1순위 : ① 무 임금채권 1,500만원(최우선변제금 1) + ② 병 임차인 3,700만원(최우선변제금 1) - **현행법상 소액임차인**(1억1천만원 이하/3,700만원)
- 2순위 : 기 당해세 500만원(당해세 우선변제금)
- 3순위 : 을 6,500만원(조세채권 우선변제금)
- 4순위에서는 ①갑 가압류 5,000만원=②병 확정일자 임차인 6,300만원이고, ①갑<③무 임금 2,000만원과 ④정 국민건강 1,000만원인 관계에 있다. ②병>③무와 ④정 관계이고, ②병=①갑인 관계에 있다. ③무>①갑과 ④정 관계이고, ③무<②병인 관계이다. ④정>① 갑이고, ④정<②병과 ③무인 관계에 있다.

따라서 순위의 상호모순관계에 있어서 1차적으로 안분배당하고, 2차적으로 순위에 따라서 흡수하는 절차를 한다. 이러한 경우를 순위가 상호모순관계에 있는 특수흡수배당절차라 한다.

1차적으로 안분배당

① 갑 가압류 = $7{,}800만원 \times \dfrac{5{,}000만원}{1억4{,}300만원}$ = 27,272,727원

② 병 임차인 = $7{,}800만원 \times \dfrac{6{,}300만원}{1억4{,}300만원}$ = 34,363,636원

③ 무 임금 = $7{,}800만원 \times \dfrac{2{,}000만원}{1억4{,}300만원}$ = 10,909,091원

④ 정 국민건강 = $7{,}800만원 \times \dfrac{1{,}000만원}{1억4{,}300만원}$ = 5,454,546원

2차 흡수배당 절차

2차적으로 흡수하는 배당 절차는 흡수하는 자 중에서 최우선순위자가 먼저 흡수하고, 흡수당할 자는 제일 열후한 순위부터 흡수당하는 순서로 흡수절차를 진행한다.

따라서 ②병은 ③과 ④를 흡수할 수 있는데 ④가 ③보다 열후하므로 ④가 먼저 흡수당하고, 그 다음 ③이 흡수당한다.

② 병 임차인 = 34,363,636원(1차안분액)+16,363,637원(④병 5,454,546원+③무 10,909,091원을 흡수함)=50,727,273원(종결)

그리고 ③무는 ①갑과 ④정을 흡수할 수 있는데 ①갑이 후순위이므로 먼저 흡수당하고 부족하면 ④정을 흡수하는 순서로 배당하면 된다.

③ 무 임금 = 10,909,091원(1차안분액)−10,909,091원(②에 흡수당함)+9,090,909원(①갑에서 흡수) = 9,090,909원(종결)

그리고 ④정 역시 ①갑보다 선순위로 다음과 같이 흡수할 수 있다.

④ 정 국민건강 = 5,454,546원(1차안분액)−5,454,546원(②에 흡수당함)+4,545,454원(①갑에서 흡수) = 4,545,454원(종결)

① 갑 가압류 = 27,272,727원(1차안분액)−9,090,909원(③무에서 흡수당함)−4,545,454원(③무에서 흡수당함) = 13,636,364원(종결)

따라서 최종배당 결과는 다음과 같다.

ㄱ) 병 = 3,700만원(1)+50,727,273원(4) = 87,727,273원.
ㄴ) 무 = 1,500만원(1)+9,090,909원(4) = 24,090,909원.
ㄷ) 기 = 500만원(2). ㄹ) 을 = 6,500만원(3).
ㅁ) 정 = 4,545,454원(4).
ㅂ) 갑 = 13,636,364원(4).

06 공과금과 근저당권, 그리고 임차인 등이 혼재해 있을 때 배당방법

주 소	면 적	경매 진행과정	1) 임차인 조사내역 2) 기타청구	등기부상 권리관계
서울시 강서구 가양동 ○○○ 번지 단독 주택	대지 155㎡ 건물 1층 87㎡ 2층 65㎡	감정가 350,000,000원 최저가 1차 350,000,000원 유찰 2차 280,000,000원 매각대금 286,080,000원 낙찰자 송승완	1) 임차인 ① 김동석(1층전부) 　전입/확정 2014.01.25. 　배당요구 2015.02.30. 　보증금 8,000만원 ② 이미란(2층전부) 　전입/확정 2014.10.10. 　배당요구 2015.03.05. 　보증금 9,000만원 2) 기타청구 ① 교부청구 강서구청 재산세 　58만원(법정 2013.09.10.) ② 배당요구 임금채권 김인문 　최우선변제금(1,500만원) ③ 교부청구 국민건강보험 　500만원(납부기한 2012년 　01.10.~12.10.까지) ④ 교부청구 근로복지공단 　산재보험 150만원(납부기한 　2013년 03월 31일) ⑤ 교부청구 국민연금보험 　450만원(납부기한 2013년 　01.10.~12.10.까지)	소유자 한민규 근저당 기업은행 　2011.10.02. 　8,400만원 압류 국민건강보험 　2013.03.10. 압류 근로복지공단 　2013.12.20. 가압류 삼성캐피탈 　2014.07.05. 　2,500만원 가압류 하나은행 　2014.08.10. 　3,300만원 압류 국민연금보험 　2014.09.10. 임의경매 기업은행 　청구금액 　8,400만원 　〈2014.10.01.〉

　이 사건에서 말소기준권리는 기업은행으로 2011.10.02.이다. 따라서 대항력 있는 임차인 없이 모두가 소멸대상이 된다.

　배당금액 283,080,000원(286,080,000 - 집행비용 300만원)이므로 이 금액을 가지고 배당하면

- 1순위 : 김인문 1,500만원(임금 최우선변제금 1)
- 2순위 : 강서구청 58만원(당해세 우선변제금)
- 3순위 : 기업은행 8,400만원(근저당권 우선변제금)
- 4순위 : ① 김동석 3,200만원 + ② 이미란 3,200만원(임차인 최우선변제금 1) - 소액

　임차인결정기준 : 김동석 확정일자와 이미란 확정일자(9,500만원 이하/3,200만원)

김선생의 핵심체크

2순위는 4순위에 항상 후순위이므로 2순위>3순위, 3순위>4순위, 4순위>2순위인 관계가 되어 순환흡수배당 절차를 진행해야 하나 배당금이 충분해서 순위 배당한 것이다. 그러나 배당금이 부족했다면 순환흡수 배당 절차로 배당해야 한다.

- **5순위** : ① 국민건강보험 500만원 + ② 근로복지공단 150만원 + ③ 국민연금보험 450만원(공과금 우선변제금)

공과금 배당에서 알아두면 좋은 내용

① 공과금끼리는 동순위가 원칙이나 예외적으로 공과금이 저당권부 채권보다 선순위인 경우 후순위의 공과금보다 먼저 배당 받고(근로기준법 제38조 1항, 근로자퇴직급여보장법 제12조 1항 참조),
② 저당권부 채권이 없는 경우, 공과금 상호 간에는 압류선착주의를 적용하지 않고 동순위로 안분 배당한다.
③ 공과금은 일반채권에 항상 우선한다는 사실도 알고 있어야 한다.

- **6순위** : 김동석 4,800만원(확정일자부 우선변제금)
- **7순위** : ① 가압류 삼성캐피탈(2,500만원)=② 가압류 하나은행(3,300만원)=③ 이미란
  확정일자(5,800만원)이므로 동순위로 안분배당해야 한다.

① **삼성캐피탈** = $6{,}050만원 \times \dfrac{2{,}500만원}{1억1{,}600만원}$ = 13,038,793원(종결)

② **하나은행** = $6{,}050만원 \times \dfrac{3{,}300만원}{1억1{,}600만원}$ = 17,211,207원(종결)

③ **이미란** = $6{,}050만원 \times \dfrac{5{,}800만원}{1억1{,}600만원}$ = 30,250,000원(종결)

따라서 최종배당결과는
① 김인문 = 1,500만원(1), ② 김동석 = 3,200만원(4)+4,800만원(6) = 8,000만원, ③ 이미란 = 3,200만원(4)+30,250,000원(7) = 62,250,000원, ④ 강서구청 = 58만원(2), ⑤ 기업은행 = 8,400만원(3), ⑦ 국민건강보험 = 500만원(5), ⑧ 근로복지공단 = 150만원(5), ⑨ 국민연금보험 = 450만원(5), ⑩ 삼성캐피탈 = 13,038,793원(7), ⑪ 하나은행 = 17,211,207원(7)이 된다.

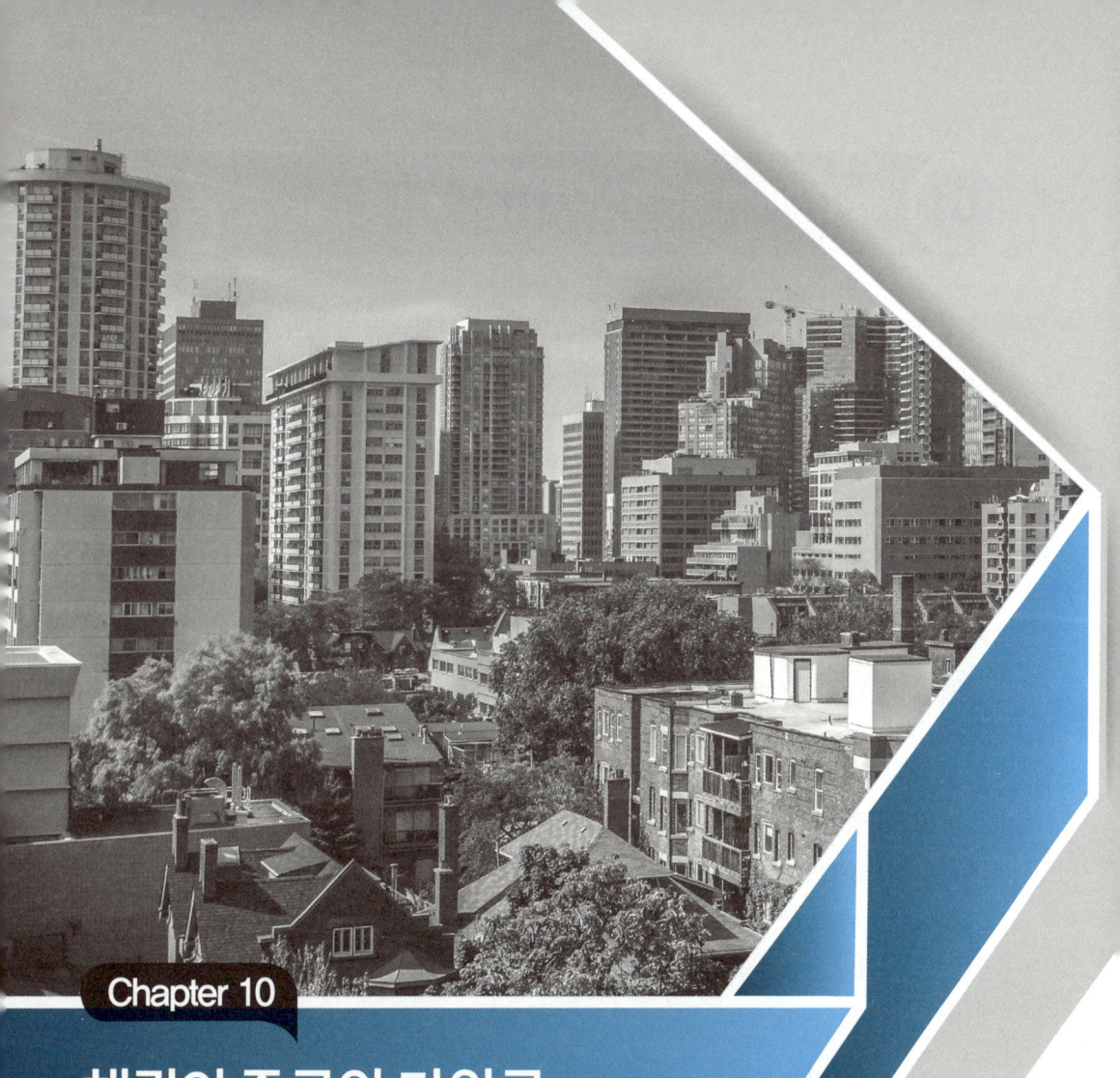

Chapter 10

채권의 종류와 가압류·압류의 처분금지효, 그에 따른 배당사례

01 채권은 어떠한 종류가 있나?

채권의 종류에는 저당권부 채권(유담보채권)과 무담보채권 등이 있다. 이 장에서 논하는 가압류, 압류, 그 밖의 채권은 무담보채권에 속하는데 이러한 무담보채권에도 채권자평등주의에 따른 항상 동순위가 되는 일반채권과 일반채권보다 항상 우선하여 변제 받게 되는 우선특권이 있는 채권(조세채권, 공과금채권, 근로자의 임금채권) 등이 있다.

◆ 일반채권의 종류

(1) 배당요구하지 않아도 자동 배당절차에 참여할 수 있는 채권

경매기입등기일 이전에 등기부에 등기된 가압류채권과 강제경매신청채권(압류권자) 등이 있다.

(2) 배당요구를 하여야만 배당참여가 가능한 채권

① 과태료와 국유재산법상의 사용료·대부료·변상금채권

이와 같은 채권도 그 징수는 국세징수법에 의한 체납처분의 징수절차에 의하나 조세에 관한 우선원칙이나 압류선착주의를 적용받지 못하고, 일반채권과 동일한 순위로 안분 배당받게 된다.

② 재산형, 과태료 등

벌금, 과료, 추징, 과태료, 소송비용, 비용배상 또는 가납의 재판은 검사의 명령에 의하여 집행한다. 이러한 것 중 과태료는 법원의 재판에 의하여 확정된 것이고, 이는 검사가 집행하게 된다. 그리고 ①의 사례와 같이 행정관청이 일단 부과하여 확정된 과태료 등이 있다.

③ 경매개시결정기입등기 후의 가압류, 강제경매신청채권

④ 집행력 있는 집행권원을 가지고 있는 채권자

앞의 (1) 채권자와 (2) 채권자가 배당요구종기까지 배당요구를 했다면, 그 채권발생 시기와 배당요구 시기의 전후와 상관 없이 모두가 동순위로 안분배당하게 된다.

그러나 이들은 우선특권 있는 조세채권, 공과금채권, 임금채권 등과의 관계는 항상 후순위가 된다.

(3) 배당절차에 참여할 수 없는 채권

① 집행권원 없이 차용증만 소지한 채권자는 배당에 참여할 수 없다.

② 확정일자가 없는 주택이나 상가임차인은 임차보증금 반환채권을 가지고 배당요구를 하더라도 소액보증금 중 일정액을 제외하고는 배당에 참여할 수 없다.

③ 주택이나 상가건물임대차보호법상 보호대상이 아닌 건물 및 토지 임차인 등은 보증금에 대한 채권원인증서만으로 배당요구가 불가하고, 경매목적 부동산에 가압류등기·강제경매신청기입등기를 해야 배당참여가 가능하다.

④ 근저당권의 채권최고액을 초과한 부분에 대한 배당요구는 경매신청이나 채권계산서 제출만으로는 안 되고 별도로 민사집행법에 의한 적법한 배당요구(가압류 등)를 하거나 그 밖에 달리 배당받을 수 있는 채권으로서 필요한 요건을 갖추어야 한다. 그러나 근저당 설정자와 채무자가 동일하고 배당받을 채권자나 제3취득자가 없는 한 근저당권자의 채권최고액이 근저당권의 채권최고액을 초과하는 경우 매각대금 중 그 최고액을 초과하는 금액이 있더라도 근저당설정자에게 반환할 것이 아니고 근저당권자의 채권최고액을 초과하는 채무의 변제에 충당해야 한다(대법 2008다4001 판결).

◈ 우선특권 있는 채권의 종류

(1) 조세채권

국세 또는 지방세·가산금 및 체납처분비는 원칙적으로 납세자의 총재산에 대하여 다른 공과금 기타의 채권에 우선하여 징수한다(국세징수법 제35조 1항, 지방세법 제31조 1항). 관세는 다른 조세, 기타 공과금과 기타의 채권에 우선하여 그 관세를 징수한다. 이를 조세채권 우선의 원칙이라고 한다. 이들 조세채권은 경매개시결정기입등기 전에 압류한 경우 배당절차에 참여가 가능하나 이후에 압류한 경우는 배당요구 종기 시까지 교부청구를 해야 배당참여가 가능하다. 이러한 절차는 (2) 공과금채권자와 (3) 임금채권자 역시 마찬가지이다.

(2) 공과금채권(국민건강보험료, 국민연금보험료, 고용·산재보험료)

조세·가산금 및 체납처분 이외의 채권이면서 국세징수법상의 체납처분의 예에 의하여 징수할 수 있는 채권을 공과금이라 한다. 이러한 공과금에는 우선변제 특권이 있는 보험료공과금(국민건강보험료, 국민연금보험료, 고용·산재보험료) 등이 있고, 우선변제 특권이 없어서 일반채권자와 동순위로 안분배당 받게 되는 과태료와 재산형 등이 있다.

이렇게 우선특권 있는 공과금채권 등은 조세채권에 대해서는 항상 후순위이지만, 일반채권에 대해서는 항상 선순위가 된다.

(3) 근로자의 임금채권

① 임금채권의 우선변제(근로기준법 제38조)

임금, 재해보상금, 그 밖에 근로관계로 인한 채권은 사용자의 총 재산에 대하여 질권 또는 저당권에 따라 담보된 채권 외에는 조세, 공과금 및 다른 채권에 우선하여 변제되어야 한다. 다만, 저당권에 우선하는 조세, 공과금에 대하여는 그러하지 아니한다(1항).

② 최종 3개월분의 임금, 최종 3년간의 퇴직금, 재해보상금 등(임금 최우선변제금)은 질권 또는 저당권에 따라 담보된 채권, 조세, 공과금 및 다른 채권에 우선하여 변제되어야 한다(2항).

 가압류, 압류의 의미와 그 처분금지 효력은?

◈ 가압류란 어떠한 권리이고, 그 처분금지 효력은?

돈을 빌려주고 나서 집행권원을 받은 경우(약속어음공정증서 등)에는 바로 채무자의 재산에 대해서 강제경매신청을 할 수 있다. 그러나 집행권원이 없는 경우에는 소송을 제기하여 집행권원(판결문 등)을 만들어야 되는데, 그 소송기간 동안 채무자가 재산을 처분해 버리게 되면 승소판결을 받더라도 강제집행할 채무자의 재산이 없어지게 되므로, 강제집행할 때까지 채무자가 재산을 처분하지 못하도록 보전하는 처분이 가압류다. 그래서 가압류로 등기된 채권 범위 내에서 처분금지효력이 발생한다.

① 가압류는 채권이 확정되지 않은 상태에서 채무자가 재산을 처분하지 못하도록 보전을 목적으로 채권자의 일방적인 청구에 의해서 이루어진다. 그리고 본안소송에서 채권이 확정되면 압류나 강제경매를 신청할 수 있는 집행권원(판결문 등)을 얻게 된다.

② 가압류는 물권이 아닌 채권으로 우선변제권이 없고, 채권자평등주의에 의해 채권자 상호 간에 동순위로 안분배당하게 된다.

③ 가압류가 경매기입등기일 전에 등기가 되었다면 별도 배당요구가 없어도 배당 참여가 가능한 채권이다. 그렇다고 하더라도 가압류는 확정된 채권이 아니므로 그 배당금을 지급하지 않고, 본안소송을 통해서 채권을 확정하여 청구할 때까지 공탁하게 된다.

④ 가압류가 본압류로 이행되어 강제집행이 이루어진 경우 당초부터 본집행이 있었던 것과 같은 효력이 있는지 여부(적극)(대법원 2010다48455 판결)

⑤ 가압류의 처분금지효력이 미치는 객관적인 범위는 가압류결정에 표시된 청구금액에 한정되므로 채권의 원금만 가압류했다면 원금채권 이외에 이자 또는 지연손해금채권이 있다해도 가압류금액을 초과하는 부분에 대해서는 처분금지의 효력을 주장할 수 없다.

◈ 압류의 종류와 그 처분금지 효력은?

압류는 확정된 채권을 가지고 채무자가 재산을 처분하지 못하도록 보전처분하는 것으로, 압류 이후에는 처분금지효가 발생되어 무효가 된다. 그런데 압류든, 가압류든, 후순위권리자에 대해서 처분금지효력으로 무효가 되는 범위는 가압류한 금액 또는 압류한 금액에 대해서만 미치게 되고, 초과하는 금액에 대해선 미치지 않는다.

 김선생 핵심정리

압류의 종류에는 간단하게 설명하면 다음과 같은 것이 있다.
① 국세체납처분의 1단계로서 체납자(조세, 공과금 등의 체납이 있을 때)의 재산처분을 금지하기 위해 체납자의 재산을 세무서장과 지방자치단체장, 공과금기관장 등이 압류하는 것
② 개인이 일반채권자로 가압류 이후 본안 소송으로 집행권원(판결문)을 얻었다면 그 집행권원으로 채무자의 재산을 압류할 수 있다.
그런데 채권에 대해서는 개인채권자도 압류가 가능하나 부동산에 대해서는 압류가 금지되어 있어서, 강제경매를 신청할 수밖에 없고, 경매를 신청하면 압류권자가 되는 것이다. 어쨌든 개인채권자가 일반채권으로 강제경매를 신청하든가, 근저당권으로 임의경매를 신청하면 압류권자가 되고, 그에 따라 압류의 효력이 발생하게 된다.

가압류와 압류가 다른 근저당권 등과 우선순위에 따른 배당방법

◆ 이철민 가압류 ⇨ 이기자 근저당권 순에서 배당하는 방법

선순위 이철민 가압류채권자는 우선변제청구권을 가지는 권리가 아니므로 채권자끼리는 발생 시기와 상관없이 동순위로서 평등주의를 원칙으로 한다. 따라서 가압류채권자보다 후순위의 가압류채권이나 후순위 근저당권 등의 담보물권(근저당권, 담보가등기, 전세권, 확정일자 임차권 등)에 우선변제권을 주장할 수가 없으므로 이들은 동순위로 보게 되는 것이다. 즉 후순위의 근저당권은 선순위가압류권자에 대하여 우선변제권을 주장할 수 없고(가압류의 처분금지효력이 후순위 근저당권에 미치므로), 가압류권자 역시 우선변제청구권이 없는 채권이므로 동순위로 안분배당하게 된다.

◆ 가압류 ⇨ 근저당 ⇨ 강제경매신청 순에서 배당하는 방법

> A 가압류 5,000만원 ⇨ B 근저당 3,000만원 ⇨ C 압류 2,000만원(강서구청 이행강제금으로 압류) ⇨ D 가압류 5,000만원 ⇨ D가 본안판결을 받아 5,000만원으로 강제경매신청(주택은 서울 소재)

이 사례에서 유의할 점은 가압류와 압류는 동순위가 원칙이지만, 예외적으로 압류가 우선특권 있는 조세나 공과금, 임금채권 등이면 압류가 우선특권이 있어서 가압류에 항상 우선하게 된다. 그래서 우선특권이 있는 압류채권인지아닌지 따져봐야 한다.

어쨌든 이 사례에서 C 압류는 강서구청이 위반건축물에 대한 이행강제금(일반채권)을 보전하기 위해서 압류한 것이고, 이때 선순위 A 가압류권자와 C 압류권자, D 강제경매신청채권자(압류권자)는 모두 동순위가 된다. 그래서 우선특권이 있는 압류채권인지아닌지 따져봐야 한다.

이밖에도 개인이 확정판결 등의 집행권원을 가지고 채권에 대해선 압류할 수 있지만, 부동산에 대해선 압류할 수는 없다. 이렇게 개인은 집행권원을 가지고 부동산을 압류할 수 없어서, 직접 강제경매를 신청하거나 제3자의 경매절차에서 배당요구만 할 수도 있다. 이때 일반채권 간의 배당순위는 모두 동순위가 된다.

어쨌든 이 사례와 같이 압류가 법률상 우선특권이 없는 공과금 즉 ① 과태료와 국유재산법상의 사용료·대부료·변상금채권과 ② 재산형, 과태료(불법건축물에 대한 이행강제금, 교통법칙금) 등인 경우도 마찬가지로 가압류권자와 또는 집행권원을 가지고 배당요구한 채권자와 모두 동순위가 된다.

따라서 이 사례에서 A는 A=B, A=C, A=D인 관계에 있고, B는 B=A B〉C와 D인 관계에 있어서, 제일 선순위 A에서 보면 모두가 동순위(A=B=C=D)가 되므로 1차적으로 동순위로 안분배당하고, 2차적으로 B는 후순위 C와 D를 흡수할 수 있는데, 이들은 동순위이므로 채권액에 따라 안분해서 흡수하면 된다.

배당금액 1억원을 가지고 1차적으로 동순위로 안분배당하고

$$A = 1억원 \times \frac{5{,}000만원}{1억5천만원(5{,}000+3{,}000+2{,}000+5{,}000)} = 33{,}333{,}334원(종결)$$

$$B = 1억원 \times \frac{3{,}000만원}{1억5천만원(5{,}000+3{,}000+2{,}000+5{,}000)} = 2{,}000만원$$

$$C = 1억원 \times \frac{2{,}000만원}{1억5천만원(5{,}000+3{,}000+2{,}000+5{,}000)} = 13{,}333{,}333원$$

$$D = 1억원 \times \frac{5{,}000만원}{1억5천만원(5{,}000+3{,}000+2{,}000+5{,}000)} = 33{,}333{,}333원$$

2차적으로 흡수절차는 B는 C와 D보다 선순위이므로 B의 부족한 채권만큼 C와 D의 1차 안분배당액에서 흡수할 수 있는데, 이들은 동순위이기 때문에 채권액을 기준으로 안분해서 흡수하면 된다.

따라서 B=2,000만원(1차안분액)+1,000만원(C: 2,857,143원+D: 7,142,857원에서 흡수)

C와 D가 B에게 흡수당하는 금액 계산방법

$$C = 1{,}000만원(흡수할 금액) \times \frac{13{,}333{,}333원}{46{,}666{,}666원} = 2{,}857{,}143원$$

$$D = 1{,}000만원(흡수할 금액) \times \frac{33{,}333{,}333원}{46{,}666{,}666원} = 7{,}142{,}857원$$

C = 13,333,333원(1차안분액) − 2,857,143원(B에 흡수당함) = 10,476,190원(종결)

D = 33,333,333원(1차안분액) − 7,142,857원(B에 흡수당함) = 26,190,476원(종결)

김선생 핵심체크

가압류 ⇨ 근저당 ⇨ 강제경매신청 순에서 배당하는 방법

❶ 부동산에 대하여 가압류등기가 먼저 되고 나서 근저당권설정등기가 마쳐진 경우에 그 근저당권등기는 가압류에 의한 처분금지의 효력 때문에 그 집행보전의 목적을 달성하는데 필요한 범위 안에서 가압류채권자에 대한 관계에서만 상대적으로 무효이다.

❷ 가압류채권자와 근저당권자 및 근저당권설정등기 후 강제경매신청을 한 압류채권자 사이의 배당관계에 있어서, 근저당권자는 선순위 가압류채권자에 대하여는 우선변제권을 주장할 수 없으므로 1차로 채권액에 따른 안분비례에 의하여 평등배당을 받은 다음, 후순위 경매신청압류채권자에 대하여는 우선변제권이 인정되므로 경매신청압류채권자가 받을 배당액으로부터 자기의 채권액을 만족시킬 때까지 이를 흡수하여 배당받을 수 있다(대법원 94마417 결정).

◈ A 가압류 ⇨ B 임차인 ⇨ C 조세압류 순인 경우 항상 압류>가압류?

A 가압류 4,000만원(2010년 1월) ⇨ B 임차인 전입/확정일자 9,000만원 (2011년 5월) ⇨ C 조세압류 3,000만원(압류 2013년 5월. 법정기일 2012년 6월, 당해세 아님) ⇨ 2014년 2월 10일 C의 압류공매신청(주택은 서울 소재)

이 사례에서 B 임차인의 확정일자가 C 세금법정기일보다 빠르고, 배분금액이 1억2,000만원인 경우 배분순위는?

- **1순위** : B 임차인 3,200만원(최우선변제금 1) – 소액임차인에 우선하는 담보물권 등이 없기 때문에 배분 시점으로 현행법상 소액보증금 중 일정액(9,500만원 이하/3,200만원)을 적용하면 된다.
- **2순위**에서는 A 가압류=B 확정일자, A<C 조세채권인 관계에 있다. 그리고 B>C이고, B=A인 관계에 있고. C>A이고, C<B인 관계에 있다. 따라서 A와 B, C는 순위가 서로 상호모순관계에 있다. ∴ 순환흡수 배당을 해야 한다.

1차안분하면 다음과 같다.

A 가압류 $= 8,800만원 \times \dfrac{4,000만원}{1억2,800만원} = 27,500,000원$

B 확정일자 $= 8,800만원 \times \dfrac{5,800만원}{1억2,800만원} = 39,875,000원$

C 조세채권 = 8,800만원 × $\dfrac{3,000만원}{1억2,800만원}$ = 20,625,000원

2차 흡수절차

흡수는 제일 선순위자가 먼저 흡수하고, 흡수당하는 순서는 제일 열후한 지위에 있는 자부터 먼저 흡수당한다. 이때 선순위채권자가 흡수할 수 있는 금액은 제일 열후한 채권자의 1차 안분 받은 금액을 한도로 흡수하고, 부족 시 그 다음 열후한 순위의 채권자의 1차 안분금액을 한도로 흡수하게 된다.

여기서 A는 흡수할 수 있는 지위에 있지 못하고 흡수만 당하는 지위에 있으므로, 제일 선순위자 B가 먼저 흡수할 수 있는데 흡수할 수 있는 후순위자는 C이므로 C를 흡수한다.

B 확정일자 = 39,875,000원(1차안분액) + 18,125,000원(C에서 흡수) = 5,800만원(종결)

C 조세채권 = 20,625,000원(1차안분액) − 18,125,000원(B에 흡수당함) + 9,375,000원(A에서 흡수) = 11,875,000원(종결)

A 가압류 = 27,500,000원(1차안분액) − 9,375,000원(C에 흡수당함) = 18,125,000원(종결)

김선생 핵심체크

가압류 후에 근저당권이 설정된 경우, 채권자취소권을 행사할 수 있는지

❶ 기초사실 관계
원고가 채무자로부터 2005. 12. 29. 4억4,000만원의 약속어음공정증서 받고, 그 후에 채권자를 원고로 하는 257,745,747원 상당의 가압류등기까지 마쳤다. 그 후에 피고는 2006. 2. 2. 채권최고액 2억9,000만원의 근저당권설정등기 했다.

❷ 가압류 채권금액을 초과하는 부분만 사해행위가 성립한다는 판결
부동산에 대하여 가압류등기가 먼저 되고 나서 근저당권설정등기가 마쳐진 경우에 경매절차의 배당관계에서 근저당권자는 선순위 가압류채권자에 대하여는 우선변제권을 주장할 수 없으므로 그 가압류채권자는 근저당권자와 일반 채권자의 자격에서 평등배당을 받을 수 있고, 따라서 가압류채권자는 채무자의 근저당권설정행위로 인하여 아무런 불이익을 입지 않으므로 채권자취소권을 행사할 수 없다. <u>그러나 채권자의 실제 채권액이 가압류 채권금액보다 많은 경우 그 초과하는 부분에 관하여는</u> 가압류의 효력이 미치지 아니하여 그 범위 내에서는 채무자의 처분행위가 채권자들의 공동담보를 감소시키는 사해행위가 되므로 그 부분 채권을 피보전채권으로 삼아 채권자취소권을 행사할 수 있다(대법원 2007다774466 판결)(서울중앙법원 2006가합22369 1심 판결).

◆ **주택에서 갑 가압류(2,500만원) ⇨ 을 근저당 ⇨ 갑이 5,000만원으로 강제경매신청한 사례**

주 소	면 적	경매 진행과정	1) 임차인 조사내역 2) 기타 청구	등기부상 권리관계

경기도
안양시
만안구
박달동
○○○
번지
단독
주택
	대지
	98㎡
	
	주택
	1층 65㎡
	2층 55㎡
		감정가
		300,000,000원
		최저가
		1차
		300,000,000원
		유찰(30%저감)
		2차
		210,000,000원
		
		낙찰
		253,050,000원
		낙찰자 유승민
		〈2015.04.30.〉
			1) 임차인
			① 박영민(1층 전체)
			  전입 2012.12.05.
			  확정 2012.12.05.
			  배당 2014.11.30.
			  (보) 7,000만원
			② 김철수(2층 전체)
			  전입 2014.06.15.
			  확정 2014.06.15.
			  배당 2014.11.10.
			  (보) 5,000만원
			2) 기타 청구
			① 교부청구 만안구청
			  재산세 30만원(당해세)
				소유자 이기식
				근저당 하나은행
				2012.10.03.
				9,600만원
				가압류 이승철
				2014.04.10.
				2,500만원
				근저당 HK상호저축
				2014.05.22.
				3,600만원
				
				강제경매 이승철
				청구 5,000만원
				〈2014.08.30.〉

여기서 말소기준권리는 하나은행 2012.10.03.이 된다. 따라서 이보다 먼저 대항요건을 갖춘 임차인이 없어 매수인은 인수할 금액이 없다.

배당금은 250,550,000원(매각대금 253,050,000 - 집행비용 250만원이므로 배당순서는?

- **1순위** : ① 김철수 2,200만원(최우선변제금 1) - 1차적 소액임차인 결정기준: 하나은행 근저당권과 박영민 확정일자(근저당 설정 당시 수도권 과밀억제권역은 6,500만원 이하인 경우 최우선변제금은 2,200만원이다).
- **2순위** : 만안구청 재산세 30만원(당해세 우선변제금).
- **3순위** : 하나은행 9,600만원(근저당권 우선변제금).
- **4순위** : 박영민 임차인 7,000만원(확정일자부 우선변제금)
- **5순위** : 김철수 500만원(임차인 최우선변제금 1) - 2차적 소액임차인 결정기준은 HK상호저축은행(근저당권 설정 당시 수도권 과밀억제권역은 8,000만원 이하인 경우 최우선변제금은 2,700만원이다). 소액임차인의 결정기준은 담보물권이 없는 경우 배당 시점으로 현행법상 소액보증금 중 일정액으로 결정하는데, 이 사례에서는 배당시점을 기준(2015.08.14.)으로 판단해도 8,000만원 이하/2,700만원이다.

- **6순위**에서는 ① 가압류 이승철(2,500만원) ⇨ ② 근저당 HK상호저축은행(3,600만원) ⇨ ③ 김철수 확정일자(2,300만원) ⇨ ④ 이승철 강제경매신청금액 2,500만원(확정판결금액 5,000만원 − 가압류금액 2,500만원)순이 되므로 1차로 동순위로 안분배당하고, 2차로 흡수하는 절차로 진행하면 된다.

1차 안분배당

① 가압류 이승철 = $5{,}725만원 \times \dfrac{2{,}500만원}{1억900만원}$ = 13,130,734원(종결)

② 근저당 HK상호저축 = $5{,}725만원 \times \dfrac{3{,}600만원}{1억900만원}$ = 18,908,257원

③ 김철수 확정일자 = $5{,}725만원 \times \dfrac{2{,}300만원}{1억900만원}$ = 12,080,275원

④ 강제경매신청금액 = $5{,}725만원 \times \dfrac{2{,}500만원}{1억900만원}$ = 13,130,734원

2차 흡수배당

② 근저당 HK상호저축은행은 ③ 김철수 확정일자와 ④ 강제경매신청금액보다 선순위로 흡수할 수 있는데, ④가 ③보다 후순위이므로 ④를 먼저 흡수하고 부족하면 ③을 흡수한다.

그리고 ③도 ④보다 선순위로 ④를 흡수하는 절차로 흡수배당절차를 진행하면 된다.

② 근저당 HK상호저축 = 18,908,257원(1차안분액)+17,091,743원(④13,130,734+③ 3,961,009원을 흡수함) = 3,600만원(종결)

③ 김철수 확정일자 = 12,080,275원(1차안분액)−3,961,009원(②에 흡수당함) = 8,119,266원(종결)

④ 강제경매신청금액 = 13,130,734원(1차안분액)−13,130,734원(②에 흡수당함) = 0원(종결)으로 배당이 종결된다.

다만, 상기 ① 가압류권자가 2,500만원으로 가압류한 후 ② 근저당권과 ③ 확정임차인이 설정되고, ①+④ 가압류권자가 본안판결에서 5,000만원으로 채권액이 증가된 경우 증가된 ④ 강제경매신청금액 2,500만원에 대해서는 배당에 포함할 것인지 아니면 제외하여야 할 것인지는 다음 예시를 참고하기 바란다.

김선생 핵심체크

가압류채권보다 본안판결로 강제경매신청한 채권이 많은 경우

갑의 가압류 2,500만원 ⇨ 을 근저당 5,000만원 ⇨ 갑의 본안판결로 5,000만원으로 증가된 경우 배당방법은 다음과 같이 하면 된다.

❶ 갑의 가압류 2,500만원과 을 근저당권 5,000만원을 동순위로 안분배당.

❷ 갑의 본안판결로 증가된 채권 2,500만원을 포함해 5,000만원으로 강제경매를 신청했거나 다른 채권자의 경매절차에서 배당 요구했다면 을 근저당권설정등기 이후에 후순위로 압류 또는 집행권원으로 배당요구한 다른 채권자의 지위와 같아지게 된다. 따라서 을보다 후순위로 배당 받게 된다. 이는 가압류의 처분금지효가 가압류로 등기된 채권금액(가압류결정 당시의 채권액)에 한해서만 미치게 되는 것이지 초과되는 것까지 즉 본안소송으로 그 채권이 증가되었다고 하더라도 달라지지 않는다. 그래야만 등기부에 공시된 채권을 신뢰한 선의의 후순위 채권자의 권리를 보호할 수 있게 된다.

❸ 갑 가압류 2,500만원 ⇨ 을 근저당 5,000만원 ⇨ 갑의 본안판결로 5,000만원(갑 가압류 2,500만원을 포함한 채권) 채권만 있고, 다른 채권자가 없고 배당잔여금이 가압류채권과 근저당권 배당에 부족할 때 즉 배당금이 5,000만원이라면 가압류와 근저당권만 가지고 안분해야지, 본안 판결 받은 금액까지 포함해서 갑 가압류 2,500만원 ⇨ 을 근저당 5,000만원 ⇨ 갑 본안판결로 2,500만원으로 1차 안분배당 후 2차 흡수배당 절차를 진행하면 안 될 것이다. 그렇게 배당하면 갑이 자신의 가압류채권만으로 배당요구한 것보다 본안판결 2,500만원을 추가해서 배당요구한 것보다 적게 배당받게 되기 때문이다. 이렇게 두 개의 권리를 가지고 있는 채권자는 동시에 배당요구할 수도 있고, 가압류채권만 가지고 배당요구할 수 있는 권리가 있다. 설령 두 개의 권리를 가지고 배당 요구했더라도 배당관계자는 채권자에게 유리하도록 배당표 원안을 작성해야 한다는 것이 대법원의 판단이다. 예를 들어 갑 조세채권(법정기일 5월 10일) ⇨ 을 근저당권(6월 10일) ⇨ 병 소액임차인의 최우선변제금 ⇨ 병 확정일자부 우선변제금 순에서도 마찬가지이다. 병 임차인이 최우선변제금과 확정일자를 동시에 배당받는 것이 최우선변제금만 배당받는 것보다 적어지게 된다면 확정일을 배제한 최우선변제금만으로 배당해야 한다는 대법원의 판단이다.

 04 전소유자의 가압류(압류)의 처분금지효와 배당에서 우선순위는?

◆ **전소유자의 가압류나 압류는 경매로 소멸되는 것이 원칙?**

가압류는 금전채권에 대한 보전처분으로 매각으로 인하여 소멸되는 것이 원칙이고, 전소유자의 가압류채권 역시 경매나 공매절차에서 배당받고 소멸시키는 것을 원칙으로 하고 있다. 이러한 경우 가압류는 말소되며 최선순위인 경우에는 말소기준권리가 된다. 그러나 간혹

전 소유자의 가압류를 낙찰자에게 인수시키는 것을 전제로 하여 매각하는 경우가 있는데 이 때 가압류의 효력이 소멸하지 아니하고, 낙찰자의 부담으로 남게 될 수도 있다. 따라서 전소유자의 가압류는 특별매각조건으로 매수인의 부담으로 매각되지 않는 한 배당 받고 소멸하게 된다고 이해하면 된다(대법원 2005다8682 판결 참조).

◈ 전소유자의 가압류채권자와 현소유자의 채권자에 배당방법

대법원은 부동산에 가압류 집행 후 소유권이 제3자에게 이전된 경우 가압류 처분금지적 효력이 미치는 것은 가압류 결정 당시의 청구금액한도 안에서 가압류 목적물의 교환가치이고, 위와 같은 처분금지적 효력은 가압류채권자와 제3취득자 사이에서만 있는 것이므로 가압류채권자가 우선적인 권리를 행사할 수 있고, 제3취득자의 채권자들은 이를 수인해야 하므로 가압류채권자는 그 매각 절차에서 당해 가압류목적물의 <u>매각대금에서 가압류결정 당시 청구금액을 한도로 하여 배당받을 수 있고</u> 청구금액을 넘어서는 이자와 소송비용 채권을 받을 수 없다. <u>제3취득자 채권자들은 위 매각대금 중 가압류의 처분금지적 효력이 미치는 범위에 대해서는 배당받을 수 없다</u>(대법원 2006다19986 판결).

전소유자의 가압류채권자는 현소유자에 대해서 처분금지효를 주장할 수가 있어서 현소유자의 채권자보다 우선해서 배당받게 된다.

(1) 전소유자의 가압류채권자 등은 현소유자의 채권자보다 우선?

가압류는 채권을 보전하기 위한 보전처분으로 채무자는 가압류의 목적물에 대해서 매매, 증여, 질권 등의 담보권설정, 그밖에 일체의 처분행위를 할 수 없다. 이를 가압류의 처분금지 효력이라 한다. 그래서 가압류 또는 압류가 먼저 되고 그 이후에 소유권이 처분되거나 담보권 등이 설정된 경우, 가압류 또는 압류에 저촉되는 집행채무자의 처분은 절대적으로 무효가 아니라 처분행위 당사자 사이에서는 유효하고, 다만 가압류 또는 압류채권자에 대해서만 대항할 수가 없다. 이와 같이 <u>저촉처분이 소유권이전등기 이전일 경우</u> 저촉처분전의 가압류 또는 압류권자에 대항할 수가 없어서 즉 이들 채권금액에 대해서 소유권이전등기는 무효가 되므로 배당금에 대해서 현소유자의 채권자보다 우선변제 받는다. 이런 이유로 전소유자의 가압류와 전소유자의 압류채권 등은 현소유자의 소액임차인과 근로자의 최우선변제금, 당해세보다 우선해서 배당받게 된다.

그러나 <u>저촉처분이 담보권설정일 경우에는</u> 가압류 또는 압류권자와 동순위로 안분배당하게 된다는 사실이다. 따라서 저촉처분이 소유권이전등기 이전인 경우보다 담보권이 더 보호를 받게 된다. 사견이지만 이러한 문제에서도 제3취득자와 같이 가압류 후의 담보물권에 대해서 가압류의 처분금지효력이 미치도록 개정되어야 한다고 생각한다. 왜냐하면 가압류 이후에 설정된 담보물권은 가압류가 설정되어 처분금지효력이 있는 담보물건에 설정된 채권자이므로 그렇게 하더라도 담보물권자가 예측하지 못한 손실이 발생하지 않기 때문이다.

(2) 전소유자의 가압류 ⇨ 현소유자의 최우선변제금과 당해세의 운명은?

> 이도령(전소유자) ⇨ 갑 가압류(또는 갑 압류)(3,000만원) ⇨ 춘향이로 소유권이전(현소유자) ⇨ 을 임차인(최우선변제금 3,700만원) ⇨ 정 세금압류(3,000만원, 당해세 아님) ⇨ 갑의 강제경매신청(배당금 7,200만원임) ⇨ 병 당해세(교부청구 200만원)

- **1순위**로 갑 가압류 또는 갑 압류 3,000만원(현소유자에 대해서 갑 가압류(압류)의 처분금지효는 등기된 채권금액 3,000만원이 미치게 된다)
- **2순위**로 을 임차인 최우선변제금 3,700만원 – 소액임차인결정기준 : 2018.09.18.~현재(1억1,000만원 이하/3,700만원)
- **3순위**로 병 당해세 200만원
- **4순위**로 정 세금압류 600만원으로 배당이 종결된다.

(3) 전소유자 채권자와 현소유자 채권자들이 혼재해 있을 때 배당한 사례

> 이정희 소유자 ⇨ 갑 가압류(3,000만원)(2012.01.10.) ⇨ 을 임차인(9,000만원)(전입신고 2012.03.05.) ⇨ 병 임차인(6,000만원)(전입/확정일자 2013.02.20.) ⇨ 박민국으로 소유권이전등기(2013.05.15.) ⇨ 정 근저당(8,400만원)(2014.01.10.) ⇨ 무 임차인(7,000만원)(전입/확정일자 2019.01.25.) ⇨ 을 임차인(확정일자 2019.03.10.) ⇨ 정의 임의경매 신청(2020.01.10.) ⇨ 기 당해세(교부청구 250만원) –매각대금 2억7,450만원, 주택 서울 소재.

이 사례에서 배당금이 2억7,150만원(매각대금 2억7,450만원 – 경매비용 300만원)이므로 배당표는 다음과 같이 작성하면 된다. 전 소유자를 채무자로 하는 전 소유자 채권자들은 현소유자에게는 자신의 채권청구 범위 내에서 우선해서 배당받을 수 있다. 따라서 현 소유자 채권자 정 근저당권은 이들에게 우선권을 주장할 수가 없어서 전 소유자를 채무자로 하는 채권자들이 우선 배당받고, 잔여금이 있는 경우에만 배당 받을 수 있다. 그런데 **다음 알아두면 좋은 내용을 참고하면** ① 전소유자의 가압류채권과 압류채권의 경우에는 처분금지효력이 현소유자에 미치게 되어 현소유자를 채무자로 하는 임차권(최우선변제금, 확정일자부 우선변제금 포함), 임금채권(최우선변제금, 일반임금 포함), 조세채권(당해세, 일반세금 포함), 공과금채권, 일반채권 등에 우선해서 변제 받을 수 있다. 그렇지만, ② 전소유자의 근저당권이나 확정일자 등의 경우에는 현소유자의 임차권중에서 소액임차인(전소유자의 근저당권이나 확정일자를 기준으로 소액임차인에 해당하는 경우)에 대해서는 우선하지 못하지만, 임금 최우선변제금과 당해세, 그리고 저당권부 채권과 일반채권에 대해서는 우선해서 변제 받을 수 있다는 것을 알 수 있다.

1순위에서 갑 가압류는 현소유자의 최우선변제금과 당해세보다 우선하지만, 병 임차인의 확정일자와는 동순위가 되고, 전소유자의 을 임차인의 최우선변제금과 병 임차인의 최우선변제금보다는 후순위가 된다. 그리고 병 임차인의 확정일자는 전소유자의 최우선변제금과 현소유자의 최우선변제금보다 후순위가 되고, 최우선변제금 상호간에도 전소유자의 최우선변제금과 현소유자의 최우선변제금이 동순위가 된다. 이들 관계는 서로 물고 물리는 순환관계에 있다. 그래서 순환흡수 배당절차를 거쳐야 하나 이들 채권까지 배당금이 충분해서 1순위로 동순위로 배당한 것이다.

- **1순위** : ① 갑 가압류 3,000만원 + ② 임차인 들의 최우선변제금 : ㉮ 을 임차인 2,500만원 + ㉯ 병 임차인 2,500만원+ ㉰ 무 임차인 2,500만원(최우선변제금 1) – **소액임차인결정기준 : 병의 확정일자**(7,500만원 이하/2,500만원) + ③ 병 확정일자 3,500만원
- **2순위** : ① 을 임차인 700만원 + ② 무 임차인 700만원(최우선변제금 2) – **소액임차인 결정기준 : 정 근저당**(9,500만원 이하/3,200만원)
- **3순위** : 기 당해세 250만원(당해세 우선변제금)
- **4순위** : 정 근저당 8,400만원(근저당권 우선변제금)
- **5순위** : ① 을 임차인 500만원 + ② 무 임차인 500만원(최우선변제금 3) – **소액임차인 결정기준** : 2018.09.18.~현재(1억1,000만원 이하/3,700만원)
- **6순위** : 무 임차인 3,300만원(확장일자부 우선변제금)
- **7순위** : 을 임차인 1,300만원(확장일자부 우선변제금)으로 배당이 종결된다.

그런데 전소유자의 채권자인 을 임차인의 미배당금 4,000만원이 발생했다. 이 금액을 낙찰자가 인수해야 되는 가에 대해서 분석해 보면, 말소기준권리가 전소유자 갑 가압류가 되기 때문에 그보다 후순위로 대항요건을 갖춘 을 임차인은 대항력이 없어서 낙찰자가 인수하지 않고 소멸되는 임차권에 불과하다.

> **알아두면 좋은 판례**
>
> ❶ 사용자가 재산을 취득하기 전에 설정된 근저당권에 대해서 임금 최우선변제금이라도 우선하지 못한다(대법원 2002다65905 판결).
> ❷ 저당권설정자가 체납이 없는 상태에서 사망한 경우, 그 상속인에 대하여 부과된 상속세가 당해세에 해당하는지 여부(소극)(대법원 96다55204 판결).
> ❸ 양수인인 제3자에 대하여 부과한 국세 또는 지방세를 법정기일이 앞선다거나 당해세라 하여도 전소유자의 근저당권에 우선하지 못한다(대법원 2004다51153 판결).

05 가압류와 가처분 등의 보전처분 취소신청 도과기간

(1) 가처분집행 후 3년간 본안의 소를 제기하지 않으면 채권자의 보전의사가 상실 또는 포기된 것이라고 볼 수 있으므로 채무자 또는 이해관계인은 보전처분취소를 신청할 수 있다(법 288조 1항 3호, 301조). 이 기간이 경과되면 취소요건이 완성되고 그 후에 채권자가 소를 제기해도 가압류·가처분의 취소를 배제하는 효력이 생기지 않게 된다(99다37887).

(2) 가처분의 경우 2002. 06. 30. 이전에 집행된 보전처분은 10년, 2002. 07. 01. ~ 2005. 07. 27.까지는 5년, 2005. 07. 28. 이후에 집행된 보전처분은 3년이 경과하면 취소신청이 가능하다. 가압류 역시 이 기간을 적용 받게 된다.

(3) 이러한 가압류 또는 가처분취소신청이 집행기관에 접수되면 법원은 변론기일 또는 심문기일을 정하여 당사자에게 통지하고 변론기일 등의 절차를 거쳐 가처분결정의 재판을 진행하게 된다. 그런데 오래된 보전처분인 경우에 채권자가 송달 받더라도 채권의 원인을 증명하기 어려울 뿐만 아니라 적절하게 대응하지 못하는 경우가 대부분이고, 송달이 안 되어 이사불명이나 수취인불명 등으로 공시송달을 하게 되는 경우가 많은데 이 경우 가처분채권자 등의 출석 없이 원고만 참석하여 재판을 진행되므로 쉽게 가처분취소결정을 얻을 수 있다.

하지만, 적극적으로 채권자가 대응하게 된다면 본안소송이 진행되는데, 제소기간 도과로 가처분(가압류)취소신청에 대한 본안소송은 심리절차에서 3년 내에 본안소송 제기 유무 등만을 가지고 판단하게 되므로, 큰 어려움 없이 가처분(가압류)취소결정을 얻을 수 있을 것이다.

Chapter 11

배당은 권리분석의 마침표가 된다!

01 왜 배당을 알아야 하고, 어떻게 진행되고 있나?

◈ **배당과 권리분석은 하나의 줄기로 분리해서 분석할 수 없다!**

배당을 연구하면 할수록 깨닫게 되는 것이 권리분석과 배당은 분리되어 있는 것이 아니라 하나의 줄기로 이어져 있다는 사실을 알 수 있다. 권리분석은 경매물건을 **낙찰을 받았을 경우에 내가 입찰서에 기재한 매수희망가격 이외에 추가로 인수하게 되는 권리나 금액 등이 있는가 등을 분석**하는 것이다. 그런데 인수하는 권리 등이 발생하게 된다면 인수하는 부담만큼 권리분석을 잘못한 것이 된다. 그래서 입찰하기 전에 권리분석 하는 과정에서 예상배당표를 작성해서 인수할 권리 등이 있는가를 분석하고 그 예상배당표가 법원이 작성한 배당표와 일치하거나 근접하면 그 사람은 성공한 권리분석을 한 것이다. 왜냐하면 인수할 권리 등이 있는 것을 알고 있었다면 그만큼 취득가에 포함해서 입찰가를 결정했을 것이므로 예상하지 못했던 손실은 발생하지 않았을 것이기 때문이다.

◈ **배당절차는 어떻게 진행되고, 왜! 배당이의가 필요할까?**

이 내용은 Chapter 25의 11 배당절차는 어떻게 진행되고, 왜! 배당이의가 필요할까?(609~618쪽)에서 다음과 같은 내용을 참고하기 바란다. 여기선 중복을 피하기 위해서 생략했다.)

(1) 경매절차에서 배당이란
(2) 배당기일의 지정 및 통지
(3) 배당요구할 수 있는 시기와 종기
(4) 경매절차에서 권리신고와 배당요구
(5) 경매절차에서 배당 받을 수 있는 채권자
(6) 권리신고 겸 배당요구 신청서
(7) 배당요구의 철회 및 대위변제
(8) 배당표원안 작성과 이해관계인에 열람
(9) 배당이의 신청서와 배당배제 신청서 작성방법
(10) 배당기일에 배당을 실시하는 방법
(11) 배당표원안에 이의방법과 원고가 승소 시 배당방법

02 배당에서 우선순위를 결정하는 방법

경매로 매각되면 그 매각대금에서 경매집행비용을 0순위로 공제하고 나면 채권자에게 실제 배당할 금액이 되는데 그 배당금을 가지고 채권자에게 다음 배당 순으로 배당하게 된다. 이때 주택가액(상가건물가액)이란 매각대금에서 입찰보증금에 대한 배당기일까지의 이자와 몰수된 입찰보증금 등을 포함한 금액에서 경매 집행비용을 공제한 실제 배당할 금액이다(대법원 2001다8974).

◆ 1순위 필요비, 유익비(민법 제367조)

저당물의 제3취득자나 임차권, 점유권, 유치권자가 그 부동산에 보존(필요비)이나 개량을 위하여 지출한 비용(유익비) 등으로 경매절차에서 배당요구해서 매각대금에서 1순위로 변제받을 수 있다(민법 제367조). 필요비나 유익비 지출은 건물에 관하여 지출된 비용이므로 유치권이 인정된다. 그래서 경매절차에서 우선변제 받지 못한 경우 매수인에 유치권을 행사할 수 있다.

◆ 2순위 주택 및 상가임차인과 근로자의 최우선변제금

① 주택임차인의 소액임차보증금 중 일정액(주임법 제8조 1항)
② 상가임차인의 소액임차보증금 중 일정액(상임법 제14조 1항)
③ 근로자의 최종 3개월분 임금, 최종 3년간 퇴직금, 재해보상금
위 ①+②+③은 동순위이며 배당금이 부족하면 안분배당하게 된다.

◆ 3순위 당해세(국세, 지방세)

그 부동산에 대하여 부과된 국세나 지방세를 말한다.

① 국세 중 당해세의 종류는 상속세, 증여세, 종합부동산세를 말한다(국세기본법 제35조 5항). 여기서 상속세·증여세의 당해세 요건은 상당히 제한적이다. 즉 상속, 증여세의 경우 담보권 설정 당시 설정자(채무자)에게 납세의무가 있는 상속세, 증여세만 당해세가 될 수 있다.

즉 저당권 설정 전에 증여를 원인으로 부과된 증여세는 그 부동산자체에 대하여 부과된 것으로서 당해세이다(대법 2000다47972). 그러나 저당권이 설정되고 나서 상속·증여 등으로 소유자가 변경되었고 새로운 소유자에게 부과된 상속·증여세는 당해세가 아니다.

② 지방세 중 당해세는 그 부동산에 부과된 지방세로 재산세, 자동차세, 도시계획세, 공동시설세, 지방교육세(재산세와 자동차세에만 해당된다) 등이 있다(지방세법 시행령 제14조의4). 지방세 중 재산세(재산세와 도시계획세 통합)·자동차세(자동차 소유에 대한 자동차세만 해당한다)·지역자원시설세(특정부동산에 대한 지역자원시설세만 해당한다)(공동시설세와 지역개발세통합) 및 지방교육세(재산세와 자동차세에 부가되는 지방교육세만 해당한다)를 말한다(지방세기본법 제99조제5항)(2011.1.1.시행).

◆ 4순위 일반조세채권(당해세를 제외한 세금)

저당권부 채권보다 일반조세채권의 법정기일이 빠르거나 같은 경우

◆ 5순위 공과금채권(국민건강, 국민연금, 고용보험, 산재보험, 개발부담금, 고용부담금)

저당권부 채권보다 공과금의 납부기한이 빠르거나 같은 경우

◆ 6순위 저당권부 채권(근저당권, 전세권, 담보등기, 확정일자부 임차권, 등기된 임차권)

① 담보물권(근저당권, 전세권, 담보가등기) 상호간의 순위는 설정등기 된 순위이다. 즉 등기일자가 빠른 담보물권이 우선하고, 같은 날 일때에는 접수번호로 우선순위가 정해진다.

② 확정일자부 임차권은 대항요건(주택의 인도와 주민등록)을 먼저 갖추고 나서 임대차계약서에 확정일자를 받으면 그 당일 주간에 우선변제권이 발생한다. 그러나 대항요건과 확정일자를 같은 날에 부여받았다면 익일 오전 0시에 확정일자부 우선변제권이 발생한다.

③ 조세채권 확정일(당해세 제외)은 그 조세의 법정기일 및 납부기일이다.

④ 등기된 임차권은 등기일자가 아니라 그 전의 대항요건과 확정일자를 갖춘 시기이다. 그러나 대항요건을 갖추기 전에 민법 제621조에 의해 임대차등기가 이루어졌다면 임대차등기 일자에 대항력과 확정일자부 우선변제권이 발생한다.

◆ 7순위 일반임금채권(최우선변제금을 제외한 임금·퇴직금)

일반임금채권은 6순위의 저당권부 채권에는 항상 후순위가 되지만, 조세(당해세 포함), 공과금, 일반채권에 대해서는 우선한다. 그러나 6순위의 저당권부 채권보다 우선하는 조세나 공과금에 대해서는 일반임금이 우선하지 못하기 때문에 배당에서 이와 같이 4순위에서 7순위로 정해지게 된다(근로기준법 제38조 1항과 근로자 퇴직급여 보장법 제12조 1항).

◆ 8순위 일반조세채권

저당권부 채권보다 일반조세채권의 법정기일이 늦은 경우

◆ 9순위 공과금채권(국민건강, 국민연금, 고용보험, 산재보험, 개발부담금, 고용부담금)

저당권부 채권보다 공과금의 납부기한이 늦은 경우

◆ 10순위 일반채권

가압류채권, 강제경매신청채권, 집행권원이 있는 채권(확정된 판결문, 공증된 약속어음 등), 재산형, 과태료 및 국유재산법상의 사용료, 대부금 등이 모두 배당요구가 가능하며 배당 절차에서 이들 순위는 모두 동순위로 안분배당하게 된다.

> **알아두면 좋은 내용**
>
> **한눈으로 보는 배당에서 우선순위를 결정하는 방법 총정리**
> 1. 저당권부 채권이 조세채권 등의 법정기일보다 늦은 경우와 빠른 경우
> 2. 저당권부 채권 등이 없는 경우 배당순위 결정 방법
> 이 내용은 Chapter 04의 04 한눈으로 보는 우선순위 결정방법 총정리(110~112쪽)를 참고하면 되므로 생략했다.

03 배당순위가 평등한 채권자와 후순위채권자가 병존할 때 배당방법

◆ 채권 상호간의 배당순위는 동순위로 안분배당한 사례

> 갑 가압류(3,000만원)(2015.03.10.) ⇨ 을 가압류(5,000만원)(15.05.20.) ⇨ 병 강제경매 신청(3,500만원)(15.06.25.) ⇨ 정 집행권원으로 배당요구(4,000만원)(15.10.30.) – 매각대금 1억1,530만원, 주택은 서울에 소재한다.

이 사례에서 채권 상호간의 순위는 갑 3,000만원=을 5,000만원=병 3,500만원=정 4,000만원인 관계에 있다.

따라서 배당할 금액이 1억1,310만원(매각대금 1억1,530만원 – 경매비용 220만원)을 가지고 동순위로 채권액에 비례해서 다음과 같이 안분배당하면 된다(채권 합계금액은 1억5,500만원이다).

① 갑 가압류 = 1억1,310만원(배당금액) × $\dfrac{3{,}000만원}{1억5{,}500만원}$ = 21,890,322.[58]
   = 21,890,322원(종결)

② 을 가압류 = 1억1,310만원(배당금액) × $\dfrac{5{,}000만원}{1억5{,}500만원}$ = 36,483,870.[96]
   = 36,483,871원(종결)

③ 병 강제경매 = 1억1,310만원(배당금액) × $\dfrac{3{,}500만원}{1억5{,}500만원}$ = 25,538,709.[67]
   = 25,538,710원(종결)

④ 정 배당요구 = 1억1,310만원(배당금액) × $\dfrac{4{,}000만원}{1억5{,}500만원}$ = 29,187,096.[77]
   = 29,187,097원(종결)

◆ 가압류 ⇨ 근저당 ⇨ 가압류로 안분 후 흡수배당한 사례

> 이철민 가압류(05월 01일) ⇨ 이기자(06월 02일)(또는 이기자 임차인 6월 2일 전입/확정일자) ⇨ 이철민이 강제경매를 신청

후순위담보물권(근저당권, 담보가등기, 전세권, 확정일자 임차권 등) 등은 선순위가압류권자에 대하여 우선변제권을 주장할 수 없고(가압류의 처분금지효력이 후순위 근저당권에

미치므로), 선순위가압류권자 역시 우선변제청구권이 없는 채권이므로 동순위로 안분배당하게 된다.

따라서 이철민 가압류권자=이기자 근저당권(또는 확정일자부 우선변제권)인 관계에 놓이게 되어 동순위로 채권액에 비례하여 안분배당하게 된다.

예 가압류 ⇨ 가압류 ⇨ 가압류 순이면 이들이 채권자 평등주위에 따라 동순위가 된다는 것은 쉽게 이해하면서 이 사례와 같이 가압류 다음에 근저당권 또는 확정일자 임차권 등이 오면 동순위가 되는가에 대해서는 혼란스러워 한다. 그 이유는 다음판례를 참조하면 알 수 있듯이 가압류채권자는 우선변제청구권을 가지는 권리가 아니므로 가압류채권자보다 후순위의 가압류 채권이나 근저당권 등의 담보물권(근저당권, 담보가등기, 전세권, 확정일자 임차권 등)에 우선변제권을 주장할 수가 없으므로 이들을 동순위로 보고 안분배당하게 되는 것이다.

🏠 선순위가압류와 후순위로 저당권부 채권 등이 있을 때 배당방법 🏠

1. 가압류등기 후에 경료된 담보가등기의 효력 및 가압류채권자와 위 담보가등기 권자 간의 배당순위

부동산에 대하여 가압류등기가 먼저 되고 나서 담보가등기가 마쳐진 경우에 그 담보가등기는 가압류에 의한 처분금지의 효력 때문에 그 집행보전의 목적을 달성하는데 필요한 범위 안에서 가압류채권자에 대한 관계에서만 상대적으로 무효라 할 것이고 따라서 담보가등기권자는 그보다 선순위의 가압류채권자에 대항하여 우선변제를 받을 권리는 없으나 한편 가압류채권자도 우선변제청구권을 가지는 것은 아니므로 가압류채권자보다 후순위의 담보가등기권자라 하더라도 ~ 법원의 최고에 의한 채권신고를 하면 가압류채권자와 채권액에 비례하여 평등하게 배당받을 수 있다(대법원 86다카2570 판결).

2. 주임법상 우선변제권을 갖는 임차보증금채권자와 선순위의 가압류채권자와의 배당관계(=평등배당)

주임법 제3조의2 제1항은 대항요건과 확정일자를 갖춘 주택임차인은 후순위권리자 기타 일반채권자보다 우선하여 보증금을 변제 받을 권리가 있음을 규정하고 있는바, 이는 임대차계약증서에 확정일자를 갖춘 경우에는 부동산 담보권에 유사한 권리를 인정한다는 취지이므로, 부동산 담보권자보다 선순위의 가압류채권자가 있는 경우에 그 담보권자가 선순위의 가압류채권자와 채권액에 비례한 평등배당을 받을 수 있는 것과 마찬가지로 위 규정에 의하여 우선변제권을 갖게 되는 임차보증금채권자도 선순위의 가압류채권자와는 평등배당의 관계에 있게 된다(대법원 92다30597).

◆ 가압류 ➡ 근저당 ➡ 확정일자 ➡ 강제경매 순에서 안분 후 흡수배당한 사례

> 갑 가압류(5,000만원)(14.02.10.) ➡ 을 근저당(7,000만원)(15.05.10.) ➡ 병 임차인(1억2,000만원)(15.05.25.)(전입/확정) ➡ 정이 강제경매신청(8,000만원)(15.07.30.) – 배당금액이 2억 5,000만원이고, 주택은 서울에 소재한다.

배당을 하려고 보니 갑 가압류 = 을 근저당이고, 갑 = 병이고, 갑 = 정인 관계로 동순위가 되므로 안분배당한다.

1차 안분배당(3억2,000만원 = 5,000만원 + 7,000만원 + 1억2,000만원 + 8,000만원)

① 갑 가압류 = 2억5,000만원(배당금) × $\dfrac{5,000만}{32,000만}$ = 39,062,500원(종결)

② 을 근저당 = 2억5,000만원(배당금) × $\dfrac{7,000만}{32,000만}$ = 54,687,500원

③ 병 임차인 = 2억5,000만원(배당금) × $\dfrac{1억2,000만}{32,000만}$ = 93,750,000원

④ 정 가압류 = 2억5,000만원(배당금) × $\dfrac{8,000만}{32,000만}$ = 62,500,000원

2차 흡수배당

을 근저당권은 병과 정보다 우선변제권이 있어서 흡수할 수 있는데 흡수순서는 최후순위인 정부터 흡수하고 부족한 금액은 병에서 흡수하면 된다.

② 을 근저당 = 54,687,500원(1차 안분액) + 15,312,500원(정을 흡수) = 7,000만원(종결)

3차 흡수배당

병 임차인도 정보다 선순위이므로 병의 채권액이 만족될 때까지 흡수한다.

③ 병 임차인 = 93,750,000원(1차 안분액) + 26,250,000원(정을 흡수) = 1억2,000만원(종결)

따라서 ④ 정 가압류 = 62,500,000원(1차 안분액) − 15,312,500원(을에 흡수당함) − 26,250,000원(병에 흡수당함) = 20,937,500원(종결)으로 배당이 종결된다.

04 전소유자의 가압류 또는 근저당 등이 다른 채권과 배당하는 방법

◆ 전소유자의 가압류(압류)가 있을 때 기본적으로 배당하는 방법

강감찬(전소유자) ⇨ 갑 가압류(압류) ⇨ 춘향이로 소유권이전(현소유자) ⇨ 을 가압류 ⇨ 을 강제경매 신청

① 배당순위(갑 가압류채권자가 배당요구 또는 법원이 직접 배당하여 공탁한 경우)
- 1순위 : 갑 ○○○만원(전소유자의 가압류가 우선배당)
- 2순위 : 을 ○○○만원(현소유자의 가압류가 우선배당)
- 3순위 : 춘향이 소유자 ○○○만원(배당잉여금 현소유자에게 배당)

② 배당순위(갑 가압류채권 낙찰자 인수조건으로 매각한 경우)
- 1순위 : 을 ○○○원(현소유자의 가압류가 우선배당)
- 2순위 : 춘향이 소유자 ○○○만원(배당잉여금 현소유자에게 배당)

전소유자의 갑 가압류채권은 낙찰자가 인수하게 된다.

◆ 토지별도 등기가 있을 때 기본적으로 배당하는 방법

강감찬 소유자 ⇨ 나대지에 갑 가압류 ⇨ 집합건물신축 ⇨ 집합건물에 을 가압류 ⇨ 을 강제경매 신청

① 배당순위(갑 가압류채권이 배당요구 또는 법원이 직접 배당하여 공탁한 경우)
첫 번째로, 전체 감정가액에서 토지와 건물 비율을 계산하여 매각대금에 곱해서 토지 배당금액과 건물 배당금액을 구한다.

두 번째로, 토지 배당금에서 갑 가압류 ○○○만원을 우선 배당 후 잔여금을 가지고 이를 토지의 경매대가로 정하게 된다(∵ 나대지상에 설정 등기된 선순위근저당권자, 선순위가압류채권자 등에 대해서 재개발·재건축으로 관리처분 후 신축된 집합건물은 이들 권리에 대항

할 수 없다. 선순위근저당권·선순위가압류채권 등이 설정 등기된 후 토지가 신축된 대지권으로 등기되었더라도 이들 권리에 대항하지 못한다. 그리고 근저당권·가압류채권 등의 권리가 설정등기 되고 건물 등이 신축되었으므로 법정지상권도 성립되지 않는다).

세 번째로, 토지 경매대가(선순위 갑가압류채권 공제 후)와 건물 경매대가(최초 건물배당금액)에서 토지와 건물비율을 계산 공동담보권자 등에게 곱하여 우선순위에 따라 배당하면 된다. 1순위 : 갑 가압류 채권금액 ○○○원(갑 가압류 채권자가 채권액 중 신축된 전유부분의 대지권 비율만큼 배당요구한 경우), 2순위 : 을 가압류 ○○○원, 3순위 : 강감찬 소유자 ○○○원(배당잉여금)

② 배당순위(갑 가압류채권을 낙찰자인수 조건으로 매각한 경우)
• 1순위 : 을 가압류 ○○○원(집합건물의 을 가압류가 우선배당),
• 2순위 : 강감찬 소유자 ○○○만원(배당잉여금 소유자에게 배당)
전소유자의 갑 가압류채권은 낙찰자가 인수하게 된다.
그리고 갑 가압류채권자(토지별도등기)는 낙찰자 인수하게 된다.

◆ 전소유자의 가압류와 임차인 등이 있을 때 현소유자의 채권자와 배당하는 방법

> 이정민 가압류(3,000만원)(2013.02.10.) ⇨ 박소영 임차인(6,000만원)(전입신고 2013.06.05.) ⇨ 정미영 임차인(7,000만원)(전입/확정일자 2013.08.20.) ⇨ 이순신으로 소유권이전등기(2014.01.15.) ⇨ 기업은행 근저당(8,400만원)(2014.01.15.) ⇨ 박소영 임차인(확정일자 2014.03.10.) ⇨ 기업은행 임의경매신청(2014.05.10.) ⇨ 강서구청 당해세(교부청구 250만원) -매각대금 2억3,850만원, 주택 서울 소재

이 배당사례는 Chapter10의 04에서 (3) 전소유자 채권자와 현소유자 채권자들이 혼재해 있을 때 배당한 사례(222~224쪽)에 있으므로 중복을 피하기 위해 생략하였으니 연습문제로 풀어보고 그 해답은 이 내용을 확인하기 바란다.

◆ **전소유자의 근저당권자 등이 있을 때 현소유자의 채권자와 배당하는 방법**

배당실무에서 전소유자의 근저당권은 임차인의 소액보증금 중 일정액에 대해서는 우선하지 못하나, 근로자의 최우선변제금과 일반임금, 그리고 당해세, 법정기일이 앞선 조세채권 등에 대해서는 우선한다고 보고 배당표를 작성하고 있다.

> 이도령(전소유자) ⇨ 국민은행 근저당권(3,000만원) 2014.01.10. ⇨ 춘향이로 소유권이전(현소유자) ⇨ 이명기 임차인(9,500만원 전입/확정일자) ⇨ 강서세무서 압류(3,000만원, 당해세 아님) ⇨ 강감찬 가압류(780만원, 임금 최우선변금) ⇨ 강서세무서 공매신청 ⇨ 강서구청 당해세(교부청구 200만원) - 주택이 서울 소재하고 배분금이 1억3,980만원인 경우

- 1순위로 이명기 임차인 최우선변제금 3,200만원
- 2순위로 국민은행 3,000만원
- 3순위로 강감찬 임금 최우선변제금 780만원
- 4순위로 강서구청 당해세 200만원
- 5순위로 이명기 확정일자 6,300만원(강서세무서 법정기일보다 확정일자가 빠름)
- 6순위로 강서세무서 500만원으로 배분이 종결된다.

> 🏠 **알아두면 좋은 판례**
>
> ❶ 사용자가 재산을 취득하기 전에 설정된 근저당권에 대해서 임금 최우선변제금이라도 우선하지 못한다(대법원 2002다65905 판결).
> ❷ 저당권설정자가 체납이 없는 상태에서 사망한 경우, 그 상속인에 대하여 부과된 상속세가 당해세에 해당하는지 여부(소극)(대법원 96다55204 판결).
> ❸ 양수인인 제3자에 대하여 부과한 국세 또는 지방세를 법정기일이 앞선다거나 당해세라 하여도 전소유자의 근저당권에 우선하지 못한다(대법원 2004다51153 판결).

05. 배당순위가 상호모순관계(A=B, B>C, C>A)에서 순환흡수 배당

◆ 배당순위가 충돌할 때(A=B, B>C, C>A) 순환흡수 배당 절차

　배당받을 채권자들 사이에 배당순위가 고정되지 아니하여 채권자들 사이에 우열관계가 상대에 따라 변동되거나 순위가 상호모순관계에 있는 경우에는 1차적으로 각 채권자의 채권액을 기초로 안분배당하고, 2차적으로 흡수할 수 있는 선순위 채권자가 자신의 채권액 중 1차로 안분배당 받지 못한 금액(안분부족액)을 자기보다 열후한 채권자의 1차안분배당액으로부터 자기채권이 만족할 때까지 흡수하는 절차를 진행하면 된다.

> **안분 후 흡수 배당설**
>
> 배당받을 채권자들 사이에 배당순위가 고정되지 아니하여 채권자들 사이에 우열관계가 상대에 따라 변동되거나 배당순위가 상호모순관계에 있는 경우에는 모두를 동순위로 취급하여 각 채권자의 채권액에 비례하여 안분배당 후(1차 안분배당), 각각 자신의 채권액 중 1차로 안분배당 받지 못한 금액(안분부족액)에 달할 때까지 자신에게 열후하는 채권자의 1차안분배당액으로부터 흡수하는 배당을 해야 한다(2차 흡수배당 절차). 판례와 실무 모두 이 안분 후 흡수설을 따르고 있다.

◆ 선순위채권자가 자기보다 열후한 채권을 흡수하는 방법

　흡수할 자(흡수권자)가 수인(다수)일 때 선순위채권자가 먼저 흡수한다. 그리고 그 다음 우선순위자가 흡수하는 절차를 밟게 된다.
　흡수할 자(흡수권자)가 동순위이면 흡수권자의 채권액에 비례하여 안분 흡수한다.

◆ 열후한 채권자(후순위채권자)가 흡수당하는 순서

　흡수당할 자(피흡수자)가 수인일 때 후순위자로부터 먼저 흡수한다. 피흡수자가 흡수당하는 순서는 가장 열후한 피흡수자로부터 흡수하되, 가장 열후한 피흡수자의 흡수한도(피흡수자의 1차 안분배당 받은 금액) 내에서 흡수하지 못한 금액은 그다음 열후한 피흡수자로부터 차례로 흡수권자의 채권액을 만족할 때까지 흡수하는 절차를 거치게 된다. 다만 피흡수자가 동순위일 경우에는 피흡수자의 채권액에 비례하여 안분 흡수한다.

◆ 흡수권자의 흡수한도와 흡수당했던 자가 흡수하는 방법

① <u>흡수권자의 흡수한도는</u> 흡수권자의 채권액에서 1차로 안분배당 받은 금액을 공제한 금액으로 피흡수자의 1차 안분금액 내에서만 흡수할 수 있다. 참고로 피흡수자가 선순위 채권자에게 이미 1차 안분액에서 흡수당한 경우 이 금액을 공제한 잔액만을 가지고 후순위 흡수권자가 흡수할 수 있다. 반대로 피흡수자가 피흡수자보다 열후한 자에 대한 흡수가 있어서 1차 안분배당액보다 증가한 금액이 있다해도 흡수권자의 흡수는 피흡수자의 1차안분배당액을 한도 내에서만 흡수할 수 있다. 흡수권자는 단 1회의 흡수만 가능하고 반복하여 계속 흡수할 수 없다. 그러나 피흡수자는 흡수권자가 다수이면 그 다수의 흡수권자마다 1회씩 흡수당할 수 있다.

② <u>흡수당했던 자가 흡수할 때</u> 흡수당한 부분을 공제한 나머지 부분만 흡수한다(흡수당한 부분은 일단 배당받은 것이므로 즉 1차 안분배당액을 선순위채권자에게 흡수당해서 1차안분배당액을 보유하지 못하게 된 것까지 후순위채권자에게 흡수하게 된다면 이는 이중배당으로 볼 수 있기 때문이다). 후순위 흡수권자가 자기보다 선순위 흡수권자에게 흡수당하여 자기 채권의 부족액이 증가되었더라도 후순위 채권자로부터 흡수할 수 있는 금액은 자기 채권 부족액 전부를 흡수할 수 있는 것이 아니라 당초 흡수한도(흡수한도＝본래청구채권액－1차안분액), 즉 안분부족액만을 흡수할 수 있다.

연습 01 조세채권 때문에 순위가 상호모순관계인 경우 배당방법

> 갑 가압류(2,500만원)(13.02.20.) ⇨ 을 근저당(6,500만원)(13.04.10.) ⇨ 병 조세압류(3,000만원)(압류 14.01.10. 법정기일 13.07.10. 당해세가 아님) ⇨ 정 가압류(4,500만원)(2014.03.10.) ⇨ 을 임의경매 신청(6,500만원)(2015.01.30.) － 매각대금 1억2,200만원, 주택은 서울에 소재한다.

이러한 경우에는 갑은 을·정과는 동순위이고, 병보다는 후순위이다. 을은 갑과는 동순위이나 병과 정보다는 우선한다. 병은 을보다는 후순위이나 갑과 정보다는 우선하므로 순위가 상호모순되는 관계에 있다.

이러한 경우 배당은 1차 동순위로 각 채권자의 채권액을 비례하여 안분배당하고, 2차로 후순위채권자의 1차 안분배당액을 자기채권이 만족할 때까지 흡수하면 된다.

배당할 금액 1억1,950만원(매각대금 1억2,200만원 - 경매비용 250만원)을 가지고, 1차로 동순위로 각자의 채권액 비례해서 안분배당하게 된다(채권 합계금액은 1억6,500만원이다).

1차 동순위로 안분배당

① 갑 가압류 = 1억1,950만원 × $\frac{2,500만원}{1억6,500만원}$ = 18,106,061원

② 을 근저당 = 1억1,950만원 × $\frac{6,500만원}{1억6,500만원}$ = 47,075,757원

③ 병 조세 = 1억1,950만원 × $\frac{3,000만원}{1억6,500만원}$ = 21,727,273원

④ 정 가압류 = 1억1,950만원 × $\frac{4,500만원}{1억6,500만원}$ = 32,590,909원

2차 흡수배당 절차

갑 가압류는 흡수할 수 있는 지위에 있지 못하는 채권이므로, 흡수할 수 있는 지위에 있는 채권자(을, 병) 중에서 선순위인 을이 먼저 흡수하고, 그 다음 병이 흡수하는 절차로 진행하면 된다.

흡수금액은 1차 안분배당에서 배당 받지 못한 금액 내에서 후순위자들의 1차 안분배당금 내에서만 흡수하면 된다.

② 을 근저당 = 47,075,757원(1차안분액) + 17,924,243원(④에서 흡수) = 6,500만원(종결)

3차 흡수배당 절차

병 조세채권이 흡수하는 방법에도 두 가지로 나누어 볼 수 있다.
첫 번째로 갑과 정이 동순위관계에 있지만 ① 갑 가압류가 ② 을 근저당권에 대해서 처분금지효력이 있어서 동순위관계에 있고, ② 을 근저당권보다 후순위인 ④ 정 가압류는 갑보다 열후하다. 따라서 정이 먼저 흡수당하고, 그다음 갑이 흡수당하는 순서로 진행하는 방법이다.

③ 병 조세 = 21,727,273원(1차안분액)+8,272,727원(④를 흡수함) = 3,000만원(종결)

따라서 ④ 정 가압류 = 32,590,909원(1차안분액) - 17,924,243원(을에 흡수당함) - 8,272,727원(병에 흡수당함) = 6,393,939원(종결)

① 갑 가압류 = 18,106,061원(1차안분액) - 0원(병에 흡수당함) = 18,106,061원(종결)

두 번째로 갑과 정이 동순위 관계에 있으므로 다음과 같이 안분흡수하는 방법이다.
③ **병 조세** = 21,727,273원(1차안분액)+8,272,727원(①4,570,462원+④3,702,265원을 흡수함) = 3,000만원(종결)

> **갑과 정이 병에게 흡수당하는 금액 계산방법**
> 안분할 때 정하는 비율은 갑은 1차안분액, 정은 1차안분액에서 을에 흡수당한 금액을 공제하고 계산해야 한다.
>
> 갑 = 8,272,727원(흡수당할 금액) × $\frac{18,106,061원}{32,772,727원}$ = 4,570,462원
>
> 정 = 8,272,727원(흡수당할 금액) × $\frac{14,666,666원}{32,772,727원}$ = 3,702,265원

① **갑 가압류** = 18,106,061원(1차안분액) - 4,570,462원(병에 흡수당함) = 13,535,599원
④ **정 가압류** = 32,590,909원(1차안분액) - 17,924,243원(을에 흡수당함) - 3,702,265원(병에 흡수당함) = 10,964,401원(종결)으로 배당이 종결된다.

이러한 사례에서도 첫 번째 방법으로 배당해야 한다는 것이 사견이다. 왜냐하면 갑 가압류의 처분금지효가 후순위 가압류권자에게 미치지 않는다고 하더라도 후순위채권보다 우선변제권 있는 근저당권에 미치고 있는 한 분명 ④ 정 가압류채권은 열후하다고 판단할 수 있기 때문이다.

연습 02 가압류와 근저당, 공과금 등으로 상호모순관계에서 순환흡수 배당

> 갑 가압류500만원(13.03.10.) ⇨ 을 근저당300만원(13.05.10.) ⇨ 병 건강보험료 압류(400만원)(압류 15.05.30. 납부기한 14.03.10.) ⇨ 정 가압류100만원(14.10.15.) ⇨ 을 임의경매 신청(2015.11.30.) - 매각대금이 800만원, 주택은 서울에 소재한다.

이 사례에서 갑은 을·정과 동순위이고, 병보다는 후순위가 된다.

을은 갑과 동순위나 병과 정보다는 선순위가 된다. 병은 을보다는 후순위가 되나 갑과 정보다는 선순위가 된다. 정은 갑과 동순위가 되나 을·병보다 후순위가 된다. 따라서 이들은 순

위가 상호모순되는 관계에 있다. 이러한 경우 배당은 1차 동순위로 각 채권자의 채권액을 비례하여 안분배당하고, 2차로 후순위채권자의 1차 안분배당액을 자기채권이 만족할 때까지 흡수하면 된다.

배당할 금액 700만원(매각대금 800만원 - 경매비용 100만원)을 가지고, 1차로 동순위로 각자의 채권액 비례해서 안분배당하게 된다(채권 합계금액은 1,300만원이다).

1차로 동순위로 안분배당하면

① **갑 가압류** = 700만원(배당액) × $\frac{500만원}{1,300만원}$ = 269.[23] = 269만원

② **을 근저당** = 700만원(배당액) × $\frac{300만원}{1,300만원}$ = 161.[53] = 162만원

③ **병 건강보험** = 700만원(배당액) × $\frac{400만원}{1,300만원}$ = 215.[35] = 215만원

④ **정 가압류** = 700만원(배당액) × $\frac{100만원}{1,300만원}$ = 53.[84] = 54만원

2차로 흡수배당하면

갑 가압류는 흡수할 수 있는 지위에 있지 못하는 채권이므로, 흡수할 수 있는 지위에 있는 채권자 중에서 선순위 을은 병보다 선순위이므로 을이 먼저 흡수하고 나서 병이 흡수한다. 흡수금액은 1차 안분배당에서 배당 받지 못한 금액 내에서 후순위자들의 1차 안분배당금 내에서만 흡수한다.

② **을 근저당** = 162만원(1차안분액) + 138만원[54만원(정의 가압류를 흡수) + 84만원(병을 흡수)] = 300만원(종결).

3차로 흡수배당하면

③ **병 건강보험** = 215만원(1차안분액) - 84만원(을에 흡수당함) + 185만원[0(정을 흡수) + 185만원(갑을 흡수)] = 316만원(종결).

① **갑 가압류** = 269만원(1차안분액) - 185(병에 흡수당함) = 84만원(종결).

④ **정 가압류** = 54만원(1차안분액) - 54만원(을에 흡수당함) = 0원(종결)이 된다.

따라서 최종적인 결과는 갑 = 84만원, 을 = 300만원, 병 = 316만원, 정 = 0원이 된다.

연습 03 가압류와 임차권, 근저당, 조세채권으로 상호모순관계에서 순환흡수 배당

> 갑 가압류(4,500만원)(2013.01.20.) ⇨ 을 임차인(7,200만원)(전입/확정일자 2013.04.10.) ⇨ 병 근저당(3,500만원)(2014.02.30.) ⇨ 정 조세압류(3,000만원)(압류 2014.10.25. 법정기일 2014.03.10. 당해세 아님) ⇨ 무 가압류(2,000만원)(14.10.15.) ⇨ 병 임의경매 신청(2015.01.20.) – 매각대금이 1억3,400만원이고, 주택은 서울에 소재. 배당 시점은 2016.01.20.이다.

배당할 금액 1억3,200만원(매각대금 1억3,400만원 – 경매비용 200만원)을 가지고 다음과 같이 배당하면 된다(채권 합계금액은 2억200만원이다).

1순위 : 을 임차인 3,200만원(최우선변제금 1) – 병 근저당권과 배당 시점을 기준으로 주택임대차보호법상 소액임차인(9,500만원 이하/3,200만원).

2순위부터는 나머지 배당금 1억원 가지고 배당받을 우선순위를 정리해 보면,

> ① 갑 가압류는 ①=②, ①=③, ①<④이고, ①=⑤이다.
> ② 을 임차권은 ②=①이고, ②>③·④·⑤이다.
> ③ 병 근저당권은 ③=①이고, ③<②이고, ③>④·⑤이다.
> ④ 정 조세채권은 ④①·⑤이고, ④<②·③이다.
> ⑤ 무 가압류는 ⑤=①이고, ⑤<②·③·④인 관계가 된다.

이와 같이 배당순위에 있어서 상호모순관계가 되어 1차 안분배당하고, 2차로 순환흡수배당절차를 거쳐야 한다. 흡수배당방법은 앞에서 자세히 설명하였으므로 여기서는 배당표만 작성하기로 한다(잔여채권 합계금액은 1억7,000만원이다).

1차로 동순위로 안분배당하면

① 갑 가압류 = 1억원 × $\dfrac{4,500만원}{1억7,000만원}$ = 26,470,588.[23] = 26,470,588원

② 을 임차인 = 1억원 × $\frac{4{,}000만원}{1억7{,}000만원}$ = 23,529,411.[76] = 23,529,412원

③ 병 근저당권 = 1억원 × $\frac{3{,}500만원}{1억7{,}000만원}$ = 20,588,235.[29] = 20,588,235원

④ 정 일반조세 = 1억원 × $\frac{3{,}000만원}{1억7{,}000만원}$ = 17,647,058.[82] = 17,647,059원

⑤ 무 가압류 = 1억원 × $\frac{2{,}000만원}{1억7{,}000만원}$ = 11,764,705.[88] = 11,764,706원

2차로 흡수배당 절차

① **갑 가압류** 26,470,588원을 제외하고 나서(갑 가압류권자는 흡수할 수 있는 채권이 아니므로), 흡수할 수 있는 채권자 중에서 선순위인 ② 을이 먼저 흡수하는데 이는 흡수순서는 선순위가 먼저 흡수하고 나서 그 다음 후순위가 흡수하는 절차를 거치고 흡수당하는 자는 제일 열후한 자부터 흡수당한다. 흡수당했던 자가 흡수할 경우 흡수한 금액에서 흡수당한 금액을 공제해야 한다.

② **을 임차인** = 23,529,412원(1차안분액) + 16,470,588원(흡수금액은 1차 안분배당 받지 못한 금액 16,470,588원을 한도로 후순위채권자들의 1차 안분배당금 한도 내에서만 흡수한다. 따라서 제일 후순위인 ⑤ 11,764,706원을 먼저 흡수하고, 그다음 후순위인 ④ 정에서 4,705,882원을 흡수한다) = 4,000만원(종결).

따라서 ⑤ 무 가압류 = 0원이 되고, ④ 정 일반조세 = 17,647,059원(1차안분액) - 4,705,882원(②에 흡수당함) = 12,941,177원이다.

3차 흡수배당 절차

③ **병 근저당권** = 20,588,235원(1차안분액) + 12,941,177원(병은 1차 안분배당 받지 못한 금액 14,411,765원을 한도로 하여 후순위자들의 1차안분배당금 한도 내에서만 흡수할 수 있다. 그런데 무=0원, 정=12,941,177원의 배당금밖에 없어서 이를 모두 흡수한다) = 33,529,412원(종결).

따라서 정 일반조세 = 12,941,177원 - 12,941,177원(③에 흡수당함) = 0원이다.

4차 흡수배당 절차

④ **정 일반조세** = 17,647,059원(1차 안분액) - 4,705,882원(②에 흡수당함) - 12,941,177원(③에 흡수당함) + 12,352,941원(정은 1차안분배당 받지 못한 금액

12,352,941원을 한도로 하여 후순위 채권자들의 안분배당금을 한도로 흡수할 수 있다. 이때 후순위채권자들은 무=0원, 갑=26,470,588원이므로 갑에서만 흡수할 수 있다) = 12,352,941원(종결).

따라서 ① **갑 가압류** = 26,470,588원(1차 안분액) – 12,352,941원(④에 흡수당함) = 14,117,647원(종결)이 된다.

따라서 최종배당결과는 가) 갑 가압류 = 14,117,647원(2), 나) 을 임차권 = 3,200만원(1)+4,000,만원(2) = 7,200만원, 다) 병 근저당권 = 33,529,412원(2), 라) 정 일반조세 = 12,352,941원(2), 마) 무 가압류 = 0원(2)이 된다.

 06 배당순위가 충돌(A>B, B>C, C>A)할 때 순환흡수 배당하는 방법

◆ 배당순위가 순환관계(A>B, B>C, C>A)에서 순환흡수 배당 절차

배당받을 채권자들 사이에 배당순위가 고정되지 아니하여 채권자들 사이에 우열관계가 상대에 따라 변동되는 경우에는 1차로 모두를 동순위로 취급하여 각 채권자의 채권액에 비례하여 안분배당하고, 2차적으로 흡수할 수 있는 선순위 채권자가 자신의 채권액 중 1차로 안분배당 받지 못한 금액(안분부족액)을 자기보다 열후한 채권자의 1차안분배당액으로부터 자기채권이 만족할 때까지 흡수하는 절차를 진행하면 된다.

◆ 순환흡수 배당에서 흡수하는 방법

① 1차 안분배당에서 받지 못한 채권액(안분부족액=본래채권액 – 1차안분액)에 대하여 흡수하는 방법은 제일 열후한자의 1차 안분배당금액 한도 내에서만 흡수해야 한다.

② 흡수당했던 자가 흡수할 때 흡수당한 부분을 공제한 나머지 부분만 흡수한다(흡수당한 부분은 일단 배당받은 것이므로).

③ 흡수는 각 흡수할 채권자마다 한번으로 하고 계속적으로 반복하여서는 안 된다.

> **알아두면 좋은 내용**
>
> **배당순위가 충돌할 때 순환흡수 배당 방법**
> 순환흡수 배당 방법에 대해서는 앞의 05 배당순위가 상호모순관계(A=B, B>C, C>A)에서 순환흡수 배당(236~237쪽)에 자세하게 기술해 놓았으니 참고하기 바란다.

연습 01 당해세>근저당, 근저당>소액임차인, 소액임차인>당해세인 관계에서 배당

> 갑 근저당(7,000만원)(2010.01.10.) ⇨ 을 임차인(8,000만원)(전입신고 2012.07.30. 확정일자 없음) ⇨ 갑 임의경매 신청(2019.01.30.) ⇨ 병 당해세(2,000만원)(교부청구 2019.05.25.) - 실제 배당할 금액은 1억원, 주택은 서울에 소재한다.

(1) 배당순위 분석

> **소액임차인과 당해세는 원칙적으로 근저당권자에 우선한다.**
> 그러나 근저당 설정 당시에 소액보증금 중 일정액을 초과한 경우라면 즉 소액보증금의 범위가 변동되기 전에 설정된 저당권자에 대하여는 현행법상 소액보증금 중 일정액을 주장하지 못한다. 그렇다고 하더라도 당해세는 현행주택임대차보호법상 소액보증금 중 일정액에 대하여 우선하여 징수하지 못하므로, 이들 3자 간의 순위는 소액보증금 중 일정액>당해세, 당해세>근저당, 근저당>소액보증금 중 일정액의 순이 된다.
> 따라서 이들 3자 간에는 배당순위가 고정되지 않고, 채권자들 사이의 우열 관계가 상대에 따라 변동되는 경우로 순환흡수 배당을 해야 한다.

이 사례에서는 갑 근저당권>을의 최우선변제금 3,700만원이고(2018. 09. 18.~ 현재, 주택임대차보호법상 소액보증금 중 일정액), 을의 최우선변제금 3,700만원>병 당해세이고, 병 당해세>갑 근저당이 되어 3자 사이에 순환관계가 성립된다.

따라서 배당할 금액 1억원을 가지고 1차 안분배당하고, 2차로 순환흡수 배당 절차를 거쳐야 한다. 흡수배당방법은 앞에서 자세히 설명하였으므로 여기서는 배당표만 작성하기로 한다(채권 합계금액은 1억2,700만원 중 배당에 참여할 수 있는 채권은 1억원이다).

(2) 1차로 동순위로 안분배당하면

① **병 당해세** = 1억원(배당금) × $\dfrac{2{,}000만원}{12{,}700만원}$ = 15,748,032원

② **갑 근저당** = 1억원(배당금) × $\dfrac{7{,}000만원}{12{,}700만원}$ = 55,118,110원

③ **을 최우선변제** = 1억원(배당금) × $\dfrac{3{,}700만원}{12{,}700만원}$ = 29,133,858원

(3) 2차 순환흡수 배당 절차

이들의 관계는 배당순위가 고정되지 않고 채권자들 사이의 우열 관계가 상대에 따라 변하므로, 흡수권자인 동시에 피흡수자가 되어 순환흡수하게 된다.

① **병 당해세** = 15,748,032원(1차 안분액) + 4,251,968원(②에서 흡수) − 7,866,142원(③에 흡수당함) = 12,133,858원

② **갑 근저당** = 55,118,110원(1차 안분액) − 4,251,968원(①에 흡수당함) + 14,881,890원(③에서 흡수) = 65,748,032원

③ **을 최우선변제** = 29,133,858원(1차 안분액) − 14,881,890원(②에 흡수당함) + 7,866,142원(①에서 흡수) = 22,118,110원으로 배당이 종결된다.

연습 02 당해세 ⇨ 근저당 ⇨ 소액임차인으로 배당순위가 순환관계에 있을 때 배당한 사례

> 갑 근저당(8,000만원)(13.05.10.) ⇨ 을 임차인(9,000만원)(전입/확정 15. 05.10.) ⇨ 병 가압류(5,000만원)(16.04.20.) ⇨ 갑 임의경매 신청(8,000만원)(18.06.30.) ⇨ 정 당해세(3,000만원)(교부청구 18.09.25.)
> − 매각대금 1억3,300만원, 주택은 서울에 소재한다(배당기일은 2019.04.20.)

배당순위가 서로 물고 물리는 순환관계에 있어서 그 관계를 쉽게 이해할 수 있도록 정리해보기로 하자!

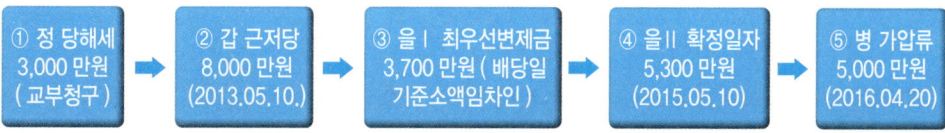

> **소액임차인은 당해세와 조세, 가압류 등에 항상 우선한다**
>
> 소액임차인과 당해세는 원칙적으로 근저당권자에 우선하는 우선특권자이다. 그러나 근저당권 설정 시에 소액보증금 중 일정액을 초과한 경우라면 즉 소액보증금의 범위가 변동되기 전에 설정된 근저당권자에 대하여는 현행법상 소액보증금 중 일정액을 주장하지 못한다. 그렇다고 하더라도 당해세나 조세, 공과금, 그리고 가압류 등의 채권자는 현행주임법상(또는 배당 시점을 기준으로) 소액보증금 중 일정액에 대하여 우선하여 징수하지 못하므로, 이들 3자 간의 순위는 소액보증금 중 일정액>당해세, 당해세>근저당권자, 근저당권자>소액보증금 중 일정액의 순이다.
> 그리고 자기의 소액임차보증금 중 일정액은 자기의 확정일자보다 우선한다는 것이다.

이 사례는 다음과 같이 배당순위가 고정되지 않고 채권자들 사이의 우열 관계가 상대에 따라 변동되고 있다.

① 정 당해세는 ①>②, ①<③, ①>④, ①>⑤이고,
② 갑 근저당은 ②<①, ②>③, ②>④, ②>⑤이고,
③ 을Ⅰ 최우선변제금은 ③>①, ③<②, ③>④, ③>⑤이고,
④ 을Ⅱ 확정일자는 ④<①, ④<②, ④<③, ④>⑤이고,
⑤ 병 가압류는 ⑤<①, ⑤<②, ⑤<③, ⑤<④인 관계에 있다.

따라서 ①과 ②, ③은 ④와 ⑤보다 선순위이므로 이들을 먼저 배당하게 되는데, ① 정 당해세와 ② 갑 근저당, ③ 을Ⅰ 최우선변제금은 딱히 선순위가 없고 서로 물고 물리는 순환관계에 있어서 배당할 금액 1억3,000만원(매각대금 1억3,300만원 − 경매비용 300만원)을 가지고, 다음과 같이 순환흡수 배당을 해야 한다(채권 합계금액은 1억4,700만원이다).

1차적으로 동순위로 안분배당하면

① 정 당해세 = 1억3,000만원 × $\dfrac{3{,}000만원}{1억4{,}700만원}$ = 26,530,612.24 = 26,530,612원

② 갑 근저당 = 1억3,000만원 × $\dfrac{8{,}000만원}{1억4{,}700만원}$ = 70,748,299.31 = 70,748,299원

③ 을Ⅰ 최우선변제금 = 1억3,000만원 × $\dfrac{3{,}700만원}{1억4{,}700만원}$ = 32,721,088.43 = 32,721,089원

2차적으로 순환흡수하면

2차적으로 후순위자의 안분액을 흡수함에 있어서 흡수할 금액은 자신의 채권액 중 1차적

으로 안분배당 받지 못한 부족금액과 1차적으로 후순위자에게 안분된 금액을 각 한도로 하고, 또한 흡수는 각 흡수한 채권자마다 한번으로 종결시켜야하고 다시 위와 같은 절차를 반복해서는 안 된다.

그리고 흡수하는 방법은 우선변제권 있는 채권자 중에서 선순위자가 먼저 흡수하고 그 다음 선순위자가 흡수하는 절차로 진행하지만, 이 사례와 같이 순위가 서로 물고 물리는 순환관계에 있어서는 딱히 선순위가 없기 때문에 ①과 ②, ③ 채권자 중에서 어떤 채권자가 먼저 흡수절차를 진행해도 똑 같은 결과를 낳게 된다.

따라서 ①과 ②, ③ 상호간에서 그 우선순위에 따라 흡수권자인 동시에 흡수당하는 절차를 진행하면 되므로, 1차로 안분배당 받은 순서로 2차 흡수절차를 진행하면 다음과 같이 된다.

① 정 당해세 = 26,530,612원(1차안분액)+3,469,388원(② 갑을 흡수)-4,278,911원(③ 을Ⅰ에 흡수당함) = 25,721,089원(종결)

② 갑 근저당 = 70,748,299원(1차안분액)-3,469,388원(① 정에 흡수당함)+9,251,701원(③ 을Ⅰ을 흡수) = 76,530,612원(종결)

③ 을Ⅰ 최우선변제금 = 32,721,089원(1차안분액)-9,251,701원(② 갑에 흡수당함)+4,278,911원(① 정을 흡수) = 27,748,299원(종결)

김선생의 핵심체크

확정일자 임차인들이 소액임차인의 지위를 겸하는 경우, 그 배당방법

대항요건과 확정일자를 갖춘 임차인들이 주택임대차보호법 제8조 제1항에 의하여 보증금 중 일정액의 보호를 받는 소액임차인의 지위를 겸하는 경우, 먼저 소액임차인으로서 보호받는 일정액을 우선 배당하고 난 후의 나머지 임차보증금채권액에 대하여는 대항요건과 확정일자를 갖춘 임차인으로서의 순위에 따라 배당을 하여야 하는 것이다(대법원 2007. 11. 15. 선고 2007다45562 판결).

연습 03 공과금 ⇨ 근저당 ⇨ 조세로 배당순위가 순환관계에 놓이게 된 사례

갑 공과금 압류(4,000만원)(압류 2014.05.30. 납부기한 2011년01월~2013년12월까지) ⇨ 을 근저당(5,000만원)(14.03.10.) ⇨ 병 조세 압류(6,000만원)(압류 15.01.10. 법정기일 14.06.10. 당해세 아님) ⇨ 을 임의경매 신청(15.05.30.) - 매각대금 1억700만원, 주택은 서울에 소재한다.

배당순위를 보면 갑>을이고, 을>병이고, 병>갑의 순서가 된다.

따라서 갑, 을, 병은 서로 물고 물리는 순환관계에 있어서 배당할 금액 1억500만원(매각대금 1억700만원 – 경매비용 200만원)을 가지고, 다음과 같이 순환흡수 배당을 해야 한다(채권 합계금액은 1억5,000만원이다).

1차적으로 동순위로 안분배당하면

① **갑 공과금** = 1억500만원 × $\dfrac{4,000만원}{1억5,000만원}$ = 28,000,000원

② **을 근저당** = 1억500만원 × $\dfrac{5,000만원}{1억5,000만원}$ = 35,000,000원

③ **병 조세채권** = 1억500만원 × $\dfrac{6,000만원}{1억5,000만원}$ = 42,000,000원

2차적으로 순환흡수하면

2차적으로 후순위자의 안분액을 흡수함에 있어서 흡수할 금액은 자신의 채권액 중 1차적으로 안분배당 받지 못한 부족금액과 1차적으로 후순위자에게 안분된 금액을 각 한도로 하고, 또한 흡수는 각 흡수한 채권자마다 한번으로 종결시켜야하고 다시 위와 같은 절차를 반복해서는 안 된다.

그리고 흡수방법은 우선변제권 있는 채권자 중에서 선순위자가 먼저 흡수하고 그 다음 선순위자가 흡수하는 절차로 진행하지만, 이 사례와 같이 순위가 서로 물고 물리는 순환관계에 있어서는 딱히 선순위가 없기 때문에 ①과 ②, ③ 채권자 중에서 어떤 채권자가 먼저 흡수절차를 진행해도 똑같은 결과를 낳게 된다. 그래서 편의상 1차 안분배당한 순서대로 흡수절차를 진행한 것이다.

따라서 안분된 배당금을 갖고 2차적으로 순환흡수하면 다음과 같다.

① **갑 공과금** = 2,800만원(1차안분액) + 1,200만원(을 1차안분액에서 흡수) – 1,800만원(병에 흡수당함) = 2,200만원(종결)

② **을 근저당** = 3,500만원(1차안분액) – 1,200만원(갑에 흡수당함) + 1,500만원(병 1차안분액에서 흡수) = 3,800만원(종결)

③ **병 조세채권** = 4,200만원(1차안분액) – 1,500만원(을에 흡수당함) + 1,800만원(갑 1차안분액에서 흡수) = 4,500만원(종결)으로 배당이 종결된다.

Chapter 12

경매정보사이트에서 입찰할 물건을 찾아 권리분석하는 방법

01 경매물건은 어떻게 정보를 취득하나?

경매물건을 찾는 방법은 크게 두 가지로 나누어 볼 수 있다. ① 법원에서 운영하고 있는 법원경매정보인터넷사이트(www.courtauction.go.kr)와 ② 사설경매정보회사가 운영하고 있는 사설경매정보사이트로 대표적인 곳은 옥션원(www.auction1.co.kr)(구 굿옥션 상호변경), 지지옥션(www.ggi.co.kr), 부동산태인(www.taein.co.kr), 스피드옥션(www.speedauction.co.kr), 탑옥션(www.topauction.co.kr), 경매락(www.leadersauction.com)(구 리더스옥션 상호 변경) 등이 있고 이 밖에도 많은 경매정보 사이트들이 있다.

첫 번째로 법원에서 운영하고 있는 법원경매정보인터넷사이트는 무료로 제공되고 있어서 비용을 들이지 않고 정보를 제공 받을 수 있다는 장점이 있지만, 정보가 종합적으로 분석되어 있지 않아 이용자 스스로 정보를 종합적으로 분석할 수 있는 능력이 필요하다. 그래서 필자는 다음 02 법원경매정보사이트에서 투자대상 물건을 찾는 방법을 통해서 입찰대상물건을 찾아 정보를 종합적으로 분석할 수 있는 능력을 키울 수 있도록 기술했다. 이 사이트는 법원경매정보이기 때문에 공신력이 있고, 무료로 물건을 찾아 입찰에 참여할 수 있다는 장점이 있다.

두 번째로 사설정보회사 등의 경매정보사이트를 이용하는 방법은 유료로 제공되고 있어서 이용하려면 별도의 비용이 필요하다. 하지만, 경매정보를 종합적으로 분석해 놓아서 이용자들이 정보를 분석하는 과정에서 많은 도움을 주고 있다. 그래서 경매로 재테크를 하는 분들은 대부분 이 사설정보회사가 운영하고 있는 경매정보사이트 중 하나를 선택해서 이용하고 있다.

02 법원경매정보사이트에서 투자대상 물건을 찾는 방법

집행법원은 매각물건명세서, 현황조사보고서, 감정평가서의 사본을 일괄 편철하여 매각기일 또는 입찰개시기간 개시일 1주 전까지 사건별·기일별로 구분한 후 집행관 사무실 등에 비치함과 동시에 대법원 법원경매 사이트에 공고하고 있어서 경매대상 물건에 입찰하고자 하는 입찰자들은 대법원 법원경매정보인터넷사이트(www.courtauction.go.kr)를 검색하여 입찰대상 물건 등을 선정하고 권리분석하여 입찰에 참여할 수 있다.

◆ 법원경매정보 인터넷사이트에서 경매정보 검색 방법

법원경매정보인터넷사이트(www.courtauction.go.kr)를 검색해서 회원가입 후에 로그인하면 다음과 같은 화면이 나타난다.

이 화면에서 (1)번에서 (10)번을 클릭해서 다음과 같은 내용을 확인할 수 있다.

(1) 법원경매사이트 홈페이지에서 확인할 수 있는 전체메뉴

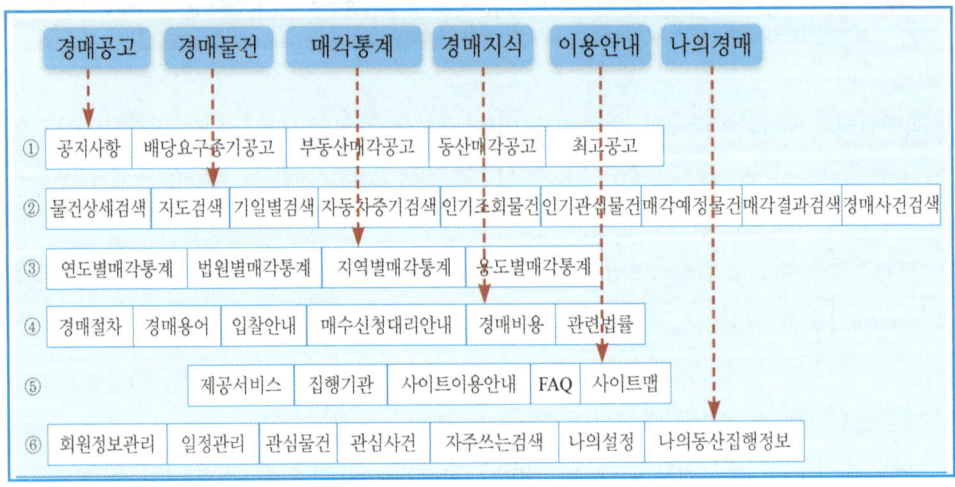

(2) 유형별 물건정보

경매물건을 유형별로 상세검색할 수 있으며 우측의 큰 화살표 아이콘 클릭시 유형을 전환할 수 있다. 플래시 내의 이미지를 클릭하면 좌상단부터 각각 주거용 건물, 상업용 건물, 자동차, 산업용건물, 토지, 임야의 상세검색 페이지로 이동한다. 또한 매달 매각가율을 플래시 전광판을 통해 확인할 수 있다.

(3) 빠른 물건검색

① 일반검색 : 부동산경매물건 또는 동산경매물건을 관할 법원 및 소재지를 선택하여 검색할 수 있다. ② 물건상세검색 : 다양한 검색조건으로 경매물건을 검색할 수 있다. ③ 지도검색 : 지도맵을 이용하여 경매물건을 검색할 수 있다. ④ 자동차/중기검색 : 자동차/중기에 특화된 검색조건으로 경매물건을 검색할 수 있다. ⑤ 경매사건검색 : 조회대상 법원과 사건번호를 입력하면 해당 경매사건을 검색할 수 있다.

(4) 용도별 물건정보

부동산 용도별 즉 아파트, 다세대주택, 근린생활시설, 단독주택, 공장, 대지, 전, 답, 임야, 도로, 자동차 등의 용도별로 경매물건을 검색할 수 있다.

(5) 다수관심물건

물건을 검색하다가 관심 있는 물건이 있으면 관심물건으로 등록해서 볼 수 있다. 등록한 관심물건을 검색하려면 상단 전체메뉴 나의경매에서 관심물건을 검색해서 확인하면 된다.

(6) 금주의 경매일정(부동산)

① 공고 : 전국 법원에 매각 공고된 경매물건(부동산)의 일정을 검색할 수 있다.
② 정정 : 전국 법원에 정정 공고된 경매물건(부동산)의 일정을 검색할 수 있다.
③ 취하/취소 : 전국 법원에 취하/취소 공고된 경매물건(부동산)의 일정을 검색할 수 있다.

(7) 금주의 경매일정(동산)

① 일반 : 전국 법원에 매각 공고된 경매물건(동산)의 일정을 검색할 수 있다.
② 조기 : 전국 법원에 조기 공고된 경매물건(동산)의 일정을 검색할 수 있다.

(8) 경매도우미

경매와 관련한 용어들을 검색할 수 있다.

(9) 최근 조회물건

최근에 조회한 경매사건 및 물건을 기록하고 있으며 바로 이동할 수 있다.

(10) 퀵링크(바로가기)

물건상세검색, 지도검색, 사이트이용안내, FAQ, 종합법률정보를 클릭하여 법원경매정보서비스의 주요메뉴로 쉽고 빠르게 이동이 가능하다.

03 사설경매정보회사의 경매정보사이트는 어떤 것이 있나?

사설경매정보회사가 운영하고 있는 경매정보사이트로 대표적인 곳은 옥션원(www.auction1.co.kr)(구 굿옥션 상호변경), 부동산태인(www.taein.co.kr), 지지옥션(www.ggi.co.kr), 스피드옥션(www.speedauction.co.kr), 탑옥션(www.topauction.co.kr), 경매락(www.leadersauction.com)(구 리더스옥션 상호 변경) 등이 있고 이밖에도 많은 경매정보 사이트 등이 있다.

<u>사설정보회사 등의 경매정보사이트를 이용하는 방법</u>은 유료로 제공되고 있어서 이용하려면 별도의 비용이 필요하다. 하지만, 경매정보를 종합적으로 분석해 놓아서 이용자들이 정보를 분석하는 과정에서 많은 도움을 주고 있다. 그래서 경매로 재테크를 하는 분들은 대부분이 사설정보회사가 운영하고 있는 경매정보사이트 중 하나를 선택해서 검색하여 입찰대상 물건 등을 선정하고 권리분석하여 입찰에 참여할 수 있다.

◆ 옥션원(구 굿옥션) 경매사이트의 홈페이지와 이용방법

(1) 옥션원 경매사이트의 홈페이지

옥션원 사이트주소 www.auction1.co.kr에 접속하면 다음과 같은 화면이 나타나게 되는데 이 화면에서 유료회원가입 후 경매정보서비스를 받을 수 있다.

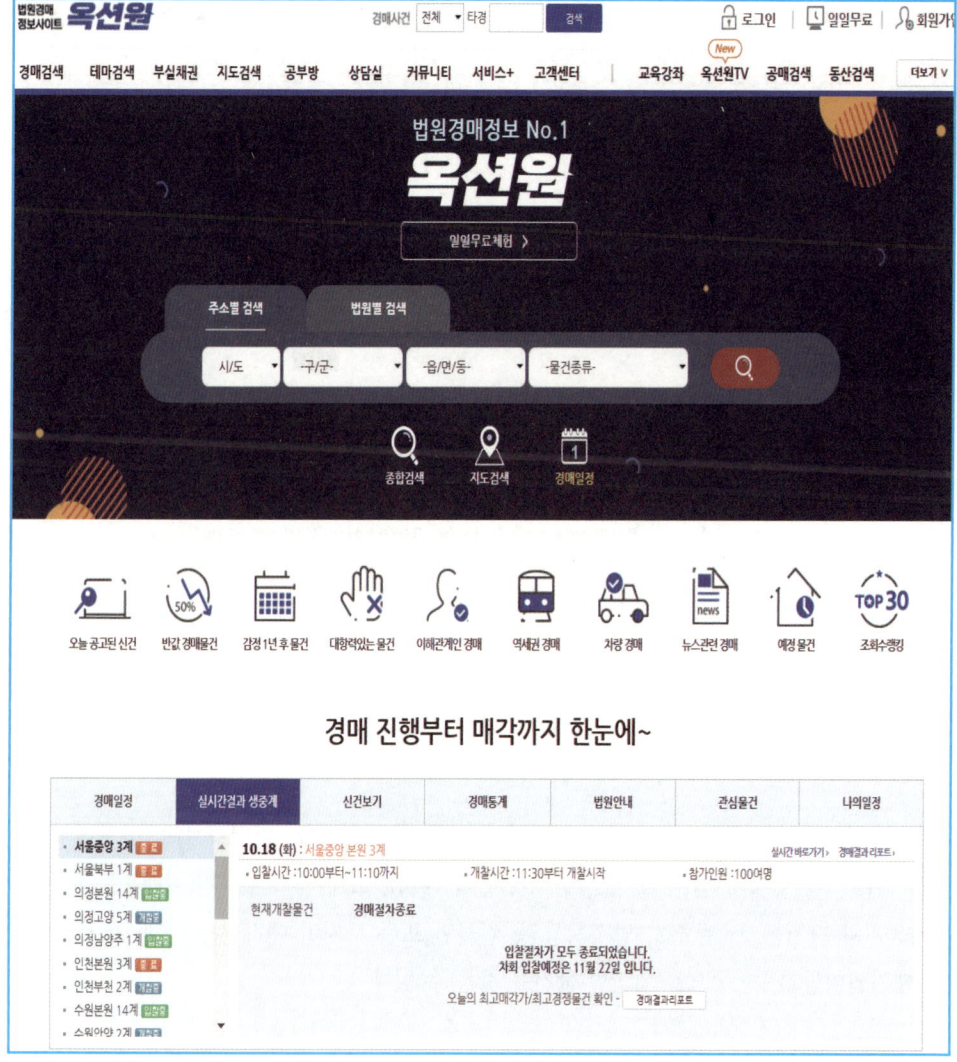

(2) 옥션원 경매사이트의 이용방법

회원아이디와 비밀번호를 입력 후 로그인하면 다음과 같은 화면이 나타난다. 이 화면에서 입찰대상 물건을 찾는 방법은 경매사건번호를 알면 사건번호를 입력해서 검색하면 되고, 모르는 경우에는 상단메뉴의 경매검색을 통해서 확인할 수 있는데, 경매검색을 클릭하면 다음과 같은 화면이 나타난다.

이 화면에서 좌측하단 카테고리를 보면 다양한 방법으로 검색할 수 있다. 종합검색, 법원별검색, 소재지별검색, 경매일정/매각결과 등이 있는데, 이 방법 중 가장 많이 이용하고 있는 방법이 물건종합검색 방법과 경매일정/매각결과 방법이다.

① 물건종합검색 방법을 선택해서 법원명과 경매계, 사건번호, 감정평가액, 물건현황, 물건의 종류, 최저매각가격, 매각기일, 면적(건물과 대지), 소재지, 특수물건(재매각물건, 선순위가등기와 가처분, 지분물건, 법정지상권, 건물만 또는 토지만 매각되는 사례, 토지별도등기, 대지권미등기 등) 등으로 입찰할 물건을 찾을 수 있다.

② 경매일정/매각결과 방법을 선택하면 전국 경매법원별로 매각을 진행하고 있는 경매가 날짜별로 한눈에 볼 수 있다. 여기서 매각기일별로 법원을 선택해서 입찰할 물건을 선택하면 된다. 이렇게 입찰대상 물건을 찾았다면 정확한 물건분석과 권리분석 후에 기대수익이 보장되는 가격으로 입찰하는 순서로 진행하면 된다.

아하, 이렇게 검색해서 우리가 입찰하고자 하는 물건을 찾아서 입찰하면 되는 것이군요.

◆ 부동산태인 경매사이트의 홈페이지와 이용방법

(1) 부동산태인 경매사이트의 홈페이지

부동산태인 사이트주소 www.taein.co.kr에 접속하면 다음과 같은 화면이 나타나게 되는데 이 화면에서 유료회원가입 후 경매정보서비스를 받을 수 있다.

(2) 부동산태인 경매사이트의 이용방법

회원아이디와 비밀번호를 입력 후 로그인하면 옥션원에서 확인했던 것과 같은 화면이 나타난다. 이 화면에서 좌측하단 카테고리를 보면 다양한 방법으로 검색할 수 있다. 종합검색, 법원별검색, 소재지별검색, 경매일정/매각결 등이 있는데, 이 방법 중 가장 많이 이용하고 있는 방법이 물건종합검색 방법과 경매일정/매각결 방법이다. 확인하는 방법은 지면상 생략했으니 옥션원에서 확인하는 방법을 참고하면 될 것이다.

옥션원사이트와 비슷하네요.

이대리

◆ 지지옥션 경매사이트의 홈페이지와 이용방법

(1) 지지옥션 경매사이트의 홈페이지

지지옥션 경매사이트 사이트주소 www.ggi.co.kr에 접속하면 다음과 같은 화면이 나타나게 되는데 이 화면에서 유료회원가입 후 경매정보서비스를 받을 수 있다.

(2) 지지옥션 경매사이트의 이용방법

회원아이디와 비밀번호를 입력 후 로그인하면 옥션원에서 확인했던 것과 같은 화면이 나타난다. 이 화면에서 좌측하단 카테고리를 보면 다양한 방법으로 검색할 수 있다. 종합검색, 법원별검색, 소재지별검색, 경매일정/매각결과 등이 있는데, 이 방법 중 가장 많이 이용하고 있는 방법이 물건종합검색 방법과 경매일정/매각결과 방법이다. 확인하는 방법은 지면상 생략했으니 옥션원에서 확인하는 방법을 참고하면 될 것이다.

경매정보 사이트를 보는 방법은 모두가 비슷하네요.

이사장님, 어느 한 사이트만 선택해서 이용하면 되겠어요.

◆ 스피드옥션 경매사이트의 홈페이지와 이용방법

(1) 스피드옥션 경매사이트의 홈페이지

스피드옥션 경매사이드 사이트주소 www.speedauction.co.kr에 접속하면 다음과 같은 화면이 나타나게 되는데 이 화면에서 유료회원가입 후 경매정보서비스를 받을 수 있다.

(2) 스피드옥션 경매사이트의 이용방법

회원아이디와 비밀번호를 입력 후 로그인하면 옥션원에서 확인했던 것과 같은 화면이 나타난다. 이 화면에서 좌측하단 카테고리를 보면 다양한 방법으로 검색할 수 있다. 종합검색, 법원별검색, 소재지별검색, 경매일정/매각결과 등이 있는데, 이 방법 중 가장 많이 이용하고 있는 방법이 물건종합검색 방법과 경매일정/매각결과 방법이다. 확인하는 방법은 지면상 생략했으니 옥션원에서 확인하는 방법을 참고하면 될 것이다.

옥션원에서 선생님이 설명한 내용을 참고해서 스피드옥션 화면을 이용하면 되는 것이네요.

지면이 부족해서 법원경매사이트와 같이 상세하게 기술하지 못했지만 유료사이트다 보니 부족한 내용은 경매정보회사 홈페이지에서 직접 확인하시기 바랍니다.

04 입찰할 물건을 찾아서 권리분석하는 방법

"사설 경매정보사이트에서 돈 되는 우량한 입찰할 물건을 찾아서 그 물건에 대한 권리분석을 해야 하는데, 이러한 권리분석은 낙찰 받았을 경우에 하자 없이 소유권을 취득할 수 있는지 또는 하자가 발생되는지 등을 먼저 분석하고, 하자가 발생되는 경우에 이를 인수하고도 수익성이 있다는 분석이 나오면 그러한 입찰가를 기준으로 입찰에 참여하면 됩니다. 그러면 경매사이트에서 물건분석을 통해 입찰대상물건을 찾아 권리분석하는 방법에 대해서 설명해 보겠으니 입찰시 여러분들도 이러한 방법으로 분석하면 될 것입니다. 자! 그럼 다음 서울시 영등포구 신길동에 있는 경매사건 2014타경00000호 입찰대상물건에 대해서 분석해 보겠습니다."

◆ 경매 입찰대상 물건정보내역

◆ 이 다세대주택을 입찰할 물건으로 선정한 이유는?

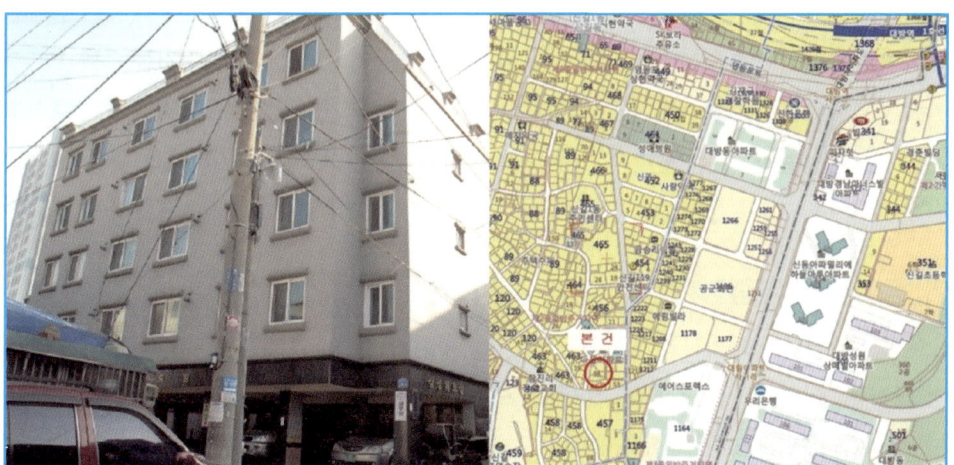

Chapter 12 경매정보사이트에서 입찰할 물건을 찾아 권리분석하는 방법

경매물건정보 내역에서 감정평가서와 사진내역 그리고 전자지도를 확인해서 분석해 본 결과 이 물건은 영등포구 신길동에 위치하고 있는 다세대주택이다.

주변에 1호선과 5호선 신길 전철역이 도보로 7분 거리에 있고, 버스 등의 대중교통이 발달해 있는 지역이다. 그리고 신길 뉴타운 재개발로 인해서 주택 등이 철거되면 이주 수요가 많이 발생할 것이고 이러한 요인은 주택가격과 전세가의 상승으로 이어질 전망이다. 주변 학군이 우수하고, 서울 중심권 어디든 30분 이내에 도달할 수 있는 훌륭한 교통여건으로 직장인이 선호하는 지역에 있는 주택이다. 그래서 그런지 이 물건은 감정가 348,000,000원 인데 4명이 입찰에 참여해서 312,900,000원에 매각되었다. 필자가 보는 주택시장은 과거 대형주택의 가치증가에서 중소형주택의 상승세로 이어지고 있는데 이러한 추세는 계속적으로 변함없이 이어질 것으로 전망한다. 왜냐하면 1인 또는 2인 가구의 증가가 계속되고 있고, 앞으로도 출생율의 저하로 인해서 노령인구는 증가되고 그에 따라 소득수준의 감소로 이어져 중소형의 가치가 증가될 수밖에 없기 때문이다. 그러므로 중소형 평형의 주택을 소비자가 선호하는 위치에 맞춰서 투자하게 된다면 새로운 소비자에게 매도해서 높은 투자수익을 올릴 수 있는 기회를 얻을 수 있다.

◆ 이 물건에 대한 권리분석은 다음과 같은 방법으로 해라!

(1) 말소기준권리를 찾고, 인수할 권리가 있는지를 확인해라!

첫 번째로 등기사항전부증명서 내역에서 1차적으로 말소기준을 찾고, 2차적으로 임차인 조사내역에서 인수할 임차인을 확인하고, 3차적으로 등기사항전부증명서(건물, 토지)과 건축물대장(위반건축물) 등의 공부열람, 그리고 법원경매정보인 매각물건명세서와 현황조사보고서, 전입세대열람, 법원의 문건/제출내역 등을 통해서 인수할 권리가 있는가를 확인해야 한다.

가) 등기사항전부증명서(건물, 토지) 열람 확인

이 경매사건에서 등기사항전부증명서 내역을 확인하니 말소기준권리는 2011.07.13. 윤소령 근저당권이다. 따라서 이 말소기준권리보다 선순위의 권리는 대항력이 있어서 경매로 소멸되지 않고, 후순위는 소멸하게 된다.

나) 매각물건명세서 열람

매각물건 명세서									🖨 인쇄
사건		2014타경00000호 부동산임의경매		매각물건번호		1		담임법관(사법보좌관)	김명식
작성일자		2015.10.13		최선순위 설정일자		2011.07.13. 근저당권			
부동산 및 감정평가액 최저매각가격의 표시		부동산표시목록 참조		배당요구종기		2015.03.09 /			

부동산의 점유자와 점유의 권원, 점유할 수 있는 기간, 차임 또는 보증금에 관한 관계인의 진술 및 임차인이 있는 경우 배당요구 여부와 그 일자, 전입신고일자 또는 사업자등록신청일자와 확정일자의 유무와 그 일자

점유자의 성명	점유부분	정보출처 구분	점유의 권원	임대차 기간 (점유기간)	보증금	차임	전입신고 일자.사업 자등록신 청일자	확정일자	배당요구 여부 (배당요구 일자)
최경민	전부	현황조사	주거 임차인	미상	230,000,000	0	2013.01.28	2013.01.28	
	본건전부	권리신고	주거 임차인	2013.01.28.-	230,000,000원		2013.01.28.	2013.01.28.	2015.03.06

〈 비고 〉

※ 최선순위 설정일자보다 대항요건을 먼저 갖춘 주택,상가건물 임차인의 임차보증금은 매수인에게 인수되는 경우가 발생할 수 있고, 대항력과 우선 변제권이 있는 주택,상가건물 임차인이 배당요구를 하였으나 보증금 전액에 관하여 배당을 받지 아니한 경우에는 배당받지 못한 잔액이 매수인에게 인수되게 됨을 주의하시기 바랍니다.

※ 등기된 부동산에 관한 권리 또는 가처분으로서 매각으로 그 효력이 소멸되지 아니하는 것
해당사항 없음

※ 매각에 따라 설정된 것으로 보는 지상권의 개요
해당사항 없음

※ 비고란

매각물건명세서를 확인해 본 결과 최경민 임차인은 말소기준 이후인 2013.01.28.대항요건을 갖추고 있어서 대항력이 없는 임차인이다. 그래서 미배당금이 발생해도 매수인이 부담하게 되는 것이 아니라 임차인이 손해를 보게 된다.

다) 집행관의 현황조사보고서와 전입세대의 열람

라) 법원의 문건/송달내역 확인

마) 건축물대장 등과 토지이용계획확인원 확인

위반건축물 여부 등에 따라 이행강제금이 부과될 수 있다. 그리고 건축제한 등으로 인해서 예상치 못했던 손실도 확인해야 한다.

두 번째로 말소기준권리가 담보물권(근저당권, 담보가등기, 전세권, 확정일자부 임차권, 등기된 임차권)이냐 무담보채권(가압류, 압류, 강제경매신청)이냐를 구분해서 담보물권이면 소액임차인을 결정하는 기준으로 삼고, 무담보채권이 말소기준이면 현행법상 소액임차인의 최우선변제금에 후순위가 된다는 판단을 해야 한다.

(2) 임차인이 있는 경우 대항력 유무와 배당요구 여부를 먼저 판단해라!

① 임차인이 대항력이 있는 경우에는 배당요구를 하지 않았는지(낙찰자 인수)와 배당요구를 했는지 배당요구를 했다면 전액 배당받는지, 미배당금이 있는지 확인해야 한다(미 배당금은 낙찰자 인수금액이 된다).

② 대항력이 없으면 경매로 소멸되는 권리지만 그렇다고 하더라도 우선변제권이 있으니 예상배당표를 작성해서 배당받을 금액이 있는가를 확인해야 한다.

③ 임차인이 배당요구 했다면 대항력 있든 없든 간에 우선변제권이 있는데, 소액임차인에 해당이 된다면 최우선변제금과 확정일자부 우선변제금이 있고, 소액임차인이 아니면 확정일자부 우선변제금으로 우선변제 받을 권리가 있다. 따라서 임차인이 배당요구했다면 소액임차인이면 최우선변제금을 먼저 배당하고 나머지 금액에 대해서는 확정일자를 가지고 다른 채권자들과 우선순위를 따져서 순위배당하면 된다(대항력이 없는 경우라도 최우선변제금이라도 받아야 명도가 쉬워진다는 사실도 잊지 말자!).

어쨌든 최경민 임차인은 말소기준(2011. 7. 13. 윤소령 근저당권) 이후인 2013. 01. 28. 대항요건을 갖추고 있어서 대항력이 없는 임차인이다. 그래서 미배당금이 발생해도 매수인이 부담하게 되는 것은 아니지만 명도를 위해서 배당금이 어떻게 되는 가를 확인하기 위해서 예상배당표를 작성해보고 명도에 대비하는 지혜가 필요하다.

(3) 조세채권이 있다면 당해세인지, 일반 세금인지를 확인해야 한다

1차적으로 당해세가 있는가를 확인해서 최우선변제금 다음 순으로 우선 배당하고, 당해세가 없으면 일반세금은 법정기일을 가지고 저당권부 채권과 우선순위에 따라 순위배당하게 된다.

(4) 예상배당표 작성과 권리분석은 다음과 같이 하면 된다

이 경매사건에서 말소기준권리는 2011.07.13. 윤소령 근저당권이다. 따라서 이 보다 선순위 권리가 없어서 낙찰자에게 인수되는 권리가 없이 모두 소멸대상이 되고, 이 근저당권을 기준으로 소액임차인이 되려면 7,500만원 이하여야 한다는 사실을 알고 다음과 같이 순위배당을 진행하면 된다.

매각대금이 312,900,000원에 매각되고 경매비용이 3,850,000원으로 배당금액은 309,050,000원이 된다.

- 1순위 : 영등포구청 재산세 350,000원(당해세 우선변제금)
- 2순위 : 취득세 3,205,000원(법정기일 2011.07.13)
- 3순위 : 윤소령 근저당 52,000,000원(근저당권 우선변제금)
- 4순위 : 최경민 임차인 230,000,000원(확정일자부 우선변제금)으로 모든 채권자에게 배당하고도 배당잉여가 23,495,000원이 발생한다.

(5) 남을 가망이 없거나 대위변제 등으로 경매취소가능성에 검토

1순위 근저당권자가 경매를 신청했지만 청구채권액이 소액으로 경매가 취소될 가능성이 높은 물건이지만 취소되지 않았고, 임차인 역시 전액 배당 받게 되므로 대위변제가 발생하지 않았다. 그러나 이러한 사례에서는 경매취소 가능성과 대위변제 가능성을 잔금납부하기 전에 확인하고 납부해야 한다.

(6) 마지막으로 인수할 권리나 금액이 있는가를 확인해라!

이 인수할 금액과 내가 입찰서에 기재하는 금액이 실제 주택을 취득하는 가격인데, 이 다세대주택에서는 인수할 권리나 금액이 없이 모두 소멸된다.

(7) 현재 점유하고 있는 임차인의 명도에 대해서 살펴보면

현재 점유하고 있는 임차인 최경민은 앞에서와 같이 임차보증금채권 2억3,000만원을 전액 배당받게 되므로 다세대주택을 매수인이 인도받는 과정은 순탄할 것으로 예상된다. 왜냐하면 임차인이 배당 받으려면 매수인의 명도확인서가 필요하기 때문이다. 그야말로 강제집행비용 또는 명도비용을 한푼도 들이지 않고 낙찰 받은 주택으로 무혈입성하게 된다. 그래서 임차인이 대항력이 있든, 없든 간에 예상배당표를 작성해서 배당금이 얼마가 되는가를 분석하는 지혜가 필요한 것이다.

(8) 현장답사를 통한 물건분석과 수익분석 후 입찰가를 결정해라!

앞에서와 같은 기본적인 권리분석 후 2차적으로 공부열람과 현장답사를 통한 물건분석 및 수익분석 후 입찰가를 결정해서 입찰에 참여하면 된다. 현장답사를 통해 이 다세대주택의 시세를 확인해 본결과 3억6,000만원에 거래되고 있었다. 그래서 3억1,290만원으로 응찰했는데 4명이 입찰해서 312,900,000원에 낙찰 받았다. 이때 개인명의로 취득해서 매각할 때와 개인매매사업자로 취득해서 매각할 때, 그리고 법인매매사업자로 취득할 때 어떤 방법이 절세가 되는지를 알고 있어야 한다. 그래서 이 다세대주택을 가지고 다음 "Chapter 13의 04 경매물건의 수익성 분석은 어떻게 해서 입찰가를 결정하면 되나?(287쪽)과 05 개인명의로 취득해서 매도할 때 세금계산 방법과 절세 전략은?(289쪽), 06 개인사업자로 취득하는 것이 개인명의와 법인사업자보다 절세가 될까?(293쪽), 07 법인사업자로 취득하는 것이 개인명의 또는 개인사업자보다 절세가 될까?(298쪽)"로 어떻게 취득해서 매각하는 방법이 더 절세가 되는가를 기술했으니 참고해서 실전 재테크에 활용하기 바란다.

(9) 입찰 전에 마지막으로 경매물건상세정보를 열람해 변동된 내용을 확인해라!

마지막으로 경매물건상세정보(사건내역, 기일내역, 문건/송달내역 등)에 변동이 있는가를 확인해야 한다. 사건내역과 기일내역을 확인해서 경매가 취소·연기·변경 등을 확인하고, 문건/송달내역에선 추가로 권리신고한 유치권신고나 권리배제신청, 선순위임차인이 배당요구종기를 연기신청하면서 배당요구를 했는가 등을 확인한다. 이러한 법원기록 등은 수시로 접수되는 내용을 기록하게 되므로 권리분석할 때만 확인하고 입찰할 때 마지막으로 확인하지 않으면, 경매가 취소되었는데 모르고 경매법원에 가는 경우, 인수할 권리가 있는 데도 또는 소멸하는 권리인 데도 모르고 입찰에 참여하게 되는 사례가 발생할 수 있으니 유의해야 한다. 이렇게 권리분석은 계속적으로 관심을 갖고 분석해야 실수를 줄이면서 성공할 수 있다.

"경매물건 등을 조사하는 경우에는 기초적으로 입찰대상물건에 대한 경매정보내용과 공적장부 등을 통하여 분석하고, 부동산이 위치하고 있는 현장을 방문 경매정보내용과 공적장부 등으로 확인할 수 없었던 상황을 2차적으로 확인해야 합니다. 입찰대상 부동산이 공부상 기록된 내용과 현장상황이 일치하는지 여부, 주변 환경, 교통, 교육여건, 편익시설과 개발가능성, 기타 제한사항 등이 있는지 등과 주변 부동산중개업소 3~4곳을 방문해 정확한 부동산

시세를 판단하는 것이 기본입니다. 입찰대상물건을 선정해서 분석하는 방법은 앞에서 공부했으니 지금부턴 등기부와 대장 등의 공적장부를 열람해서 분석하는 방법과 현장답사를 통해서 물건을 분석하고, 그에 따른 수익분석을 해서 입찰가를 결정하는 방법까지 기술해 보겠습니다."

Chapter 13

공부열람과 현장답사로 2단계 물건분석 및 수익분석 비법

01 등기사항증명서와 대장 등의 공적장부를 통한 물건분석

◆ 등기사항증명서에 대한 완전정복

등기사항증명서 열람방법은 대법원인터넷등기소(www.iros.go.kr)를 검색하면 다음과 같은 화면이 나온다.

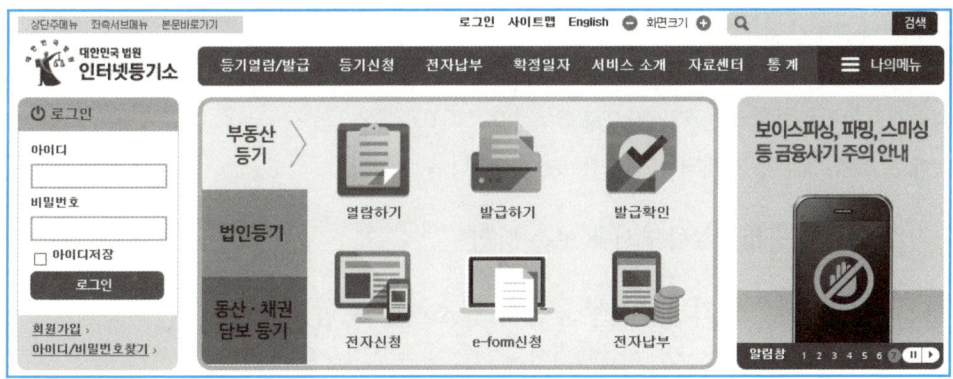

이 화면에서 부동산 등기사항증명서(등기부등본의 변경된 명칭)를 열람하기 또는 발급하기를 선택해서 등기사항증명서 전부 또는 일부를 확인할 수 있다. 이렇게 등기사항증명서는 말소사항까지 포함한 등기사항 전부를 확인할 수 있는 **등기사항전부증명서**와 현재 소유현황만을 간단히 확인할 수 있는 **등기사항일부증명서**가 있다. 따라서 등기사항 전부를 확인하기 위해서는 등기사항전부증명서로 확인해야 한다. 그리고 열람용은 공식적인 제출서류로는 사용할 수 없지만, 등기된 내용을 확인하고 권리를 분석하는 데에는 전혀 문제가 없다. 그러나 소유권이전등기나 근저당권을 설정할 때와 같이 공식문서로 제출하게 될 때에는 발급용으로 발급받아야 한다.

(1) 등기사항전부증명서엔 어떤 종류가 있나?

등기사항전부증명서는 ① 토지등기사항전부증명서, ② 건물등기사항전부증명서, ③ 집합등기사항전부증명서가 있다. 이렇게 등기사항전부증명서로 발급받아야 등기부상의 권리 전체를 분석할 수 있다. 토지만 있는 경우(전·답·임야·나대지 등의 경우)엔 토지등기사항전부증명서만 확인하면 되지만, 일반주택(단독, 다가구 등)의 경우는 토지등기사항전부증명서와 건물등기사항전부증명서를 동시에 열람하여 토지와 건물에 설정된 권리 등이 일치하는지 여부 등을 함께 분석해야 된다. 아파트·다세대·연립·상가·오피스텔 등의 집합건물처럼 토지와 건물에 대한 사항이 하나의 등기사항전부증명서에 일체로 표시되어 있는 형태의 집합건물등기사항전부증명서가 있는데, 원래의 토지등기사항전부증명서가 별도로 존재하지만 집합건물이 보존등기(신축)가 되고 대지권의 지분정리가 모두 이루어지면 우선 토지등기사항전부증명서의 갑구 소유권에 관한 사항란에 "소유권 대지권"으로 대지 지분별로 공유등기가 되고, 이 등기가 완료되면 토지등기사항전부증명서로는 더 이상 소유권이전등기를 할 수 없게 된다.

(2) 토지와 건물등기사항전부증명서를 보는 법과 권리관계에서 유의할 점은?

등기사항전부증명서는 기본적으로 3부분으로 ① 표제부, ② 갑구, ③ 을구로 구성되어 있는데 토지와 건물에 기재되는 권리를 분석하면 다음과 같다.

가) 토지등기사항전부증명서를 보는 방법

등기사항전부증명서(말소사항 포함) - 토지
서울특별시 강서구 화곡동 ○○○

① 【표 제 부】 (토지의 표시)						
④ 표시번호	접수	소재지번		지목	면적	등기원인 및 기타사항
1 (전 2)	1990.1.10.	서울시 강서구 화곡동 ○○○		대	165㎡	부동산등기법 제177조의6제1항의 규정에 의하여 1990.1.10. 전산이기

② 【갑 구】 (소유권에 관한 사항)					
⑤ 순위번호	등기목적	⑥ 접수	⑦ 등기 원인	⑧ 권리자 및 기타사항	
1 (전 2)	소유권이전	1990.1.10. 제14300호	1990. 1.10. 매매	소유자 이성계 ○○○○○○-1****** 서울시 강남구 역삼동 ○○○	
				부동산등기법 제177조의6제1항의 규정에 의하여 1990.1.10. 전산이기	

③ 【을 구】 (소유권 이외의 권리에 관한 사항)				
⑤ 순위번호	등기목적	⑥ 접수	⑦ 등기원인	⑧ 권리자 및 기타 사항
1	근저당	1991년 2월 15일 제13191호	1991년 2월 10일 설정계약	채권최고액 150,000,000원 채무자 ○○○

					서울시 강서구 화곡동 근저당권자 ○○○ 서울시 강서구 화곡동 ○○○ 공동담보 건물 서울 강서구 화곡동 ○○
2	1번 근저당권 설정등기 말소	1995년 5월 15일 제44397호	1995년 5월 15일 해지		

나) 건물등기사항전부증명서를 보는 방법

등기사항전부증명서(말소사항 포함) - 건물
서울특별시 강서구 화곡동 ○○○

① 【표 제 부】 (건물의 표시)

④ 표시번호	접수	소재지번 및 건물번호	건물내역	등기원인 및 기타사항
1	1991.2.10.	서울특별시 강서구 화곡동 ○○○	철근콘크리트조 평슬래브지붕 2층 다가구주택 1층 98.52㎡ 2층 95.48㎡ 지하1층 78.45㎡	도면편철장 제2책 218장

② 【갑   구】 (소유권에 관한 사항)

⑤ 순위번호	등기목적	⑥ 접수	⑦ 등기원인	⑧ 권리자 및 기타 사항
1	소유권보존	1991.2.10. 제15307호		소유자 홍길동 ○○○○○○-1****** 서울시 강서구 화곡동 ○○○

③ 【을   구】 (소유권 이외의 권리에 관한 사항)

⑤ 순위번호	등기목적	⑥ 접수	⑦ 등기원인	⑧ 권리자 및 기타사항
1	근저당	~~1991년 2월 15일 제13192호~~	~~1991년 2월 10일 설정계약~~	채권최고액 150,000,000원 채무자 ○○○ 근저당권자 ○○○
2	1번근저당권 설정등기말소	1995년 5월 15일 제44398호	1995년 5월 15일 해지	
3	전세권설정	2000년 1월 17일 제14317호	2000년 1월 15일 설정계약	전세금 70,000,000원 전세권설정의무자 ○○○ 전세권자 ○○○

① 표제부
 ㉠ 토지등기사항전부증명서는 부동산의 소재지와 그 내역을 표시하는 것으로 토지등기사항전부증명서에는 소재지·지번·지목 및 분할·합병사항 등이 기재되어 있다. ㉡ 건물등기사항전부증명서는 건물소재지·지번·구조·층수·용도·면적 등이 기재되어 있다(분필의 경우 : 100번지 → 100, 100-1, 100-2...로 표시된다).

② 갑구
 소유권에 관한 내용을 표시하는 부분으로 소유권 및 소유권을 제한하는 사항 등에 기재된다. 즉 소유권보존(최초의 소유자), 소유권이전(소유권 변동사항으로 현재소유자와 과거소유자를 확인), 그리고 가압류, 압류, 가처분, 가등기(소유권이전청구권 보전가등기 또는 소유권이전담보가등기), 경매개시결정등기(압류), 환매등기, 예고등기(말소 또는 말소회복에 관한 재판이 진행 중임을 예고하는 예고등기) 등의 내용이 기재되고, 이들 권리 등에 변경등기, 말소 및 회복등기 등이 있다면 갑구에 기재하게 된다. 이밖에 소유권이 대지권인 경우 대지권 취지 등이 기재된다.

 ㉠ 소유권 보존등기- 토지 또는 건물을 신축한 후 최초로 등기하는 것을 소유권 보존등기라 한다. ㉡ 소유권 이전등기- 보존등기 후 소유자가 변경되는 모든 등기. ㉢ 가압류- 가(임시)+압류(처분금지)=임시적 처분금지로써 채무자가 금전채무를 부담하고 있는 상태에서 재산을 처분하는 것을 임시적으로 금지시키기 위해 채권자의 일방적 신청에 의해 법원이 내린 결정으로서 채권자가 본안소송에서 판결문을 득해서 강제집행을 할 때까지 가압류 이후의 권리자에 대해서 처분금지효력이 미친다. ㉣ 압류- 가압류가 미확정된 채권을 보전하기 위한 보전처분이면 압류는 확정된 채권을 보전하기 위한 처분으로 대표적인 것이 조세채권이나 공과금채권이 있다. ㉤ 가처분- 소유권의 다툼이나 담보물권, 기타 권리 등에 대한 처분을 금지하는 것으로 가압류가 채권을 보전하기 위한 것이라면 가처분은 권리를 임시적으로 보전하기 위한 보전처분이다. ㉥ 강제경매와 임의경매 - 강제경매는 집행권원(법원의 종국된 판결, 공증어음증서 등)을 가진 채권자가 채무자 재산에 대하여 강제경매신청한 것이고, 임의경매는 근저당권, 전세권, 담보가등기권 등을 갖고 있는 채권자가 그 담보부동산 자체에 대하여 경매를 신청한 것이다. ㉦ 가등기 - 보전가등기(소유권이전등기청구권보전을 위한 가등기)로 매매계약을 체결한 후 잔금 지급시 본등기할 때에 본등기의 순위를 가등기 시점으로 끌어올리기 위해서 하는 등기와 채권을 담보하기 위해서 하는 담보가등기가 있다.

③ 을구

소유권 이외의 권리인 저당권(근저당권), 전세권, 임차권, 지역권, 지상권, 권리질권 등의 설정과 이들 권리들의 이전·변경·정정·말소·가등기·예고등기·처분제한의 등기 등이 기재된다. 이밖에 소유권 이외의 권리가 대지권인 경우의 대지권 취지 등이 기재된다.

㉠ 근저당권 – 채무가 발생하기 전에 장래에 발생할 채무를 담보하기 위해 근저당권을 설정한다. 근저당권에 의하여 담보되는 채권은 근저당권 설정등기 후에 권리를 취득한 채권자보다는 원칙적으로 우선변제를 받는다. ㉡ 전세권– 건물이나 토지를 일정기간 동안 점유하여 사용·수익하기 위한 권리를 의미한다. 전세권의 존속기간은 10년을 넘지 못한다. 전세기간 만료 시 임대인이 전세금 반환을 지체 시 전세권자는 전세권의 목적물을 경매하여 후순위권리자, 기타 채권자보다 우선변제를 받는다. 이는 타인의 부동산을 사용·수익할 수 있는 용익물권이기도 하다. ㉢ 지상권– 타인의 토지를 사용·수익할 수 있는 용익물권이다.

④ 표시번호 및 접수(표제부)
표시번호는 ①번 표제부 내용 등의 등기신청을 최초로 한 순서부터 기재된다. 접수일자는 이러한 기재내용 등이 접수된 일자 등이 기재된다.

⑤ 순위번호
㉠ 갑구의 순위번호 : 소유권보존 및 이전 그리고 소유권의 제한에 관한 권리 등과 이들 권리 등의 변경·말소·회복등기 등의 설정등기순위에 따라 기재된다. 이들 내용이 기재된 순위이다. ㉡ 을구의 순위번호 : 소유권 이외의 권리인 저당권(근저당권), 전세권, 임차권, 지역권, 지상권 등의 설정·변경·소멸의 내용 등이 기재된 순위이다. ㉢ 갑구와 을구에서 주등기1 ⇨ 부등기1-1, 1-2...(부기등기의 순위는 주등기 순위에 의한다). ㉣ 표시번호와 순위번호에서 (전1), (전2) ⇨ 전산이기되기 전의 등기번호(폐쇄등기부에서 등기번호임)

⑥ 접수(접수번호)
해당 등기소에 접수된 일자 및 접수번호 등이 기재된다.

⑦ 등기원인
매매, 증여, 시효취득, 전세권 또는 저당권의 설정계약, 등기의 오기, 계약의 무효, 상속, 토지의 멸실 등의 내용과 일자를 나타낸다.

⑧ 권리자 및 기타사항

㉠ 갑구에서는 소유자 및 권리자의 이름, 주민등록번호, 주소와 청구채권액 등이 기재된다. ㉡ 을구에서는 채권자, 채무자의 이름과 주민번호, 채권최고액 등이 기재된다.

(3) 집합건물 등기사항전부증명서를 보는 법과 분석하는 방법

등기사항전부증명서(말소사항 포함) - 집합건물
서울시 강남구 논현동 ○○ 삼성래미안아파트 제101동 제15층 제○○○호

【표 제 부】 (1동의 건물의 표시)				
표시번호	접수	소재지번, 건물명칭 및 번호	건물내역	등기원인 및 기타사항
1 (전1)	2001년 2월 1일	서울특별시 강남구 논현동 ○○ 삼성래미안아파트 제101동	1층 328㎡ 2층 〃 3층 〃 : 20층 328㎡ 지하 290㎡	도면편철장 1책 232장
				부동산등기법 제177조의6제1항의 규정에 의하여 2001년 2월 1일 전산이기

(대지권의 목적인 토지의 표시)				
표시번호	소재지번	지목	면적	등기의 원인 및 기타사항
1 (전1)	서울시 강남구 논현동 ○○번지	대	34541.95㎡	2001년 2월 1일
				부동산등기법 제177조의6제1항의 규정에 의하여 2001년 2월 1일 전산이기

【표 제 부】 (전유부분의 건물의 표시)				
표시번호	접수	건물번호	건물내역	등기원인 및 기타사항
1 (전1)	2001년 2월 1일	제15층 제○○호	철근콘크리트조 84.98㎡	도면편철장 제1책232장 부동산등기법 제177조의6제1항의 규정에 의하여 2001년 2월 1일 전산이기

(대지권의 표시)			
표시번호	대지권의 종류	대지권의 비율	등기원인 및 기타사항

1 (전1)	1. 소유권대지권	34541.95㎡분의 46.35㎡	2001년 1월 10일 대지권 2001년 2월 1일
			부동산등기법 177조의6제1항의 규정에 의하여 2001년 2월 1일 전산이기

【갑　구】(소유권에 관한 사항)

순위번호	등기목적	접수	등기원인	권리자 및 기타사항
1 (전1)	소유권보존	2001년 2월 1일 제21430호		소유자 이순신 ○○○○○○-1****** 부동산등기법 177조의6제1항의 규정에 의하여 2001년 2월 1일
2	소유권이전	2002년 10월 10일 제54397호	2002년 8월 30일 매매	소유자 홍길동 ○○○○○○-1****** 주소 서울시 강남구 ○○동 ○○

【을　구】(소유권 이외에 관한 사항)

순위번호	등기목적	접수	등기원인	권리자 및 기타사항
1	근저당	2001년 2월 1일 제21431호	2001년 1월 28일 설정계약	채권최고액 180,000,000원 채무자 ○○○ 근저당권자 ○○○
2	전세권설정	2001년 3월 11일 제25732호	2001년 3월 10일 설정계약	전세금 100,000,000원 전세권설정의무자 ○○○ 전세권자 ○○○

가) 표제부

단독주택 등의 일반적인 독립건물은 표제부가 하나이지만 아파트·다세대·연립 등과 같은 집합건물은 한 동 전체에 관한 표제부와 전유부분(개별 세대별)에 대한 표제부로 해서 2개로 구성되어 있다. 그래서 집합건물등기사항전부증명서에는 ① **한 동 전체에 대한 표제부는** ■ 소재지번, 건물명칭 및 번호 : 해당 부동산 주소와 건물 명칭이 있는 경우 건물명, 동이 여러 개 있는 경우 해당 동수 ■ 지목과 면적 : 건물이 있는 토지의 지목과 한 동 전체의 대지면적, ② **집합건물전유부분에 대한 표제부는** ■ 건물의 번호 및 건물내역 : 건물의 번호는 몇 층 몇 호를 말하고 건물내역은 개별세대간 건물의 형태와 면적 등이 기재된다. ■ 전유부분의 대지권의 종류와 비율 : 대지권은 대지를 사용할 수 있는 권리로서 소유권, 임차권, 지상권이 있고, 비율은 건물이 있는 전체 토지면적분의 개인세대의 몫인 토지지분이다.

나) 갑구(건물등기부, 토지등기부, 집합건물등기부 등이 모두 같아서 생략)

다) 을구(일반건물 및 토지등기부, 집합건물등기부 등이 모두 같아서 생략)

(4) 등기사항전부증명서에서 우선순위 결정방법과 등기부의 신뢰관계
가) 등기사항전부증명서에서 우선순위 결정방법
　등기사항전부증명서상의 우선순위는 갑구와 을구에 등기된 권리자 중에서 등기일자가 빠른 권리가 우선하게 된다. 같은 날짜에 등기된 권리자라면 동구든, 별구든 접수번호가 빠른 것이 우선한다.

① 동구인 경우(=갑구 상호간 또는 을구 상호간)

[을 구] (소유권 이외의 권리에 관한 사항)

순위번호	등기목적	접수	등기원인	권리자 및 기타사항
1	근저당권 설정	2007년 1월 10일 5481호	2007년 1월 10일 설정계약	채권최고액 1억 3,000만원 채무자 ○○○ 근저당권자 국민은행
2	근저당권 설정	2007년 1월 10일 5482호	2007년 1월 10일 설정계약	채권최고액 1억 5,000만원 채무자 ○○○ 근저당권자 새마을금고

배당순위 : 1순위 : 국민은행 1억 3,000만원, 2순위 : 새마을금고 1억 5,000만원

② 별구인 경우(=갑구와 별구가 혼합된 경우)

[갑 구] (소유권에 관한 사항)

순위번호	등기목적	접수	등기원인	권리자 및 기타사항
1	가압류	2007년 2월 10일 5451호	2007년 2월 6일 서울중앙지법 가압류결정 (2007가단 14321호)	청구금액 1억 3,000만원 채권자 국민은행

[을 구] (소유권 이외의 권리에 관한 사항)

순위번호	등기목적	접수	등기원인	권리자 및 기타사항
1	근저당권 설정	2007년 2월 10일 5452호	2007년 2월 5일 설정계약	채권최고액 1억 채무자 ○○○ 근저당권자 기업은행

배당순위 : 1순위 가압류 국민은행이 선순위이고, 근저당권이 후순위이지만 국민은행은

채권이고 기업은행은 물권이므로 동순위가 되어 안분배당하게 된다. 그러나 가등기의 경우는 순위보전의 효력이 있어 본등기가 이루어지면 그 본등기의 순위는 가등기순위에 의하고, 부기등기의 순위는 주등기의 순위를 결정하게 된다.

나) 등기사항전부증명서를 전적으로 믿고 계약서를 작성해도 될까?

① **우리나라 등기부**는 공시력(公示力)만 인정되므로, 등기부상에서 권리관계가 변동되면 변동된 사실을 표시한(=등기부에 등기) 효력이 발생하는데 이는 추정적 효력만 발생하게 되는 것이다. 등기사항전부증명서는 공신력(公信力)이 인정되지 않아서, 등기사항전부증명서만 믿고 소유권 이전등기 하였더라도 등기부상의 소유자가 실제소유자가 아니었다면 소유권을 잃게 될 수도 있다. 이러한 문제로 사회의 혼란을 야기하고 있다.

② 형식상 근저당권이 있는 경우

> 갑 근저당권(말소기준) ⇨ 을 가처분 ⇨ 병 강제경매기입등기 ⇨ 정 낙찰 ⇨ 대금납부

낙찰자가 대금을 납부해서 ⇨ 소유권이전촉탁등기신청하면 을 가처분은 후순위로 말소대상이다. 그러나 선순위 갑 근저당권이 채권액이 없었다면(0원), 을 가처분은 말소되지 않고, 설령 말소되었더라도 말소기준권리의 채권액이 없는 형식상의 근저당권을 이유로 해서 가처분 말소회복등기를 신청하게 되고, 이때 말소된 가처분은 회복되고 매수인은 가처분을 인수하게 된다(대법원 97다26104, 26111 판결).

② 대위변제로 인하여 근저당권(말소기준권리)이 소멸된 경우

> 갑 근저당권(말소기준) ⇨ 을 임차인 ⇨ 병 근저당권 ⇨ 병 경매신청 ⇨ 정 낙찰 ⇨ 을이 갑 근저당권대위변제로 말소 ⇨ 대금납부

을 임차인이 대위변제로 갑 근저당권이 말소된 경우 을 임차인은 대항력이 있어서 낙찰자가 인수해야 된다(대법원 98마1031 결정).

◆ 건축물대장과 토지대장에 대한 분석방법

(1) 건축물대장(일반건축물대장과 집합건축물대장)

건축물대장은 건축물의 소유 및 이용 상태를 확인하거나, 건축행정의 기초자료로 활용하기 위하여 건물 및 대지에 관한 현황을 기재한 대장이다. 이러한 건축물대장에는 일반건축물대장과 집합건축물대장이 있다. 집합건축물대장이라면 아파트, 다세대, 연립, 오피스텔, 상가건물 등이고, 일반건축물대장은 집합건물이 아닌 일반건축물로 토지와 건물이 분리되어 있는 경우를 말한다.

가) 일반건축물대장

집합건축물의 소유 및 관리에 관한 법률의 적용을 받는 건축물 외의 건축물 및 대지에 관한 현황을 기재한 건축물대장

① **총괄표제부** : 하나의 대지에 2동 이상의 건축물이 있을시 각 동별 일반건축물 현황을 표시한 건축물대장

② **일반건축물대장(갑)** : 건축물 표시부분과 소유권 현황을 기재한 대장

③ **일반건축물대장(을)** : 건축물 표시부분과 소유권 현황이 갑지란을 초과할 경우 기재한 대장

나) 집합건축물대장

집합건축물에 해당하는 건축물 및 대지에 관한 현황을 기재한 건축물대장

① **총괄표제부** : 하나의 대지에 2동 이상의 건축물이 있는 경우 각 동별 일반건축물 현황을 표시한 건축물대장

② **집합건축물대장(표제부, 갑)** : 1동 전체의 현황을 기재한 건축물대장

③ **집합건축물대장(표제부, 을)** : 각 호수별 전유면적 및 소유권 현황이 기재된 대장

다) 건축물관리대장과 등기사항전부증명서를 확인해라

건축물대장과 등기사항전부증명서에 등기된 내용이 다를 때, 소유권에 관한 사항은 등기부가 우선하지만, 등기사항전부증명서의 표제부에 기재되는 지번·구조·용도·면적 등은 대장이 우선하므로, 임차인은 특히 전입신고를 할때 대장과 일치한 주소로 해야 전입신고를 해야 한다. 그런데 유의할 점은 단독주택(다가구주택)에서는 번지(주소)만 일치하면 되지만, 집합건물(아파트, 다세대, 연립 등)은 번지, 동, 호수까지 일치해야 주임법상 대항력과 우선변제

권이 발생하고 그렇지 못한 경우 보호를 받을 수 없다는 사실이다.

김선생의 조언

건축물대장에 불법건축물이 표시되어 있는가를 확인해라!

시·군·구청의 단속이나 민원에 의해 불법건축물로 단속이 되면 몇 차례의 계고와 시정명령을 하고 그래도 시정하지 않으면 건축물대장 갑구에 위반건축물과 그 위반에 해당하는 부분 및 면적 등을 기재하게 되는데, 이러한 경우에도 철거하고 증빙자료를 시·군·구청에 제출하면 건축물대장에서 위반건축물이라는 표시를 삭제하게 되지만 철거가 이루어 질 때까지 불법건축물로 표시되고 이행강제금을 건축소유자(낙찰자의 부담으로 남게 된다)에게 부과하게 된다.

(2) 토지대장과 임야대장

가) 토지대장

토지의 소재, 지번, 지목, 면적, 소유자의 주소, 주민등록번호, 성명 또는 명칭 등을 기재하여 토지의 상황을 명확하게 하는 공부로 시·군·구청에서 발급받을 수 있다. 그러나 온라인의 발전으로 같은 구 주민센터 또는 인터넷에서 온라인 발급이 가능해졌다.

나) 임야대장

1916년부터 1924년까지 진행된 토지 조사사업에 의하여 만들어진 대장으로서 토지대장 이후에 만들어진 대장이다. 지적법(地積法)에 의거하여 정부가 비치하고 있는 임야에 관한 서류이다. 토지대장 및 지적도에 등록되지 아니한 임야 또는 정부가 임야대장에 등록할 필요가 있다고 인정한 토지를 등록하는 지적공부를 말한다.

◈ 지적도, 임야도

토지의 소재, 지번, 지목, 경계, 도면의 색인도, 도면의 제명 및 축척, 도곽선 및 도곽선 수치, 좌표에 의하여 계산된 경계점간의 거리, 삼각점 및 지적측량, 기준점의 위치, 건축물 및 구조 등의 위치 등이 기재되어 있으므로 발급받아서 확인해 보아야 한다.

◈ 토지이용계획확인원

토지이용계획확인원을 통하여 건축제한 등의 여부와 재개발·재건축 등, 도로수용 여부, 근처에 도로개설 여부, 각종 제한사항 등이 있는가를 점검한다.

02 현장조사를 통해서 물건을 조사하는 방법

공부상 서류 등을 발급받아 확인하고 나서 경매대상물건이 위치하고 있는 현장조사를 통하여 필요한 정보를 조사, 확인, 분석하여야 한다. 현지답사조사는 본인이 직접 현장을 답사하여 관계서류상 또는 공부상 기록된 사실과 현장 상황의 일치 여부를 확인해야 한다.

◆ 현장조사를 통해서 우량한 아파트 고르기

① 1,000세대 이상이면 대형세대이고, 500세대 이상이면 중대형세대로 일단 500세대 이상인 것이 좋다. 왜냐하면 세대가 많으면 많을수록 생활 편의시설 등이 잘 갖추어져 있어서 실수요자들이 선호하기 때문이다.

② 전철역이나 버스 등의 대중교통이 근접해 있으면 주변이 함께 발전할 수 있어서 부동산의 미래가치가 높다.

③ 교육여건이 좋은 곳이라면 아파트의 가치를 증가시킬 수 있다. 초·중·고등학교의 학군이 우수하거나 주변에 우수한 학원 등이 있는 경우에는 높은 수요가 예상되고 이에 따라 추후 발생되는 가격 상승 요인이 된다.

④ 재래시장, 대형마트, 금융기관, 공공기관 등의 생활편의시설이 접해있으면 편리한 측면이 많다.

⑤ 주거의 쾌적성(주변에 산과 강과 같이 비용을 들이지 않고서도 여가를 즐길 수 있는 자연공간), 주차 공간 확보, 저평가된 아파트 등의 조건을 분석해 본다.

⑥ 관리비 미납 여부 등을 확인해야 한다.

⑦ 아파트가 재건축대상인 경우와 리모델링 대상이 되는 경우
건축연도가 20~30년 이상 되었고, 저밀도 아파트로서 대지지분과 건축용적률이 높고 주변 편의시설 등이 우량한 지역이라면 재건축대상 또는 리모델링 대상으로 관심을 가져볼만 하다.

◆ 현장조사를 통해서 우량한 단독주택, 다가구주택 고르기

　대부분 입찰자들은 환금성이 좋은 아파트에 관심이 집중돼 있다. 그러나 단독·다가구주택에서도 잘만하면 높은 수익을 올릴 수 있다. 그래서 주택을 고를 때에는 주변 편의시설, 학군, 교통수단의 근접성 등을 검토하고 주변지역의 개발 가능성까지 예상할 수 있는 지역을 선택한다면 아파트에서 얻을 수 없는 고수익을 올릴 수 있다. 왜냐하면 요즘 부동산 시장의 대세가 수익성부동산에 있는데 이 다가구주택 등은 그러한 역할을 충분히 해내고 있기 때문이다. 그러나 노후화된 주택 등이 많아서 주택 개·보수에 많은 자금이 소요될 수 있으니 건물의 물리적인 상태 등을 검토하고 건물이 불량 시에는 예상입찰가에 보수비용까지 계산하는 현명한 지혜가 필요하다.

◆ 연립주택과 다세대주택이 주택 시장에서 귀한 몸이 되고 있다!

　아파트 전세가가 오르면서 다세대주택과 같이 적은 돈으로 내 집 마련하는 수요가 증가하고 있다. 이러한 수요에 발 맞추어 가면 적은 자본을 투자하고도 수익을 올릴 수 있다. 이때 유의사항은 소비자 즉 새로운 매수자 입장에서 주변상황과 건물을 판단하고 주차시설, 편의시설, 학군 등을 잘 검토한 후 입찰가를 결정하고 구입해야 한다. 소비자들의 기호와 일치해야만 빠른 시일 내에 매각할 수 있다. 그리고 연립·다세대주택 또한 미래가치를 예상할 수 있는데 건축연도가 오래되었고, 세대수가 많고, 대지지분과 용적률 등이 높으면 재개발·재건축 등으로 미래가치를 증가시킬 수 있다. 따라서 ① 대지지분과 위치, ② 구조 및 층수, ③ 용적률, ④ 주변 편의시설, ⑤ 조망권, ⑥ 학군 등을 종합적으로 판단하여 선택해야 성공할 수 있다.

◆ 상가건물에 투자해서 성공하려면 어떻게 해야 하나?

　상가는 상권이 활성화될 때 상가만한 수익성 있는 부동산은 없다. 그러나 활성화에 실패하였을 경우 그 가치 하락폭은 엄청나다. 투자 전에 입지분석에 보다 신중해야 한다. 임대수요가 어느 정도 이고, 임대료 수준, 입지 등을 분석하여 매수를 결정해야 한다. 아무리 값이 싸더라도 장사가 되지 않는 입지 또는 임대수요가 적은 곳 같으면 피해야 한다. 경매로 나왔을 때 이미 경영이 어려웠던 만큼 입지부분을 고심해야 한다. 왜냐하면 상가 매수의 목적은 세 가지의 목적이 있는데 **첫 번째로** 자가 사업으로 운영하기 위해 구입하는 것, **두 번째로** 임대수익을 목적으로 하는 것, **세 번째는** 단기적인 매도로 투자수익을 올리고자 매수하는 경우 등이다. 이 세 가지 모두 상가건물에서 중요한 점은 기본적으로 상가가 잘 운영되어야만 상가 가치가 오르고 그 반대의 경우는 상가 가치를 하락하게 된다는 사실이다.

◆ 공장경매에 입찰할 때 어떤 사항에 유의해야 하나?

① 감정평가에서 제외된 기계, 기타 공장공용물의 소유관계를 입찰 전에 확인해야 한다. 공장경매시 매각가격에 기계·기구 등이 포함되어 있는지와 기계류가 포함되었더라도 기계가 리스·렌탈 등인 경우는 원소유자와 문제가 있을 수 있으므로 그 소유권을 취득하는 데 문제가 없는 가 등에도 유의해야 한다.

② 공장경매시 기계류 등은 취득세·등록세가 면제다.

③ 공장 내에 거주자가 있다면 주택 및 상가건물임대차보호법상 대항력이 있는 임차인 등이 있는지를 확인해야 한다. 공장이라도 주거형태를 갖추고 제시 외 건물 등이나 미등기 건물에서 거주하면 대항력이 발생할 수도 있기 때문이다.

④ 공장 내에 유치권자가 점유하고 있는가와 토지 위에 타인 명의의 건축물이 있는지 여부를 확인해라!

⑤ 특별한 경우를 제외하고는 휴업상태, 가동 중지상태, 폐쇄상태에 있는 공장물건이 명도 받기 쉽다.

⑥ 공해방지 시설설비의무 여부 등 필요목적에 합당한지 확인하고 입찰해야 한다.

⑦ 공장 내의 기계·기구 등 압류처분물권 등이 있을 경우 어떻게 처리할 것인가도 생각해 봐야 한다.

⑧ 공장이 들어서는 공업지역이란 전용공업지역(중화학, 공해성공업수용), 일반공업지역(비공해성공업), 준공업지역(경공업, 기타 공업수용, 주거·상업기능, 업무기능 보완 필요) 등이 있다. 이 중에서 주거나 상업기능으로 전환할 수 있는 준공업지역이 좋다.

⑨ 도로·교통의 편리성 – 공장에 있어서 진입도로는 중요하다. 제대로 된 도로가 없는 경우 기존 도로를 확장할 수 있는지 여부 등을 사전에 조사해야 한다. 교통의 편리성이 확보되지 않으면 물류비용이 증가되기 때문이다.

⑩ 공장수요가 많은 곳을 노려라! - 수도권지역은 신규공장 인·허가에 통상 1~2년 정도의 기간이 소요되어 상대적으로 수요가 풍부한 편이다. 투자유망지역으로는 김포, 파주, 화성, 양주, 평택 등이 있는데 이들 지역은 각종 택지개발 및 사업단지 조성을 비롯해 도로망 확충 등 각종 개발사업이 활발하게 이루어지고 있어 지가가 지속적으로 상승하고 있다.

⑪ 용도변경이 가능한 공장이라면 금상첨화다.

⑫ 아파트형 공장은 현재 수요가 많지만 가격이 너무 많이 상승했으니 신중하게 접근해야 한다.

⑬ 산업폐기물이 많지 않은지, 체납전기료·수도료·가스료 등이 많은지 적은지 등도 확인해야 한다.

⑭ 권리분석에 있어서 공장은 세금이 체납된 금액이 많을 수 있고 밀린 임금채권이 있을 수도 있다. 이들에 의해서 권리 등이 변동될 수 있는가도 분석해야 한다. 체납된 전기요금과 수도요금은 원칙적으로 승계대상은 아니더라도 공장을 운영하는데 상당한 걸림돌이 될 수 있다.

⑮ 공장은 건물보다 토지의 가치에 주목하는 것이 바람직하다.

⑯ 노조가 결성되거나 근로자들이 점거하는 공장의 경우는 명도가 어렵다.

⑰ 적법한 절차에 의해 인·허가 되어 설립된 공장인가를 확인한다.

⑱ 사용하려는 목적에 맞는 공장인지 확인한다.

⑲ 인접토지에 걸쳐서 설치된 폐수처리시설에도 공장저당권의 효력이 미친다.

⑳ 매수 후에 고가의 기계가 없어진 경우 매수인은 감정가 대비 기계감정가에 대한 낙찰가율에 비례하여 낙찰금액에서 감액을 청구할 수 있다.

◈ 농지를 경매로 투자 시 유의사항

① 토지거래허가는 면제되지만 농지취득자격증명이 필요하다. 이는 낙찰일로부터 7일 이내에 매각허가결정기일까지 법원에 제출해야 한다. 미제출시 입찰보증금이 몰수된다.

② 현장 확인을 통해 시세를 정확히 파악해라! 시세와 동떨어진 감정평가도 많고 부동산 시세변화는 항상 유동적이기 때문이다.

③ 농지의 경계를 꼭 확인해야 한다. 농지의 현황이 지적도 등의 공부와 다를 수도 있다.

④ 진입로 확보 여부 – 진입로가 없는 맹지가 많은데 이러한 농지는 낮은 가격에 낙찰 받았다 해도 진입로를 개설하는 데 많은 돈이 들어가고, 그대로 매각하면 맹지이다보니 높은 가격을 받을 수 없다.

⑤ 농지를 경매로 입찰할 때에는 토지이용계획확인원, 지적도, 토지대장 등을 확인해서 도시계획확인과 개발제한 등을 확인해야 한다. 그리고 주변 중개업소 3~4군데를 방문하여 부동산 시세 및 주변개발계획 등이 있는지 분석해서 투자하라.

⑥ 대항력 있는 농지 임차인에 대한 조사가 필수다.

농지법 제24조의2 개정으로 농지임대차계약을 체결하고, 임차인이 농지소재지를 관할하는 시·구·읍·면의 장의 확인을 받고(관공서에서는 대장에 그 내용을 기록해 둔다), 해당 농지를 인도받은 경우에는 그 다음 날부터 제삼자에 대하여 대항력이 발생한다. 대항력이 발생하고 나서는 농지소유자의 변경이 있어도 임차인은 임대차기간을 보호받을 수 있다. 그러나 경매로 매각되는 경우에는 말소기준 이전에 대항요건을 갖춘 임차인만 매수인의 부담으로 남고, 후순위임차인은 소멸한다.

03 현장답사 물건조사에서 꼭 확인해야 할 사항 요약정리

경매물건 등을 조사하는 경우에는 기초적으로 공적장부 등을 통하여 분석하고 부동산 등의 위치하고 있는 현장을 방문 공적장부 등으로 확인할 수 없었던 상황 등을 2차적으로 확인해야 한다.

◆ 우량한 물건을 찾는 것이 재테크의 1순위

경매기록에서 확인할 수 있었던 물건현황과 같이 우량한 물건인가를 직접 물건지 주변을 돌아다니면서 확인한다. 주변환경, 교통, 교육여건, 기타 편익시설과 기타 개발가능성, 기타 제한사항 등이 있는가를 확인하는 절차로 하면 된다. 이렇게 직접 발품을 팔아야 좋은 물건을 찾을 수 있다.

◈ 경매물건정보에 기록된 사실과 현장 물건 현황의 일치 여부를 확인

물건 현황이 공부로 확인한 내용과 다를 수도 있다. 공부상 확인할 수 없었던 제시외 건물을 발견할 수도 있고, 등기사항전부증명서상 건물이 멸실되고 신축한 건물이 존재하는 사례(건물등기사항전부증명서에선 20~30년 전에 지어졌는데, 10년도 안되어 보이는 신축건물을 발견하면) 등은 매수인이 소유권을 취득하지 못하고 법정지상권이 성립될 수도 있다. 그리고 물건의 노후도가 심각하거나 일부가 소실된 사례, 유치권자가 점유하고 있는 사례 등은 매수 이후에도 손실로 이어질 수밖에 없기 때문에 유의해야 한다.

◈ 3곳 이상 부동산중개업소를 방문해 정확한 시세조사를 해야 한다!

경매물건 주변 부동산중개업소 3~4곳을 방문하여 객관적이고 합리적인 부동산 시세와 임대시세, 그리고 주변정보 등을 확인한다. 시세조사는 매도하는 시세로 하는 것이 아니라 실제로 매입할 때 얼마에 구입할 수 있는가를 조사해야 한다. 왜냐하면 가지고 있는 주택을 매도하는 상황에선 중개업소 등이 낮은 금액으로 접근하기 때문이다.

◈ 아파트 관리비의 연체 내역과 조세 및 공과금채권에 대한 확인
(1) 아파트 관리사무소를 방문해서 연체된 관리비 내역을 조사한다

입찰하기 전에 입찰대상 아파트 관리사무소 등을 방문해서 관리비 및 제세공과금 등의 연체금액을 확인해야 한다. 이때 매수인이 부담하게 되는 연체관리비에 대해서 현재 대법원 판례는 공유부분은 낙찰자가, 전유부분의 관리비는 사용자가 부담해야 된다는 입장이고(대법 2001다8677), 이러한 공유관리비 중에서도 원금 이외에 연체료는 승계대상이 되는 공유부분관리비에 포함되지 아니하고, 관리비채권에 대한 소멸시효가 3년이므로 3년 초과분은 지급하지 않아도 된다는 입장이다. 따라서 매수인이 부담하게 되는 관리비는 공유부분의 관리비로 3년분의 원금만 부담하면 된다.

(2) 등기사항전부증명서에 공시되지 않은 조세·공과금채권에 대해서 유의한다

조세채권 등이 등기사항전부증명서에 등기되어 있는 경우는 물론이고, 등기되어 있지 않은 경우에도 배당요구종기일까지만 교부청구하면 배당에 참여할 수 있다. 이러한 조세채권 등은 수개월 전 또는 1~2년 전이 법정기일이거나 또는 당해세가 되기 때문에 이로 인해서 임차인이 임차보증금채권의 손실을 보게 되는 경우가 발생되는데, 대항력 있는 선순위임차인의 미배당금의 발생 시 보증금을 인수하게 되므로 입찰 전에 집행법원 경매계에 당해세 유무, 세목과 법정기일 등을 확인하고, 임차인과 우선순위를 비교해서 인수하게 되는 권리가 있는지를 확인해야 한다. 이들은 경매로 소멸되는 권리로 낙찰자에게 인수되는 권리는 아니다. 그러나 이로 인해 인수되는 권리 등이 발생할 수 있기 때문이다.

◈ 주민센터를 방문해서 전입세대 열람

주민센터를 방문하여 경매대상 물건지 주소에 전입하고 있는 전입세대원의 전입세대열람을 다음과 같이 발급받아 확인해야 한다. 여기서 주의할 점은 최초전입자와 세대주명이 다른 경우 최초전입자가 주임법상 주민등록상 전입일이 되는데, 이러한 경우 세대주 사정상 가족구성원 일부가 먼저 전입한 경우가 되고, 이 경우는 가족구성원 중 최초전입자가 대항력유무의 기준일이 된다.

전입세대 열람

행정기관 : 서울특별시 광진구 중곡 3동　　　작업일시 : 2022년 5월 28일
페 이 지 :

주소 : 서울특별시 광진구 중곡동 (일반+산) ○○○-○

순번	세대주 성명	전입일자	거주상태	최초전입자	전입일자	거주상태	동거인수
	주소						
1	○ ○ ○	1996-09-05	거주자	○ ○ ○	1996-09-05	거주자	
	서울특별시 광진구 중곡동 191-4 (19/9)						
2	○ ○ ○	2007-06-13	거주자	○ ○ ○	2007-06-13	거주자	
	서울특별시 광진구 중곡동 191-4 (19/9)						
3	○ ○ ○	1994-10-25	거주자	○ ○ ○	1994-10-25	거주자	
	서울특별시 광진구 중곡동 191-4 (19/9)						

경매기록상 전입세대열람이 비치돼 있지만 현장답사에서 또 다시 조사하는 것은 경매가 진행되고 나서 점유자의 변동 상황을 파악해서 낙찰 받고 명도에 대응하기 위한 전략이다. 이러한 모든 조사를 통해서 다음 04번과 같이 기대수익이 보장되는 선에서 입찰가를 결정하는 순서로 진행하면 된다.

04 경매물건의 수익성 분석은 어떻게 해서 입찰가를 결정하면 되나?

◆ 수익성 분석 후 입찰가를 결정해라!

경매투자의 목적은 투자수익을 높이는 데 그 목적이 있으므로 입찰하기 전에 수익분석 후에 입찰가를 결정해야 한다. 이러한 분석을 위해서는 앞에서와 같이 물건 주변 부동산중개업소 3~4군데 방문하여 부동산 시세 및 주변여건, 변화 등을 검토하고 이를 기준으로 다음과 같은 방법으로 수익분석해서 입찰가를 결정해야 한다. 이러한 수익분석에서 중요한 것은 세 가지를 기본바탕으로 한다. 앞에서와 같이 권리분석에서 하자가 없어야 하고, 두 번째로 현장답사를 통해 정확한 시세를 조사하는 것이다. 그리고 세 번째는 매수 이후에 세금을 절세하는 방법이다.

◆ 낙찰 받은 봉천동 현대아파트를 가지고 세금 절세방법 분석

이 사례는 서울시 관악구 봉천동 소재하는 현대아파트를 가지고 05 개인명의로 취득해서 매도할 때 세금계산 방법과 절세 전략은?(289쪽)과 06 개인사업자로 취득하는 것이 개인명의 또는 법인사업자보다 절세가 될까?(293쪽), 07 법인사업자로 취득하는 것이 개인명의 또는 개인사업자보다 절세가 될까?(298쪽) 를 기술하고, 어떤 방법이 더 절세가 이루어지는 가를 비교 분석해 보기로 하자!

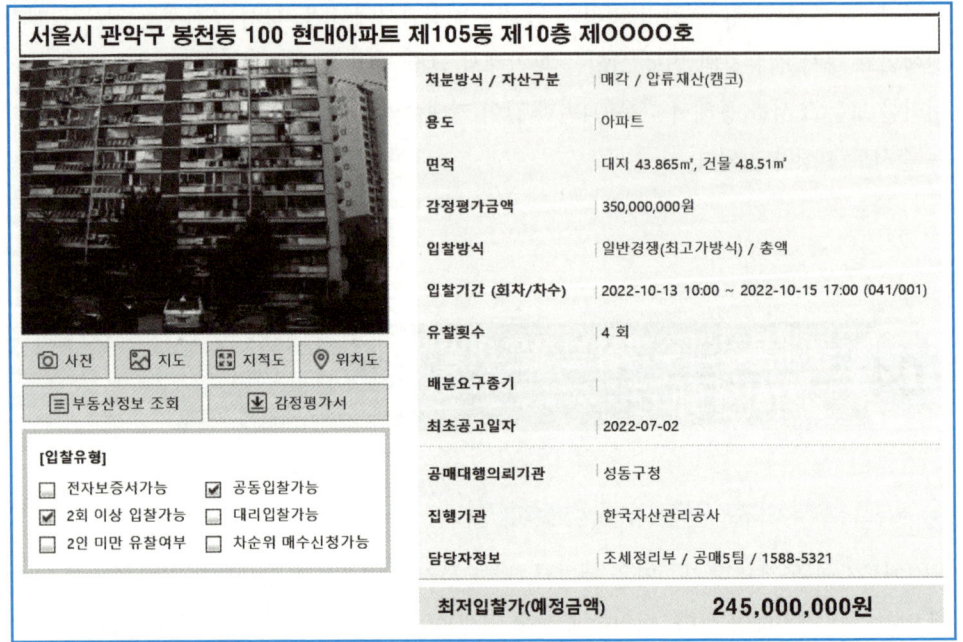

    이 현대아파트는 현장답사를 통해 시세를 조사해 본 결과 3억2,000만원에 거래되고 있었다. 그래서 272,337,900원에 낙찰 받았다. 그리고 잔금납부는 272,337,900원의 70%인 1억 9,000만원을 연 4%로 은행에서 대출 받아서 납부했다. 이 아파트를 일정기간 보유하다 매각한다면 어떻게 취득해서 팔아야 세금이 더 절세가 되겠는가?

(입찰할 당시에 3억2,000만원 정도였기에 2억7,233만원으로 낙찰 받았다. 이 사례를 가지고 2022년을 기준으로 개인명의와 법인명의로 취득해서 팔때 세금 절세하는 방법을 분석해 보면 다음 05번~07번과 같다)

05 개인명의로 취득해서 매도할 때 세금계산 방법과 절세 전략은?

◆ 2년 이상 거주하다 비과세로 3억4,000만원에 팔았을 때 수익률 계산 방법

(1) 총 취득금액은?

2억7,783만원[낙찰금액 2억7,233만원 + 소유권이전 제비용 350만원(취득세1.1% 포함) + 명도비 200만원]이지만, 취득 시에 현금투자금액은 8,783만원(2억7,783만원 - 은행대출금 1억9,000만원)이다.

(2) 2년 거주 후 비과세로 양도 후 수익률을 계산하면 다음과 같다.

양도금액 3억4천만원 - 총 취득금액은 2억7,783만원 - 매도 시 중개수수료 136만원(0.4%) - 양도소득세 및 지방소득세(=주민세)는 비과세로 0원 - 대출이자 15,199,000원[1억9,000만원×4%×1년÷365일=20,821원×730일(2년)]으로 45,611,000원이 된다. 따라서 2년 동안 현금투자대비 수익률을 계산하면 45,611,000원/87,830,000원(총 현금투자금액)으로 51.93%의 수익률이 발생한다.

 이 사례에서와 같이 2년 이상 거주하다가 파는 경우에는 그 주택에 직접 거주하므로 인해서 수익이 발생한다. 여기서 수익은 은행대출이자 정도는 발생하게 되기 때문에 총 투자수익은 투자수익 45,611,000원 + 대출이자금액 15,199,000원(직접 거주하는 수익을 대출이자 정도로 보면)을 포함한 60,810,000원으로 계산하는 것이 바람직하고, 이렇게 대출이자만큼 또는 정확한 거주소득, 임대소득 등을 투자수익에 보태면 총 투자수익은 그만큼 높아진다. 그래서 앞에서와 같이 은행대출이자를 비용으로 처리할 때에는 연봉이 22,805,000원이지만 거주소득으로 계산하면 연봉이 30,405,000원으로 증가하게 되는 것이다.

◆ 일시적 1세대 2주택 보유 시 비과세 특례를 적극 활용해라!

　1세대 1주택자가 기존주택 취득일로부터 1년이 경과된 후에 새로운 주택을 취득하여 1세대 2주택이 된 경우에 새로 취득한 주택 취득일로부터 3년 이내에 2년 이상 보유한 기존 주택을 양도하면 일시적 2주택으로 보아 양도소득세가 비과세가 된다(소득세법 155조). 조정대상지역 내에서는 2022년 5월 10일부터 일시적 2주택 적용할 때 1년 이내 신규주택으로 전입하는 요건이 없어지고, 종전주택 처분기간도 1년에서 2년으로 연장되었다. ① 2주택이 모두 조정대상지역 내에 있는 경우만 새로운 주택에 전입 요건 없이 2년 이내에 종전주택을 비과세 요건(2년 보유 및 2년 거주)을 갖추어 양도하면 된다. ② 2주택 중 1주택이 비조정대상지역 내에 있는 경우(ⓐ 종전주택: 조정지역, 신규주택: 비조정대상, 또는 ⓑ 종전주택: 비조정지역, 신규주택: 조정지역인 경우)에는 종전주택을 비과세 요건을 갖추어 3년 이내에 양도하면 된다.

《일시적 1세대 2주택 보유 시 비과세 특례 계산》

> [일시적 2주택자가 비과세 요건을 갖추지 못한 경우에도 중과되지 않고 기본세율 적용]
> ① 조정대상지역과 비조정대상지역 모두 종전주택을 취득 후 1년이 되기 전에 신규주택을 취득한 경우 일시적 2주택에 따른 비과세 대상은 아니나, 신규주택취득일로부터 3년 이내에 종전 주택을 양도하는 경우에는 중과세율을 적용하지 않고 양도세 기본세율(2021년 6월 1일부터, 1년 미만은 70%, 2년 미만은 60%, 2년 이상은 6~45%)을 적용한다.
> ② 일시적 1세대 2주택자로 비과세 요건인 종전주택을 2년 보유하시 않고, 2년 미만 보유하더라도 3년 이내 종전주택을 양도하는 경우 중과세율을 적용하지 않고 기본세율만 적용된다

◈ 1년 이상 보유하다 양도세율 60%로 3억3,000만원에 매각할 때 수익률 계산

(1) 총 취득금액은 2억7,783만원[낙찰금액 2억7,233만원 + 소유권이전 제비용 350만원(취득세1.1% 포함) + 명도비 200만원]이지만, 취득 시에 현금투자금액은 8,783만원(2억7,783만원 - 은행대출금 1억9,000만원)이다.

(2) 1년 이상 보유하다 양도세율 60%(2021년 6월부터는 60%) 양도 후 수익률을 계산하면 양도금액 3억3천만원 - 총 취득금액 2억7,783만원 - 매도시 중개수수료 132만원(0.4%) - 양도소득세 30,210,000원 - 지방소득세 3,021,000원 - 대출이자 7,599,000원[1억9,000만원×4%×1년÷365일=20,821원×365일(1년)]으로 10,020,000원이 된다.

> ▶ 양도세와 지방소득세(=주민세) 계산 방법
>
> A 양도가액 3억3천만원 - B 총 취득금액 2억7,583만원(명도비 200만원 제외) - C 매도시 중개수수료 132만원 = D 양도차익 5,285만원 - E 장기보유특별공제 0원(3년 미만) = F 양도소득금액 5,285만원 - G 기본공제 250만원 = H 과세표준액 5,035만원 × 세율 60%(1년 이상 보유, 2021년 6월 부터 60%) = I 양도소득산출세액 30,210,000원
> 따라서 양도소득세액 30,210,000원과 지방소득세 3,021,000원을 납부하면 된다.

따라서 1년 동안 현금투자대비 수익률을 계산하면 10,020천원/8,783만원(총 현금투자금액)으로 11.4%의 수익률이 발생한다.

이 사례에선 2년 거주하고 비과세 혜택을 보는 방법보다 1년 보유 후 일반세율로 매각하는 것이 적은 수익이 발생한다. 이는 세금이 비과세되어 절세효과가 크기 때문이다. 그리고 다음 사례와 같이 1년 미만으로 매도하는 전략은 양도소득세가 일률적으로 70%(2021년 6월 1일부터)가 적용되므로 투자수익이 떨어지게 된다는 사실을 알고 있어야 한다.

◆ 1년 미만 보유하다 단기양도세율로 3억2,000만원에 매각할 때 수익률 계산

(1) 총 취득금액은 2억7,783만원[낙찰금액 2억7,233만원 + 소유권이전 제비용 350만원(취득세1.1% 포함) + 명도비 200만원]이지만, 취득 시에 현금투자금액은 8,783만원(2억7,783만원 - 은행대출금 1억9,000만원)이다.

(2) 1년 미만 보유하다 단기양도세율 70%(2021년 6월부터는 70%) 양도 후 수익률을 계산하면 양도금액 3억2천만원 - 총 취득금액 2억7,783만원 - 매도시 중개수수료 128만원(0.4%) - 양도소득세 28,273,000원 - 지방소득세 2,827,300원 - 대출이자 3,747,000원[1억9,000만원×4%×1년÷365일=20,821원×180일(1년 미만)]으로 6,042,700원이 된다.

> **▶ 양도세와 지방소득세(=주민세) 계산 방법**
> A 양도가액 3억2천만원 - B 총 취득금액 2억7,583만원(명도비 200만원 제외) - C 매도시 중개수수료 128만원 = D 양도차익 4,289만원 - E 장기보유특별공제 0원(3년 미만) = F 양도소득금액 4,289만원 - G 기본공제 250만원 = H 과세표준액 4,039만원 × 세율 70%(1년 미만) - 0원(누진공제 없음) = I 양도소득산출세액 28,273,000원
> 따라서 양도소득세액 28,273,000원과 지방소득세 2,827,300원을 납부하면 된다.

따라서 개인명의로 취득할 때 절세방법은 양도차익이 높은 주택은 2년 보유 후 비과세 혜택을 받는 전략으로 가고, 양도차익이 적은 물건이라도 최소한 1년을 보유하다가 매도하는 전략이 세금의 절세효과가 크다.

06 개인사업자로 취득하는 것이 개인명의와 법인사업자보다 절세가 될까?

◆ 개인사업자는 개인 또는 법인과 어떠한 차이점이 있나?

① 개인 매매사업자로 부동산을 취득하면 구입할 때 부과되는 거래세는 개인명의로 취득할 때와 같다. 법인 매매사업자도 취득할 때 거래세에 대해서는 기본적으로 개인이나 개인 매매사업자가 같다(5년 이상된 법인, 5년 미만인 법인이더라도 과밀억제권역 밖에 있는 법인). 다만 과밀억제권역 내에 있는 5년 미만된 법인이 과밀억제권 내에 있는 부동산을 취득할 때에는 등록세의 3배가 중과될 수 있다는 차이점만 있다.

> **[개인과 법인 취득세 중과세율]**
> 2020년 8월 12일 이후에 취득 시 개인과 개인사업자, 법인사업자 모두 취득세 중과세율 적용(국민주택 규모 이하인 경우).
> ① 개인과 개인사업자가 1주택자인 경우에는 조정대상지역과 비조정대상지역 모두 1.1%~3.3%
> ② 개인과 개인사업자가 조정대상지역에서 1주택 소유자가 추가로 1주택을 취득 시에 8.4%의 중과세율
> ③ 개인과 개인사업자가 비조정대상지역에서 2주택 소유자가 추가로 1주택을 취득 시에 8.4%의 중과세율
> ④ 법인사업자는 주택 수와 상관없이 즉 법인이 무주택자인 경우도 마찬가지로 12.4%의 중과세율이 적용됨.

② 개인 매매사업자로 부동산을 취득해서 매도할 때 부과되는 종합소득세는 6%, 15%, 24%, 35%, 38%, 40%, 42%, 45%로 8단계 초과누진 세율이 적용되므로 개인명의로 취득해 제3자에게 팔 때의 양도소득세율과 같이 적용된다. 다만 차이점은 개인 매매사업자는 보유기간에 상관없이 소득금액에 따라 일률적으로 소득세율 6%, 15%, 24%, 35%, 38%, 40%, 42%, 45%로 8단계 초과누진 세율이 적용되고 그 금액에서 종합소득공제(배우자공제, 자녀공제, 부양가족공제 등)를 받을 수 있지만, 개인명의는 일률적으로 적용되는 것이 아니라 주택의 경우 1년 미만인 경우 70%, 2년 미만은 60%, 2년 이상은 6~45%(2021년 6월 1일부터)로 단계적으로 적용(주택 이외 부동산은 1년 미만은 50%, 2년 미만은 40%, 2년 이상은 6~45% 단계적으로 적용)되고 그 금액에서 기본공제 250만원을 받을 수 있다. 그

리고 1가구 1주택자가 2년 이상 보유 시에 12억원까지(2021년 12월 8일부터 9억원에서 12억원으로 증가됨) 비과세 혜택을 볼 수 있다는 차이점이 있다. 이때 초과누진 세율은 개인이든, 개인 매매사업자든, 법인 매매사업자든 1년간 발생한 소득 전체를 합산해서 적용하게 된다.

③ 개인명의와 개인 매매사업자는 ②와 같이 소득세율(6~45%)이 단계적으로 적용되는데 반해서, 법인 매매사업자는 법인소득이 발생하면 2억 이하인 경우 10%, 2억~ 200억 이하는 20%, 200억 초과 ~ 3,000억 이하는 22%, 3,000억원 초과 시에는 25%가 적용된다는 차이점이 있다. 그리고 유의할 점은 법인이 주택 및 비사업용 토지 등을 양도한 경우 양도차익에 대해서 법인세가 20%(2021년 부터) 추가된다(지정지역과 기타지역 구분 없이 모두 적용)는 사실이다. 그리고 개인 명의로 취득 시에 2021년 6월 1일부터 1년 미만은 70%, 2년 미만은 60%, 2년 이상은 6~45%의 양도소득세율을 적용 받고, 다주택자의 경우 조정대상지역에서는 위 기본양도소득세율에 2주택자는 20%, 3주택자는 30% 중과세율이 추가된다는 사실이다(이 다주택자에 대한 중과세율은 2022년 5월 10일부터 2023년 5월 9일까지 한시적으로 폐지되어, 이 기간까지는 중과세율을 적용하지 않음). 이러한 차이점을 잘 활용해서 세금 절세가 되는 방향으로 투자하면 된다.

◆ 아파트를 개인사업자로 취득해서 매도하면 세금은 얼마나 절세될까?

(1) 개인 매매사업자가 1년 미만 보유하다 3억2,000만원에 팔 때 수익률 계산

① 총 취득금액은 2억7,783만원[낙찰금액 2억7,233만원 + 소유권이전 제비용 350만원(취득세1.1% 포함) + 명도비 200만원]이지만, 취득 시에 현금투자금액은 8,783만원(2억7,783만원 – 은행대출금 1억9,000만원)이다.

② 1년 미만 보유하다 팔 때 종합소득세율 6~45%로 계산하면 수익률은?
양도금액 3억2천만원 – 총 취득금액 2억7,783만원 – 매도시 중개수수료 128만원(0.4%) – 종합소득세액 3,792,000원 – 지방소득세 379,200원 – 대출이자 3,747,000원[1억9,000만원×4%×1년÷365일=20,821원×180일(1년 미만)]으로 32,971,800원이 된다.

> **▶ 종합소득세와 지방소득세(=주민세) 계산 방법**
> A 양도가액 3억2천만원 − B 총 취득금액 2억7,783만원(명도비 200만원포함) − C 매도시 중개수수료 128만원 = D 양도차익 4,089만원 − E 장기보유특별공제 0원(3년 미만) − F 사업비용 200만원 − G 대출이자 281만원 = H 종합소득금액 3,608만원 − I 종합소득공제 360만원 = J 과세표준액 3,248만원 × 세율 15%(1년 미만) − 108만원(누진공제) = K 종합소득산출세액 3,792,000원.
> 따라서 종합소득세액 3,792,000원과 지방소득세 379,200원을 납부하면 된다.

따라서 1년 동안 현금투자대비 수익률을 계산하면 32,971,000원/97,900,000원(총 현금투자금액)으로 33.67%의 수익률이 발생한다. 따라서 개인이 1년 미만 보유하다 파는 것보다 세금 절세효과가 높다는 사실을 확인할 수 있다.

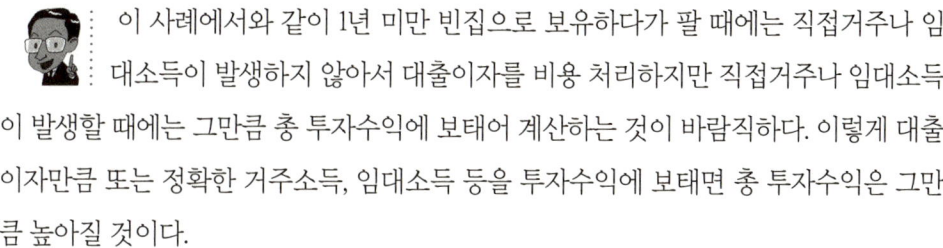 이 사례에서와 같이 1년 미만 빈집으로 보유하다가 팔 때에는 직접거주나 임대소득이 발생하지 않아서 대출이자를 비용 처리하지만 직접거주나 임대소득이 발생할 때에는 그만큼 총 투자수익에 보태어 계산하는 것이 바람직하다. 이렇게 대출이자만큼 또는 정확한 거주소득, 임대소득 등을 투자수익에 보태면 총 투자수익은 그만큼 높아질 것이다.

(2) 개인 매매사업자와 개인명의로 취득할 때 어떠한 차이가 있나?

① 취득할 때 개인명의와 개인매매사업자의 거래세는 같다.

② 개인명의로 취득해서 2년 보유하고 비과세 받는 방법은 개인매매사업자보다 절세가 된다.

③ 비과세 요건을 갖추지 못한 개인명의로 2년 이상 보유하다가 팔면 소득세율(6~45%)이 같아서 비슷하지만, 개인의 경우 기본공제 250만원, 개인매매사업자의 경우 종합소득공제 360만원 + 사업비용 200만원+ 금융기관대출이자 + 명도비용 등을 공제받을 수 있다는 차이가 있다, 개인보다 사업자가 비용 등을 처리할 수 있다는 것이 장점이다.

④ 개인명의로 1년 미만 보유하다가 팔면 개인은 양도소득세율이 70%(2021.6.1.부터

70%)인데 반해서 개인매매사업자는 종합소득세율이 6~45%가 적용되고, 사업비용 200만원과 명도비용 200만원 + 대출이자 3,747천원 등을 비용 처리할 수가 있어서 더 절세가 된다.

그러나 개인매매사업자는 비과세(297쪽 비과세 제도 참조)되기 때문에 주의해야 한다. 즉 비조정대상지역 내에 있는 주택을 개인 매매사업자로 취득했다가 바로 팔아도 6~45%의 종합소득 세율이 적용되어 절세효과가 높지만, 조정대상지역 내에 있는 주택을 취득했다가 팔 때에는 비과세 되기 때문에 개인의 중과된 양도세율이 적용된다는 것에 유의해야 한다.

⑤ 매매사업자(개인사업자, 법인사업자)가 전용면적 85㎡ 미만 주택을 취득해서 팔 때는 건물분 부가세가 면세되지만, 전용면적 85㎡ 초과 주택을 취득해서 팔 때는 건물분 부가세 10%가 부과된다. 그리고 주택인 아닌 상가건물 등은 전용면적 85㎡ 미만이더라도 건물분 부가세 10%가 부과된다는 사실을 잊어버려선 안 될 것이다. 이에 반해 개인명의로 취득할 때에는 건물분 부가세가 부과되지 않는다는 차이점이 있다.

⑥ 개인명의와 개인매매사업자는 법인매매사업자보다 국민건강보험료와 국민연금보험료가 증가될 수도 있다.

⑦ 개인명의와 개인매매사업자는 1년 동안 양도소득을 합산해서 과표가 정해지고, 그 과표에 따른 소득세율(6~45%)이 적용되므로 거래가 많거나 2년 미만에 양도하는 경우에는 법인이 유리할 수도 있다. 법인은 2억까지 법인세가 기본법인세 10%+주택양도차익에 대한 법인세 20%(총 30%)로 고정되어 있기 때문이다.

개인매매사업자로 취득할 때 거래세는 개인명의와 법인매매사업자가 다르므로 주의해야 한다. 매도할 때 양도차익이 발생해서 종합소득세를 낼 때도 부동산 보유기간에 상관없이 1년간 발생한 양도차익 모두를 합산해서 종합소득세율 6%, 15%, 24%, 35%, 38%, 40%, 42%, 45%로 8단계 초과누진 세율이 적용한다. 그리고 개인매매사업자로 다주택을 소유하고 있어도 개인명의로 거주하고 있는 1주택에 대해서 2년을 보유하면 비과세 혜택을 볼 수 있다는 점도 알고 있어야 한다. 즉 개인매매사업자가 보유하고 있는 주택 뿐만 아니라 개인임대사업자가 보유하고 있는 주택도 개인명의의 주택

수에 포함되지 않고 오로지 개인명의의 주택 수만 가지고 비과세 여부를 판단하기 때문이다.

이렇게 개인 매매사업자는 취득 당시에 사업자가 없어도 개인 명의로 낙찰 받고 개인사업자를 내서 그 사업자로 대출을 받아 잔금을 납부하고 개인사업소득으로 정리해서 양도치익에 대한 사업소득세를 일반세율로 납부하면 된다.

그러나 유의할 점은 2018년 4월부터 개인 양도세중과 제도가 시행되면서부터 중과세율이 적용되는 주택(조정대상지역 내 주택)은 종합소득세와 개인 양도소득세를 비교해서 높은 세율을 적용하는 비교과세 제도가 시행되고 있다는 점이다.

그러나 중과세가 적용되지 않는 주택(비조정대상지역 내 주택)의 경우에는 앞에서와 같이 사업소득으로 판단해서 종합소득세율을 적용하기 때문에 보유기간과 상관없이 기본세율 6~45%가 적용된다.

그렇다고 하더라도 개인명의의 주택 수에 포함되지 않아서 개인명의의 1주택은 비과세 혜택을 볼 수 있다.

(3) 양도소득세 비교과세 제도

양도소득세 비교과세는 어떤 사람이 하나의 부동산을 양도했을때 이 부동산이 단기양도에도 해당되고, 중과대상 주택에도 해당이 되면 둘 중 높은 세율을 적용하는 것이 아니라 각각의 세율을 적용하여 산정된 산출세액 중 큰 금액을 적용하는 것이다. 예를 들어 개인의 양도소득세율에 따라 계산한 양도소득금액과 개인 매매사업자로 종합소득세율로 계산한 종합소득금액을 비교해서 높은 금액을 부과하는 방식이다. 이 비교과세 제도는 개인 매매사업자가 조정대상지역 내에 있는 주택을 취득할 때 적용하는 것이고, 비조정대상지역 내에 있는 주택은 취득할 때에는 적용하지 않아서, 바로 샀다 팔아도 6~45%의 종합소득세율만 적용한다.

① 종합소득세 = 수익 − 비용 = 이익 − 세무조정 = 소득금액 − 종합소득공제 = 과세표준 × 세율 (6~45%) = 산출세액
② 양도소득세 = 양도가액 − 취득가액 − 기타필요경비 = 양도차익 − 장기보유특별공제(중과적용 주택 공제배제) − 기본공제 = 과세표준 × 세율(6~45%) + 중과세율(2주택 10%, 3주택 20%) = 산출세액
위 ①과 ②중 높은 세율을 적용하는 것을 말한다.

07 법인사업자로 취득하는 것이 개인명의 또는 개인사업자보다 절세가 될까?

◆ 법인사업자는 어떠한 세금이 적용될까?

5년 이상된 법인매매사업자로 취득할 때 거래세는 개인명의와 개인매매사업자로 취득하는 것과 다르므로 주의해야 한다. 개인명의와 개인매매사업자는 소득세율(6~45%)이 단계적으로 적용되는데 반해서, 법인매매사업자는 법인소득이 발생하면 2억 이하인 경우 10%, 2억~200억 이하는 20%, 200억 초과 ~ 3,000억 이하는 22%, 3,000억원 초과 시에는 25%가 적용된다는 차이점이 있다. 그리고 법인은 주택 및 비사업용 토지 등의 양도차익에 대해서 법인세가 20%(2021년부터 20%)가 추가된다.

> **알아두면 좋은 내용**
> 2023. 1. 1. 이후 발생하는 법인세율 및 과세표준 개정안(국회통과 후 시행 예정임)
> ① 과세표준 5억원 이하 20%(단 중소기업과 중견기업은 5억원까지 10%), ② 과세표준 5억원 초과 200억원 이하 20%, ③ 과세표준 200억원 초과 22%

(1) 법인이 주택 및 비사업용 토지를 양도한 경우 = 법인세 10%(법인사업소득 – 임대료 및 관리비, 인건비, 기타 비용 등의 법인사업비용) + 지방소득세(법인세액의 10%) + 추가되는 법인세 20%(2021년 부터는 20%)(주택양도가액 – 주택취득장부가액) + 지방소득세(추가법인세액의 10%)이 된다. 여기서 주택취득장부가액은 낙찰대금 + 소유권이전 제비용 + 리모델링 등의 자본적 지출비용 등이 포함된다.

(2) 상가건물과 오피스텔 등은 추가되는 법인세가 없어서 법인세 10% + 지방소득세(법인세액의 10%)만 납부하면 된다.

이러한 차이점을 잘 활용해서 세금이 절세가 되는 방향으로 투자하면 된다.

◆ 법인사업자가 1년 미만 보유하다 3억2,000만원에 팔 때 수익률 계산

(1) 총 취득금액은 2억7,783만원[낙찰금액 2억7,233만원 + 소유권이전 제비용 350만원(취득세1.1% 포함) + 명도비 200만원]이지만, 취득 시에 현금투자금액은 8,783만원(2억7,783만원 – 은행대출금 1억9,000만원)이다.

(2) 1년 미만 보유하다 팔 때 법인세율 10~25%로 계산해서 수익률을 계산하면

양도금액 3억2천만원 - 총 취득금액 2억7,783만원 - 매도시 중개수수료 128만원(0.4%) - 법인세액(2,889,000원+8,178,000원) - 지방소득세(288,900원+817,800원) - 대출이자 3,747천원[1억9,000만원×4%×1년÷365일=20,821원×180일(1년미만)]으로 24,969,300원이 된다.

> ▶ 법인세와 지방소득세(=주민세) 계산 방법
> A 양도가액 3억2천만원 - B 총 취득금액 2억7,783만원 - C 매도시 중개수수료 128만원 = D 양도차익 4,089만원 - E 법인사업비용 1,200만원(임대료 및 관리비, 인건비, 대출이자 281만원, 기타 비용 등의 법인사업비용) = F 법인소득금액 2,889만원 = G 과세표준액 2,889만원 × 세율 10%(법인소득 2억 이하) = H 법인세액산출세액 2,889,000원 + I 지방소득세액 288,900원과 주택으로 J 추가법인세액 20% 8,178,000원(양도가액 3억2천만원-총 취득금액 2억7,783만원-중개수수료 128만원) + K 추가지방소득세액 817,800원을 납부하면 된다.

따라서 법인세 10%는 법인사업운영비용(임대료 및 관리비, 인건비, 대출이자 281만원, 기타 비용 등의 법인사업비용)을 공제하고 나면 금액이 적어지게 되니 매출액이 적은 법인은 부과되지 않거나 있어도 실제 주택양도차익의 3~4% 정도가 될 수도 있다. 이 사례에서는 일반적으로 법인세를 계산하는 방식만 설명하다보니 사업운영비용을 1,200만원으로 가정해서 분석한 것이다. 어쨌든 1년 동안 현금투자대비 수익률을 계산하면 24,969,300원/87,830,000원(총 현금투자금액)으로 28.42%의 수익률이 발생한다.

(3) 그러나 상가건물을 1년 미만 보유하다 양도한 경우 수익률을 계산하면 다음과 같다.

양도금액 3억2천만원 - 총 취득금액 2억7,783만원 - 매도시 중개수수료 128만원(0.4%) - 법인세액 2,889,000원 - 지방소득세 288,900원 - 대출이자 3,747천원[1억9,000만원×4%×1년÷365일=20,821원×180일(1년 미만)]으로 33,965,100원이 된다.

> ▶ 법인세와 지방소득세(=주민세) 계산 방법
> A 양도가액 3억2천만원 - B 총 취득금액 2억7,783만원 - C 매도시 중개수수료 128만원 = D 양도차익 4,089만원 - E 법인사업비용 1,200만원(임대료 및 관리비, 인건비, 대출이자 281만원, 기타 비용 등의 법인사업비용) = F 법인소득금액 2,889만원 = G 과세표준액 2,889만원 × 세율 10%(법인소득 2억 이하) = H 법인세액산출세액 2,889,000원 + I 지방소득세액 288,900원만 납부하면 된다.

따라서 주택이 아닌 상가건물과 오피스텔 등을 매매법인으로 취득했다가 팔면 법인세 10%만 부과되므로 1년 동안 현금투자대비 수익률을 계산하면 33,965,100원/87,830,000원(총 현금투자금액)으로 38.67%의 수익률이 발생한다.

◆ 법인사업자와 개인명의, 개인사업자로 취득할 때 차이점은?

① 개인명의와 개인매매사업자, 법인매매사업자의 거래세가 다르므로 주의해야 한다. 즉 주택을 법인 명의로 취득 시에는 주택 수와 상관 없이 취득세가 국민주택규모 이하인 경우 12.4%(취득세 12% + 교육세 0.4%), 국민주택규모 초과 시 13.4%(취득세 12% + 교육세 0.4% + 농어촌특별세 1%)로 중과되므로 주의해야 한다.

② 개인명의로 취득해서 2년 보유하고 비과세 받는 방법은 매매사업자(개인사업자, 법인사업자)보다 절세가 된다.

③ 개인명의로 2년 이상 보유하다가 팔면 개인매매사업자와 소득세율이 같아서 비슷하지만, 법인은 2억까지 기본법인세 10%와 주택양도차익에 대한 추가 법인세 20%로 단일세율이 적용되므로 잘 활용만하면 절세가 될 수도 있다.

그리고 개인의 경우 기본공제 250만원만, 개인매매사업자의 경우 종합소득공제 360만원 + 사업비용 200만원을 공제받을 수 있지만, 법인매매사업자는 법인사업비용(임대료 및 관리비, 인건비, 부동산대출이자, 기타 비용 등)을 공제 받을 수 있다는 차이가 있다. 따라서 개인보다 매매사업자가 비용을 처리할 수 있는 장점이 있다.

④ 매매사업자(개인사업자, 법인사업자)가 전용면적 85㎡ 미만 주택을 취득해서 팔 때는 건물분 부가세가 면세되지만, 전용면적 85㎡ 초과 주택을 취득해서 팔 때는 건물분 부가세 10%가 부과된다. 그리고 주택이 아닌 상가건물 등은 전용면적 85㎡ 미만이더라도 건물분 부가세 10%가 부과된다는 사실을 잊어버려선 안 될 것이다. 이에 반해 개인명의로 취득할 때에는 건물분 부가세가 부과되지 않는다는 차이점이 있다.

이러한 차이점을 잘 활용해서 세금이 절세가 되는 방향으로 투자하면 된다.

Chapter 14

경매 첫걸음! 아파트와 다세대주택 법원입찰 현장학습

01 아파트와 다세대주택 입찰에 참여하기 전에 확인할 사항

 "입찰에 참여하기 전에 먼저 다음과 같은 내용을 확인해야 합니다."

◆ 입찰자가 입찰에 참여할 수 있는 적법한 자격 유무 점검

(1) 입찰참여 가능한 자
채권자, 담보권자, 제3취득자, 채무자의 가족, 물상보증인(임의경매시), 일반 보통인 등

(2) 입찰참여 불가능한 자
채무자, 소유자(강제경매인 경우), 행위무능력자(법정대리인에 의해선 가능), 재경매에 있어서 전 낙찰자, 경매법원의 법관 및 법원의 직원, 집행관 및 그의 친족, 입찰부동산을 평가한 감정평가사 및 그 친족, 경매관련 유죄판결확정 후 2년 미경과자 등이 있다.

◆ 입찰참가자의 준비사항

(1) 본인인 경우
신분증, 도장, 매수신청보증금(최저매각가격의 10%)

(2) 대리인의 경우
본인 인감증명서, 본인 인감날인된 위임장, 대리인의 도장, 대리인의 신분증, 매수신청보증금

(3) 법인인 경우
법인 등기부등본, 대표이사 신분증, 법인 도장, 매수신청보증금

(4) 공동입찰의 경우
공동입찰신고서, 공동입찰자 목록, 불참자의 인감증명서, 불참자의 인감이 날인된 위임장, 참석자의 신분증과 도장, 매수신청보증금.

◆ 입찰당일 경매법정에서 입찰 게시판 확인

　입찰당일 제일 먼저 경매법정 입구 벽면 게시판에 공고하고 있는 입찰 게시판을 통해서 당일에 진행되는 경매사건의 진행 또는 취하·변경·연기 등을 입찰 참여하기 확인해야 한다

02 집행관이 입찰절차에서 유의할 점을 설명하고 있다!

　"지금부터 집행관이 경매절차를 진행하는 것을 주의 깊게 경청하세요. 경매법정에서 입찰진행방법은 경매개시선언과 마감시간의 고지로 시작하게 됩니다."

◆ 집행관의 경매개시선언에 의한 개시

　집행관의 경매개시선언 즉 출석한 이해관계인과 일반매수자에 대하여 적당한 방법으로 매각을 개시한다는 취지를 선언함으로 경매가 개시된다. 보통 실무적으로 개시선언과 동시에 입찰물건명세서와 감정평가서, 현황조사서의 사본 등을 열람할 수 있다. 이때 입찰표 등의 입찰서류도 함께 비치한다.

◆ 입찰의 시작과 마감시간 고지

　대부분의 경매법정은 오전 10시에 시작하는데 담임집행관의 입찰개시선언과 함께 입찰사항, 입찰방법 및 주의사항 등을 고지하고 입찰물건에 대한 특별매각조건이 있으면 그 내용을 명확히 고지한다. 그리고 입찰물건의 취소, 변경, 연기 등의 사유와 입찰대상물건 등을 고지하게 되고 그 후 대체적으로 오전 10시 10분경부터 입찰의 개시를 알리는 종을 울린 후 집행관이 입찰표의 제출을 최고하고, 입찰마감시각과 개찰시각을 고지(보통 11시 10분에 마감)함으로서 시작한다.

◆ 입찰대상 물건에 대한 서류 열람

　① 입찰물건명세서, ② 현황조사서, ③ 감정평가서 등을 점검하여 변동된 내역 등을 최종 점검한다.

03 입찰서류를 작성해서 김선생의 확인을 받아 제출하고 있다!

 "이제는 입찰표를 작성해서 입찰에 참여하는 방법에 대해서 공부하기로 하죠. 입찰에 참여하기 전에 경매법정에 비치되어 있는 입찰서류(입찰물건명세서 등)를 열람하게 되는데, 우리는 이미 법원에 오기 전에 경매정보사이트에서 이러한 서류를 확인했으니 입찰에 참여하실 박 사장님과 정 사장님의 대리인 이정민은 경매법정에 비치되어 있는 입찰표와 매수보증봉투, 입찰봉투를 수령해 오세요. 실수하면 다시 작성해야 하니 입찰서를 2부씩 가져오시고요"

 "알겠습니다."
"박사장님 어서 가시죠"
"이제 입찰표를 직접 작성해서 입찰에 본격적으로 참여해 보죠."

◆ 입찰표 작성은 다음과 같이 작성하면 된다!

　① 사건번호와 부동산의 표시

　② 본인입찰의 경우 본인의 성명, 주민 번호, 주소, 전화번호를 기재 후 도장날인.

"입찰자가 입찰표 작성 시 인감도장이 아닌 막도장으로 사용할 수 있으나 막도장이 없는 경우 입찰자는 날인에 갈음해 무인할 수 있다. 이 경우 집행관의 입회하에 무인을 해서 본인임을 확인하고 이를 증명하는 문구를 기재하고 기명날인해야 한다(재판예규 제711호, 재민 99-2)."

③ 대리인 입찰의 경우 입찰표상의 본인 및 대리인란의 인직사항을 모두 기재하고 나서 대리인의 도장을 날인하면 된다. 이 경우 본인란에는 도장날인하지 않아도 무효가 되는 것은 아니지만 실무상으로 대리인이 준비해간 인감도장으로 날인하는 경우가 많다.

④ 법인명의로 입찰할 경우 본인의 성명란에 법인의 명칭과 대표자의 지위 및 성명을, 주민등록번호란에 사업자등록번호를 그 옆의 법인등록번호란에 법인등록번호를 기재하고, 대표자의 자격을 증명하는 서면(법인의 등기부등·초본)을 제출해야 한다. 대표가 아닌 직원이 대리하여 입찰할 경우 위임장 및 법인인감증명서를 입찰표에 첨부하여야 한다.

⑤ 입찰가격란(입찰표의 좌측중간지점 금액란)에는 매수하고자 하는 입찰가격을 아라비아 숫자로 기재하면 된다.

⑥ 보증금액란(입찰표의 우측중간지점 금액란)에는 법원이 공고한 최저매각가격의 10% 이상에 해당하는 금액을 아라비아숫자로 기재해야 한다. 입찰표상의 금액(⑤입찰가격란과 ⑥보증금액란)란의 기재를 정정할 필요가 있는 때에는 새 용지로 다시 작성해야지 정정하면 입찰이 무효처리 된다. 그러나 입찰금액란을 제외하고는 정정한 내용에 대해서 줄을 치고 도장날인해서 정정할 수 있다.

⑦ '보증금을 반환받았습니다.' 란에 입찰자 이름과 도장날인은 원칙적으로는 보증금을 반환받고 성명과 도장날인해야 하나 실무상 사전에 작성과 도장을 날인하여 입찰표를 제출하고 유찰된 경우 입찰봉투수취증 반환과 입찰보증금을 돌려받게 된다. 최고가매수신고인(낙찰 받게 되면)이 되면 이란은 가위표하고 최고가매수신고인의 도장날인하여 효력이 발생하지 않게 하고 있다. 이란에서 입찰자는 본인 입찰의 경우 본인의 이름과 도장날인, 대리인 입찰의 경우 본인 정수철 대리인 이정민으로 기재하고 도장을 날인하면 된다.

"박 사장님과 이정민 대리가 미리 준비한 입찰물건에 대해서 입찰표를 작성하세요"
"네, 선생님, ...제가 조사한 2022타경 60232호 경매사건에 대해서 함께 입찰표를 작성해 보겠습니다."

◆ 박문수가 직접 작성한 입찰표

기 일 입 찰 표

서울중앙지방법원 집행관 귀하 매각(개찰)기일 : 2022년 12월 02일

사건번호	2022타경 60232호		물건번호	※ 물건번호가 있는 경우만 기재한다

입찰자	본인	성 명	박문수 (박문수)	전화번호	010-347-4114
		주민(사업자)등록번호	540109 - 1234667	법인등록번호	
		주 소	서울시 양천구 신정 121 미래아파트 105동 705호		
	대리인	성 명		본인과의 관계	
		주민등록번호		전화번호	
		주 소			

입찰가격 (매수 희망 가격을 기재하면 된다 ⬇): 317,290,000 원
보증금액 (최저가의 10%의 금액을 기재하면 된다 ⬇): 24,580,000 원

보증의 제공방법	☑ 현금·자기앞수표 ☐ 보증서	보증금을 반환 받았습니다. 입찰자 박문수 (박문수)

주의사항
1. 입찰표는 물건마다 별도의 용지를 사용하십시오. 다만, 일괄입찰 시에는 1매의 용지를 사용하십시오.
2. 한 사건에서 입찰물건이 여러 개 있고 그 물건들이 개별적으로 입찰에 부쳐진 경우에는 사건번호 외에 물건번호를 기재하십시오.
3. 입찰자가 법인인 경우에는 본인의 성명란에 법인의 명칭과 대표자의 지위 및 성명을, 주민등록란에는 입찰자가 개인인 경우에는 주민등록번호를, 법인인 경우에는 사업자등록번호를 기재하고, 대표자의 자격을 증명하는 서면(법인의 등기부 등·초본)을 제출하여야 합니다.
4. 주소는 주민등록상의 주소를, 법인은 등기부상의 본점소재지를 기재하시고, 신분확인상 필요하오니, 주민등록 등본이나 법인등기부등본을 동봉하십시오.
5. <u>입찰가격은 수정할 수 없으므로, 수정을 요하는 때에는 새 용지를 사용하십시오.</u>
6. 대리인이 입찰하는 때에는 입찰자란에 본인과 대리인의 인적사항 및 본인과의 관계 등을 모두 기재하는 외에 본인의 위임장(입찰표 뒷면을 사용)과 인감증명을 제출하십시오.
7. 위임장, 인감증명 및 자격증명서는 이 입찰에 첨부하십시오.
8. 입찰함에 투입된 후에는 입찰표의 취소, 변경이나 교환이 불가능합니다.
9. 공동으로 입찰하는 경우에는 공동입찰신고서를 입찰표와 함께 제출하되, 입찰표의 본인란에는 "별첨 공동입찰자목록 기재와 같음"이라고 기재한 다음, 입찰표와 공동입찰신고서 사이에는 공동입찰자 전원이 간인하십시오.
10. 입찰자 본인 또는 대리인 누구나 보증을 반환 받을 수 있습니다(입금증명서에 의한 보증은 예금계좌로 반환됩니다).

"선생님 제가 작성한 입찰표가 틀린 부분이 있는지 봐주세요."
"박 사장님이 작성한 입찰표에는 오류부분이 없네요. 잘 하셨어요."

◆ 이정민이 정수철을 대리해 작성한 입찰표와 위임장

(1) 이정민이 정수철을 대리해서 작성한 기일입찰표

기 일 입 찰 표

서울중앙지방법원 집행관 귀하 매각(개찰)기일 : 2022년 12월 02일

사건번호	2022타경 51234호		물건번호	※ 물건번호가 있는 경우만 기재한다
입찰자	본인	성 명	정 수 철 ㊞	전화번호	010-567-1234
		주민(사업자)등록번호	580501 - 1234567	법인등록번호	
		주 소	서울시 강서구 방화동 100-10 삼성아파트 101동 501호		
	대리인	성 명	이 정 민 ㊞	본인과의 관계	동료
		주민등록번호	8101021 - 1234578	전화번호	010-2215-1234
		주 소	서울시 성북구 안암동3가 54-5, 대광빌라 4동 301호		

입찰가격	천억	백억	십억	억	천만	백만	십만	만	천	백	십	일		보증금액	백억	십억	억	천만	백만	십만	만	천	백	십	일	
				2	8	5	0	9	0	8	0	0	원					2	4	3	2	0	0	0	0	원
					현금·자기앞수표																					

보증의 제공방법	☑ 입금증명서 ☐ 보증서	보증금을 반환 받았습니다. 입찰자 정수철 (代) 이 정 민 ㊞

주의사항

1. 입찰표는 물건마다 별도의 용지를 사용하십시오. 다만, 일괄입찰 시에는 1매의 용지를 사용하십시오.
2. 한 사건에서 입찰물건이 여러 개 있고 그 물건들이 개별적으로 입찰에 부쳐진 경우에는 사건번호 외에 물건번호를 기재하십시오.
3. 입찰자가 법인인 경우에는 본인의 성명란에 법인의 명칭과 대표자의 지위 및 성명을, 주민등록란에는 입찰자가 개인인 경우에는 주민등록번호를, 법인인 경우에는 사업자등록번호를 기재하고, 대표자의 자격을 증명하는 서면(법인의 등기부 등·초본)을 제출하여야 합니다.
4. 주소는 주민등록상의 주소를, 법인은 등기부상의 본점소재지를 기재하시고, 신분확인상 필요하오니 주민등록등본이나 법인등기부등본을 동봉하십시오.
5. 입찰가격은 수정할 수 없으므로, 수정을 요하는 때에는 새 용지를 사용하십시오.
6. 대리인이 입찰하는 때에는 입찰자란에 본인과 대리인의 인적사항 및 본인과의 관계 등을 모두 기재하는 외에 본인의 위임장(입찰표 뒷면을 사용)과 인감증명을 제출하십시오.
7. 위임장, 인감증명 및 자격증명서는 이 입찰표에 첨부하십시오.
8. 입찰함에 투입된 후에는 입찰표의 취소, 변경이나 교환이 불가능합니다.
9. 공동으로 입찰하는 경우에는 공동입찰신고서를 입찰표와 함께 제출하되, 입찰표의 본인란에는 "별첨 공동입찰자목록 기재와 같음"이라고 기재한 다음, 입찰표와 공동입찰신고서 사이에는 공동입찰자 전원이 간인하십시오.
10. 입찰자 본인 또는 대리인 누구나 보증을 반환 받을 수 있습니다(입금증명서에 의한 보증은 예금계좌로 반환됩니다).

(2) 대리입찰의 경우 입찰표 뒷면 양식에 있는 위임장을 작성해야 한다!

위 임 장

대리인	성 명	이 정 민 (이정민)	직 업	동료
	주민등록번호	8101021 - 1234578	전화번호	010-2215-1234
	주 소	서울시 성북구 안암동3가 54-5, 대광빌라 4동 301호		

위 사람을 대리인으로 정하고 다음 사항을 위임함.

- 다 음 -

서울중앙지방법원 2022 타경 51234호 부동산
경매사건에 관한 입찰행위 일체

본인1	성 명	정 수 철 (정수철)	직 업	중개업
	주민등록번호	580501 - 1234567	전화번호	010-567-1234
	주 소	서울시 강서구 방화동 100-10 삼성아파트 101동 501호		
본인2	성 명	(인감인)	직 업	
	주민등록번호	-	전화번호	
	주 소			
본인3	성 명	(인감인)	직 업	
	주민등록번호		전화번호	
	주 소			

본인의 인감증명서 첨부[인감 (인)에는 본인의 인감(인감증명서에 날인된)을 반드시 날인하여야 합니다.
본인이 법인인 경우에는 주민등록번호란에 사업자등록번호를 기재

서 울 중 앙 지 방 법 원   귀 중

"선생님, 제가 작성한 입찰표와 위임장을 봐주세요. 이렇게 작성하면 되는지요."
"음, 어디보자, 이 대리 제대로 잘 했군요. 이렇게 하면 됩니다."
"다음은 입찰보증금 제공방법과 입찰보증금봉투를 작성하는 방법에 대해서 살펴보겠습니다."

◆ 입찰보증금 제공방법과 입찰보증금봉투를 작성하는 방법

(1) 입찰보증금 제공방법

입찰보증금은 최저매각가격의 1/10이 된다. 그러나 재매각의 경우라면 법원에 따라 통상 최저매각가격의 2/10 또는 3/10으로 하고 있다.

(2) 입찰보증금봉투를 작성하는 방법

입찰보증금을 입찰보증금봉투(흰색 작은 봉투)에 넣고 봉한 후 봉투의 앞면에는 사건번호, 물건번호, 제출자의 성명을 기재하고 날인한다. 그리고 대리입찰일 경우에는 대리인이 제출자가 되며 사건번호, 물건번호의 기재요령은 입찰표와 같다. 보증봉투의 뒷면에는 날인의 표시가 되어있는 곳에 날인한다.

① 입찰보증금봉투 앞면

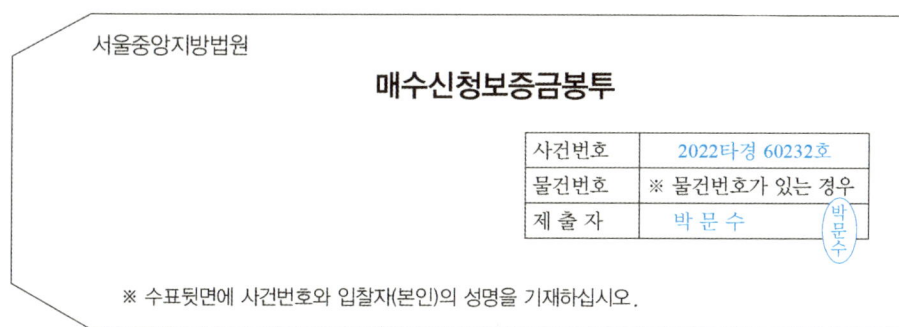

② 입찰보증금봉투 뒷면

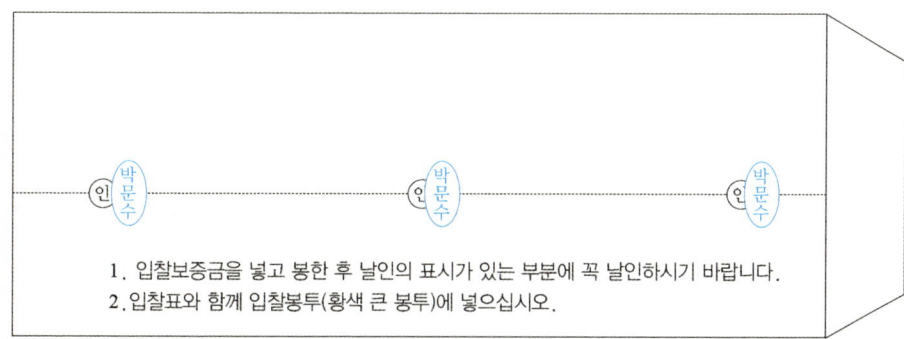

◆ 입찰표와 매수신청보증봉투를 넣어 입찰봉투를 작성하는 방법

입찰표와 매수신청보증봉투 등을 입찰봉투에 넣고 봉한 후 입찰봉투 전면에는 사건번호, 물건번호 및 입찰자의 성명을 기재한다.

(1) 입찰봉투 전면 작성 방법

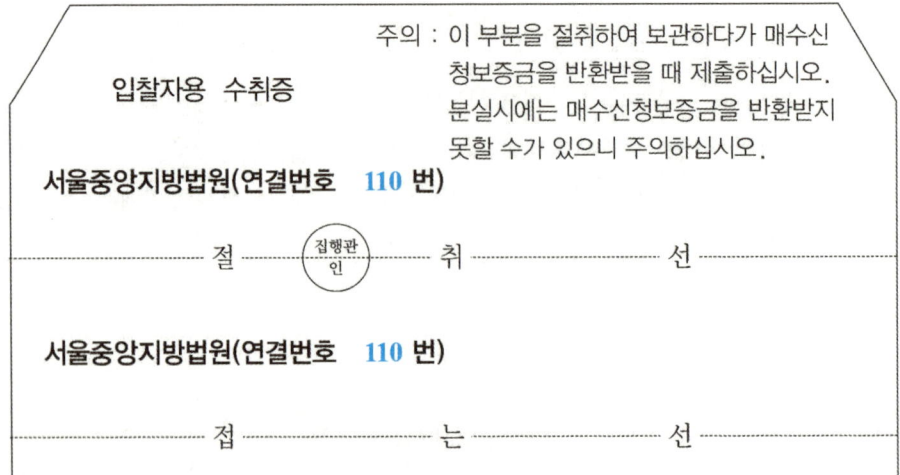

(2) 입찰봉투 뒷면 작성방법

입찰봉투 뒷면란에 도장 ㉑ 표시가 되어 있는 부분만 도장 날인하면 된다.

> 🏠 **알아두면 좋은 내용**
>
> <u>공동입찰의 경우</u> 집행관에게 공동입찰을 신고하고, 공동매수신청서와 공동매수신청자 목록표(법원에 따라 한 장에 표기 또는 두 장에 표기하도록 하고 있음)를 수령하여 앞에서(306~310쪽)와 같이 입찰표와 함께 작성하고, 입찰표와 공동입찰 서류 간에 간인해서 제출하면 된다. 이때 공동으로 입찰하는 지분 비율을 기재하는 것을 잊지 말아야 한다.

"앞에서와 같이 모두 작성되었다면 다음과 같이 입찰함에 투입하고 입찰이 마감될 때까지 기다리면 됩니다."

◆ 입찰봉투를 입찰함에 직접 투입하는 방법

앞에서와 같은 절차로 입찰표를 작성하고 매수신청보증봉투(흰색 작은 봉투)에 최저매각의 10%(재매각의 경우 20% 또는 30%)의 보증금을 넣어 봉한 후 날인하여 입찰표와 매수신청보증봉투를 입찰봉투(황색 큰 봉투)에 넣어 다시 봉하여 날인한 후 입찰자용 수취증 절취선상에 집행관의 날인을 받고 집행관의 면전에서 집행관이 입찰자용 수취증을 따로 떼어내어 주면 이 수취증은 보관하고 입찰봉투는 입찰함에 직접 투입하면 입찰에 참여하게 된다. 이때 입찰자는 입찰봉투와 자신(대리인)의 주민등록증(신분증)을 지참하여 집행관이 입찰인(대리인) 본인임을 확인할 수 있도록 해야 한다.

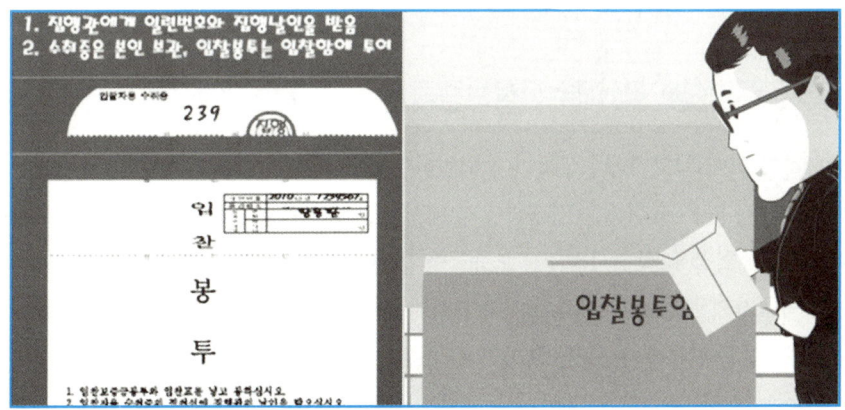

◆ **입찰마감의 선언**

  고지된 입찰마감시간이 지나면 입찰의 마감을 알리는 종을 울린 후 집행관이 이를 선언함으로써 입찰을 마감하게 된다(재민 2004-3, 32조2항). 다만 입찰표의 제출을 최고한 후 1시간이 지나지 아니하면 입찰을 마감하지 못한다(재민 2004-3, 32조). 1시간 전에 마감한 때에는 매각허가에 대한 이의사유가 된다(법 121조7호).

04 입찰 마감 후 최고가매수신고인 결정 및 입찰마감 절차

◆ **최고가매수신고인 등의 결정 및 입찰절차의 마감**

"입찰자 중에서 최고의 가격으로 입찰한 사람을 최고가매수신고인으로 하는데, 최고가매수신고인을 결정하고 입찰을 종결하는 때에는 집행관은 '○○○호 사건에 관한 최고가매수신고인은 금 ○○○원으로 응찰한 ○○(주소)에 사는 ○○○(이름)입니다. 차순위매수신고인을 할 사람은 신고하십시오.' 라고 한 후, 차순위매수신고인이 있으면 차순위매수신고인을 정하여 '차순위매수신고인은 입찰가격 ○○○원을 신고한 ○○(주소)에 사는 ○○○(이름)입니다.' 라고 한 다음, '이로써 ○○○호 사건에 관한 입찰절차가 종결되었습니다.' 라고 고지하게 됩니다. 공유물에 있어서 공유지분권자에게 주어지는 공유자우선매수신청도 마찬가지입니다."

◆ **최고가매수신청인에 매수신청보증금 영수증과 농지매각에서 증명서 교부**

"낙찰자가 되어 최고가매수신청인이 되었다면 최고가매수신청인은 신분증과 도장, 입찰시 집행관에게서 받은 수취증을 집행관에게 제시하면 집행관은 본인임을 확인하면서 수취증을 회수하고 ⇨ 입찰표 작성시 미리 "보증금을 반환 받았습니다" 란에 도장 날인한 것을 가위표하고 낙찰자의 도장을 날인하여 무효화시키고 매수신청보증금 영수증을 작성하여 낙찰자에게 주게 되니, 신분증과 도장, 그리고 수취증을 가지고 집행관에게 가면 됩니다."

◆ 유찰자의 매수신청보증금의 반환

　최고가매수신고인과 차순위매수신고인을 제외한 다른 매수신고인(유찰자)들은 매각기일 종결의 고지에 따라 매수의 책임을 벗게 되고 즉시 매수신청보증금을 돌려받음으로써 입찰절차가 종결된다.

"낙찰 받지 못한 사람 즉 유찰자들은 신분증과 도장, 입찰시 집행관에게서 받은 수취증을 집행관에게 제시하면 집행관은 본인임을 확인하면서 수취증을 회수하고 ⇨ 매수신청보증금이 들어 있는 입찰보증금봉투를 유찰자에게 반환하게 되는 절차로 입찰절차가 종료 됩니다."

◆ 박 사장님 입찰결과를 발표하네요!

"앞으로 나가서 발표를 기다리세요."

"어, … 에이 안됐구나!"
"안타깝게 2등하셨군요. 이번 한번으로 초조해하지 마세요. 다시 마음에 드는 좋은 물건을 찾아서 입찰에 참여하면 됩니다. 오늘은 좋은 경험을 했다고 생각하세요.
　이제 유찰자가 되셨으니 신분증과 도장, 입찰시 집행관에게서 받은 수취증을 집행관에게 제시하면 집행관은 본인임을 확인하면서 수취증을 회수하고 ⇨ 매수신청보증금이 들어 있는 입찰보증금봉투를 유찰자에게 반환하게 되는 절차로 입찰절차가 종료됩니다."

"아! 맞다!"
"감사합니다. 끝까지 이렇게. 선생님이 고생 정말 많이 하셨습니다."
　박 사장은 고개를 숙여서 진심으로 감사의 마음을 전했다.

"이제 정 사장님이 입찰한 물건을 기다려 볼까요."

05 정 사장이 경매로 다세대주택을 낙찰받아 평생직장을 시작하다!

◆ 조용히 하세요, 정 사장이 입찰한 물건을 발표하고 있어요!

'2012타경51234호 경매사건은 금 285,090,800원의 최고가격으로 입찰한 서울시 강서구 방화동에 사시는 정수철씨 입니다. 차순위매수신고인을 할 사람은 신고하십시오. 없으면 정수철씨를 최고가 매수신고인으로 결정하고 2012타경51234호 사건에 관한 입찰절차를 종결하겠습니다.'

 "어, 정 사장님이 낙찰 받았어요."

◆ 어서 가서 매수신청보증금 영수증을 받아 오세요!

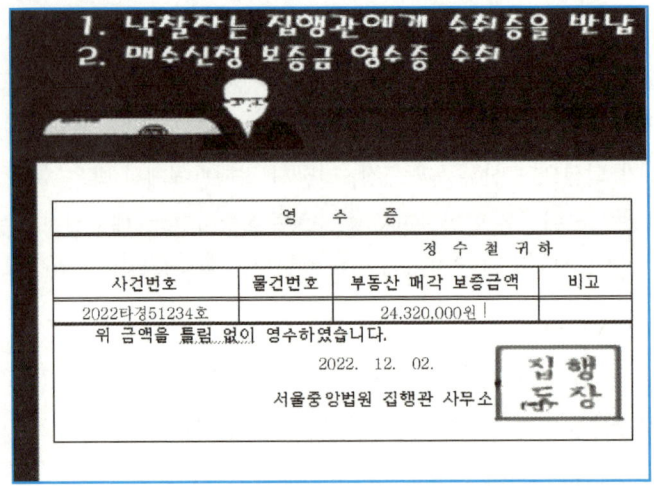

이 대리(이정민)가 정 사장을 대리로 입찰했기 때문에 매수신청보증금 영수증도 수령해왔다.

"여보세요. 정 사장님 오늘 축하해요. 1등 하셨어요."

"이 대리, 오늘 고생 많았구나, … 선생님도 함께 계시나요? 계시면 저녁식사 대접할 테니 약속장소로 모시고 오세요."

정 사장은 낙찰 받은 사실을 알고 매우 기뻐하면서 오늘 한턱 쏘기로 하고 약속장소를 잡아서 김 선생과 일행들을 이 대리에게 모시고 오도록 했다. 그래서 즐거운 시간을 보냈고, 일행은 또 다른 내일을 기약하기로 했다.

Chapter 15

아파트와 다가구주택으로 내 집 마련 및 재테크로 부족한 연봉을 채워라!

 **전세가로 역세권 아파트를 낙찰 받아 내 집 마련하는 비법**

◆ 경매로 매각되는 아파트에 대한 물건분석

이 아파트는 서울시 등촌동에 있고, 인근에 지하철 9호선 양천향교역이 있다!

주변은 대단위 아파트단지와 대형 마트 등이 있고, 지하철 9호선 양천향교역과 가양역이 도보로 5분 거리에 있으며 버스 등의 대중교통이 발달해 있어서 강남권과 인천공항, 김포공항 등에 근무하는 직장인들이 30분 내에 직장에 출근할 수 있는 우수한 교통여건을 갖추고 있는 아파트이다. 그리고 초등학교와 중학교, 그리고 고등학교가 같은 단지 내에 위치하고 있어서 교육여건이 상당히 우수한 지역으로 이 아파트는 현재가치와 미래가치 모두 상승시킬 수 있을 것으로 예상된다. 아파트 시세는 5억에서 5억5천만원을 형성하고 있어서 수익성이 보장되는 적당한 가격으로 강남권 및 인천공항에 다니는 분들이 내 집 마련으로 매수한 다음 거주하다가 1가구 1주택자 또는 일시적 2주택자로 팔면 9억까지 양도세를 비과세 받을 수 있어서 높은 수익을 기대할 수 있다.

◆ 경매 입찰대상물건 정보내역과 입찰진행내역

2012타경00000 • 서울남부지방법원 본원 • 매각기일: **2013.10.16(水) (10:00)** • 경매 3계 (전화:02-2192-1333)

소재지	서울특별시 강서구 등촌○○○○, 동성아파○○ [도로명검색] [D지도] [N지도]						
					오늘조회: 1 2주누적: 0 2주평균: 0 [조회동향]		
물건종별	아파트	감정가	590,000,000원	구분	입찰기일	최저매각가격	결과
				1차	2013-01-08	590,000,000원	유찰
대지권	59.111㎡(17.881평)	최저가	(64%) 377,600,000원	2차	2013-02-13	472,000,000원	유찰
					2013-03-19	377,600,000원	변경
					2013-05-29	377,600,000원	변경
건물면적	134.94㎡(40.819평)	보증금	(20%) 75,520,000원	3차	2013-08-06	377,600,000원	낙찰
				낙찰 390,000,000원(66.1%) / 3명 / 미납 (차순위금액:389,700,000원)			
매각물건	토지·건물 일괄매각	소유자	신정기	4차	2013-10-16	377,600,000원	
				낙찰: 460,000,000원 (77.97%)			
				(입찰4명,낙찰:구로구 임○○ / 차순위금액 400,010,000원)			
개시결정	2012-05-10	채무자	(주)두○○	매각결정기일 : 2013.10.23 - 매각허가결정			
				대금지급기한 : 2013.11.27			
사건명	임의경매	채권자	신한은행 채권양수인 유암코	대금납부 2013.11.25 / 배당기일 2013.12.23			
				배당종결 2013.12.23			

● 매각물건현황 (감정원 : 영일감정평가 / 가격시점 : **2012.05.21**)

목록	구분	사용승인	면적	이용상태	감정가격	기타
건물	17층중 2층	95.11.27	134.94㎡ (40.82평)	방4, 거실1, 주방1, 욕실2, 발코니4, 창고1.	236,000,000원	* 총6동 457세대 * 계단식, 남동향
토지	대지권		25439.6㎡ 중 59.111㎡		354,000,000원	* 지역난방

참고사항	▶본건낙찰 2013.08.06 / 낙찰가 390,000,000원 / 서울시 중구 UN○○ / 3명 입찰 / 대금미납

● 임차인현황 (말소기준권리: **2007.04.05** / 배당요구종기일 : **2012.07.24**)

===== 조사된 임차내역 없음 =====

기타사항	☞현장에 임한바 폐문부재하여 소유자 및 점유자를 발견하지 못하여 안내문 부착. ☞소유자 외 전입자 없음.

● 등기부현황 (채권액합계 : **2,387,184,815원**)

No	접수	권리종류	권리자	채권금액	비고	소멸여부
1	1996.01.31	소유권이전(매매)	신○○			
2	2007.04.05	근저당	신한은행 (등촌지점)	180,000,000원	말소기준등기	소멸
3	2008.03.28	근저당	신한은행	420,000,000원		소멸
4	2011.01.13	가압류	우○○	500,000,000원		소멸
5	2011.01.17	가압류	기○○	577,184,815원		소멸
6	2011.01.20	가압류	중○○	150,000,000원		소멸
7	2011.04.04	근저당	기○○	360,000,000원		소멸
8	2011.04.05	가압류	한○○	200,000,000원		소멸
9	2012.02.15	압류	서○			소멸
10	2012.05.10	임의경매	신한은행 2번과 3번 근저당권 양수인 유암코	청구금액: 600,000,000원	2012타경00000	소멸
11	2012.09.07	압류	강○○			소멸

연합자산관리 부실채권상담	채권담당자 : 연합자산관리(유암코) (☎ 02-2179-2400)	저당금액 : -원 / 협의금액 : 협의

◆ 이 물건에 권리의 하자는 없을까?

이 경매사건에서 말소기준권리는 2007. 04. 05. 신한은행의 근저당권이므로, 대항력 있는 임차인 여부와 소멸되지 않는 권리가 있는가를 확인하기 위해서 점검해야 되는 서류가 현황조사보고서와 전입세대열람, 그리고 매각물건명세서가 있으므로 반드시 입찰 전에 확인해야 한다. 그 중에서도 매각물건명세서의 열람이 가장 중요하고 매각절차상에 문제가 발생시 매각물건명세서의 하자 여부에 따라 경매절차를 매각불허가 또는 매각결정을 취소 신청할 수 있는 기준이 되므로 매각물건명세서를 분석해보면,

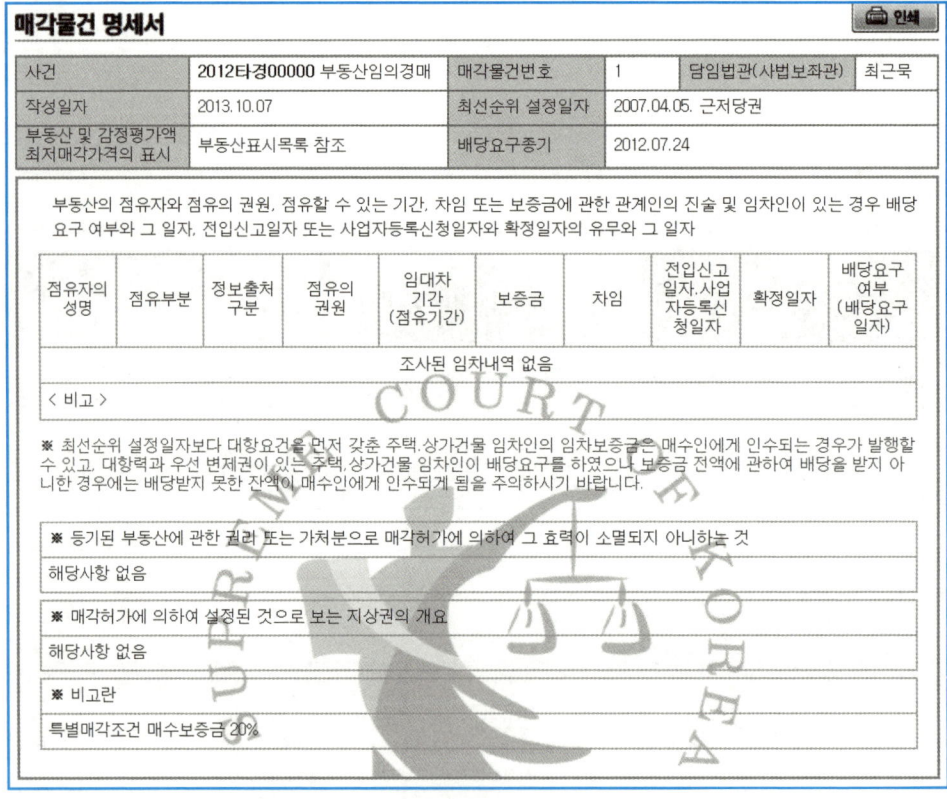

매각물건명세서와 전입세대를 열람 확인해 본 결과 임차인이 없고 소유자인 신정기만 전입세대주로 등록되어 있어서 매수인이 인수할 권리는 없다.

매각대금을 가지고 예상배당표를 작성하면 다음과 같다.

매각대금이 460,000,000원이고 경매비용이 5,275,000원이면 배당할 금액은 454,725,000원이므로, 1순위 신한은행 454,725,000원(우선변제금 1등)으로 전액 우선 변제받고 후순위

채권자의 배당금이 없는 것을 확인할 수 있다. 결국 후순위 가압류채권자 등은 배당금을 예상하여 가압류 또는 근저당권을 설정했을 것이나 등기비용만 손실을 보게 된 사례가 되었다.

◆ 수익성이 보장되는 선에서 입찰가를 결정해라!

이 아파트의 시세가 5억4천만원에서 5억5천만원을 형성하고 있고, 최저매각금액이 3억 7,760만원으로 하락되어 있으니 시세를 5억4천만원으로 보면 입찰가가 465,070,800원이면 90% 낙찰받을 확률이다. 460,000,000원이면 80%, 435,070,800원이면 70% 낙찰받을 것으로 예상된다. 그런데 경기가 안 좋은 것을 감안해서 확률은 조금 낮지만 460,000,000원으로 입찰가를 결정하기로 하자! 추가로 소요되는 비용은 등기이전비용이 700만원 정도(취득세율 1.3% 포함), 이사비용을 300만원 정도 예상하면 총 취득금액은 4억7,000만원이 된다.

이 아파트를 낙찰받아 단기 투자로 1년 미만에 팔면 40%, 1년 이상이면 일반세율로 6~42%의 세율을 적용받게 되고, 1가구 1주택자가 9억 이하의 주택을 2년 이상 보유하다가 팔면 주택 양도가격이 9억까지는 양도세가 비과세가 된다.

> **2021년 1월 1일 부터 양도세 비과세 제도 변경**
> 앞의 사례는 2013년 낙찰 받은 시점을 기준으로 양도세와 비과세를 계산한 것이다. 하지만, 2021년부터 다음과 같이 변경되었다.
> ① 주택 양도소득세율이 2021년 6월 1일부터 1년 미만 보유 시 70%, 1년 이상 2년 미만은 60%, 2년 이상은 6~45%의 세율이 적용된다.
> ② 양도소득세 비과세 혜택 기준금액이 2021년 12월 8일부터 9억원에서 12억원으로 변경되어 시행 중에 있다.

따라서 2년 보유하다 비과세 혜택을 받아서 5억5천만원에 매각할 때 수익률을 계산해 보자!
낙찰금액의 60%인 2억7,600만원을 연 3%로 은행에서 대출받아서 납부하고 보유하다가 2년 후에 5억5,000만원에 팔면, ① **총 취득금액은** 4억7,000만원이지만 취득 시에 현금투자금액은 4억7,000만원 − 2억7,600만원(대출금액) = 1억9,400만원이이 된다.

② 2년 후 비과세로 양도 후 예상수익을 계산하면 다음과 같다.
양도금액 5억5,000만원 − 총 취득금액 4억7,000만원 − 매도시 중개수수료 220만원 (0.4%) − 양도소득세 및 주민세는 비과세로 0원 − 대출이자 16,379,740원[2억7,300만원× 3%×1년÷365일=22,684원×730일(2년)]으로 수익은 61,240,680원이 된다. 따라서 현금

투자대비 수익률을 계산하면 61,240,680원/194,000,000원(총 현금투자금액)으로 31.56%의 예상수익율이 발생한다.

김선생의 한마디

내 집 마련도 하고, 부족한 연봉도 경매로 채워라 시리즈 I
아파트를 내 집 마련으로 사서 2년 동안 거주하다 비과세 요건을 갖춘 후 팔아서 61,240,680원의 수익이 발생했다면 무조건 연단위로 소득을 나누어(61,240,680원2년) 연봉 30,620,340원으로 만들고, 그 연봉을 월단위로 나누어(30,620,340원/12개월) 월봉 255만원으로 계산하면 부족한 연봉도 채울 수 있지만, 월급과 같이 월봉으로 여겨지기 때문에 씀씀이를 줄일 수 있다.

◆ 그럼 점유자는 어떻게 명도하면 될까?

현재 점유하고 있는 점유자의 명도에 대해서 살펴보면, 소유자가 점유하고 있어서 매수인에 대항력이 없고 인도명령신청대상이 되므로 낙찰받고 나서 1주일 이후에 매각결정이 나면 그때부터 매각물건지를 방문해서 아파트 점유자로부터 인도받기 위해서 협의를 시작하면 되는데 협의가 성립되지 않으면 대금납부와 동시에 인도명령을 신청해서 강제집행절차를 집행함과 동시에 협의하는 과정을 병행해서 아파트를 신속히 명도 받으면 된다. 그래서 총 취득비용 계산할 때 명도비용으로 300만원을 계산했던 것이다.

02 다가구주택에서 대항력 있는 임차인을 이용한 임대수익 올리기

◆ 기존 주택에서 임차인을 활용해 임대수익과 투자수익을 높여라!

주택 또는 상가건물에 많은 임차인들이 거주하고 있다면 입찰을 꺼리는 경향이 있다. 그 중에서 대항력 있는 임차인이 많은 주택 등은 더욱 그렇다. 이러한 임차인을 잘 활용만 하면 즉 선순위임차인이 배당요구해서 전액 배당받거나 미배당금이 소액이면, 배당요구를 하지 않더라도 인수금액을 정확하게 판단할 수만 있다면 그만큼 낮은 금액으로 취득할 수 있는 기회가 될 수 있다. 어쨌든 임차인이 대항력이 있든 없든 간에 그러한 것이 중요한 것이 아니라 높은 임대수익이 발생할 수 있는 즉 임차인이 많이 거주하는 다가구주택이 경매로 매각되는 경우 임차인들은 몇년 전 시세의 임대차일 것이므로 재임대하거나 또는 새로운 임차인으로 교체하는 방법만으로도, 적은 투자금액을 가지고 임대수익을 높이거나 매매차익을 올릴 수 있는 틈새시장이다. 어차피 경매전쟁에서 살아남으려면 남들이 꺼리는 분야 또는 못하는 분야에서 철저히 싸움꾼이 돼야 한다. 임차인들이 많다는 것은 그만큼 기회의 땅이 될 수 있고, 이러한 다가구주택 등은 대부분 3~4년 전의 보증금이므로 낙찰받고 나서 약간의 집수리 과정을 거쳐서 보증금을 높여 재 임대하면 임대수익율이 높아지고 그에 따라 제3자에게 매가 시에 높은 시세차익을 올릴 수 있는 틈새시장이다.

• 건물등기부 (채권액합계 : 559,920,000원)

No	접수	권리종류	권리자	채권금액	비고	소멸여부
1	1993.01.08	소유권보존	김철중			
2	2008.05.29	근저당	한국자산관리공사	364,000,000원	말소기준등기	소멸
3	2009.09.23	근저당	김승기	19,990,000원		소멸
4	2010.09.03	근저당	김중수	25,000,000원		소멸
5	2010.10.13	가압류	김성민	14,400,000원		소멸
6	2010.10.18	가압류	서울신용보증재단	17,500,000원		소멸
7	2010.10.20	가압류	김연기	5,130,000원		소멸
8	2010.11.01	가압류	이연기	3,900,000원		소멸
9	2011.02.18	임의경매	한국자산관리공사 (금융구조조정지원1부)	청구금액: 294,371,012원		소멸
10	2011.03.31	주택임차권(1층 58.05평방미터중 동쪽 29.02평방미터)	박수민	65,000,000원	전입:2008.04.10 확정:2008.04.10	

◆ 경매물건에 대한 물건분석 및 권리분석

이 물건은 동작구 노량진동에 위치하고 있는 다가구주택이다.

주변에 1호선과 9호선의 노량진 전철역이 도보로 7~8분 거리에 있고, 버스 등의 대중교통이 발달해 있는 지역이다. 그리고 노량진뉴타운의 재개발구역 내에 위치하고 있어서 재개발이 진행되면 분양자격이 주어지는 주택이다. 주변 학군이 우수하고, 서울 중심권 어디든 30분 이내에 도달할 수 있는 훌륭한 교통여건으로 직장인이 선호하는 지역에 있는 주택이다. 이 물건은 감정가가 673,379,400원 인데 3명이 입찰에 참여해서 619,508,600원에 낙찰되었다.

이 물건에 대한 권리의 하자는 없을까?

이 경매사건에서 말소기준권리는 2008. 05. 29. 한국자산관리공사 근저당권이 된다.

이 주택에는 임차인 6명이 거주하고 있는데 배당요구한 내역을 보면 모두 대항력이 있는 임차인 이므로 미배당금이 발생하면 매수인의 부담이 될 수 있다. 임차인 중 김기숙은 배당요구와 달리 전입일자 2009. 08. 13. 이므로 대항력이 없고 확정일자가 2008. 05. 19. 로 되어 있으므로 확정일자우선변제권의 효력발생 일시는 2009. 08. 14. 오전 0시에 발생하게 된다. 따라서 예상배당표를 작성해서 인수금액 여부를 판단하면 된다.

매각대금이 619,508,600원이고 경매비용이 8,175,000원이면 배당금은 611,333,600원이 된다. 유의할 점은 동작구청에서 경매개시 이후에 2011. 06. 24. 토지만 압류등기가 이루어져 있지만 경매집행기관의 채권신고 최고를 받아서 교부청구(재산세 150만원)를 하였으므로 토지와 건물전체에 대해서 배당을 받을 수 있다.

- **1순위** : 최민기 1,600만원(최우선변제금 1) - 소액임차인결정기준 : 한국자산관리공사 근저당권(4,000만원 이하/1,600만원)
- **2순위** : 동작구청 150만원(당해세 우선변제금)
- **3순위** : 최민기 1,400만원(확정일자 우선변제금)
- **4순위** : 오정기 5,300만원(확정일자 우선변제금)
- **5순위** : 박수민 6,500만원(확정일자 우선변제금)
- **6순위** : 오기순 5,500만원(확정일자 우선변제금)
- **7순위** : 허철민 9,000만원(확정일자 우선변제금)
- **8순위** : 한국자산관리공사 294,371,012원(근저당권 우선변제금)
- **9순위** : 김기숙 22,462,588원(확정일자 우선변제금)으로 배당이 종결된다.

따라서 대항력이 있는 임차인 모두가 배당받게 되므로 매수인이 인수할 임차보증금은 없으며 대항력 없는 임차인 김기숙 역시 22,462,588원을 배당받게 되므로 명도는 쉽게 정리할 수 있다.

◆ 투자대비 임대수익율은 어떻게 되겠는가?

낙찰금액이 619,508,600원이고 필요제경비 포함 취득비용이 18,585,000원이라면 총 취득가는 638,093,600원이 된다. 그리고 낙찰금액에서 70%(433,656,020원)을 연 3%의 이자로 대출받았다면 현금투자는 204,437,580원이 된다.

(1) 다가구주택을 10개 호수의 원룸으로 리모델링하여 재임대하면

다가구주택의 지층을 원룸 3개 호수, 1층을 원룸 3개 호수, 2층을 원룸 3개 호수, 옥탑을 원룸 1개로 총 10개 호수의 원룸으로 리모델링하여 임대를 할 수 있다면 높은 임대수익이 기대되는 주택이다. 이때 리모델링 공사비가 8,000만원이면 총 현금투자는 284,437,580원이 된다. 각 호수를 지층과 옥탑은 1,000만원에 월 40만원, 1~2층은 보증금 1,000만원에 월 50만원씩 임대하면 총 보증금 1억원에 매월 460만원의 임대소득이 예상된다. 이 금액을 가지고 현금투자대비 임대수익금액과 수익율을 계산하면 다음과 같이 된다. 연간 임대수익금액 = 55,200,000원 - 13,009,681원(433,656,020원×3%)(연 대출이자) = 42,190,319원이다. 총 현금투자 = 284,437,580원 - 1억원(보증금의 합계) = 184,437,580원이다. 따라서 총 현금투자대비 임대수익율은 42,190,319원/184,437,580원 = 22.87%이다. 그러므로 184,437,580원을 투자해서 매월 3,515,860원의 임대소득이 발생한다.

(2) 재개발구역이므로 2층만 리모델링하여 기존 주택을 재임대하면

기존 주택은 지층이 투룸으로 2개 호수, 1층은 투룸으로 2개 호수, 옥탑은 원룸으로 1개 호수이고, 2층만 3개 호수로 리모델링하고 공사비로 3,000만원이 소요되었다면 총 현금투자는 234,437,580원이 된다. 이 금액을 가지고 현금투자대비 임대수익금액과 수익율을 계산하면, ..지층은 1,000만원에 50만원(투룸 2개 호수), 옥탑은 1,000만원에 40만원, 1층은 1,000만원에 60만원(투룸 2개 호수), 2층은 1,000만원에 50만원(원룸 3개 호수)이므로 총 보증금은 8,000만원에 월세 410만원이 된다. 연간 임대수익금액 = 49,200,000원 - 13,009,681원(433,656,020원×3%)(연 대출이자) = 36,190,319원이다. 총 현금투자 = 234,437,580원 - 8,000만원(보증금의 합계) = 154,437,580원이다. 따라서 총 현금투자대비 임대수익율은 36,190,319원/154,437,580원 = 23.43%이다.

 김선생의 한마디

임대수익으로 부족한 연봉을 경매로 채워라 시리즈 II

임차인이 많은 다가구주택에 현금 154,437,580원을 투자해서 매월 월세로 301만원을 받게 돼 현금투자대비 23.43%의 수익률이 발생한다. 이 월세를 본인의 월급에 보태게 되면 그만큼 부족한 연봉도 채울 수도 있다.

◆ 분양자격과 주택에 대한 리모델링 후 재임대 방법

이 주택은 재개발구역 내에 위치하고 있어서 매수인은 분양자격을 취득할 수 있다. 따라서 재개발이 장기간 소요될 경우 리모델링하여 임대수익을 증가시키는 방향도 좋겠으나 2~3년 이내에 진행되는 재개발이라면 일부 호수만 리모델링하거나 기존 주택을 보수하는 차원에서 재 임대를 해도 높은 임대수익이 기대되는 주택이다.

03 임차인을 활용해 최소투자로 수익을 극대화하는 전략

◆ 다가구주택의 위치도 및 사진 현황

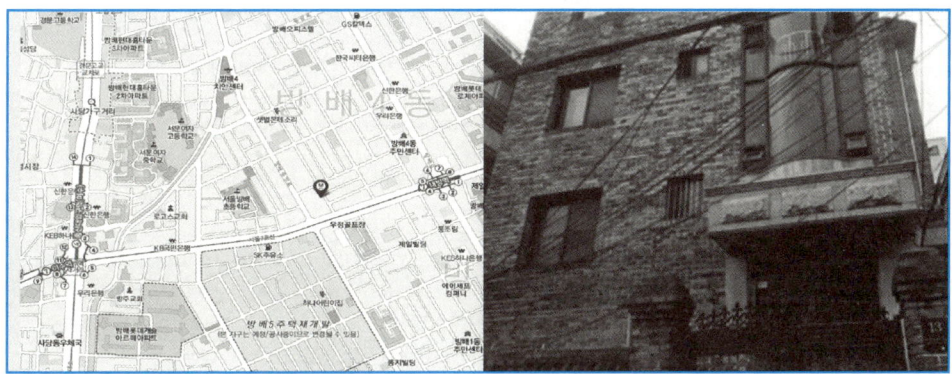

◆ 경매 입찰대상 물건정보내역과 매각결과

2013타경18340				• 서울중앙지방법원 본원 • 매각기일 : 2014.02.13(木) (10:00) • 경매 4계(전화:02-530-1816)			
소 재 지	서울특별시 서초구 방배동 000-00						
물건종별	다가구(원룸등)	감 정 가	1,354,661,760원	오늘조회: 1 2주누적: 20 2주평균: 1 조회동향			
				구분	입찰기일	최저매각가격	결과
토지면적	157.9㎡(47.765평)	최 저 가	(80%) 1,083,729,000원	1차	2013-09-26	1,354,661,760원	유찰
					2013-10-31	1,083,729,000원	변경
건물면적	372.72㎡(112.748평)	보 증 금	(10%) 108,380,000원	2차	2014-02-13	1,083,729,000원	
매각물건	토지·건물 일괄매각	소 유 자	안수영	낙찰금액 : 1,090,070,800원 입찰4명,낙찰:고양시 김OO 2등입찰가 : 1050,030,000원			
개시결정	2013-05-20	채 무 자	이영미	매각결정기일 : 2014.02.20 - 매각허가결정			
사 건 명	임의경매	채 권 자	한국투자저축은행[등본상:주. 한국투자상호저축은행]	대금지급기한 : 2014.04.28 대금납부 2014.04.04 / 배당기일 2014.05.22 배당종결 2014.05.22			

● 매각토지.건물현황 (감정원 : CS감정평가 / 가격시점 : 2013.05.25 / 보존등기일 : 1997.04.21)

목록		지번	용도/구조/면적/토지이용계획		m²당 단가	감정가	비고
토지		방배동 000-00	도시지역,제3종일반주거지역,가축사육제한구역,대공방어협조구역(위탁...)	대 157.9m² (47.765평)	7,250,000원	1,144,775,000원	표준지공시지가: (m²당)4,240,000원
건물	1	서초대로00길 00 철근콘크리트조 평스라브	1층	단독주택(방5,거실,주방2,화장실2) 84.87m²(25.673평)	578,000원	49,054,860원	* 도시가스
	2		2층	단독주택(방5,거실,주방2,화장실2) 94.59m²(28.613평)	578,000원	54,673,020원	* 도시가스
	3		3층	단독주택(방3,거실,주방및식당,욕실,화장실) 94.59m²(28.613평)	578,000원	54,673,020원	* 도시가스
	4		지하	단독주택(방5,거실,주방2,화장실2) 84.87m²(25.673평)	578,000원	49,054,860원	* 도시가스
			면적소계 358.92m²(108.573평)			소계 207,455,760원	

● 임차인현황 (말소기준권리 : 2008.04.21 / 배당요구종기일 : 2013.07.29)

임차인	점유부분	전입/확정/배당	보증금/차임	대항력	배당예상금액	기타
곽영수	주거용 2층 302호	전 입 일: 2002.10.07 확 정 일: 2002.10.07 배당요구일: 2013.07.22	보100,000,000원	있음	배당순위있음	
김동숙	주거용 1층 202호	전 입 일: 2010.01.28 확 정 일: 2010.01.28 배당요구일: 2013.07.17	보110,000,000원	없음	배당순위있음	임차권등기자
김혁인	주거용 지층 102호	전 입 일: 2010.02.22 확 정 일: 2010.02.22 배당요구일: 2013.06.07	보70,000,000원 월30,000원	없음	배당순위있음	
김철민	주거용 2층 201호	전 입 일: 2009.10.16 확 정 일: 2009.10.16 배당요구일: 2013.07.16	보75,000,000원	없음	배당순위있음	임차권등기자
노무송	주거용 미상	전 입 일: 2003.03.03 확 정 일: 미상 배당요구일: 없음	미상		배당금 없음	
서병수	주거용 401호 전부	전 입 일: 2008.06.20 확 정 일: 2010.04.27 배당요구일: 2013.07.19	보300,000,000원	없음	배당순위있음	
신길동	주거용 101호	전 입 일: 2008.07.25 확 정 일: 2008.08.05 배당요구일: 2013.06.14	보60,000,000원	없음	배당순위있음	
전기만	주거용 1층 202호	전 입 일: 2010.01.28 확 정 일: 2010.01.28 배당요구일: 없음	보110,000,000원	없음	배당금 없음	
박희만	주거용 301호	전 입 일: 2009.10.14 확 정 일: 2010.04.09 배당요구일: 2013.07.05	보75,000,000원	없음	배당순위있음	임차권등기자

● 건물등기부 (채권액합계 : 901,000,000원)

No	접수	권리종류	권리자	채권금액	비고	소멸여부
1	1997.04.21	소유권보존	안수영			
2(을4)	2008.04.21	근저당	한국투자상호저축은행 (광명지점)	481,000,000원	말소기준등기	소멸
3(갑9)	2008.04.22	압류	서울중앙지방검찰청			소멸
4(을8)	2008.05.15	근저당	박정오	160,000,000원		소멸
5(갑11)	2009.03.16	압류	서울특별시서초구			소멸
6(갑13)	2010.04.08	압류	반포세무서			소멸
7(을9)	2011.02.21	주택임차권(3층 301호)	박희만	75,000,000원	전입:2009.10.14 확정:2010.04.09	소멸
8(을10)	2011.12.22	주택임차권(2층 201호)	김철민	75,000,000원	전입:2009.10.16 확정:2009.10.16	소멸
9(을11)	2012.10.22	주택임차권(1층 202호)	김동숙	110,000,000원	전입:2010.01.28 확정:2010.01.28	소멸
10	2013.05.20	임의경매	한국투자저축은행	청구금액: 396,741,785원	2013타경18340, [등본상:주.한국투자상호저축은행]	소멸

◆ 입찰대상 물건분석과 권리분석

이 물건은 서울시 서초구 방배동에 위치한 다가구주택으로 인근에 지하철 7호선 내방역과 2호선 방배역이 있고 버스 등의 대중교통이 발달해 있어서 임대수요가 높은 지역이다. 그리고 주변에 대단위 재개발이 진행되고 있어서 그 주민의 이주시기에 또 한 번의 임대수요가 증가될 수 있는 지역으로 현재의 임대수요 뿐만 아니라 미래 임대수요 증가가 예상되는 주택이기도 하다. 이밖에도 이 물건의 장점은 임대보증금을 현 시세로 재 임대하는 방법만으로도 투자금을 회수할 수 있는 즉 임대가격으로 살 수 있으므로 투자가치가 높다.

(1) 이 물건에는 권리의 하자는 없을까!

이 주택에 임차인으로 예상되는 9명이 전입신고를 하고 있으나, 법원 기록과 현장답사를 통해서 확인해본 결과 전기만은 202호 김동숙의 전 남편으로 전입신고만 되어 있고 실제 거주는 하지 않고, 노무송은 점유하고 있는 호수 없이 주소지로 전입신고만 되어 있어 임차인이 아닌 것으로 판단해서 실제 배당요구한 7명 임차인만 가지고 배당표를 작성해서 인수하게 될 금액을 계산하여 보겠다.

401호 서병수 : 2008.06.20. 전입, 2010.04.27. 확정 보증금 3억	
301호 박희만 : 2009.10.14. 전입 2010. 04.09. 확정 보증금 7천5백만원	302호 곽영수 : 2002.10.07 전입/확정 보증금 1억원
201호 김철민 : 2009.10.16. 전입/확정 보증금 7천5백만원	202호 김동숙 : 2010.01.28. 전입/확정 보증금 1억1천만원 (전기만은 김동숙의 전 남편)
101호 신길동 : 2008.07.25. 전입 2008.08.05. 확정 보증금 6천만원	102호 김학인 : 2010.02.22. 전입/확정 보증금 7천만원/ 월세 3만원
보증금 합계 : 790,000,000원/ 월세 3만원	

(2) 매수인의 부담에 대해서 살펴보기 위해서 예상배당표 작성

2013. 10. 31. 홍길동이 1,090,070,800원에 낙찰받고 2013. 11. 14. 매각결정이 확정돼 2013. 12. 14. 잔금납부하고 2014. 01. 13. 배당이 실시되었다고 가정하자. 경매집행비용이 8,405,000원으로 배당금액은 1,081,665,800원이다.

이 금액을 가지고 채권자의 우선순위에 따라 배당하면
- **1순위** : 곽영수 임차인 1억원(확정일자 우선변제금 1등)

- **2순위** : 한국 투자상호저축 4억8천1백만원(경매신청 후 이자 포함) – 2순위 근저당권에 우선하는 소액임차인은 4천만원 이하/1천6백만원
- **3순위**에서는 다음과 같이 순위가 충돌한다.

① 서울중앙지방검찰청 압류 100만원(일반채권자) 2008.04.22. ⇨ ② 박정오 근저당권 1억6천만원 2008.05.15. ⇨ <u>③ 김학인 임차인 3천2백만원, ③ 김철민 임차인 3천2백만원, ③ 신길동 임차인 3천2백만원, ③ 박희만 임차인 3천2백만원</u> (최우선변제금) ⇨ ④ 신길동 임차인 2천8백만원(확정일자) ⇨ ⑤ 서초구청 취득세 550만원 ⇨ ⑥ 김철민 임차인 4천3백만원(확정일자) ⇨ ⑦ 김동숙 임차인 1억1천만원(확정일자) ⇨ ⑧ 김학인 임차인 3천8백만원(확정일자) ⇨ ⑨ 반포세무서 2,000만원 ⇨ ⑩ 박희만 임차인 4천3백만원(확정일자) ⇨ ⑪ 서병수 임차인 3억원(확정일자) 순서가 되지만, 배당에서 순위가 상호모순관계에 놓이게 된다.

①번은 일반채권자여서 ②와 ④, ⑥, ⑦, ⑧, ⑩, ⑪과 동순위 관계에 있고, ③번 최우선변제금과 ⑤, ⑨번 조세채권에는 항상 후순위가 된다.

②번 근저당권은 ①과는 동순위지만 나머지 채권보다는 우선한다.

③번은 최우선변제금으로 ②번 근저당에 소액임차인을 주장할 수 없어서 우선하지 못하지만 나머지 모든 채권에 대해서는 우선하는 채권이다(2014.1.1. 개정된 법률에 의해 9,500만원 이하/3,200만원).

④~⑪번은 순위배당하면 된다(물론 조세채권은 ①번보다 선순위고, 확정일자부 임차권은 ①번과 동순위가 되지만).

이때 배당은 1차적으로 동순위로 안분배당하고 2차적으로 흡수절차를 진행하는 순환흡수배당을 하면 된다.

그러나 이 주택에서 순환흡수 배당은 의미가 없는 듯하다. 왜냐하면 ① 서울중앙지방검찰청 압류 100만원(일반채권자)만 없다고 가정하든가 아니면 선순위로 배당금을 공제하고 나서 배당하면 그리 문제가 될 수 없다. ⑤ 서초구청 취득세 550만원이 당해세라도 그렇게 배당하면 어렵지 않게 입찰에 참여할 수 있지만, <u>금액이 크다면 상황은 달라질 수 있으니 대항력 있는 임차인의 배당금에 영향을 줄 수 있으면 정확한 금액을 가지고 순환흡수절차로 예상배당표를 작성</u>해야 한다.

- **3순위** : 서울중앙지방검찰청 압류 100만원(편의상 선순위로 정함)
- **4순위** : 박정오 근저당권 1억6천만원
- **5순위** : ① 김학인 임차인 3천2백만원 + ② 김철민 임차인 3천2백만원 + ③ 신길동 임

차인 3천2백만원 + ④ 박희만 임차인 3천2백만원(배당 시점을 기준 삼은 최우선변제금)
- **6순위** : 신길동 임차인 2천8백만원(확정일자)
- **7순위** : 서초구청 취득세 550만원
- **8순위** : 김철민 임차인 4천3백만원(확정일자)
- **9순위** : 김동숙 임차인 1억1천만원(확정일자)
- **10순위** : 김학인 임차인 25,165,800원(확정일자)으로 배낭이 종결되고 나머지 후순위 채권자는 배당금이 없다는 사실을 확인할 수 있는데, …

유의할 점은 박희만과 서병수 임차인이 전입신고가 확정일자보다 빠르다는 점에서 대항력은 없지만 빠른 확정일자를 가지고 있을 수 있다는 사실도 생각하라. 임차인은 배당에 전문가가 아니다보니 보증금을 증액했고, 증액 전 확정일자와 증액 후 확정일자를 모두 가지고 있는데 증액 후 임차권만을 가지고 배당 요구했다면 배당기일까지 정정해서 배당요구하면 되므로 그때는 배당표가 조금 다르게 만들어질 수 있다. 물론 이러한 상황이 된다 해도 대항력 있는 곽영수 임차인이 전액 배당받아서 낙찰자가 인수할 금액이 없기는 마찬 가지다. 다만 임차인은 보증금의 손해를 줄일 수 있고, 낙찰자는 명도를 쉽게 할 수 있다.

(3) 다음은 명도 문제에 대해서 분석해 보자!

서병수의 임차보증금 3억이 배당되지 못해 어려움이 예상된다. 그런데 전입신고가 2년 전에 이뤄졌으니 그때 확정일자를 받았을 가능성이 높고 받았는데 증액된 임차권만으로 배당요구했다면 앞에서 설명한 바와 같이 배당요구를 정정 신청하게 함으로써 명도를 쉽게 정리할 수 있다.

◆ 투자대비 임대수익률은 어떻게 되겠는가?

낙찰금액이 1,090,070,800원이고 필요제경비 포함 취득비용이 21,801,400원이라면 총 취득가는 1,111,872,200원이 된다. 그리고 낙찰금액에서 50%(545,035,400원)을 연 3%의 이자로 대출받았다면 현금투자는 566,836,800원이 된다. 대출을 70%를 받을 수 있으나 재임대할 때 상환수수료를 염려해서 50%를 대출 받는 것으로 계산했지만 투자자 입장에서는 전액 현금투자 또는 70% 대출로 잔금을 납부하고 중도 상환하는 방법을 선택하면 된다.

◆ 이 금액을 투자해서 다음과 같이 재 임대 시 수익률은?

401호 서경남	2008.06.20.전입, 2010.04.27.확정 보증금 3억 재임대 3억5천만원 또는 2억원/월세88만원
301호 박희만	2009.10.14.전입 10.04.09.확정 보증금 7천5백만원 재임대 1억 또는 5천만/월세35
302호 곽영수	2002.10.07 전입/확정 보증금 1억원 재임대 1억3천만 또는 5천만/월세56
201호 김철민	2009.10.16. 전입/확정 보증금 7천5백만원 재임대 1억 또는 5천만/월세35
202호 김동숙	2010.01.28. 전입/확정 보증금 1억1천만원 재임대 1억3천만 또는 5천만/월세56
101호 신길동	2008.07.25.전입, 08.08.05. 확정, 보증금 6천만원 재임대 7천만 또는 3천만/월세28
102호 김학인	2010.02.22. 전입/확정 보증금 7천만원/월세3만 재임대 9천만 또는 3천만/월세42

재 임대 전세보증금 9억7천만원 또는 보증금 4억6천만원/월세340만원

(1) 전체 가구를 전세로 재 임대하면 9억7천만원을 회수할 수 있다

　물론 이렇게 전 가구를 전세로 재 임대하려면 은행에서 대출받은 금액을 상환해야 하므로(상환하지 않으면 선순위채권이 불가하다) 중도상환수수료가 없거나 있더라도 낮은 수수료를 부담하는 은행에서 대출을 받으면 좋다. 선순위로 대출이 많은 주택에 전세로 들어올 임차인은 없을 것이기 때문이다.

　이 경우 대출이용기간이 짧으므로 금리가 높아도 상환수수료가 낮은 곳을 찾는 것이 좋다. 매수인이 실제로 현금 투자하는 금액은 1,111,872,200원에서 9억7천만원을 공제한 금액으로 141,872,200원이다.

(2) 재 임대할 때 전세와 월세 등으로 임대하면 임대수익을 높일 수 있다!

　위 도표와 같이 보증금과 월세 금액을 가지고 현금투자대비 임대수익금액과 수익율을 계산하면 다음과 같이 된다.

　연간 임대수익금액 = 40,800,000원 − 16,351,062원(545,035,400원×3%)(연 대출이자) = 24,448,938원이다. 총 현금투자 = 566,836,800원 − 460,000,000원(보증금의 합계) = 106,836,800원이다. 현금투자대비 임대수익율은 24,448,938원/106,836,800원 = 22.88%이다. 내가 106,836,800원을 투자해서 매월 2,037,411원의 임대소득이 발생한다.

김선생의 한마디

임대수익으로 부족한 연봉을 경매로 채워라 시리즈 Ⅲ
임차인이 많은 다가구주택에 현금 106,836,800원을 투자해서 매월 월세로 203만원을 받게 되므로 이 월세를 본인의 월급에 보태게 되면 그만큼 부족한 연봉도 채울 수도 있다.

원룸 30개를 어떻게 권리분석하고 낙찰 받아 성공했을까?

은평구에 있는 골드타운 원룸형 다가구주택은 필자가 지인에게 낙찰 받아 준 사례이다. 이 골드타운은 원룸 30개로 지어진 다가구주택으로 30명의 임차인들이 원룸에서 거주하고 있었는데 20대 후반에서 30대 초반으로 전세금은 4,000만원에서 5,000만원대다. 그런데 이 임차인들의 대부분은 전세금보증금을 떼이게 되었다.

그 이유를 다음 골드타운 원룸 다가구주택의 경매사건과 임차인 현황을 통해서 다음과 같이 확인할 수 있다.

◈ 골드타운 원룸 다가구주택이 경매로 매각된 현황

2013타경 00000호		• 서울서부지방법원 본원	• 매각기일 : 2014.02.18(火) (10:00)		• 경매 2계(전화:02-3271-1322)	
소재지	서울특별시 은평구 OO동 000 외 1필지 도로명주소검색					
물건종별	다가구(원룸등)	감 정 가	2,560,120,910원	오늘조회: 1 2주누적: 0 2주평균: 0 조회동향		
				구분	입찰기일	최저매각가격	결과
토지면적	337㎡(101.943평)	최 저 가	(64%) 1,638,478,000원	1차	2013-12-18	2,560,120,910원	유찰
				2차	2014-01-14	2,048,097,000원	유찰
건물면적	837.04㎡(253.205평)	보 증 금	(10%) 163,850,000원	3차	2014-02-18	1,638,478,000원	
				낙찰 : 1,833,808,000원 (71.63%)			
매각물건	토지·건물 일괄매각	소 유 자	(주)골드허브외1	(입찰3명,낙찰:노원구 손OO 외1 / 2등입찰가 1,772,000,000원)			
개시결정	2013-07-05	채 무 자	(주)골드허브	매각결정기일 : 2014.02.25 - 매각허가결정			
				대금지급기한 : 2014.04.02			
사 건 명	강제경매	채 권 자	윤소령외 1명	대금납부 2014.03.28 / 배당기일 2014.04.29			
				배당종결 2014.04.29			

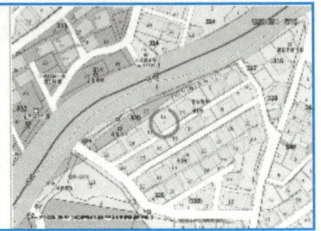

◆ 건물과 토지등기부에 등기된 권리 현황

• 건물등기부 (채권액합계 : 1,750,404,240원)

No	접수	권리종류	권리자	채권금액	비고	소멸여부
1(갑1)	2010.09.17	소유권보존	(주)골드허브			
2(을1)	2010.09.20	근저당	수협중앙회 (암사역지점)	560,400,000원	말소기준등기	소멸
3(을2)	2010.09.20	근저당	수협중앙회	663,000,000원		소멸
4(을5)	2011.02.01	전세권(404호)	임중령	57,000,000원	존속기간: 2011.02.01~2012.01.31	소멸
5(을6)	2011.03.03	전세권(203호)	정선수	60,000,000원	존속기간: 2011.02.28~2013.02.27	소멸
6(을7)	2011.03.11	전세권(204호)	이상철	55,000,000원	존속기간: ~2012.03.03	소멸
7(을8)	2011.03.11	전세권(505호)	정소령	58,000,000원	존속기간: 2011.03.11~2013.03.10	소멸
11(을10)	2012.11.26	주택임차권(305호)	김소령	30,000,000원	전입:2010.11.23 확정:2010.11.23	소멸
13(을12)	2013.03.25	주택임차권(301호)	윤소령	55,000,000원	전입:2010.12.27 확정:2010.12.27	소멸
14(을13)	2013.04.22	주택임차권(201호)	황소령	14,000,000원	전입:2010.12.17 확정:2010.12.17	소멸
17(갑7)	2013.07.05	(주)골드허브지분강제경매	윤소령	청구금액: 55,000,000원	2013타경00000호	소멸
18(갑8)	2013.07.22	(주)골드허브지분압류	국민건강보험공단		2013타경00000호	소멸
19(갑9)	2013.08.14	임의경매	수협중앙회 (수도권여신관리센터)	청구금액: 993,324,618원		소멸

◆ 골드타운 다가구주택의 임차인 현황과 배당금 수령내역

501호	502호	503호	504호	505호	506호
곽영수 보증금 6,000만원 2011.03.14. 전입/확정	현수령 보증금 6,000만원 2011.04.25. 전입/확정	김정희 보증금 6,000만원 2010.12.16. 전입/확정	최수진 보증금 4,000만원 2013.02.26. 전입/확정	정소령 보증금 5,800만원 2013.05.26. 전입/확정	최미술 보증금 5,500만원 2010.12.06. 전입/확정
〈최우선변제금 2,500만원으로 3,500만원 손해 봄〉	〈최우선변제금 2,500만원으로 3,500만원 손해 봄〉	〈최우선변제금 2,500만원으로 3,500만원 손해 봄〉	〈최우선변제금 2,500만원으로 1,500만원 손해 봄〉	〈최우선변제금 2,500만원으로 3,300만원 손해 봄〉	〈최우선변제금 2,500만원으로 3,000만원 손해 봄〉

401호	402호	403호	404호	405호	406호
최연희 보증금 6,000만원 2010.09.24. 전입/확정 〈최우선변제금 2,500만원과 확정일자로 3,500만원 전액 배당받음〉	김이수 보증금 4,000만원 2013.04.02. 전입/확정 〈최우선변제금 2,500만원으로 1,500만원 손해봄〉	신선미 보증금 6,500만원 2010.09.27. 전입/확정 〈최우선변제금 2,500만원과 확정일자로 12,196,963원배당 받아 27,803,037원 손해봄〉	임중령 보증금 5,700만원 2011.02.01. 전세권등기후 이사 나가고, 새로 임차인 전경장 보증금 4,000만원 2013.02.19. 전입/확정 〈전경장이 최우선변제금 2,500만원 받고 1,500만원 손해〉	이수미 보증금 6,000만원 2010.12.13. 전입/확정 〈최우신변제금 2,500만원으로 3,500만원 손해봄〉	이정수 보증금 6,000만원 2010.10.04. 전입/확정 〈최우선변제금 2,500만원으로 3,500만원 손해봄〉

301호	302호	303호	304호	305호	306호
윤소령 보증금 5,500만원 2010.12.27. 전입/확정, 2013.03.25. 임차권등기후 퇴거했는데, 새임차인 박소위 보증금 4,000만원 13.04.12. 전입/확정 〈윤소령 최우선변제금 2,500만원받고 3,000만원 손해봄〉〈박소위는 임차권 등기 이후에 입주해서 4,000만원 전액 손해봄〉	김인수 보증금 5,500만원 2011.04.06. 전입/확정 〈최우선변제금 2,500만원으로 3,000만원 손해봄〉	송중령 보증금 5,700만원 2011.01.07. 전입/확정 〈최우선변제금 2,500만원으로 3,200만원 손해봄〉	허병장 보증금 5,500만원 2011.01.26. 전입/확정 〈최우선변제금 2,500만원으로 3,000만원 손해봄〉	김소령 보증금 3,000/23만원 2010.11.23. 전입/확정 전입신고가 되어 있는 상태에서 이사나갔지만 새 임차인 오병장 보증금 2,500/25원 12.11.23. 전입/확정하고, 김소령 12.11.26.임차권등기 〈오병장 최우선변제금2,500만원 전액배당〉 〈김소령 3,000만원 손해봄〉	이미수 보증금 4,500만원 2013.05.09. 전입/확정 〈최우선변제금 2,500만원으로 2,000만원 손해봄〉

201호	202호	203호	204호	205호	206호
황소령 보증금 1,400만원 2010.12.17. 전입/확정, 전입신고가 되어 있는 상태에서 이사나갔지만 새임차인 김영미 보증금 2,400만원 13.01.10. 전입/확정하고, 황소령 13.04.22.임차권등기 〈김영미 최우선변제금으로 전액 배당받았으나 황소령은 손해봄〉	이정연 보증금 4,000만원 2013.03.26. 전입/확정 〈최우선변제금 2,500만원으로 1,500만원 손해봄〉	정선수 보증금 6,000만원 2011.02.28. 전입/확정 〈최우선변제금 2,500만원으로 3,500만원 손해봄〉	이상철 보증금 3,000만원 2013.01.30. 전입/확정 〈최우선변제금 2,500만원 배당으로 500만원 손해봄〉	채무자가 사무실로 사용하다가 공실로 남겨 두어 명도 없이 인도받을 수 있었던 호수임	백소령 보증금 4,000만원 2013.04.15. 전입/확정 〈최우선변제금 2,500만원으로 1,500만원 손해봄〉

101호	102호	103호	104호	105호	106호
진나라 보증금 300/45만원 전입신고 없음 〈배당금없음〉	기영수 보증금 300/36만원 경매기입등기 후 전입신고 〈배당금없음〉	고수미 보증금 2,500만원 2012.12.14. 전입/확정 〈최우선변제금으로 전액 배당〉	최영미 보증금 3,000만원 2013.06.05. 전입/확정 〈최우선변제금 2,500만원 배당으로 500만원 손해봄〉	이나미 보증금 4,000만원 2010.12.10. 전입/확정 〈최우선변제금 2,500만원으로 1,500만원 손해봄〉	김은미 보증금 500/41만원 2013.01.10. 전입/확정 〈최우선변제금으로 전액 배당〉

◆ 골드타운 다가구주택의 권리분석과 얼마나 기대수익률이 발생했나?

(1) 골드타운 다가구주택 경매배당은?

매각대금 1,833,808,000원 + 이자 1,500,663원에서 경매비용 7,399,130원을 공제하면 실제 배당할 금액은 1,827,909,533원이다.

이 금액에서 1순위로 등기부에 등기된 수협중앙회 근저당권을 기준으로 소액임차인들이 다음과 같이 최우선변제금 6억5,400만원을 받았다.

> 103호, 104호, 105호 임차인이 2,500만원, 106호 500만원, 201호 2,400만원, 202호, 203호, 204호, 206호 2,500만원, 그리고 301호~306호 2,500만원, 401호~406호 2,500만원, 501호 ~ 506호 임차인이 2,500만원 합계금액 6억5,400만원

- **2순위** : 은평구청 재산세 6,563,570원(당해세)
- **3순위** : 수협중앙회 근저당권이 1,120,149,000원,
- **4순위** : 최연희 3,500만원(확정일자),
- **5순위** : 신선미 12,196,963원 배당받는 절차로 마무리 된다.

이 배당표는 토지와 건물을 분류해서 배당표를 작성해야 하지만, 임차인들이 얼마나 배당 받고, 낙찰자가 인수하는 금액이 얼마인가만 분석하면 되므로 생략했다.

(2) 이 골드타운 다가구주택으로 기대수익은 얼마나 발생했을까?

대항력 있는 임차인이 없어서 매수인이 인수할 권리나 금액이 없었고, 임차인 대부분 최우선변제금을 받고 이사 나가게 되므로 명도도 그다지 어려움이 없었다.

이 골드타운 다가구주택에 입찰하기 전에 주변부동산에서 시세를 확인하니 23억원이면 바로 팔 수 있는 금액이라고 했다. 그래서 18억3,380만원에 입찰해서 낙찰 받았다.

지인은 이 주택을 바로 팔지 않고 2020년 3월 현재 계속 보유 중인데, 매월 임대소득은 1,000만원이고, 부동산의 가치는 매수가보다 14억6,620만원 정도 올라서 33억원이라고 한다.

05 전세금을 떼인 임차인과 전세금을 지킬 수 있었던 임차인?

◆ 나대지 상태에서 등기된 토지별도등기가 있다는 사실

다가구주택이나 아파트 등에서 나대지(=건물이 없는 땅)상태에서 토지에 1순위로 2009. 12. 11. 수협중앙회 근저당권 5억6,040만원이 설정되고, 건물에 1순위로 2010. 09. 20. 수협중앙회 근저당권 5억6,040만원이 설정되어 있어서 토지와 건물에서 말소기준권리가 다르다.

이때 유의할 점은 첫 번째, 임차인의 대항력은 건물의 말소기준권리를 가지고 분석하게 되므로, 먼저 대항요건을 갖추고 있으면 대항력 있는 선순위 임차인이 되므로 미배당금이 발생하면 낙찰자 인수로 임차인은 손해를 보지 않게 된다. 하지만, 후순위임차인은 손해를 볼 수밖에 없다.

두 번째, 건물이 없는 상태에서 근저당이 설정되고 건물이 신축되었다면 소액임차인이 되더라도 토지에서는 근저당보다 우선해서 최우선변제금을 배당받지 못하게 된다. 왜냐하면 토지의 근저당권자 입장에서는 대출 당시 건물이 없어서 소액임차인이 발생할 것을 예측할 수 없었기 때문에 근저당이 먼저 배당받고 토지에서 배당잔여금과 건물배당금을 가지고 1순위로 최우선변제금, 2순위로 당해세...순으로 배당하면 된다. 그러나 이 물건에서 수협중앙회가 전액 배당받게 되므로 편의상 앞에서와 같이 배당표를 작성한 것이다.

<u>만일 토지 근저당권의 채권이 많았다면</u> 임차인들은 건물에서만 배당받을 수밖에 없어 지금보다 더 많은 손해가 발생하게 되므로 유의해야 한다. 토지 근저당의 채권액이 적은 것이 임차인들에겐 행운이다.

그래서 다가구주택에 계약하기 전에는 건물과 열람하여 선순위채권 여부를 확인해야 한다.

◆ 임차인보다 선순위채권이 과다한 것이 그 원인?

임차인들이 입주할 때 그 주택이 경매당할 것이라고 예상하고 입주하는 경우는 없을 것이다.

그래서 그런지 선순위채권을 확인해서 주택 시세의 90% 정도에 이르더라도 크게 걱정하지 않고 계약한다. 여기서 선순위채권이란 등기부에 등기된 채권과 임차주택에서 먼저 입주한 임차인들의 최우선변제금과 확정일자부 우선변제권을 말한다.

이 다가구주택에서도 시세대로 25억6,000만원에 매각되었다면 임차인들은 전세보증금을 떼이지 않았을 것이다. 그러나 경매로 매각시에는 시세의 70% 이하로 매각된다는 점을 고려하면 60% 이하가 안전하다.

<u>이 주택에서도 선순위로 등기된 수협중앙회로 인해서</u> 임차인 모두가 대항력이 없다. 그리고 주택시세의 71.63%에 매각되어 1순위로 소액임차인으로 배당 받고, 2순위로 당해세, 3순위로 수협중앙회가 배당받고, 그리고 확정일자가 빠른 최연희는 4순위로 전액배당, 5순위로 신병장이 확정일자로 일부 배당 받고, 나머지 임차인들은 전세금의 대부분을 손해 보게 되었다.

이러한 사례에서 어떤 대책이 필요할까?

① 선순위채권이 과다한 주택을 어떻게 이해하면 되나?
본인의 전세금을 포함해 아파트는 70%, 다가구주택이나 상가 등은 60% 정도가 안전하다.

② 꼭 선순위채권이 과다한 주택에 입주해야 된다면 이렇게 해라!

앞의 사례에서 시사하는 바에서 배우라! 소액임차보증금 정도의 보증금과 월세로 계약한 임차인들은 최우선변제금으로 전액 배당받거나 일부 손실만 보았다. 독자 분들도 꼭 입주를 희망한다면 이렇게 하면 된다.

그러나 유의할 점은 소액임차인으로 최우선변제금을 받으려면 경매가 개시되기 전에 대항요건(=전입신고+거주)을 갖추고 있어야 한다.

그리고 선순위채권이 주택가격을 초과하는 상황과 경매가 임박(경매되기 전 1개월)해서 대항요건을 갖추게 되면 소액임차인에서 배제될 수 있다는 대법원 판결이 있다는 사실도 함께 알고 있어야 한다.

◆ 임차권등기 전에 이사를 나가 전세금을 떼인 사례

(1) 황 소령은 임차권등기를 했는데도 왜 전세금을 떼였나?

황 소령은 골든타워 201호를 보증금 1,400만원으로 2010. 12. 17. 전입/확정일자를 갖추고 거주하다가 선순위채권 과다로 인해 전세가 빠지지 않게 되자 임차권등기를 하고 이사 나가고자 했다. 그런데 임차권등기명령이 결정되고 나서 등기부에 등기되기 전에 이사를 갔고 (전입신고는 그대로 두고), 그 사이에 새로운 임차인 김영미가 보증금 2,400만원으로 2013. 01. 10. 전입/확정하고 입주하게 되어 점유를 잃게 된 황 소령은 대항력을 상실하고 임차권등기 시점으로 대항력과 우선변제권이 발생하게 되었다. 그런데 이러한 사실을 알 수 없었던 법원은 황소령에게 최우선변제금 2,400만원으로 배당표원안을 작성했다. 이러한 사실을 배당기일 2일 전에 김영미가 확인하고 필자에게 상담해 왔다.

(2) 김 소령도 황 소령과 같이 임차권등기를 했는데 전세금을 떼였다?

김 소령은 골든타워 305호를 보증금 3,000만원/23만원으로 2010. 11. 23. 전입/확정일자를 갖추고 거주하다가 전입신고가 되어 있는 상태에서 이사 나갔지만 새임차인 오병장이 보증금 2,500만원/25만원으로 12. 11. 23. 전입/확정하고, 김소령은 12. 11. 26. 임차권등기를 해서 김소령도 황소령과 마찬가지로 대항력을 상실하고, 임차권등기 시점으로 대항력과 우선변제권이 발생하게 되었다. 그런데 이러한 사실을 알 수 없었던 법원은 김소령에게 최우선변제금 2,500만원으로 배당표원안을 작성했다.

이러한 사실을 배당기일 3일 전에 오병장이 확인하고 필자에게 상담해 왔다.

김선생의 해결책 1

서부지방법원 경매담당자에게 임차인의 대항력은 전입신고만 하고 있어서는 안 되고 거주하고 있어야 한다. 그 거주를 잃게 된 황소령과 김소령에게는 대항력이 상실되고 임차권등기 시점으로 다시 대항력과 우선변제권이 발생하게 된다. 그런데 그 이전에 김영미 임차인과 오병장 임차인이 대항력을 갖추고 있어서 김영미와 오병장의 대항력과 우선변제권의 범위 내에서는 후순위가 되기 때문에 김영미와 오병장이 최우선변제금을 배당받을 권리가 있고 그 범위 내에서 황소령과 김소령은 배제돼야 한다는 주장했다. 그래서 배당표는 최우선변제금 황소령에서 김영미 2,400만원, 김소령에서 오병장 2,500만원으로 변경되었다. 그러니 황소령과 김소령은 배당금이 없어 손해를 보게 된 것이다.

알아두면 좋은 내용

임차인이 퇴거하면 대항력이 상실하게 되고 새로운 임차인에게만 대항력이 인정된다. 그러나 임차권등기를 하고 이사를 가게 되면 최초 임대차의 대항력과 우선변제권이 유지되지만, 유의할 점은 등기부에 임차권등기가 이루어진 다음에 이사를 가야 되는 것이지 임차권등기를 신청한 시점 또는 그 결정문을 받고 이사를 가게 된다면 황소령과 같이 전세금을 떼일 수밖에 없다는 사실에 유의해야 한다.

◆ 임차권등기 이후에 입주해서 4,000만원 손해 본 박 소위

윤 소령은 골든타워 301호를 보증금 5,500만원으로 2010. 12 .27. 전입/확정일자를 받고 거주하다가 2013. 03. 25. 임차권등기를 하고 나서 퇴거했다. 이러한 사실을 확인하지 못한 새임차인 박 소위가 보증금 4,000만원 13. 04. 12. 전입/확정하고 입주했다.

그래서 경매법원에 윤 소령과 박 소위가 모두 301호로 배당요구를 했다. 법원은 임차권등기를 먼저 한 윤 소령에게 최우선변제금 2,500만원 배당해서 윤소령은 전세금 5,500만원에서 2,500만원을 제외한 3,000만원은 손해를 보았다. 그리고 박 소위는 임차권등기 이후에 입주해서 4,000만원 전액을 손해 보게 되었다.

여기서 핵심체크 포인트

임차권등기 이후에 입주하면 임차권등기 범위 내에서 대항력과 우선변제권이 인정되지 않는다. 다행히 배당잉여가 있다면 후순위 확정일자로 배당받을 수 있겠지만 그런 행운은 기대하지 않는 것이 좋다.

◆ 임 중령은 전세권등기를 했는데 왜 5,700만원을 떼였나?

임 중령은 골든타워 404호를 보증금 5,700만원으로 2011. 02. 01. 전세권등기 이후에 이사 나갔고, 새로운 임차인 전 경장은 보증금 4,000만원으로 2013. 02.19. 전입/확정일자를 갖추고 입주했다.

그런다면 임차권등기 이후에 입주한 임차인처럼 대항력과 우선변제권이 인정되지 않게 되는 것일까?

김선생의 해결책 2

전세권등기 이후에 입주한 전 경장은 경찰관으로 전세권등기로 인해 전세금을 떼이게 되는가를 고민하여 찾아와 다음과 같은 내용으로 최우선변제권이 전 경장에 있다고 상담해 주었다.
전세권등기 이후에 그 주택에 거주하는 동안에는 용익권으로서 대항력과 우선변제권이 인정되므로 그 이후에 새로운 임차인이 입주할 수 없으므로 전세권자는 대항력과 우선변제권으로 보호 받을 수 있다.

그러나 전세권자가 스스로 용익권을 포기하고 그 주택에서 이사를 나가게 되면 담보물권자로서 우선변제권만 인정된다. 그래서 새로 임차인이 대항요건을 갖추고 소액임차인에 해당된다면 선순위담보물권자 또는 전세권을 기준으로 소액임차인을 결정해서 최우선변제권으로 전세권보다 우선해서 변제 받을 권리가 있다.
그래서 새로 입주한 전 경장은 최우선변제금 2,500만원 받고 미배당금 1,500만원을 손해보고, 전세권자는 대항요건을 상실해 전세보증금 전액을 손해 볼 수밖에 없다는 사실을 알려주니 그제야 얼굴이 밝아졌다.

◆ 후순위이지만 손해를 줄일 수 있었던 사례

403호 신선미 임차인은 초등학교 선생님이다. 경매가 진행되는 과정에 외국에서 연수중이어서 경매가 들어간 사실을 몰라서 배당요구를 하지 못했다. 연수에서 돌아와 경매가 된 사실을 알게 되었고 그 때는 이미 배당요구종기일도 지났다.

법원에 알아보니 배당요구종기일이 지나서 배당요구를 할 수 없다는 말만 들었다. 답답한 마음에 서점에서 필자가 쓴 "판사님 배당에 이의가 있습니다"를 구입해서 읽던 중 배당요구종기일을 연기신청해서 배당요구를 하면 배당에 참여할 수 있다는 사실을 알게 됐다. 그래서 필자에게 전화를 걸어 도움을 요청했고 흔쾌히 도움을 주었다. 그래서 배당요구종기일 연기신청서와 함께 권리신고 및 배당요구서를 작성해 법원에 제출했고 법원은 신선미의 신청을 받아들여 종기일을 연기해 주면서 배당요구를 받아들였다. 그래서 신선미는 전세금 6,500만원 전액 날릴 뻔했던 함정에서 최우선변제금 2,500만원과 확정일자부 우선변제금으로 12,196,963원을 배당받을 수 있었다.

> **알아두면 좋은 내용**
>
> **배당요구연기신청과 함께 배당요구신청서를 제출해라!**
> 임차한 주택이 경매당하는 사례는 많지 않다. 그래서 그런 일이 내게 발생했을 때 우리들은 당황해서 탈출구를 찾게 되는데 몰라서 손해 보는 일들이 많다.
> 후순위 임차인이 소액임차인으로 확정일자까지 부여 받았다면 최우선변제금과 확정일자 우선변제금으로 경매절차에서 배당받을 수 있는 권리가 있다. 그런데 임차인이 알아야 할 사실은 배당요구종기일까지 배당요구한 임차인만 배당받고, 배당요구하지 않은 임차인은 배당절차에 참여하지 못하고 소멸돼 전세금 전액을 잃게 된다. 독자 분들도 이러한 상황에서 신선미처럼 배당요구연기신청서와 권리신고 및 배당요구신청서를 제출해서 배당에 참여하기 바란다. 중요한 것은 배당요구종기일까지 배당요구하는 것이 원칙이라는 사실을 잊어서는 안 된다. 인생사가 모두 그러하듯 안 받아들여지는 경우도 있다.

◆ 대항요건을 갖추고 있지 않았지만 손해 보지 않은 임차인

진나라, 기영수 임차인은 대항요건을 갖추고 있지 않아서 소액임차인이면서도 배당에서 배제되었다. 그럼에도 명도하는 과정에서 다른 임차인들과 달리 밝은 표정이었다. 그도 그럴 것이 진나라는 보증금 300만원에 월세 45만원, 기영수는 보증금 300만원에 월세 36만원으로 경매가 진행되는 동안 연체 차임으로 모두 공제할 수 있었고, 명도과정에서도 이사비용으로 50만원씩 챙길 수 있었기 때문이다.

> **Q 우리들이 떼인 전세금 돌려받는 방법 좀 알려 주세요?**
>
> **A 여러분은 모두 후순위로 전세금이 경매로 소멸됩니다.**
> 이럴 때 일반적으로 떼인 전세금을 찾는 방법은 채무자인 임대인에게 청구하는 방법과 계약서를 작성한 중개업소를 상대로 손해배상을 청구하는 방법이 있습니다. 임대인은 무자력자가 되니 청구해 봐야 받을 수가 없을 테고, 중개업소를 상대로 손해배상을 청구해야 하는데 선순위채권이 과다한 상태에서 계약해서 보상 비율 30~50% 정도로 높을 것이라 판단됩니다. 하지만, 안타까운 것이 중개업소에서 계약하신 분이 두 분 밖에 없군요. 이런 이유로 임대인과 직접 계약하지 말고 중개업소를 통해서 계약해야 보상도 받을 수 있고, 전세금을 떼이지 않는 계약을 할 수가 있습니다.

06 청화아파트로 내 집 마련과 재테크로 성공한 사례

이 청화아파트는 서울시 용산구 이태원동 용산구청 남동측 인근에 있는 아파트로, 주변에 지하철 6호선 이태원역이 위치하고 있다. 그래서 앞으로 오를 수 있는 아파트라고 판단해서 필자가 지인에게 낙찰 받아 준 사례이다.

◈ 청화아파트 주변 현황도

◈ 아파트 입찰대상물건 정보내역과 매각결과

소재지	서울특별시 용산구 이태원○○○○ 외 1필지, 청화아파○○ 도로명검색 D지도 N지도						
					오늘조회: 1 2주누적: 1 2주평균: 0 조회동향		
물건종별	아파트	감정가	980,000,000원	구분	입찰기일	최저매각가격	결과
				1차	2011-12-08	980,000,000원	유찰
대지권	78.7㎡(23.807평)	최저가	(64%) 627,200,000원		2012-01-05	784,000,000원	변경
					2012-03-22	784,000,000원	변경
건물면적	146.22㎡(44.232평)	보증금	(10%) 62,720,000원	2차	2012-05-31	784,000,000원	유찰
				3차	2012-07-05	627,200,000원	
매각물건	토지·건물 일괄매각	소유자	박○○	낙찰 : 675,900,000원 (68.97%)			
				(입찰3명, 낙찰:용산구 손○○ / 차순위금액 645,666,000원)			
개시결정	2011-08-09	채무자	회○○	매각결정기일 : 2012.07.12 - 매각허가결정			
				대금지급기한 : 2012.08.21			
사건명	임의경매	채권자	우○○	대금납부 2012.08.02 / 배당기일 2012.09.03			
				배당종결 2012.09.03			

● 임차인현황 (말소기준권리 : 2010.03.02 / 배당요구종기일 : 2011.10.26)

임차인	점유부분	전입/확정/배당	보증금/차임	대항력	배당예상금액	기타
고○○	주거용 (방1)	전 입 일 : 2011.08.08 확 정 일 : 2011.08.08 배당요구일 : 2011.08.18	보28,000,000원	없음	소액임차인	
박○○	주거용 (방1)	전 입 일 : 2011.07.29 확 정 일 : 2011.08.01 배당요구일 : 2011.09.01	보30,000,000원	없음	소액임차인	
이○○	주거용 (방1)	전 입 일 : 2011.08.08 확 정 일 : 2011.08.08 배당요구일 : 2011.08.23	보28,000,000원	없음	소액임차인	

● 등기부현황 (채권액합계 : 3,250,000,000원)

No	접수	권리종류	권리자	채권금액	비고	소멸여부
1	2009.12.30	소유권이전(매매)	박○○		거래가액 금855,000,000원	
2	2010.03.02	근저당	신○○ (광교기업영업부)	1,950,000,000원	말소기준등기	소멸
3	2011.05.26	근저당	이○○	300,000,000원		소멸
4	2011.06.13	근저당	이○○	1,000,000,000원		소멸
5	2011.08.10	임의경매	신○○ (기업여신관리부)	청구금액: 1,626,665,647원	2011타경 00000	소멸

이 아파트는 48평형으로 입찰 당시에는 시세가 9억원 정도였으나 1층인 관계로 8억5,000만원으로 분석하고 675,900,000원해서 낙찰 받은 사례이다.

경매 입찰정보내역을 분석해보니 3명의 전입세대주가 있었으나 모두 말소기준권리보다 늦게 대항요건을 갖추고 있어서 매수인이 인수할 권리나 보증금은 없었다. 그래서 낙찰 받고 1주일이 지나서(매각결정 후) 명도 협의를 위해서 방문했는데 채무자겸 소유자들이 거주하고 있었고, 3명의 임차인 등은 고등학생들로 채무자의 배우자가 보살피고 있는 학생들인 것을 알 수 있었다.

필자와 채무자가 1개월 안에 이사 가는 조건으로 이사비용 400만원에 합의했고, 약속대로 한 달 안에 아파트를 인도 받을 수 있었다.

◆ 지인은 청화아파트에 7년 거주하면서 10억원을 벌었다!

다음 네이버 매물시세를 확인(2020년 3월 매물시세)하면 알 수 있듯이 매수 당시에는 시세(8억5,000만원)보다 1억7,000만원 낮은 가격으로 매수했지만, 7년이 지난 현재는 18억원으로 올라서 10억원의 시세차익을 만들 수 있었다.

청화 3동	청화 1동
매매 18억	매매 19억 9,000
아파트 · 154A/142m², 4/12층, 남향	아파트 · 154A/142m², 6/12층, 남향
환하고 숲전망이 좋습니다.	투자 강추지역.주변인프라짱 .부자되세요
오렌지공인중개사사무소 | 매경부동산 제공	우리공인중개사사무소 | 텐컴즈 제공
확인 20.03.26.	확인 20.03.25.
청화 1동	[집주인] 청화 1동
매매 20억	매매 19억 5,000 ⬇
아파트 · 154A/142m², 중/12층, 남향	아파트 · 154A/142m², 중/12층, 남향
전망좋은 라인 기본수리완료	용산구 이태원역 6호선 재건축단지 세안…
주식회사 맨해튼부동산중개법인 | 매경부동산 제공	단지내타임공인중개사사무소 | 부동산뱅크 제공
확인 20.03.31.	확인 20.03.20.

필자가 **2022년 10월 23일 네이버 부동산 매물 시세를 확인**했더니 27억원에서 28억원으로 오른 것을 확인할 수 있었다.

이렇게 오르는 부동산에 투자해서 장기 보유해야만 성공할 수 있다.

07. 상지리츠빌2로 10년 동안 임대수익 4억원과 10억원의 시세차익!

이 상지리츠아파트는 서울시 서초구 반포동 서래마을에 위치하고 있다. 그래서 서래마을 내 방배중학교 등의 학군과 거주요건 등이 양호한 편이다. 그래서 앞으로 오를 수 있는 아파트라고 판단해서 필자가 지인에게 낙찰 받아 준 사례이다.

◆ 상지리츠빌2차아파트 주변 현황도

◆ 아파트 입찰대상물건 정보내역과 매각결과

소재지	서울특별시 서초구 반포OOOO. 상지리츠OO	도로명검색	지도	지도				
					오늘조회: 1 2주누적: 0 2주평균: 0		조회동향	
물건종별	아파트	감정가		1,100,000,000원	구분	입찰기일	최저매각가격	결과
						2010-01-26	1,100,000,000원	변경
대지권	59.786㎡(18.085평)	최저가		(64%) 704,000,000원	1차	2010-04-06	1,100,000,000원	유찰
					2차	2010-05-11	880,000,000원	유찰
건물면적	164.86㎡(49.87평)	보증금		(20%) 140,800,000원		2010-06-15	704,000,000원	변경
					3차	2010-08-24	704,000,000원	낙찰
매각물건	토지·건물 일괄매각	소유자		박OO		낙찰 850,000,000원(77.27%) / 1명 / 미납		
					4차	2010-11-02	704,000,000원	
개시결정	2009-01-14	채무자		박OO		낙찰 : 726,800,000원 (66.07%)		
						(입찰2명, 낙찰: 윤OO)		
					매각결정기일 : 2010.11.09 - 매각허가결정			
사건명	임의경매	채권자		하OO	대금납부 2010.11.29 / 배당기일 2011.01.04			
					배당종결 2011.01.04			

  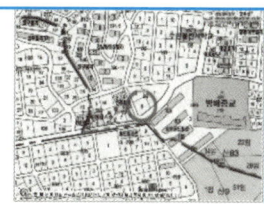

• 매각물건현황 (감정원 : YM이타감정평가 / 가격시점 : 2008.10.20)

목록	구분	사용승인	면적	이용상태	감정가격	기타
건물	7층중 1층	04.04.21	164.86㎡ (49.87평)	방4 등	660,000,000원	• 남동향
토지	대지권		837㎡ 중 59.786㎡		440,000,000원	• 도시가스 난방
현황 위치	• 서래마을내 방배중학교 서쪽 인근에 위치 • 주위는 아파트,학교,고급빌라,고급주택 등 소재 • 본건까지 자동차 출입가능, 부정형의 북향 완경사지 • 남측으로 동광로와 서남쪽으로 로폭 약6m의 포장도로와 접함						

• 임차인현황 (말소기준권리 : 2008.05.22 / 배당요구종기일 : 2009.09.15)
===== 임차인이 없으며 전부를 소유자가 점유 사용합니다. =====

• 등기부현황 (채권액합계 : 1,581,060,402원)

No	접수	권리종류	권리자	채권금액	비고	소멸여부
1	2004.09.21	소유권이전(매매)	박○○			
2	2008.05.22	근저당	하○○ (강남기업센터지점)	1,170,000,000원	말소기준등기	소멸
3	2009.01.14	임의경매	하○○ (기업개선부)	청구금액: 5,107,252,260원	2009타경0000	소멸
4	2009.06.23	가압류	현○○	11,060,402원		소멸
5	2009.11.06	근저당	김○○	100,000,000원		소멸
6	2009.11.06	근저당	박○○	100,000,000원		소멸
7	2009.11.10	근저당	리○○	200,000,000원		소멸

◆ 상지리츠빌2차아파트에서 임대소득을 포함해 14억원을 벌다!

다음 네이버 매물시세를 확인(2020년 3월 매물시세)하면 알 수 있듯이 매수 당시에는 시세(9억5,000만원)보다 2억2,000만원 낮은 가격으로 매수했지만, 9년이 지난 현재는 17억원으로 올라서 9억5,000만의 시세차익을 만들 수 있었다.

상지리츠빌2차 1동 매매 17억 아파트 · 177A/163㎡, 4/7층 방배부동산중개법인주식회사 ㅣ 한경부동산 제공 확인 20.04.01.	상지리츠빌2차 1동 매매 17억 아파트 · 177A/163㎡, 중/7층 리더스공인중개사무소 ㅣ 매경부동산 제공 확인 20.03.17.	상지리츠빌2차 1동 매매 17억 아파트 · 177A/163㎡, 저/7층, 남동향 교육,문화,여가환경 우수한 서래마을 고급빌라형 아파트 더스마트앤부동산중개사무소 ㅣ 한경부동산 제공 확인 20.03.13.

그리고 9년 동안 월세로 임대해서 1년차에서는 연 7,200만원, 2년차는 6,000만원, 3년차부터는 5,000만원의 임대소득을 얻고 있다. 그러니 9년×5,000만원만 계산해도 4억5,000만원의 소득이 발생한다. 여기에 시세차익 9억5,000만원을 더하면 총 14억원을 번 셈이다.

필자가 2022년 10월 경에 시세를 확인하니 25억에서 26억원 선이다.

이렇게 오르는 부동산에 투자해서 장기 보유하는 방법이 재테크로 가장 좋은 방법이다.

Chapter 16

경매로 낙찰 받고 나서
명도는 이렇게 해라!

01 건물명도도 전략이 필요하다!

　경매로 낙찰받고 나서 7일이 되면 매각허가결정이 나는데 이때부터 낙찰 받은 주택을 방문해 점유사가 있으면 낙찰지임을 승냉하는 서류(매수신청보중금 영수증 등)를 보여주고 건물명도에 관하여 협의하면 되는데, 20~30% 정도는 여기서 끝날 수도 있다. 이때 낙찰자가 사용할 수 있는 카드는 이사비용이다. 이사비용은 건물명도를 위해 소요되는 인도명령신청비용과 강제집행비용 그리고 2~3개월 소요기간 동안 지출비용(대출이자)을 계산해서 적정선에서 이사 날짜와 이사비용에 합의하고 합의각서를 작성하면 30~40일 이내에도 건물인도를 마칠 수도 있다.

　이사비용은 매수인이 점유자에게 지급할 금액은 아니지만 법률적인 비용(강제집행절차에 소요되는 비용)을 들이는 것 보다 협상카드로 이사비용으로 지급한다면 사회적으로도 건전한 비용으로 사용될 수 있는 금액이다. 그 비용은 매각대금의 1% 정도 내에서 입찰 전에 예상지급비용으로 산정하고 입찰에 참여하면 된다.

　여기서 합의가 안 된다 해도 1~2주일 이내에 다시 만나거나 유선으로 협의하면 점유자도 변호사나 법무사 등의 상담을 통해서 건물인도를 계속 거부할 경우 강제집행당하게 된다는 사실을 알고 그에 따라 이사비용이라도 조금 더 받고 이사를 가야겠다는 마음의 결정을 하고 나온다. 그러면 여기서 협의가 50~60% 결정되고, 이 시기에 결정되지 못한다 해도 1주일 정도 기다렸다 협의를 하는 과정으로 70~80%는 합의가 이루어진다.

　건물명도 협의과정은 점유자와 매수자 사이에서 협의에 의해서 결정하는 방법으로 대화의 기법이 필요한데, 유의할 점은 처음 명도에서 매수인이 긴장해서 제대로 대처하지 못하게 되므로 명도가 길어지게 될 수도 있겠지만, 자주하다 보면 경험이 생겨서 점유자의 생각을 알 수 있고 적절하게 대처하는 방법으로 쉽게 해결할 수 있다.
　이때 점유자도 건물을 비우고 이사를 가려면 이사할 시간과 돈도 필요하기 때문에 신속하게 협의가 이루어지지 못한다고 조급해 할 필요가 없다.

　명도를 하다보면 한 번 만나서 협의가 이루어지는 경우도 있지만, 이러한 경우는 드물고 2~3번의 만남이 필요하다. 그 기간을 매각결정 이후부터 적극 대응하면 건물명도는 그만큼 빠르게 끝낼 수 있게 된다. 명도에서 고수와 하수의 차이점은 명도협의과정에서 냉정함을 잃지 않고 협의 도중 점유자의 의도를 정확하게 파악해서 협의과정을 이끌고 가서 빠른 시기에 건물을 인도 받느냐, 못 받느냐에 달려있다. 이때 냉정함이란 협의과정에서 웃음을 보이거나 점유자가 편하게 생각하지 못하게 하는 엄숙함이면 충분한 것이지, 점유자에게 함부로 대하는 것을 말하는 것이 아니므로 언행만큼은 항상 조심해야 한다. 잘못된 언행으로 시비가 붙어 명도가 2~3개월 늦어지거나 대화 자체가 어려워져 강제집행할 수밖에 없는 경우가 발생할 수도 있다. 법으로 강제집행하면 비용절감에도 도움이 안 되며 경매를 즐겁게 할 수도 없다. 경매를 잘 하려면 명도를 즐길 줄 알아야 한다. 어쨌든 낙찰자가 대금납부하기 전에는 강제집행절차를 진행할 수 없는 시기지만, 낙찰 받고 7일 이후부터 명도에 관한 협의를 계속 시도하므로 건물을 신속하게 명도받을 수 있다. 간혹 명도가 경매의 왕도라고 이야기하는 사람도 있지만 이는 경매의 근본을 깨닫지 못한 사람이다. 경매의 꽃은 돈이 되는 물건을 권리의 하자 없이 매수하는 것이 우선이지, 건물명도가 우선되는 것은 아니다. 다만 건물명도가 쉽지 않다는 점에는 동의하지만 시간 싸움이므로 누구나 할 수 있다. 경험이 많으신 분들과 차이는 있겠지만 조금 늦게 명도한다는 차이지, 그것이 경매물건을 매수해서 수익을 창출하는 대세의 흐름을 깰 수는 없는 것이다. 어쨌든 앞에서와 같은 협의과정에서도 해결이 안 되었을 경우 20~30% 정도만이 강제집행절차에 들어가게 되는데, 이 경우에도 인도명령신청과 점유이전금지가처분신청으로 인도명령결정문이 점유자에게 도달되고, 가처분결정문을 집안거실 등에 붙이게 되면 20~30% 대상자 중에서 50%는 협의가 이루어진다. 그리고 나머지 50%도 인도명령결정문 등의 집행권원을 보여주면서 약간의 이사비용을 주고 내보내는 방법이 좋을 것이다. 이때 이사비용은 실제 이사비용으로 100만원 정도면 충분하다. 점유자들도 강제집행당하는 것을 좋아할 사람은 없을 것이다. 매수인 역시 강제집행방법은 어쩔 수 없을 때 하게 되는 것이지 이를 즐길 필요는 없다. 강제집행절차는 가끔씩 부작용도 낳게 된다는 점을 고려한다면 더욱 그렇게 해야 한다. 혹자들은 그동안 많이 고생시켜서 강제집행한다고 하는데 이는 어리석은 행동이다. '법 좋아하는 사람은 법으로 망한다.' 즉 다툼 발생 시 매사 법으로 해결하는 사람치고 잘되는 사람이 없다는 말이다. '대화를 좋아하는 사람은 좋은 사람을 얻을 수 있고 그에 따라 불편함 보다 즐거움을 얻을 수 있다'는 생각이 필자의 질언이다.

02 점유자가 없거나 있어도 문을 열어주지도 않으면?

    집에 점유자가 없거나 있어도 대화 자체를 거부할 때에는 점유자에게 연락 바란다는 내용을 1통은 편지함에, 1통은 대문 밑에 꽂아둔다. 이렇게 해도 연락이 오지 않는다면 1~2주일 이내에 내용증명을 발송하게 되는데 이때에도 1통은 등기우편으로, 1통은 일반우편으로 발송한다. 등기우편은 사람이 없으면 반송되지만 일반우편은 우편함에 꽂혀 있어서 언제든지 점유자가 볼 수 있기 때문이다. 이렇듯이 대금납부 전부터 적극 대응하면 시간적인 비용도 줄일 수 있고 간혹 잔금납부 전에 건물을 인도 받을 수도 있다. 이때 유의할 점은 점유자와 협의하는 과정과는 별도로 강제집행절차는 계속 진행시켜야 한다는 점이다. 대금납부와 동시에 인도명령신청과 점유이전금지가처분 등을 함께 신청하는 것을 잊어선 안 된다.

◈ 내용증명 통보서 작성 방법

주택명도 이행 통보서

수신 : 전소유자 홍 길 동
       서울시 동작구 노량진동 225-285 삼성○○아파트 ○○동 ○층 제○○호
       우편번호 ○○○-○○○

발신 : 현소유자 왕 수 철
       서울시 ○○○구 ○○○동 ○○○번지
       우편번호 ○○○-○○○

제목 : 삼성○○아파트 ○○동 ○층 제○○호 명도이행에 관한 건
안녕하십니까? 상기인은 수신인이 점유하고 있는 삼성○○아파트 ○○동 ○층 제○○호를 경매(사건번호 2022타경51234호)로 낙찰받고 2022년 10월 15일 잔금 납부하여 적법하게 소유권을 취득한 사람입니다.
따라서 전소유자 홍길동 사장님은 현소유자가 대금납부하여 소유권을 취득한 2022년 10월 15일부터 점유하고 계신 주택을 매수인에게 인도할 의무가 있습니다.

그런데 주택인도를 위해서 수차례 방문했으나 만나지 못했고 점유자에게 연락 바란다는 내용으로 전화번호를 남겼으나 연락이 없는 관계로 부득이 내용증명을 보내게 되었습니다. 본인은 현재 주택인도를 목적으로 법으로 강제집행절차를 진행하고 있으나 강제집행하는 것보다 현재 점유하고 계신 분들과 원만한 협의로 주택인도 받기를 희망합니다.

그동안 많은 시간을 드렸고 생각을 많이 해보셨을 줄 압니다. 2022년 10월 30일까지 대한 답변 바랍니다(전화번호: ○○○-○○○○-○○○○). 이 기한까지 답변이 없을 시에는 부득이하게 강제집행절차를 진행할 수밖에 없음을 알려드립니다.

2022년 10월 20일

발신인(소유자) : 왕 수 철 (인)

전 소 유 자 : 홍 길 동 귀 하

협의가 이루어져 명도합의각서를 작성하는 방법

명도합의가 이루어지는 경우 다음과 같이 명도이행에 관한 합의서를 작성해야 다툼을 줄일 수 있다. 합의서가 없고 명도비용으로 ○○○만원을 지급하기로 하면 관리비나 제세공과금 선수관리비 등을 공제하느냐, 마느냐에 따라 다툼이 발생하기도 한다.

명 도 합 의 각 서

갑(현소유자) : 왕 수 철 (주민등록번호 :   )
　　　　　　　서울시 ○○구 ○○동 ○○○번지
　　　　　　　(전화번호 :   )

을(전소유자) : 홍 길 동 (주민등록번호 :   )
　　　　　　　서울시 동작구 노량진동 225-285 삼성○○아파트 ○○동 ○층 제○○호
　　　　　　　(전화번호 :   )

제목 : 삼성○○아파트 ○○동 ○층 제○○호 명도 합의에 관한 건

상기 갑과 을은 삼성○○아파트 ○○동 ○층 제○○호 명도에 관한 다음과 같은 사항을 합의한다.

- 다 음 -

1. 명도시기 : 2022년 11월 20일로 한다.
2. 명도에 대한 비용으로 갑은 을에게 ○○○만원을 지급하고 을은 이 날에 집을 명도해야 하며 이에 대한 모든 책임을 진다.
3. 을은 1항 기간까지 주택을 명도하기로 하고 이 기간에 비워주지 못할 시에는 계약은 해제된 것으로 하고 계약 위반에 따른 상대방에 손해배상 책임을 진다.
4. 을은 명도시 임차인 이형준(주민번호 :   )과 정화수(주민번호 :   )포함 모든 점유자들을 책임지고 명도하기로 한다.
5. 명도비용 중 우선적으로 관리비(도시가스, 수도료, 전기료 등) 및 제세공과금을 우선 공제 후 잔금을 지급하기로 한다. 이는 명도와 동시이행으로 한다.
6. 선수관리비는 명도비용에 포함시키기로 하며 갑이 승계 취득한다.
7. 위 1항에서 6항 내용은 갑과 을이 합의하였고, 이를 위반하는 상대방은 민·형사상 책임을 지기로 한다.

2022년 10월 23일

갑(현소유자) : 왕 수 철 (인)
을(전소유자) : 홍 길 동 (인)

영 수 증

일금 ○○○원정을 명도비용으로 영수하였음을 확인한다.

입금방법 : 은행계좌번호 ○○○○○-○○○○○○ 예금주 : ○○○

입금일시 : 2022년 ○○월 ○○일
영 수 자 : 홍 길 동 (서명날인)

※ 명도합의금 지급시 유의해야 할 내용 - 명도합의금은 점유자가 매수인에게 건물명도와 동시이행으로 지급하는 것이지 건물명도 전에 지급해서는 안 된다.

04 반드시 이사비용을 지급하거나 강제집행을 하는 것은 아니다!

　이사비용을 지급하거나 강제집행이 필요한 점유자는 대항력이 없는 임차인으로 배당금이 없는 경우와 채무자가 점유하는 경우이다. 배당받을 금액이 없어서 버티기도 하고, 조금만 버티면 이사비용을 준다는 소문이 경매시장에 퍼져 있기 때문이다. 대항력 있는 임차인이 전액 배당받는 경우와 대항력이 없는 임차인이 배당받게 되는 경우 명도는 이사비용 없이 무혈입성하게 된다. 그러나 배당받지 못하게 되는 사례가 발생하면 선순위임차인은 낙찰자가 인수하게 돼 보증금의 손실이 없지만, 대항력이 없는 후순위임차인은 소멸하게 되므로 손실이 발생하게 되고 이때 명도가 어려워지므로 협상카드로 이사비용을 지불하게 된다. 그렇다고 하더라도 소액임차인으로 최우선변제금을 배당받게 되면 배당금을 받기 위해서 매수인의 명도확인서가 필요하니 별도 이사비용이나 법적조치가 없어도 임차인을 명도할 수 있을 것이다.

　"아하, 그런 경우도 있군요." "임차인은 대항력이 없어도 소액임차인으로 최우선변제금을 받아야 명도가 쉬워지므로……… 그래서 선생님이 권리분석의 마지막 장식이 배당이라고 하셨군요. 저는 그때 이해가 잘 안되었는데, 배당은 법원관계자가 짜면 되고 입찰자들은 그 배당표대로 하면 되는 것 정도만 알았거든요. 박 사장님도 그랬죠."

　"나도 이상하다고 했어, 대항력이 있는 임차인은 낙찰자가 인수하게 되므로 알아야 하지만, 대항력이 없는 임차인은 알 필요가 없을 텐데, 하면서도 물어보지 못했는데 그게 아니었구나……". "그러게요. 배당공부도 열심히 해야겠어요."

05 협의가 안 될 때 법적으로 어떻게 하면 되나?

◆ 부동산 인도명령 신청

　매수인이 매각대금을 납부한 경우 그 납부일로부터 6개월 이내에 채무자, 소유자 또는 부동산점유자에 대하여 매수인에게 부동산을 인도하도록 법원에 인도명령을 신청할 수 있고 그에 따라 법원이 인도명령을 결정하게 된다. 매수인은 인도명령결정문을 집행권원으로 집행관에게 인도집행을 위임하여 부동산에 대한 인도를 받을 수 있다(법 136조1항).

(1) 인도명령의 신청

집행법원에 비치된 인도명령신청서를 작성해서 1,000원의 인지를 붙이고 송달료 2회 분을 첨부해 담당경매계에 제출하면 된다. 이 경우 채무자, 소유자 또는 현황조사보고서상 명백한 점유자를 상대방으로 하여 신청하는 경우에는 특별한 증빙서류가 없어도 되지만, 경매기록상 없는 점유자(승계인 등)를 상대방으로 하는 경우에는 집행관 작성의 집행불능조서등본, 주민등록등본 등 그 점유사실 및 점유개시일자를 증명하는 서면을 첨부해야 한다.

(2) 인도명령신청서 작성과 법원에 제출하는 방법

① 인도명령신청서 작성 방법과 ② 인도명령신청서를 법원에 제출하는 방법은 앞의 "Chapter 25에서 10 인도명령신청과 점유이전금지 가처분 신청(604~607쪽)"을 참고해서 작성하면 되므로 이 단원에서는 지면상 생략했다.

◆ 강제집행(인도명령, 명도청구소송에서)

(1) 강제집행신청

① 건물인도집행을 위해서는 인도명령결정 정본(명도청구소송판결정본에 집행문 부여) 등의 서류를 가지고 강제집행신청서를 작성하여 부동산 소재지 관할 집행관사무소에 강제집행을 신청한다.

② 강제집행신청시 첨부서류는 다음과 같다.
㉠ 집행력 있는 정본(인도명령결정 정본 또는 명도소송승소판결정본에 집행문부여 받아서), ㉡ 송달증명원, ㉢ 도장, ㉣ 대리신청의 경우 위임자의 인감증명서를 첨부한 위임장, ㉤ 강제집행예납금 등이 있다.

(2) 강제집행방법

① 강제집행시 집행관사무실에서 매수인에게 전화로 집행할 일자와 시간을 정해서 통보해주는 것이 보통이나 매수인이 직접 전화나 방문하여 확인할 수 있다.

② 매각부동산에 점유자가 있음에도 방해할 목적으로 문을 열어주지 아니하거나 부재중이어서 집행이 불능하게 되면 성인 2인 또는 국가공무원, 경찰공무원 1인 입회하에 강제집행

을 할 수 있다. 이때 문이 잠겨 있는 경우 열쇠기술자의 도움을 받아 문을 연 후 명도집행을 하게 된다.

③ 집행관이 채무자(점유자)로부터 강제집행에 따른 인도를 받고 이를 매수인에게 인도하여야 하므로, 이를 위해서 매수인은 현장에 반드시 참석하여야 한다.

(3) 강제집행의 종료 후 채무자가 재침입한 경우 대응방안

매수인이 점유를 취득한 후 재침입 등을 예방하기 위해서 시건장치 등을 변경해야 한다. 매수인이 점유를 취득한 후 채무자(점유자)가 다시 침입한 경우에는 형법 제140조의2(부동산강제집행효용침해)에 의하여 5년 이하의 징역 또는 700만원 이하의 벌금형에 처해진다. 따라서 이를 근거로 형사고발하면 된다.

◆ 점유이전금지가처분이란?

부동산을 경매로 낙찰 받거나 임대차계약 종료 또는 임대차계약해지 후 점유를 풀지 않는 점유자에 대하여 건물인도 집행하기에 앞서 부동산에 대한 인도청구권을 보전하기 위한 계쟁물에 대한 가처분의 일종으로 목적물의 인적·물적 현상을 본집행 시까지 그대로 보전하기 위함을 목적으로 하는 가처분이다.

(1) 점유이전금지가처분을 하여야 하는 이유

인도명령신청이나 명도소송이 진행되는 과정에서 점유가 타인에게 이전되면 결정문이나 판결문을 득해도 강제집행이 불가능하게 되어 다시 판결을 득해야 하는 경우가 발생하므로, 매수인은 소유권이전 등기 이후 인도명령신청과 동시에 점유이전금지가처분을 해야만 한다. 무허가건물이나 준공검사를 받지 아니한 완공된 건물로서 등기하지 아니하였더라도 점유이전금지가처분집행이 가능하다. 가처분 이후 점유자가 변경된 경우에는 승계집행문을 받아 강제집행하면 된다.

(2) 점유이전금지가처분절차

① 점유이전금지가처분을 법원에 신청 ⇨ ② 가처분결정문이 낙찰자에게 송달(1주일 이내) ⇨ ③ 송달받은 날로부터 14일 이내에 집행관에게 집행위임 신청 ⇨ ④ 집행관과 동행하여 명도대상 부동산 방문 가처분결정문 부착(거실 내의 벽) ⇨ ⑤ 1차 방문 시 점유자가 부재

한 경우 1주일 내에 시간을 정하고 점유자의 부재가 예상되는 경우 성인남녀 2인 또는 공무원 1인과 열쇠수리공, 그리고 집행관과 함께 대동하여 문을 열고 거실 안에 부착하면 된다(이 기간은 14일에서 30일이면 절차가 모두 끝난다). 이러한 점유이전금지가처분은 내용상으로는 앞에서 기술한 내용과 같지만 일반인들에게는 상당한 심적 압박을 주게 되어 명도가 쉬워질 수 있다. 실무상으로는 가처분결정문 부착의 효과만으로도 명도합의를 이끌어내기도 한다.

(3) 점유이전금지가처분 신청서 작성방법과 법원에 제출방법

점유이전금지가처분신청서 작성방법과 법원에 제출하여 결정문을 받는 방법은 앞의 "Chapter 25에서 10 인도명령신청과 점유이전금지 가처분 신청(608~609쪽)"을 참고해서 작성하면 되므로 이 단원에서는 지면상 생략했다.

06 대항력 있는 임차인과 없는 임차인의 건물인도 시기와 부당이득의 범위

◆ 대항력 있는 임차인의 건물인도 시기와 부당이득의 범위?

(1) 대항력 있는 임차인이 건물인도를 거절할 수 있는 시기

① 대항력 있는 임차인이 배당요구하여 전액 배당받게 되는 시기(배당표가 확정되어 배당금을 전액 지급받을 수 있는 시기)까지 임차건물에 대한 인도를 거절할 수 있다(대법원 97다11195 판결).

② 배당금의 일부만 배당받은 경우는 미배당금을 매수인이 인수(지급)할 때까지 또는 전액 배당표가 작성 되었으나 배당이의 소송 등으로 배당표가 확정되지 못한 경우에는 확정될 때까지 건물인도를 거절할 수 있다.

③ 대항력과 우선변제권을 겸유하고 있는 임차인이 배당요구를 하였으나 보증금 전액을 배당받지 못한 경우, 그 잔액에 대하여 경락인에게 동시이행의 항변을 할 수 있는지 여부(적극)(대법원 98다15545 판결).

(2) 대항력 있는 임차인의 부당이득에 해당하는 범위는?

① 주임법상의 대항력과 우선변제권의 두 권리를 겸유하고 있는 임차인이 우선변제권을 선택하여 임차주택에 대하여 진행되고 있는 경매절차에서 보증금에 대한 배당요구를 하여 보증금 전액을 배당받을 수 있는 경우에는, 특별한 사정이 없는 한 임차인이 그 배당금을 지급받을 수 있는 때, 즉 임차인에 대한 배당표가 확정될 때까지는 임차권이 소멸하지 않는다. ~생략, 경락인이 낙찰대금을 납부하여 임차주택에 대한 소유권을 취득한 이후에 임차인이 임차주택을 계속 점유하여 사용·수익하였다고 하더라도 임차인에 대한 배당표가 확정될 때까지의 사용·수익은 소멸하지 아니한 임차권에 기한 것이어서 경락인에 대한 관계에서 부당이득이 성립되지 아니한다(대법원 2003다23885 판결).

㉠ 보증금만 있는 경우는 이 내용과 같이 배당표가 확정될 때까지 부당이득은 성립되지 아니 하나 배당표가 확정되었다면 그 시기부터 부당이득이 성립된다.

㉡ 보증금과 월차임 등이 있다면 임차인은 매수인이 대금납부 이후 배당표가 확정될 때까지 차임을 지급해야 된다.

② 보증금 전액을 배당받지 못하였다면 임차인은 임차보증금 중 배당받지 못한 금액을 반환받을 때까지 그 부분에 관하여는 임대차관계의 존속을 주장할 수 있으나 그 나머지 보증금 부분에 대하여는 이를 주장할 수 없으므로, 임차인이 그의 배당요구로 임대차계약이 해지되어 종료된 다음에도 계쟁 임대 부분 전부를 사용·수익하고 있어 그로 인한 실질적 이익을 얻고 있다면 그 임대 부분의 적정한 임료 상당액 중 임대차관계가 존속되는 것으로 보는 배당받지 못한 금액에 해당하는 부분을 제외한 나머지 보증금에 해당하는 부분에 대하여는 부당이득을 얻고 있다고 할 것이어서 이를 반환하여야 한다(대법원 98다15545 판결).

◆ 대항력 없는 임차인의 건물인도와 부당이득을 보게 되는 시점

매수인이 매각대금을 납부하면 소유권을 취득하게 되므로 대항력 없는 임차인을 상대로 인도명령을 신청할 수 있다. 따라서 매수인이 매각대금 납부 이후부터 건물인도 시기까지를 임차인이 부당이득을 보게 되는 시기로 보아서 이 기간까지 건물 사용에 상당하는 사용료 즉 임료를 임차인에게 부당이득금으로 청구할 수 있다. 반면에 대항력이 있는 임차인인 경우는 상황이 다르다. 배당표가 확정될 때까지 건물인도를 거절할 수 있으며 이 기간까지 부당이득으로 보지 않는다는 차이점이 있다.

Chapter 17

경매에서 실패하기 쉬운 사례와 함정에 빠진 사례에서 탈출 비법!

01 경매투자 기본에 충실하여 절대 실패하지 마라!

경매투자를 한지가 벌써 27년이다. 얼마 전 인터넷기자와 인터뷰하면서 깨달았다. 지금에 와서야 생각하면 새삼스럽게 느껴지는 일들이 많다. 경매투자는 권리분석에서 시작한다거나 기타 등등, 그러한 생각을 조금 바로 잡아야겠다고 생각했다.

◆ 경매투자는 부동산 중개시장에서 취득하는 것보다 더 안전하다!

법원 명령으로 집행관의 현황조사와 감정평가사의 물건조사가 이루어지고 나서 매각절차가 진행되니 부동산 초보자라도 이러한 내용을 신뢰하고 살 수 있다. 그리고 경매물건에서 권리분석을 잘못해서 낙찰자가 손해 보는 사례는 100개 물건 중에 5개도 안된다. 한번 경매물건에서 매수인 부담으로 매각하는 물건을 찾아보라! 경매물건 중 95%는 권리분석을 모르고 투자해도 안전하다.

그런데 왜 경매투자로 손해를 보는 사람들이 발생하게 되는 것일까?

그것은 부동산에 대한 물건조사가 잘못되어 그렇다. 즉 손해 보는 사람의 90%는 물건조사를 잘못해서 그렇고, 권리분석을 잘못해서 손해 보는 사례는 10%도 안된다.

여기서 물건조사란 부동산의 가치를 말한다. 이 가치는 현재가치와 미래가치에 의해서 결정된다. 이러한 가치는 단기적으로 개발호재 등으로 분위기에 휩싸여 움직이기도 하지만, 장기적으로 실수요자들에 의해서 결정되고 있다는 사실은 불변의 진리이다. 자신의 목적에 부합하는 이른바 실수요 차원의 투자가 필요하다. 부동산도 역시 돌고 돌다보면 나중엔 실수요자에게 돌아간다. 그래서 실수요자 차원에서 가치(value)가 있는가를 판단해야 한다.

◆ 부동산 경매투자로 성공하려면 어떻게 해야 하는가?

정확한 부동산 정보를 통해서 정확한 가치 분석을 하고 나서 투자해야 한다. 우리는 이렇게 가치가 있는 물건을 우량한 물건이라 정의하고 있다.

우량한 물건은 현장답사를 통해 얻어지는 것으로 발품을 팔아야 한다. 직접 발품을 팔아 실물을 눈으로 확인한 뒤 매입해야 한다. 한번 보고 판단하지 말고, 그 다음날 방문해서 두 번, 세 번 확인하는 것이 진정한 발품이다. 초보자가 한번 봐서 판단하는 것은 진정한 발품이 아니다. 이렇게 정확한 가치를 분석하고 나서 수익분석 후 입찰가를 결정해야 한다.

그다음 앞에서 이야기한 권리분석의 중요성이다.

100개 중에 5%에 해당하는 하자가 항상 준비운동을 하지 않은 사람에게만 다가오는 것은 운명일 것이다. 이러한 운명에 빠지지 않기 위해서 권리분석을 철저히 공부해야 한다. 경매 투자에서 기본은 물건조사와 권리분석을 철저히 하는데 있다. 이러한 기본에 충실해야만 경매로 실패하지 않고 성공하는 지름길이 될 것이다.

김선생 핵심 강의노트

기본에 충실해야 한다

기본에 충실해야 한다. 그런데 다음과 같이 입찰자가 실수하기 쉬운 사례가 많다. 그래서 함정에 빠지기 쉬운 사례를 모아서 분석해 놓았다. 그리고 앞으로 공부하게 되는 매각절차와 권리분석 등은 초보자에겐 험난한 여정이 될 것이지만 그 고난의 행군을 끝내고 하는 식사는 기대이상으로 달콤한 결과를 가져다준다.

02 소액임차인으로 잘못 판단해서 낙찰자가 인수할 뻔한 사례에서 탈출한 사례

경매의 덫에서 탈출

상가임차인을 주택과 같이 생각해서 확정일자가 없는데도 소액임차인으로 전액 배당받는 것으로 오인해서 낙찰 받았으나 환산보증금으로 계산하니 소액임차인이 아니어서 낙찰자가 인수할 뻔 했던 사례이다. 다행히도 증액 전에 확정일자가 있어서 필자가 배당기일 하루 전에 정정 배당 요구하게 해 보증금 인수에서 탈출하게 해준 사례이다.

◈ 입찰대상 물건정보와 입찰결과 내역

2012타경0000호 • 수원지방법원 성남지원 • 매각기일 : 2012.06.11(月) (10:00) • 경매 5계(전화:031-737-1325)

소재지	경기도 성남시 분당구 정자동 24, 분당인텔리지2 21층 씨- 0000호			문영주소검색			
물건종별	오피스텔	감정가	245,000,000원	오늘조회: 1 2주누적: 0 2주평균: 0 조회동향			
대지권	6.69㎡(2.024평)	최저가	(80%) 196,000,000원	구분	입찰기일	최저매각가격	결과
건물면적	42.97㎡(12.998평)	보증금	(10%) 19,600,000원	1차	2012-05-14	245,000,000원	유찰
매각물건	토지·건물 일괄매각	소유자	이○○	2차	2012-06-11	196,000,000원	
개시결정	2012-02-01	채무자	강○○	낙찰: 209,050,000원 (85.33%) (입찰5명,낙찰:이○春 / 2등입찰가 205,200,000원) 매각결정기일 : 2012.06.18 - 매각허가결정 대금지급기한 : 2012.07.18 대금납부 2012.07.10 / 배당기일 2012.08.17 배당종결 2012.08.17			
사건명	임의경매	채권자	서○○				

사진	건물등기	감정평가서	현황조사서	매각물건명세서	부동산표시목록	기일내역	문건/송달내역
사건내역	전자지도	전자지적도	로드뷰	온나라지도+			

• 매각물건현황 (감정원 : 수람감정평가 / 가격시점 : 2012.02.10 / 보존등기일 : 2005.02.03)

목록	구분	사용승인	면적	이용상태	감정가격	기타
건물	35층중 21층	04.12.24	42.97㎡ (13평)	오피스텔	171,500,000원	* 열병합 지역난방
토지	대지권		7784.5㎡ 중 6.69㎡		73,500,000원	

• 매각물건현황 (감정원 : 수람감정평가 / 가격시점 : 2012.02.10 / 보존등기일 : 2005.02.03)

목록	구분	사용승인	면적	이용상태	감정가격	기타
건물	35층중 21층	04.12.24	42.97㎡ (13평)	오피스텔	171,500,000원	* 열병합 지역난방
토지	대지권		7784.5㎡ 중 6.69㎡		73,500,000원	
현황 위치	* "정자역" 서측 인근에 위치하며, 주위는 오피스텔,상업용 및 업무용 빌딩,근린생활시설 등이 혼재하는 지역임 * 차량접근 가능하며, 대중교통사정은 정류장까지의 거리 및 운행빈도 등으로 보아 보통임 * 인접지와 등고 평탄한 사다리형의 토지로서 오피스텔 건부지로 이용중임 * 동측으로 노폭 약 20미터 남측으로 노폭 약8미터의 포장도로와 각각 접하며, 서측은 분당수서간고속화도로와 접함					

• 임차인현황 (말소기준권리 : 2008.07.04 / 배당요구종기일 : 2012.04.09)

임차인	점유부분	전입/확정/배당	보증금/차임	대항력	배당예상금액	기타
(주)이○○	점포	사업자등록: 2005.01.01 확 정 일: 미상 배당요구일: 2012.03.05	보10,000,000원 월730,000원 환산8,300만원	있음	전액낙찰자인수	현황조사서상 확:200 7.8.23

• 등기부현황 (채권액합계 : 308,000,000원)

No	접수	권리종류	권리자	채권금액	비고	소멸여부
1	2005.03.07	공유자전원지분전부이전	이○○		매매	
2	2008.07.04	근저당	우리은행 (분당파크타운지점)	108,000,000원	말소기준등기	소멸
3	2011.10.14	근저당	서○○	200,000,000원		소멸
4	2012.02.01	임의경매	서○○	청구금액: 203,484,931원	2012타경0000호	소멸

◆ 매수인의 잘못된 판단으로 보증금을 인수할 뻔한 사례

성남시 분당구에 있는 오피스텔로 2~3분 거리에 정자역이 있어서 임대수요가 높은 곳이다. 그래서 매수인이 감정가 2억4,500만원인데 2억905만원에 낙찰받았다. 낙찰받고 매각허가결정이 나서 현재 거주하고 있는 임차인 (주)이○○를 만나게 되었는데 경매기록과 다른 점이 없었고 재 임대하게 해달라는 말을 듣어 그렇게 하라고 편하게 말을 하고 돌아 왔다고 한다. 잔금을 납부하고 배당기일 3일 전에 배당표가 작성돼 경매계장의 도움을 받아 배당표 원안을 확인해 보니 예상하지 않았던 일이 발생했고 매수인이 놀라서 필자에게 전화를 걸어왔다. 그 내용은 임차인에게 배당된 금액이 없다는 내용이었다. 임차인이 최우선변제금으로 1,000만원 전액 배당받았어야 하는데 배당금이 없다니 이럴 때 어떻게 대처하면 되느냐는 것이다. 그 말을 듣고 경매사건을 조회해본 결과 임차인이 상가 임차인으로 환산보증금이 8,300만원으로 소액임차인이 아니어서 최우선변제 대상이 아니고 확정일자도 없어서 배당에 참여하지 못하고 매수인이 보증금 1,000만원을 인수해야 한다고 말을 건네니 당황했다.

◆ 이러한 상황에서 어떻게 탈출할 수 있었을까?

이 내용을 기술하게 된 동기는 독자 분들도 알아두면 좋은 지식이기 때문이다. 알아두면 돈을 벌 수 있는 틈새시장이기도 하다. 필자가 고민하다가 이상한 점을 발견했다. 정상적인 임차인이라면 사업자등록과 점유를 하면서 계약서에 확정일자를 부여받아 두는 것이 보통인데 이 상가임차인은 2년 후 재계약하면서 확정일자를 받아 놓지 않은 이유가 있을 것 같아서 매수인에게 임차인에게 전화를 걸어 최초 계약 당시 계약서에 확정일자를 부여받았는가를 확인하라고 했다. 다행히도 최초 계약 당시 계약서에 확정일자를 부여받아둔 것이 있어서 배당기일 하루 전에 최초 계약 당시 확정일자로 정정해서 배당요구를 했고 임차인은 1,000만원 전액 배당받고 매수인은 보증금 인수에서 탈출하게 되었다.

김선생의 한마디

임차인이 배당요구를 잘못한 경우 매수인과 임차인이 알고 있어야 할 내용

① 배당요구종기 전까지 배당요구한 임차인이 배당요구를 잘 못했다면 배당기일 전까지 정정해서 배당요구할 수 있는 권리가 있다.

② 임차인은 배당요구할 때 최초 임차권(대항력 있는 임차권)과 증액한 임차권(대항력 없는 임차권)을 함께 배당요구할 수도 있고, 분리해서 배당요구할 수도 있어서 이 사례와 같이 임차인에게 미배당금이 발생하면 매수인의 부담으로 남게 된다는 사실이다.

③ 전입신고 또는 사업자등록이 2년 전으로 빠른데 확정일자가 2년 후로 늦게 되어 있다면 기본적으로 매수인은 대항력 있는 임차인을 인수하게 된다. 그러나 입찰 전에 또는 낙찰받고 나서 임차인이 최초 계약서에도 확정일자를 부여받은 사실을 알게 되었다면 배당기일까지 한번 더 배당요구 정정신청을 해서 배당에 참여하게 하는 방법만으로도 매수인의 인수금액을 줄일 수 있고 그만큼 다른 경쟁자보다 높은 수익을 올릴 수 있는 틈새가 될 수 있다. 이러한 상황이 발생하는 것은 임차인이 배당요구시 최초 계약서와 증액한 계약서 모두를 가지고 배당요구해야 하는데 증액한 계약서만 가지고 배당요구했기 때문이다.

03 주임법상 대항요건을 갖춘 선순위전세권자가 배당요구해서 소멸되는 것으로 오판한 사례

경매의 덫에서 탈출

선순위전세권이 배당요구하면 스스로 용익권을 포기하고 우선변제권을 선택한 것이므로 경매로 소멸된다. 그러나 주임법상 대항요건을 함께 갖추고 있는 임차인은 대항력이 있어서 보증금이 전액 변제될 때까지 소멸되지 않는다. 설령 자기 전세권보다 후순위로 대항요건을 갖춘 경우도 마찬가지이다.

◈ 입찰물건 정보내역과 입찰결과

2008타경○○○○호 (물건 1번) 산지방법원 본원 • 매각기일 : 2009.06.16(火) (10:00) • 경매 15계 (전화:051-590-1835)

소 재 지	부산광역시 금정구 구서동 000-0 천양스카이빌 2층 000호	도로명주소검색				
물건종별	오피스텔	감 정 가	53,000,000원	오늘조회: 1 2주누적: 1 2주평균: 0 조회동향		
대 지 권	12㎡(3.63평)	최 저 가	(51%) 27,136,000원	구분	입찰기일	최저매각가격	결과
건물면적	35.72㎡(10.805평)	보 증 금	(10%) 2,720,000원	1차	2009-03-03	53,000,000원	유찰
매각물건	토지·건물 일괄매각	소 유 자	(주)○○주택	2차	2009-04-07	42,400,000원	유찰
개시결정	2008-10-13	채 무 자	(주)○○주택	3차	2009-05-12	33,920,000원	유찰
사 건 명	강제경매	채 권 자	신용보증기금	4차	2009-06-16	27,136,000원	

낙찰: 31,220,000원 (58.91%)
(입찰1명, 낙찰:서울시 강남구 삼성동 김○○)
매각결정기일 : 2009.06.23 - 매각허가결정
대금납부 2009.07.09 / 배당기일 2009.08.25
배당종결 2009.08.25

  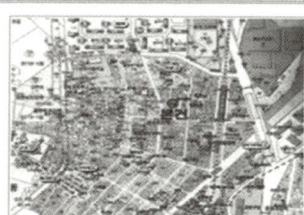

• **매각물건현황** (감정원 : 대화감정평가 / 가격시점 : 2008.10.17 / 보존등기일 : 2004.03.18)

목록	구분	사용승인	면적	이용상태	감정가격	기타
건물	10층중 2층		35.72㎡ (10.81평)	주거용	31,800,000원	
토지	대지권		703.4㎡ 중 12㎡		21,200,000원	
현황 위치	* 지하철1호선 구서동역 서측 인근에 위치, 서측으로 약60미터 폭의 포장도로와 접함 * 부근은 중.소규모 공동주택 및 단독주택,각종 근린시설 등 혼재					

• **임차인현황** (말소기준권리 : 2007.12.10 / 배당요구종기일 : 2009.01.05)

임차인	점유부분	전입/확정/배당	보증금/차임	대항력	배당예상금액	기타
황○○	주거용 전부	전 입 일: 2007.09.18 확 정 일: 2007.09.14 배당요구일: 2008.10.30	보50,000,000원	있음	순위배당가능	선순위 전세권등기자
임차인분석	▶매수인에게 대항할 수 있는 임차인이 있으며, 보증금이 전액 변제되지 아니하면 잔액을 매수인이 인수함					

• **등기부현황** (채권액합계 : 324,054,888원)

No	접수	권리종류	권리자	채권금액	비고	소멸여부
1	2004.03.18	소유권보존	(주)○○주택			
2	2007.09.14	전세권(전부)	황○○	50,000,000원	존속기간: 2007.09.14~2009.09.13	소멸
3	2007.12.10	압류	부산광역시 금정구		말소기준등기 세무과-391	소멸
4	2007.12.11	가압류	신용보증기금	274,054,888원		소멸
5	2008.03.24	압류	부산광역시			소멸
6	2008.10.13	강제경매	신용보증기금 (동래지점)	청구금액: 324,408,147원	2008타경0000호 신용보증기금가압류의 본압류로의 이행	소멸

◈ 선순위전세권은 소멸되지만 주임법상 임차권은 소멸되지 않는다!

임차권보다 먼저 설정된 전세권 등의 담보권이 경매로 소멸하게 되면 그보다 후순위의 임차권은 선순위 담보권의 담보가치의 보호하기 위해서 그 대항력을 상실한다. 이러한 이유는 선순위 권리가 나중에 성립된 임차권으로 인하여 담보력이 약화되는 것을 방지하기 위한 것이다. 그러나 선순위전세권이 말소기준이 되더라도 자기의 권리를 강화하기 위해 후순위로 주임법상 대항요건을 갖춘 임차인은 소멸되지 않아서 임차인에게 미배당금이 발생하면 낙찰자가 인수해야 한다. 왜냐하면 이렇게 주임법상 후순위 임차권이 소멸되지 않아도 선순위전세권에 담보채권의 손실이 발생하지 않고 오히려 보호를 받을 수 있기 때문이다. 대법 2008마212는 두개의 권리를 가진 자는 별개로 배당요구할 수 있고 배당요구하지 않은 선순위전세권은 낙찰자의 인수라는 것이고, 대법 2010마900은 선순위전세권으로 배당요구하면 전세권은 당연히 소멸되지만 자신의 권리를 강화하기 위해서 주임법상 대항요건을 함께 갖춘 임차인은 후순위라도 소멸되지 않아서 미배당금이 발생하면 낙찰자가 인수하게 된다는 판례이다.

◈ 이 사례에서 매수인은 1,978만원을 인수해야 한다!

이 사례와 같이 주임법상 임차권으로 배당요구하지 않고 선순위전세권으로 배당요구하면 전세권은 소멸되지만 주임법상 대항력은 전액 배당받을 때까지 남게 돼 임차인의 미배당금을 인수하게 된다. 따라서 매각대금 3,122만원에서 경매비용 100만원을 빼고 1순위로 전세권자가 3,022만원을 배당받아 미배당금 1,978만원을 인수하게 돼 매수인의 총 취득금액은 5,100만원이 된다는 것이 전세권자들이 소송을 해서 만들어 진 대법 2010마900 판결 내용이다.

04 선순위채권이 과다한 주택에 입주하면 최우선변제금을 받지 못하나?

다음 경매사건에서 알 수 있듯이 선순위채권이 과다한 주택에 입주하면 최우선변제금을 받지 못하게 될 수도 있다.

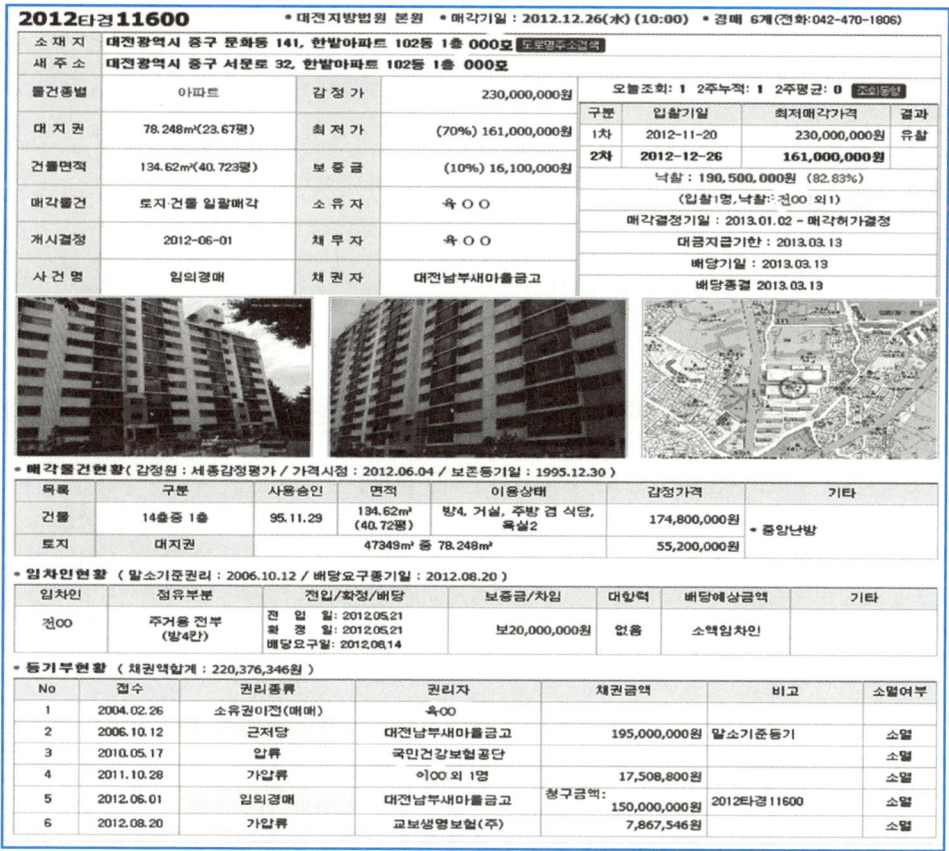

대법원 2013다62223호 판결에서 저당권 설정 등으로 실질적인 담보가치가 전혀 없는 주택을 시세보다 월등하게 저렴한 소액임대차보증금 상당액만 지급하고 임차한 임차인이 주택임대차보호법상 소액임차인으로서 보호받을 수 있는지 여부(소극)

① 원고(임차인)의 남편은 공인중개사로서 주택임대차보호법 규정을 잘 알고 이 사건 임대차계약 체결을 중개한 점,

② 원고(임차인)는 그 소유의 아파트를 보유하고 있었음에도 채권최고액의 합계가 시세를

초과하는 이 사건 아파트를 임차하였고 이 사건 아파트에 관한 경매가 개시될 것을 예상하여 소액임차인의 요건에 맞도록 이 사건 아파트 시세에 비추어 현저히 낮은 임차보증금만을 지급하고 이 사건 임대차계약을 체결하였으며, 실제로 이 사건 임대차계약 체결 직후 이 사건 아파트에 관하여 경매가 개시된 점,

③ 당초 이 사건 임대차계약상 잔금지급기일 및 목적물인도기일보다 앞당겨 임차보증금 잔액을 지급하고 전입신고를 마친 점,

④ 원고(임차인)가 이 사건 주택을 임차한 때로부터 불과 6개월 만에 원고의 남편이 원고의 자녀를 대리하여 다른 아파트를 임차하였고, 그 임차보증금 또한 소액임차인의 요건을 충족하는 2,000만원이며, 그 임대차계약 체결 직후 경매절차가 개시된 점 등을 종합하면, 원고(임차인)는 소액임차인을 보호하기 위하여 경매개시결정 전에만 대항요건을 갖추면 우선변제권을 인정하는 주임법을 악용하여 부당한 이득을 취하고자 임대차계약을 체결한 것으로 봄이 상당하고, 이러한 원고는 주택임대차보호법상의 보호대상인 소액임차인에 해당하지 않는다고 판단하고 있다.

김선생의 특강

소액임차인이 보증금 증액으로 소액임차인이 아니게 된 경우는?

최우선변제금 제도는 보증금을 적게 가지고 있는 열악한 임차인을 보호하기 위해서 만들어진 특별법으로 주택이 경매당하더라도 소액임차보증금 중 일정액을 최우선해서 보장하여 사회적 약자를 보호하려는데 그 목적이 있는 것이다. 그런데 동일한 임차인이 보증금을 증액해서 소액임차보증금 한도를 초과해버리면 그러한 임차인까지 선순위채권보다 우선해서 보호할 필요는 없으므로 보호받지 못하게 된다.

 계약금 또는 중도금만 지급하고 대항요건을 갖춘 임차인의 대항력

◈ **임차인이 잔금지급 전에 입주했다면 임차인의 대항력은?**

임차인이 전 소유자인 박○○과 임대차기간을 1995. 01. 26. 부터 계약하고 자녀의 병간호를 목적으로 1995. 01. 04. 주택을 인도 받아 01. 16. 전입신고를 마쳤다. 그 후 1995.

01. 19. 한국주택은행의 제1순위 근저당권 설정등기가 마쳐져, 낙찰자가 임차인이 대항력이 없다고 명도를 청구한 소송에서 임대차계약서상 임대차기간이 1995. 01. 26. 부터고 임대인이 주택은행으로부터 1995. 01. 19. 대출을 받으면서 임차인이 없다고 하였다고 하더라도 임차인이 대항요건을 근저당권보다 먼저 갖추고 있어서 대항력 있는 임차인으로 판단하고 낙찰자의 인수로 판결했다(서울지법 2000나31563).

1998타경0000호		•서울서부지방법원 본원	•매각기일 : 1999.10.14(木) (10:00)		•경매 2계(전화:02-3271-1322)	
소재지	서울특별시 서대문구 북가좌동 000-00. 로얄빌라 000호 도로명주소검색					
물건종별	다세대(빌라)	감정가	70,000,000원	오늘조회: 1 2주누적: 0 2주평균: 0 조회동향		
				구분	입찰기일	최저매각가격	결과
대지권	24.95㎡(7.547평)	최저가	(20%) 14,049,280원	1차	1999-04-15	70,000,000원	유찰
				2차	1999-05-13	56,000,000원	유찰
건물면적	60.04㎡(18.162평)	보증금	응찰금액의10%	3차	1999-06-10	44,800,000원	유찰
				4차	1999-07-08	35,840,000원	유찰
매각물건	토지·건물 일괄매각	소유자	박○○	5차	1999-08-12	28,672,000원	유찰
				6차	1999-09-09	22,938,000원	유찰
개시결정	1998-12-14	채무자	박○○	7차	1999-10-14	14,049,280원	
사건명	임의경매	채권자	주택은행	낙찰 : 17,175,000원 (24.54%)		
				배당종결 1999.12.08		

• 매각물건현황

목록	구분	사용승인	면적	이용상태	감정가격	기타
건물	4층중 1층		60.04㎡ (18.16평)	주거용		
토지	대지권		223.04㎡ 중 24.95㎡			

• 임차인현황 (말소기준권리 : 2008.07.07 / 배당요구종기일 : 2012.07.27)

임차인	점유부분	전입/확정/배당	보증금/차임	대항력	배당예상금액	기타
안○○	주거용 전부	전입일: 95. 01. 16. 확정일: 없음. 배당요구일: 99. 05. 14.	보증금: 4,800만원	있음	배당금 없음	

• 등기부현황

No	접수	권리종류	권리자	채권금액	비고	소멸여부
1	1995.01.19.	근저당	주택은행	채권최고액: 24,000만원		
2	1998.12.14.	임의경매	주택은행	청구금액: 24,092,632원		

그리고 이 사건의 최종심인 대법원 2000다61855 판결에서도 임차인이 대항력을 갖기 위해서『~ 적법하게 임대차계약을 체결하여, 그 임대차관계가 유지되고 있으면 족한 것이며, 반드시 새로운 이해관계인이 생기기 전까지 임대인에게 그 보증금을 전부 지급하여야만 하는 것은 아니다』라고 판결했다.

◆ **임차보증금의 일부를 남겨두고 대항요건을 갖추었다면?**

Q: 보증금 1억원, 임대기간 2년의 임대차계약서를 작성하고 계약금 1,000만원과 중도금 6,000만원을 지급한 후, 임대인의 동의를 얻어서 입주와 전입신고를 했습니다. 그 후 근저당

권이 설정된 사실을 모르고 잔금을 지급했는데 이 근저당권에 기해서 경매가 진행되었다면 저의 대항력은 어떻게 되나요?

A: 대항력을 갖춘 임차인이 근저당권이 설정등기 이후에 보증금을 증액하는 경우에는 증가된 금액에 대해서는 대항력이 없지만(대법2010다12753), 근저당권이 설정되기 전에 임대인과 임차인이 보증금 1억원으로 하는 임대차계약서를 작성하였다면 계약은 이미 성립한 것이고, 그에 기해서 대항요건인 주민등록과 주택인도를 갖추어서 대항력이 발생되었으므로 근저당권이 설정된 것을 모르고 잔금을 지급했더라도 앞에서 언급한 보증금증액을 근저당권 설정 이후에 증액하는 것과 같이 볼 수는 없을 것입니다.

대법 2000다61855 판결에 의하면 "임차인이라 함은 적법하게 임대차계약을 체결하여, 그 임대차관계가 유지되고 있으면 족한 것이며, 반드시 새로운 이해관계인이 생기기 전까지 임대인에게 그 보증금을 전부 지급하여야만 하는 것은 아니라고 할 것인 바," 적법하게 계약이 성립되고 그에 기해서 대항요건을 갖춤으로서 대항력이 발생하여 후순위근저당권도 충분히 예측이 가능한 임차인이므로 대항력을 주장하더라도 근저당권자에게 불측의 손실을 끼치는 임차인에 해당되지 못하기 때문입니다. 따라서 대항력이 인정되는 보증금의 범위는 1억까지 보장된다고 볼 수 있을 것입니다.

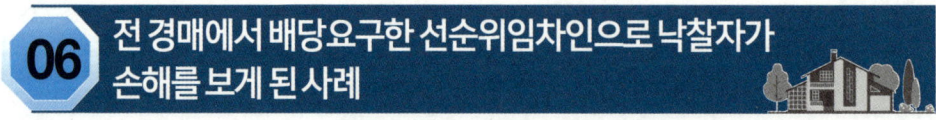

06 전 경매에서 배당요구한 선순위임차인으로 낙찰자가 손해를 보게 된 사례

이 사례가 주는 교훈

선순위임차인이 배당요구하면 1등으로 배당받는 것이 원칙이다.
그러나 전 경매절차에서 배당 요구했다면 현행 경매절차에서는 배당요구권이 없고 대항력만 주장할 수 있어 낙찰자가 인수하게 된다.

◆ 전 경매절차에서 선순위임차인이 미배당금이 발생했다!

2007타경14495 (5)	• 대전지방법원 서산지원 • 매각기일 : 2009.04.20(月) (10:00) • 경매 1계(전화:041-660-0691)						
소재지	충청남도 서산시 인지면 둔당리 307, 산호옥마을아파트 102동 2층 OOO호 도로명주소검색						
					오늘조회: 1 2주누적: 2 2주평균: 0 조회동향		
물건종별	아파트(24평형)	감정가	75,000,000원	구분	입찰기일	최저매각가격	결과
				1차	2008-03-24	75,000,000원	유찰
				2차	2008-04-28	52,500,000원	유찰
대지권	50.005㎡(15.127평)	최저가	(12%) 8,824,000원	3차	2008-06-02	36,750,000원	낙찰
				낙찰 52,000,000원(69.33%) / 1명 / 미납			
				4차	2008-08-11	36,750,000원	유찰
건물면적	59.96㎡(18.138평)	보증금	(20%) 1,770,000원	5차	2008-09-16	25,725,000원	유찰
				6차	2008-10-20	18,008,000원	유찰
				7차	2008-11-24	12,606,000원	낙찰
매각물건	토지·건물 일괄매각	소유자	(주)산호	낙찰 18,100,000원(24.13%) / 4명 / 미납			
				8차	2009-03-16	12,606,000원	유찰
				9차	**2009-04-20**	**8,824,000원**	
개시결정	2007-12-17	채무자	(주)산호	낙찰 : 10,219,900원 (13.63%)			
				(입찰4명,낙찰:(주)eno)			
				매각결정기일 : 2009.04.27 - 매각허가결정			
사건명	임의경매	채권자	우리은행	대금납부 2009.05.15 / 배당기일 2009.07.08			
				배당종결 2009.07.08			

• 임차인현황 (말소기준권리 : 2005.05.20 / 배당요구종기일 : 2008.02.25)

임차인	점유부분	전입/확정/배당	보증금/차임	대항력	배당예상금액	기타
이형선	주거용 전부	전 입 일 : 2005.03.28 확 정 일 : 2005.06.03 배당요구일 : 2008.01.17	보50,000,000원	있음	배당순위있음	
임차인분석	▶매수인에게 대항할 수 있는 임차인 있으며, 보증금이 전액 변제되지 아니하면 잔액을 매수인이 인수함					

• 등기부현황 (채권액합계 : 20,854,600,000원)

No	접수	권리종류	권리자	채권금액	비고	소멸여부
1	2005.05.20	소유권보존	(주)산호			
2	2005.05.20	근저당	우리은행 (포천지점)	20,854,600,000원	말소기준등기	소멸
3	2007.12.17	임의경매	우리은행 (여신관리센터)	청구금액: 3,063,564,174원	2007타경14495	소멸

    선행된 경매절차에서 임차인 이형선은 선순위로 대항력 있는 임차인이나 확정일자를 1순위 우리은행 근저당권자보다 늦게 받아서 1순위 우리은행도 전액 배당을 못 받은 상태라 임차인은 배당요구를 했지만 배당금이 없었다. 대항력이 있으므로 미배당금은 낙찰자가 인수하게 된다. 그 이후 경매가 다시 진행된 상황에서 임차인은 배당요구권이 상실되고 계속해서 대항력만(보증금을 매수인이 반환할 때까지 주택인도를 거부할 수 있는) 주장할 수 있는 권리만 갖게 된다. 만약 임차인이 예상배당표를 작성할 줄 알았다면 어차피 배당금이 없을 바에는 배당요구를 하지 않고 대항력을 주장했을 것이고 다음 경매에서 배당 요구할 수 있는 권리를 상실하지 않았을 텐데, 이런 내용을 몰라서 배당요구한 결과 다음 경매절차에서 배당요구할 수 없고 낙찰자에게 대항력만 주장할 수 있는 권리만 가지게 되었다.

◆ 현행 경매절차에서 선순위임차인이 배당요구가 배제되었다!

2010타경8438

• 대전지방법원 서산지원 • 매각기일 : 2010.12.06(月)(10:00) • 경매 4계(전화:041-660-0694)

소재지	충청남도 서산시 인지면 둔당리 307, 산호옥마을아파트 102동 2층 OOO호 도로명주소검색							
물건종별	아파트	감정가	80,000,000원	오늘조회: 1 2주누적: 3 2주평균: 0 조회동향				
대지권	50.005㎡(15.127평)	최저가	(70%) 56,000,000원	구분	입찰기일	최저매각가격	결과	
건물면적	59.959㎡(18.138평)	보증금	(10%) 5,600,000원	1차	2010-11-01	80,000,000원	유찰	
매각물건	토지·건물 일괄매각	소유자	(주)이앤오	2차	2010-12-06	56,000,000원		
개시결정	2010-07-16	채무자	(주)이앤오	낙찰: 87,000,000원 (108.75%)				
사건명	임의경매	채권자	김OO	입찰22명, 낙찰:서산 이OO				
관련사건	2010타경1239(중복), 2007타경14495(5)(소유권이전)			매각결정기일 : 2010.12.13 - 매각허가결정				
				대금지급기한 : 2011.01.14				
				대금납부 2011.01.14 / 배당기일 2011.02.23				
				배당종결 2011.02.23				

• 매각물건현황 (감정원 : 가람동국감정평가 / 가격시점 : 2010.02.23)

목록	구분	사용승인	면적	이용상태	감정가격	기타
건물	15층중 2층		59.959㎡ (18.14평)	주거용	64,000,000원	
토지	대지권		27705㎡ 중 50.005㎡ * 토지별도등기있음		16,000,000원	

• 임차인현황 (말소기준권리 : 2009.05.15 / 배당요구종기일 : 2010.09.15)

임차인	점유부분	전입/확정/배당	보증금/차임	대항력	배당예상금액	기타
이형선	주거용 전부	전입일: 2005.03.28 확정일: 2005.06.03 배당요구일: 2010.09.08	보50,000,000원	있음	전액낙찰자인수	임차권등기자, 종전사 건차인
임차인분석	☞임차인이 주택으로 사용하는 것으로 조사됨. 주민등록전입자-이형선(2005.03.28). 임차인은 전 건물주 주식회사 산호건설과 임대차 계약을 한 후 임차보증금을 반환받지 못하였다함 ☞대항력 있는 임차인 보증금전액을 매수인이 인수함					

• 등기부현황 (채권액합계 : 134,100,000원)

No	접수	권리종류	권리자	채권금액	비고	소멸여부
1	2009.05.15	소유권이전(매각)	(주)이앤오		임의경매로 인한 매각 2007타경14495 물번5	
2	2009.05.15	근저당	김OO	13,000,000원	말소기준등기	소멸
3	2009.06.01	근저당	김OO	35,100,000원		소멸
4	2009.11.16	주택임차권(전부)	이형선	50,000,000원	전입: 2005.03.28 확정: 2005.06.03	인수
5	2010.06.21	근저당	오OO	36,000,000원		소멸
6	2010.07.16	임의경매	김OO	청구금액: 40,000,000원	2010타경8438	소멸

임차인 이형선은 전 경매절차에서 배당요구를 한 결과 현행 경매절차에서 배당요구했으나 배당에서 배제되고 대항력만 남게 되었다.

◆ 현행 경매절차에서 낙찰자는 예상치 못한 손실을 보게 됐다!

이 경매사건과 같이 전 경매절차에서 배당 요구한 임차인은 현행 경매절차에서 배당요구권이 없어졌으나 경매 사이트만 보면 배당 요구한 임차인이고 순위가 빨라서 전액 배당받고 인수할 권리가 없을 것 같지만, 배당절차에서 배제됨에 따라 낙찰자에게 대항력을 주장하게 돼 낙찰자는 임차보증금 5천만원 전액을 인수해야 되니 실제로 취득가는 낙찰가+5천만원으로 137,000,000원에 취득하는 결과를 낳았다. 이 낙찰자는 잔금을 납부해서 소유권을 취득했지만 인수금액 만큼의 예상치 못한 손해는 혼자서 감당할 몫이 됐다.

 김선생의 말풍선

전 경매에서 배당요구한 대항력 있는 임차인은 현행 경매에서 대항력만 인정!
이러한 선순위임차인에 대해서 조심해야 한다. 의외로 이런 임차인으로 인해서 손해 보는 낙찰자가 많이 있다. 매각물건명세서를 확인하면 알 수 있는데, 매각물건명세서에 임차인과 다른 권리들을 매수인 인수조건으로 매각되었는지를 확인하고 입찰에 참여해야 한다. 참고로 이런 사례가 또 있어 소개키로 한다. 선순위임차인이 선행된 경매절차(서울 북부지원 98타경51787호)에서 배당요구했으나 미배당금이 발생했고, 2012년 공매절차에서 배당요구했으나 배분요구권이 없어서 낙찰자가 인수하게 되어 2012년 8월 낙찰자는 입찰보증금을 포기했고, 2013년 1월 낙찰자는 필자의 도움으로 손해를 보지 않고 탈출한 사례이다.

 07 다가구주택에서 임대인의 지분이 매각될 때 잘못하면 큰코 다친다!

 경매의 덫에서 탈출

다가구주택이 공유물이라면 임대차계약은 과반으로 결정하게 되는데, 그때 임대인 지분이 경매되면 낙찰자는 임대인의 지위를 그대로 승계하게 되므로 대항력 있는 임차인의 보증금을 전액 또는 미배당금을 인수하게 되는 상황이 발생할 수도 있다.

◆ 다가구주택 3분의 1 지분경매 물건정보 및 입찰결과

2012타경0000호 • 서울남부지방법원 본원 • 매각기일 : 2013.10.22(火) (10:00) • 경매 7계 (전화:02-2192-1337)

소재지	서울특별시 양천구 신월동 000-00번지 주소검색						
물건종별	다가구(원룸등)	감정가	166,149,650원	구분	입찰기일	최저매각가격	결과
				1차	2012-10-30	166,149,650원	유찰
토지면적	60.37㎡(18.262평)	최 저 가	(33%) 54,444,000원	2차	2012-12-04	132,920,000원	유찰
					2013-01-09	106,336,000원	변경
건물면적	90.99㎡(27.524평)	보 증 금	(20%) 10,890,000원	3차	2013-03-20	106,336,000원	유찰
				4차	2013-04-24	85,069,000원	낙찰
				낙찰 93,690,000원(56.39%) / 1명 / 미납			
매각물건	토지및건물 지분 매각	소유자	이정민	5차	2013-08-07	85,069,000원	유찰
				6차	2013-09-10	68,055,000원	유찰
				7차	2013-10-22	54,444,000원	
개시결정	2012-01-19	채무자	이정민	낙찰: 64,590,000원 (38.87%)			
				(입찰1명,낙찰: 음성군 정OO)			
사건명	강제경매	채권자	홍OO, 최OO	매각결정기일 : 2013.10.29 - 매각허가결정			
				대금지급기한 : 2013.12.09			
				대금납부 2013.12.09 / 배당기일 2014.01.09			
관련사건	2012타경31229(중복)						

  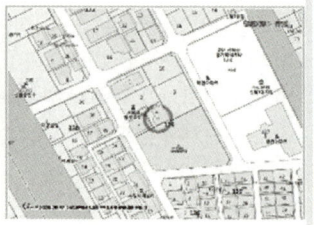

● 매각토지.건물현황(감정원 : 세종감정평가 / 가격시점 : 2012.01.31)

목록	지번	용도/구조/면적/토지이용계획	㎡당	감정가	비고
토지	신월동 000-0	제2종일반주거지역(7층이하), 가축사육제한구역, 제3종 구역(다지구), 대공방어협조구역(위탁고도:77-257m), 과밀억제권역, 학교환경위생 정화구역, 수평표면구역, 진입표면구역 / 대 60.37㎡ (18.262평)	2,100,000원	126,777,000원	표준지공시지가: (㎡당)1,300,000원 전체면적 181.1㎡중 이정민 지분 1/3 매각
건물 1	위지상 벽돌조 슬래브지붕	1층 주택(2가구) 26.79㎡(8.104평)		19,562,700원	• 도시가스 개별난방 전체면적 80.37㎡중 이주광 지분 1/3 매각 • 감평서상 단가:@366,000원
건물 2		2층 주택(1가구) 26.66㎡(8.065평)	366,000원	9,757,560원	• 도시가스 개별난방 전체면적 79.99㎡중 이정민 지분 1/3 매각
건물 3		지하 주택(3가구) 29.87㎡(9.036평)	317,000원	9,468,790원	• 도시가스 개별난방 전체면적 89.61㎡중 이정민 지분 1/3 매각
		면적소계 83.32㎡(25.204평)		소계 38,789,050원	
제시외 건물 1	신월동 000-0 판넬조	1층 창고 1.67㎡(0.505평)	80,000원	133,600원	매각포함 전체면적 5㎡중 이정민 지분 1/3 매각
제시외 건물 2		옥탑 창고 3㎡(0.908평)	30,000원	90,000원	매각포함 전체면적 9㎡중 이정민 지분 1/3 매각
제시외 건물 3		옥탑 창고 3㎡(0.908평)	120,000원	360,000원	매각포함 전체면적 9㎡중 이정민 지분 1/3 매각
	제시외건물 포함 일괄매각	면적소계 7.67㎡(2.32평)		소계 583,600원	
감정가	토지:60.37㎡(18.262평) / 건물:90.99㎡(27.524평)		합계	166,149,650원	지분 매각

• 임차인현황 (말소기준권리 : 2010.03.26 / 배당요구종기일 : 2012.03.30)

임차인	점유부분	전입/확정/배당	보증금/차임	대항력	배당예상금액	기타
우미영	주거용 2층전부	전 입 일 : 2010.01.18 확 정 일 : 미상 배당요구일 : 미상	보 80,000,000원	있음		낙찰자인수
김정수	주거용 미상	전 입 일 : 2010.03.03 확 정 일 : 미상 배당요구일 : 미상	미상		배당금 없음	
박미순	주거용 미상	전 입 일 : 2008.06.16 확 정 일 : 미상 배당요구일 : 미상	미상		배당금 없음	
이정선	주거용 미상	전 입 일 : 2010.08.31 확 정 일 : 미상 배당요구일 : 미상	미상		배당금 없음	
김시민	주거용 미상	전 입 일 : 2009.09.23 확 정 일 : 미상 배당요구일 : 미상	미상		배당금 없음	
임차인분석	임차인수 : 5명 , 임차보증금합계 : 80,000,000원 ☞소유자 이젯머은 주민등록 전입만 되어 있고 실제 점유/거주는 하지 않고 있음 ☞2층1세대,1층2세대,지층3세대가 있으나 2층 임차인 우미영의 임차내역은 확인되었으나 나머지 부분은 폐문부재함 ☞주민등록 미전입된 임차인 1세대 있음					

• 건물등기부 (채권액합계 : 131,500,000원)

No	접수	권리종류	권리자	채권금액	비고	소멸여부
1	2010.03.26	소유권이전(상속)	이정민, 이순자, 이준희		각 지분1/3	
2	2010.03.26	이주광지분가압류	박명기	28,500,000원	말소기준등기	소멸
3	2010.11.16	이주광지분압류	구승희			소멸
4	2011.04.14	이주광지분가압류	이유미			소멸
5	2011.04.19	이주광지분압류	양천세무서			소멸
6	2011.06.22	이주광지분가압류	최민기	45,000,000원		소멸
7	2012.01.19	이주광지분강제경매	최OO	청구금액: 9,595,561원	2012타경0000호	소멸
8	2012.02.29	이주광지분압류	서울시 양천구			소멸
9	2012.03.23	이주광지분가압류	최O	58,000,000원		소멸
10	2012.09.14	이주광지분압류	국민건강보험공단			소멸
11	2012.11.16	이주광지분강제경매	최OO	청구금액: 58,000,000원	2012타경0000호	소멸

• 토지등기부 (채권액합계 : 131,500,000원) (건물등기부와 같음)

◆ 종전 낙찰자가 입찰보증금을 포기하게 된 사연

14	소유권이전	2010년3월26일
		제13411호
			2004년5월26일
			상속
				공유자
				지분 3분의 1
				이정민 610501-1******
				  서울특별시 양천구 신월동 000
				지분 3분의 1
				이순자 620820-2******
				  서울특별시 양천구 신월동 341-1 길훈아파트 000호
				지분 3분의 1
				이준희 670206-2******
				  경기도 파주시 교하읍 동패리 1711 책향기마을
				  우남퍼스트빌 000호

				대위자 이정민의대위신청인맹지수 서울특별시 강남구 논현동 000호

    다수 임차인들이 거주하는 다가구주택의 일부지분이 경매되면 지분물건에서 말소기준권리 이전에 대항요건을 갖춘 임차인은 대항력이 있어서 소멸되지 않고 낙찰자가 인수해야 되지만, 이후에 대항요건을 갖춘 임차인은 대항력이 없어서 소멸된다. 그런데 입찰자들이 대항

력 있는 임차보증금을 인수하게 되는 것을 자기 매수지분 비율에 의해 인수한다고만 생각하고 낙찰받는 경향이 있다. 이러한 이유는 매사 자신이 가지고 있는 상식대로 해석하려는 경향에서 나온 것이 아닌가 한다. 그러나 현실에서 상식대로 했다가 낭패를 보게 되는 일들이 많이 발생하니 제대로 이해하고 접근해야 한다. 이 다가구주택은 3명이 3분의 1씩 공동소유하고 있고 말소기준은 2010. 3. 26. 박명기 가압류채권이다. 그래서 임차인 중 우미영과 김정수, 박미순, 김시민은 대항력이 있고 이정선은 대항력이 없다. 지하 한 호수는 이정민이 창고로 사용하면서 주민등록만 해놓고 실제로 거주하지는 않는다. 어쨌든 종전 낙찰자 김○○는 낙찰받으면 임차보증금 3분의 1만 인수하면 된다는 생각으로 감정가 166,149,650인데 93,690,000원에 낙찰 받았다고 한다. 이 낙찰자가 필자를 찾아와 상담하는 과정에서 알게 된 사실이지만 계약서를 작성한 사람이 이정민이고 나머지는 신월동에 사는 여동생 이순자의 동의를 받아 계약서를 작성했다는 것이다. 이 경우 채무자가 임대인이고 이순자와 동의하지 않은 이준희는 물상보증인의 책임만 있어서 이정민의 매각대금에서 우선변제하고 부족한 임차보증금만 물상보증인들이 연대해 책임지면 된다. 낙찰자가 주택을 방문해서 임대차 현황을 조사해 보니 지하 101호는 김시민이 5백만원에 월세 20만원과 지하 102호는 박미순이 700만원에 월세 10만원, 지하 103호는 채무자가 점유하고, 1층은 101호는 김정수가 1,000만원에 월세 50만원, 102호는 이정선이 3,500만원에 20만원, 2층 전체는 우미영이 8,000만원으로 거주하고 있었다. 따라서 낙찰자가 인수해야 할 금액은 대항력 없는 이정선을 제외하고 나머지 임차보증금 1억200만원을 인수하게 돼 낙찰받은 금액 93,690,000원을 포함하면 1억9,569만원에 취득한 게 되니 감정가보다 훨씬 높게 낙찰받은 셈이 된다. 물론 계약에 동의한 3분의 1 지분권자 이순자와 임차보증금도 함께 나누어 가졌다면(계약서 형식보다 실제로 보증금을 나누었냐가 중요하다) 낙찰자가 인수할 금액은 절반으로 5,100만원만 인수하게 되니 실제로 취득가는 1억4,469만원이 되지만 그래도 그 가격이면 포기하는 것이 낫다는 낙찰자에 의견을 존중해서 입찰보증금을 포기하도록 결정을 내리게 되었다.

◆ 재매각절차에서 낙찰자가 돈을 벌고 지분에서 탈출할 수 있을까?

재매각절차에서 음성에 사시는 정○○이 6,459만원에 낙찰 받았다. 그렇다면 낙찰자가 인수해야 할 금액은 앞에서 얘기한 바와 같으니 채무자인 이정민이 임대인이고 나머지 지분권자들은 동의만 했다면 인수금액은 1억200만원으로 취득금액은 1억6,659만원이 되니 감정가와 같은 금액으로 낙찰받은 것이 된다. 그러나 임대차계약서에는 채무자 이정민이 계약하고 이순자가 동의한 것으로 되어 있지만 실제로 보증금을 나누어 가졌다면 공동임대인과 같은 지위에 있어서 낙찰자의 인수금액은 5,100만원이 돼 취득금액은 1억1,559만원이 돼 성공적인 투자가 될 수 있다. 필자의 사견이지만 낙찰자가 5,100만원만 인수하면 되지 않을까 하는 판단이다. 왜냐하면 보통 사람들이 주택을 공동소유하고 있다면 거기서 나오는 소득과 보증금을 나누어 가지려는 생각을 하기 때문이다.

필자가 이 사례를 기술한 이유는 다가구주택에서 다수의 임차인이 거주하고 그 일부 지분이 경매로 나왔다면 임차인이 누구와 계약했냐에 따라 낙찰자의 인수금액이 달라질 수 있다. 채무자가 임대인인 경우 잘못하다간 전액 인수해야 하지만 반대로 물상보증인 즉 동의하거나 동의하지 않은 지분을 낙찰 받으면 인수금액이 없을 수도 있다는 사실에 유념해야 한다.

 08 조합이 가압류한 채권은 소멸되는 일반채권이 아니다!

 경매의 덫에서 탈출

조합의 가압류채권을 경매절차에서 배당받고 소멸되는 일반채권으로만 생각하지 마라! 미사일과 같아서 채권이 전액 변제될 때까지 유치권으로 끝까지 쫓아 다닌다. 이밖에도 다른 유치권자가 가압류한 경우도 마찬가지로 미사일이 됨을 알고 투자해라!

조합이 조합원에 대하여 가지고 있는 채권액(분양대금 미납금과 지연이자 등)을 담보로 채무자의 주택에 채권 가압류하고 배당요구 함과 동시에 경매법원에 유치권신고를 하는 경우가 종종 발생하는데 이를 간과하고 낙찰 받는 경우가 있다. **물론 이들은 입찰보증금을 몰수당하는 경우가 허다하다.** 이러한 사례는 유치권자가 유치채권을 회수하기 위해 경매를 신청하는 유치권경매와 혼동해서 발생한다. 유치권에 기한 경매신청은 특별매각조건으로 인수주의를 택하지 않는 한 소멸주의로 유치권자는 물론이고, 그 부동산의 우선변제권자와 일반채권자 등은 매각으로 소멸되므로 매수인이 인수하지 않는다(대법원 2011다35593판결, 대법원 2010마1059 판결 참조). 그런데 다음 사례와 같이 유치권 채권자가 가압류하고 본안판결로 강제경매를 신청하거나 제3채권자의 경매신청에서 배당요구하면서 유치권을 주장하고 있는 경우에는 배당절차에서는 일반채권자로 배당받게 되고, 미회수된 채권은 유치권으로 매수인에게 대항할 수 있다. 2012. 3. 29. 이런 내용에 대한 대법원 판례가 있어서 그 내용과 유의할 점에 대해서 기술하게 되었다.

◆ 조합이 강제경매신청 후 미배당금에 대해서 유치권을 행사한다!
(1) 청구 이유에 대한 기초사실

① 망 소외 3은 ㉠ 아파트의 징수금 중 2차 중도금 이후 합계 48,801,942원, ㉡ 시공사 또는 관할구청에 납부하여야 할 시유지 계약금 및 불하대금, 시유지 균등배분금 및 토지, 건물 등록세, 교육세 등의 세금과 이주비 합계 167,399,846원을 납부하지 아니하여 원고(주택개량재개발조합)가 망 소외 3을 대신하여 납부, 위 금원에 대한 2003. 12. 18.까지의 지연손해금은 60,585,405원이다.

② 원고(조합)는 위 ○○아파트가 완공되자, 망 소외 3의 명의로 소유권보존등기를 마치는 한편, 망 소외 3에 대한 징수금 등 원리금채권을 담보하기 위해 이 사건 아파트의 인도를 거절하고 그 출입문을 시정하고 열쇠를 보관하고, 원고는 위 화해권고결정에 기하여 이 사건 아파트에 대하여 서울중앙지방법원에 강제경매(2008타경9755호)를 다음과 같이 신청하여,

[봉천동] 아파트		중앙7계 2008-9472 (1)			
대표소재지	서울 관악구 봉천동 1712 드림타운 128동 13층 0000호				
용 도	아파트 (42평형)	채 권 자	동양파이낸셜 강제경매		
감정평가액	620,000,000원	소 유 자	○○○외 1명	개시결정일	2008.04.02
최저경매가	(51%) 317,440,000원	채 무 자	○○○외 1명	감 정 기 일	2008.04.11
입찰보증금	(10%) 31,744,000원	경 매 대 상	건물전부, 토지전부	배당종기일	2008.06.03
청 구 금 액	79,258,408원	토 지 면 적	48.35㎡ (14.63평)	낙 찰 일	2009.02.19
등기채권액	1,788,074,157원	건 물 면 적	114.75㎡ (34.71평)	종 국 일 자	2009.04.30
물 건 번 호	1 [배당]				
대법원공고	○ 주의사항 【문건/송달내역】 • 유치권신고(접수:2008.08.20, 봉천제3구역주택개량재개발조합 438,808,049원, 성립여부불명) 【매각물건명세서】 <비고란> • 봉천 제3구역 주택개량재개발조합으로부터 2008.8.20.자 유치권(금438,808,049원)신고가 있으며, 그 성립여부는 불분명함. 【현황조사서】 • 채무자(소유자)점유				

소재지/감정서	면적(단위:㎡)	진행결과	임차관계/관리비	등기권리
(151-050) 서울 관악구 봉천동 1712 드림타운 128동 13층 ○○○○호 [지도] [토지] ▶건물구조 ・현대시장북동측인근 ・단독및나세대,근린시설등 형성 ・버스정류장인근 ・도시가스개별난방 ・도시계획시설도로접함 ・대공방어협조구역 ・철근콘크리트조 ・슬래브(경사) ▶역세권정보 서울2호선 서울대입구역 393m 서울2호선 낙성대역 886m 서울2호선 봉천역 1095m	대 지 ・48.35/138186.8 (14.63평) 건 물(아파트) ・114.75 (34.71평) (방4,욕실2) 총 27층 중 13층 보존등기 2003.09.20 토지감정 186,000,000 평당가격 12,713,610 건물감정 434,000,000 평당가격 12,503,610 감정기관 삼창감정	감정 620,000,000 100% 유찰 620,000,000 2008.08.28 80% 496,000,000 유찰 2008.10.02 64% 396,800,000 낙찰 2008.11.06 400,111,000 (64.53%) 박미란 응찰 1명 불허 2008.11.13 64% 396,800,000 유찰 2009.01.15 51% 317,440,000 낙찰 2009.02.19 380,001,000 (61.29%) 차영렬외2 응찰 6명 허가 2009.02.26 납부 2009.03.10 ▶종국결과 배당 2009.04.30	▶법원임차조사 조사된 임차내역 없음 ▶태인세대열람 [GO] 전입 없음 열람일 2008.08.19 ▶관리비체납내역 ・체납액:300,000 ・확인일자:2008.08.14 ・3개월(08/3-08/6) ・견기수도포함가스별도 ・☎02)6672-1055 ▶관할주민센터 관악구 성현동 ☎ 02-879-4261	＊집합건물 등기 압 류 관악구 2003.11.12 [말소기준권리] 가압류 봉천제3구역주택개량재개발조합 2003.11.22 277,092,855 소유권 ○○○외 1 이 전 2007.06.01 전소유지:○○○ 상속(1999.02.11) 가압류 동양파이낸셜 (특수채권팀) 2007.08.29 129,730,118 강 제 동양파이낸셜 (특수채권팀) 2008.04.02 청구액 79,258,408원 강 제 봉천제3구역주택개량재개발조합 2008.04.04 (2008타경9755) [등기부채권총액] 1,788,074,157원 열람일 2008.08.04

③ 원고는 위 화해권고결정으로 확정된 징수금 등 채권액을 피담보채권으로 하여 이 사건 아파트에 관하여 유치권 신고를 하였고, 이 사건 아파트의 출입문에 이러한 사실을 알리는 공고문을 게시하였다.

④ 이 아파트는 감정가 6억 2,000만원으로 평가되어, 제4차 경매기일에서 피고들이 380,001,000원에 최고가 매수신고,

⑤ 피고들은 2009. 3. 10. 이 법원에 매각대금을 완납하고, 아파트의 소유자를 상대로 인도명령을 신청하여, 인도명령에 기하여 집행관으로부터 아파트를 인도받았다.

(2) 원고의 주장

이 사건 아파트에 관한 유치권 소멸에 따른 손해배상으로 유치권의 피담보채권액 438,808,049원에서 원고가 강제경매절차에서 배당받은 금원 79,639,504원을 공제한 나머지 359,168,545원(438,808,049원 - 79,639,504원)을 배상할 의무가 있다.

(3) 판결결과 종합정리

이 사건은 1심에서는 유치권자가 점유인도를 청구한 것이 아니라 유치채권액의 손해배상을 청구해서 기각 처리되어 2심(서울고법2009나87777판결)에서 유치권자가 점유물반환청

구권을 행사하여 승소하였고, 이 사건의 최종심인 대법원(대법2010다2459)에서 2012. 03. 29. 상고기각으로 유치권자의 승소로 확정 판결되었다.

◆ 이 판례에서 세 가지 내용을 확인할 수 있다!

① 조합이 조합원에 가지는 신축·분양한 아파트와 관련한 징수금 채권을 담보하기 위해 상환 받을 때까지 아파트를 유치할 권리를 갖는다(조합은 조합원이 미납한 추가부담금과 지연이자 등을 회수할 목적으로 조합원아파트에 대해서 유치권을 행사할 수 있다).

〈이때 유의할 점〉 첫째, 조합이 점유하고 있는 것이 아니라 조합원분양권자가 점유하고 있다면 유치권은 성립하지 않는다.

둘째, 조합원이 점유하고 있더라도 대지권이 미등기인 경우라면, 유치권은 성립하지 않지만, 대지권등기를 청구하려면 추가부담금 납부와 대지권등기 청구가 동시이행 관계에 있다고 대법원이 판단하고 있다는 사실이다.

② 이 사례는 유치권자가 유치채권을 회수하기 위해 경매를 신청하는 유치권경매와 혼동해서는 안 된다. 유치권에 기한 경매신청은 특별매각조건으로 인수주의를 택하지 않는 한 소멸주의로 유치권자는 물론이고, 그 부동산의 우선변제권자와 일반채권자 등은 매각으로 소멸되므로 매수인이 인수하지 않는다(대법원 2011다35593판결, 대법원2010마1059 판결 참조). 그런데 이 사례와 같이 유치채권자가 가압류하고 본안판결로 강제경매를 신청하거나 제3채권자의 경매신청에서 배당요구하면서 유치권을 주장하고 있는 경우에는 배당절차에서는 일반채권자로 배당받게 되고, 미회수된 채권은 유치권으로 매수인에게 대항할 수 있다는 사실에 유의해야 한다.

③ 아파트를 점유하고 있는 유치권자(조합)가 아닌 소유자를 상대로 인도명령을 받아 강제집행을 한 경우 그 효력을 가지고 원고(조합)에 대항할 수 없다는 내용을 확인할 수 있는 좋은 판례이다. 즉 유치권자는 부당하게 점유를 이전당하여 유치권이 소멸되었으나 적법한 점유회복절차에 따라 점유를 회복하면 아파트를 유치할 권리를 갖게 된다.

 김선생의 한마디

유치권자를 상대로 강제집행을 했다면
그러나 유치권자를 상대로 강제집행이 이루어졌고 강제집행할 때까지 아무런 조치가 없이 점유를 잃어버리게 되었다면 유치권은 소멸하게 된다.

◆ 조합이 아닌 다른 유치권자가 가압류한 경우도 마찬가지다!

입찰물건 정보내역에서 유치권자가 권리신고를 했고, 그 유치권자가 가압류 또는 본안소송을 통해 강제경매를 신청했다면 배당받고 소멸되는 채권이 아니다. 왜냐하면 배당절차에서는 일반채권사에 불과해서 유치채권액 전액을 배당 받기가 어렵기 때문이다. 그래서 미배당금은 유치권으로 남아 있어 낙찰자가 인수해야 되는 채권이 된다.

09 상가임차인의 잘못된 배당요구로 낙찰자가 인수할 뻔한 사례

 경매의 덫에서 탈출

대화오토를 운영하는 김○○ 상가임차인은 3번에 거쳐 임대차계약을 해서 1차, 2차, 3차 갱신된 계약서를 가지고 있었고, 권리신고는 2차 계약서로 하고 배당요구는 3번째 갱신한 계약서로 배당요구를 했다. 1차와 2차 계약서로만 배당요구했더라도 전액 배당받았을 텐데 확정일자가 제일 늦은 3차 계약서로 배당요구해서 배당에서 제외된 것을 매수인이 알고 임차인에게 얘기해 배당기일 전까지 배당요구를 정정해 인수에서 탈출하게 됐다.

◆ 입찰할 물건정보와 입찰결과 내역

2010타경0000호			• 의정부지법 고양지원 • 매각기일 : 2011.04.19(火) (10:00) • 경매 4계(전화:031-920-6314)		
소 재 지	경기도 고양시 일산서구 대화동 000-0 도로명주소검색				
물건종별	근린시설	감 정 가	1,002,914,490원	오늘조회: 2 2주누적: 0 2주평균: 0 조회동향	
토지면적	406㎡(122.815평)	최 저 가	(70%) 702,040,000원	구분	입찰기일	최저매각가격	결과
				1차	2011-03-15	1,002,914,490원	유찰
건물면적	325.9㎡(98.585평)	보 증 금	(10%) 70,210,000원	2차	2011-04-19	702,040,000원	
				낙찰 : 777,700,000원 (77.54%)	
매각물건	토지·건물 일괄매각	소 유 자	김○○	(입찰 1명,낙찰 우○○)	
				매각결정기일 : 2011.04.26 - 매각허가결정	
개시결정	2010-12-08	채 무 자	박○○	대금지급기한 : 2011.05.27	
사 건 명	임의경매	채 권 자	최○○, 고양축협	대금납부 2011.05.26 / 배당기일 2011.11.29	
				배당종결 2011.11.29	
관련사건	2011타경4892(병합)				

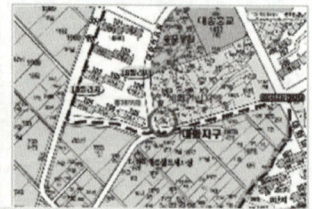

• 임차인현황 (말소기준권리 : 2008.02.20 / 배당요구종기일 : 2011.02.15)

임차인	점유부분	전입/확정/배당	보증금/차임	대항력	배당예상금액	기타
김OO	점포 1층 (대화오토)	사업자등록: 2003.10.30 확 정 일: 2008.04.10 배당요구일: 2011.01.28	보30,000,000원 월1,250,000원 환산15,500만원	있음	배당순위있음	
서OO	주거용 일부 (방2칸)	전 입 일: 2007.02.12 확 정 일: 2007.02.12 배당요구일: 2011.01.06	보5,000,000원 월300,000원	있음	소액임차인	
구OO	점포 제시외일부 (대화손세차)	사업자등록: 2004.07.16 확 정 일: 2011.01.11 배당요구일: 2011.02.23	보10,000,000원 월900,000원 환산10,000만원	있음	전액낙찰자인수	배당종기일 후 배당신청

임차인분석	임차인수: 3명, 임차보증금합계: 45,000,000원, 월세합계: 2,450,000원 □ 조사외 소유자점유 임차인 서문규는 이건 대화동 1484-2 에 거주하고 있는 것으로 되어 있으나 실제로 대화동 1485-2 의 주택에 거주하고 있으며, 채무자 김상용의 모 참여인 박순분의 진술에 의하면 임차인으로 조사한 송영복은 알지 못한다고 하나 주민등록등재자임 ▶매수인에게 대항할 수 있는 임차인 있으며, 보증금이 전액 변제되지 아니하면 잔액을 매수인이 인수함

• 건물등기부 (채권액합계 : 1,500,000,000원)

No	접수	권리종류	권리자	채권금액	비고	소멸여부
1	2005.05.26	소유권이전(증여)	김OO			
2	2008.02.20	근저당	고양축협 (일산지점)	390,000,000원	말소기준등기	소멸
3	2008.04.17	근저당	고양축협	780,000,000원		소멸
4	2009.07.15	근저당	우리은행	180,000,000원		소멸
5	2009.12.30	근저당	최OO	150,000,000원		소멸
6	2010.12.09	임의경매	최OO	청구금액: 100,000,000원	2010타경 0000호	소멸
7	2011.02.22	임의경매	고양축협 (일산동지점)	청구금액: 346,299,339원	2011타경0000호	소멸

◆ 상가임차인의 잘못된 배당요구로 낙찰자가 인수할 뻔한 사례

이 물건은 경기도 고양시 대화동에 있는 근린생활시설로 1층은 김OO가 임차인으로 대화오토를 운영하고 있었다. 그리고 2층은 서OO가 주택으로 거주하고, 1층 제시외 건물에는 구OO가 대화 손세차를 운영하고 있었다. 어쨌든 경매기록만 보면 모두가 대항력 있어서 배당요구하지 않은 구OO 임차인의 보증금 1,000만원만 인수하고 나머지 임차인들은 배당받고 소멸되는 것으로 분석할 수 있다. 그러나 1층 김OO 임차인이 권리신고한 내역과 다르게 배당요구에서 3차로 갱신한 계약서(확정일자도 함께 부여받음)로 배당요구를 함에 따라 후순위로 배당에서 제외되었고 이러한 사실을 배당기일 3일 전에 작성한 배당표를 매수인이 확인하고 필자에게 어떻게 하면 좋겠냐고 문의해 와서 알게 되었다.

◈ 이러한 상황에서 어떻게 탈출할 수 있었을까?

이 사례도 앞의 01번에서 설명한 것처럼 배당요구종기 이전에 배당요구한 임차인은 배당요구가 잘못된 것을 배당기일 전까지 정정 신청할 수 있다는 사실을 알려줬고, 낙찰자가 임차인에게 정정해서 배당요구하도록 해서 매수인은 보증금 인수에서 벗어날 수 있었다.

 잘못 만난 물건에서 무잉여로 매각결정 취소해 탈출하다!

 경매의 덫에서 탈출

이 물건은 94억이 넘는 임야가 16억 이하로 떨어졌으니 개발하면 큰 돈이 된다는 지인의 소개로 낙찰받고, 현장에 가서 확인해본 결과 쓸모 없는 임야라는 것을 알고 입찰보증금 158,266,400원을 포기해 재매각절차가 진행되었으나 재매각절차에서 무잉여를 원인으로 매각결정취소 신청해서 입찰보증금을 반환받은 사례이다. 필자가 반환받아 주었지만 경매로 돈을 쉽게 벌 수 있다는 생각에 빠져 물건분석조차 제대로 하지 않아서 하마터면 큰돈을 손해 볼 수 있었던 사례다.

◈ 입찰물건정보와 대금미납으로 재매각절차가 진행된 내역

2012타경 **10456**		• 수원지방법원 성남지원	• 매각기일 : 2013.10.14(月) (10:00)	• 경매 3계(전화:031-737-1323)			
소재지	경기도 성남시 중원구 은행동산2-0 외 6필지 도로명주소검색						
				오늘조회: 1 2주누적: 0 2주평균: 0 조회동향			
물건종별	임야	감정가	9,433,412,200원	구분	입찰기일	최저매각가격	결과
				1차	2012-11-12	9,433,412,200원	유찰
토지면적	845299㎡(255702.947평)	최저가	(17%) 1,582,664,000원	2차	2012-12-10	7,546,730,000원	유찰
				3차	2013-01-14	6,037,384,000원	유찰
				4차	2013-02-18	4,829,907,000원	유찰
건물면적	건물은 매각제외	보증금	(20%) 316,540,000원		2013-03-11	3,863,926,000원	변경
				5차	2013-04-08	3,863,926,000원	유찰
				6차	2013-05-13	3,091,141,000원	유찰
매각물건	토지만 매각	소유자	이OO	7차	2013-06-10	2,472,913,000원	유찰
				8차	2013-07-08	1,978,330,000원	유찰
				9차	2013-08-12	1,582,664,000원	낙찰
개시결정	2012-05-07	채무자	이OO	낙찰 1,888,888,516원(20.02%) / 1명 / 미납			
					2013-10-14	1,582,664,000원	변경
사건명	강제경매	채권자	신용보증기금		2013-10-31	0원	기각
				본사건은 기각(으)로 경매절차가 종결되었습니다.			

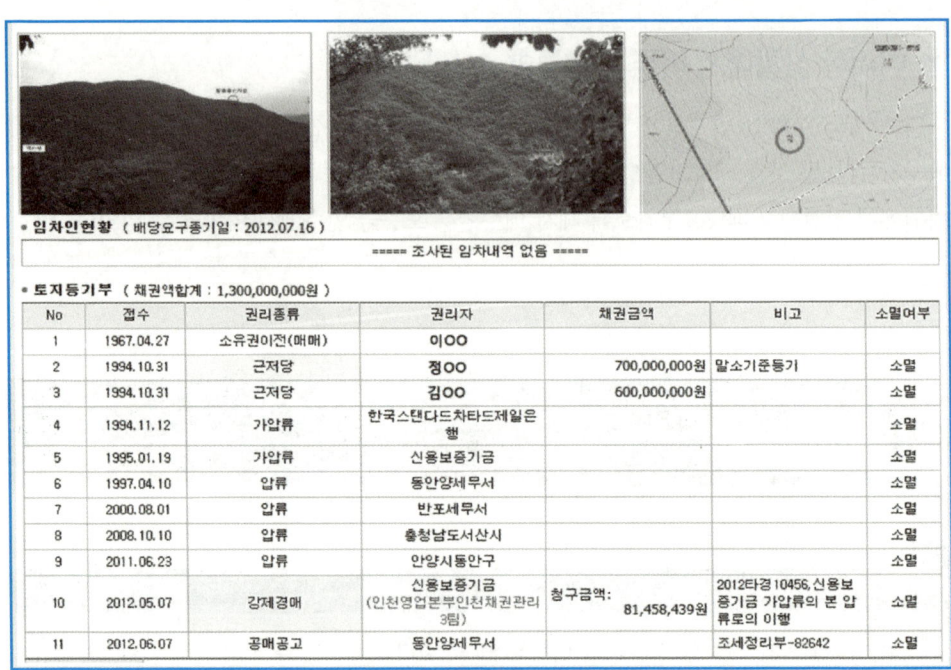

◆ 입찰대상물건에 대한 분석과 실패한 낙찰

이 물건은 94억이 넘는 임야가 16억 이하로 떨어져 투자자들의 관심이 높았던 물건이지만 현장답사를 해보면 개발제한 등으로 인해서 아무런 행위도 할 수 없는 임야라는 사실을 알 수 있어서 많은 입찰자들이 발길을 돌렸던 물건이다. 그러나 이 임야 낙찰자는 현장답사를 하지 않고 지인의 말만 믿고 낙찰받고 현장에 가서 확인해 본 결과 개발제한 등으로 인해서 아무런 행위도 할 수 없는 임야라는 것을 성남시 중원구청 담당자를 통해서 확인할 수 있었다. 그래서 잔금을 납부하지 못하고 입찰보증금 158,266,400원을 포기해 재매각절차가 진행되었고, 그 과정에서 낙찰자(전매수인)가 찾아와 입찰보증금을 반환받을 수 있는 방법을 논의하는 과정에서 알게 된 사례다.

◆ 김선생이 입찰보증금 반환받기 해결책 한 가지가 생각나다!

경매신청채권자 신용보증기금의 채권액이 81,458,439원이니 이 채권을 양도받아 경매를 취소하면 최소한 절반은 반환받을 수 있다는 판단이다. 참고로 경매가 취소되면 몰수된 입찰보증금은 전매수인(낙찰자)에 반환된다. 그래서 신용보증기금과 상의한 결과 7,500만원에 양도받기로 했었다. 이 방법이면 8,000만원을 회수할 수 있다고 말하니 전매수인의 얼굴표

정이 밝아졌다.

◈ 이 문제에 두 번째 좋은 아이디어가 생각났다!

경매신청채권을 사지 않고서 경매를 취소할 수 있는 생각인데, 이 방법은 확실한 판단은 아니지만 해볼 만한 시도였다. 등기부에 등기된 선순위채권이 13억이 있고 그 밖에 조세채권이 많아서 남을 가망이 없는 경매가 될 수 있다는 생각으로 전매수인이 채권신고 내역을 복사해 오도록 했다. 전매수인은 경매가 취소되면 몰수된 보증금을 돌려받을 수 있는 위치에 있어서, 경매절차에 하자가 있으면 매각결정취소 신청을 할 수 있는 이해관계인이 될 수 있다는 판단에서 였다.

◈ 경매신청채권자가 무잉여라는 판단을 하게 된 동기와 입찰보증금 반환

2013. 10. 14. 재매각절차에서 최저가 1,582,664,000원 + 몰수된 보증금 158,266,400원 = 1,740,930,400원이다. 이 금액에서 경매비용을 계산하지 않더라도 1순위 정○○ 근저당권자 7억원, 2순위 김○○ 근저당권자 6억원, 3순위에서는 조세채권들 간에는 1등 당해세, 2등 납세담보, 3등 압류선착주의, 4등 참가압류와 교부조세채권 간에는 동순위로 안분배당하게 되는데, 경매신청채권자인 신용보증기금 채권자는 일반채권자 지위에 있어서 이들 채권과 비교대상이 되지 못하므로 조세채권자들이 우선해서 배당받게 된다. 따라서 3순위에서는 ① 동안양세무서 3,426,133,920원. ② 반포세무서 ? 원, ③ 서산시청 2,837,200원, ④ 동안구청 392,913,720원, ⑤ 안양세무서 903,328,260원, 여기까지 배당금액의 합계는 6,025,213,100원(60억이 넘는 금액이다).

4순위로 ① 제일은행 가압류 ? 원, ② 경매신청채권자인 신용보증기금 225,729,560원, ③ 성업공사 가압류 4,832,000원으로 배당이 종결될 것으로 예상되는데 경매신청채권자가 배당받을 4순위 그룹까지는 배당금이 전혀 없어 배당에 참여가 불가하다. 그래서 명백한 무잉여라고 판단이 되어 그러한 사실을 가지고 매각결정취소 신청서를 제출해서 입찰보증금을 반환 받았다.

김선생의 한마디

무잉여로 매각결정취소해 탈출하다.
이 사례는 입찰보증금 158,266,400원을 포기해 재매각절차가 진행되었으나 재매각절차에서 무잉여를 원인으로 매각결정취소 신청해서 입찰보증금을 2013. 11. 18.에 반환받아 준 사례다. 이렇게 전매수인은 입찰보증금을 포기해야 될 처지에서 해방될 수 있었다.

 **11 학교법인이나 사찰 소유재산이 매각되고 나서 재매각된 사례**

 경매의 덫에서 탈출

학교법인·사회복지법인·사찰소유 재산이 경매로 매각되는 경우에 낙찰받고 나서 매각허가 전까지 주무관청의 허가를 받지 못하면 입찰보증금을 몰수당하게 된다.

◈ 주무관청의 허가가 있어야 매도나 담보제공이 가능한 부동산

① 학교법인이 기본재산을 매도하거나 담보제공 등을 할 때에는 관할청(특별시, 광역시, 도 교육감)의 허가를, 전문대 이상은 교육인적자원부장관의 허가를 받아야 한다(사립학교법 제28조1항). 학교교육에 직접 사용되는 학교법인의 재산 중 대통령령이 정하는 것(교지, 교사, 체육장, 실습 또는 연구시설, 기타 교육에 직접 사용되는 시설·설비 등)은 이를 매도하거나 담보에 제공할 수 없다(2항).

② 전통사찰의 부동산은 전통사찰보존법 제10조에 의한 전법용 건물 등의 압류금지 규정으로 매도 시에는 문화관광부장관의 허가, 담보제공 및 대여 등은 시·도지사의 허가가 있어야 한다.

③ 향교재단의 부동산은 향교재산법 제12조의 규정에 의한 압류금지 규정 등으로 매도나 담보제공 시에 시·도지사의 허가가 있어야 한다.

④ 국가유공자 재산은 국가유공자 예우 및 지원에 관한 법률 제58조의 규정에 의한 양도

등의 금지 규정으로 국가보훈처장의 승인.

⑤ 공익법인의 재산은 공익법인의 설립·운영에 관한 법률 제11조에 의해 주무관청의 허가를 받아 매도나 담보를 제공할 수 있다.

⑥ 사회복지법인의 재산은 보건복지부장관의 허가가 있어야 매도나 담보제공이 가능하다.

⑦ 농지취득에 대한 농지 소재지 관할 시장, 구청장, 읍장, 면장의 농지취득자격증명이 있어야 농지를 취득할 수 있다.

⑧ 허가구역 내에 있는 토지를 취득하는 경우 또는 외국인 등이 토지를 취득하는 경우에는 시장, 군수, 구청장의 허가가 있어야 취득이 가능하지만, 경매로 토지를 취득하는 경우에는 허가를 받지 않아도 된다.

◆ 학교법인이나 사찰 소유재산 등이 매각되면 이렇게 생각해라!

학교법인·사회복지법인·사찰소유의 부동산이 경매로 매각될 때에는 매각허가 전까지 주무관청의 허가를 받아야 적법하게 소유권을 취득하게 된다. 주무관청의 허가를 받지 못하게 된다면 매각불허가가 되거나 매각절차가 무효가 될 수 있다. 이때도 허가가 필요한 경우와 필요하지 않은 경우로 나누어 볼 수 있다.

(1) 주무관청의 허가를 얻어야 소유권을 취득할 수 있는 경우

경매법원은 경매신청채권자에게 매각명령을 하기 전 적당한 시한까지 주무관청의 처분허가서를 제출하도록 명하여야 한다. 다만 주무관청의 허가를 받아 근저당권을 설정한 경우에는 그 서류를 첨부하면 된다.

주무관청의 허가는 경매개시요건은 아니고 경락인의 소유권취득에 관한 요건이므로 **경매신청 시에 그 허가서를 제출하지 아니하였다 하여 경매신청을 기각할 것은 아니다**(대법 85마720). 그런데 낙찰자가 **주무관청의 허가 없이 대금을 납부했더라도** 그 대금 납부는 효력이 없고 **소유권을 취득할 수 없다**(대법 97다49817). 따라서 **매각물건명세서에서 특별매각 조건으로** 주무관청의 허가를 받는 조건으로 매각한 경우라면 낙찰자가 처분허가를 받지 못하면 매각불허가로 입찰보증금을 떼일 수밖에 없다. 그러나 그러한 매각조건 없이 매각되고 허가를 받지 못해서 매각불허가 되었다면, 또는 잔금을 납부하고 소유권을 취득했으나 추후 주무관청의 허가가 없음을 원인으로 하는 소송에서 무효가 되었다면 대금을 반환받을 수 있다.

김선생의 한마디

낙찰자가 주무관청의 허가를 받지 못하면 소유권을 취득할 수 없다!
❶ 법원의 임의경매절차에서 사회복지법인의 기본재산인 부동산에 관한 낙찰이 있었고 낙찰대금을 완납해도 위 낙찰에 대하여 주무관청의 허가가 없었다면 그 부동산에 관한 소유권은 낙찰자에게로 이전되지 않는다(대법2002마4353).
❷ 근저당설정 당시 보건사회부장관으로부터 허가를 받은 바 있다고 하더라도 경매절차가 채무명의에 의한 강제경매이면 위 담보제공 허가는 사회복지 사업법이 요구하는 보건사회부장관의 허가가 될 수 없다(대법 77다1476)(대법2005마1193).

(2) 매수인이 주무관청의 허가 없이도 소유권을 취득할 수 있는 경우

① 사립학교법이 시행되기 전에 설정된 저당권, ② 사립학교 설립자가 그 설립허가를 받기 전에 설정된 저당권, ③ 저당권 설정 당시에 이미 주무관청의 허가를 받았고 그 저당권에 의해 매각절차가 진행되는 경우에는 주무관청 허가 없이도 매각허가결정이 되고 취득이 가능하다.

김선생 또 한마디

낙찰자가 주무관청의 허가 없이도 소유권을 취득할 수 있는 경우
❶ 재단법인의 기본재산의 담보제공 시 주무관청의 허가를 받아 적법하게 담보권이 성립한 경우 그 담보권 실행에 별도의 허가가 필요한지 여부(소극) 및 저당권이 설정된 부동산이 후에 재단법인의 기본재산이 된 경우 그 저당권 실행에 주무관청의 허가가 필요한지 여부(소극)(서울고법 2010나40620).
❷ 담보 제공 당시에 주무부장관의 허가를 받았다면 저당권의 실행으로 매각이 될 때에 낙찰자가 또다시 허가를 받을 필요가 없다(대법 65마1166).
❸ 의료법인 재산을 일반 채권자가 강제경매를 신청한 경우 주무관청의 허가 대상이나 이미 이 부동산에 선순위로 보건사회부장관의 허가를 받은 근저당이 있고, 그 근저당권이 배당받고 소멸되었다면 이는 근저당권에 의해 경매가 실시된 것과 다를 바 없어, 낙찰자가 허가를 받지 않아도 된다(대법93다2094).

(3) 학교법인 등의 재산이 경매되면 입찰시 이렇게 해라!

① 먼저 학교법인이나 사회복지법인, 사찰소유 등의 재산이 경매로 매각되는 것인가를 확인해야 한다. 경매기록에 학교법인 등의 재산으로 명시되어 있는 경우가 대부분이지만, 간혹 명시되지 않고 매각되는 경우도 있다.

김선생의 도움말

사회복지법인 재산을 낙찰받았으나 소유권을 취득하지 못한 사례

홍○○은 경매로 나온 마포구 염리동에 있는 상가를 낙찰을 받아 잔금납부하고 소유권이전등기를 하려는데 법원으로부터 전화를 받았다. 소유권을 취득할 수 없으니 잔금을 찾아가라는 내용이었다. 홍○○이 낙찰받은 상가는 사회복지사업법 제23조에 의거해 매도나 담보 제공 시 주무관청의 허가가 필요한 사회복지법인 소유의 상가였기 때문이다. 이 경우 소유권은 취득하지 못하지만 매각대금은 반환받을 수 있다.

② ①에 해당되는 재산이라도 앞의 2)와 같은 사례(저당권 설정 당시에 이미 주무관청의 허가를 받은 경우 등)에서 그 저당권에 의해 매각절차가 진행되는 경우라면 매수인은 매각허가 전까지 별도 주무관청의 허가 없이 소유권을 취득할 수 있다.

③ ①의 경우 매각물건명세서를 확인해서 주무관청의 허가가 특별매각 조건이라면 매각허가 전까지 채무자 또는 소유자가 주무관청에 낙찰자 명의로 소유권을 이전해 달라는 요청서를 보내서 허가를 받아 소유권을 이전하면 된다. 그러나 이러한 특수법인의 재산은 허가가 까다로워 입찰자가 제한되 경매 최저매각가격이 턱 없이 낮아지게 되는데 싸다고만 입찰할 것이 아니라 입찰하기 전에 허가서를 받을 수 있는지를 주무관청에 확인하고 입찰해야 한다.

◆ 주무관청의 허가를 받은 근저당권이 있는 유치원 건물이 강제경매되는 경우

주소	면적	경매 진행과정	1) 임차인조사내역	등기부상의 권리관계
서울시 양천구 신월동 ○○○번지 (○○유치원)	대지 215㎡ (65평) 건물 1층 107.5㎡ 2층 107.5㎡ 3층 85.05㎡	감정가 585,000,000원 최저가 1차 585,000,000원 유찰 2차 468,000,000원 유찰 3차 374,400,000원 낙찰 377,500,000원 2013. 05. 10. 〈유승민〉	〈임차인 없음〉	소유자 ○○학원 2009.01.19. 근저당권 국민은행 2009.01.19. 3억5,100만원 가압류 김철진 2012.01.10. 4,000만원 가압류 박수정 2012.03.05. 1억5,000만원 강제경매 박수정 청구 1억4,750만원 〈2012.07.20.〉

이 경매물건에서 말소기준은 2009. 01. 19. 국민은행 근저당권이고 임차인이 없어서 인수할 권리 없이 안전하게 소유권을 취득할 수 있을 것이란 오해를 갖게 한다. 그런데 이 건물은 유치원 건물이다. 유치원 건물의 경우에는 유치원 경영자의 소유라도 초·중등교육법에 규정된 교육기관이다. 사립학교법에 제한을 받는 재산이므로 낙찰자는 매각허가 전까지 관할주무관청(서울시 교육감)에 허가를 받아서 법원에 제출해야만 매각허가결정을 받을 수 있고 허가를 받지 못하면 특별매각조건에 따라 입찰보증금을 몰수당하게 될 수도 있다. 이때 유의할 점은 낙찰자가 허가신청을 하는 것이 아니라 채무자 또는 소유자가 주무관청에 낙찰자 명의로 소유권을 이전해 달라는 요청서를 보내야 하는데 이것도 쉽지 않고, 신청한다고 해도 주무관청이 낙찰자에게 허가를 할지도 미지수라 낮은 가격으로 매각되곤 한다.

그런데 이 물건은 왜 높은 가격으로 매각되었을까?

그 이유는 국민은행이 유치원건물에 저당권 설정 당시에 서울시 교육감의 허가를 얻어 근저당권을 설정했기 때문이다. 이 근저당권에 의한 경매절차에서 낙찰자가 또다시 매각허가결정 전까지 허가를 받아 제출할 필요가 없다. 이러한 법리는 허가받아 근저당권을 설정한 선순위 근저당권이 있는 경우 일반 채권자의 강제경매 신청절차에서도 선순위근저당권자가 우선배당받고 소멸되면 근저당권자가 경매신청한 것과 다를 바 없이 판단하고 있어서 이 유치원 건물을 낙찰받게 되는 유승민은 서울시 교육감의 허가 없이 소유권을 취득할 수 있다(대법93다2094). 그래서 이 물건은 377,500,000원에 낙찰되었고, 경매비용 350만원을 제외하면 실제 배당금액은 374,000,000원이 되므로,

- **1순위** : 국민은행 근저당권 3억5,100만원(우선변제금 1)
- **2순위** : ① 김철진 4,000만원 = ② 박수정 1억4,750만원

① 김철진 = $2{,}300만원 \times \dfrac{4{,}000만원}{1억8{,}750만원} = 4{,}906{,}667원$

② 박수정 = $2{,}300만원 \times \dfrac{1억8{,}750만원}{1억8{,}750만원} = 18{,}093{,}333원$으로 배당이 종결된다.

🏠 **알아두면 좋은 내용**

유치원 건물이라고 모두 주무관청의 허가가 있어야 하는 것은 아니다.
유치원 설립인가를 받지 않고 운영하는 무인가 유치원의 경우도 많은데, 무인가 유치원인 경우 사립학교법에 저촉되지 않아 경매신청은 물론 낙찰자가 소유권 취득하는데에 아무런 제한이 없다. 이를 확인하기 위해 해당 주소지 관할 교육청에서 확인하면 된다

◆ 사찰소유 재산이 강제경매시 주무관청의 허가가 있어야 한다!

(1) 입찰물건 정보내역

2011타경6641 (2) • 제주지방법원 본원 • 매각기일 : 2014.02.24.(月) (10:00) • 경매 4계(전화:064-729-2154)

소재지	제주특별자치도 서귀포시 안덕면 광평리 산○○ 외 1필지			구분	입찰기일	최저매각가격	결과
물건종별	종교시설	감정가	1,328,960,000원	1차	2013-07-15	1,328,960,000원	유찰
토지면적	2700m²(816.75평)	최저가	(12%) 156,351,000원	2차	2013-08-12	930,272,000원	유찰
건물면적	1080m²(326.7평)	보증금	(10%) 15,640,000원	6차	2013-12-02	223,358,000원	유찰
매각물건	토지·건물 일괄매각	소유자	재단법인대한불교진여원	7차	2013-12-30	156,351,000원	낙찰
개시결정	2011-05-20	채무자	재단법인대한불교진여원, (주)○○○(변경전상호:(주)아이엔비코퍼레이션)	낙찰 161,100,000원(12.12%) / 3명 / 불허가			
				8차	2014-02-24	156,351,000원	
사건명	임의경매	채권자	이소령, 박병장	낙찰 : 161,006,000원 (12.12%) (입찰2명,낙찰:(주)제주추모원 / 2등입찰가 156,700,000원)			

• 매각토지.건물현황 (감정원 : 제일감정평가 / 가격시점 : 2011.10.07 / 보존등기일 : 2009.04.07)

목록		지번	용도/구조/면적/토지이용계획		m²당 단가	감정가	비고
토지	1	광평리 산○○-1	공히 생산관리지역, 제주특별자치도설치및국제자유도시조성을위한특별...	종교용지 2000m² (605평)	34,000원	68,000,000원	표준지공시지가: (m²당)18,000원 • 현황:임야 및 일부 도로
	2	광평리산○○-2	위와같음	임야 700m² (211.75평)	24,000원	16,800,000원	표준지공시지가: (m²당)7,800원 • 현황:자연초지, 일부 아스콘포장 도로
건물	1	광평리 산○○-1 철근콘크리트구조	1층	종교시설(사무실,법당)	540m²(163.35평)	1,152,000원	622,080,000원	• 사용승인:2009.03.19
	2		2층	종교시설(납골당)	540m²(163.35평)	1,152,000원	622,080,000원	• 사용승인:2009.03.19 • 현황:봉안실에 조사일 현재(2011.09.29.) 유골 68기가 안치되어 있음

참고사항	▶본건낙찰 2013.12.30 / 낙찰가 161,100,000원 / 이전모 / 3명 입찰 / 최고가매각불허가결정 ▶광평리 산○○-1 건물 2층(봉안실)에는 유골 68기가 안치되어 있음.(2011.09.29.현재) - 관할관청(서귀포시 사회복지과)에 대한 사실조회 내용 : 본건의 매각시 관할 관청의 처분허가를 받아야 할 사항은 없으나, 다만 소유권이 변경될 경우 안치된 유골이 있으면 사용자에게 그 사실을 미리 알려 선의의 피해를 예방하여야 하며 장사 등에 관한 제26조 및 동시행규칙 제17조에 의거 장사시설 폐지신고를 해야 한다는 회신이 있음.. 주무관청(광주광역시 문화예술진흥과)에 대한 사실조회회보서에 의하면, 본건 부동산은 소유자 재단법인 대한불교진여원의 기본재산으로 등록되어 있고, 재단법인의 기본재산 매각은 이사회 결의 후 주무관청에 허가신청이 있어야 검토할 수 있다고 하므로, 매수인이 본건 부동산에 대한 처분허가서를 제출하지 않으면 매각 불허가될 수 있음.

• 임차인현황 (말소기준권리 : 2009.04.07 / 배당요구종기일 : 2011.12.05)

===== 조사된 임차내역 없음 =====

기타사항	☞인근에 탐문하였으나, 관리자를 알 수 없었음 ☞소유자 법인에서 전부 점유 사용 또는 관리하고 있으며, 임대차 없다고 소유자 법인 관계인은 진술함.

• 건물등기부 (채권액합계 : 2,917,305,500원)

No	접수	권리종류	권리자	채권금액	비고	소멸여부
1	2009.04.07	소유권보존	재단법인대한불교진여원			
2	2009.04.07	가압류	회성종합건설(주)	405,800,000원	말소기준등기	소멸
3	2010.07.26	가압류	이소령, 김수민	70,000,000원		소멸
4	2010.12.08	가압류	김○○	87,751,500원		소멸
5	2010.12.24	가압류	이○○,정○○	40,720,000원		소멸
6	2011.02.18	가압류	이○○	40,000,000원		소멸
7	2011.02.22	가압류	구○○	200,000,000원		소멸
8	2011.03.24	가압류	차○○ 외 4명	162,926,000원		소멸
9	2011.03.24	가압류	최○○	38,908,000원		소멸
10	2011.03.25	소○		153,000,000원		소멸
11	2011.03.29	가압류	(선정당사자)김○○ 외 5명	857,700,000원		소멸
12	2011.03.29	가압류	(선정당사자) 김○○, 박○○	136,000,000원		소멸
13	2011.04.19	강제경매	이소령	청구금액: 83,600,000원	2011타경10831	소멸
14	2011.07.28	가압류	강○○	300,000,000원		소멸
15	2011.09.08	강제경매	박병장	청구금액: 49,000,000원	2011타경14898	소멸

• 토지등기부 (채권액합계 : 2,917,305,500원) - 건물등기부와 같으므로 지면상 생략함.

(2) 사찰소유 부동산 입찰시 유의 사항과 이 물건에 대한 권리분석

이 물건은 재단법인 불교진여원의 재산으로 주무관청의 허가가 있어야 소유권을 취득할 수 있는 물건이다. 그래서 감정가가 13억 정도 가는데도 불구하고 223,358,000원까지 가격이 떨어졌다. 낙찰자가 낙찰받고 나서 주무관서의 허가를 매각허가결정 전까지 제출하지 않으면 입찰보증금이 몰수되기 때문이다. 집행기관이 신청한 주무관청(광주광역시 문화예술진흥과)에 대한 사실조회회보서에 의하면 이사회 결의 후 주무관청에 허가신청이 있어야 검토할 수 있다고 한다. 따라서 재단법인 불교진여원의 이사회 결의를 통해 주무관청에 낙찰자에게 허가해 주도록 요청하지 않으면 주무관청은 허가를 해주지 않게 되므로 매각불허가가 될 것이고 그에 따라 입찰보증금을 몰수당하게 된다. <u>이러한 특별매각 조건에 의해 매각절차가 진행되는 내용 확인은 다음 매각물건명세서를 통해 확인할 수 있다.</u>

따라서 이러한 물건에 입찰하기 위해서는 입찰하기 전에 낙찰받고 주무관청의 허가를 받을 수 있는지를 확인하고 입찰에 참여해야 한다. 그렇지만 채무자겸 소유자의 동의를 얻어 허가를 신청하고 허가를 받을 수만 있다면 이만한 수익을 가져다주는 물건은 없을 것이다.

매각물건 명세서

사건	2011타경6641 부동산임의경매 2011타경14598(중복) 2011타경10831(병합)	매각물건번호	2	담임법관(사법보좌관)	고태현
작성일자	2014.02.12	최선순위 설정일자	목록2,3: 2009. 4. 7.가압류 목록4: 2011. 4. 19.가압류		
부동산 및 감정평가액 최저매각가격의 표시	부동산표시목록 참조	배당요구종기			

부동산의 점유자와 점유의 권원, 점유할 수 있는 기간, 차임 또는 보증금에 관한 관계인의 진술 및 임차인이 있는 경우 배당요구 여부와 그 일자, 전입신고일자 또는 사업자등록신청일자와 확정일자의 유무와 그 일자

점유자의 성명	점유부분	정보출처 구분	점유의 권원	임대차 기간 (점유기간)	보증금	차임	전입신고 일자,사업 자등록신 청일자	확정일자	배당요구 여부 (배당요구 일자)
조사된 임차내역 없음									

< 비고 >

※ 최선순위 설정일자보다 대항요건을 먼저 갖춘 주택,상가건물 임차인의 임차보증금은 매수인에게 인수되는 경우가 발생할 수 있고, 대항력과 우선 변제권이 있는 주택,상가건물 임차인이 배당요구를 하였으나 보증금 전액에 관하여 배당을 받지 아니한 경우에는 배당받지 못한 잔액이 매수인에게 인수되게 됨을 주의하시기 바랍니다.

※ 등기된 부동산에 관한 권리 또는 가처분으로 매각허가에 의하여 그 효력이 소멸되지 아니하는 것
해당사항없음

※ 매각허가에 의하여 설정된 것으로 보는 지상권의 개요
2번 목록 건물 2층(봉안실)에는 유골 68기가 안치되어 있으며(2011. 9. 29.현재) 분묘기지권 성립여지 있음.

> 2번 목록 건물 2층(봉안실)에는 유골 68기가 안치되어 있으며(2011. 9. 29.현재) 분묘기지권 성립여지 있음.
>
> ※ 비고란
> 1. 부동산의 점유관계: 2대지 4번 목록은 소유자 법인에서 전부 점유 사용 또는 관리하고 있으며, 임대차 없다고 소유자 법인 관계인은 진술함. 2. 2번 목록 건물 2층(봉안실)에는 유골 68기가 안치되어 있음.(2011. 9. 29. 현재) 3. 관할관청(제주특별자치도 서귀포시 사회복지과)에 대한 사실조회회보서에 의하면, 본건에 대한 매각시 관할 관청의 처분허가를 받아야 할 사항은 없으나, 다만 소유권이 변경될 경우 안치된 유골이 있으면 사용자에게 그 사실을 미리 알려 선의의 피해를 예방하여야 하며 장사 등에 관한 법률 제26조 및 동 시행규칙 제17조에 의거 장사시설 폐지신고를 해야 한다고 함. 4. 주무관청(광주광역시 문화예술진흥과)에 대한 사실조회회보서에 의하면, 본건 부동산은 소유자 재단법인 대한불교진여원의 기본재산으로 등록되어 있고, 재단법인의 기본재산 매각은 이사회 결의 후 주무관청에 허가신청이 있어야 검토할 수 있다고 하므로, 매수인이 본건 부동산에 대한 처분허가서를 제출하지 않으면 매각 불허가를 할 수 있음.

12 전세권 경매에서 권리분석과 수익분석, 그리고 명도는 어떻게 하나?

이 경매는 다세대주택 202호를 경매로 매각하는 것이 아니라 다세대 주택 202호에 설정된 전세권을 매각대상으로 전세권부 저당권자가 다음 등기부에 기재된 것과 같이 임의경매를 신청했다.

【 을 구 】		(소유권 이외의 권리에 관한 사항)		
순위번호	등 기 목 적	접 수	등 기 원 인	권 리 자 및 기 타 사 항
2	전세권설정	2004년4월14일 제29185호	2003년11월12일 설정계약	전세금 금45,000,000원 범 위 주거용건물의전부 존속기간 2005년11월30일 반환기 2005년11월30일 전세권자 홍길동 630503-2****** 서울 도봉구 도봉동 ○○-○○ 2층 2호
2-1				2번 등기는 건물만에 관한 것임 2004년4월14일 부기
2-2	2번전세권근저당권설정	2004년4월14일 제29186호	2004년4월13일 설정계약	채권최고액 37,500,000원 채무자 홍길동 서울 도봉구 도봉동 ○○-○○ 2층2호 근저당권자 주식회사경북상호저축은행 174811-0030433 포항시 북구 죽도동 45-23
2-3	2번전세권근저당권설정	2004년7월9일 제57854호	2004년7월5일 설정계약	채권최고액 금5,000,000원 채무자 홍길동 서울 도봉구 도봉동 ○○-○○ 2층2호 근저당권자 김○○ 661019-1****** 서울 도봉구 쌍문동 53 성원아파트 105-1205
2-4	2번전세권임의경매개시결정	2004년12월30일 제111513호	2004년12월27일 서울북부지방법원의 경매개시 결정(2004타경0000)	채권자 주식회사경북상호저축은행 포항시 북구 죽도동 45-23

◈ 입찰대상 전세권과 입찰결과 내역

2004타경 ○○○○	• 서울북부지방법원 본원	• 매각기일 : 2005.08.22(月) (10:00)	• 경매 2계 (전화: 02-910-3672)
소재지	서울특별시 도봉구 도봉동 ○○○-○○ 2층 202호 낙찰		
물건종별	다세대(빌라)	감정가	45,000,000원	오늘조회: 1 2주누적: 3 2주평균: 0 조회동향
대지권	35.16㎡(10.636평)	최저가	(64%) 28,800,000원	구분 / 입찰기일 / 최저매각가격 / 결과
건물면적	45.09㎡(13.64평)	보증금	2,880,000원	1차 2005-06-20 45,000,000원 유찰
매각물건	전세권만 매각	소유자	김○○	2차 2005-07-18 36,000,000원 유찰
개시결정	2004-12-27	채무자	홍길동	3차 2005-08-22 28,800,000원
사건명	임의경매	채권자	경북상호저축은행	낙찰: 28,800,000원 (64%) (입찰1명) 배당기일: 2005.11.14 배당종결 2005.11.14

• 매각물건현황 (감정원 : 하나감정평가 / 가격시점 : 2005.01.28)

목록	구분	사용승인	면적	이용상태	감정가격	기타
건물	2층중 2층		45.09㎡ (13.64평)	방3, 거실, 주방, 욕실겸화장실, 현관	비준가격 45,000,000원	도시가스/개별난방
토지	대지권		203.4㎡ 중 35.16㎡			

현황 위치	• 북서울중학교 북측 인근에 위치 • 시내버스정류장이 인근에 위치 • 인근 다세대, 연립, 단독주택, 소규모 상가 등이 혼재하는 일반주거지역
참고사항	• 본 건의 목적물은 부동산이 아닌 전세권임 • 위 부동산에 대하여 2004년 4월 14일 서울북부지방법원 도봉동기소 접수 제29185호로서 전세금 45,000,000원, 범위 주거용 건물의 전부, 존속기간 2005년 11월 30일까지, 전세권자 홍길동 경료한 전세권

• 등기부현황 (채권액합계 : 96,600,000원)

No	접수	권리종류	권리자	채권금액	비고	소멸여부
1	1991.06.01	소유권이전(매매)	김○○			
2	1991.06.01	근저당	국민은행	9,100,000원	창동지점	
3	2004.04.14	전세권(주거용건물의 전부)	홍길동	45,000,000원	존속기간: 2003.11.12~2005.11.30	
4	2004.04.14	전세권근저당	경북상호저축은행	37,500,000원	말소기준등기	소멸
5	2004.07.09	전세권근저당	박수길	5,000,000원		소멸
6	2004.12.30	전세권임의경매	경북상호저축은행			소멸

◈ 전세권 경매에 대한 권리분석과 수익이 얼마나 남았을까?

이 4,500만원 전세권을 경매로 낙찰 받으면 전세기간 동안 낙찰자가 거주할 수 있고 기간이 만료되면 다세대주택 소유자로부터 전세금을 반환받을수 있다. 이때 전세금 반환금에서 낙찰 받은 금액과 그 기간 동안 금융비용(본인이 거주했다면 상계되겠지만)을 빼고 난 금액이 전세권을 낙찰 받아 얻게 된 소득이다. 따라서 싸게만 살 수 있으면 취득세(등록세 제외)와 양도소득세 등의 부담 없이 수익을 볼 수 있다.

그런데 이 전세권을 낙찰 받게 된다면 이익만 볼 수 있을까?

전세금을 주택소유자가 반환해 줘야 하는데 부동산 경기가 안 좋거나 선순위채권이 많다면 소유자가 주택을 포기할 수도 있고 그에 따라 경매가 진행된다면 전세금을 안전하게 보장받지 못할 수도 있다. 따라서 다세대주택이 경매가 진행되더라도, 또는 전세금을 반환하지 못해서 전세권으로 임의경매를 신청하더라도 전세금 손실 없이 전액 배당받을 수 있는가를 예상 배당표를 짜서 확인하고 입찰에 참여해야 한다. 이 주택의 현재 시세는 지금은 8,000만원이지만 이 경매가 진행될 당시에는 7,000만원 정도였다. 이 금액을 가지고 미래에 발생할 경매에서 배당표를 작성하면, 1순위 국민은행 근저당권이 910만원을 받고 나머지 금액으로 전세권자가 배당받게 되니 설령 이 주택이 경매당해도 전세금은 안전할 것으로 판단된다. 4,500만원 전세권을 2,880만원에 낙찰 받았으니 전세권 부기등기 비용을 공제하고도 2,500만원 정도 싸게 산 셈이다.

◆ 전세금을 언제 어떻게 반환받을 수 있을까?

(1) 주택소유자에 대한 전세권 취득과 갱신거절에 대한 통지

전세기간이 2003. 11. 12. ~ 2005. 11. 30. 이고, 낙찰 받고 잔금을 지급하게 된 날짜가 2005. 10. 13. 이니, 전세권을 부기등기로 이전받고 주택소유자에게 전세권갱신 거절통지를 하면서 종전 전세권자에 대해서 명도절차를 진행하면 된다. 이때 잔금납부 전이라도 주택소유자를 만나거나 내용증명으로 낙찰 받은 사실을 알리면서 전세권갱신을 하지 않을 것이며 종전 전세권자는 낙찰자가 명도를 진행하고, 그때 전세금을 전세권설정의무자인 소유자에게 전세금반환을 청구한다는 통지를 해야 한다. 그리고 잔금납부하면 또다시 같은 내용을 통지하고 종전 전세권자를 명도하면 된다.

(2) 종전 전세권자를 명도하는 방법

협의로 이사비용을 주고 명도하는 방법과 협의가 안 될 때 인도명령을 신청해서 그 결정문으로 강제집행하면 된다. 그런데 이 전세권 경매에서 채무자를 명도하는 방법 중 채무자에게 배당잉여가 있어서 배당 받을 수 있다면 명도에 어려움이 없다. 따라서 채무자가 배당에 참여할 수 있는가를 확인하기 위해 매각대금을 가지고 배당표를 작성해 보자! 매각대금이 2,880만원이고 전세권 저당권자의 채권액이 4,250만원 정도니 채무자에게 배당금이 없다. 따라서 앞에서와 같이 협의 또는 강제집행절차로 명도할 수밖에 없다.

(3) 전세기간이 남아 있다면 어떻게 전세금을 반환받게 되나?

전세기간이 남아 있을 때는 전세기간 만료 시까지 주택소유자에게 전세금 반환을 청구할 수 없고, 만료 시에도 종전 전세권자를 명도 해야만 전세금을 반환을 청구할 수 있다. 그리고 전세권 존속기간이 만료되고 묵시적 갱신된 경우에는 언제든지 낙찰자가 전세권을 소멸을 통지 할 수 있고, 그 통지 후 6개월이 지나면 소멸효력이 발생하니 6개월 후에 전세금을 반환 받으면 된다.

 ## 13 조세채권을 몰라서 3번씩 임차보증금을 포기하게 된 사례

 경매의 덫에서 탈출

경매나 공매에서 입찰자가 간과하기 제일 쉬운 부분이 세금 분야다.
이 사례는 공매로 3번에 거쳐 낙찰 되었으나 낙찰자들이 잔금납부를 못하고 입찰보증금을 떼이게 된 사례다. 서류상으로는 대항력 있는 임차인이 1등으로 배당받을 것 같았지만 조세채권이 1순위로 전액 배당받게 돼 2순위가 된 임차인에게 배당금이 없었고, 그에 따라 낙찰자가 임차보증금 7,000만원을 인수하게 되는 상황이 발생했기 때문이다. 이러한 상황은 앞으로도 계속적으로 몇 명이나 더 나올지 몰라서 기술하게 된 사례이다. 우리들이 몰라서 그렇지 이러한 사례는 경매에서는 더 취약하다.

◆ 온비드 사이트상의 공매 입찰정보내역

[물건명/소재지] : 경기 의정부시 신곡동 669 극동아파트105동 2층 000호

기본정보

물건종류	부동산
처분방식	매각
물건상태	입찰공고중
조회수	3050

기관정보

- 입찰집행기관 : 한국자산관리공사
- 담당자 : 조세정리부 / 공매1팀
- 연락처 : 02-3420-5138 /

물건정보

소재지	경기 의정부시 신곡동 669 극동아파트105동 2층 000호
물건관리번호	2011-0000-001
재산종류	압류재산
위임기관	도봉세무서
물건용도/세부용도	아파트
입찰방식	일반경쟁
면적	대 26.09m² 지분(총면적 35,994.6m²), 건물 47.88m²
배분요구종기	2012/04/09
최초공고일자	2012/02/22

감정정보

감정평가금액	125,000,000 원	감정평가일자	2012/02/02	감정평가기관	(주)경일감정평가법인

위치 및 부근현황 : 의정부시 신곡동 소재 "동오초등교" 북측 인근에 위치, 주위는 아파트단지 및 상가, 각종 근린생활시설 등이 혼재.

임대차정보

임대차내용	이름	보증금	차임(월세)	환산보증금	확정(설정)일	전입일
임차인	고정민	70,000,000 원	0 원	70,000,000 원	2011/03/07	2011/03/07
전입세대주	고정민	70,000,000 원	0 원	0 원		2011/03/07

등기사항증명서 주요 정보

순번	권리종류	권리자명	등기일	설정액(원)
1	위임기관	도봉세무서		미표시
2	압류	강북구청	2011/08/09	미표시

입찰정보

- 2회이상 입찰서 제출 가능합니다.

입찰번호 회차/차수	공고일 입찰방식	대금납부 납부기한	인터넷입찰시작 인터넷입찰마감	개찰일시 매각결정기일	개찰장소	최저입찰가
2011-0000-001 050/001	2013-10-10	일시불 낙찰금액별 구분	2013/12/16 10:00 2013/12/18 17:00	2013/12/19 11:00 2013/12/23 10:00	전자자산처분시스템 (www.onbid.co.kr) 공매재산명세	62,500,000 원 입찰참가
2011-0000-001 051/001	2013-10-10	일시불 낙찰금액별 구분	2013/12/23 10:00 2013/12/24 17:00	2013/12/26 11:00 2013/12/30 10:00	전자자산처분시스템 (www.onbid.co.kr) 공매재산명세	56,250,000 원 입찰참가

입찰이력정보

입찰번호	처분방식	물건관리번호	개찰일시	최저입찰가	낙찰가	낙찰율	입찰결과	입찰상세
20110000001	매각	2011-22794-001	2013/04/18 11:00	75,000,000	81,000,000	108.0%	낙찰	보기
20110000001	매각	2011-22794-001	2012/12/20 11:00	62,500,000			취소	보기
20110000001	매각	2011-22794-001	2012/12/13 11:00	75,000,000	85,699,000	114.3%	낙찰	보기
20110000001	매각	2011-22794-001	2012/08/16 11:00	62,500,000			취소	보기
20110000001	매각	2011-22794-001	2012/08/09 11:00	75,000,000	83,400,000	111.2%	낙찰	보기

◈ 입찰대상물건에 대한 분석과 실패한 낙찰

　이 공매물건은 3명씩이나 낙찰받고 나서 잔금을 납부하지 않고 입찰보증금을 포기했다. 그러한 연유는 기본적인 권리분석과 공매재산명세서를 확인하지 않고 아파트가 절반 이하로 떨어졌으니 낙찰만 받으면 돈을 벌 수 있다는 생각에 치우쳐 제대로 된 분석을 하지 못 해서였다. 그러면 왜 이러한 실수를 하게 되었는가를 분석해 보기로 하자!

　첫 번째로 공매입찰정보내역을 살펴보면 임차인은 말소기준권리인 도봉세무서의 2011. 06. 03. 압류 이전에 대항요건을 갖추고 있어서 임차인에게 미배분금이 발생하면 낙찰자가 인수해야 한다.

　두 번째로 공매재산명세서로 예상배분표를 작성해 보면 다음과 같다.
　2013년 4월 18일에 8,100만원에 낙찰받고 공매비용 240만원 빼고 나면 실제로 배분할 금액은 7,860만원이 된다. 간단하게 공매재산명세서를 보고 배분하면 1순위 의정부시 당해세 201,160원, 2순위 고정민 임차인 확정일자부 우선변제금 7,000만원을 배분받고 공매위임관서인 도봉세무서가 8,398,840원을 압류선착주의로 강북구청보다 우선변제받을 수 있어서 임차인이 전액 배당받고 낙찰자 인수금액 없다고 판단하고 3번씩이나 낙찰받았던 것으로 예상된다. 그나마 잔금납부 전에 알아서 다행이지, 잔금까지 납부하고 그러한 사실을 알게 되었다면 어쩔 수 없이 임차보증금 7,000만원을 인수할 수도 있었을 것이다. 이러한 이유는 도봉세무서 조세채권을 압류날짜로 계산해서 임차인의 확정일자와 우선순위로 배분순위를 예상한 결과다. 그러나 조세채권은 압류하든 하지 않든 법정기일에 따라 계산하게 된다는 점을 알고 있어야 한다.

◆ 정확한 예상배분표 작성과 성공적인 낙찰자가 되는 길은?

압류재산 공매재산 명세

처분청	도봉세무서	관리번호	2011-0000-001
공매공고일	2013-10-10	배분요구의 종기	2012-04-09
압류재산의 표시	경기도 의정부시 신곡동 669 국동아파트105동 2층 000호 대 지분 26.09 ㎡ / 건물 47.88 ㎡		
매각예정가격/입찰기간/개찰일자/매각결정기일		온비드 입찰정보 참조	
공매보증금		입찰가격의 100분의 10 이상	

■ 점유관계 [조사일시 : 2012-02-21 / 정보출처 : 현황조사서 및 감정평가서]

점유관계	성명	계약일자	전입신고일자 (사업자등록신청일자)	확정일자	보증금	차임	임차부분
임차인	고정민		2011-03-07		70,000,000	0	

■ 임차인 신고현황

번호	성명	권리신고일	전입신고일자 (사업자등록신청일자)	확정일자	보증금	차임	임차부분
1	고정민	2012-02-22	2011-03-07	2011-03-07	70,000,000	0	

■ 배분요구 및 채권신고 현황

번호	권리관계	성명	설정일자	설정금액	배분요구채권액	배분요구일
1	임차인	고정민	2011-03-07	0	70,000,000	2012-02-22
2	압류	강북구청	2011.08.09	1,764,430	1,764,430	2012-0.-16
3	교부청구	국민건강보험공단 강북지사		0	6,322,730	2013-10-14
4	물건지지방자치단체	의정부시청		0	201,160	2013-09-13
5	위임기관	도봉세무서	2011.06.03	0	70,140,030	2011-1.-23

(1) 종전 낙찰자들이 인수해야 할 임차보증금

임차인의 확정일자 효력 발생 일시보다 빠른 도봉세무서 조세채권(법정기일 2009. 07. 25.)이 5,600만원이고 나머지 14,140,030원은 임차인의 확정일자보다 법정기일이 늦다. 그래서 배분절차에서 공매비용을 제외하고 나서 7,860만원을 가지고 1순위로 당해세 201,160원 ⇨ 2순위 도봉세무서 5,600만원 ⇨ 3순위로 임차인 22,398,840원이 된다.

그래서 종전 낙찰자들은 임차보증금 47,601,160원을 인수해야 했다.

(2) 2013년 12월 19일 6,250만원에 낙찰받게 된다면 임차인 배분금은?

배분절차에서 공매비용 240만원을 빼고 나서 6,010만원을 가지고 1순위로 최우선변제금 2,700만원을 배당받게 된다(∵ 2014.01.01.부터 과밀억제권역은 8,000만원 이하인 임차인이 최우선변제금 2,700만원을 받을 수 있도록 개정됐기 때문이다. 담보물권이 없다면 소액임차인을 결정하는 시기는 채권이 소멸되는 시점인 배분시점으로 봐야 하기 때문이다), 2순위 당해세 201,160원 ⇨ 3순위 도봉구청 32,898,840원으로 종결된다. 따라서 낙찰자는 임차인의 미배분금 4,300만원을 인수해야 하므로 총 취득금액은 낙찰금액 6,250만원 + 인수금액 4,300만원으로 1억550만원이 된다. 이 금액이 비싸다면 그다음 5,625만원 아니면 그 다음번 5,000만원에 낙찰 받는 것을 생각해 봐야 올바른 판단 하에 높은 투자수익을 올릴 수 있는 것이지 앞에서 낙찰 받은 사람과 같이 준비가 안된 상태에서 입찰을 한다면 성공적인 투자수익을 올릴 수 없다.

근로복지공단 가압류를 일반채권으로 우습게보면 큰코 다친다!

◆ 왜! 매수인이 입찰보증금을 포기하게 되었나?

(1) 501호 사설경매정보 사이트상의 입찰정보내역

2009타경 0000 (1)			• 대구지방법원 본원 • 매각기일 : 2011.02.23(水) (10:00) • 경매 4계(전화:053-757-6774)				
소재지	대구광역시 동구 효목동○○○ 효목그랜드빌 5층 501호 [도로명주소검색]						
물건종별	다세대(빌라)	감 정 가	82,000,000원	오늘조회: 1 2주누적: 1 2주평균: 0 [조회동향]			
				구분	입찰기일	최저매각가격	결과
				1차	2010-06-23	82,000,000원	유찰
대 지 권	35.088㎡(10.614평)	최 저 가	(12%) 9,647,000원	2차	2010-07-22	57,400,000원	유찰
				3차	2010-08-24	40,180,000원	유찰
				4차	2010-09-28	28,126,000원	유찰
건물면적	74.615㎡(22.571평)	보 증 금	(20%) 1,930,000원	5차	2010-10-22	19,688,000원	유찰
				6차	2010-11-19	13,782,000원	낙찰
				낙찰 21,000,000원(25.61%) / 1명 / 미납			
매각물건	토지·건물 일괄매각	소 유 자	한국시엔시기술(주)	7차	2011-01-20	13,782,000원	유찰
				8차	2011-02-23	9,647,000원	
개시결정	2009-07-30	채 무 자	한국시엔시기술(주)	낙찰: 12,118,000원 (14.78%) (입찰2명, 낙찰:대구진천동 주〇터 / 2등입찰가 10,118,000원)			
				매각결정기일 : 2011.03.02 - 매각허가결정			
사 건 명	강제경매	채 권 자	근로복지공단	대금지급기한 : 2011.03.30			
				대금납부 2011.03.30 / 배당종결 2011.06.03			
• 임차인현황 (말소기준권리 : 2004.02.16 / 배당요구종기일 : 2009.10.08)							
임차인	점유부분	전입/확정/배당		보증금/차임	대항력	배당예상금액	기타
이미숙	주거용 전부	전 입 일: 2003.07.21 확 정 일: 2003.07.21 배당요구일: 2009.09.08		보65,000,000원	있음	배당순위있음	

• 등기부현황 (채권액합계 : 5,870,610,423원)

No	접수	권리종류	권리자	채권금액	비고	소멸여부
1	2003.02.12	소유권보존	한국시엔시기술(주)			
2	2004.02.16	압류	성동세무서		말소기준등기	소멸
3	2004.04.03	가압류	기보삼차유동화전문유한회사,기보사차유동화전문유한회사	3,300,000,000원		소멸
4	2004.04.22	가압류	신용보증기금	12,316,500원		소멸
5	2004.05.19	가압류	신용보증기금	833,000,000원		소멸
6	2004.05.22	가압류	기술신용보증기금	1,007,556,000원		소멸
7	2004.10.15	가압류	중소기업은행	685,666,443원		소멸
8	2004.10.21	압류	근로복지공단			소멸
9	2008.01.30	가압류	근로복지공단	32,071,480원		소멸
10	2008.03.24	압류	대구광역시동구		세무과-4440	소멸
11	2008.04.15	강제경매	신용보증기금(광진지점)	청구금액: 12,925,576원	2008타경10082	소멸
12	2009.01.08	압류	서울특별시광진구		세무2과-3317	소멸
13	2009.02.12	압류	서울특별시광진구		세무1과-16895	소멸
14	2009.07.30	강제경매	근로복지공단	청구금액: 32,071,480원	2009타경24385	소멸

(2) 502호 사설경매정보 사이트상의 입찰정보내역

2009타경 0000 (2) • 대구지방법원 본원 • 매각기일 : 2011.02.23(水) (10:00) • 경매 4계(전화:053-757-6774)

소재지	대구광역시 동구 효목동 000, 효목그랜드빌 5층 502호 도로명주소검색						
					오늘조회: 1 2주누적: 1 2주평균: 0 조회동향		
물건종별	다세대(빌라)	감정가	82,000,000원	구분	입찰기일	최저매각가격	결과
대지권	35.088㎡(10.614평)	최저가	(12%) 9,647,000원	1차	2010-06-23	82,000,000원	유찰
				2차	2010-07-22	57,400,000원	유찰
				3차	2010-08-24	40,180,000원	유찰
				4차	2010-09-28	28,126,000원	유찰
건물면적	74.615㎡(22.571평)	보증금	(20%) 1,930,000원	5차	2010-10-22	19,688,000원	낙찰
				낙찰 20,500,000원(25%) / 1명 / 미납			
				6차	2010-12-16	19,688,000원	유찰
매각물건	토지 건물 일괄매각	소유자	한국시엔시기술(주)	7차	2011-01-20	13,782,000원	유찰
				8차	2011-02-23	9,647,000원	
				낙찰: 12,558,000원 (15.31%)			
개시결정	2009-07-30	채무자	한국시엔시기술(주)	(2등입찰가 12,118,000원)			
				매각결정기일 : 2011.03.02 - 매각허가결정			
				대금지급기한 : 2011.03.30 - 기한후납부			
사건명	강제경매	채권자	근로복지공단	배당기일 : 2011.06.03			
				배당종결 2011.06.03			

• 임차인현황 (말소기준권리 : 2004.02.16 / 배당요구종기일 : 2009.10.08)

임차인	점유부분	전입/확정/배당	보증금/차임	대항력	배당예상금액	기타
정민국	주거용 전부 (방3칸)	전 입 일: 2003.06.13 확 정 일: 2003.06.13 배당요구일: 2009.08.18	보65,000,000원	있음	예상배당표참조	

Chapter 17 경매에서 실패하기 쉬운 사례와 함정에 빠진 사례에서 탈출 비법

• 등기부현황 (채권액합계 : 5,870,610,423원)

No	접수	권리종류	권리자	채권금액	비고	소멸여부
1	2003.02.12	소유권보존	한국시엔시기술(주)			
2	2004.02.16	압류	성동세무서		말소기준등기	소멸
3	2004.04.03	가압류	기보삼차유동화전문유한회사,기보사차유동화전문유한회사	3,300,000,000원		소멸
4	2004.04.22	가압류	신용보증기금	12,316,500원		소멸
5	2004.05.19	가압류	신용보증기금	833,000,000원		소멸
6	2004.05.22	가압류	기술신용보증기금	1,007,556,000원		소멸
7	2004.10.15	가압류	중소기업은행	685,666,443원		소멸
8	2004.10.21	압류	근로복지공단			소멸
9	2008.01.30	가압류	근로복지공단	32,071,480원		소멸
10	2008.03.24	압류	대구광역시동구		세무과-4440	소멸
11	2008.04.15	강제경매	신용보증기금 (광진지점)	청구금액: 12,925,576원	2008타경10082	소멸
12	2009.01.08	압류	서울특별시광진구		세무2과-3317	소멸
13	2009.07.30	강제경매	근로복지공단	청구금액: 32,071,480원	2009타경24935	소멸

근로복지공단이나 선정당사자(임금)의 가압류채권은 경매절차에서 일반채권으로 배당받게 되는 것이 아니라 최우선변제금으로 배당받게 된다. 그로 인해 대항력 있는 임차보증금을 인수할 수도 있다. 이 사례에서도 가압류채권이 최우선변제금이 되어 임차인의 미배당금을 낙찰자가 인수하게 돼 입찰보증금을 포기했던 매수인도 있지만, 비상탈출구가 없는 것은 아니다.

◆ 매수인은 어떻게 탈출할 수 있었을까?

이 사례는 필자가 먼저 매각된 502호 낙찰자와 임차인의 의뢰를 받아서 민법 제368조 제2항에 따라 후순위 임차보증금채권을 101호와 102호 그리고 202호의 배당금에서 순차적으로 선순위 유사공동저당권인 근로복지공단의 가압류채권(임금 최우선변제금)을 대위로 배당요구해서 배당받아준 사례이다.

어떻게 이런 일들이 발생했을까? **근로복지공단은 고용보험이나 산재보험의 체납이 있는 경우** 체납자의 재산을 압류 후 자산관리공사에 공매대행을 의뢰해 공매로 매각한다. 그러나 근로복지공단이 근로자에게 최우선변제금에 해당하는 **체당금을 채무자를 대위해 지급한 경우** 민사채권이 되므로 공매로 진행하지 않고 변제자대위에 기해 고용주의 재산 또는 회사의 재산에 대해서 채권가압류를 한 다음 본안소송을 거쳐서 판결문을 득하고 그에 기해서 강제경매를 신청할 수 있다. 이 경매사건은 대구시 효목동에 위치하고 있는 효목 그랜드빌 다세대주택 101호, 102호, 202호, 501호, 502호 등의 5개 호수 전체를 신용보증기금이 강제경매 절차를 진행하고, 근로복지공단이 근로자에게 대위로 지급한 민사채권을 가지고 이 5개 호수 전체를 후행으로 강제경매를 신청했다. 선행 경매채권자가 근로복지공단보다 후순위로 남을 가망이 없어서 신용보증기금의 강제경매 절차는 취소되고 근로복지공단의 후행경매로 매각절차가 진행되었다. 이런 경우 근로복지공단의 채권은 근로자의 최우선변제금을 대위로 청구하게 되는 것으로 1순위로 배당받게 되는데 이 과정에서 후순위 저당권자 등이 동시에 매각 시 배당받을 경우보다 배당금이 적어지게 되므로 민법 제368조 제2항에 따라 차순위저당권자의 대위권이 인정된다. 이와 같이 공동채권자(근로복지공단)가 선행된 경매절차(501호, 502호)에서 채권 전액을 우선 변제받으므로 인해서 후순위 채권자인 동구청 재산세와 이미숙 임차인 6,500만원, 정민국 임차인 6,500만원이 배당받지 못하게 된다. 이런 경우 후순위 저당권자 등은 선순위 공동채권자가 동시배당시 배당받게 되는 금액을 한도로 다른 호수 매각절차에서 민법 제368조 제2항에 따라 근로복지공단을 대위로 배당요구하여 배당 받을 수 있다.

김선생의 말풍선

두 번째로 101호와 102호가 동시매각 및 동시 배당되고, 세 번째로 202호가 매각되어 배당되었다.

이 과정에서 필자가 502호 낙찰자와 임차인의 의뢰를 받아서 임차보증금채권을 101호와 102호 그리고 202호의 배당금에서 순차적으로 후순위저당권자(임차인의 후순위 확정일자부 우선변제권)의 대위행사로 배당받아준 사건이다.

15. 주택임차보증금 반환채권만 양도받아 배당에 참여할 수 없었던 사례

김선생의 알아두면 좋은 내용

임대차의 양도와 전대차에 관한 대법원 판결 해석

주임법 제3조 제1항에 의한 대항력을 갖춘 주택임차인이 임대인의 동의를 얻어 적법하게 임차권을 양도하거나 전대한 경우에 있어서 양수인이나 전차인이 주민등록 퇴거일로부터 주민등록상 전입신고기간(14일 이내)에 전입신고를 마치고 주택을 인도받아 점유하면 양도인이나 전대인이 주민등록을 퇴거하여 대항력을 상실하더라도 임차인이 가진 임차권의 대항력은 소멸되지 아니하고 동일성을 유지한 채로 존속한다.

◆ **주택임차권 양도 후 경매되어 법원은 다음과 같이 배당하였다!**

402 누구나 돈 버는 경매 투자의 비밀

① 원고(현대스위스이상호저축은행)는 2004. 6. 14. 소외 1에게 6,000만원을 변제기 2005. 4. 14.로 정하여 대여하면서 위 대여금반환채권을 담보할 목적으로 임차인 박병장으로부터 이 사건 부동산에 관한 위 임대차계약상의 임대차보증금 9,000만원의 반환채권을 양도받았고, 임대인 박수희도 당일 위 채권양도를 승낙했다.

② 정소령(박수희의 남편)은 박수회로부터 이 사건 부동산을 매수하여 2006. 10. 24. 소유권이전등기를 마쳤는데, 소유권취득 당일 피고 주식회사 한국스탠다드차타드 제일은행과 근저당권 설정계약을 체결하여 채권최고액 1억8,000만원으로 된 근저당권을 설정하여주었고, 2006. 11. 23. 피고 2, 3에게 채권최고액 7,500만원으로 된 공동근저당권을 설정하여 주었다.

③ 피고 주식회사 한국스탠다드차타드 제일은행의 경매신청(근저당권 실행)으로 2007. 8. 14. 이 사건 부동산에 대하여 서울남부지방법원 2007타경17380호로 부동산임의경매가 개시되자, 피고 주식회사 한국스탠다드차타드 제일은행과 피고 2, 3은 각 근저당권자로서 권리신고 및 배당요구를 하였고, 원고(현대스위스이상호저축은행)도 부동산의 임차인 자격으로 위 법원에 권리신고 및 배당요구를 했다.

④ 이 부동산은 2009. 2. 11. 219,900,000원에 매각되어, 매각대금에 이자를 더하고 집행비용을 공제 후 실제 배당할 금액 216,839,474원 중, 1억8,000만원을 피고 주식회사 한국스탠다드차타드 제일은행에게 2순위(근저당권자)로 배당하고 36,619,054원을 피고 2, 3에게 3순위(근저당권자)로 배당하는 배당표를 작성하였고, 원고는 위 배당에서 배제되었다.

◆ 배당에서 배제된 임차권 양수인이 배당이의의 소송을 제기

원고가 배당에서 배제되자 위 경매절차의 배당기일인 2009. 3. 9. 피고들에 대한 배당액 전액에 관하여 이의를 진술하고, 배당이의의 소를 제기했다.

① 1심인 서울남부지방법원 2009가단18711 판결

㉠ 피고들이 아파트에 저당권을 취득하기 전 이미 확정일자 있는 대항요건을 갖춘 주택임차인의 임대차보증금반환채권을 양수한 원고가 피고들보다 선순위로 우선 배당받아야 한다는 원고의 주장에 대하여, 주임법 제3조의2 제2항에서 주거용 건물의 '임차인'에게만 임대차보증금에 관하여 우선변제권을 인정하고 있음은 문언상 명백하고, 원고는 임차인으로부터

임대차보증금반환채권을 양도받은 일반 금전채권자에 불과할 뿐, 원고가 이 사건 부동산의 임차인에 해당한다거나 원고가 임차인으로 부터 이 사건 부동산의 임차권을 양도받았다는 점을 인정할 만한 아무런 사정이 없는 이 사건에서 원고의 위 주장은 받아들일 수 없음이 명백하다.

ⓒ 나아가 원고가 **채권자대위권 행사로서 임차인을 대위하여 배당요구를 하였다는 주장에 대하여는 임차인은 이미 원고에게 임대차보증금반환채권을 양도하여 더 이상 임대차보증금반환채권을 가지고 있지 않으므로 채권자대위요건에 해당하지 못한다.** 즉 원고와 임차인 사이에 채권양도양수계약상의 채권채무가 아직도 존속하고 있음을 전제로 한 원고의 주장은 이유 없으므로 원고의 청구를 기각한다.

② **2심 법원의 판단에서는** 제1심 판결은 정당하므로 원고의 항소는 이유 없어 이를 모두 기각하기로 하여 주문과 같이 판결한다.

③ 3심인 대법원 2010다10276 판결

채권양수인이 우선변제권을 행사할 수 있는 주택임차인으로부터 임차보증금반환채권을 양수하였다고 하더라도 임차권과 분리된 임차보증금반환채권만을 양수한 이상, 그 채권양수인이 주택임대차보호법상의 우선변제권을 행사할 수 있는 임차인에 해당한다고 볼 수 없다. 따라서 위 채권양수인은 임차주택에 대한 경매절차에서 주임법상의 임차보증금 우선변제권자의 지위에서 배당요구를 할 수 없고, 이는 채권양수인이 주택임차인으로부터 다른 채권에 대한 담보 목적으로 임차보증금반환채권을 양수한 경우에도 마찬가지이다. 다만, 이와 같은 경우에도 채권양수인이 일반 금전채권자로서의 요건을 갖추어 배당요구를 할 수 있음은 물론이다.

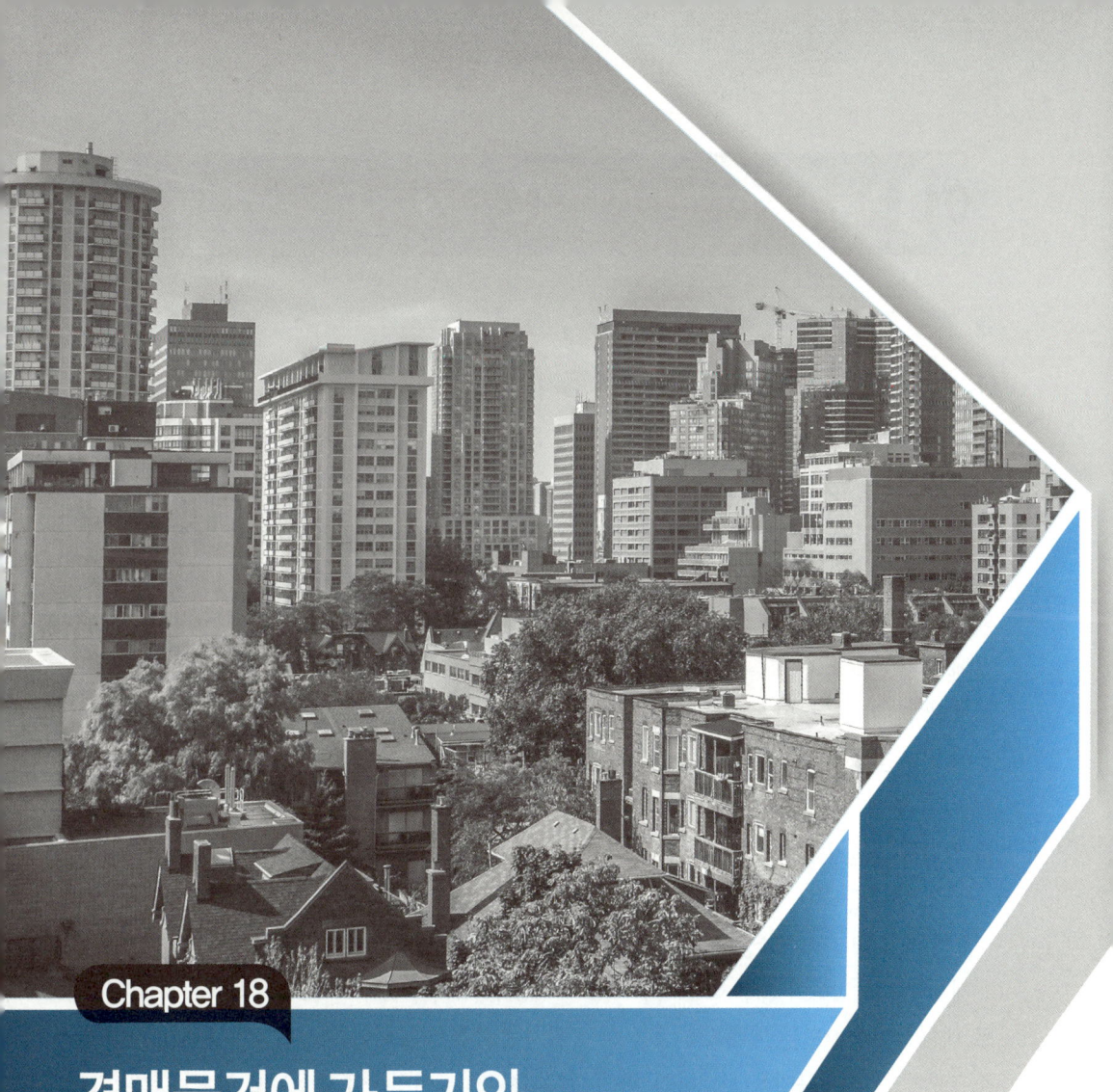

Chapter 18

경매물건에 가등기와 가처분이 있을 때 대응방법

가등기권자가 있으면 어떻게 분석해야 하나?

◆ 청구권보전가등기와 담보가등기

(1) 청구권보전을 위한 가등기(보전가등기)

  소유권 또는 전세권, 지상권, 지역권 등의 용익물권과 근저당권, 권리질권 등의 담보물권, 등기된 임차권 등의 물권에 준하는 권리 등을 취득하기 위하여 장래에 할 본등기를 대비하여 미리 그 순위를 보전하는 것인데, 가등기는 그것만으로는 등기로서의 효력이 없으나, 후에 본등기를 하면 그 본등기의 순위는 가등기 순위로 소급된다(순위보전의 효력). 예를 들어 ① 소유권이전등기청구권보전가등기 이후에 소유자가 변동되어도 가등기에 기한 본등기가 이루어지면 그 소유권이전등기는 말소되고, ② 근저당권 설정등기청구권보전가등기가 있고 그 후에 대항요건을 갖춘 임차인이 있어도 가등기에 기한 본등기가 이루어지면 임차인은 후순위가 될 수밖에 없다. 그래서 근저당권 설정등기청구권보전가등기가 있고 그 후에 그로 인한 본등기로 근저당권이 설정되었다면 말소기준권리는 가등기 시점으로 판단해야 한다.

(2) 채권의 담보를 목적으로 한 가등기(담보가등기)

  채권담보를 위하여 채권자와 채무자(또는 제3자) 사이에 채무자 소유의 부동산을 목적물로 대물변제예약 또는 매매예약 등을 하는 동시에 채무가 불이행되는 경우를 대비해 장래의 소유권이전등기청구권을 보전하기 위한 가등기를 하는 변칙적인 담보로서 담보가등기라고 한다.

◆ 청구권보전가등기와 담보가등기를 확인하는 방법

  가등기는 등기부에 등기된 형식으로만 보면 대부분이 청구권보전가등기로 등기되어 있어서 실제로 소유권이전등기청구권보전가등기인지(또는 근저당권 설정등기청구권보전가등기), 담보가등기인지 확인하기가 어렵다. 그래서 가등기된 부동산이 경매가 진행되는 경우에 법원은 이러한 가등기를 가려내기 위하여 가등기담보 등에 관한 법률 제16조 제1항에 의한 담보가등기인지 소유권이전등기청구권보전가등기인지를 법원에 신고할 것을 가등기권자에게 최고하고 있다. 법원의 최고에 따라 집행기관에 소유권이전등기청구권보전가등기로 권리신고를 했거나 권리신고 또는 배당요구 등이 없는 경우에는 소유권보전가등기로 보고 입찰에 참여해야 한다.

◆ 소유권이전청구권보전을 위한 가등기의 인수 여부와 배당방법

　소유권이전청구권보전을 위한 가등기는 말소기준권리보다 선순위인 경우 경매절차에서 소멸되지 아니하고 낙찰자가 인수하게 된다. 그러나 말소기준권리보다 후순위인 경우에는 담보물권이 아닌 청구권보전을 위한 가등기는 우선변제권이 없어서 배당에 참여하지도 못하고 소멸한다. 이러한 후순위 가등기권자는 선순위채권자를 대위변제 할 가능성이 있다. 그리고 가등기권자가 가등기에 의하지 않고 다른 원인으로 소유권이전등기를 하였을 경우 그 부동산의 소유권이 제3자에게 이전되기 전에는 가등기권자의 단독신청으로 혼동을 등기원인으로 하여 가등기를 말소할 수 있으나, 그 부동산의 소유권이 제3자에게 이전된 후에는 통상의 가등기 말소절차에 따라 가등기를 말소한다(등기예규 제1057호).

> (1) 갑 소유권보전가등기 2005. 5. 10. ⇨ 을 근저당권(4,000만원) 2007. 7. 10. ⇨ 병 임차인 (3,000만원) 2007. 8. 30 ⇨ 을의 임의경매신청 2007. 12. 10 ⇨ 정 낙찰자

배당금액이 4,000만원이고 주택이 서울에 소재한다면
- **1순위** : 병 임차인 1,600만원(최우선변제금 1)
- **2순위** : 을 근저당권 2,400만원(우선변제권 1)

　이와 같이 배당이 종결되나 정 낙찰자는 갑의 보전가등기를 인수해야 되므로 갑이 본등기 하면 정은 소유권을 잃게 된다.

> (2) 갑 근저당(4,000만원) 2005. 2. 1 ⇨ 을 소유권보전가등기 2007. 3. 30 ⇨ 병 가압류 (2,500만원) 2007. 10. 10. ⇨ 갑의 임의경매신청 ⇨ 정 낙찰자

배당금액 4,000만원이고 주택이 서울에 소재한다면
- **1순위** : 갑 근저당 4,000만원(우선변제금 1)

　을이 소유권보전가등기로 권리신고를 했거나 하지 않은 경우에는 법원은 소유권이전청구권보전가등기로 보게 되는데, 보전가등기는 소유권을 보전하기 위한 권리에 불과해서 배당받을 권리가 없고 후순위이기 때문에 경매절차에서 소멸되는 권리에 불과하다.

이렇게 을 가등기권자는 후순위로 소멸되기 때문에 권리를 보전하기 위하여 갑 근저당권 채권액을 대위변제 하면 선순위 가등기가 되어 낙찰자가 인수하게 되고, 훗날 본등기절차를 이행하면 낙찰자는 소유권을 잃게 될 수도 있다. 따라서 낙찰자는 선순위 근저당권을 대위변제를 했는지를 확인하고 이상이 없다면 잔금을 납부하고, 이상이 있다면 매각결정취소를 신청해야 한다.

> (3) 갑 근저당(4,000만원) 2005. 2. 1 ⇨ 을 소유권보전가등기 2007. 3. 30 ⇨ 병 가압류 (2,500만원) 2007. 10. 10. ⇨ 갑의 임의경매신청, 또는 병이 강제경매신청 ⇨ 정 낙찰자

을 가등기권자는 후순위로 소멸되기 때문에 권리를 보전하기 위하여 ① 낙찰자가 잔금을 납부하기 전까지 본등기를 하면 을 가등기 이후의 모든 권리가 소멸하게 되지만, 선순위 갑 근저당권에 기한 경매기입등기는 말소되지 않고 매수인은 소유권을 취득하게 되고 본등기는 말소촉탁대상이다. 이는 가등기에 기한 본등기가 경매신청한 근저당권보다 후순위에 기한 본등기이기 때문이다. ② 제1, 2순위의 근저당권 사이에 소유권이전청구권 보전의 가등기가 경료된 부동산에 대하여 제2순위 근저당권 실행을 위하여 실시된 경매절차에서 낙찰허가결정이 선고되기 전에 그 근저당권보다 선순위인 가등기에 기한 소유권이전의 본등기가 경료되었다고 하더라도, 경매절차가 그대로 진행되어 낙찰허가결정이 확정되고 낙찰자가 낙찰대금을 완납한 이상 낙찰의 효력은 이를 더 이상 다툴 수 없게 되었는바, 우선순위로서 그 때까지 유효하게 존재하고 있던 제1순위 근저당권이 그 낙찰로 인하여 소멸하고 따라서 그보다 후순위인 가등기 및 그에 기한 본등기의 효력도 상실되었으므로, 낙찰대금의 완납 후에 제기된 가등기 및 그에 기한 소유권이전등기 명의인의 경매취소신청은 이유 없다(대법원 96마231 결정). 따라서 본등기권자는 매수인이 잔금을 납부하기 전에 경매절차 정지 가처분신청과 경매개시결정에 대한 이의신청을 해야 한다.

◆ 근저당권 설정등기청구권보전을 위한 가등기의 인수 여부와 배당방법

> (1) 갑 근저당권청구권보전가등기 2005. 5. 10. ⇨ 을 임차인(3,000만원) 2007. 8. 30 ⇨ 2007. 10. 10, 병 근저당권(4,000만원) ⇨ 병의 임의경매신청 2007. 12. 10 ⇨ 정 낙찰자

경매개시결정등기 전의 저당권 설정의 가등기가 있으면 본등기를 하면 우선변제를 받을

수 있으므로 본등기를 하였다고 가정하고 배당할 금액을 정하여 공탁한다. 그래서 근저당권설정등기청구권보전가등기가 최선순위라면 그 가등기 시점이 말소기준권리가 되므로 그 후에 대항요건을 갖춘 을 임차인은 대항력이 없어서 배당받고 소멸되는 임차인이 된다. 이때 가등권자에게 배당방법은 경매개시 전에 본등기가 되어 있으면 자동배당대상자가 되고, 경매개시 전부터 대금납부 전에 본등기를 해서 배당기일까지 그러한 사실을 증명하면 배당참여가 가능하다. 그러나 이 시기까지 본등기가 이루어지지 않았다면 법원은 그 권리신고한 금액에 대해서 공탁하고 선순위가등기를 촉탁으로 말소하게 된다.

> (2) 갑 근저당권청구권보전가등기 2005. 5. 10. ⇨ 을 임차인(7,000만원) 2007. 8. 30 전입/확정 ⇨ 2007. 10. 10. 병 근저당권(4,000만원) ⇨ 2007. 12. 10. 갑의 본등기로 근저당권설정 5,000만원 ⇨ 병의 임의경매신청 2008. 2. 10 ⇨ 정 낙찰자

갑 근저당권은 2005. 5. 10. 가등기 시점으로 순위가 소급해서 우선변제권이 발생하고, 말소기준도 가등기 시점이 되므로 을 임차인은 대항력이 없다. 따라서 배당순위는 1순위는 갑 근저당권, 2순위는 을 임차인, 3순위는 병 근저당권 순이 된다.

◆ 담보가등기는 선순위이든 후순위이든 상관없이 매각절차상에서 소멸된다!

담보가등기는 경매절차에서는 저당권자와 동일하게 보게 되므로 우선변제권으로 후순위 권리자보다 우선하여 배당받고 소멸된다. 만일 보전가등기 형식으로 등기부에 등기된 담보가등기권자가 배당요구종기 시까지 배당요구하지 아니한 경우 배당에 참여하지 못하고 서울남부지법 2006.5.26. 선고 2005가합14039 판결과 같이 소멸하게 되니 담보가등기권자는 주의해야 한다.

02 부동산에 가처분이 있을 때 대응방법

부동산 처분금지가처분은 소유권이전뿐만 아니라 담보제공(저당권 설정 등), 기타 임차권 등 일체의 처분행위를 할 수 없도록 하는 조치이다.

① 소유권에 관한 가처분(갑구에 기재)과 ② 소유권이외에 저당권(을구에 기재) 등에 관한 가처분 등이 있는데 가처분권자가 말소기준권리보다 선순위인 경우에는 매수인이 인수하는 것이 원칙이나 후순위인 경우에는 소멸대상이 된다.

◆ 가처분이 선순위인 경우

> (1) 갑 소유권 ⇨ 을 가처분(갑 소유권에 대한 가처분) ⇨ 병 근저당 ⇨ 정 세금압류 ⇨ 병의 임의 경매 ⇨ 무 낙찰자 소유권이전등기

무 낙찰자는 을 선순위 가처분을 인수해야 한다. 이 말은 을 가처분권자가 경매절차 밖에서 진행하고 있는 본안 소송에서 승소하면 무 낙찰자가 소유권을 상실할 수도 있다는 의미다. 그러나 가처분권자가 패소하면 소유권을 잃지 않는다.

> (2) 갑 소유권 ⇨ 을 가처분(근저당권 설정등기청구에 관한 가처분) ⇨ 병 임차인 전입/확정 ⇨ 정 근저당권 ⇨ 정의 임의경매 ⇨ 무 낙찰자 소유권이전등기

무 낙찰자는 을 선순위 가처분과 병 임차인에게 대항력이 있어서 인수해야 되므로 경매절차 밖에서 가처분권자가 승소하면 근저당권이 설정되고 그 근저당권의 채권금액을 인수하게 된다. 그러나 가처분권자가 패소하면 인수할 채권이 없다.

> (3) 갑 소유권 ⇨ 을 가처분(근저당권 설정등기청구에 관한 가처분) ⇨ 병 임차인 전입/확정 ⇨ 정 근저당권 ⇨ 을의 본안소송승소로 근저당권 설정 ⇨ 정의 임의경매 ⇨ 무 낙찰자 소유권이전등기

을 근저당권의 순위는 가처분 시점으로 순위가 상승하게 된다. 따라서 말소기준권리는 가처분 시점으로 판단하게 되므로 임차인은 대항력이 없게 된다. 이러한 경우라면 배당순위는 1순위는 을 근저당권, 2순위는 병 임차인, 3순위는 정 근저당권 순으로 배당하게 된다.

김선생 특강

피보전권리가 소유권이전등기 또는 근저당권 설정등기청구권인 경우
① 가처분에 기한 소유권이전등기의 경우 가처분과 그에 기한 소 유권이전등기는 동일하게 갑구에 기재된다.
② 피보전권리가 소유권 이외의 권리에 대한 설정등기청구권보전가등 기인 경우에는 가처분등기는 갑구에 기재되고 본안 소송 승소판결에 따른 설정등기는 을구에 기재된다. 이때 가처분에 기한 등기의 순위는 가처분 시점으로 순위가 상승하게 된다.

◆ 가처분이 후순위인 경우

(1) 갑 소유자 ⇨ 을 근저당 ⇨ 병 세금압류 ⇨ 정 가처분(갑 소유권말소청구에 관한 가처분) ⇨ 을의 임의경매 신청 ⇨ 무 낙찰자 소유권이전등기 ⇨ 정 가처분권자 승소시

정 가처분등기는 을 근저당(말소기준권리)보다 후순위로 경매절차에서 소멸대상이다. 그러나 경매절차 밖에서 진행되고 있는 본안소송에서 정이 승소한다면 무 낙찰자는 소유권을 상실할 수밖에 없다. 정이 소유권을 취득하고 그 이후 모든 권리는 원인무효로 소멸대상이 되어 무 낙찰자 역시 소유권을 잃게 된다.

(2) 갑 소유자 ⇨ 을 근저당 ⇨ 병 소유권이전 ⇨ 정 가처분(병 소유권말소청구에 관한 가처분) ⇨ 을의 임의경매 신청 ⇨ 무 낙찰자 소유권이전등기 ⇨ 정 가처분권자 승소시

정 가처분등기는 을 근저당(말소기준권리)보다 후순위로 소멸대상이다. 경매절차 밖에서 정이 소송에서 승소해서 병 소유권이 말소되고 정이 소유권을 취득한다고 해도 후순위 제3취득자에 해당돼 낙찰자에 영향을 미치지 못하고 다만 배당잔여금을 제3취득자가 된 정이 가져갈 수 있을 뿐이다.

> (3) 갑 소유자 ⇨ 을 근저당 ⇨ 병 근저당 ⇨ 정 가처분(병 근저당 말소청구에 관한 가처분) ⇨
> 정 근저당 ⇨ 을의 임의경매 신청 ⇨ 무 낙찰자 소유권이전등기 ⇨ 정 가처분권자 승소시

정 가처분이 승소한 경우에도 병 근저당권이 소멸되는 것에 불과하므로 경매절차에는 아무런 영향 없이 진행되며 무는 소유권을 정상적으로 취득할 수 있다. 단지 병 근저당권이 소멸됨에 따라 을 다음으로 정 근저당권이 배당받게 된다.

03 선순위로 가등기나 가처분이 있는 물건에 투자하는 비법

앞에서 살펴본 바와 같이 선순위로 가등기나 가처분이 있는 경우 낙찰자가 잔금을 납부하고 소유권을 취득했더라도 소멸되지 않고 등기부에 그대로 남아 있어서 소유권을 잃게 될 수도 있다. 그런데 선순위로 가등기나 가처분이 존재하는 경우도 그 권리들이 유효한 것인지, 순위보전을 위한 가등기인지, 아니면 담보가등기인지 여부가 명확하게 밝혀지지 못 한채 경매가 진행되는 경우가 많다. 이러한 물건은 위험도 따르지만 그 만큼 높은 수익을 얻을 수 있는 분야로 다음과 같이 분석한 다음 입찰에 참여하면 된다.

첫 번째로 가등기나 가처분에 관한 본 재판이 있었는지, 그 결과 어떠한 판결이 나왔는지를 먼저 확인한다. 실무에서는 이미 그 권리관계가 확정되었음에도 불구하고 등기부나 경매절차에서 반영되지 못하고 진행되는 경우도 많다.

두 번째로 첫 번째와 같이 조사를 했는데 그 권리관계가 명확하지 않다면 인수할 수도 있다는 위험성을 안고 입찰해야 한다. 선순위 가등기나 가처분은 낙찰자가 잔금납부로 소유권을 취득해도 말소되지 않고 남아 있어서 낙찰자가 가등기 등을 말소하기 위한 재판을 제기하거나 또는 가등기권자 등으로부터 소송을 제기당할 수 있는데, 이 소송과정에서 승소하면 낙찰자가 소유권을 정상적으로 유지할 수 있지만, 패소하면 소유권을 잃게 된다. 이러한 경우 민법 제578조에 따라 채무자나 배당받은 채권자를 상대로 담보책임을 추궁할 수 있는데, 채무자는 무자력인 경우가 적지 않아서 배당받을 채권자의 능력이나 지위를 고려해야 한다. 배당받을 채권자가 금융기관과 세무서 등과 같이 향후 담보책임을 부담하기에 충분한 능력이

있는 경우에는 취득한 부동산을 상실하는 경우에도 매각대금 상당의 손해를 회복할 수 있어서 선순위가등기나 가처분이 있는 물건이라도 과감하게 입찰해도 되지만, 배당받을 채권자가 능력이 부족한 개인 등의 채권자라면 가등기 등을 말소할 수 있다는 정확한 판단 하에서만 입찰해야 하며 그렇지 않은 경우에는 입찰해선 안될 것이다.

 김선생의 특별과외 |

선순위 가등기의 본등기로 낙찰자가 소유권을 상실할 때 대응방법
선순위 가등기의 본등기로 낙찰자가 소유권을 상실하게 된 때에는 매각으로 인하여 소유권의 이전이 불가능하였던 것이 아니므로, 민사소송법 제613조에 따라 집행법원으로부터 그 경매절차의 취소결정을 받아 납부한 낙찰대금을 반환받을 수는 없다고 할 것이나, 이는 매매의 목적 부동산에 설정된 저당권 또는 전세권의 행사로 인하여 매수인이 취득한 소유권을 상실한 경우와 유사하므로, 민법 제578조, 제576조를 유추적용하여 담보책임을 추급할 수는 있다고 할 것인바, 이러한 담보책임은 낙찰인이 경매절차 밖에서 별소에 의하여 채무자 또는 채권자를 상대로 추급하는 것이 원칙이라고 할 것이나, 아직 배당이 실시되기 전이라면, 이러한 때에도 낙찰인으로 하여금 배당이 실시되는 것을 기다렸다가 경매절차 밖에서 별소에 의하여 담보책임을 추급하게 하는 것은 가혹하므로, 이 경우 낙찰인은 민사소송법 제613조를 유추적용하여 집행법원에 대하여 경매에 의한 매매계약을 해제하고 납부한 낙찰대금의 반환을 청구하는 방법으로 담보책임을 추급할 수 있다(대법 96그64 결정).

세 번째로 설정된 지 10년 이상 된 선순위 보전가등기가 있는 물건은 이미 상당한 시간이 지나 사실상 가등기된 원인관계가 어떤 식으로든 정리되지 않았는지(계약이 해제 또는 합의로 목적달성), 아니면 소멸시효나 제척기간이 도과하지 않았는지 여부를 살펴볼 필요가 있다. 먼저 선순위 가등기가 매매예약완결권을 피보전권리로 해 설정된 매매예약에 의한 가등기인지, 아니면 매매계약이 체결된 이후 소유권이전청구권을 보전하기 위해서 설정해 놓은 매매계약에 의한 가등기인지를 확인해야 한다. 이는 등기부상 가등기의 원인란을 살펴보면 매매예약 또는 매매계약으로 표시되어 있어서 쉽게 확인할 수 있다.

① **매매예약에 의한 가등기**는 매매예약의 단계에서는 완전한 계약이 성립되지는 않았기 때문에 예약 이후에 예약완결권이 제척기간 내에 제대로 행사되었는지를 살피는 것이 우선해야 한다.

매매예약의 완결권은 일종의 형성권으로서 당사자 사이에 그 행사기간을 약정한 때에는 그 기간 내에, 그러한 약정이 없는 때에는 그 예약이 성립한 때로부터 10년 내에 이를 행사하여야 하고, 그 기간이 지난 때에는 예약 완결권은 제척기간의 경과로 무조건 소멸되는 제도로 소멸시효와 같이 기간의 중단이 있을 수 없다. 그러므로 매매예약에 의한 가등기권자가 그 기간 내에 권리를 행사했을 수도 있어 그러한 사실을 확인하는 것도 중요하다. 매매예약 완결권이 성립되었다면 계약이 체결된 것으로 가등기권자가 가등기에 기한 본등기 청구소송을 제기하게 되는데 이때 소유자를 변경하지 못하도록 처분금지가처분을 하고 소송을 진행하게 되므로 처분금지가처분이 등재되어 있다면 소송이 진행되고 있다고 판단하고 그 소송과정을 면밀하게 분석하고 나서 대응하면 된다.

그래서 매매예약에 의한 가등기를 분석할 때에 먼저 매매예약의 완결권이 성립되지 못했다면 제척기간을 가지고 말소를 구하고, 성립되었다면 계약의 효력이 발생한 것으로 본 계약의 해제 여부, 소유권이전청구권의 소멸시효를 가지고 판단해서 말소청구소송을 진행해야 한다.

② **매매계약에 의한 가등기**는 계약을 체결하고 나서 순위를 보전하기 위해 행한 소유권이전등기청구권은 10년의 제척기간의 대상이 되는 형성권이 아니고 소멸시효의 대상이 되는 권리이므로 소멸시효의 중단이나 정지가 있을 수 있고 또한 가등기권자가 혹시라도 목적물을 인도받아 사용하고 있다면 등기청구권의 소멸시효가 중단될 수도 있다. 따라서 매매계약에 의한 가등기이후에 매매계약이 해제되었는지, 아니면 장기간에 걸쳐 권리행사를 하지 못해 소유권이전등기청구권이 10년의 소멸시효에 해당돼 가등기를 말소할 수 있는지 등으로 확인하고 입찰에 참여해야 한다.

김선생의 특별과외 II

선순위 소유권청구권 보전가등기를 말소할 수 있는 방법

❶ 매매의 일방예약에서 예약자의 상대방이 매매예약 완결의 의사표시를 하여 매매의 효력을 생기게 하는 권리, 즉 **매매예약의 완결권**은 일종의 형성권으로서 당사자 사이에 그 행사기간을 약정한 때에는 그 기간 내에, 그러한 약정이 없는 때에는 그 예약이 성립한 때로부터 10년 내에 이를 행사하여야 하고, 그 기간을 지난 때에는 예약 완결권은 제척기간의 경과로 인하여 소멸하고, 제척기간에 있어서는 소멸시효와 같이 기간의 중단이 있을 수 없다(대법2000다26425 판결).

❷ 소유권이전등기청구권을 행사하지 않아 10년의 소멸시효에 걸린 경우
매매예약을 원인으로 하는 가등기권자는 가등기의무자에게 일방행위로써 매매예약완결권을 행사하면 그 의사표시가 도달한 때, 또는 매매예약서에 예약완결권 행사시점을 특정한 경우에는 행사하지 않아도 그 시점에 매매계약으로 전환돼 소유권이전등기청구권을 취득하게 된다. 이러한 소유권이전등기청구권은 채권적 청구권으로 10년의 소멸시효 기간이 지나면 소멸하는 것인데, 만일 소유권이전청구권을 취득한 가등기권자가 목적물을 점유(직접점유, 간접점유 포함)하고 있는 한 소멸시효에 걸리지 않는다(대법 2000다12037 판결).

❸ 소유권이전등기청구권은 채권적 청구권이므로 10년의 소멸시효에 걸리지만 매수인이 매매목적물인 부동산을 인도받아 점유하고 있는 이상 매매대금의 지급 여부와는 관계 없이 그 소멸시효가 진행되지 않는다(대법76다148 참조)(대법2009다73011 판결).

❹ 부동산을 매수한 후 다른 사람에게 임대하는 등 점유를 하고 있는 것이라면 이 부동산에 대한 소유권이전등기청구권의 소멸시효는 진행되지 않는다(대법 86다카2634판결).

❺ 매수인이 매매목적물을 인도받아 사용수익하고 있는 한 소유권이전등기청구권은 소멸시효에 걸리지 않으나, 매수인이 그 목적물의 점유를 상실하면 그 점유상실 시점부터 소멸시효가 진행한다(대법 91다40924 판결).

🏠 알아두면 좋은 내용

매매예약 가등기권자 사망시 가등기 말소 방법

상속인들의 인적사항을 모르면 사망하신 분을 피고로 가등기말소청구소송을 제기하여 사실조회를 통해 상속인들의 인적사항을 알아낸 다음 당사자(피고)를 상속인들로 정정하면 된다. 대법원 판례는 채무자가 사망한 후에 채무자가 사망한 사실을 알면서도 채무자를 피고로 하여 소를 제기한 후 사실조회를 통하여 상속인을 알아낸 다음 당사자의 표시를 정정하는 것이 가능하다고 판시하고 있다. 아들의 인적사항을 알아내 당사자 표시를 정정한 다음에 주소보정명령이 나오면 주소를 보정하고 주민등록상 주소에 송달이 되지 않는다면 결국에 가서 공시송달을 통하여 소송을 진행하면 된다.

네 번째로 가압류나 가처분 등은 3년 동안 본안소송을 제기하지 않으면 보전처분 취소를 신청할 수 있는 방법이 있는데 다음 김선생의 특별과외처럼 할 수 있다.

김선생의 특별과외 Ⅲ

가압류와 가처분 등의 보전처분 취소신청 도과기간이란

❶ 가처분집행 후 3년간 본안의 소를 제기하지 않으면 채권자의 보전의사가 상실 또는 포기된 것이라고 볼 수 있으므로 채무자 또는 이해관계인은 보전처분취소를 신청할 수 있다. 이 기간이 경과되면 취소요건이 완성되고 그 후에 채권자가 소를 제기해도 가압류·가처분의 취소를 배제하는 효력이 생기지 않게 된다(99다37887).

❷ 가처분의 경우 2002. 6. 30. 이전에 집행된 보전처분은 10년, 2002.7.1. ~ 2005.7.27. 까지는 5년, 2005. 7. 28. 이후에 집행된 보전처분은 3년이 경과하면 취소신청이 가능하다.

Chapter 19

법정지상권 성립 여부와 그 건물임차인에 대한 배당방법

01 법정지상권이란 어떠한 권리인가?

　법정지상권은 당사자 사이에 계약을 체결하지 않더라도 건물소유자가 법에서 정한 요건만 갖추고 있으면 법률석으로 당연히 지상권을 취득하는 것을 말하고, 관습법상 법정지상권은 관습에 의해서 성립되는 지상권이다. 이들 모두 약정지상권과는 달리 등기부 상에 등기할 필요가 없다.

◆ 민법이 인정하는 법정지상권 종류

(1) 건물전세권과 법정지상권

　대지와 건물이 동일한 소유자에게 속한 경우에 건물에 전세권을 설정한 때에는 그 대지 소유권의 특별승계인은 전세권설정자(건물소유자)에 대하여 지상권을 설정한 것으로 본다(민법 제305조제1항). 이는 건물에 전세권을 설정할 당시 건물과 대지가 동일인 소유였으나 그 후 토지소유자가 변경된 경우에는 건물소유자를 위하여 법정지상권이 성립된다. 이때 법정지상권자는 전세권자가 아니라 건물소유자가 취득하게 된다.

(2) 저당권과 법정지상권

　① 저당물의 경매로 인하여 토지와 그 지상건물이 다른 소유자에게 속한 경우에는 토지소유자는 건물소유자에 대하여 지상권을 설정한 것으로 본다(민법 제366조).
　그러나 지료는 당사자의 청구에 의하여 법원이 이를 정한다. 또한 이 규정은 강행규정이므로 저당권 설정 당시 당사자의 특약으로 법정지상권 성립을 배제하는 것은 무효이다.
　그러나 다음 ②, ③의 경우에는 법정지상권이 성립되지 않는다.

　② 토지와 건물에 공동저당권이 설정되었다가 지상건물을 멸실시키고 신축하여서 저당권자가 토지만 경매 신청하여 토지와 건물소유자가 달라졌다면 법정지상권은 성립되지 않는다.

　③ 나대지 상(저당권 설정 당시 건물이 부존재)에서 저당권 설정 후 건물을 신축하였다면 법정지상권은 성립되지 않는다.

(3) 가등기 담보권과 법정지상권

① 토지 및 그 지상의 건물이 동일한 소유자에게 속하는 경우에 그 토지 또는 건물에 대하여 제4조 2항(청산금의 지급과 소유권의 취득)의 규정에 의한 소유권을 취득하거나 담보가등기에 기한 본등기가 행해진 경우에는 그 건물의 소유를 목적으로 그 토지 위에 지상권이 설정된 것으로 본다. 이 경우 그 존속기간 및 지료는 당사자의 청구에 의하여 법원이 정한다(가담법 제10조).

② 담보가등기권리자는 그 선택에 따라 제3조에 따른 담보권을 실행하거나 담보목적부동산의 경매를 청구할 수 있다.
이 경우 경매에 관하여는 담보가등기권리를 저당권으로 본다(가담법 제12조제1항).
이 경우에도 민법 제366조의 법정지상권과 동일한 법리가 적용된다.

(4) 입목에 관한 법과 법정지상권

토지와 입목이 동일 소유자에게 속한 경우에 경매, 그 밖의 사유로 토지와 입목이 각각 다른 소유자에게 속하게 된 때에는 입목의 소유자가 법정지상권을 취득한다(입목법 제6조1항). 여기서 입목이란 토지에 부착된 수목집단으로서 그 소유자가 이 법에 의해 소유권보존등기를 한 것을 말한다(입목법 제2조1항). 입목은 이를 부동산으로 본다(입목법 제3조1항). 따라서 수목이 입목등기 된 경우만 법정지상권이 성립된다.

> 🏠 **미리 알아두면 좋은 판례 TIPS**
>
> **입목의 법정지상권 성립요건**
> 위 수목의 소유권에 관하여 명인방법이 갖추어졌다고 보기 어려울 뿐 아니라, 명인방법이 갖추어졌다고 하더라도, 위 법률에 따라 소유권보존등기를 마치지 않은 수목의 경매 등으로 인하여 토지의 소유자와 수목의 소유자가 달라진 경우 수목의 소유자가 그 토지에 관하여 당연히 지상권을 취득한다고 볼 수 있는 근거는 없다(관습법상의 법정지상권은 건물의 소유자에 대하여만 인정된다)(광주고등법원 2004나9304판결).

◆ 법정지상권의 성립 요건

(1) 토지와 건물의 소유자가 동일인이어야 한다.

① 관습법상의 법정지상권이 성립되기 위해서는 토지와 건물 중 어느 하나가 처분될 당시

에 토지와 그 지상건물이 동일인의 소유에 속하였으면 족하고 원시적으로 동일인의 소유였을 필요는 없다(대법95다9075).

② 가압류가 있고 그 가압류의 본 집행으로 강제경매가 진행된 경우에는, 애초 가압류가 효력을 발생하는 때를 기준으로 토지와 그 지상 건물이 동일인에 속하였는지를 판단해야 한다(대법 2010다52140 판결).

③ 가압류의 본압류로 강제경매가 진행돼 토지와 건물소유자가 달라졌더라도 그 가압류 이전에 근저당권이 있었다면 근저당권 설정 당시에 토지와 건물 소유자가 같았는지를 가지고 판단해야 한다(대법2009다62059 판결).

(2) 토지에 저당권 설정 당시에 건물이 존재하여야 한다.

건물이란 미등기건물이든 무허가건물이든(즉 4개의 기둥과 벽, 지붕이 있는 것 등으로 이동이 용이하지 아니한 것으로 등기되었든 미등기이든 무허가건물이든) 모두가 인정된다.

(3) 단독저당인 경우에만 한한다.

토지나 건물 어느 한 쪽에만 저당권이 설정된 후에 경매를 통하여 토지소유자와 건물소유자가 달라졌을 것이어야 한다. 그러나 공동저당권 설정(건물과 토지에 함께 저당권 설정) 후 ⇨ 근저당 설정된 건물이 멸실되고 신축건물이 건축되었고 ⇨ 토지경매로 토지소유자와 건물소유자가 달라졌을 경우에는 법정지상권이 성립되지 않는다(대법 2009다66150 판결).

(4) 경매 등으로 인하여 토지와 건물소유자가 달라져야 한다.

◈ 법정지상권의 성립 시기

법정지상권의 성립 시기는 저당권자의 경매신청에 의해 토지와 건물의 소유자가 달라진 때로, 민사집행법 제135조는 낙찰대금을 완납과 동시에 경매에 의한 소유권을 취득한다. 그리고 국세징수법 제77조는 매수인은 매수대금을 납부한 때에 매각재산을 취득한다. 따라서 법정지상권은 대금완납과 동시에 발생하고 이 날이 지료 청구기준일이 된다. 법정지상권은 법률의 규정에 의해 당연히 취득하는 것으로 등기를 요하지 않는다(민법제187조).

◆ 법정지상권의 존속기간

법정지상권의 존속기간에 대하여 약정지상권의 존속기간이 정함이 없는 경우를 준용하게 되므로 최단기간이 적용된다.

(1) 법정지상권의 최단존속기간(민법 제280조)

① 석조, 석회조, 연와조 또는 이와 유사한 견고한 건물이나 수목의 소유를 목적으로 하는 때에는 30년
② 전호 이외의 건물의 소유를 목적으로 하는 때에는 15년
③ 건물 이외의 공작물의 소유를 목적으로 하는 때에는 5년

위 전항의 기간보다 단축한 기간을 정한 때에는 전항의 기간까지 연장한다.

(2) 존속기간을 약정하지 아니한 지상권(민법 제281조)

① 계약으로 지상권의 존속기간을 정하지 아니한 때에는 그 기간은 민법 제280조의 최단존속기간으로 한다.

② 지상권 설정 당시에 공작물의 종류와 구조를 정하지 아니한 때는 지상권은 민법 제280조 제1항 제2호의 건물의 소유를 목적으로 한 것으로 본다.

(3) 법정지상권의 존속기간 후 계약갱신청구권과 지상물매수청구권

법정지상권의 존속기간 경과 시 법정지상권자는 계약갱신청구권과 계약갱신을 원하지 않으면 지상물매수청구권을 행사할 수 있다.

◆ 법정지상권이 인정되는 범위

법정지상권자의 토지사용권의 범위는 건물의 대지에 한정되지 않고 건물의 유지와 사용에 필요한 범위 내에서 건물의 대지 이외의 주변토지까지 영향을 미친다. 민법 제366조 소정의 법정지상권이나 관습법상의 법정지상권이 성립한 후에 건물을 개축 또는 증축하는 경우는 물론 건물이 멸실되거나 철거된 후에 신축하는 경우에도 법정지상권은 성립하나, 다만 그 법정지상권의 범위는 구건물을 기준으로 하여 그 유지 또는 사용을 위하여 일반적으로 필요한 범위 내의 대지 부분에 한정된다[대법96다40080].

◈ 지료청구 대상과 지료결정 방법

(1) 지료(地料)청구대상

토지 사용권원이 있는 경우(법정지상권이 성립되는 경우)는 물론 사용권원이 없더라도 협의에 의해서 지료를 청구할 수 있다.

① 타인 소유의 토지 위에 권원 없이 건물을 소유하고 있으나 실제로 이를 사용·수익하지 않고 있는 경우, 부당이득반환 의무의 유무(적극)(대법98다2389 판결).

② 대지권이 없는 아파트 소유자가 아파트 부지를 불법 점유하는 것인지 여부(적극) 및 그 불법점유로 인한 부당이득의 범위(아파트의 대지권으로 등기되어야 할 지분에 상응하는 면적에 대한 임료 상당의 부당이득을 얻고 있다)(대법 91다40177 판결).

(2) 지료결정 방법

① 지료청구의 산정기준은 나대지 상태에서 판단하게 된다.
법원은 법정지상권자가 지급할 지료를 정함에 있어서 법정지상권이 설정된 건물이 건립되어 있음으로 인하여 토지의 소유권이 제한을 받는 사정은 이를 참작하여 평가하여서는 안 된다(대법88다카18504 판결).

② 지료에 관하여서는 당사자 간의 합의에 의해서 정하는 것이 원칙이다. 당사자 간 합의가 안 되는 경우 → 법원에 지료청구소송을 제기(이때 지료청구는 토지소유자가 청구하는 것으로 7% 선에서 청구하는 것이 보통이나 그 이상을 청구하기도 한다)

③ 그러나 법원이 지료를 결정시에는 감정평가사를 통해서 평가된 금액을 기준으로 지료를 재 산정하는 절차를 진행하게 된다(감정평가사가 대지가격을 나대지상태의 가격으로 산정하게 되는데 지료는 감정가액의 5~7% 정도가 된다). 지료를 토지감정평가금액의 7%로 결정한 바 있고(대법88다카18504), 광주지법은 2005년 6월 1일 지료를 5%로 결정한 바도 있다(광주지법2004나10097 판결). 최근 들어 지료는 점차 현실화되어 감정가 또는 시세의 5~7%를 인정하는 추세로 법원마다 다소 유연하게 결정되고 있으나 대부분이 5 ~ 5.5% 선에서 결정되고 있다.

④ 지료는 법정지상권이 성립한 날로부터 지급해야 된다.

⑤ 지료 연체로 인한 지연손해금은 지료청구의 확정판결 전까지는 연 5%, 이후에는 연 12%의 지연손해금청구가 가능할 것으로 판단된다.

(3) 지료 2년분 이상 연체 시 법정지상권 소멸청구

① 협의 또는 법원에서 판결된 지료를 2년 이상 연체 시(이때 2년 연체는 연속해서가 아니라 2기분에 해당하는 금액 이상)에는 토지소유자는 법정지상권의 소멸을 청구할 수 있다. 법정지상권이 성립되고 그 지료액수가 판결에 의하여 정해진 경우에, 지상권자가 그 판결확정 후 지료의 청구를 받고도 그 책임 있는 사유로 상당한 기간 동안 지료의 지급을 지체한 때에는 그 지체된 지료가 판결확정의 전후에 걸쳐 2년분 이상일 경우에도 토지소유자는 민법 제287조에 의하여 지상권의 소멸을 청구할 수 있다 할 것이고, 위 판결확정일로부터 2년 이상 지료의 지급을 지체하여야만 지상권의 소멸을 청구할 수 있는 것은 아니다.

② 법정지상권이 소멸되면 토지소유자는 지상건물철거 및 토지인도청구소송을 제기 토지를 반환 받는다. 이와 동시에 지료연체를 이유로 한 지료판결문을 갖고 지상건물에 대하여 강제경매를 청구할 수 있다.

③ 지료연체로 법정지상권이 소멸되면 법정지상권이 성립되었던 건물의 임차인이나 전세권자, 그리고 유치권자 등의 권리도 함께 없어지게 된다(대법2010다43801 판결).

(4) 지료지급에 대한 약정이 없는 경우

당사자 사이에 지료에 관한 협의가 있었다거나, 법원에 의하여 지료가 결정되었다는 아무런 입증이 없고 법정지상권에 관한 지료가 결정된 바 없다면, 법정지상권자가 지료를 지급하지 않았다고 하더라도 지료지급을 지체한 것으로는 볼 수 없으므로, 법정지상권자가 2년 이상의 지료를 지급하지 아니하였음을 이유로 한 토지소유자의 지상권 소멸청구는 이유가 없다는 것이 당원의 견해이다(대판 93다52297 판결).

02 법정지상권이 성립되는 사례와 그 건물임차인에 대한 배당

◆ **토지에 저당권이 설정될 당시 그 지상에 건물이 존재한 경우**

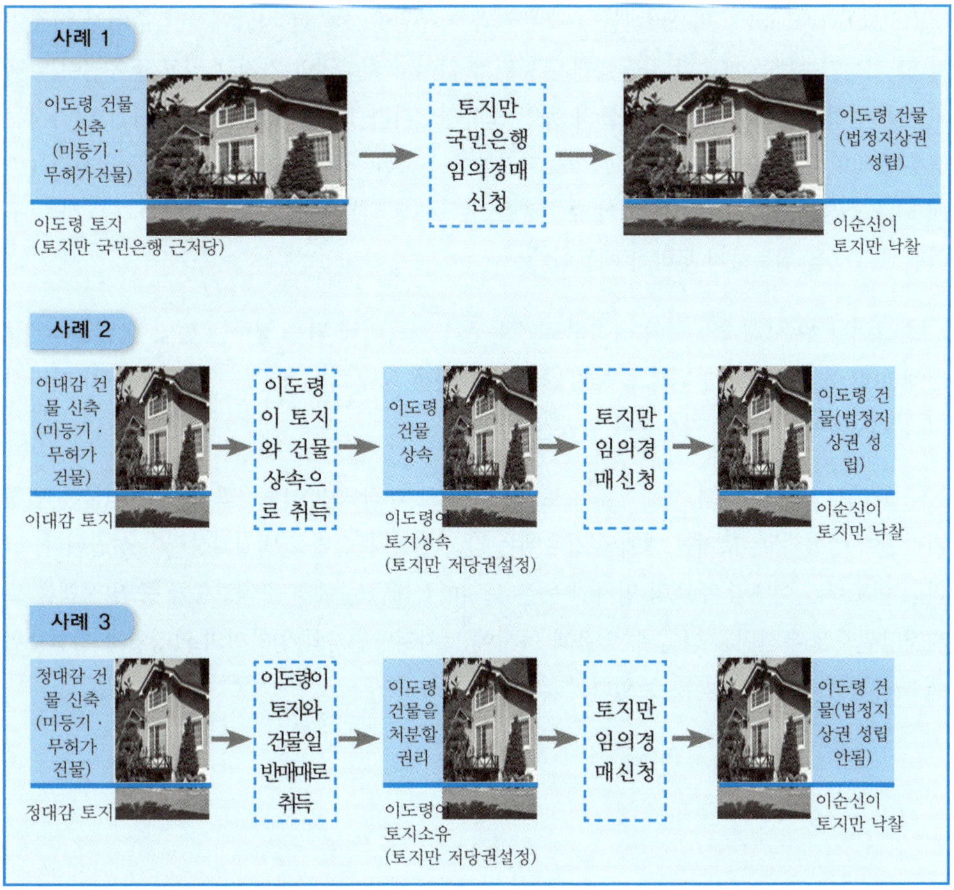

① 사례1 에서는 토지만 경매로 매각되면 갑 건물은 법정지상권이 성립되고, 토지만 매매된 경우에는 갑 건물은 관습법상 법정지상권이 성립된다. 그리고 갑 주택의 임차인 등은 토지매각대금 중에서 소액보증금 중 일정액을 토지저당권자에 우선변제 받을 수 있음과 동시에 토지저당권자와 임차인의 확정일자의 우선순위에 따라서 우선변제도 받을 수 있다.

② 사례 3과 같이 갑의 소유인 대지와 그 지상에 신축된 미등기건물을 을이 함께 일반매매로 취득 후 건물에 대하여는 미등기상태로 두고 있다가 이중 대지에 대하여 강제경매(임의경매)가 실시된 결과 병이 이를 경락받아 그 소유권을 취득한 경우에는 을은 미등기인 건물을 처분할 수 있는 권리는 있을지언정 소유권은 가지고 있지 아니하므로 대지와 건물이 동일인의 소유에 속한 것이라고 볼 수 없어 법정지상권이 발생할 여지가 없다(대법 2002다9660 판결)(대법88다카2592). 미등기건물의 소유권과 처분권은 신축한 사람에게만 주어지는 것이고 그 미등기주택을 매수한 사람에게는 등기가 없어서 처분권만 가지고 있고 소유권이 없게 되는데 법정지상권은 토지와 건물의 동일 소유자였다가 토지와 건물의 소유자가 달라지는 경우를 의미하는 것이기 때문이다. 미등기건물을 신축한 사람은 민법 제187조로 원시취득하게 되나 소유권이전은 등기를 해야 소유권을 취득하게 되는 민법 제186조로 등기를 하지 못하면 소유권을 취득하지 못하기 때문이다.

③ 그러나 위 사례 2와 같이 상속으로 소유권을 취득하게 되는 경우는 민법 제187조의 규정에 따라 원시취득하게 되므로 동일 소유자 요건을 그대로 적용받을 수 있게 된다. 따라서 이러한 사례에서는 법정지상권이 성립된다.

④ 따라서 위 사례 1과 사례 2에서 토지만 경매로 매각되면 이도령과 이대감 건물은 법정지상권이 성립되고, 토지만 매매된 경우에는 갑 건물은 관습법상 법정지상권이 성립된다. 그리고 이도령과 이대감 주택의 임차인 등은 토지매각대금 중에서 소액보증금 중 일정액을 토지저당권자에 우선변제 받을 수 있음과 동시에 토지저당권자와 임차인의 확정일자 우선순위에 따라서 우선변제도 받을 수 있다.

◆ 신축 도중에 설정된 저당권으로 건물소유자가 변경된 경우

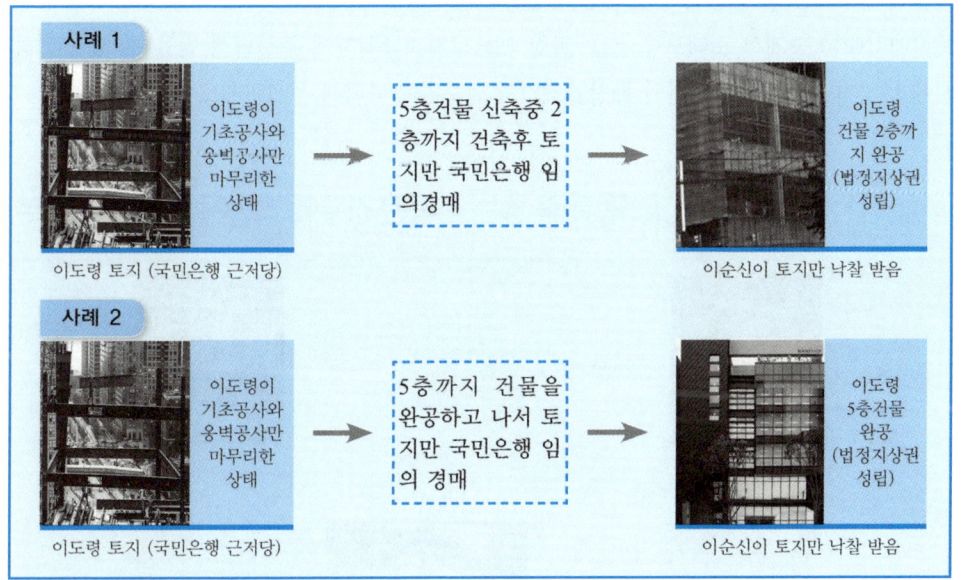

① <u>토지에 저당권이 설정될 당시 그 지상에 건물을 위토지 소유자에 의하여 건축 중</u>이었고, 그것이 사회 관념상 독립된 건물로 볼 수 있는 정도에 이르지 않았다고 하더라도 건물의 규모, 종류가 외형상 예상할 수 있는 정도까지 건축이 진전되어 있는 경우(사례 1과 사례 2)에는, 저당권자는 완성될 건물을 예상할 수 있으므로 법정지상권을 인정하여도 불측의 손해를 입는 것이 아니며 사회경제적으로도 건물을 유지할 필요가 인정되기 때문에 법정지상권의 성립을 인정함이 상당하다(대법 92다7221 판결). 다만 토지저당권에 의해 실행된 경매절차에서 낙찰자가 대금을 납부하기 전까지 독립적인 건물형태를 갖추고 있어야 한다.

② 사례 1에서와 같이 2층까지 법정지상권이 성립되고 나서 사례 2와 같이 5층까지 완공하는 경우도 나머지 3층 ~ 5층 건물은 본래 건물(2층 건물)의 부합물에 해당되고, 저당권자 역시 5층까지 건물 신축을 예견하고 저당권을 설정하였음으로 법정지상권이 성립한다. 관습법상의 법정지상권이 성립된 토지에 대하여는 법정지상권자가 건물의 유지 및 사용에 필요한 범위를 벗어나지 않은 한 그 토지를 자유로이 사용할 수 있는 것이므로, 지상건물이 법정지상권이 성립한 이후에 증축되었다 하더라도 그 건물이 관습법상의 법정지상권이 성립하여 법정지상권자에게 점유·사용할 권한이 있는 토지 위에 있는 이상 이를 철거할 의무는 없다(대법 95다9075 판결).

③ 이 사례 1과 2에서 토지만 경매로 매각되면 갑 건물은 법정지상권이 성립되고, 토지만 매매된 경우에는 갑 건물은 관습법상 법정지상권이 성립된다. 그리고 갑 주택의 임차인 등은 토지매각대금 중에서 소액보증금 중 일정액을 토지저당권자에 우선변제 받을 수 있음과 동시에 토지저당권자와 임차인의 확정일자의 우선순위에 따라서 우선변제도 받을 수 있다.

◆ **법정지상권 성립 후, 증축, 개축 또는 신축된 경우에 법정지상권 성립 여부**

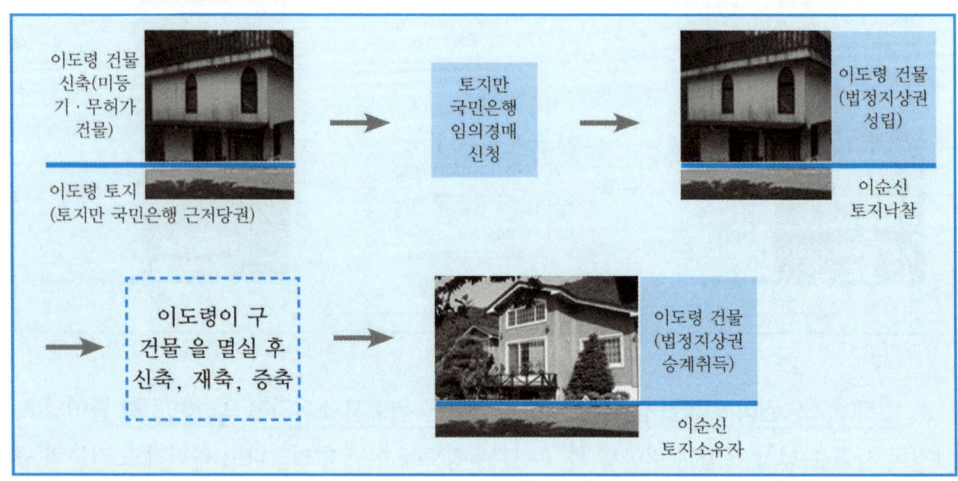

① 민법 제366조(=저당물의 경매로 인하여 토지와 그 지상건물이 다른 소유자에 속한 경우에는 토지소유자는 건물소유자에 대하여 지상권을 설정한 것으로 본다. 그러나 지료는 당사자의 청구에 의하여 법원이 이를 정한다) 소정의 법정지상권이 성립하려면 저당권의 설정 당시 저당권의 목적이 되는 토지위에 건물이 존재하여야 하는 것이고, 저당권 설정 당시 건물이 존재한 이상 그 이후 건물을 개축, 증축하는 경우는 물론이고 건물이 멸실되거나 철거된 후 재축, 신축하는 경우에도 법정지상권이 성립한다 할 것이며, 이 경우의 법정지상권의 내용인 존속기간 범위 등은 구 건물을 기준으로 하여 그 이용에 일반적으로 필요한 범위 내로 제한된다고 할 것이다(대법 90다카6399 판결)(대법 94다40080, 92다9388, 대법 92다20330, 대법 90다카6399 판결).

② 관습법상의 법정지상권이 성립된 토지에 대하여는 법정지상권자가 건물의 유지 및 사용에 필요한 범위를 벗어나지 않은 한 그 토지를 자유로이 사용할 수 있는 것이므로, 지상건물이 법정지상권이 성립한 이후에 증축되었다 하더라도 그 건물이 관습법상의 법정지상권이

성립하여 법정지상권자에게 점유·사용할 권한이 있는 토지 위에 있는 이상 이를 철거할 의무는 없다(대법 95다9075 판결).

③ 상기 사례에서도 법정지상권이 성립되고, 이도령 주택의 임차인 등은 토지매각대금 중에서 소액보증금 중 일정액을 토지저당권자에 우선변제 받을 수 있음과 동시에 토지저당권자와 임차인의 확정일사의 우선순위에 따라서 획정일자에 의한 우선변제도 받을 수 있다.

◆ 법정지상권이 있는 건물을 낙찰받을 경우 법정지상권의 승계 취득 여부 (적극)

건물 소유를 위하여 법정지상권을 취득한 자로부터 경매에 의하여 그 건물의 소유권을 이전받은 경락인은 경락 후 건물을 철거한다는 등의 매각조건 하에서 경매되는 등 특별한 사정이 없는 한 건물의 경락취득과 함께 위 지상권도 당연히 취득한다(대법84다카1578).

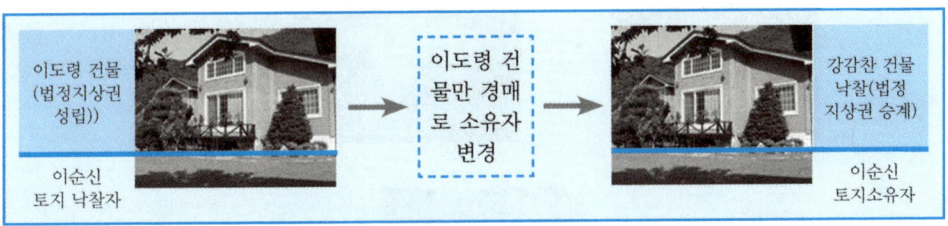

여기서 토지에 법정지상권을 가질 수 있음에도 법정지상권을 주장하지 않겠다고 협의하였을 경우 이는 당사자 간의 채권적 계약이므로 법정지상권을 배제한다는 특약은 그 효력이 없다.

◆ 공동근저당권이 설정되고 나서 그 건물과 토지소유자가 달라진 경우

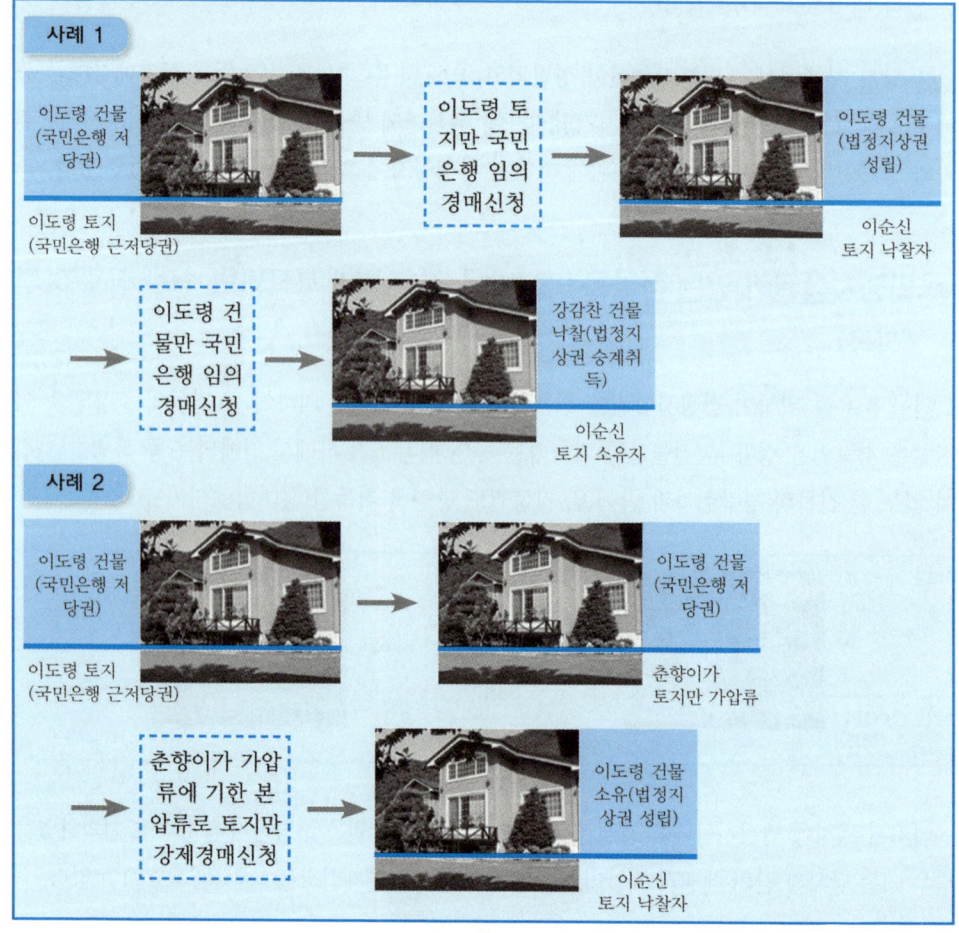

　① 민법 제366조의 법정지상권은 저당권 설정 당시에 동일인의 소유에 속하는 토지와 건물이 저당권의 실행에 의한 경매로 인하여 각기 다른 사람의 소유에 속하게 된 경우에 건물의 소유를 위하여 인정되는 것으로서, 이는 동일인의 소유에 속하는 토지 및 그 지상 건물에 대하여 공동저당권이 설정되었으나 그중 하나에 대하여만 경매가 실행되어 소유자가 달라지게 된 경우에도 마찬가지이다(대법 2012다108634 판결).

　② 토지와 함께 공동근저당권이 설정된 건물이 그대로 존속함에도 불구하고 사실과 달리 등기부에 멸실의 기재가 이루어지고 이를 이유로 등기부가 폐쇄된 경우, **저당권자로서는 멸**

실 등으로 인하여 폐쇄된 등기기록을 부활하는 절차 등을 거쳐 건물에 대한 저당권을 행사하는 것이 불가능한 것이 아닌 이상 저당권자가 건물의 교환가치에 대하여 이를 담보로 취득할 수 없게 되는 불측의 손해가 발생한 것은 아니라고 보아야 하므로, 그 후 토지에 대하여만 경매절차가 진행된 결과 토지와 건물의 소유자가 달라지게 되었다면 그 건물을 위한 법정지상권은 성립한다** 할 것이고, 단지 건물에 대한 등기부가 폐쇄되었다는 사정만으로 건물이 멸실된 경우와 동일하게 취급하여 법정지상권이 성립하지 아니한다고 할 수는 없나(대법 2012다108634 판결).

③ 강제경매의 목적이 된 토지 또는 그 지상 건물에 관하여 강제경매를 위한 압류나 그 압류에 선행한 가압류가 있기 이전에 저당권이 설정되어 있다가 그 후 강제경매로 인해 그 저당권이 소멸하는 경우에는, 그 저당권 설정 이후의 특정 시점을 기준으로 토지와 그 지상 건물이 동일인의 소유에 속하였는지 여부에 따라 관습법상 법정지상권의 성립 여부를 판단하게 되면, 저당권자로서는 저당권 설정 당시를 기준으로 그 토지나 지상 건물의 담보가치를 평가하였음에도 이후에 토지나 그 지상 건물의 소유자가 변경되었다는 외부의 우연한 사정으로 인하여 자신이 당초에 파악하고 있던 것보다 부당하게 높아지거나 떨어진 가치를 가진 담보를 취득하게 되는 예상하지 못한 이익을 얻거나 손해를 입게 되므로, **그 저당권 설정 당시를 기준으로 토지와 그 지상 건물이 동일인에게 속하였는지 여부에 따라 관습법상 법정지상권의 성립 여부를 판단해야 한다**(대법 2009다62059판결).

④ 그러나 공동저당권이 설정된 후 그 지상 건물이 철거되고 새로 건물이 신축되어 두 건물 사이의 동일성이 부정되는 결과 공동저당권자가 신축건물의 교환가치를 취득할 수 없게 되었다면, 공동저당권자의 불측의 손해를 방지하기 위하여, 특별한 사정이 없는 한 저당물의 경매로 인하여 토지와 그 신축건물이 다른 소유자에 속하게 되더라도 그 신축건물을 위한 법정지상권은 성립하지 않는다(대법 2012다108634 판결).

03 법정지상권이 성립되지 않는 사례와 임차인 등의 배당분석

◆ **나대지에 저당권이 설정되고 건물을 신축 후 토지만 경매된 경우**

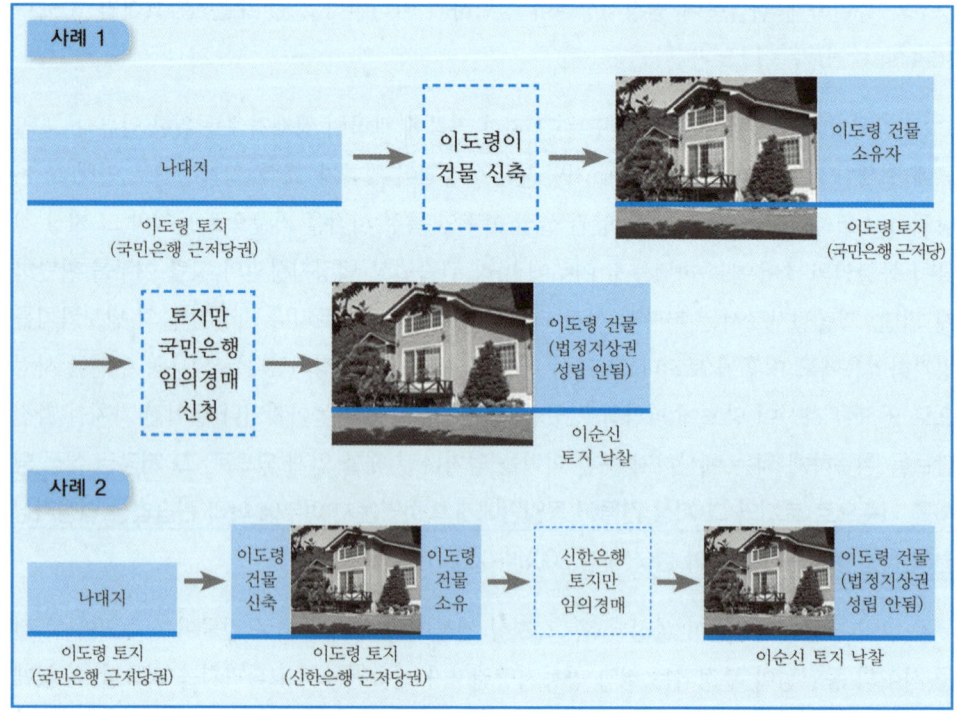

① 건물 없는 토지에 대하여 저당권이 설정된 후 저당권 설정자가 그 위에 건물을 건축하였다가 담보권의 실행을 위한 경매절차에서 경매로 인하여 그 토지와 지상 건물이 소유자를 달리하였을 경우에는 법정지상권(민법 제366조)뿐만 아니라 관습법상 법정지상권도 인정되지 않는다(대법95마1262, 78다630, 73다1485, 65다1404). 따라서 토지 낙찰자 이순신은 토지 인도 및 건물철거를 주장할 수 있다.

② 나대지상(저당권 설정 당시 건물이 부존재)에서 토지만 저당권 설정 후 건물을 신축하였다면 토지저당권자의 경매신청에 의해서 토지가 매각되었다면 법정지상권은 성립되지 아니하고 건물은 철거를 당할 수밖에 없다. 이는 건물소유자가 대지 저당권자 및 그 저당권 실행으로 낙찰받은 매수인에게 대항할 수가 없기 때문이다. 따라서 **법정지상권이 성립하지 못**

하는 건물의 임차인 역시 저당권자에게 대항할 수 없다. 그리고 신축된 건물의 임차인은 토지 저당권자에 우선하여 토지매각대금에서 소액보증금 중 일정액을 우선변제받지 못한다. ~ 생략, 저당권 설정 후에 비로소 건물이 신축된 경우에까지 공시방법이 불완전한 소액임차인에게 우선변제권을 인정한다면 저당권자가 예측할 수 없는 손해를 입게 되는 범위가 지나치게 확대되어 부당하므로, 이러한 경우에는 소액임차인은 대지의 환가대금에 대하여 우선변제를 받을 수 없다고 보아야 한다(대법 99다25532).

이 경우 **토지저당권자가 토지매각대금에서 1차적으로 우선변제 받고 난 다음의 경매대가(선순위채권을 공제한 배당잔여금)에서만 소액보증금 중 일정액과 확정일자 우선변제금을 받을 수 있다.**

③ 사례 2에서 토지에 1번 저당권을 설정한 자가 건물을 축조하고 다시 2번 저당권을 설정한 후 저당권이 경매 실행된 경우에 법정지상권은 인정되지 않는다. 2번 저당권이 1번 저당권을 승계한다는 것이 판례의 입장이다. 1번 저당권을 승계하기 때문에 나대지 상태로 토지를 평가하기 위해서 법정지상권은 인정되지 않는다.

◆ 나대지에 저당권이 설정되고 신축건물만 다른 저당권을 설정한 경우

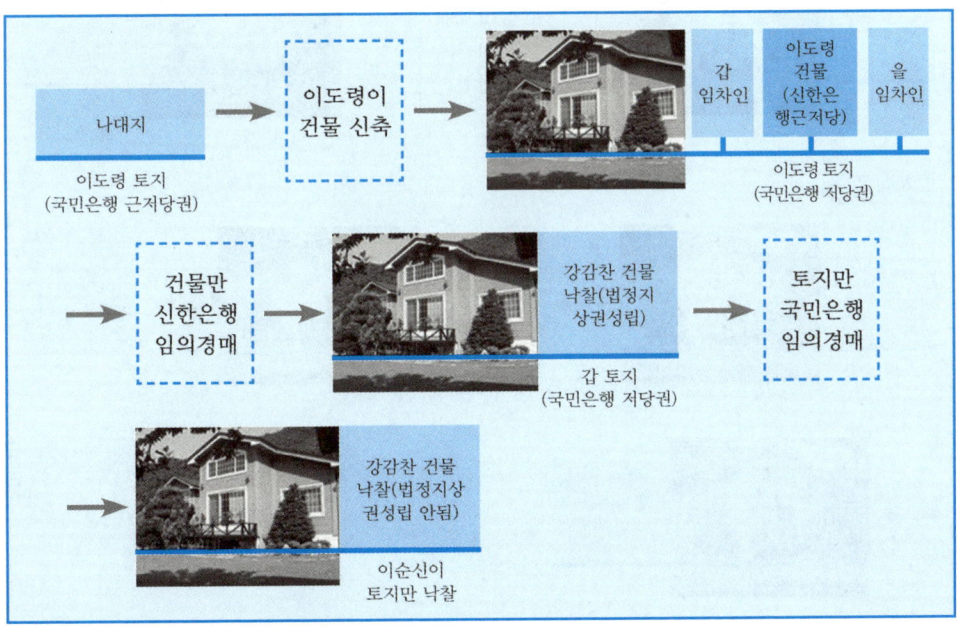

① 이 사례에서 강감찬 건물낙찰자와 이도령 토지소유자 간에 법정지상권 성립문제가 대두되는데 정 낙찰자는 건물에 저당권 설정 당시에 토지상에 건물이 존재했으므로 법정지상권이 성립된다.

② 그러나 추후 토지에 저당권이 실행되면 토지 낙찰자에게는 토지에 저당권 설정 당시에 건물이 존재하지 않았기 때문에 토지 낙찰자에게 건물에 대한 법정지상권을 주장할 수 없게 된다.

③ 건물 또는 토지만 경매가 이루어진 경우 **임차인의 대항력과 우선변제권은 어떻게 될까!** 건물만 매각 시 갑은 대항력 있는 임차인이고 을은 대항력이 없다. 우선변제권도 소액임차보증금과 확정일자부 우선변제금을 배당받게 된다. 그러나 토지만 매각 시 매수인은 임차인을 인수하지 않는다. 임차인이 소액임차인에 해당되어도 토지저당권자에 우선하여 배당받을 수 없고 토지저당권자가 우선배당 받고 후순위로 배당받게 된다.

◆ 토지에 저당권이 설정될 당시 그 지상에 건물이 존재한 경우

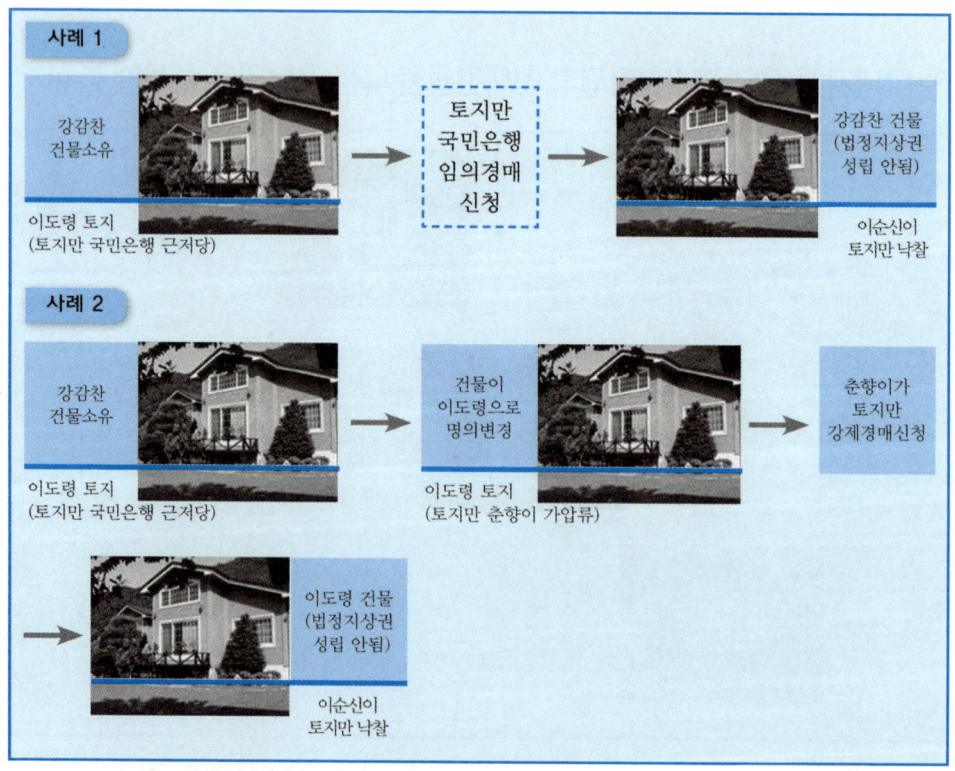

① 위 사례 1에서와 같이 저당권 설정 당시 건물소유자와 토지소유자가 다른 경우에는 민법 제366조의 법정지상권은 성립되지 않는다. 왜냐하면 민법 제366조의 법정지상권은 저당권 설정 당시에 동일소유자였다가 달라지는 경우만 인정하고 있기 때문이다.

② 사례 2에서와 같이 1순위 저당권 설정 당시에 건물과 토지소유자가 다르고 그 이후 2순위 가압류채권에 의해 강제경매가 진행되는 상황에서 가압류 또는 강제경매 시점에서 동일소유자 요건이 성립되므로 법정지상권이 성립되는 것 같이 오해가 발생하고 있지만, 민법 제366조의 법정지상권에 대한 판단은 1순위 저당권 설정 당시를 기준으로 판단하게 되므로 사례 2에서는 법정지상권이 성립되는 않게 된다는 내용을 다음판례를 참고하면 알 수 있다.

강제경매의 목적이 된 토지 또는 그 지상 건물에 관하여 강제경매를 위한 압류나 그 압류에 선행한 가압류가 있기 이전에 저당권이 설정되어 있다가 그 후 강제경매로 인해 그 저당권이 소멸하는 경우에는, **그 1순위 저당권 설정 당시를 기준으로 토지와 그 지상 건물이 동일인에게 속하였는지 여부에 따라 관습법상 법정지상권의 성립 여부를 판단해야 한다**(대법 2009다62059판결).

③ 위 사례 3에서와 같이 1순위 저당권이 있고 그 저당권 설정 당시에 건물과 토지가 동일소유자였는데 그 후 2순위 가압류채권이 등기되고 그 가압류채권자에 의해 강제경매가 될 때 2순위 가압류 또는 강제경매 당시에는 동일소유자가 아니더라도 1순위 저당권을 기준으로 민법 제366조에 기한 법정지상권을 판단하게 되므로 법정지상권이 성립하게 된다.

◈ 토지와 그 지상 미등기건물을 양수하였다가 토지만 매각 시 법정지상권

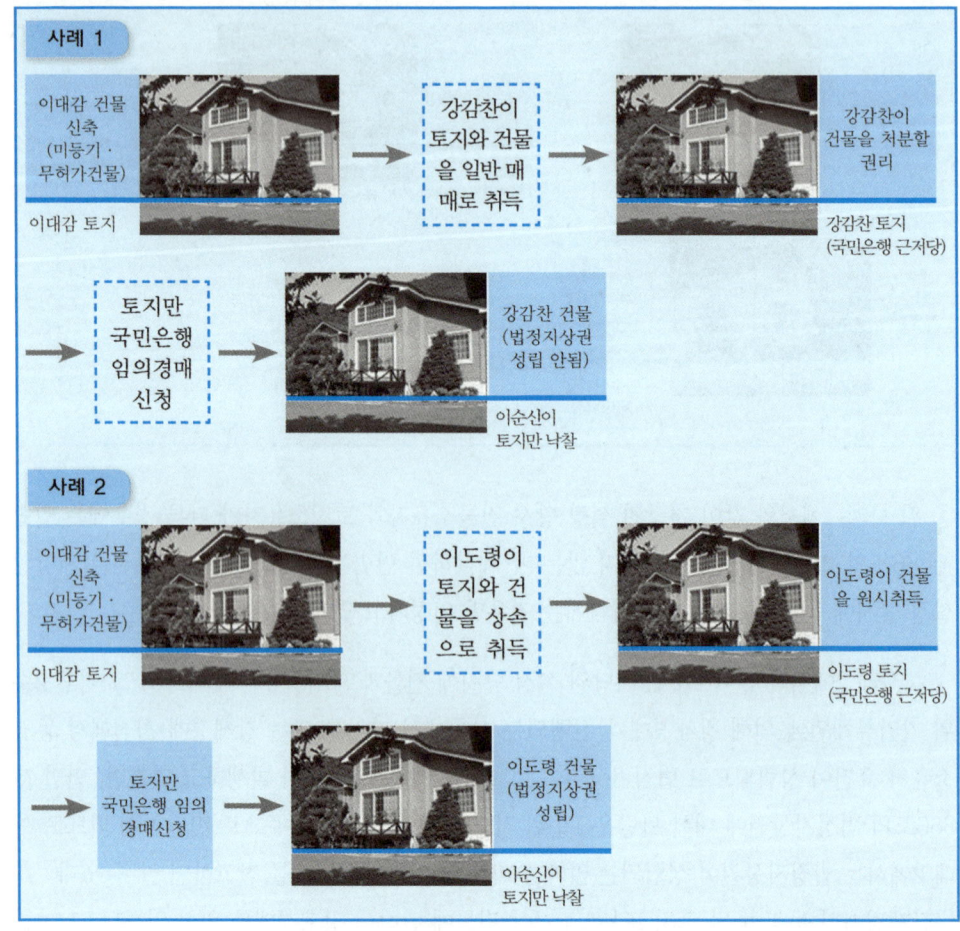

① 사례1 과 같이 이대감 소유인 대지와 그 지상에 신축된 미등기건물을 강감찬이 함께 일반매매로 취득 후 토지만 등기하고 건물에 대하여는 미등기상태로 두고 있다가 이중 대지에 대하여 임의경매(강제경매)가 실시된 결과 이순신이 경락받아 그 소유권을 취득한 경우에는 강감찬은 미등기인 건물을 처분할 수 있는 권리는 있을지언정 소유권은 가지고 있지 아니하므로 대지와 건물이 동일인의 소유에 속한 것이라고 볼 수 없어 법정지상권이 발생할 여지가 없다(대법 2002다9660 판결)(대법88다카2592).

미등기건물의 소유권과 처분권은 신축한 사람에게만 주어지는 것이고 그 미등기주택을 매수한 사람에게는 등기가 없어서 처분권만 가지고 있고 소유권이 없게 되는데 법정지상권은 토지와 건물의 동일 소유자였다가 토지와 건물의 소유자가 달라지는 경우를 의미하는 것이기 때문이다. 미등기건물을 신축한 사람은 민법 제187조로 원시취득하게 되나 소유권이전은 등기를 해야 소유권을 취득하게 되는 민법 제186조로 등기를 하지 못하면 소유권을 취득하지 못하기 때문이다.

② 미등기 건물을 그 대지와 함께 양수한 사람이 그 대지에 관하여서만 소유권이전등기를 넘겨받고 건물에 대하여는 그 등기를 이전받지 못하고 있는 상태에서 그 대지가 경매되어 소유자가 달라진 경우에는, 미등기 건물의 양수인은 미등기 건물을 처분할 수 있는 권리는 있을지언정 소유권은 가지고 있지 아니하므로 대지와 건물이 동일인의 소유에 속한 것이라고 볼 수 없어 법정지상권이 발생할 수 없다(대법98다4798)(대법91다16730).

③ 원소유자로부터 대지와 지상건물을 모두 매수하고 대지에 관하여만 소유권이전등기를 경료함으로써 건물의 소유명의가 매도인에게 남아있게 된 경우라면 형식적으로는 대지와 건물의 소유명의자를 달리하게 된 것이라 하더라도 이는 대지와 건물중 어느 하나만이 매도된 것이 아니어서 관습에 의한 법정지상권은 인정될 수 없고 이 경우 대지와 건물의 점유사용문제는 매매계약 당사자 사이의 계약에 따라 해결할 것이다(대법 83다카419, 420).

④ 그러나 위 사례 2와 같이 상속으로 소유권을 취득하게 되는 경우는 민법 제187조의 규정에 따라 원시취득하게 되므로 동일 소유자 요건을 그대로 적용받을 수 있게 된다. 따라서 이러한 사례에서는 법정지상권이 성립된다.

◆ 토지와 건물에 공동저당권이 설정되고 나서 건물을 멸실하고 신축한 경우

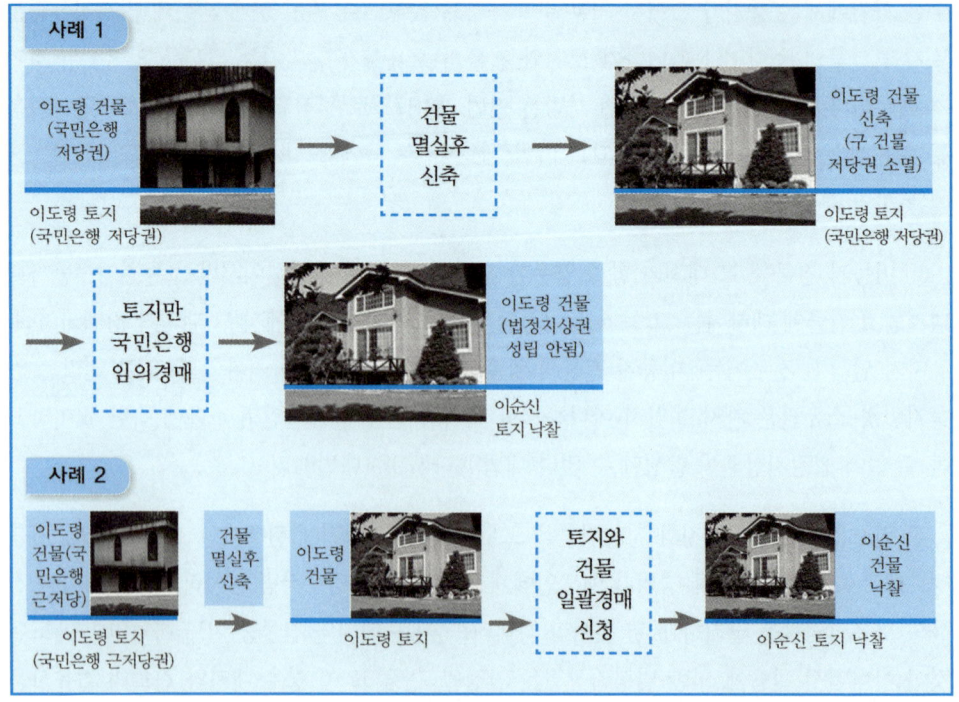

① 사례 1에서와 같이 공동저당권 설정(건물과 토지에 함께 저당권 설정) 후 → 근저당 설정된 건물이 멸실되고 신축건물이 건축되었고 → 토지경매로 토지소유자와 건물소유자가 달라졌을 경우에는 법정지상권이 성립되지 않는다.

② 그러나 신축된 건물의 임차인 등은 건물이 멸실되어 토지에만 설정되어 있는 토지 저당권자보다 소액보증금 일정액을 우선변제 받을 수 있다.

왜냐하면 구 건물과 대지에 대한 공동저당권자는 구 건물의 범위 내에서는 임차인의 소액보증금 중 일정액의 제한을 예견하고 저당권을 설정했기 때문에 구 건물이 멸실되고 신축되었다는 이유로 임차인의 우선변제권을 전혀 제한받지 않는다면 반대로 저당권자가 불측의 이득을 볼 수 있고 구 건물 멸실로 인한 손해는 구 건물과 대지소유자가 보아야 할 문제이므로 신축건물의 임차인은 소액보증금 중 일정액을 토지저당권자보다 우선변제 받을 수 있다(대법98다43601, 2003다1359, 1366, 1373, 2009다66750, 서울지법 서부지원 97가단37992). 유의할 점은 구 건물과 상당히 다른 건축물일 경우는 그러하지 않다는 판결이 광주지방법원에서 최근에 나왔다는 사실이다(광주지법 2006가단49883).

③ 사례 2에서는 낙찰자는 토지와 건물 모두의 소유권을 취득하므로 법정지상권을 논할 가치가 없다. 낙찰자는 주택 양수인이 되기 때문에 대항력 있는 임차인의 보증금을 추가로 인수해야 한다. 이때 말소기준권리는 건물의 말소기준권리로 판단한다.

04 관습법상 법정지상권은 어떻게 분석하면 되나?

◆ 관습법상 법정지상권의 성립 요건

(1) 본래 토지와 건물의 소유자가 동일인이어야 한다.

동일인의 소유에 속하고 있던 토지와 그 지상 건물이 강제경매 또는 국세징수법에 의한 공매 등으로 인하여 소유자가 다르게 된 경우에는 그 건물을 철거한다는 특약이 없는 한 건물소유자는 토지소유자에 대하여 그 건물의 소유를 위한 관습법상 법정지상권을 취득한다. **원래 관습법상 법정지상권이 성립하려면 토지와 그 지상 건물이 애초부터 원시적으로 동일인의 소유에 속하였을 필요는 없고, 그 소유권이 유효하게 변동될 당시에 동일인이 토지와 그 지상 건물을 소유하였던 것으로 족하다**(대법 2010다52140 판결). 처음부터 타인의 토지에 세워진 건물은 관습법상 법정지상권이 성립되지 아니한다. 그리고 토지소유자의 사용승낙을 얻어 건축했더라도 관습법상의 법정지상권이 인정되지 않기는 마찬가지다.

(2) 토지와 건물중 어느 한쪽이 매매 등으로 소유자가 달라져야 한다.

① 토지와 건물 중 어느 한쪽이 매매, 증여, 강제경매, 국세징수법에 의한 공매 등으로 처분되어 토지와 건물소유자가 각각 달라져야 한다.

이때 주의할 점은 매매의 경우 계약체결 후 잔금지급까지 했더라도 소유권이전등기는 하지 않았다면 이 기간 동안은 법정지상권이 성립되지 아니한다.

② 강제경매개시결정 이전에 가압류가 있는 경우에는, 그 가압류가 강제경매개시결정으로 인하여 본압류로 이행되어 가압류집행이 본집행에 포섭됨으로써 당초부터 본집행이 있었던 것과 같은 효력이 있다. 따라서 경매의 목적이 된 부동산에 대하여 가압류가 있고 그것이 본압류로 이행되어 경매절차가 진행된 경우에는, 애초 가압류가 효력을 발생하는 때를 기준으

로 토지와 그 지상 건물이 동일인에 속하였는지를 판단하여야 한다(대법 2010다52140 판결).

③ 가압류의 본압류로 강제경매가 진행돼 토지와 건물소유자가 달라졌더라도 그 가압류 이전에 근저당권이 있었다면 근저당권 설정 당시에 토지와 건물 소유자가 같았는지를 가지고 판단해야 한다(대법 2009다62059 판결).

(3) 당사자 사이에 건물을 철거한다는 특약이 없어야 한다.

(4) 등기는 성립요건이 아니다. 그러나 처분하려면 등기해야 한다.

관습법상 법정지상권은 등기가 없어도 성립하지만 처분하려면 등기를 해야 한다. 등기 없이 처분한 때에는 건물의 취득자는 토지소유자에게 관습법상 법정지상권을 가지고 대항하지 못한다.

◈ 관습법상 법정지상권의 존속기간

관습법상 법정지상권의 존속기간에 있어서 존속기간을 약정하지 아니한 지상권을 준용하게 되므로 약정지상권의 최단기간이 적용된다.

① 석조, 석회조, 연와조 또는 이와 유사한 견고한 건물이나 수목의 소유를 목적으로 한 때에는 30년

② 전호 이외의 건물을 소유를 목적으로 하는 때에는 15년

③ 건물 이외에의 공작물의 소유를 목적으로 하는 때는 5년

◈ 토지사용의 범위(법정지상권과 동일하다)

① 법정지상권이 성립될 경우 법정지상권자의 토지사용권 범위는 건물의 대지에 한정되지 않고 건물의 유지 및 사용에 일반적으로 필요한 범위 내에서 건물의 대지 이외에도 미친다(대법 77다921).

② 그 건물의 기지만에 해당하는 것이 아니고 그 지상에 건물이 창고인 경우와 공장이 있는 경우는 그 본래의 용도인 창고와 공장으로 사용하는 데 일반적으로 필요한 그 둘레의 기지에 영향을 미친다고 보아야 할 것이다.

◈ 지료산정 방법

당사자의 협의에 의해 결정되고 협의가 이루어지지 않을 시에는 민법 제366조 단서에 따라서 당사자의 청구에 의하여 법원에 청구하여 결정한다. 이때 산정기준은 건물이 없는 나대지 상태에서 산정하여 지료를 계산한다.

◈ 지상권자의 갱신청구권, 매수청구권(민법 제283조)

이 내용은 법정지상권 내용과 같으므로 지면상 생략함.

05 갑 근저당권 ⇨ 을 가압류 ⇨ 을의 강제경매에서 법정지상권 판단기준은 갑 근저당권

◈ 가압류에 기한 강제경매로 건물과 토지소유자가 달라진 사례

가압류가 있고 그 가압류의 본 집행으로 강제경매가 진행된 경우에는, 애초 가압류가 효력을 발생하는 때를 기준으로 토지와 그 지상 건물이 동일인에 속하였는지를 판단해야 한다(대법 2010다52140 판결).

① 건물만 강제경매가 이루어진 입찰물건 및 매각결과

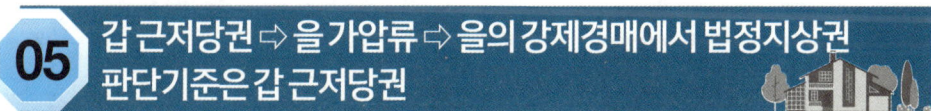

2004타경 **7620** (2)		• 광주지방법원 해남지원 • 매각기일 : 2006.05.22(月) (10:00) • 경매 2계(전화:061-530-9122)					
소재지	전라남도 해남군 황산면 우항리 000번지			구분	입찰기일	최저매각가격	결과
물건종별	근린시설	감정가	27,018,000원	1차	2005-06-13	27,018,000원	유찰
				2차	2005-08-01	21,614,000원	유찰
토지면적	토지는 매각제외	최저가	(21%) 5,666,000원	:	: 중간 생략함.	:	:
건물면적	158㎡(47.795평)	보증금	(10%) 570,000원	5차	2006-01-16	11,066,000원	유찰
매각물건	건물만 매각	소유자	박OO, 김OO	6차	2006-02-27	8,853,000원	유찰
				7차	2006-04-10	7,082,000원	유찰
개시결정	2004-09-17	채무자	박OO, 김OO	8차	2006-05-22	5,666,000원	
사건명	강제경매	채권자	황산농협	낙찰 : 9,230,000원 (34.16%)			
				대금지급기한 : 2006.06.09 - 기한후납부			

● 매각토지.건물현황 (감정원 : 나라감정평가 / 가격시점 : 2004.12.15 / 보존등기일 : 2003.01.03)

목록		지번	용도/구조/면적/토지이용계획		m²당 단가	감정가	비고
건물	1	우항리 000 조립식판넬조 판넬	단층 근린생활시설	149m²(45.073평)	171,000원	25,479,000원	
	2		단층 창고	9m²(2.729평)	171,000원	1,539,000원	* 부속건물
			면적소계 158m²(47.795평)			소계 27,018,000원	

● 임차인현황 (말소기준권리 : 2003.10.20 / 배당요구종기일 : 2005.01.10)

임차인	점유부분	전입/확정/배당	보증금/차임	대항력	배당예상금액	기타
김OO(단꼴 주점)	점포 나),다)	사업자등록: 2004.11.09 확 정 일: 2004.11.11 배당요구일: 2004.11.11	보5,000,000원 월1,000,000원 환산10,500만원	없음		경매등기후 사업자등록

● 건물등기부 (채권액합계 : 12,523,110원)

No	접수	권리종류	권리자	채권금액	비고	소멸여부
1	2003.01.03	소유권보존	박OO			
2	2003.10.20	가압류	황산농협	12,523,110원	말소기준등기	소멸
3	2003.10.20	압류	해남군			소멸
4	2004.09.18	강제경매	황산농협	청구금액: 14,323,945원	2004타경7620	소멸
5	2006.06.09.	소유권이전(경매)	강OO			소멸

● 토지등기부 (채권액합계 : 140,000,000원)

No	접수	권리종류	※주의 : 토지는 매각제외	채권금액	비고	소멸여부
1	1989.06.12	소유권이전(매매)	이OO, 고OO		각각 지분 1/2	
2	1998.12.02	근저당	화원농협	140,000,000원		
3	1998.12.02	지상권(토지의 전부)	화원농협		존속기간: 1998.11.30~2028.11.29	
4	2005.11.30.	소유권이전(매매)	우OO			소멸
5	2005.12.12.	소유권이전(매매)	박OO			소멸

② 이 사건에 대한 대법원의 판단

앞서 살펴본 기초 사실관계에 따라, 이 사건 강제경매개시결정 이전에 황산농업협동조합의 가압류가 있었고 그 후 그 가압류가 본압류로 이행하였으므로, <u>위 경매절차상의 매수인인 피고가 관습법상 법정지상권을 취득하는지 하는 문제에 있어서 피고가 그 매각대금을 완납한 2006. 6. 9.이 아니라 위 가압류가 효력을 발생한 2003. 10. 20.을 기준으로 이 사건 토지와 그 지상의 이 사건 건물이 동일인에게 속하였는지를 판단하여야 한다.</u> 따라서 가압류가 효력을 발생한 2003. 10. 20.을 기준으로 판단하면 동일 소유자 요건을 갖추지 못했으므로 이 건물은 관습법상 법정지상권이 성립하지 않는다. 그런데도 이 사건 건물의 강제경매로 건물을 위한 관습법상 법정지상권이 성립한다고 판단한 것에는 관습법상 법정지상권에 관한 법리를 오해하여 판결에 영향을 미친 위법이 있다

◈ 가압류 이전에 저당권이 있었다면 그 저당권을 기준으로 판단해야 한다!

가압류의 본압류로 강제경매가 진행돼 토지와 건물소유자가 달라졌더라도 그 가압류 이전에 근저당권이 있었다면 근저당권 설정 당시에 토지와 건물 소유자가 같았는지를 가지고 판단해야 한다. 이 사건에 대해서 대법원은 강제경매개시결정 이전에 조흥은행 앞으로 근저당권이 설정되어 있었고, **위 근저당권이 설정될 당시에 이 사건 토지 소유자인 소외 1에 의하여 그 지상에 건물이 그 규모·종류를 외형상 예상할 수 있는 정도까지 건축이 진전되어 있었으며, 그 후 경매절차에서 매수인인 원고가 매각대금을 완납하기 이전인 2004. 10.경 독립된 부동산으로서 건물의 요건을 갖추었던 이상 이 사건 토지와 그 지상 건물은 저당권 설정 당시부터 모두 소외 1의 소유에 속하고 있었다고 봄이 상당하고**, 그에 따라 이 사건 토지에 대하여는 저당권 설정 당시에 시행 중이던 신축공사의 완료로 인하여 건축된 이 사건 10 내지 13 건물을 위한 관습법상 법정지상권이 성립하므로, 이 사건 10, 12, 13 건물에 관하여는 매각대금 완납 당시의 위 각 건물 소유자인 소외 1이 관습법상 법정지상권을 취득하는 한편, 이 사건 11 건물에 대하여는 매각대금 완납 당시에 위 건물에 대하여 실체관계에 부합하는 유효한 소유권이전등기를 경료하고 있던 **피고 3이 관습법상 법정지상권을 취득한다고 봄이 상당하다**고 판결했다(대법 2009다62059 판결).

Chapter 20

유치권의 성립 여부와
매수인이 현명하게
대응하는 방법

01 유치권이란 어떤 권리인가?

유치권이란 타인의 물건 또는 유가증권을 점유한 자가 그 물건이나 유가증권에 관하여 생긴 채권을 가지는 경우 그 채권의 변제를 받을 수 있을 때까지 그 물건 또는 유가증권을 유치할 수 있는 권리이다.

유치권의 종류에는 ① 건축업자가 공사한 대금을 받지 못한 경우 그 건물을 점유해서 공사대금을 받을 때까지 건물 인도를 거절할 수 있는 권리, ② 임차인이 임차목적물에 대하여 지출한 필요비·유익비가 있는 경우 이 비용을 받을 때까지 주택의 인도를 거절할 수 있는 권리, ③ 타인의 물건을 수선한 자가 수선비를 지급 받을 때까지 그 물건의 인도를 거절할 수 있는 권리, ④ 유가증권의 수취인이 그 임치에 대한 보수를 받을 때까지 그 유가증권의 교부를 거절할 수 있는 권리가 있다.

이중에서 건축업자의 공사대금 유치권이 가장 많다. 유치권자가 점유하고 있는 부동산이 경매로 매각되었다면 낙찰자에게 공사대금을 변제받을 때까지 부동산 인도를 거절할 수 있는 권리로 낙찰자는 유치채권액을 인수해야 되므로, 유치권이 있는 부동산을 경매로 낙찰 받은 사람은 이러한 문제를 해결하기 위해 유치권자와 상의하여 해결하는 방법이 있을 수 있고 서로 협의가 안 되는 경우 법원에 소송을 제기할 수밖에 없다.

따라서 경매집행기관에 유치권이 신고되었거나 신고되지 않았으나 현장답사로 알게 된 유치권이 있다면 입찰 전에 유치권의 채권금액을 사전에 계산하고 입찰에 참여해야 한다. 유치권자는 반드시 경매절차에서 권리신고를 해야만 유치권자로 인정받게 되는 것은 아니다. 진정한 유치권자인 경우라면 어느 단계에서 밝힐지는 자유이다. 그래서 입찰 전에 법원기록과 현장답사를 통해 유치권 존재 여부를 확인하고, 대금납부 전에 즉 낙찰 받고 1주일 후에 매각허가결정이 나면 낙찰받은 부동산을 방문해서 유치권자가 점유하고 있는가를 확인해야 한다. 유치권자는 권리신고를 해도 배당에 참여할 수는 없고, 주택을 점유하면서 낙찰자에게 공사대금채권 등을 받을 때까지 인도를 거절할 수 있는 권리이지만, 공사대금채권으로 가압류 또는 본안소송을 거쳐서 확정판결을 받았다면 경매절차에서 배당요구해서 배당에 참여할 수 있고, 배당받지 못한 금액은 그대로 유치권의 권리로 남게 되어 낙찰자가 인수하게 된다.

02 유치권의 성립 요건

(1) 유치권이 될 수 있는 것은 부동산, 동산 또는 유가증권 등이다

이들은 등기를 요하지 아니하고 점유하거나 유치하는 경우 유치권이 발생한다.

(2) 채권이 유치권의 목적물에 관하여 생긴 것이어야 한다

① 목적물에 직접적인 관계에서 발생된 채권이어야 하며 목적물 자체에서 발생된 채권이 아니면 유치권이 성립되지 않는다.

② 물건 또는 유가증권의 부속물, 부합물, 종물이 되는 경우는 유치권이 되지 못하고 낙찰자소유가 된다. 따라서 채권이 있다가 변제 등으로 소멸되거나 채권이 소멸시효로 소멸되면 유치권이 소멸된다.

(3) 채권이 변제기에 있어야 한다

채권이 변제기가 도래하지 않으면 유치권이 성립되지 않는다.

(4) 타인의 물건 또는 타인의 유가증권의 점유자여야 한다

타인의 물건 또는 타인의 유가증권을 점유하여야 하고 점유는 계속되어야 하는데 직접 점유이든 간접 점유이든 간에 상관없으며 점유 상실 시에는 유치권은 소멸된다.

(5) 점유는 적법하게 점유하고 있어야 한다

① 임차인이 임대차 계약해지 된 후에도 계속 건물을 점유하여 필요비나 유익비를 지출한 경우 그 상환청구권에 대하여 유치권은 성립되지 않는다.

② 불법행위에 의하여 유가증권의 취득이나 점유 시에는 유치권을 인정하지 않는다.

③ 유치권 양도시 피담보채권의 양도와 물건의 인도가 수반되어야 유치권이 성립된다.

(6) 유치권 발생 배제의 특약이 없어야 한다

유치권의 발생을 배제하는 특약이 있는 경우 유치권이 인정되지 않으므로 이러한 특약이 없어야 한다.

(7) 유치권은 경매기입등기 전에 성립되어야 한다

① 경매는 경매개시기입등기 이전에 발생된 채권이면서 점유개시도 이 압류의 효력 이전부터 점유를 하고 있어야 한다.

② 경매개시결정기입등기가 경료되어 압류효력이 발생한 후에 채무자가 위 부동산에 관한 공사내금채권자에게 그 점유를 이전함으로서 그로 하여금 유치권을 취득하게 한 경우 ㄱ와 같은 점유의 이전은 압류의 처분금지효에 저촉되므로 위 유치권을 내세워 그 부동산에 관한 경매절차에서 매수인에게 대항할 수 없다(대법2008다70763판결).

03 유치권자의 권리와 의무, 그리고 소멸은?

◆ 유치권자의 권리

(1) 목적물 또는 목적부동산을 유치하거나 점유할 수 있다.

유치권에 기한 채권을 변제받을 때까지 유치물건을 점유하면서 인도를 거절할 수 있다.

(2) 과실 수취에 의한 채권우선변제

(3) 유치권에 대한 경매신청권

(4) 우선변제권

유치권자는 우선변제권을 가지지 못하나 채무자 또는 제3취득자, 경매낙찰자 등이 목적물을 인도 받으려면 유치권자에게 변제하여야 하므로 우선변제권이 있는 것과 비슷하다.

(5) 간이변제 충당권

목적물의 가치가 적어 경매에 붙이는 것이 불리한 경우 등 정당한 이유가 있을 때에는 유치권자는 미리 채무자에게 간이변제에 충당한다는 뜻을 통지하고 법원에 청구하여 가능하다(민법 제322조제2항).

(6) 유치물의 사용권

유치권자는 보존에 필요한 범위 내에서 채무자의 승낙 없이 유치물을 사용할 수 있다.

(7) 비용상환 청구권

① 유치권자가 유치물에 관하여 필요비를 지출한 때는 소유자에게 그 상환을 청구할 수 있다. ② 유치물에 관하여 유익비를 지출한 때에는 그 유치물 가액의 증가가 현존한 경우에 한하여 소유자의 선택에 쫓아 그 지출한 금액이나 상환을 청구할 수 있다.

(8) 매각절차에 있어서의 이해관계인

(9) 매수인의 건물인도청구에 대한 대항력

경매개시 전에 점유하고 있는 **유치권자를 상대방으로 해서는 건물인도명령을 신청할 수 없다. 건물인도는 낙찰자의 유치권 인수와 동시 이행관계**에 있다. 그러나 경매개시 후에 취득한 유치권자는 압류의 효력에 대항할 수가 있는 유치권자가 되지 못하여 경매절차에서는 인도명령대상자가 된다.

◆ 유치권자의 의무

(1) 유치권자는 선량한 관리자의 주의로 유치물을 점유해야 한다.
(2) 유치권자는 채무자의 승낙 없이 유치물의 사용, 대여 또는 담보제공을 하지 못한다.
(3) 유치권자가 (1), (2)의 의무에 위반한 때는 채무자는 유치권의 소멸을 청구할 수 있다.

◆ 유치권의 소멸시효

유치권은 점유상실에 의하여 유치권은 당연히 소멸된다. 이밖에 채권 소멸시효에 의해서도 유치권이 소멸될 수 있다. 유치권의 행사는 채권의 소멸시효의 진행에는 영향을 미치지 아니한다. 유치권의 피담보채권이 소멸되며 유치권도 당연히 소멸된다(민법 제326조).

04 유치권이 인정되는 사례와 이에 근거한 법률 및 판례

◆ 필요비와 유익비로 유치권이 성립되는 사례

임차인 또는 제3취득자기 경매부동산의 보존(필요비)이나 개량을 위하여 지출한 비용(유익비)은 유치권을 주장할 수 있다. 필요비나 유익비 지출은 건물에 관하여 지출된 비용이므로 유치권이 인정된다.

(1) 임차인의 필요비와 유익비 (민법 제626조 임차인의 상환청구권)

임차인이 임차물의 보존에 관한 필요비를 지출한 때에는 임대인에 대하여 그 상환을 청구할 수 있다(제1항). 즉 보일러 시설이나 수도관의 누수현상, 욕실 등의 하자, 전기시설, 창문 등의 파손, 기타 임차인으로서 주택을 사용하기 위해서 필요한 부분 등이 하자가 발생시 이를 임차인이 수선비를 지출하고 개선하였다면 필요비가 될 수 있다. 임차인이 유익비를 지출한 경우에는 임대인은 임대차종료 시에 그 가액의 증가가 현존한 때에는 임차인이 지출한 금액이나 그 증가액을 상환하여야 한다(제2항). 유익비는 유치물의 객관적 가치를 증가시키는 데 소요된 비용으로 유치권자의 주관적 필요에 따라 소요된 비용은 유익비로 인정되지 아니하고 객관적으로 가치를 증가시키는 경우만 인정된다.

인정된다 하더라도 그 가액의 증가가 현존하는 경우만 인정된다. 따라서 인정되는 경우가 드물다.

(2) 유치권자의 필요비와 유익비

유치권자가 유치물에 관하여 필요비를 지급한때에는 소유자에게 그 상환을 청구할 수 있다(1항). 통상 필요비는 물건의 보관자가 선량한 관리자의 주의로서 물건의 보존과 관리에 필요한 비용을 말하는데 건물의 소규모 수선, 조세의 부담이나 평상시 보관에 필요한 비용, 관리비 같은 것이 있다. 집합건물 관리비도 필요비다(대법2005다65821판결). 유치권자가 유치물에 관하여 유익비를 지출한 때에는 그 가액의 증가가 현존한 경우에 한하여 소유자의 선택에 쫓아 그 지출한 금액이나 증가액의 상환을 청구할 수 있다(2항).

◈ 공사대금 유치권이 성립되는 경우에 대한 판례

(1) 공사대금 유치권이 성립되는 경우

다세대주택의 창호 등의 공사를 완성한 하수급인이 공사대금채권 잔액을 변제받기 위하여 위 다세대주택 중 한 세대를 점유하여 유치권을 행사하는 경우, 그 유치권은 위 한 세대에 대하여 시행한 공사대금만이 아니라 다세대주택 전체에 대하여 시행한 공사대금채권의 잔액 전부를 피담보채권으로 하여 성립한다(대법 2005다16942).

(2) 도급계약에서 수급인이 신축 건물에 대하여 유치권을 가지는 경우

주택건물의 신축공사를 한 수급인이 그 건물을 점유하고 있고 또 그 건물에 관하여 생긴 공사금 채권이 있다면, 수급인은 그 채권을 변제받을 때까지 건물을 유치할 권리가 있다. 이러한 유치권은 수급인이 점유를 상실하거나 피담보채무가 변제되는 등 특단의 사정이 없는 한 소멸되지 않는다(대법 95다16202, 95다16219 판결).

(3) 공사대금채권에 의해 유치권을 행사하는 자가 유치물인 주택에 거주하는 경우

공사대금채권에 기하여 유치권을 행사하는 자가 스스로 유치물인 주택에 거주하며 사용하는 것이 유치물의 보존에 필요한 사용에 해당하는지 여부(적극) 및 이 경우 차임 상당 이득을 소유자에게 반환할 의무가 있는지 여부(적극) (대법 2009다40684 판결).

(4) 공사대금으로 유치권을 행사시 유치채권액의 범위

공사대금잔금채권이나 그 지연손해금청구권, 채무불이행에 의한 손해배상청구권은 모두 피담보채권으로 한 유치권이 성립된다(대법 76다582).

◈ 조합이 조합원에 가지는 신축·분양한 아파트와 관련한 징수금 채권

주택개량재개발조합이 조합원에 대하여 갖는 재개발사업의 시행으로 신축·분양한 아파트와 관련한 징수금 채권 등은 그 아파트와 견련관계가 있고, 조합이 채권 등을 담보하기 위해 아파트의 인도를 거절하고 출입문을 시정하여 열쇠를 보관하는 한편, 유치권을 행사하고 있다는 내용의 경고문을 아파트의 출입문에 게시하였다면, 조합은 타인의 지배를 배제하고 사회통념상 아파트를 사실상 지배하여 점유를 취득하였다고 봄이 상당하므로 징수금 채권 등을 상환 받을 때까지 아파트를 유치할 권리를 갖는다고 한 사례이다(서울중앙지법 2009가합49365 판결).

이 사건은 1심에서는 유치권자가 점유인도를 청구한 것이 아니라 유치채권액의 손해배상을 청구해서 기각 처리되어 2심(서울고법 2009나87777 판결)에서 유치권자가 점유물반환청구권을 행사하여 승소하였고, 대법원(대법 2010다2459)에서 2012. 03. 29. 상고기각으로 조합(유치권자)의 승소로 확정 판결되었다(자세한 내용은 **"Chapter 17의 08 조합이 가압류한 채권은 소멸되는 일반채권이 아니다!(375쪽)"**를 참고하기 바란다).

05 유치권이 인정되지 않는 사례와 이에 근거한 법률 및 판례

(1) 권리금상환청구권

임대인과 임차인 사이에 건물명도시 권리금을 반환하기로 하는 약정이 있었다 하더라도 그와 같은 권리금반환청구권은 건물에 관하여 생긴 채권이라 할 수 없으므로 그와 같은 채권을 가지고 건물에 대한 유치권을 행사할 수 없다(대판 93다62119호).

(2) 토지임차인의 경우 부속물매수청구권

임차인의 부속물 매수청구권은 그가 건물 기타 공작물을 임대차한 경우에 생기는 것(민법 제646조)이고, 보증금반환청구권은 민법 제320조에서 말하는 그 물건(또는 유가증권)에 관하여 생긴 채권이 아니기 때문에, 토지임차인은 임차지상에 해놓은 시설물에 대한 매수청구권과 보증금반환청구권으로써 임대인에게 임차물인 토지에 대한 유치권을 주장할 수 없다(대법 77다115호).

(3) 임차인의 유익비 상환청구권의 포기

임대차계약에서 임차인은 임대인의 승인 하에 개축 또는 변조를 할 수 있으나 부동산반환기일 전에 임차인의 부담으로 원상복귀한다는 약정이 있는 경우 임차인은 목적물에 지출한 각종 유익비의 상환청구권을 미리 포기하기로 한 취지의 특약이라 봄이 상당하다.

(4) 상가임차인이 영업을 목적으로 인테리어비용 등을 지출한 경우

상가임차인이 임차목적물에 대하여 영업을 목적으로 한 인테리어비용을 지출한 경우 이러한 비용은 건물의 보존을 위하거나 건물의 객관적 가치를 증가시키기 위한 것이 아니어서 이를 필요비, 유익비로 볼 수 없다. 이와 같은 내용은 유치권에 포함되지 아니한다. 원상복귀 의무가 남을 수 있다(대법95다12927).

(5) 소유자의 동의 없이 유치권자로부터 유치권의 목적물을 임차한 자의 점유

유치권의 성립요건인 유치권자의 점유는 직접점유이든 간접점유이든 관계없지만, 유치권자는 채무자의 승낙이 없는 이상 그 목적물을 타에 임대할 수 있는 처분권한이 없으므로(민법 제324조제2항 참조), 유치권자의 그러한 임대행위는 소유자의 처분권한을 침해하는 것으로서 소유자에게 그 임대의 효력을 주장할 수 없고, 따라서 소유자의 동의 없이 유치권자로부터 유치권의 목적물을 임차한 자의 점유는 경락인에게 대항할 수 있는 권원에 기한 것이라고 볼 수 없다(대법 2002마3516 결정). 소유자의 동의 없이 유치권자가 임대행위를 한 경우 유치권은 소멸청구대상이 된다. 그러나 소유자의 동의를 얻어 유치권자가 임대인으로 임대한 경우 그 임차인은 유치권자의 적법한 점유보조자가 될 수 있다. 이 경우 유치권자는 임차인을 직접점유자로 하는 간접점유자가 될 수 있어서 유치채권이 회수될 때까지 점유를 이전하지 않음으로서 유치채권을 회수할 수 있다.

(6) 공사업자의 미등기건물에 대한 점유가 불법행위에 해당되는 경우

가) 미등기 건물의 양수인에 대한 토지소유자의 건물철거 청구권

건물을 점유하고 있는 공사업자가 등기를 갖추지 않은 건물의 소유자에 대해서 유치권이 있다고 하더라도 그 건물의 존재와 점유가 낙찰자인 토지소유자에게 대항할 수 없다(대법 87다카3073호 판결).

나) 제3자가 가지는 건물에 관한 유치권으로 건물철거 청구권을 갖는 대지 소유자에게 대항할 수 있는지

앞의 가)번의 건물 점유자인 공사업자가 밀린 공사대금에 대한 대물변제로 토지 소유자로부터 건축 중인 건물에 대한 소유권을 넘겨받았더라도 낙찰자는 그 건물을 철거할 수 있게 된다(대법 87다카3073 판결, 86다카1751 판결).

(7) 공사업자의 미등기건물에 대한 점유가 불법행위에 해당되는 경우

공사업자의 미등기건물에 대한 점유가 불법행위에 해당되는 경우는 유치권이 성립되지 아니한다.

(8) 분양대금이 완납된 세대에 유치권을 행사하지 않기로 묵시적인 특별합의가 있는 경우

아파트 신축공사를 도급받은 시공사가 공사대금 잔액을 지급받기 위하여 아파트 한 세대를 점유하여 유치권을 행사한 사안에서, 아파트 공급계약 체결 당시 분양대금이 완납된 세대에 대하여 유치권을 행사하지 않기로 하는 묵시적인 특별 합의가 있었음이 인정되므로 위 유치권의 피담보채권의 범위는 해당 세대의 미지급 분양대금에 한정된다고 본 사례이다(서울동부지법 2008가합13140).

(9) 토지상에 건물신축공사가 독립한 건물이 되지 못한 상태에서 공사가 중단된 경우

가. 대법원 95다16202, 16219 판결, 대법원 2007마98 결정

토지에 설치한 상태에서 공사가 중단된 경우에 위 정착물은 토지의 부합물에 불과하여 이러한 정착물에 대하여 유치권을 행사할 수 없는 것이고, 또한 공사 중단 시까지 발생한 공사대금 채권은 토지에 관하여 생긴 것이 아니므로 위 공사대금 채권에 기하여 토지에 대하여 유치권을 행사할 수도 없다.

나. 대법원 2007. 11. 29. 선고 2007다60530 판결

이 사건 공사는 공부상 지목이 과수원, 전, 하천 등으로 잡다하게 구성된 토지를 대지화하여 아파트 3개동이 들어설 단지로 조성하기 위한 콘크리트 기초파일 공사로 볼 여지가 있고, 위 공사의 전제로 토지에 관한 형질 변경허가도 있었으리라 추측 된다"고 전제한 뒤 "이러한 경우에는 토목공사를 각 '토지'에 관한 공사로 볼 수 있으므로 그 공사대금 채권은 토지에 관하여 발생한 채권으로서 각 토지와 견련성, 유치권의 성립이 인정될 수 있다"고 판단하였다(대법원 2007다60530 판결, 대법원 2014다19653 판결 등 참조).

이 대법원 판결은 건물 신축을 위한 초기단계의 토공사라고 하더라도 무조건 '건물의 기초보강'이라는 건물공사의 일부로만 단정할 수 없고, 구체적 사안에 따라서는 '지목의 각기 다른 토지의 대지화 및 형질변경' 등 토지에 관한 공사로서 평가될 수 있고, '토지와 공사대금채권간의 견련성'이 인정된 경우만 토지에 대해서 유치권을 주장할 수 있다고 판단한 것이다.

그러나 유의할 점은 위 대법원 판결이 건물 신축공사에 수반되는 통상적인 기초공사에 대해 광범위하고 일반적으로 '토지' 유치권 성립을 인정한 판결은 아니라는 것이다. 오히려 통상적으로 건물신축공사의 터파기, 흙막이 등 공사에 관하여는 원심 판시와 같이 건물에 대한 공사로 보아 토지유치권이 부인된 사례가 대부분이다(대법원 2013. 5. 9. 선고 2013다2474).

(10) 독립된 부동산에서 유치권이 성립되기 위한 요건

독립된 부동산에서 유치권이 성립되기 위한 건물의 조건으로서의 건물이라고 하려면 최소한의 기둥과 지붕, 그리고 주벽이 이루어져야 할 것인 바, 콘크리트 지반 위에 볼트조립방식으로 철제파이프 또는 철골기둥을 세우고 지붕을 덮은 다음 삼면에 천막이나 유리를 설치한 세차장 구조물은 민법상 부동산인 '토지의 정착물'에 해당하지 않는다. 따라서 근저당권의 실행에 의한 법정지상권이나 관습법상의 법정지상권의 대상이 되지 않는다. 그리고 위 구조물에 대하여 유치권을 행사한다고 하더라도 이는 위 구조물에 대한 것이지 토지에 관한 것이 아니므로 토지에 대한 유치권을 행사할 수 없게 된다(대법 2008도9427 판결).

(11) 경매절차개시 가능성 인식 후 대규모 공사대금 채권

이미 채무자 소유의 목적물에 저당권 기타 담보물권이 설정되어 있어서 유치권의 성립에 의하여 저당권자 등이 그 채권 만족상의 불이익을 입을 것을 잘 알면서 자기 채권의 우선적 만족을 위하여 위와 같이 취약한 재정적 지위에 있는 채무자와의 사이에 의도적으로 유치권의 성립요건을 충족하는 내용의 거래를 일으키고 그에 기하여 목적물을 점유하게 됨으로써 유치권이 성립하였다면, 유치권자가 그 유치권을 저당권자 등에 대하여 주장하는 것은 다른 특별한 사정이 없는 한 **신의칙에 반하는 권리행사** 또는 권리남용으로서 허용되지 아니한다. 그리고 저당권자 등은 경매절차 기타 채권실행절차에서 위와 같은 유치권을 배제하기 위하여 그 부존재의 확인 등을 소로써 청구할 수 있다(대법 2011다84298, 대전고법 2002나5475 판결).

(12) 경매기입등기 이후에 채무자가 공사대금 채권자에게 점유를 이전한 경우

채무자 소유의 건물 등 부동산에 경매개시결정의 기입등기가 경료되어 압류의 효력이 발생한 후에 채무자가 위 부동산에 관한 공사대금 채권자에게 그 점유를 이전함으로써 그로 하여금 유치권을 취득하게 한 경우, 그와 같은 점유의 이전은 목적물의 교환가치를 감소시킬 우려가 있는 처분행위에 해당하여 민사집행법 제92조 제1항, 제83조 제4항에 따른 압류의 처분금지효에 저촉되므로 점유자로서는 위 유치권을 내세워 그 부동산에 관한 경매절차의 매수인에게 대항할 수 없다(대법 2009.1.15. 선고 2008다70763 판결).

(13) 채무자를 직접점유자로 하고 채권자가 간접점유하는 경우

채무자를 직접점유자로 하여 채권자가 간접점유하는 경우에는 유치권이 성립되지 않는다(대법 2007다27236 판결).

(14) 강제집행이 종료되면 이의신청 및 그 기각결정에 대한 즉시항고가 부적법해지는지 여부

① 강제집행이 종료되면 집행방법에 관한 이의신청 및 그 기각결정에 대한 즉시항고가 부적법해지는지 여부(적극) 및 이러한 법리가 부동산인도명령에 대한 즉시항고의 경우에도 마찬가지인지 여부(적극)(대법 2007마1613 결정)

② 부동산인도명령에 대하여 즉시 항고하면서 집행정지신청을 하였으나 그 집행정지 전에 집행이 종료되어 더 이상 항고를 유지할 이익이 없게 되었다고 한 사례

(15) 경매절차에서 피고인들이 허위의 공사대금채권을 근거로 유치권 신고를 한 경우(사기미수)

법원에 허위로 유치권을 행사하게 되면 형법상 경매, 입찰방해죄에 해당돼, '위계 또는 위력 기타 방법으로 경매 또는 입찰의 공정을 해한 자는 2년 이하의 징역 또는 700만원 이하의 벌금에 처한다(형법 제315조)'. 그렇다면, 허위 유치권행사행위를 채무자에 대한 사기죄로 구성해 볼 수는 있을까? 이에 대해 판례는 경우를 나누어 판단하고 있다.

법원에 허위 유치권신고서 등을 제출하는 행위 그 자체에 대해서는 사기죄성립을 부정하고 있다(대법 2009도5900).

반면, 법원에 유치권신고서 등을 제출하는데 그치지 않고 보다 적극적으로 허위채권 내지 액수를 부풀린 채권으로 유치권에 기한 경매신청까지 한 행위에 대해서는 사기(미수)죄 성립을 인정하고 있다(대법 2012도9603).

(16) 물건의 부속물, 부합물, 종물이 되는 경우 유치권이 성립되지 않는다

부동산에 부합된 물건이 사실상 분리복구가 불가능하며 거래상 독립한 권리의 개체성을 상실하고 그 부동산과 일체를 이루는 부동산의 구성부분이 되는 경우에는 타인의 권원에 의하여 이를 부합시켰다 하더라도 그 물건의 소유권은 부동산의 소유자에게 귀속된다(대법 2007다36933, 36940).

(17) 피담보채권이 양도시 점유와 동시에 이전되지 않은 경우

피담보채권이 양도되어 원래의 목적물을 점유하고 있더라도 양도인인 점유권자가 담보하는 채권이 없으면 더 이상 유치권이 성립되지 않는다(서울고법 96나800).

(18) 위약금채권은 유치권상 피담보채권이 될 수 없다

대구고법 83나874, 875 판결내용을 참고하면 된다.

유치권자가 점유할 때와 임차인이 점유할 때 어떻게 다른가!

◆ 소유자의 동의 없이 유치권의 목적물을 임차한 자의 점유

유치권의 성립요건인 유치권자의 점유는 직접점유이든 간접점유이든 관계없지만, 유치권자는 채무자의 승낙이 없는 이상 그 목적물을 타에 임대할 수 있는 처분권한이 없으므로(민법 제324조제2항 참조), 유치권자의 그러한 임대행위는 소유자의 처분권한을 침해하는 것으로서 소유자에게 그 임대의 효력을 주장할 수 없고, 따라서 소유자의 동의 없이 유치권자로부터 유치권의 목적물을 임차한 자의 점유는 구민사소송법 제647조제1항 단서에서 규정하는 경락인에게 대항할 수 있는 권원에 기한 것이라고 볼 수 없다(대법 2002마3516).

◆ 소유자의 동의를 얻어 유치권의 목적물을 임차한 자의 점유

소유자의 동의를 얻어 유치권자가 임대인으로 임대한 경우 그 임차인은 유치권자의 적법한 점유보조자가 될 수 있어서 유치권자는 임차인을 직접점유자로 하는 간접점유자가 될 수 있다. 유치채권이 회수될 때까지 점유를 이전하지 않음으로 해서 유치채권을 회수할 수 있다. 임차인의 임차보증금은 유치권자의 채무가 되고 유치권자는 적법하게 유치권을 행사하게 되어 소유자(유치권의 채무자)로부터 채무를 변제 받아서 임차보증금을 상환하고 건물을 소유자에게 인도하는 순으로 진행하게 되는 것이지, 유치물건이 경매가 진행된다 해도 배당요구해서 우선변제 받을 수 있는 권리는 없다.

그러나 유의할 점은 소유자의 동의를 얻은 행위는 채권계약이므로, 새로운 소유자 즉 제3취득자나 낙찰자에게 대항력을 주장할 수 없어서 새로운 소유자에게 소유권이 변경되면(이는 물권변동이 되므로), 종전 소유자의 동의는 물권우선주의 원칙에 따라 대항력을 잃게 되므로, 제3자로 소유권이 변경되기 전에 유치권자가 반드시 직접점유를 하고 있어야 유치권자로서의 대항력을 제3자에게 주장할 수 있다는 사실이다.

 판례 돋보기

유치권자는 반드시 직접점유를 하고 있어야 한다.
유치권자 또는 임차권자가 소유권변동 사실을 알 수 없어 새로운 소유자의 승낙을 받을 수 있는 시간적 여유가 없었다거나 새로운 소유자의 소멸청구가 신의칙에 위반하여 권리남용에 해당된다는 특별한 사정이 없는 한 새로운 소유자에게 대항할 수 없다.

① 유치권은 법정담보물권으로서 채권담보를 위하여 목적물을 점유하는 권리에 불과하므로, 종전 소유자의 승낙이 있다고 하더라도 유치권의 물권적 성격이 변화되는 것은 아니고, 다만 목적물을 '사용, 대여 또는 담보제공' 등을 할 수 있는 일종의 채권적 성격을 가지는 권리를 부여받은 것에 지나지 않는다.

② 새로운 소유자는 유치권이라는 물적부담을 안고 목적물의 소유권을 취득할 뿐이지 종전 소유자의 승낙에 따른 채권적 부담까지 그대로 승계한다고 볼 수 없다(서울고등법원 2011나27983).

◆ 유치권자의 동의를 얻어 소유자와 임차한 자의 점유

① <u>임차인 입장에서는</u> 유치권의 목적물에 올바른 임대차계약 방법으로 주임법상 대항력이 인정되고 추후 경매가 진행될 때 대항력과 우선변제권을 보장받을 수 있다.

② <u>유치권자의 입장에서는</u> 유치권자의 동의를 얻어 유치권의 목적물에서 소유자를 임대인으로 하여 임대한 경우, 임차인이 경제적, 사회적으로 독립한 주체로서 점유라고 봄이 타당하고, 설사 임차인이 유치권자의 점유보조자가 되겠다는 취지의 약정을 하였다고 하더라도 유치권자의 간접점유가 인정되지 못해서 유치권이 소멸하게 된다. 따라서 임차인은 점유보조자가 아니라 직접점유자로 봄이 상당 하므로 유치권자가 임차인을 직접점유자로 간접점유를 주장하여 유치권의 대항력을 주장하는 것이 인정되지 못하게 되어 임차인은 매수인에게 그 점유부분을 인도할 의무가 있다[인천지법2011가단17597 판결]

실무에서는 소유자를 임대인으로 하는 임대차를 유치권자가 동의해주고 임차보증금으로 유치채권을 충당하게 되는 형식으로 임대차계약이 체결되고 있다.

◆ 소유자에게 적법한 임대권한을 얻어서 임대차계약한 경우

유치권자가 소유자로부터 적법한 임대권한을 얻어서 소유자 명의로 임대차계약한 것이므로 임차인은 제3취득자에 대해서 주임법상 대항력을 주장할 수 있다. 이 유치물건이 경매로 매각되는 경우에도 주임법상 대항력과 우선변제권이 인정된다. 실무에서는 유치권자가 채권액을 임차보증금에서 회수하게 되지만, 임차인이 독립적으로 소유자와 임차인으로서 직접점유자가 되므로 유치권자가 간접점유자가 되지 못하게 되므로 유치권은 소멸하게 된다.

 김선생의 또 한마디

소유자와 유치권자의 동의는 무조건 필수적이다.
임차인 입장에서는 어떤 경우라도 소유자의 동의는 필수적이다. 만일 동의가 없다면 임차인은 보증금을 손해 볼 수밖에 없기 때문이다. 동의가 있더라도 즉 유치권자가 임차인과 소유자의 임대차계약을 체결하는 것에 동의한 경우라면 유치채권은 소멸한다. 따라서 임차보증금에서 유치채권액을 회수하는 조건으로 임대차계약에 동의해야 한다.

07 유치권이 신고된 경우 매수인의 대응 방안

◆ 경매절차에서 유치권이 신고된 경우

경매절차에서 유치권이 신고된 경우는 경매매각물건명세서에 "유치권 신고 있음" 등이 기재되어 있으니 이를 잘 살펴보고 입찰에 참여하여야 한다. 진정한 유치권자라면 낙찰자가 인수해야 한다.

◆ 유치권자에 대한 확인 및 매수인의 대응방안

경매 입찰시 특히 신축건물인 경우나 공사가 진행 중인 경우의 입찰 물건이라면 우선적으로 유치권 신고가 있는지 경매기록 등을 확인하고, 유치권이 신고가 되지 않았더라도 부동산 현장을 방문하여 유치권을 위하여 점유하는 자가 있는가를 확인하고, 유치권자가 있다면 유치권자의 채권액이 얼마인지, 이 금액을 인수하고도 수익이 있다면 입찰에 참가해야지 이를 확인하지 않고 법원의 기록만 믿고 입찰한다면 손해를 볼 수 있다.

매각물건명세서에 유치권신고가 기록되지 않았고 낙찰받고 난 다음에 소멸되지 않는 유치권을 알게 된 경우에 다음과 같이 취소를 요청할 수 있다.

(1) 매각기일 이후 ~ 매각허가 이전

매각물건명세서 작성에 대한 중대한 하자를 들어 매각불허가 신청할 수 있다.

(2) 매각허가결정기일 이후 ~ 매각허가결정 확정 이전

매각허가결정에 대한 이의나 즉시항고를 통한 매각허가결정을 취소신청 할 수 있다.

(3) 매각결정이 확정 이후 ~ 대금납부 이전

매각결정의 취소신청을 할 수 있다.

(4) 대금납부 이후 ~ 배당기일 이전

매매계약 해제신청과 매각대금 반환신청을 할 수 있다.

(5) 배당기일 이후

채무자 또는 배당받은 채권자 등에게 반환을 청구할 수 있다.

(6) 낙찰받고 난 이후에 유치권 존재를 확인하게 된 경우에 대한 판례

① 대법원 2005. 8. 8. 자 2005마643 결정(매각허가취소)
② 대법원 2008.6.17. 자 2008마459 결정(부동산매각허가결정에 대한 이의)

부동산 임의경매절차에서 이미 최고가매수신고인이 정해진 후 매각결정기일까지 사이에 유치권의 신고가 있고 그 유치권이 성립될 여지가 없음이 명백하지 아니한 경우, 집행법원이 취할 조치는 매각불허가결정을 해야 한다.

 김선생의 한마디

유치권에 관한 민법 개정 논의가 국회를 통과하지 못해 폐지되었다!
법무부 민법개정위원회는 2009년 2월부터 2014년 2월까지 민법 재산편 전면 개정시안을 만들었고, 법무부는 2013년 7월 17일 그 중 유치권에 관한 개정안을 국회에 제출하였다.
그러나 이 개정안은 제19대 국회에 제출된 후 개정안의 당부를 둘러싸고 상당히 많은 논의가 진행되었으나 국회통과를 이루지 못하고 제19대 국회가 2016. 03. 29에 만료됨에 따라 유치권 개정안은 폐기되었다.

08 유치권이 신고된 경매물건에서 권리분석과 입찰시 유의사항

◆ 입찰대상물건과 입찰결과

주 소	면 적	경매 진행과정	1) 임차인조사내역 2) 기타청구	등기부상의 권리관계
서울시 양천구 신월동 ○○○ 1~2층 상가 3~5층 주택 〈유치권 신고〉	대지 296㎡ (89.54평) 1층 132㎡ 상가 2층 132㎡ 상가 3층 132㎡ 주택 4층 115㎡ 주택 5층 99㎡ 주택	감정가 9억원 최저가 1차 9억원 유찰 20% 저감 2차 7억2천만원 유찰 20% 저감 3차 5억7천600만원 유찰 20% 저감 4차 4억6천80만원 낙찰 480,130,400원 〈이재명〉 2) 기타청구 ① 유기동의 유치권신고 채권신고금액 2억원 ② 압류 양천구청 ㉠ [법정 06.5.31.]취득세 459만원 ㉡ [법정 06.7.10.]재산세 76만원	1) 임차인 ① 이수만(1층 점포) 사업등록 06.5.1. 확정 06.5.1. 보증 5천만/월세180만 배당 07.2.15. ② 유기동(2층 사무실 점유) (유기동은 이 상가주택 건축업자로 유치권 신고자임) ③ 유길준(3층 주택) 전입 06.6.15. 확정 06.6.15. 보증 8천만원 배당 07.2.1. ④ 이승민(4층 주택) 전입 06.6.20. 확정 06.6.20. 보증 7천만원 배당 07.2.1. ⑤ 송수진(5층 주택) 전입 06.7.10. 확정 06.7.10. 보증 3천만/30만 배당 07.2.10.	소유권보존 최철민 2006.4.30. 근저당 기업은행 2006.4.30. 390,000,000원 가압류 김미진 2006.6.25. 50,000,000원 가압류 최기수 2006.8.5. 100,000,000원 압류 양천구청 2006.10.10. 가처분 유기동 2006.10.20. 강제경매신청 김미진 청구금액 50,000,000원 〈2006.10.30.〉

◆ 경매 물건에 대한 권리분석과 배당표 작성

이 경매사건은 말소기준권리가 2006.4.30. 기업은행으로 겉으로 보아서는 모두가 소멸대상이고 대항력 있는 임차인이 없다. 그러나 이 상가주택은 유치권을 신고한 유기동이 건물을 완공 후 공사대금 2억원을 받지 못해 2층 사무실을 점유하고 있는 상태로 낙찰자는 유치권을 피담보채권으로 하는 채권을 인수해야 하는 부담이 있다.

유치권자는 권리신고를 하면 경매절차상에서 이해관계인이 될 수 있고 입찰자들이 이러한 사실을 알게 됨에 따라 인수금액 만큼 떨어질 수밖에 없다.

배당표를 작성하여 보면

배당금액이 (480,130,400원 - 집행비용 6,400,500원) 473,729,900원이므로

- **1순위** : 송수진 1,600만원(최우선변제 1)
- **2순위** : 양천구청 760,000원(당해세우선변제 1)
- **3순위** : 기업은행 3억9,000만원(우선변제 2)
- **4순위** : 이수만 5,000만원(우선변제 3)(환산금액이 2억3천만원이므로 상가임대차보호법상의 영세상인보호대상이 된다)
- **5순위** : 양천구청 4,590,000원(우선변제 4)
- **6순위** : 유길준 12,379,900원(우선변제 5)이 된다.

그러나 낙찰자는 유치권을 인수해야 하므로 총 구입비는 480,130,400원 + 유치권인수금액 2억원으로 680,130,400원이 된다.

◆ 낙찰 받고 난 다음 대응방법

유치권 인수금액은 유치권자와 협의해 인수금액을 결정하거나 협의가 이루어지지 못하면 법원에 유치채권 확인소송을 제기해 결정할 수밖에 없다. 유치권에 해당되는 공사대금은 실제 금액보다 부풀려져 있는 것이 많아서 소송과정에서 증빙서류 등의 부족으로 인하여 상당부분 저감된 유치채권액으로 판결이 나기도 한다.

따라서 유치권자가 점유하고 있는 건물을 입찰하려면 유치채권액을 먼저 확인하고, 낙찰 받았다면 협의를 시도하되 협의가 안 된다면 매수인은 대금납부와 동시에 유치권자를 상대로 인도명령을 신청할 수 있으나 유치권자의 이의로 기각될 가능성이 높다.

<u>그 다음 건물명도청구소송을 제기하게 되는데</u> 그 과정에서 유치권자는 자신이 적법한 유치권자임을 주장하기 위해 유치채권에 관련한 증빙서류 등을 제출하여 매수인에게 대항력이 있음을 주장할 수 있다. 이때 법원은 건물명도청구소송과 유치채권 확인소송을 병행하여 유치권을 판단하게 되고 이 경우 매수인은 법원에서 결정된 금액을 유치권자에게 지급함과 동시이행으로 건물을 인도 받으면 된다.

그러나 유치권자가 적법한 유치권자로 판결되지 않을 경우에는 유치권자는 불법점유자가 되어 강제집행대상이 된다. 허위유치권자가 많은 현실에서 유치권 신고가 된 물건을 분석만 잘 할 수 있다면 분명 돈 되는 분야가 된다. 이 물건 역시 재판과정에서 유치채권액이 조정돼 인수금액이 1억으로 저감된 사건이다.

09 상가주택에 유치권 신고가 된 물건에 입찰하기

◈ 입찰대상물건 정보내역

2013타경0000 · 서울동부지방법원 본원 · 매각기일 : 2013.10.28(月) (10:00) · 경매 3계(전화:02-2204-2407)

소재지	서울특별시 송파구 잠실동 000-00		소결색				
물건종별	근린주택	감정가	2,005,414,100원	오늘조회: 29 2주누적: 1756 2주평균: 125 조회동향			
토지면적	192.5㎡(58.231평)	최저가	(64%) 1,283,465,000원	구분	입찰기일	최저매각가격	결과
건물면적	381.56㎡(115.422평)	보증금	(10%) 128,350,000원	1차	2013-07-29	2,005,414,100원	유찰
매각물건	토지·건물 일괄매각	소유자	이○○	2차	2013-09-09	1,604,331,000원	유찰
개시결정	2013-01-11	채무자	문인식 외 1	3차	2013-10-28	1,283,465,000원	
사건명	임의경매	채권자	우리에프앤아이제34차유동화전문 유한회사(변경전:(주)하나은행)				
관련사건	2013타경5842(중복)						

● 임차인현황 (말소기준권리 : 2010.09.27 / 배당요구종기일 : 2013.04.03)

임차인	점유부분	전입/확정/배당	보증금/차임	대항력	배당예상금액	기타
이정민	주거용 302호 전부	전 입 일: 2010.11.19 확 정 일: 2013.04.03 배당요구일: 2013.04.03	보35,000,000원 월850,000원	없음	소액임차인	
이소라	주거용 401호 2룸	전 입 일: 2009.01.21 확 정 일: 2009.01.21 배당요구일: 2013.03.26	보30,000,000원 월800,000원	있음	소액임차인	
박진만	점포 1층 (방1칸)	사업자등록: 미상 확 정 일: 미상 배당요구일: 2013.04.03	보5,000,000원 월530,000원 환산5,800만원		배당금 없음	점유:2009.06.15
임미숙	점포 1층	사업자등록: 2008.06.12 확 정 일: 미상 배당요구일: 없음	보5,000,000원 월550,000원 환산6,000만원	있음	전액낙찰자인수	
최소령	주거용 301호 전체	전 입 일: 2012.04.18 확 정 일: 2012.04.18 배당요구일: 2013.03.18	보20,000,000원 월900,000원	없음	소액임차인	
박수진	주거용 402호 전부	전 입 일: 2010.06.29 확 정 일: 2010.06.29 배당요구일: 2013.03.28	보30,000,000원 월500,000원	있음	소액임차인	

임차인수: 6명, 임차보증금합계: 125,000,000원, 월세합계: 4,130,000원

● 건물등기부 (채권액합계: 3,911,565,493원)

No	접수	권리종류	권리자	채권금액	비고	소멸여부
1	2008.02.15	소유권보존	박○○			
2	2010.09.27	근저당	하나은행 (서초로지점)	360,000,000원	말소기준등기	소멸
3	2010.12.07	근저당	하나은행	800,000,000원		소멸
4	2011.12.23	소유권이전(증여)	이○○			
5	2013.01.02	가압류	서울보증보험(주)	2,495,647,380원		소멸
6	2013.01.11	임의경매	하나은행	청구금액: 304,594,025원	2013타경649	소멸
7	2013.03.19	가압류	대한민국	255,918,113원		소멸
8	2013.03.27	임의경매	하나은행	청구금액: 800,000,000원	2013타경5842	소멸

주의사항	☞유치권신고 있음-굿모닝철거 대표 양○○ 부터 2013.10.22.자 금47,000,000원(공사비)의 유치권 신고가 있으나, 그 성립여부는 불분명함.

◆ 상가주택 위치도

◆ 경매 물건에 대한 권리분석과 배당표 작성

이 상가주택은 현재 2호선 신천역이 도보로 7분 거리에 있지만 9호선이 개통되면 2분 거리에 지하철 역사가 들어오게 돼 주택가격이 상승되는 입지조건을 가지고 있다. 그런데 시세가 20억 정도인 상가주택이 13억 이하로 떨어진 이유는 부동산 시장 불황과 대항력 있는 임차인 그리고 유치권을 신고한 권리가 있기 때문이다.

그러면 먼저 대항력 있는 임차인을 인수해야 하는가를 확인하기 위해 예상배당표를 작성해 보자!

매각대금이 13억1,000만원이고 경매비용이 1,000만원으로 배당할 금액이 13억이면 다음 순으로 배당하게 된다(배당 시점 2014. 01. 12.).

- **1순위** : ① 이정민 2,500만 + ② 이소라 2,500만 + ③ 최소령 2,000만 + ④ 박수진 2,500만원 (최우선변제금 1)
- **2순위** : 이소라 500만원(확정일자 우선변제금 1)

- **3순위** : 박수진 500만원(확정일자 우선변제금 2)
- **4순위** : 하나은행 3억3천만원(이자포함)(우선변제금 3)
- **5순위** : 하나은행 8억원(우선변제금 4)
- **6순위** : 이정민 700만원(주택 2014년부터 9,500만/3,200만)(법 개정으로 배당 시점 현행 법상 소액임차인으로 최우선변제금 2)
- **7순위**에서 배당잔여금 5,800만원을 가지고 서울보증보험 가압류 2,495,647,380원 → 대한민국 가압류 255,918,113원 → 이정민 확정일자 300만원으로 모두 동순위가 되므로 안분배당하면 된다.

◆ 낙찰 받으면 인수할 권리나 금액이 있는가를 알아 보자!

첫 번째 대항력 있는 임차인 이소라와 박수진이 전액 배당받아서 낙찰자가 인수할 금액이 임미숙 500만원 뿐이다.

두 번째로 양○○의 유치권신고 금액 4,700만원을 인수해야 하는가에 대해서 살펴봐야 하는데 이 상가 주택에서는 인수하지 않아도 된다. 왜냐하면 적법한 유치권자로 대항력을 갖기 위해서는 이 상가주택에 대한 공사채권이 있으면서 점유를 하고 있어야 하는데 어디를 봐도 점유하고 있지 않고 모든 층을 임차인들이 점유하고 있기 때문이다.

물론 점유는 앞의 06번(454~456쪽))에서 설명한 바와 같이 임차인이 간접점유를 하고 있어도 되지만, 임차인의 권리신고 및 배당요구 서류를 보면 건물주와 임대차계약을 해서 배당요구한 것이지, 유치권자를 당사자로 계약한 임차인들은 아니기 때문이다.

유치권자가 대항력을 갖추기 위해서는 건물 소유자의 동의를 얻어 유치권자를 임대인으로 해서 계약한 경우만 대항력이 인정된다는 사실을 앞의 6번에서 확인하면 된다. 그랬다면 임차인들은 배당요구가 불가해서 배당에 참여할 수 없었을 것이지만, 어쨌든 독자 분들이 이러한 물건에 접할 때는 누구와 임대차 계약했고 건물주의 동의를 얻었느냐 못했느냐, 동의 없이 유치권자와 계약하면 대항력이 없다는 사실과 건물주의 동의를 얻어 유치권자와 계약했더라도 낙찰자가 대금 납부하기 전에 유치권자가 점유를 이전 받지 못하면 유치권이 소멸되기는 마찬가지라는 사실이다.

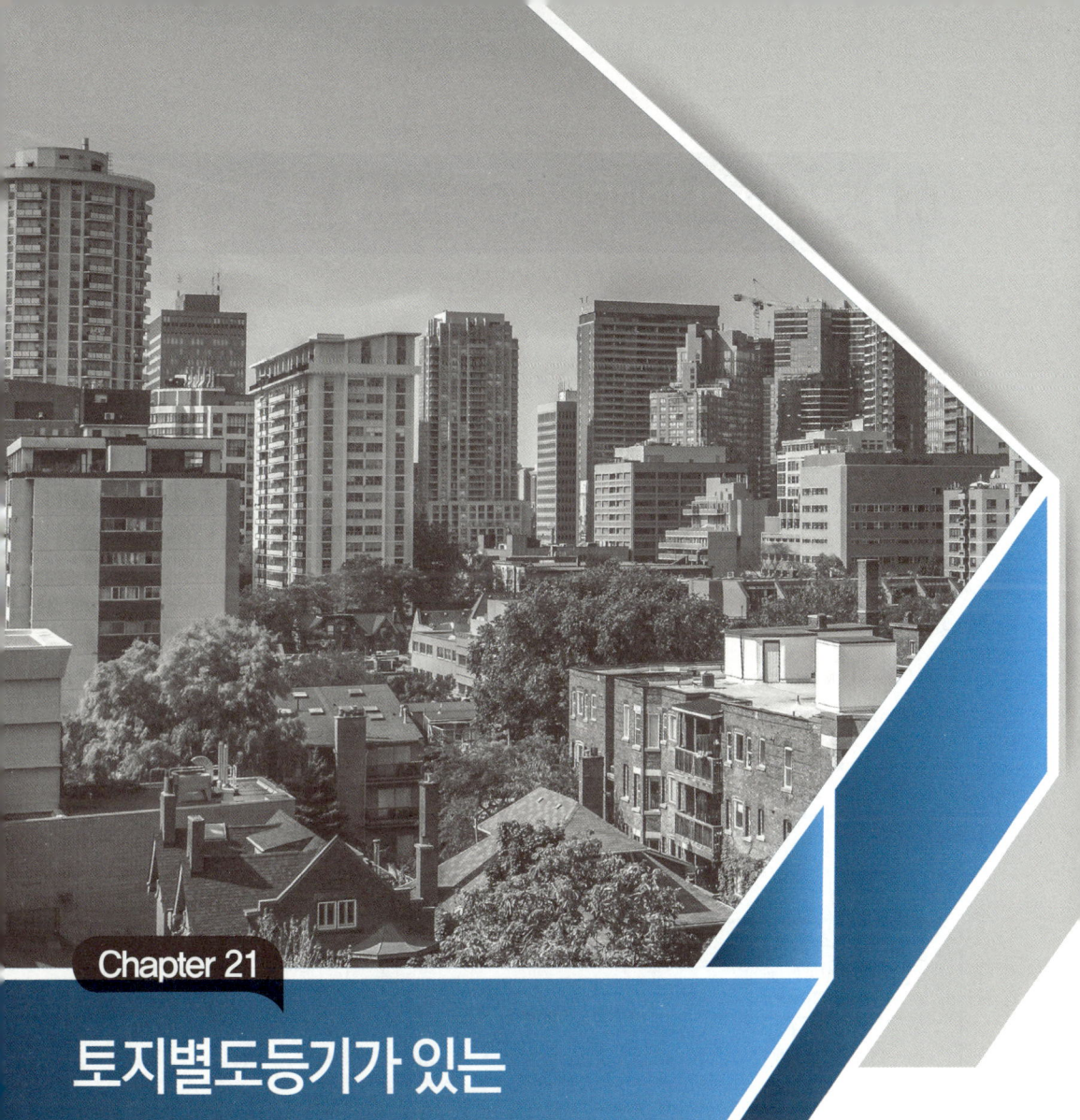

Chapter 21

토지별도등기가 있는 집합건물에 투자하는 비법

01 토지별도등기의 의미와 발생하게 되는 과정

◈ 토지별도등기란 어떠한 의미인가?

토지별도등기는 토지와 건물에 설정된 권리가 서로 다르다는 의미다. 이는 아파트나 연립, 다세대 등의 집합건물인 경우에서 대부분 발생하고 있으나 간혹 단독, 다가구주택인 경우에도 법원이나 공매집행기관 등에서 토지와 건물 설정 내용이 다른 경우 토지와 건물 설정내용이 다르다는 표시로 "토지별도등기 있음"으로 표시하고 있다.

◈ 재건축사업에서 대지권 정리과정과 토지별도등기 심화학습

나대지 3,000㎡에 국민은행이 채권최고액 24억원의 근저당권을 설정하고 20억원을 대출받아서 아파트를 신축하는 경우를 살펴보자. 이 자금을 이용해 아파트 100가구를 신축하고 분양해서 그 분양대금으로 이 채무금액을 상환하면서 아파트 신축공사는 마무리가 된다.

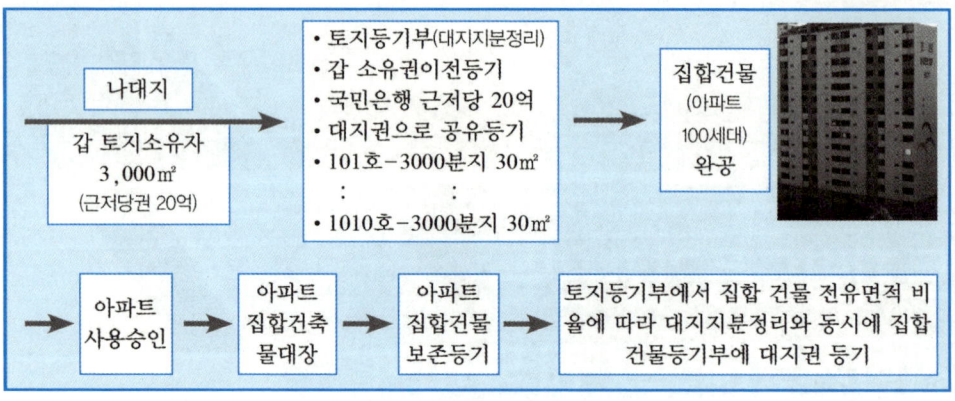

아파트 건립계획에 따라 건립세대 수와 건립세대별 전유면적이 결정이 되고 그 전유면적에 따라 안분된 대지 면적이 토지등기사항전부증명서에서 대지에 대한 소유권 및 소유지분 등으로 공유등기되고 나면 그 이후의 모든 권리관계는 집합건물등기사항전부증명서의 전유부분 표제부에 대지권으로 표시되고 건물과 일체가 되어 거래하게 되므로 토지만 별도로 거래할 수 없다. 그러나 건물을 짓기 전(집합건물의 대지사용권으로 성립되기 전)에 토지등기사항전부증명서에 소유권 제한에 관한 권리 및 채권(가처분, 예고등기, 가등기, 가압류 등)

또는 소유권 이외의 제한물권(저당권 등) 등이 있는 경우 토지와 건물의 권리관계가 일치하지 않으므로 이러한 사실 등을 표시하기 위하여 집합건물등기사항전부증명서의 표제부 대지권의 표시 오른편에 '토지별도등기 있음'을 등기하게 된다. 그리고 이 토지별도등기 채권자 등은 대지권으로 공유등기되기 전(대지사용권이 성립하기 전)에 등기된 채권이므로 각 대지권자에 대해서 공동저당권과 유사한 지위에 놓이게 된다. 실무에서는 토지별도 등기된 집합건물이 경매로 매각되는 경우 토지별도등기재권자로 하여금 대지권에 해당하는 비율만큼 배당요구하도록 하고 이 경우 배당받고 소멸된다. 그러나 토지별도등기가 있는 아파트가 일반매매 또는 경매절차에서 배당요구를 하지 않은 경우에는 매각으로 소멸되지 않는 권리가 있을 수도 있다. 이 경우 추후 토지별도등기 채권자가 경매를 신청하게 되면 나대지 또는 구분소유권이 성립되기 전에 등기된 채권이므로 집합건물법 제20조에 따른 전유부분과 대지사용권 분리처분 금지규정을 적용받지 않는다. 따라서 분리처분이 가능하므로 토지 낙찰자가 토지소유자가 되고, 집합건물의 구분소유자는 대지사용권이 없어서 대지권이 없는 상태가 되고 법정지상권도 갖지 못하게 된다. 법정지상권이 성립되지 못하면 건물이 철거 대상이지만 집합건물 전체가 아닌 일부만 대지사용권이 없는 경우에는 건물 전체를 철거할 수 없다. 이러한 문제점을 해결하기 위해서 '대지사용권을 가지지 않은 구분소유자가 있을 때, 그 전유부분의 철거를 청구할 권리를 가진 자는 그 구분소유자에 대하여 구분소유권을 시가(時價)로 매도할 것을 청구할 수 있다(집합법 제7조, 구분소유권매도청구권).'의 규정을 두고 있다.

02 경매절차에서 토지별도등기가 소멸, 또는 인수 여부?

◆ 토지별도등기는 경매로 소멸되는 것이 원칙이다!

아파트 등의 집합건물이 경매로 매각될 때 매각물건명세서에서 특별매각조건으로 토지별도등기를 인수조건 없이 매각되었다면 배당요구와 무관하게 토지별도등기 채권금액에 해당하는 금액을 공탁하고 말소시키는 것이 원칙이다. 그러나 돌다리도 두드려 가라는 선인의 말씀처럼 토지등기부를 확인해서 토지별도 등기된 채권자가 배당요구로 소멸되는 채권인지 확인해야 한다. 확인방법으로는 매각물건명세서에 토지별도등기채권자가 최선순위 설정일자에 기재되어 있고, 법원 경매사이트에서 문건/송달내역을 확인해서 토지별도등기채권자가 배당요구 했으면 소멸되는 것이 원칙이다.

이것으로 확인이 안 되거나 쉽게 찾고자 한다면 경매법원 담당공무원에게 확인하는 방법도 있다. 어쨌든 다음 〈김선생의 도움말〉 처럼 특별매각조건으로 인수조건 없이 매각되었다면 토지별도등기는 소멸되는 것이 원칙이고 이 판례와 다음 〈김선생의 알아두면 좋은 내용〉 판례 등의 등장으로 최근 들어 토지별도등기를 매수인의 부담으로 매각하는 경우는 거의 없다고 판단하면 될 것이다. 토지에만 저당권 등(근저당권 및 가압류 등의 채권이 있는 경우)이 설정되어 있는 경우에도 배당요구한 경우라면 배당받고 나서 토지등기사항전부증명서에 근저당권일부포기(근저당권 변경)를 하고 집합건물등기사항전부증명서에서 '토지별도등기 있음' 을 말소하게 된다. 이 밖에 간혹 토지등기사항전부증명서는 말소되어 있으나 집합건물등기사항전부증명서 표제부에서 토지별도등기를 말소시키지 않은 경우도 있는데, 이 경우는 언제든지 소유자의 신청에 의해서 토지별도등기를 말소시킬 수 있다. 그리고 말소되지 않는 경우에도 소유권행사 등에 아무런 지장이 없는 구분지상권 등도 있다.

김선생의 도움말

토지별도등기도 아파트가 경매로 매각 시 소멸되는 것이 원칙

집합건물의 전유부분과 함께 그 대지사용권인 토지공유지분이 일체로서 경락되고 그 대금이 완납되면, 설사 대지권 성립 전부터 토지만에 관하여 별도등기로 설정되어 있던 근저당권이라 할지라도 경매과정에서 이를 존속시켜 경락인이 인수하게 한다는 취지의 특별매각조건이 정하여져 있지 않았던 이상 위 토지공유지분에 대한 범위에서는 매각부동산 위의 저당권에 해당하여 소멸한다[대법 2005다15048].

만일 이러한 조건 없이 매각되었는데 소멸되지 않는 토지별도등기채권이 있다면 그 원인으로 매각결정을 취소 신청할 수 있다.

김선생의 알아두면 좋은 내용

대지권 평가 없이 전유부분만 돼도 대지권등기와 토지별도등기를 말소할 수도 있다.

전유부분에 설정된 저당권으로 경매가 진행돼 전유부분을 매수한 매수인은 대지지분에 대한 소유권을 함께 취득하고, 그 경매절차에서 대지에 관한 저당권을 존속시켜 매수인이 인수하게 한다는 특별매각조건이 정하여져 있지 않았던 이상 설사 대지사용권의 성립 이전에 대지에 관하여 설정된 저당권이라고 하더라도 대지지분의 범위에서는 소멸하는 것이며, 전유부분에 관한 경매절차에서 대지지분에 대한 평가액이 반영되지 않았다거나 대지의 저당권자가 배당받지 못하였다고 하더라도 달리 볼 것은 아니다(대법원 2013. 11. 28. 선고 2012다103325 판결).

◆ 토지별도등기를 인수조건으로 매각하면 매수인이 부담

집합건물에 토지별도등기가 있어서 그 원인을 찾기 위해 토지등기사항전부증명서를 확인해 보니

① 소유권을 제한하는 선순위가등기·선순위가처분·예고등기와 용익물권[지상권(구분지상권), 전세권 등] 등이 있는 경우 법원은 특별매각조건으로 매수인이 인수하는 조건으로 매각하게 된다.

그러나 토지별도등기가 ② 근저당권 및 조세·공과금채권자·일반채권자(가압류 및 강제경매신청자 등)가 배당요구한 경우와 하지 않았더라도 배당하고 소멸하는 것이 원칙이지만 간혹 특별매각조건으로 토지별도등기를 매수인의 부담으로 매각했다면 그 토지저당권은 말소되지 않고 다음 사례와 같이 낙찰자 인수가 될 수 있으나 최근 들어 인수조건으로 매각하는 사례는 찾아보기 어렵다.

토지별도등기의 채권액이 소액인 경우는 협의해서 구분건물소유자가 채권을 인수하면 되겠지만 채권금액이 많으면 경매가 진행될 수밖에 없다. 토지채권자가 경매신청하여 매각되는 경우 구분건물소유자가 대지권을 낙찰받아서 완전한 권리 행사를 할 수 있지만, 제3자가 낙찰받은 경우라면 제3자(대지소유권자)의 선택에 따라 지료를 지급하든가 또는 구분소유권을 매도청구당할 수도 있다. 그러나 집합건물에서는 법정지상권이 성립되지 않아도 집합건물에서 일부 구분소유자를 대상으로 철거판결을 받기란 쉽지 않고 받았다고 하더라도 집합건물을 철거할 수 없다고 생각해야 한다. 그래서 집합법에 제7조 규정을 두게 된 이유다.

이와 같은 내용은 법원기록(매각물건명세서 등)을 통해 1차적으로 확인하고, 2차적으로 집합건물등기사항전부증명서와 토지등기사항전부증명서를 발급받아서 확인해야 정확한 판단을 할 수 있고 이러한 판단 후에 배당표를 작성, 분석해 인수할 금액을 확인한 다음 입찰에 참여하면 된다.

03 토지별도등기가 있는 물건에 대한 권리분석과 대응전략

◆ 토지별도등기된 경매물건 분석표

주 소	면 적	경매 진행과정	1) 임차인조사내역 2) 기타청구	등기부 상의 권리관계

서울특별시 강남구 논현동 ○○○번지 삼성빌라 4층 401호	대지 358분의 35.8
	
	건물 전용면적 75.4㎡
		감정가 320,000,000원
		
		대지 165,000,000원 (51.5625%)
		(토지별도등기있음)
		건물 155,000,000원 (48.4375%)
		
		최저가
		1차 320,000,000원 유찰
		2차 256,000,000원
		낙찰 285,000,000원
		낙찰자 이재명
		〈04.9.15.〉
		소유권이전 04.10.23.
			1) 임차인
			① 송철우
			  전입 03.2.9.
			  확정 03.4.1.
			  배당 04.6.10.
			  보증 70,000,000원
			  (401호 점유)
			② 이기자
			  전입 03.9.10.
			  확정 03.9.10.
			  배당 04.6.15.
			  보증 10,000,000원
			  (옥탑방 1개)
			
			2) 기타청구
			① 압류 강남구청취득세
			  (법정 03.7.31.)
			  3,250,000원
			② 교부청구
			  서초세무서 부가세
			  (법정 03.4.25.)
			  350만원
			3) 기타청구
			① 압류 강남구청취득세
			  (법정 03.7.31.)
			  3,250,000원
			② 교부청구
			  서초세무서 부가세
			  (법정 03.4.25.)
			  350만원
				소유자 김숙경
				2003.2.10.
				근저당 기업은행
				2003.2.10. 1억 2,000만원
				가압류 이승민
				2003.5.10. 75,000,000원
				근저당 유시민
				2003.10.1. 30,000,000원
				압류 서울시 강남구청
				2003.10.10.
				임의경매 기업은행
				청구금액 115,400,000원
				〈2004.2.10.〉
				(집합건물등기부)
				소유자 김숙경
				2003.2.10.
				근저당 기업은행
				2003.2.10. 1억 2,000만원
				가압류 이승민
				2003.5.10. 75,000,000원
				근저당 유시민
				2003.10.1. 30,000,000원
				압류 서울시 강남구청
				2003.10.10.
				임의경매 기업은행
				청구금액 115,400,000원
				〈2004.2.10.〉
				(집합건물등기부등본)
				근저당 외환은행
				1989.10.10. 36,000,000원
				근저당 외환은행
				1995.2.17. 48,000,000원
				근저당 이철승
				2000.5.10. 150,000,000원
				(토지등기부)

◆ 토지별도등기된 경매물건에 대한 권리분석

　이 경매사건은 경매기록에 토지별도등기 되어 있어서 집합건물등기사항전부증명서와 토지등기사항전부증명서를 열람해서 분석한 결과 소유자 김숙경이 소유하고 있던 토지에 근저당권을 설정하고 다세대주택을 건립해서 대지권으로 분할한 사례이다. 그런데 김숙경 소유 당시 근저당권 채무액과 건물 신축비용 근저당 채무액이 상환되지 않고 그대로 남아 있어서 토지별도등기된 경우이다. 이러한 사항을 정확히 이해하기 위해서 집합건물등기사항전부증명서를 확인함과 동시에 토지등기사항전부증명서를 발급받아서 분석해 보면 다음과 같다.

(1) 집합건물등기사항전부증명서[첫 번째 표제부(1동의 건물표시) 생략]

【표　제　부】(전유부분의 건물의 표시)				
표시번호	접수번호	건물번호	건물내역	등기원인 및 기타사항
1	2003년 2월 10일	제4층 401호	철근콘크리트조 75.4㎡	도면 편철장 제3책 48장
(대지권의 표시)				
표시번호	대지권의 종류	대지권의 비율	등기원인 및 기타사항	
1	소유권 대지권	358분의 35.8	2003년 1월 31일 대지권 2003년 2월 10일	
2			별도등기 있음 1토지(을구 1내지 3 근저당권 설정) 2003년 2월 10일	

【갑　　구】(소유권에 관한 사항)				
순위번호	등기목적	접　수	등기원인	권리 및 기타사항
1 :	소유권보존	2003년 2월 10일		소유자 김숙경 481125-2××× ××× 서울시 강남구 논현동 ○○○번지
10 : :	가압류	2003년 5월 10일 제41145호	2003년 5월 8일 서울중앙지법가압류 (2003카단21141)	청구금액 금 75,000,000원 채권자 이승민
13 :	압류	2003년 10월 10일 제643211호	2003년 10월 7일 압류(세무과-5114)	권리자 서울시 강남구청
15	임의경매 개시결정	2004년 2월 10일 제644701호	2004년 3월 26일 서울중앙지법경매개시 (2004타경○○○호)	채권자 기업은행 서울시 강남구 논현동 ○○○

【을　　구】	(소유권 이외의 권리에 관한 사항)			
순위번호	등기목적	접　수	등기원인	권리자 및 기타사항
1	근저당설정	2003년 2월 10일 제11451호	2003년 2월 9일 설정계약	채권최고액 금 1억2,000만원 채무자 김숙경 서울시 강남구 논현동 ○○○번지 근저당권자 기업은행 서울시 강남구 논현동 ○○○
2	근저당설정	2003년 10월 1일 제64321호	2003년 9월 30일 설정계약	채권최고액 금 30,000,000원 채무자 김숙경 서울시 강남구 논현동 ○○○번지 삼성빌라 4층 401호 근저당권자 유시민 서울시 강남구 논현동 ○○○

　이 같이 집합건물에 별도등기가 있는 경우 이러한 내용을 정확히 분석하기 위해서는 토지등기부등본을 열람해 보고서 어떠한 문제점이 있는가를 확인하고 난 후 입찰에 참여해야 한다. 따라서 토지등기부등본을 열람해 보면, 다음과 같은 사항을 확인할 수 있다.

(2) 토지등기사항전부증명서 열람(표제부 생략)

【갑　　구】	(소유권에 관한 사항)			
순위번호	등기목적	접　수	등기원인	권리 및 기타사항
1	소유권이전	1989년 10월 10일 제44879호	1989년 9월 11일 매매	소유자 김숙경 서울시 강남구 논현동 ○○○
2	가압류	~~1996년 3월 11일~~ ~~제34336호~~	~~1996년 3월 7일~~ ~~서울중앙지법 가압류~~ ~~(1996카단11456)~~	~~청구금액 금18,700,000원~~ ~~채권자 김국기~~
3	소유권 대지권			건물의 표시 서울특별시 강남구 논현동 ○○ ○번지 4층 다세대주택 2003년 2월 10일 등기
4	2번가압류 등기말소	2003년 2월 10일 제2114호	2003년 2월 10일 해제	

【을 구】(소유권 이외의 권리에 관한 사항)				
순위번호	등기목적	접 수	등기원인	권리자 및 기타사항
1	근저당권 설정	1989년 10월 10일 제65479호	1989년 10월 7일 설정계약	채권최고액 금 36,000,000원 채무자 김숙경 근저당권자 외환은행
2	근저당권 설정	1995년 2월 17일 제11479호	1995년 2월 14일 설정계약	채권최고액 금 48,000,000원 채무자 김숙경 근저당권자 외환은행
3	근저당권 설정	2002년 5월 10일 제32479호	2002년 5월 9일 설정계약	채권최고액 금 1억5,000만원 채무자 김숙경 근저당권자 이철승

　이 경매사건에서 법원기록을 확인한 결과 토지저당권자 모두가 배당을 신청하여 배당받고 소멸될 수 있고 임차인 송철우는 대항력이 있어서 배당받지 못한다면 낙찰자가 인수해야 한다. 이때 임차인의 대항력 발생기준은 토지가 아니라 건물의 말소기준권리를 갖고 하게 된다.

◆ 토지별도등기된 저당권자 등이 배당요구 시 배당표 작성

　① 토지저당권자 모두가 자신의 채권액 전액을 배당요구한 것이 아니고, 토지전체 저당채권액에서 경매대상 전유부분의 대지권 지분비율만큼(10분의 1) 배당요구하고, 그 지분만큼은 근저당권을 일부 포기하기로 가정하고 예상배당표를 작성하면, 배당금액이(2억8,500만원 - 집행비용 250만원) = 2억8,250만원이므로 다음과 같이 배당된다.

　여기서 중요한 점은 토지와 건물의 저당권자가 다른 경우의 배당절차이므로 1차적으로 토지와 건물 감정가액 비율을 계산하고 이를 배당금액에 곱하여 배당액을 토지와 건물로 분리한다. 분리된 금액을 갖고 토지상 선순위 채권자를 공제하고 난 후 토지 배당잔여금과 건물 배당금을 합하여 다시 비율을 정하여 후순위 임차인, 저당권자들에게 순위에 따라서 건물과 토지 비율에 근거하여 다음과 같이 배당한다.

　감정가액이 3억2,000만원, 토지 1억6,500만원(51.5625%)이고 건물 1억5,500만원(48.4375%)이다.

순위	채권자 및 배당금액		건물배당액 136,835,938(48.4375%)	토지배당액 145,664,062(51.5625%)
1	외환은행	3,600,000원 4,800,000원	0 0	3,600,000원 4,800,000원
2	이철승 15,000,000원 (1, 2는 대지권비율만큼만 배당요구한 경우)		0	15,000,000원
배당잔여금		259,100,000원	136,835,938(52.8120180%)	122,264,062(47.187982%)
3 4 5	이기자(최우선변제금) 10,000,000원 기업은행 115,400,000원 송철우 70,000,000원		5,271,202원 60,945,069원 36,968,413원	4,718,798원 54,454,931원 33,031,587원
6	강남구청 3,250,000원		1,716,391원 조세채권은 일반채권에 항상 우선하고, 압류된 조세채권은 교부된 조세에 우선한다(즉 서초세무서보다 우선, 압류선착주의가 적용된 사례임).	1,533,609원
7	서초세무서 3,500,000원		1,848,421원	1,651,579원
8	① 가압류 이승민 7,500만원 = ② 근저당 유시민 3,000만원이 동순위로 안분배당한다. 배당잔여금이 건물 30,076,442원 + 토지 26,873,558원 = 56,950,000원이다. ① 가압류 이승민 = 56,950,000원 × 7,500만원/10,500원 = 40,678,571[42] = 40,678,571원 ② 유시민 = 56,950,000원 × 3,000만원/10,500만원 = 16,271,428[57] = 16,271,429원			
	따라서 ① 이승민 40,678,571원 ② 유시민 16,271,429원		21,483,174원 8,593,270원	19,195,397원 7,678,159원

이와 같이 배당이 종결되고 대항력 있는 임차인 송철우가 전액 배당받고 토지 채권자들이 배당 요구함으로 인하여 모두가 소멸 대상이다. 따라서 낙찰자는 토지·건물 모두의 소유권을 완전하게 획득하게 된다.

Chapter 22

대지권미등기가 있는 집합건물에 투자하는 비법

01 왜 대지권미등기가 발생하고 언제 등기가 되나?

보통 아파트를 신축하거나 재건축 등을 하면 수 필지를 합필하거나 분필하는 과정에서 기존 지번을 말소하고 새 아파트의 지번을 부여하면서 함께 환지작업을 하고 각 호수별로 대지권을 구분하게 된다. 그러나 이러한 작업에 많은 시간이 소요되는데 특히 대단위의 아파트인 경우에는 1~2년 이상이 소요되는 경우도 있다. 이런 작업이 늦어지게 되면 집합건물이 먼저 보존등기 되고 대지권은 집합건물등기사항전부증명서 상에서 미등기로 남게 되고 지분정리가 모두 이루어진 경우에 비로소 대지권이 집합건축물대장과 집합건물등기사항전부증명서에 대지권으로서 표시되게 된다. 이 기간 동안 대지권은 미등기 상태로 남는다.

① 대지권의 지분정리가 모두 이루어지면 토지등기사항전부증명서의 갑구 소유권에 관한 사항란에 "소유권대지권"이 공유등기 된다. 이 등기가 완료되면 토지등기사항전부증명서에서는 더 이상 소유권이전등기를 할 수 없다.

② 집합건물등기사항전부증명서의 표제부에 대지권 표시 - 집합건물등기사항전부증명서의 첫 번째 표제부(1동의 건물의 표시)에는 대지권의 목적인 토지의 소재 지번과 건물의 명칭 및 번호가 표시되고 건물내역 등이 표시되어 있다. 두 번째 표제부(전유부분의 건물의 표시)에는 그 전유부분에 속하는 건물번호와 건물내역 그리고 그 하단에 대지권의 표시가 이루어지는데 대지권의 종류와 대지권의 비율 등이 표시된다.

02 대지 지분이 있는 데도 전유부분만 매각되는 이유?

① 대지권 정리 지연 등으로 대지권미등기 상태인 경우가 많이 발생하게 되는데, 대지권이 집합건물등기사항전부증명서에 등기되기 전에 일반 매매 또는 경매 등으로 매각되면 집합건물만 소유권이전등기를 할 수밖에 없다. 이러한 경우에도 대지사용권은 전유부분의 종된 권리에 불과해서(구분소유권 성립 이후) 전유부분과 분리해서 처분할 수 없다. 따라서 전유부분과 대지사용권이 일체가 되어 거래가 되므로 대지권이 등기되어 있든 미등기든 관계없이 전유부분만 매수해도 그 종된 권리인 대지사용권을 취득하는 데에는 문제가 없다.

② 집합건물이 사용승인을 걸쳐 건축물대장이나 보존등기가 되기 전이라도 독립된 건물로만 완성되면 채권자에 의해 집합건물만 촉탁으로 보존등기를 할 수 있고 그에 따라 경매를 신청할 수 있다. 이 과정에서도 집합건물의 전유부분과 대지권을 분리 처분할 수 없다. 이러한 법리로 대지지분을 별도로 분리해서 전유부분과 일괄 매각하는 것도 불가능해서(토지 등기부에 대지 지분이 있어도 집합건물과 대지 지분을 일괄매각할 수 없다) 집합건물만 경매할 수밖에 없는 이유가 되고 있다.

03 집합건물을 분양받았으나 대지권미등기인 경우

◆ **대지지분까지 분양받았거나 대지권미등기인 사례**

대지의 분합필 및 환지절차의 지연, 각 세대당 지분비율 결정의 지연 등의 사정이 없었다면 당연히 전유부분의 등기와 동시에 대지지분의 등기가 이루어졌을 경우, 전유부분에 대하여만 소유권이전등기를 경료 받았으나 매수인의 지위에서 대지에 대하여 가지는 점유·사용권에 터 잡아 대지를 점유하고 있는 수분양자는 대지지분에 대한 소유권이전등기를 받기 전에 대지에 대하여 가지는 점유·사용권인 대지사용권을 전유부분과 분리 처분하지 못할 뿐만 아니라, 전유부분 및 장래 취득할 대지지분을 다른 사람에게 양도한 후 그 중 전유부분에 대한 소유권이전등기를 경료해 준 다음 사후에 취득한 대지지분도 전유부분의 소유권을 취득한 양수인이 아닌 제3자에게 분리 처분하지 못한다 할 것이고, 이를 위반한 대지지분의 처분행위는 그 효력이 없다(대법 98다45652 판결).

◈ 대지지분이 정리되고도 분양대금이나 등록비용을 미납 시

① 시분정리가 모두 이루어졌더라노 등록비용 미납 시

전유부분이 보존등기가 되고 지분정리가 모두 이루어졌는데 등록비용을 납부하지 않아서 미등기 상태로 남아 있는 경우라면 낙찰자가 등록비용을 지급하고 전유부분과 대지권 모두의 소유권을 취득할 수 있다.

② 일반분양권자가 분양대금을, 조합원이 청산금을 미납한 경우

이러한 경우 조합이 분양대금 및 청산금을 납부할 때까지 집합건물의 전유부분의 보존등기를 해주지 않으니 집합건물등기부에서 대지권 미등기 문제는 발생하지 않는다. 뿐만 아니라 조합은 이 분양대금 등을 완납할 때까지 아파트를 인도하지 않고 점유하면서 유치권 행사를 하게 된다. 그런데 간혹 채권자들에 의해 집합건물 전유부분만 촉탁으로 보존등기하는 경우에도 대지권미등기가 될 수 있는데 이때 유의할 점은 분양대금을 완납할 때까지 조합이나 시공사 등이 대지권등기에 대해서 동시이행 항변을 주장할 수 있다는 사실이다(이 내용은 다음 사례를 참고하면 된다).

◈ 대지권미등기인 아파트를 낙찰 받았는데 수분양자가 분양대금을 미납했다면?

수분양자가 그 분양대금을 완납하지 못한 경우에 그 양수인은 대지사용권 취득의 효과로서 분양자와 수분양자를 상대로 분양자로부터 수분양자를 거쳐 순차로 대지지분에 대한 소유권이전등기절차를 마쳐줄 것을 구하거나 분양자를 상대로 대지권변경등기절차를 마쳐줄 것을 구할 수 있다고 할 것이고, **분양자는 이에 대하여 수분양자의 분양대금 미지급을 이유로 한 동시이행항변을 할 수 있을 뿐이다**(대법 2004다58611 참조)(대법 2008다60742).

① 위 1심 2003가단5404 판결에서 피고 성남시는 피고 회사도 취득하지 못한 대지권을 원고가 경락받는다는 것은 있을 수 없는 일이며, 위 분양대금 중 미납된 39,505,200원(= 13,168,400원 − 92,178,800원) 및 그 약정이자 5,705,000원을 지급받기 전에는 위 등기절차에 협력할 수 없다라고 주장했다.

② 1심 법원의 판단은 경매과정에서 위 대지권도 입찰물건에 포함된 것으로 매각공고 되고 감정평가서에도 위 대지권의 가격이 반영된 사실을 인정할 수 있고 반증은 없으나, 위 근저당 설정 시에는 위 대지권이 아직 미등기 상태였음에 비추어 위와 같은 사정만으로는 피고가 위 대지권도 함께 낙찰받았다고 보기에 부족하고, 그 외 ⓐ 피고 회사가 위 근저당권의 설정 이후라도 위 대지권을 취득함으로써 위 전유부분과 대지권이 동일한 소유자에게 귀속되었다거나, 또는 그렇지 않더라도 ⓑ 피고 회사가 나머지 분양대금을 모두 납부함으로써 소유권 취득에 필요한 실질적인 요건은 모두 갖추었으나 다만 환지절차의 지연 등으로 등기만 미루던 중으로서 본래대로라면 전유부분의 등기 시 대지권의 등기도 함께 경료되었으리라는 등의 추가적인 사정이 있는 경우라야만 위 전유부분에 대한 근저당권의 효력이 위 대지권에도 미쳐 양자가 함께 낙찰되었다고 해석할 수 있을 것인데, 본 건의 경우에는 위와 같은 추가적인 사정에 대한 아무런 입증이 없고, 또한 집합건물법 제20조 제2항과 관련하여 보더라도, 위 조항은 전유부분과 대지권이 동일인의 소유에 속함을 전제로 그 분리 처분을 최대한 억제하려는 규정에 불과하여 피고 회사조차도 아직 위 대지권을 취득하지 못한 것으로 보이는 본 건에 있어서는 그 적용이 없다 할 것이므로, 결국 원고는 위 대지권을 낙찰 받지 못하였다고 판단했다.

③ 그러나 대법원에서는 1심과 2심 내용이 잘못됨을 지적하면서 대지권미등기인 상태에서 아파트의 전유부분의 소유권을 취득하게 되면 대지사용권이 전유부분과 분리 처분할 수 없으므로 대지사용권도 취득하게 된다고 판단했고, **이는 수분양자가 그 분양대금을 완납하지 못한 경우에도 마찬가지**. 다만 **분양자는 이에 대하여 수분양자의 분양대금 미지급을 이유로 한 동시이행항변을 할 수 있을 뿐이다**. 라고 판결하면서 파기 환송했고 그 파기환송심에서 조정이 이루어진 사건이다.

04 대지권미등기인 아파트가 대지가격을 포함해 매각되면?

◆ 대지권미등기 아파트도 대지가격이 감정 평가돼 매각되면?

　대지권이 미등기된 상태이더라도 감정평가시 상에 대지권에 대한 평가가 이루어졌다면 그 대지권도 매각으로 취득할 수 있다고 볼 수 있지만, 정확한 판단을 위해 토지등기사항전부증명서를 열람해서 대지지분이 있는지 또는 분양대금 미납분은 없는지 등을 확인하고 입찰해야 안전하다. 간혹 대지권이 평가되어 있었는데도 불구하고 대지권이 제3소유이기 때문에 (구분소유권이 성립되기 전에 분리 또는 구분소유권이 성립되기 전의 저당권에 의해 분리된 경우) 대지권등기를 할 수 없는 경우도 발생하기 때문이다.

◆ 전유부분만 경매로 낙찰 받아도 대지권등기를 할 수 있다!

　분양자가 지적정리 등의 지연으로 대지권에 대한 지분이전등기는 지적정리 후 해주기로 하는 약정 하에 우선 전유부분만에 관하여 소유권보존등기를 한 후 수분양자에게 소유권이전등기를 경료하였는데, 그 후 대지에 대한 소유권이전등기가 되지 아니한 상태에서 전유부분에 관한 경매절차가 진행되어 제3자가 전유부분을 경락받은 경우, 그 경락인은 본권으로서 집합건물의 소유 및 관리에 관한 법률 제2조 제6호 소정의 대지사용권을 취득한다(대법 98다45652, 45669 참조). 따라서 경락 후 경매법원의 등기촉탁 이전에 대지지분에 대하여 전유부분의 소유자 명의로 소유권이전등기가 경료되었다면 전유부분과 아울러 대지지분에 대하여도 경매법원의 등기촉탁에 의하여 경락인 앞으로 소유권이전등기가 경료된다 할 것이나, 만일 등기촉탁 시까지 대지지분에 대한 소유권이전등기가 경료되어 있지 아니한 경우에는 경락인으로서는 전유부분에 대하여서만 등기촉탁의 방법으로 소유권이전등기를 경료할 수 있고, 그 대지권에 대하여는 분양자가 경락인을 위하여 부동산등기법시행규칙 제60조의2에 의한 대지권변경등기를 하거나 경락인이 분양자로부터 수분양자를 거쳐 순차로 대지의 지분소유권이전등기를 경료한 후 전유부분의 대지권변경등기를 하는 방법에 의하여야 한다. 그리고 분양자가 전유부분의 소유자인 경락인을 위하여 하는 부동산등기법시행규칙 제60조의2에 의한 대지권변경등기는 그 형식은 건물의 표시변경등기이나 실질은 당해 전유부분의 최종 소유자가 그 등기에 의하여 분양자로부터 바로 대지권을 취득하게 되는 것이어서, 분양자로부터 전유부분의 현재의 최종 소유명의인에게 하는 토지에 관한 공유지분 이전등기에 해당되고, 그 의사표시의 진술만 있으면 분양자와 중간소유자의 적극적인 협력이나 계속적인 행위가 없더라도 그 목적을 달성할 수 있으므로, 전유부분의 소유권자는 분양자로부터 직접 대지권을 이전받기 위하여 분양자를 상대로 대지권변경등기절차의 이행을 소구할 수 있다(대법 2002다40210 참조)(대법 2004다25338 판결).

대지권 평가 없이 전유부분만 매각돼도 대지권등기가 가능

◆ 전유부분만 매수해서 대지권등기와 토지별도등기를 말소한 사례
(1) 이 사건에서 기초 사실관계

① 대한상호신용금고는 서울 강남구 역삼동 (지번생략) 대 287.5㎡에 관하여 1991. 6. 19. 채권최고액이 750,000,000원인 근저당권 설정등기를 마쳤다.

② 그 후 이 사건 토지 지상에는 철근콘크리트조 슬라브 위 아스팔트 슁글 4층 다세대주택 1 내지 4층(지하 101호, 102호, 1층 101호, 2층 201호, 202호, 3층 301호, 302호, 4층 401호, 402호 9세대) 각 129.84㎡, 지하층 139.84㎡인 건물 1동이 건축되어, 1992. 1. 13. 소외 1 명의의 소유권보존등기가 마쳐졌고, 같은 날 이 사건 다세대주택의 대지권의 목적인 취지의 등기가 마쳐졌다.

③ 이 사건 다세대주택 중 ㉠ 지하 102호는 피고 1이 1994. 7. 19. 서울민사지방법원 93타경3420 강제경매절차에서 낙찰을 받아 1994. 10. 27. 소유권이전등기를 마쳤고, ㉡ 4층 401호는 피고 2가 1993. 5. 24. 서울민사지방법원 92타경22443 임의경매절차에서 낙찰을 받아 1993. 6. 28. 소유권이전등기를 마쳤으며, ㉢ 4층 402호는 피고 3이 1993. 9. 14. 서울민사지방법원 92타경40564 임의경매절차에서 낙찰을 받아 1998. 6. 20. 소유권이전등기를 마쳤다.

④ 이 사건 다세대주택 중 **지하 102호, 4층 402호의 낙찰허가결정문에는** 입찰가격에 대지권의 가격이 포함된 것으로 기재되어 있으나, **4층 401호의 낙찰허가 결정문에는** 그러한 기재

가 없는 대신 "이 사건 등기부 표시란(대지권의 목적인 토지의 표시)에 기재된 토지에 대한 별도등기(근저당권 1991. 6. 19. 제61762호 7억 5천만원)는 존속시켜 이를 경락인이 인수하도록 한다"는 특별매각조건이 부가되어 있다.

⑤ 대한상호신용금고는 1998. 10. 15. 서울지방법원에 위 ①항 기재 근저당권에 기해 토지만을 임의경매를 신청하였다(98타경84146).

⑥ 2002. 6. 20. 위 임의경매절차에서, 원고는 피고 1의 대지권 지분(287.5분의 27.37)과 피고 2의 대지권 지분(287.5분의 30.13)을, 선정자 2는 피고 3의 대지권 지분(287.5분의 27.37)을 각 낙찰 받아 2002. 7. 29. 각 지분소유권이전등기를 마쳤다.

⑦ 위 임의경매절차에서 지하 101호 소외 2의 대지권 지분(287.5분의 30.13), 2층 201호 소외 3의 대지권 지분(287.5분의 30.13), 3층 302호 소외 4의 대지권 지분(287.5분의 27.37)은 소외 5가 각 낙찰받아 2002. 7. 22. 지분소유권이전등기를 마쳤다.

⑧ 그러자 이 사건 토지에 대한 대지권 등기는 2002. 7. 22. 이 사건 다세대주택 중 1층 101호(287.5분의 57.5), 2층 202호(287.5분의 27.37), 3층 301호(287.5분의 30.13)만에 관한 대지권이라는 취지로 변경되었다.

(2) 이 사건 대법원 2005다15048에서 피고1과 3 청구에 관한 판단

집합건물에 있어서 구분소유자의 대지사용권은 전유부분과 분리처분이 가능하도록 규약으로 정하였다는 등의 특별한 사정이 없는 한 전유부분과 종속적 일체불가분성이 인정되므로(집합건물법 제20조 제1, 2항), 구분건물의 전유부분에 대한 저당권 또는 경매개시결정과 압류의 효력은 당연히 종물 내지 종된 권리인 대지사용권에까지 미치고, 그에 터 잡아 진행된 경매절차에서 전유부분을 경락받은 자는 그 대지사용권도 함께 취득한다(대법 94다12722, 대법 97마814 참조). 그리고 구 민사소송법 제608조 제2항 및 현행 민사집행법 제91조 제2항에 의하면 매각부동산 위의 모든 저당권은 경락으로 인하여 소멸한다고 규정되어 있으므로, 위와 같은 이유로 전유부분과 함께 그 대지사용권인 토지공유지분이 일체로서 경락되고 그 대금이 완납되면, 설사 대지권 성립 전부터 토지만에 관하여 설정되어 있던 별도등기로서의 근저당권이라 할지라도 경매과정에서 이를 존속시켜 경락인이 인수하게 한다는 취지의 특별매각조건이 정하여져 있지 않았던 이상 위 토지공유지분에 대한 범위에서는 매각부동산 위의 저당권에 해당하여 소멸하게 되는 것이라 할 것이다(대법 2005다15048 판결). 그리고 피고2에 관한 판단에서는 대지지분의 분리처분을 인정하고 그 대지지분으로 이득을 보는 피고2에 대해서 부당이득을 보고 있다고 판결했다는 사실도 함께 알고 있어야 한다.

◆ 대지권 평가 없이 전유부분만 매각돼도 대지권등기가 가능

구분건물의 전유부분에 대한 소유권이전등기만 경료되고 대지지분에 대한 소유권이전등기가 경료되기 전에 **전유부분만에 관하여 설정된 근저당권에 터 잡아 임의경매절차가 개시되었고, 집행법원이 구분건물에 대한 입찰명령을 함에 있어 대지지분에 관한 감정평가액을 반영하지 않은 상태에서 경매절차를 진행하였다고 하더라도**, 전유부분에 대한 대지사용권을 분리처분할 수 있도록 정한 규약이 존재한다는 등의 특별한 사정이 없는 한 낙찰인은 경매목적물인 전유부분을 낙찰받음에 따라 종물 내지 **종된 권리인 그 대지사용권에까지 그 효력이 미친다**(대지지분도 함께 취득한다)(대법 94다12722, 대법 97마814 참조).

원심은 (1) 원고는 1996. 7. 3. 주식회사 우성건설로부터 이 사건 아파트를 그 대지와 함께 분양받고, 전유부분에 관하여는 1997. 9. 25. 소유권이전등기를 경료하였으나, 대지지분에 관하여는 당시 구획정리가 완료되지 아니하여 등기를 경료하지 못하였던 사실, (2) 원고는 대지지분에 관한 등기가 경료되지 않은 상태에서 1997. 11. 18. 교보생명보험 주식회사에게 전유부분에 관하여 근저당권을 설정하여 주었고, (3) 그 후 황영희의 신청에 의하여 1998. 4. 6. 인천지방법원 98타경45135호로 위 근저당권에 터 잡은 부동산임의경매절차가 개시되었는데, **집행법원은 위 아파트 중 전유부분이 7천만원, 대지지분이 3천만원으로 각 감정평가 되자 대지지분을 제외한 전유부분에 대하여만 입찰명령을 하였고, 진행된 경매절차에서 1999. 1. 12. 피고가 그 경매목적물을 6,810만원에 낙찰받은 사실**, (4) 그 후 피고에 대한 낙찰허가결정이 원고의 항고로 확정되지 못하고 있던 중 1999. 6. 25. 위 아파트에 관한 대지지분의 등기가 경료 되었으며, 위 낙찰허가결정이 확정되자 피고는 1999. 10. 12. 낙찰대금을 완납하였고, 1999. 12. 8. 집행법원의 촉탁에 따라 전유부분 및 대지 지분 모두에 관하여 피고 명의로 소유권이전등기가 경료된 사실을 각 인정한 다음, 비록 **집행법원이 위 아파트에 대한 입찰명령을 함에 있어 대지지분에 관한 감정평가액을 반영하지 않은 상태에서 전유부분에 관하여만 경매절차를 진행하였다고 하더라도**, 전유부분에 대한 대지사용권을 분리처분할 수 있도록 정한 규약이 존재한다는 등의 특별한 사정에 관하여 아무런 주장·입증이 없는 이 사건에 있어서, 피고로서는 경매목적물인 **전유부분을 낙찰받음에 따라 종물 내지 종된 권리인 대지지분도 함께 취득하였다고 할 것이며, 피고가 대지지분에 관하여 대지권등기를 경료받은 것을 두고 법률상 원인 없이 이득을 얻은 것이라고 할 수 없다**고 판단하여 원고의 부당이득반환청구를 배척하였다.

    기록에 비추어 살펴보면, 원심의 사실인정과 판단은 앞에서 본 법리에 따른 것으로서 정당하다(대법 2001다22604 판결).

06 대지권이 본래부터 없는 경우(아파트, 다세대, 연립 등)

    대지권이 본래부터 없는 경우에는 건물만 매각하는 것으로 낙찰자는 대지권의 소유권을 취득할 수 없다. 대지권 없는 아파트를 낙찰받았을 경우도 토지사용권원이 있는 경우(토지가 전세권, 임차권 등)와 토지사용권원이 없는 경우로 나누어 볼 수 있다. 토지사용권원이 있다면 토지사용료만 부담하면 되겠지만, 토지사용권원이 없다면 토지소유자가 집합건물의 구분소유권에 대해서 매도청구권을 행사하면 낙찰자는 건물의 소유권을 잃을 수 있다. 토지소유자가 구분소유권 매도청구까지 하지 않더라도 토지사용에 대한 대가 즉 토지사용료인 지료를 지급해야 한다. 이는 대지권이 없는 아파트 소유자가 아파트 부지를 불법 점유하는 것인지 여부(적극) 및 그 불법점유로 인한 부당이득의 범위는 아파트의 대지권으로 등기되어야 할 지분에 상응하는 면적에 대한 임료 상당의 부당이득을 얻고 있기 때문이다(대법원 91다40177 판결). 실무에서는 건물낙찰자가 집합건물에서 완전한 권리행사를 위해서 대지지분을 매수하는 절차를 진행하게 되므로 입찰 전에 대지지분 매수 가능성 여부와 매수 시 예상되는 금액 등을 참고로 집합건물의 수익성을 계산한 다음 집합건물을 매수해야 한다.

07 대지권미등기인 집합건물이 경매로 매각된 사례 분석

◆ 대지권미등기(대지가 평가됨) 아파트에 입찰시 대응전략

(1) 대지권미등기 경매물건 분석표 작성

주 소	면 적	경매 진행과정	1) 임차인조사내역 2) 기타청구	등기부 상의 권리관계
서울시 강서구 방화동 ○○○ 번지 삼성 아파트 제000동 제000호	**건물** 전용면적 90㎡ (33평형) **대지권** 미등기 (감정평가액에 포함되어있음. 대지 55.48㎡)	**감정가** 3억5,000만원 **최저가** 03.8.10. 3억5,000만원 유찰 03.9.9. **2차** 2억8,000만원 낙찰 03.10.10. 2억9,140만원 〈이순철〉	**1) 임차인** ① 송한기 　전입 02.6.10. 　확정 02.6.10. 　배당 03.4.20. 　보증 7,000만원 **2) 기타청구** ① 교부청구 　강서구청 　재산세 　(법정 02.7.10.) 　287,000원	**소유권 보존등기** (주)서해건설 02.2.11. **소유권이전** 김철민 02.3.10. **근저당** 기업은행 02.3.10. 227,500,000원 **근저당** 새마을금고 02.5.17. 65,000,000원 **임의경매** 기업은행 청구 217,350,000원 〈03.1.10.〉

(2) 집합건물등기사항전부증명서상의 표제부와 갑구, 을구의 기재내용과 분석

【표　제　부】(1동의 건물의 표시)				
표시번호	접 수	소재지번 건물의 명칭 및 번호	건물내역	등기원인 및 기타사항
1	2002년 2월 11일	서울시 강서구 방화동 ○○○번지 삼성아파트 제101동	철근콘크리트조 경사지붕 8층 아파트 지1층 556.91㎡ 1층 58107㎡ 2층 58107㎡ ： 8층 58107㎡	도면편철장 제286호

(대지권의 목적인 토지의 표시)				
표시번호	소재지번	지 목	면 적	등기원인 및 기타사항
1	서울시 강서구 방화동 ○○○번지	대	985㎡	2002년 2월 11일 부동산 등기법 제177조의6 제1항의 규정에 의하여 2002년 5월 10일 전산이기

【표　제　부】(전유부분의 건물의 표시)

표시번호	접 수	건물번호	건물내역	등기원인 및 기타사항
1	2002년 2월 11일	제8층 802호	철근콘크리트조 90㎡	도면편철장 제286호

【갑　　구】(소유권에 관한 사항)

순위번호	등기목적	접 수	등기원인	권리자 및 기타사항
1	소유권 보존	2002년 2월 11일 제43883호		소유자 (주)서해건설
2	소유권 이전	2002년 3월 10일 제44098호	2002년 2월 11일 매매	소유자 김철민
3	임의경매 개시결정	2003년 1월 10일 제2114호	2003년 1월 8일 남부지방법원의 경매개시결정 (2003타경0000)	채권자 기업은행 ○○○○○○-○○○○○○○ 서울시 ○○구 ○○동 ○○번지 (여신관리팀)

【을　　구】(소유권 이외의 권리에 관한 사항)

순위번호	등기목적	접 수	등기원인	권리자 및 기타사항
1	근저당권 설정	2002년 3월 10일 제31445호	2002년 3월 8일 설정계약	채권최고액 금 227,500,000원 채무자 김철민 근저당권자 기업은행
2	근저당권 설정	2002년 5월 17일 제44547호	2002년 5월 13일 설정계약	채권최고액 금 65,000,000원 채무자 김철민 근저당권자 새마을금고

　이 경매사건을 분석하기 위하여 집합건물등기부를 확인해 본 결과 앞에서와 같이 표제부 상에 대지권이 등기되어 있지 않았다. 집합건물등기부의 첫 번째 표제부에는 1동 전체에 관한 건물의 표제부로 1동의 건물 전체에 관한 표시와 1동 전체의 대지권의 목적인 토지가 표시되어 있어야 하고, 두 번째 표제부에는 전유부분에 대한 표제부로 전유부분의 건물의 표시와 전유부분에 대한 대지권의 표시가 되어 있어야 한다. 그런데 앞의 집합건물등기부에는 전

유부분에 대한 대지소유권이 등기되어 있지 않아서 대지권이 미등기인 사항을 알 수가 있었다. 이러한 경우 대지권이 감정평가되어 있는가가 중요한데 이 경매사건에서는 대지권이 감정평가액에 포함되어 있었다. 이러한 사유 등을 확인하기 위해서 입찰자는 토지등기부등본을 열람해야 정확한 내용을 이해할 수 있으므로 입찰 전에 다음과 같이 토지등기부등본을 열람해서 분석해 보았다.

(3) 토지등기사항전부증명서 열람

【표 제 부】(토지의 표시)

표시번호	접 수	소재지번	지목	면적	등기원인 및 기타사항
1	1985년 10월 8일	서울시 강서구 방화동 ○○○	대지	985.85㎡	부동산등기법 제177조의6제1항의 규정에 의하여 2001년 7월 30일 전산이기

【갑 구】(소유권에 관한 사항)

순위번호	등 기 목 적	접 수	등기원인	권리 및 기타사항
1 :	소유권이전	1985년 10월 8일 제54785호	1985년 10월 4일 공유물 분할	공유자지분 985.85분의 55.48 이동지 :
10 :	공유지분일부이전	1988년 5월 10일 제31485호	1988년 3월 15일 매매	공유자지분 985.85분의 55.48 이종구 :
31 :	갑구10번 이종구 지분 전부이전	2000년 7월 10일 제41447호	2000년 5월 11일 매매	공유자지분 985.85분의 55.48 (주)서해건설 :

(4) 대지권미등기 경매물건에 대한 권리분석과 배당표 작성

　토지등기사항전부증명서를 확인해 본 결과 (주)서해건설 공유지분이 있었는데 이는 건물 구분등기가 먼저 이루어지고 대지권정리가 이루어지지 못한 결과이므로 구분건물을 낙찰받을 경우 대지권까지 이전받을 수 있다. 이 경매사건에서는 토지 감정가가 포함되어 있고 토지정리가 이루어지지 못한 상태이므로 대지권을 이전받을 수 있는데 설사 이전받지 못한다 해도 낙찰자는 토지에 대한 매각금액 감액을 청구하거나 매각허가에 대한 취소를 신청할 수 있다. 이 사건의 배당표를 작성하면 배당금이 (2억9,140만원 − 집행비용 250만원)=2억8,890만원이므로, 1순위 : 강서구청 287,000원(당해세 우선변제금 1)

- **2순위** : 기업은행 217,350,000원(우선변제금 2)

- **3순위** : 새마을금고 65,000,000원(우선변제금 3)
- **4순위** : 송한기 6,263,000원(우선변제금 4)이 되고 낙찰자 인수금액이 없으나 임차인 송한기 배당금 부족으로 명도에서 어려움이 예상 된다.

이 아파트는 감정가가 3억5,000만원인데, 아파트시세는 3억8,000만원에 형성되어 있었다. 이 같이 실제 대지권이 있는데도 불구하고, 대지권정리가 이루어지지 못한 미등기인 경우에 경매 등으로 매수하는 경우 추후 대지권이 정리되면 집합건물등기부에 대지권을 등기할 수 있다.

(5) 매각 이후의 등기사항전부증명서 열람

① 매각 후 대지권 등기된 집합건물등기사항전부증명서 열람[첫 번째 표제부는 생략]

【표　제　부】(전유부분의 건물의 표시)				
표시번호	접 수	건물번호	건물내역	등기원인 및 기타사항
1	2002년 2월 11일	제8층 802호	철근콘크리트조 90㎡	도면편철장 제286호
(대지권의 표시)				
표시번호	대지권의 종류		대지권비율	등기원인 및 기타사항
1	1. 2. 소유권대지권		985.85분의 55.48	2002년 11월 10일 대지권 2003년 11월 17일

【갑　구】(소유권에 관한 사항)				
순위번호	등기목적	접 수	등기원인	권리자 및 기타사항
1	소유권 보존	2002년 2월 11일 제43883호		소유자 (주)서해건설
2	소유권 이전	2002년 3월 10일 제44098호	2002년 2월 11일 매매	소유자 김철민
3	임의경매 개시결정	2003년 1월 10일 제2114호	2003년 1월 8일 남부지방법원의 경매개시 결정 (2003타경○○○○)	채권자 기업은행 ○○○○○○-○○○○○○○ 서울시 ○○구 ○○동 ○○번지 (여신관리팀)
4	소유권 이전	2003년 11월 17일 제61336호	2003년 11월 17일 임의경매로 인한 매각	소유자 이순철

【을 구】(소유권 이외의 권리에 관한 사항)

순위번호	등기목적	접 수	등기원인	권리자 및 기타사항
1	근저당권 설정	2002년 3월 10일 제31445호	2002년 3월 8일 설정계약	채권최고액 금 227,500,000원 채무자 김철민 근저당권자 기업은행
2	근저당권 설정	2002년 5월 17일 제44547호	2002년 5월 13일 설정계약	채권최고액 금 65,000,000원 채무자 김철민 근저당권자 새마을금고
3	1번, 2번 근저당권 설정 등기말소	2003년 11월 17일 제 000000호	2003년 11월 17일 임의경매로 인한 매각	
4	근저당권 설정	2003년 11월 17일 제 000000호	2003년 11월 17일 설정계약	채권최고액 000,000,000원 채무자 이순철 근저당권자 ○○○은행

② 매각 이후 소유권대지권이 등기된 토지등기부등본[표제부는 생략]

【갑 구】(소유권에 관한 사항)

순위번호	등기목적	접 수	등기원인	권리 및 기타사항
1 : : 10 : :	소유권이전 공유지분일부이전	1985년 10월 8일 제54785호 1988년 5월 10일 제31485호	1985년 10월 4일 공유물 분할 1988년 3월 15일 매매	공유자지분 985^{85}분의 55^{48} 이동지 공유자지분 985^{85}분의 55^{48} 이종구
31 :	갑구10번 이종구 지분 전부이전	2000년 7월 10일 제41447호	2000년 5월 11일 매매	공유자지분 985^{85}분의 55^{48} (주)서해건설
41	(주)서해건설지분 전부이전	2003년 11월 17일 제61337호	2003년 11월 17일 임의경매로 인한 매각	공유자지분 985^{85}분의 55 이순철

◈ 대지권미등기(대지가 평가됨) 아파트에 입찰해서 성공한 사례
(1) 대지권미등기 경매물건 분석표 작성

소재지	서울특별시 강서구 내발산동 756, 마곡수명산파크7단지 707동 2층 OOO호						
물건종별	아파트	감정가	400,000,000원	오늘조회: 1 2주누적: 0 2주평균: 0 조회동향			
대지권	미등기감정가격포함	최저가	(64%) 256,000,000원	구분	입찰기일	최저매각가격	결과
				1차	2013-04-30	400,000,000원	유찰
				2차	2013-06-05	320,000,000원	낙찰
건물면적	84.82㎡(25.658평)	보증금	(20%) 51,200,000원	낙찰 370,000,000원(92.5%) / 1명 / 미납			
				3차	2013-09-11	320,000,000원	유찰
매각물건	토지·건물 일괄매각	소유자	주OO	4차	2013-10-23	256,000,000원	
				낙찰 : 306,011,000원 (76.5%)			
개시결정	2012-05-14	채무자	주OO	(입찰8명, 낙찰:강서구 OOO 2등입찰가 298,880,000원)			
				매각결정기일 : 2013.10.30 - 매각허가결정			
사건명	임의경매	채권자	신한은행의 양수인 유에스제 칠차유동화전문유한회사	대금지급기한 : 2013.12.10			
				대금납부 2013.12.10 / 배당기일 2014.01.08			
				배당종결 2014.01.08			

  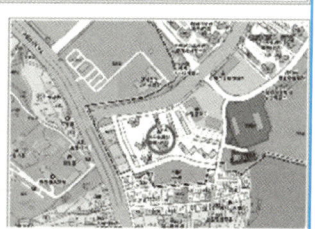

● 매각물건현황 (감정원 : 바른감정평가 / 가격시점 : 2012.06.04 / 보존등기일 : 2008.10.22)

목록	구분	사용승인	면적	이용상태	감정가격	기타
건물	13층중 2층	08.10.01	84.82㎡ (25.66평)	방3, 화장실2, 주방및식당, 거실 등	220,000,000원	* 도시가스
토지	대지권		* 대지권미등기이나 감정가격에 포함 평가됨		180,000,000원	

● 임차인현황 (말소기준권리 : 2008.11.17 / 배당요구종기일 : 2012.07.25)

임차인	점유부분	전입/확정/배당	보증금/차임	대항력	배당예상금액	기타
이순신	주거용 전부	전 입 일: 2010.04.05 확 정 일: 2010.04.05 배당요구일: 2012.06.25	보120,000,000원	없음	배당순위있음	

● 등기부현황 (채권액합계 : 431,205,600원)

No	접수	권리종류	권리자	채권금액	비고	소멸여부
1	2008.11.17	소유권이전(매매)	주OO			
2	2008.11.17	근저당	신한은행 (발산동지점)	360,000,000원	말소기준등기	소멸
3	2010.07.05	압류	국민건강보험공단			소멸
4	2010.11.12	가압류	현대캐피탈(주)	8,205,600원		소멸
5	2010.12.07	가압류	박OO	63,000,000원		소멸
6	2011.01.27	압류	서울특별시중랑구			소멸
7	2012.05.14	임의경매	신한은행 (개인여신관리부)	청구금액: 321,360,995원	2012타경12679	소멸
8	2012.07.20	압류	서울특별시강서구			소멸

(2) 대지권미등기 집합건물등기부상 표제부의 기재내용과 분석

집합건물등기사항전부증명서를 확인해 보니 대지권 정리가 안돼 두 번째 표제부에서 대지권 표시가 등기가 이뤄지지 못하고 미등기 상태로 있지만 대지권이 감정 평가가 이루어진 점과 토지등기부에 대지지분이 있는 점 등을 고려하면 이 아파트를 낙찰받으면 대지권까지 완전하게 소유권을 취득할 수 있다.

(3) 대지권미등기 경매물건에 대한 권리분석과 배당표 작성

토지등기사항전부증명서를 확인해 본 결과 시공사인 에스에이치공사 명의로 등기돼 있어서 지분 정리가 이뤄지면 토지등기사항전부증명서에서 각 대지 지분별로 공유등기가 이루어지고 집합건물에서 대지권이 표시된다. 물론 낙찰자도 대지권이 정리가 되면 대지권까지 이전받을 수 있다. 그리고 말소기준권리가 2008. 11. 17. 신한은행 근저당권으로 이순신 임차인은 대항력이 없는 임차인이라 배당금액에 상관없이 소멸된다. 이 사건의 배당표를 작성하면 배당금이 303,511,000원(306,011,000원 - 집행비용 250만원)이 된다.

1순위로 신한은행 근저당권이 303,511,000원 전액 배당받고 이순신 임차인은 배당금이 없어서 명도에 어려움이 예상되지만 낙찰자가 인수할 금액이나 권리는 없다. 감정가가 4억이지만 아파트 시세가 3억8,000만원 정도 형성되고 있어서 낙찰자는 매수금액 대비 많은 시세차익을 볼 수 있는 물건이었다.

◆ 대지권이 없는 아파트만 낙찰 받은 경우 대응 사례분석

(1) 대지권이 없는 아파트 입찰내역과 입찰결과

2013타경1118 • 서울서부지방법원 본원 • 매각기일 : 2014.01.21(火) (10:00) • 경매 4계(전화:02-3271-1324)

소재지	서울특별시 서대문구 미근동 215, 서소문아파트 5층 ○○○호			구분	입찰기일	최저매각가격	결과
물건종별	아파트	감정가	130,000,000원	1차	2013-06-27	130,000,000원	유찰
대지권	대지권 매각제외	최저가	(51%) 66,560,000원	2차	2013-08-01	104,000,000원	유찰
건물면적	40.66㎡(12.3평)	보증금	(20%) 13,320,000원	3차	2013-09-05	83,200,000원	유찰
				4차	2013-10-10	66,560,000원	낙찰
매각물건	건물만 매각	소유자	박○○	낙찰 83,200,000원(64%) / 3명 / 미납 (2등입찰가:72,000,000원)			
개시결정	2013-01-15	채무자	박○○				
사건명	임의경매	채권자	하나저축은행	5차	2014-01-21	66,560,000원	
				낙찰 : 76,300,000원 김○○ 외 1명			

• 매각물건현황 (감정원 : 명문감정평가 / 가격시점 : 2013.01.21)

목록	구분	사용승인	면적	이용상태	감정가격	기타
건물	7층중 5층	71.01.23	40.66㎡ (12.3평)	방2, 욕실1, 거실 겸 주방1	비준가격 130,000,000원	* 도시가스 개별난방 * 1동 129세대

• 임차인현황 (말소기준권리 : 2007.08.20 / 배당요구종기일 : 2013.03.27)

임차인	점유부분	전입/확정/배당	보증금/차임	대항력	배당예상금액	기타
이도령	주거용 전부	전 입 일: 2007.02.28 확 정 일: 2008.08.06 배당요구일: 2013.02.20	보35,000,000원	있음	소액임차인	
임차인분석	☞ 임차인 이도령이 본건 목적물 620호(방2개) 전부를 점유함 ☞ 임차인의 남편 ○○○ 의 설명과 주민등록표등본을 참고로 하여 조사함 ▶매수인에게 대항할 수 있는 임차인 있으며, 보증금이 전액 변제되지 아니하면 잔액을 매수인이 인수함					

• 등기부현황 (채권액합계 : 142,388,549원)

No	접수	권리종류	권리자	채권금액	비고	소멸여부
1	2001.09.28	소유권이전(매매)	박○○			
2	2007.08.20	근저당	하나저축은행	84,000,000원	말소기준등기	소멸
3	2007.12.18	근저당	홍○○	54,000,000원		소멸
4	2011.03.23	가압류	경기신용보증재단	4,388,549원		소멸
5	2013.01.15	임의경매	하나저축은행 (채권관리부)	청구금액: 66,285,503원	2013타경1118	소멸

(2) 대지권이 없는 아파트 물건분석과 대응방법

이 물건은 매각조건에서 아파트 건물만 매각대상이고 대지권은 매각대상에서 제외되었다. 토지는 하천 복개천으로 구청에 매년 토지 사용료를 납부하고 있다. 그리고 말소기준권리가 2007. 08. 20. 하나저축은행 근저당권으로 이보다 먼저 대항요건을 갖춘 이도령은 대항력이 있는 임차인이나 확정일자가 늦어서 미배당금이 발생할 것으로 예상된다.

이렇게 대지권이 없는 아파트는 낙찰받으면 어떻게 대처해야 하나

첫 번째로 대지권이 없는 아파트에 대한 문제다.

대지사용권은 없지만 구청에 토지 사용료만 납부하면 주변 아파트에 거주하는 것에 비해 상대적으로 적은 비용을 들이고 살 수 있다. 구청에 납부하는 토지 사용료가 개인 소유 토지에 비해 저렴하게 책정되고 있어서 매수 후 제3자에게 팔 때 또한 이러한 장점으로 시세 차익도 노려볼 수 있는 아파트다.

두 번째로 대항력 있는 임차인의 보증금 인수문제가 남는다.

임차인의 배당금을 확인하기 위해서 예상배당표를 작성해 봐야 한다. 매각대금 7,630만원 + 입찰보증금 몰수금 6,656,000원에서 경매비용 250만원을 제외하면 배당금은 82,956,000원이므로 1순위로 이도령 1,600만원(최우선변제금 1), 2순위로 하나저축은행 64,456,000원으로 배당이 종결되므로 대항력 있는 임차인에게 미배당금 1,900만원이 발생하고 이 금액은 낙찰자가 인수해야 되므로 실제 총 취득가는 9,530만원이 된다. 어쨌든 첫 번째로 얘기한 장점들을 상기하면서 입찰참여를 결정해야 하고 이 낙찰자 역시 그러한 점을 고려해서 입찰에 참여한 것으로 판단된다.

김선생의 또 한마디

대지 사용권원이 없는 아파트를 낙찰받게 된다면
앞의 사례는 대지사용권원이 있어서 토지 사용료만 납부하면 되지만 대지사용권원이 없다면 토지소유자가 구분소유권을 매도청구를 할 수도 있다는 점을 고려해라

Chapter 23

다양한 특수물건 사례에서 배우는 실전투자 노하우!

01 두 필지 상의 근린주택에서 토지 1필지와 건물 2분의 1만 매각된 사례

이 근린주택은 두 필지 위에 건립되었고, 서울시 중랑구 면목동 4거리 교차로에 위치하고 있다. 그리고 건물은 형과 동생의 공동소유이지만, 대지는 각 1필지씩 소유하고 하고 있다.

그런데 매각은 형의 건물 2분의 1지분과 형 토지 1필지만 다음과 같이 매각되는 사례이다.

● 매각토지.건물현황 (감정원 : 드림감정평가 / 가격시점 : 2012.09.26 / 보존등기일 : 1982.12.22)

목록	지번	용도/구조/면적/토지이용계획		㎡당 단가	감정가	비고
토지	면○○	* 도시지역, 제2종일반주거지역, 가축사육제한구역 (문의:지역경제과)<...	대 195.7㎡ (59.199평)	4,790,000원	937,403,000원	표준지공시지가: (㎡당) 3,500,000원
건물	위지상 철근콘크리트조 평슬래브	4층	근린생활시설 및 주택	380.87㎡(115.213평)	201,000원	76,554,870원	* 사용승인:1982.09.23 * 1층 239.38㎡, 2층 251.62㎡, 3층 251.61㎡, 4층 106.20㎡, 지층 239.38㎡(내1층 면적중 69.36㎡ 주차통로.3층 면적 중 15.90㎡ 옥탑 4층 106.20㎡ 주택)
제시외 건물	면○○ 철파이프조	1층	창고	102.6㎡(31.037평)		2,359,800원	매각포함
감정가	토지:195.7㎡(59.199평) / 건물:483.47㎡(146.25평)			합계	1,016,317,670원	토지전부, 건물지분

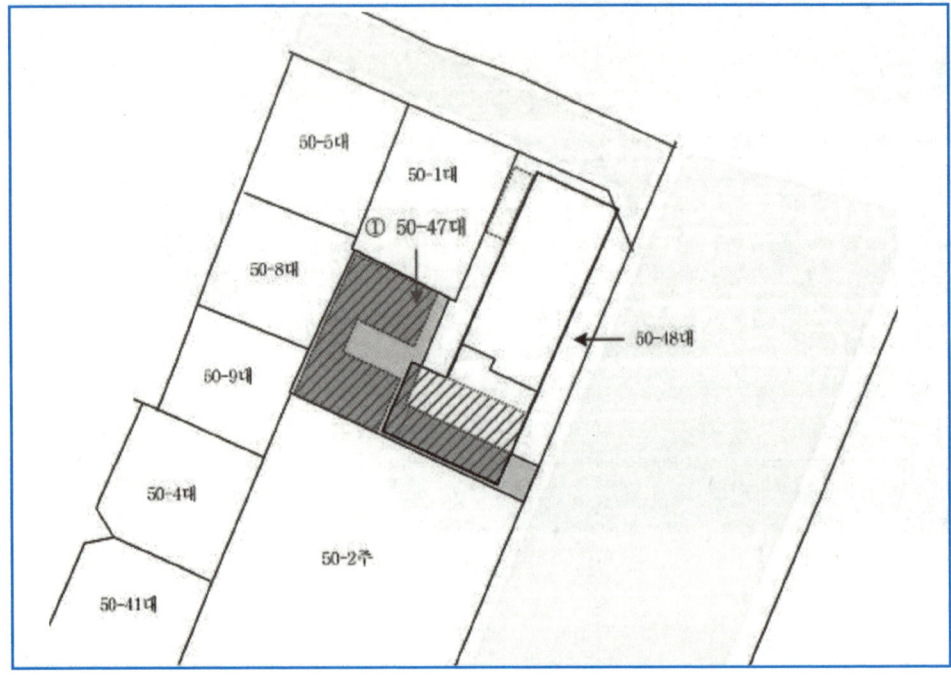

이 사례에서 중요한 부분은 근린주택이 4거리 교차로에 붙어 있고, 건물 멸실 후 신축을 위해서 대부분 임차인 없이 공실이라는 점이다. 그래서 이 토지 1필지와 건물 2분의 1만 경매로 낮은 가격으로 낙찰 받게 되면 높은 기대수익을 기대할 수 있는 물건이라고 판단해서 필자가 지인에게 낙찰 받아 준 사례이다.

◆ **면목동 근린주택의 사진과 주변 현황도**

◆ 면목동 근린주택 입찰대상물건 정보내역과 매각결과

2011타경16387					●서울북부지방법원 본원	●매각기일 : **2013.04.22(月) (10:00)**		●경매 6계(전화:02-910-3676)	
소재지		서울특별시 중랑구 면목○○○○ 도로명검색 D 지도 D 지도							
						오늘조회: 1 2주누적: 1 2주평균: 0		조회동향	
물건종별		근린주택	감 정 가		1,016,317,670원	구분	입찰기일	최저매각가격	결과
						1차	2012-03-12	999,344,220원	유찰
						2차	2012-04-16	799,476,000원	유찰
토지면적		195.7㎡(59.199평)	최 저 가		(34%) 348,598,000원	3차	2012-05-14	639,581,000원	유찰
						4차	2012-06-18	511,665,000원	유찰
						5차	2012-07-30	409,332,000원	유찰
						6차	2012-09-03	327,466,000원	
건물면적		483.47㎡(146.25평)	보 증 금		(10%) 34,860,000원	낙찰 357,900,000원(35.22%) / 5명 / 불허가 (차순위금액: 355,000,000원)			
						7차	2012-12-17	1,016,317,670원	유찰
매각물건		토지전부, 건물지분	소 유 자		강○○	8차	2013-02-18	711,423,000원	유찰
						9차	2013-03-18	497,997,000원	유찰
						10차	2013-04-22	348,598,000원	
개시결정		2011-09-16	채 무 자		강○○	낙찰: 385,500,000원 (37.93%)			
						(입찰1명, 낙찰: 은평구 서○○)			
						매각결정기일 : 2013.04.29 - 매각허가결정			
						대금지급기한 : 2013.06.05			
사 건 명		강제경매	채 권 자		한○○	대금납부 2013.06.03 / 배당기일 2013.07.04			
						배당종결 2013.07.04			

◆ 근린주택의 임차인 현황과 등기부에 등기된 내역

• 임차인현황 (말소기준권리 : 1985.09.24 / 배당요구종기일 : 2011.12.08)

임차인	점유부분	전입/확정/배당	보증금/차임	대항력	배당예상금액	기타
김○○	기타 일부 1층중 18평	사업자등록: 2006.07.02 확 정 일: 미상 배당요구일: 2011.11.04	보20,000,000원 월1,500,000원	없음	배당금 없음	
김○○	점포 일부 1층중 50평 (LG카세타)	사업자등록: 2001.04.22 확 정 일: 없음 배당요구일: 2011.11.23	보30,000,000원 월900,000원	없음	배당금 없음	현황서상 월:100만원, 월70만원
윤○○	점포 미상 (지짐이)	사업자등록: 2008.04.07 확 정 일: 미상 배당요구일: 없음	보20,000,000원 월1,200,000원	없음	배당금 없음	
임○○	점포 일부 지층중 148.7 6평방미터 (VIP노래연습장)	사업자등록: 2006.08.02 확 정 일: 없음 배당요구일: 2011.12.12	보5,000,000원 월500,000원	없음	배당금 없음	배당종기일 후 배당신청
하○○	점포 일부 2층,3층 전체 (우현 T&C)	사업자등록: 2004.11.09 확 정 일: 2004.11.09 배당요구일: 2011.11.30	보45,000,000원	없음	배당순위있음	
하○○	주거용 미상	전 입 일: 2005.12.13 확 정 일: 미상 배당요구일: 없음	미상	없음	배당금 없음	

기타사항 ｜ 임차인수: 6명 , 임차보증금합계: 120,000,000원, 월세합계: 4,100,000원

• 건물등기부 (채권액합계: 961,675,754원)

No	접수	권리종류	권리자	채권금액	비고	소멸여부
1	1985.09.05	소유권일부이전	강○○		일부매매,지분175/500	
2	1985.09.24	강○○지분근저당	국○○ (공릉동지점)	14,000,000원	말소기준등기	소멸
3	1988.06.29	강○○지분근저당	국○○	13,000,000원		소멸
4	1996.02.26	강○○지분전부근저당	김○○	500,000,000원		소멸
5	1996.03.07	강○○지분가압류	국○○	244,675,754원		소멸
6	1996.03.16	강○○지분가압류	하○○	90,000,000원		소멸
7	1996.03.25	강○○지분가압류	서○○	100,000,000원		소멸
8	1997.07.16	강○○지분압류	동○○			소멸
9	2001.07.04	강○○지분압류	서○○			소멸
10	2007.03.15	강○○지분압류	서○○			소멸
11	2008.10.22	압류	서○○			소멸
12	2009.05.01	강○○지분압류	서○○			소멸
13	2010.04.30	강○○지분압류	서○○			소멸
14	2011.04.07	강○○지분압류	서○○			소멸
15	2011.04.07	강○○지분압류	서○○			소멸
16	2011.09.16	강○○지분강제경매	한○○ (신용회복관리부)	청구금액: 343,732,826원	2011타경16387	소멸

◆ 이 근린주택의 문제점과 올릴 수 있었던 수익은?

지인은 이 근린주택에 입찰하기 위해서 1주일 동안 이 건물 임차인 등이 운영하는 식당, 노래방에 매출을 올려 주면서 정보를 제공 받았다. 그래서 이 건물 사정을 명확하게 분석할 수 있었다.

그런데 문제는 형의 토지 1필지와 건물 2분의 1지분이 매각되므로 매수하고 나서 대응 방법이다.

첫째, 동생의 대지 1필지는 대로변에 붙어 있는데 반해서, 형의 대지 1필지는 동생의 필지 뒤에 있다는 것이다.

〈해결책 제시〉 – 대로변의 대지가 평당 2,500만원이지만 형의 뒤편에 있는 대지도 3미터 도로가 있어서 별도 주택건립이 가능한 관계로 적어도 평당 1,500만원을 받을 수 있다. 그래서 기대수익률을 평당 1,500만원으로 산정해도 무방하다는 계산을 할 수 있었다.

둘째, 근린주택의 전부가 매각되는 것이 아니라 2분의 1만 매각된다는 것이다.

〈해결책 제시〉 – 지인이 형의 근린주택 지분을 매수하면 동생 대지지분에서 부당이득을 청구할 수 있다는 문제와 건물공유로 해결책 등을 염려하고 있었다.

1. 매각되는 형의 지분은 기존 건물에 추가로 증축한 것이므로 별도 건물을 말소할 수 있을 것이라는 분석과 공동소유를 해결하기 위해서 공유물분할청구의 소를 제기해서 형식적 경매로 현금분할 할 수 있다는 것을 알려 주었다.

2. 기본적으로 형과 동생은 건물을 멸실하고 신축을 준비 중에 있었기 때문에 낙찰 받으면 쉽게 해결될 것이라는 것도 알려 주었다.

매수인은 앞에서와 같은 분석 하에 입찰해서 단독으로 낙찰 받았다.

입찰당일 50대중반인 동생이 입찰에 참여하기로 했다는 이야기는 지인이 임차인 등으로부터 들어서 알고 있었는데, 실제로 형의 자녀 들이 법원에 방문해서 작은 아버지를 기다리고 있었다. 그러나 입찰 마감 시까지 작은 아버지는 법원에 오지를 않았다. 지인이 궁금해서 낙찰 받고 임차인 등에게 문의해 보니 작은 아버지는 미혼으로 평생 혼자 살다가 어젯밤 갑자기 사망했다는 것이다.

그래서 법원에 입찰도 할 수 없다는 말을 들을 수 있었다. 그러니 동생 지분은 가족이 없는 관계로 4촌 등에게 민법상 상속 지분대로 공동 상속이 이루어졌다.

그리고 그들과 지인이 연대해서 팔아서 높은 수익을 올릴 수 있었다.
얼마에 팔아서 얼마를 남긴 사실 등은 이 책에서는 비밀로 하기로 했다.
독자분 들도 이러한 물건이 경매로 매각되면 이러한 분석 하에 입찰하면 될 것이다.

02 소액임차인으로 잘못 판단해서 낙찰자가 인수할 뻔한 사례에서 탈출한 사례

◈ 입찰대상물건 정보내역과 매각결과

2011타경 ○○○○		• 서울북부지방법원 본원 • 매각기일: 2012.10.15(月) (10:00) • 경매 7계(전화:02-910-3677)				
소재지	서울특별시 노원구 상계동 ○○○ 도로명주소검색					
물건종별	대지	감정가	355,020,000원	기일입찰	[입찰진행내용]	
				구분	입찰기일 / 최저매각가격	결과
토지면적	97㎡(29.343평)	최저가	(51%) 181,770,000원	1차	2012-07-02 / 355,020,000원	유찰
				2차	2012-08-07 / 284,016,000원	유찰
건물면적	건물은 매각제외	보증금	(10%) 18,180,000원	3차	2012-09-10 / 227,213,000원	유찰
				4차	2012-10-15 / 181,770,000원	
매각물건	토지만 매각	소유자	박인자	낙찰 : 193,000,000원 (54.36%)		
사건접수	2011-12-16	채무자	박인자	(입찰2명, 낙찰:도곡동 2등입찰가 191,330,000원)		
사건명	임의경매	채권자	조미자	매각결정기일 : 2012.10.22		

  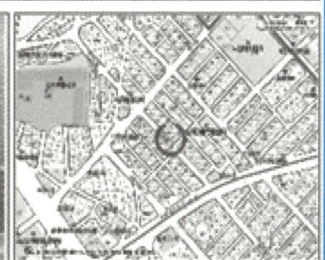

• 매각토지.건물현황 (감정원 : 서초감정평가 / 가격시점 : 2012.01.11)

목록	지번	용도/구조/면적/토지이용계획	㎡당	감정가	비고
토지	상계동 000-000	• 제2종일반주거지역(7층이하), 도로(접합), 가축사육제한구역<가축분뇨의 관리 및 이용에 관한법률>, 대공방어협조구역(위탁고도:77-257m)<군사기지 및 군사시설 보호법>, 과밀억제권역<수도권정비계획법>, 학교환경위생 정화구역(회복확인은 관할교육청에반드시확인)<학교보건법>	대 97㎡ (29.343평)	3,660,000원	355,020,000원	표준지공시지가: (㎡당)2,200,000원 ▶ 법정지상권 감안 평가시: 97㎡×@ 2,562,000 =₩248,514,000.-
감정가		토지:97㎡(29.343평)	합계	355,020,000원	토지만 매각
현황 위치	• "상계초등교" 남동측 인근에 소재함, 부근은 공동주택 및 단독주택, 주사용건물, 교육기관 등이 혼재되어 형성된 지역으로서 주위환경은 보통임. • 대중교통수단인 버스정류장까지 도보로 약 3~4분정도 소요되므로 대중교통이용편의도는 보통임. • 가장형 토지이며, 다세대주택(통칭:소망빌라) 건부지로 이용중임. • 남서측으로 노폭 약 6m, 남동측으로 노폭 약 3.5~4m의 포장도로와 각각 접함.				
참고사항	• 대지상에 2층 주택(소망빌라)이 있음 • 지상에 타인소유의 다세대주택(지하1층,지상2층의 1개동 3세대,건축면적 57.75㎡,연면적 160.59㎡,사용승인일자 1998.1.16.)이 존재함				

• 임차인현황 (배당요구종기일 : 2012.03.09)

임차인	점유부분	전입/확정/배당	보증금/차임	대항력	배당예상금액	기타
신수철	주거용 지하 전체 (방3칸)	전 입 일: 2005.08.03 확 정 일: 없음 배당요구일: 2012.03.05	보20,000,000원			
우미란	주거용 2층 전부 (방3칸)	전 입 일: 2005.05.27 확 정 일: 2005.06.14 배당요구일: 2012.02.06	보40,000,000원			
원정민	주거용 1층 전체 (방3칸)	전 입 일: 2006.04.05 확 정 일: 2007.01.19 배당요구일: 2012.02.29	보40,000,000원			
기타참고	임차인수: 3명, 임차보증금합계: 100,000,000원 ☞우정희: 황현우와 부부관계임, 현황조사서에는 임차인이 황현우로 조사되어 있음						

• 토지등기부 (채권액합계 : 130,000,000원)

No	접수	권리종류	권리자	채권금액	비고	소멸여부
1	2005.05.26	소유권이전(매매)	박인자			
2	2005.05.26	근저당	조미자	130,000,000원	말소기준등기	소멸
3	2011.12.29	임의경매	조미자	청구금액: 130,000,000원	2011타경 ○○○○	소멸

◈ 경매 물건에 대한 권리분석과 배당표 작성

이 경매사건에서는 토지만 경매로 매각되는 것으로 지상에 다세대주택은 매각대상이 아니다. 지상의 다세대주택은 최초 1998.1.16 다가구주택으로 사용승인 되었다가 2005. 05. 30. 집합건물로 전환된 분할 다세대주택으로 지하 1층 비01호 전유면적 50.04㎡, 지상 1층 101호 전유면적 47.16㎡, 지상 2층 201호 전유면적 44.28㎡ 총 건물 전유면적은 141.48㎡이다.

주변 부동산중개업소에 따르면 상계 재개발구역 내 포함될 것이라는 소문으로 이 다가구주택을 다세대주택으로 전환해서 분양자격을 얻고자 했다고 한다.

그러나 이 구역은 상계재개발구역에 포함되지 않았다.

분할 다세대주택에서 대지는 집합건물의 대지사용권으로 되어야 하므로 집합건물로 구분등기되기 전의 근저당권에 의해서 경매로 매각 시에는 분리매각이 가능하지만, 만일 구분등기되고 나서 설정된 근저당권에 의해서 경매로 매각되었다면 구분소유권과 분리 매각되는 것이 무효가 된다.

집합건물로 구분등기되기 전 즉 다가구주택인 상태에서 박인자의 토지는 2005년 5월 26일, 건물은 2005년 4월 19일 소유권을 취득해서 토지만 2005년 5월 26일 조미자 근저당권 채권최고액 1억3천만원으로 설정하고 나서 집합건물인 다세대주택으로 2005년 6월 2일 구분등기가 이루어졌으므로 대지권이 성립되기 전 근저당권이 설정되었고, 이 근저당권에 의해서 매각되는 것이므로 구분소유자들은 대지사용권을 상실하게 된다.

그러나 문제는 **다가구주택 당시 근저당권이 설정되었고 설정 당시 주택이 존재했으므로 법정지상권은 성립**한다.

이렇게 토지만 매각되는 경우 임차인의 대항력 유무는 건물의 말소기준권리를 가지고 판단하게 되지만 낙찰자는 토지만 매수하게 되므로 건물에서 대항력이 있어도 인수사항은 아니다.

임차인은 건물에서 대항력과 우선변제권을 가지고, 대지에서는 우선변제권만 가지게 되므로 이 사례와 같이 대지만 매각되는 경우 그 지상의 다세대주택의 임차인들은 우선변제권으로 배당요구해서 최우선변제금과 확정일자부 우선변제권에 기해서 우선변제 받을 권리를 갖게 된다. 왜냐하면 근저당권 설정 당시 건물이 존재했으므로 근저당권을 기준으로 소액임차인에 해당하면 최우선변제금이 우선해서 배당받게 되고 2순위로 근저당권자가 배당받게 된다.

따라서 배당순위는 다음과 같다.

매각대금이 193,000,000원이고 경매비용이 300만원이면 실제 배당금은 190,000,000원이 되므로

- **1순위** : ① 신수철 1,600만원 + ② 우미란 1,600만원 + ③ 원정민 1,600만원(최우선변제금 1)
- **2순위** : 조미자 1억3,000만원(근저당권우선변제 1)
- **3순위** : 우미란 1,200만원(확정일자부 우선변제금 2)으로 종결된다.

이렇게 배당되는 이유는 근저당권 설정 당시 다가구주택이 존재했고 다가구주택에서 다세대주택으로 분할등기된 소유자와 임대차계약서를 작성한 경우도 근저당권자는 주택에서 소액임차인이 발생할 것이라는 것을 예측할 수 있었으므로, 이렇게 배당하더라도 근저당권자가 예측하지 못한 손실이 발생하지 않고 열악한 임차인을 보호한다는 취지에도 맞기 때문에 판례에서는 소액임차인이 최우선변제금을 우선하여 변제받아야 한다고 판단하고 있다.

◆ 낙찰 받고 난 다음 대응방법

(1) 이 다세대주택은 법정지상권이 성립되므로 각 구분소유자에게 대지사용부분에 해당하는 지료를 청구할 수 있는데, 각 구분소유자의 전유면적 비율로 안분해서 지료를 산정하면 된다.

지료는 나대지 상태에서 계산하게 되므로, 경매감정가보다 높게 평가될 수 있다. 왜냐하면 경매 감정평가는 건물이 존재하는 사유를 감안해 저감해서 평가하기 때문이다.

어쨌든 경매감정가 355,020,000원을 기준으로 지료 청구소송에서 5%의 지료를 청구하

면 예상 지료

① **비01호** = 355,020,000원 × 50.04/141.48 = 125,566,070원 × 5/100 = 6,278,303원(연간)

② **101호** = 355,020,000원 × 47.16/141.48 = 118,340,000원 × 5/100 = 5,591,000원(연간)

③ **201호** = 355,020,000원 × 44.28/141.48 = 111,113,130원 × 5/100 = 5,555,656원(연간)을 각 세대별로 청구할 수 있을 것으로 예상되고, 지료는 1년 단위 후불로 청구하는 것이 원칙이지만, 주택을 사용하기 위한 대지권이므로 납부자의 부담을 덜어주기 위해서 지료청구 소장 작성 당시 월별로 분할 납부하도록 청구취지와 청구원인을 작성하여 판결을 받아두면 월별로 받을 수 있다.

이 물건은 2억원을 투자해서 17,424,959원의 지료를 받게 되므로 연간 8.7%의 높은 투자수익이 발생한다.

(2) 앞의 방법으로 계산된 지료를 지급하지 않으면 지료 청구소송으로 득한 집행권원으로 강제경매를 신청할 수 있다.

이를 위해서 매수인은 잔금납부 즉시 지료 청구소송을 제기해서 판결문을 받아 두어야 한다.

(3) 구분소유자들에게 대지권이 없으므로 (1)에서 대지를 분할한 면적비율에 따라 매각하는 방법도 예상된다.

① **비01호** = 97㎡×50.04/141.48 = 34.30㎡=10.37평×1,200만원(시세)=124,440,000원

② **101호** = 97㎡×47.16/141.48 = 32.34㎡=9.78평×1,200만원(시세)=117,360,000원

③ **201호** = 97㎡×44.28/141.48 = 30.36㎡=9.18평×1,200만원(시세)=110,160,000원

따라서 양도가격은 351,960,000원으로 취득가격을 2억으로 본다면 양도차익은 151,960,000원이 되므로 높은 투자이익이 발생하게 한다.

이 방법이 가장 쉽게 투자금을 회수하는 방법이면서 높은 수익을 낼 수 있다. 이런 생각을 해 봐라! 개발할 넓은 땅을 싸게 사서 분할해서 높은 가격으로 판다면, 적지 않은 금액이 될 것이다.

(4) 구분소유자들이 구분소유권을 대지소유자에게 매각하게 된다면 적정한 가격으로 등기한 후 완전한 다세대주택으로 매각하여 투자수익을 높이는 방법도 있다.

어쨌든 이 사례는 구분소유자들이 매수를 신청하고, 본인들이 잔금을 내고 복등기하는 방법으로 소유권을 가져가는 바람에 입찰보증금만 가지고 높은 수익을 얻을 수 있었던 사례이다.

03 토지를 낙찰 받고 난 다음 토지사용료로 건물을 강제경매 신청한 사례

김선생의 말풍선

이 사례는 근린주택에서 토지만 경매가 진행되는 물건인데 나대지 상태에서 설정된 저당권이 있어서 그 지상의 건물은 법정지상권이 성립하지 못한다. 이때 민법 제622조에 의한 차지권의 대항력도 고려대상이나 차지권의 대항력도 주장할 수 없는 물건이다.
그래서 토지를 낙찰받고 건물에 대해서 토지인도 및 건물철거소송에 따른 가처분을 하고 그 토지사용료를 원인으로 하는 판결을 득해서 건물을 강제경매 신청해 저렴하게 건물까지 낙찰받아 근린주택에서 완전한 소유권을 취득한 사례로 배울 점이 많다.

◆ **토지가 먼저 경매돼 이선수가 낙찰받았다!**

(1) 토지만 임의경매된 물건 현황 및 매각결과

2009타경45352				• 서울중앙지방법원 본원 • 매각기일 : 2011.02.09(水) (10:00) • 경매 3계 (전화:02-530-1815)			
소재지	서울특별시 성북구 종암동 00-00 도로명주소검색						
물건종별	대지	감정가	979,200,000원	오늘조회: 1 2주누적: 0 2주평균: 0 조회동향			
				구분	입찰기일	최저매각가격	결과
토지면적	204㎡(61.71평)	최저가	(80%) 783,360,000원	1차	2010-06-03	979,200,000원	유찰
					2010-07-07	783,360,000원	변경
건물면적	건물은 매각제외	보증금	(10%) 78,340,000원		2010-09-15	783,360,000원	변경
					2010-12-29	783,360,000원	변경
				2차	2011-02-09	783,360,000원	
매각물건	토지만 매각	소유자	O O O	낙찰: 813,399,000원 (83.07%)			
				입찰1명,낙찰: 이선수			
개시결정	2009-12-08	채무자	O O O	매각결정기일 : 2011.02.16 - 매각허가결정			
				대금지급기한 : 2011.04.22			
사건명	임의경매	채권자	국민은행, 서울보증보험(주)	대금납부 2011.04.20 / 배당기일 2011.05.31			
				배당종결 2011.05.31			

● 매각토지.건물현황 (감정원 : 청림감정평가 / 가격시점 : 2010.01.11)

목록	지번	용도/구조/면적/토지이용계획	㎡당 단가	감정가	비고
토지	종암동 00-00	* 도시지역,제2종일반주거지역 (7층이하), 도로(접함),대공방어협조구역...	대 204㎡ (61.71평)	4,800,000원	979,200,000원	표준지공시지가: (㎡당)2,600,000원 ▶제시외건물감안단가:@3,360,000원/㎡
감정가		토지:204㎡(61.71평)		합계	979,200,000원	토지만 매각

● 임차인현황 (배당요구종기일 : 2010.05.03)

임차인	점유부분	전입/확정/배당	보증금/차임	대항력	배당예상금액	기타
강00	주거용 403호	전 입 일: 2009.04.03 확 정 일: 미상 배당요구일: 없음	미상			
강00	주거용 403호	전 입 일: 2009.04.03 확 정 일: 미상 배당요구일: 없음	미상			
권00	점포 1층전부 (오목대삼겹살)	사업자등록: 2005.11.17 확 정 일: 2005.11.17 배당요구일: 2009.09.03	보50,000,000원 월1,200,000원			현황조사서상 차임:100만원
김00	주거용 205호	전 입 일: 2005.09.12 확 정 일: 미상 배당요구일: 없음	미상			
김00	주거용 201호	전 입 일: 2008.04.01 확 정 일: 미상 배당요구일: 없음	미상			
김00	주거용 501호	전 입 일: 2009.12.14 확 정 일: 미상 배당요구일: 없음	미상			
류00	주거용 404호	전 입 일: 2009.12.07 확 정 일: 미상 배당요구일: 없음	미상			
서00	주거용 미상	전 입 일: 2008.02.13 확 정 일: 미상 배당요구일: 없음	미상			
이00	점포 3층일부	사업자등록: 미상 확 정 일: 미상 배당요구일: 없음	보60,000,000원			전세권등기자 배당요구없음
이00	주거용 미상	전 입 일: 1989.01.27 확 정 일: 미상 배당요구일: 없음	미상			
정00	주거용 404호	전 입 일: 2008.08.28 확 정 일: 미상 배당요구일: 2009.09.21	미상			
최00	주거용 미상	전 입 일: 2008.01.31 확 정 일: 미상 배당요구일: 없음	미상			
한00	주거용 미상	전 입 일: 1976.12.20 확 정 일: 미상 배당요구일: 없음	미상			
한00	주거용 미상	전 입 일: 2007.11.07 확 정 일: 미상 배당요구일: 없음	미상			
황00	주거용 미상	전 입 일: 2006.02.17 확 정 일: 미상 배당요구일: 없음	미상			
황00	주거용 미상	전 입 일: 2006.09.19 확 정 일: 미상 배당요구일: 2009.09.14	미상			

● 건물등기부 (채권액합계 : 463,987,260원)

No	접수	권리종류	※주의 : 건물은 매각제외	채권금액	비고	소멸여부
1	2005.08.30	소유권보존	한OO			
2	2007.09.17	근저당	이OO	120,000,000원		
3	2008.01.16	근저당	임OO	50,000,000원		
4	2008.01.16	근저당	이OO	50,000,000원		
5	2009.09.15	가압류	서울보증보험(주)	183,987,260원		
6	2009.10.05	전세권(3층일부)	이OO	60,000,000원	존속기간: ~2010.06.01	
7	2010.04.13	임의경매	이OO	청구금액: 120,000,000원	2010타경10680	

● 토지등기부 (채권액합계 : 1,797,077,803원)

No	접수	권리종류	권리자	채권금액	비고	소멸여부
1	1981.10.20	소유권이전(증여)	오OO			
2	1992.09.03	근저당	국민은행(여신관리부)	104,000,000원	말소기준등기	소멸
3	2001.01.26	근저당	국민은행	124,000,000원		소멸
4	2005.11.04	가압류	이OO	100,000,000원		소멸
5	2006.11.08	가압류	서울보증보험(주)	767,377,000원		소멸
6	2006.12.18	가압류	전OO	300,000,000원		소멸
7	2007.04.12	가압류	신용보증기금	180,000,000원		소멸
8	2007.09.11	가압류	국민은행	37,713,543원		소멸
9	2009.07.03	강제경매	서울보증보험(주) (강북신용지원단)	청구금액: 753,391,240원	2009타경26023	소멸
10	2009.09.15	가압류	서울보증보험(주)	183,987,260원		소멸
11	2009.12.08	임의경매	국민은행(경매소송관리센터)	청구금액: 228,000,000원	2009타경45352	소멸

등기부 분석	☞토지만 매각주의(건물은 매각제외)
주의사항	☞법정지상권 성립여부 불명

(2) 이 토지 대한 권리분석과 배당

이 근린주택은 지하철 6호선 고려대역과 고려대학교 등이 위치하고 있어서 임대수요가 높은 곳이다. 이 토지 낙찰자 이선수도 그러한 판단 하에 감정가 979,200,000원인데 813,399,000원에 낙찰받은 것으로 판단된다.

왜냐하면 이 지상건물은 법정지상권이 성립되지 않기 때문에 건물소유자와 매매협의가 안 되더라도 법정지상권이 성립되지 않으므로 건물철거를 주장할 수 있기 때문이다. 법정지상권이 성립하려면 민법 제366조에 따라 토지와 건물소유자가 동일인이었다가 경매로 달라져야 하는데 이 건물은 신축당시부터 동일소유자가 아니었다.

그런데 이러한 상황에 직면하게 되면 민법 제366조에 의한 법정지상권만 분석하고 성립이 안 되면 철거로 단정해 버리는 경향이 있다. 그러나 민법 제622조의 차지권의 대항력도 고려해야만 한다.

차지권의 대항력은 토지에 별도로 등기를 하지 않고서도 토지임차인이 건물 신축 후 보존등기만 하면 그 이후 토지소유자가 일반 매매나 경매로 변경되더라도 매수인은 토지임차권을 승계해야 되기 때문이다.

그러나 토지임차인이 건물을 보존등기하기 전에 토지소유자가 변경되거나 건물을 보존등기하기 전에 설정된 저당권이나 가압류(압류) 등에 의해 경매가 진행돼 토지소유자가 달라지는 경우는 새로운 토지소유자에게 차지권의 대항력을 주장할 수 없다.

이 근린주택은 건축하기 전인 1992. 09. 03. 국민은행 근저당권 채권최고액 104,000,000원으로 등기되어 있고 그 근저당권에 의해 임의경매가 진행돼 차지권의 대항력을 토지낙찰자에게 주장할 수 없다. 임차권이 후순위로 경매로 소멸되는 임차권에 불과하기 때문이다.

이 물건에 예상배당표를 작성하면 다음과 같다.

매각대금 813,399,000원에서 경매비용 6,399,000원을 공제하면 실제 배당할 금액은 8억 700만원이다.

그런데 근린주택 임차인들 중 대부분이 배당요구를 하지 않은 사실을 알 수 있는데 그 이유는 토지와 건물소유자가 달라서 건물소유자와 임대차 계약한 임차인들은 토지에서 우선변제권이 없기 때문이다.

따라서 1순위로 국민은행 1억400만원, 2순위로 국민은행 1억2,400만원, 3순위로 나머지 배당금 5억7,900만원을 가지고 가압류채권자들과 강제경매신청채권자들이 동순위로 안분배당되면서 배당은 종결된다.

(3) 토지를 낙찰받고 나서 건물에 대한 권리행사

이선수는 토지를 2011. 02. 09. 낙찰받고 2011. 04. 22. 잔금을 납부하고 소유권을 취득하였다.

그리고 건물이 법정지상권이 성립되지 않는다는 판단 하에 2011. 06. 29. 토지인도 및 건물철거소송을 원인으로 건물에 처분금지가처분을 하고 토지사용료에 따른 부당이득반환청구소송을 진행하였다. 그 과정에서 건물이 2012. 06. 07. 강제경매절차가 진행하게 되었다.

법정지상권이 성립하지 못하는 건물에 대해서 가처분하고 그 건물만 경매를 신청하게 되면 토지소유자가 아닌 다른 경쟁자들이 입찰에 참여하기가 어려운 것이 현실이다. 왜냐하면 건물을 낙찰 받더라도 건물이 법정지상권이 없기는 마찬가지이기 때문에 철거의 위험에 빠져 있기 때문이다.

◆ 건물만 경매가 진행돼 토지 소유자 이선수가 낙찰 받았다!

(1) 건물만 강제경매된 물건 현황 및 매각결과

2012타경17746 • 서울중앙지방법원 본원 • 매각기일: 2014.04.10(木) (10:00) • 경매 11계 (전화: 02-530-2715)

소재지	서울특별시 성북구 종암동 00-00 도로명주소검색							
					오늘조회: 1 2주누적: 0 2주평균: 0 조회동향			
물건종별	근린주택	감정가		440,948,520원	구분	입찰기일	최저매각가격	결과
					1차	2013-03-14	440,948,520원	유찰
토지면적	토지는 매각제외	최저가		(51%) 225,766,000원	2차	2013-04-18	352,759,000원	유찰
					3차	2013-05-23	282,207,000원	유찰
						2013-06-27	225,766,000원	변경
					4차	2013-08-01	225,766,000원	낙찰
건물면적	548.17㎡(165.821평)	보증금		(20%) 45,160,000원	낙찰 2,978,000,000원(675.36%) / 3명 / 미납 (2등입찰가: 291,900,000원)			
					5차	2013-11-21	225,766,000원	
매각물건	건물만 매각	소유자		한성○	낙찰 305,080,000원 / 매각허가결정취소			
					6차	2014-04-10	225,766,000원	
					낙찰: 225,800,000원 (51.21%)			
개시결정	2012-06-07	채무자		한성○	(입찰1명, 낙찰: **이선수**)			
					매각결정기일: 2014.04.17 - 매각허가결정			
					대금지급기한: 2014.07.15			
사건명	강제경매	채권자		이선수외 1인	대금납부 2014.06.20 / 배당기일 2014.08.05			
					배당종결 2014.08.05			

■ 매각토지.건물현황 (감정원: 온누리감정평가 / 가격시점: 2012.06.18 / 보존등기일: 2005.08.30)

목록		지번		용도/구조/면적/토지이용계획		㎡당 단가	감정가	비고
건물	1	종암동 00-00 철근콘크리트구조 평스라브지붕	1층	근린생활시설(식당)	100.91㎡(30.525평)	792,000원	79,920,720원	• 사용승인: 2005.07.28 • 도시가스 개별난방
	2		2층	원룸 4개호, 보일러실, 공용 다용도실 등	116.27㎡(35.172평)	880,000원	102,317,600원	• 사용승인: 2005.07.28 • 도시가스 개별난방
	3		3층	원룸 2개호, 소유주 거주주택(방1, 화장실, 주방, 거실), 보일러실 등	116.27㎡(35.172평)	880,000원	102,317,600원	• 사용승인: 2005.07.28 • 도시가스 개별난방
	4		4층	원룸 4개호, 보일러실, 공용 다용도실 등	92.11㎡(27.963평)	880,000원	81,056,800원	• 사용승인: 2005.07.28 • 도시가스 개별난방
	5		5층	원룸 3개호, 통로 등	62.41㎡(18.879평)	880,000원	54,920,800원	• 사용승인: 2005.07.28 • 도시가스 개별난방
				면적소계 487.97㎡(147.611평)			소계 420,533,520원	

	1	종암동 00-00 복합판넬조 판넬 지붕	1층	주방	7.5㎡(2.269평)	200,000원	1,500,000원	매각포함
제시외 건물	2		1층	창고	3.2㎡(0.968평)	100,000원	320,000원	매각포함
	3		4층	보일러실	24.1㎡(7.29평)	350,000원	8,435,000원	매각포함
	4		5층	발일부	25.4㎡(7.684평)	400,000원	10,160,000원	매각포함
		저시외건물 포함 일괄매각			면적소계 60.2㎡(18.211평)		소계 20,415,000원	
감정가			건물:548.17㎡(165.821평)			합계	440,948,520원	건물만 매각

● **임차인현황** (말소기준권리 : 2010.11.30 / 배당요구종기일 : 2012.08.27)

임차인	점유부분	전입/확정/배당	보증금/차임	대항력	배당예상금액	기타
김규O	주거용 205호	전 입 일: 2005.09.12 확 정 일: 미상 배당요구일: 없음	미상		배당금 없음	
김동O	주거용 404호	전 입 일: 2011.07.20 확 정 일: 2011.07.20 배당요구일: 2012.08.21	보50,000,000원	없음	소액임차인	
김수O	주거용 401호	전 입 일: 2011.07.13 확 정 일: 2011.07.13 배당요구일: 2012.08.20	보50,000,000원	없음	소액임차인	
김민O	주거용 201호	전 입 일: 2011.07.04 확 정 일: 2011.07.04 배당요구일: 2012.08.20	보50,000,000원	없음	소액임차인	
김별O	주거용 202호	전 입 일: 2011.05.18 확 정 일: 미상 배당요구일: 없음	미상		배당금 없음	
김영O	주거용 301호	전 입 일: 2010.02.16 확 정 일: 2010.02.16 배당요구일: 2012.07.12	보50,000,000원	있음	소액임차인	
서형O	주거용 202호	전 입 일: 2012.07.20 확 정 일: 2012.07.20 배당요구일: 2012.08.22	보50,000,000원	없음	우선배당금없음	경매등기후 전입신고
오귀O	주거용	전 입 일: 1978.12.20 확 정 일: 미상 배당요구일: 없음	미상		배당금 없음	
위순O	주거용 201호	전 입 일: 2008.04.01 확 정 일: 미상 배당요구일: 2012.08.24	보50,000,000원	있음	소액임차인	
이가O	주거용 501호	전 입 일: 2012.08.27 확 정 일: 2012.08.27 배당요구일: 2012.08.27	보50,000,000원	없음	우선배당금없음	경매등기후 전입신고
이정구	주거용 3층 중 서쪽 23.14㎡	전 입 일: 미상 확 정 일: 미상 배당요구일: 2012.08.24	보60,000,000원		배당순위있음	선순위 전세권등기자, 경매신청인
이영O	주거용 402호	전 입 일: 2012.08.20 확 정 일: 2012.08.20 배당요구일: 2012.08.20	보50,000,000원	없음	우선배당금없음	경매등기후 전입신고
이은O	주거용	전 입 일: 1989.01.27 확 정 일: 미상 배당요구일: 없음	미상		배당금 없음	
임현O	주거용 401호	전 입 일: 2010.12.17 확 정 일: 미상 배당요구일: 없음	미상		배당금 없음	
장은O	주거용 203호	전 입 일: 2012.06.14 확 정 일: 2012.08.14 배당요구일: 2012.08.27	보40,000,000원 월 100,000원	없음	우선배당금없음	경매등기후 전입신고
장희O	주거용 302호	전 입 일: 2011.02.28 확 정 일: 2011.02.28 배당요구일: 2012.08.20	보50,000,000원	없음	소액임차인	
조한O	주거용 503호	전 입 일: 2010.08.22 확 정 일: 미상 배당요구일: 없음	미상		배당금 없음	
최병O	점포 1층 전부 (장원)	사업자등록: 2011.05.09 확 정 일: 2012.08.21 배당요구일: 2012.08.22	보20,000,000원 월 1,700,000원 환차 19,000만원	없음	배당순위있음	
임차인분석	임차인수: 18명 , 임차보증금합계: 570,000,000원, 월세합계: 1,800,000원					

● 건물등기부 (채권액합계: 100,000,000원)

No	접수	권리종류	권리자	채권금액	비고	소멸여부
1	2005.08.30	소유권보존	한성O			
2	2009.10.05	전세권(비주거용 건물 3층 중 서쪽 23.14㎡)	이정구	60,000,000원	존속기간: ~2010.06.01	소멸
3	2010.11.30	근저당	이정구	40,000,000원	말소기준등기	소멸
4	2011.06.29	가처분	이선수		토지소유권으로 인한 건물철거 및 토지인도청구권 서울중앙지법 2011카합1516 가처분 내역보기	인수
5	2012.06.07	강제경매	이선수	청구금액 39,168,000원		소멸
6	2012.09.06	임의경매	이정구	청구금액 40,000,000원		소멸

● 토지등기부

No	접수	권리종류	※주의: 토지는 매각제외	채권금액	비고	소멸여부
1	1981.10.20	소유권이전(증여)	오귀O			
2	2011.05.16	소유권이전(매각)	이선수		임의경매로 인한 매각 2009타경45352	

(2) 이 근린주택 대한 권리분석과 배당

이선수는 토지를 2011. 02. 09. 낙찰받아 2011. 04. 22. 소유권을 취득하였다.

그리고 건물이 법정지상권이 성립되지 않아서 건물철거소송을 원인으로 가처분을 하고 토지사용료에 따른 부당이득반환청구소송을 진행하였다. 그 과정에서 건물이 2012. 06. 07. 강제경매절차가 진행하게 되었다.

법정지상권이 성립하지 못하는 건물에 대해서 가처분하고 그 건물만 경매가 되면 토지소유자는 건물을 저렴하게 낙찰받을 수 있다.

왜냐하면 건물 낙찰자 역시 법정지상권이 없기는 마찬가지이기 때문에 입찰 참여를 꺼리게 되기 때문이다.

그래서 그런지 이 근린주택은 감정가 440,948,520원인데 2억2,580만원에 이선수가 단독으로 낙찰받게 되었다.

이 사례에서 가격이 50% 정도로 하락하게 된 이유가 단지 법정지상권이 성립되지 않는 이유만 있을까?

대항력 있는 임차인을 인수해야 하는 것은 아닐까?

어쨌든 예상배당표를 작성해보면 그 이유를 알 수 있다.

매각대금이 2억2,580만원이고 경매비용을 280만원이라면 실제 배당금은 2억2,300만원이므로 이 금액을 가지고 배당하면 다음과 같다.

1순위로 임차인의 최우선변제금을 계산해야 하는데 선순위 담보물권(근저당권, 담보가등기, 전세권)이 있어서 그 담보물권 설정 당시 소액임차인 인가를 확인해야 한다. 담보권 중 1순위가 전세권이므로 2009. 10. 5. 을 기준으로 소액임차인을 결정하면 소액임차보증금은 6,000만원이 된다.

따라서 **1순위** : ① 김동○ 2,000만원 + ② 김수○ 2,000만원 + ③ 김민○ 2,000만원 + ④ 김영○ 2,000만원 + ⑤ 위순○ 2,000만원 + ⑥ 장희○ 2,000만원으로 최우선변제금을 배당받게 될 것 같으나 최우선변제금은 매각대금의 2분의 1을 초과해선 안 되므로 2분의 1 범위내의 배당금 1억1,150만원으로 안분배당하게 된다.

① 김동○ 18,583,334원 + ② 김수○ 18,583,334원 + ③ 김민○ 18,583,333원 + ④ 김영○ 18,583,333원 + ⑤ 위순○ 18,583,333원 + ⑥ 장희○ 18,583,333원 - (최우선변제금 1)

- **2순위** : 2009. 10. 05. 이정구 전세권자 6,000만원 이지만 2010. 11. 30. 근저당 4,000만원을 설정하고 임의경매를 신청한 사실을 보면 2,000만원은 임대인으로부터 회수하면서 퇴거와 동시에 근저당권을 설정한 것으로 판단된다. 이러한 경우도 선순위전세권은 담보물권으로 우선변제금이 있어서 전세권 설정시기를 기준으로 4,000만원을 배당받을 수 있다.
- **3순위** : 김영○ 31,416,667원
- **4순위** : 장희○ 31,416,667원
- **5순위** : 김민○ 8,666,666원으로 종결된다.

따라서 대항력 있는 임차인 김영○는 전액 배당받아 인수금액이 없지만, 위순○ 임차인은 미배당금 31,416,667원을 낙찰자가 인수해야 하므로 건물 총 취득가격은 257,216,667원이 된다.

(3) 건물까지 낙찰받아 이선수는 완전한 소유권을 취득했다

이선수가 먼저 감정가 979,200,000원 토지를 813,399,000원에 낙찰받았고, 그후 440,948,520원인 건물을 257,216,667원(인수금액 포함)에 낙찰 받았으므로 이 근린주택을 1,070,615,667원에 매수하게 된 셈이다.

(4) 앞에서와 같은 전략적인 투자로 이선수는 성공할 수 있었다.

시세가 15억 정도 가는 근린주택을 1,070,615,667원에 매수했으니 일단 성공적이다. 만일 토지와 건물이 일괄 매각되었다면 아마도 13억 이하로 취득하기가 어려웠을 것이다. 왜냐하면 금융기관 등의 금리 인하로 유동자금이 임대수익이 높은 이러한 근린주택 등에 자금이 몰리고 있기 때문이다.

어쨌든 이 물건은 별도의 수선비용 없이도 재임대하는 형식으로 높은 임대수익을 예상할 수 있는 근린주택이다.

04 아파트 2/3 지분을 낙찰 받아 대법원 판례까지 만들며 임차인을 명도한 사례

 경매의 덫에서 탈출

아파트 3분의 2지분을 낙찰받아 아파트에 거주하고 있던 임차인에 대해서 인도명령을 신청해서 결정문이 나왔는데, 임차인이 이의를 제기해서 ⇨ 항고와 재항고 절차를 거쳐 대법원 판결까지 나온 사례. 3분의 2지분에선 가압류로 인해 대항력이 없었지만, 3분의 1에선 대항력이 있어서 그 판단을 가지고 다투었던 사례로 경매 실전에 좋은 사례이다.

◆ 경매 입찰대상물건 현황과 매각결과

  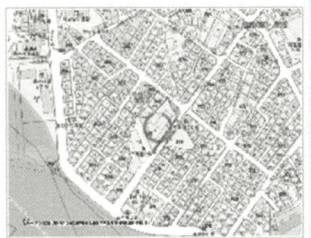

Chapter 23 다양한 특수물건 사례에서 배우는 실전투자 노하우! **511**

참고사항	▶본건낙찰 2013.08.26 / 낙찰가 120,000,000원 / 남양주시 화계원동 김OO / 1명 입찰 / 대금미납 *대지권 취득여부는 알 수 없고, 관리처분계획서상 본건 전유부분 81.6㎡에 해당하는 대지지분은 43.78이고 그 중 26.96이 채무자 겸 소유자 서OO 의 지분임.							

• 임차인현황 (말소기준권리 : 2010.07.01 / 배당요구종기일 : 2013.03.11)

임차인	점유부분	전입/확정/배당	보증금/차임	대항력	배당예상금액	기타
김OO	주거용 103호	전 입 일: 2012.09.12 확 정 일: 2012.09.18 배당요구일: 2013.03.04	보100,000,000원	없음	배당순위있음	
기타사항	☞거주자가 폐문부재하여 동사무소에서 전입세대 열람내역서 및 주민등록등본을 발급					

• 등기부현황 (채권액합계 : 3,166,551,674원)

No	접수	권리종류	권리자	채권금액	비고	소멸여부
1	2010.06.15	소유권보존	서OO 외2명	지OO 지분 15.07/43.78, 서OO 지분 26.96/43.7 8, 김OO 지분 1.75/43.78		
2	2010.07.01	서OO,김OO 지분가압류	장OO 외2명	1,450,000,000원	말소기준등기	소멸
3	2010.07.01	서OO 지분가압류	송도재건축주택조합	1,716,551,674원		소멸
4	2013.01.03	서OO 지분강제경매	장OO 외2명	청구금액: 176,432,143원	2012타경31293	소멸

주의사항	☞공유자우선매수권의 행사는 1회에 한함. ▶현재 대지권의 목적인 토지가 경매진행 중이고 가압류, 압류 등이 경합되어 대지권등기를 경료할 수 없다는 신청채권자의 보정서 제출됨. ▶대지권등기와 관련한 사항은 매수인이 부담함.

◆ 경매물건에 대한 권리분석

이 경매 물건은 경기도 하남시에 위치한 아파트로 장기간 재건축 등으로 인해 대지권이 미등기이고 토지별도등기까지 되어 있는 상태이다.

이 물건에서 유의해서 살펴볼 점은 ① 3분의 2지분만 매각되는데에도 임차인을 명도할 수 있는가와 ② 대지 지분이 감정평가돼 매각되었지만 대지권등기는 매수인 책임으로 매각하는 조건이므로 낙찰받고 나서 별도로 대지권등기청구소송을 해야 한다는 사실, ③ 토지등기부를 확인해보니 토지별도등기인 가압류와 가처분이 있었다. 그렇다면 낙찰자가 임차인을 어떻게 명도하고, 토지별도등기를 말소하면서 대지권등기를 할 수 있느냐가 문제가 되었다. 만일 말소시키지 못하고, 대지권등기를 할 수 없다면 건물만 사게 된 것이기 때문이다. 어쨌든 이 물건은 대지권등기와 토지별도등기만 말소할 수 있다면 성공적인 투자가 될 수 있다. 왜냐하면 시세가 2억6,000만원으로 3분의 2지분으로 환산하면 1억7,300만원 정도로 많은 투자 이익이 발생하기 때문이다. 그러나 대지권등기를 할 수 없다면 그 반대로 손실이 예상되는 물건이다.

◆ 점유자에 대한 명도문제는 어떻게 할 수 있을까?

과반수 이상(2/3)의 지분을 매수해서 민법 제265조에 따라 관리행위로 대항력 없는 임차인에 대해 인도명령을 신청할 수 있다.

경매법원에서 인도명령결정문을 받았는데 이의를 제기해서 재판이 열리게 되었는데 그 재판에서도 인도명령결정문을 인용하는 것으로 판결이 나왔다 ⇨ 그러나 임차인의 항고심에서는 임차인은 임차보증금 전액을 변제받을 때까자 대항력은 유지되므로 전액 변제하지 않으면 매수인은 명도를 구할 수 없다고 판단했다. ⇨ 그래서 매수인이 재항고를 하게 되었고, 그 과정에서 대법원은 2010. 07. 01. 가압류등기가 있는 상태에서 2012. 09. 12. 김OO 임차인이 임대차계약으로 대항요건까지 맞추었으나 이는 가압류의 처분금지효력이 범위 내에선 무효가 되므로 3분의 2지분이 무효가 된 이상, 임차인은 소수지분권자와 계약한 지로서 매수인에게 대항력을 주장할 수 없다고 다음과 같이 판단했다.

대법원 제3부 결정

사 건 2014마546 부동산인도명령
신청인, 재항고인 강OO, **피신청인, 상대방** 김OO
원 심 결 정 수원지방법원 2014. 3. 18.자 2014라273 결정

주 문
원심결정을 파기하고, 사건을 수원지방법원 합의부에 환송한다.

이 유
재항고이유를 판단한다.
1. 지면상생략
2. 기록에 의하면 다음의 사실을 알 수 있다.
   가. 이 사건 건물은 당초 서OO, 지OO, 김OO의 공유로서, ①서OO은 43.78분의 26.96 지분(61.58%)을, ②지OO는 43.78분의 15.07지분(34.42%)을, ③김OO는 43.78분의 1.75지분(4%)을 각 소유하고 있었다.
   나. 장OO 장OO, 김OO은 2010. 6. 30. 이 사건 건물 중 ①, ③지분에 관하여 수원지방법원 성남지원 2010카단501781호로 가압류결정을 받아 2010. 7. 1. 가압류등기를 마쳤다.
   다. 김OO은 2012. 9. 11. 서OO 등으로부터 이 사건 건물을 임대차 보증금 1억 원, 임대차기간 2012. 9. 11.부터 2013. 9. 11.까지로 정하여 임차한 다음 2012. 9. 12. 위 건물을 인도받아 전입신고를 마치고 그 무렵부터 현재까지 위 건물에 거주하고 있다.
   라. 장OO 등은 서울동부지방법원 2010가합16692 전부금 청구소송의 집행력 있는 판결 정본에 기하여 수원지방법원 성남지원 2012타경31293호로 이 사건 건물 중 ①지분에 대한 강제경매 신청을 하였고, 2013. 1. 3. 위 법원의 경매개시결정으로 경매절차가 개시되었다.
   마. 재항고인은 경매절차에서 2013. 12. 2. 최고가매수신고인으로 매각허가결정을 받아 2013. 12. 20. 매각대금을 완납하고 이 사건 건물 중 ①지분에 관한 소유권을 취득한 후 2013. 12.

26. 이 사건 건물의 임차인인 김수민을 상대로 위 건물의 인도를 구하는 이 사건 부동산인도명령 신청을 하였다.

3. 위 인정사실을 앞서 본 법리에 비추어 살펴보면, 서OO과 김OO의 채권자들인 장OO 등은 김OO의 임대차계약이 체결되기 전인 2010. 6. 30. 이 사건 건물 중 ①, ③지분에 관하여 가압류등기를 마쳤고, 재항고인은 위 가압류사건의 본안판결의 집행으로 이 사건 건물 중 ①지분을 취득하였으므로, 임차인 김OO은 가압류의 처분금지의 효력으로 인해 ①, ③지분에 대하여만 그 대항력을 주장할 수 있게 되었다. 그렇다면 임차인 김OO은 이 사건 경매절차에서 과반수의 지분을 취득한 재항고인의 인도명령을 거부할 수 없다.

그런데도 원심은 그 판시와 같은 이유를 들어 임차인이 재항고인에 대하여 이 사건 건물의 인도를 거부할 수 있는 정당한 권원이 있다고 보아 부동산인도명령신청을 배척하고 말았으니, 이러한 원심결정에는 가압류의 처분금지의 효력과 주택임차인의 대항력에 관한 법리를 오해하여 재판에 영향을 미친 잘못이 있다.

4. 그러므로 원심결정을 파기하고, 사건을 다시 심리판단하게 하기 위하여 원심법원에 환송하기로 하여 관여 대법관의 일치된 의견으로 주문과 같이 결정한다.

2016. 2. 25.

재판장 : 대법관 박병대, 대법관 박보영, 주심 : 대법관 김 신, 대법관 권순일

◆ 대지권등기청구와 가압류, 가처분 등의 토지별도등기 말소청구소송

3분의 2지분만 낙찰 받아도 3분의 2지분만이 아닌 전체 대지권등기를 신청할 수 있고, 매수한 3분의 2지분만에 등기되어 있는 토지별도등기 즉 가압류와 가처분 등을 다음 〈김선생 도움말〉처럼 말소를 구할 수 있다. 이때 두 개 소송을 동시에 하는 것이 원칙이지만 지분을 낙찰받아 두 개의 소송을 진행할 때 소송이 복잡한 관계로 지연될 수도 있기 때문에 분리해서 대지권등기청구소송(전체 대지 지분)과 매수한 3분의 2지분만에 등기되어 있는 토지별도등기 말소청구소송을 하였는데 토지별도등기말소청구 소송에서 전유부분의 매각으로 그 종된 권리인 대지 지분까지 취득하게 되므로 그 대지 지분에 등기된 토지별도등기가 말소돼야 한다는 점과 가압류, 가처분이 3년의 제소기간이 지났으므로 매수인이 취소를 구할 수 있다는 내용으로 말소를 구한 사건이다. 법원에서 이 모든 사실이 받아 들여져 토지별도등기가 말소되고 대지권등기까지 하였고, 이제 협의해서 관리하거나 매각하는 방법, 협의가 안될 때 공유물분할청구소송을 하는 절차만 남아 있었는데 협의가 잘되어 매각해서 높은 수익을 올릴 수 있었던 사례이다.

김선생의 도움말

토지별도등기도 아파트가 경매로 매각 시 소멸되는 것이 원칙
집합건물의 전유부분과 함께 그 대지사용권인 토지공유지분이 일체로서 경락되고 그 대금이 완납되면, 설사 대지권 성립 전부터 토지만에 관하여 별도등기로 설정되어 있던 근저당권이라 할지라도 경매과정에서 이를 존속시켜 경락인이 인수하게 한다는 취지의 특별매각조건이 정하여져 있지 않았던 이상 위 토지공유지분에 대한 범위에서는 매각부동산 위의 저당권에 해당하여 소멸한다[대법 2005다15048].
만일 이러한 조건 없이 매각되었는데 소멸되지 않는 토지별도등기채권이 있다면 그 원인으로 매각결정을 취소 신청할 수 있다.

05 농지가 경매와 공매로 경합되는 사례에서 어떻게 하면 되나?

 경매의 덫에서 탈출

농지를 경매로 낙찰 받으면 매각허가 전까지 농취증을 제출해야 매각불허가로 보증금을 몰수당하지 않는다. 공매로 낙찰 받으면 등기신청 시까지 농취증을 첨부해야 소유권이전등기가 가능하고 첨부하지 못하면 소유권을 취득하지 못한다.

◆ 농지의 의의와 농지취득자격증명이란?

(1) 농지의 의의와 농지취득자격증명 대상면적

매매나 경매로 농지 즉 논·밭·과수원 등을 취득하고자 하는 도시인 또는 비영농인은 농지취득자격증명을 받아야 한다. 단 주말체험, 영농용도일 경우는 1,000㎡ 미만인 경우에도 농지취득자격증명을 취득할 수 있는데 이때 1,000㎡는 세대원 모두를 합산한 면적을 말한다.

(2) 농지취득자격증명 신청방법

농지취득자격증명을 발급 받으려는 자는 취득대상 농지의 면적, 취득대상 농지에서 농업경영을 하는 데에 필요한 노동력 및 농업 기계·장비·시설의 확보 방안, 소유 농지의 이용실태 등이 포함된 농업경영계획서를 작성하여 농지 소재지를 관할하는 시·구·읍·면장에게 발급신청을 하여야 한다.

농업경영 이외의 목적으로 취득하는 경우 즉 시험, 연구, 실습용, 농지전용, 주말체험영농 등으로 이용하고자 하는 경우에는 농지취득자격증명발급 신청 시 농업경영계획서 제출의무가 면제된다.

첫째, 농업경영계획 서식 개편과 주말/체험영농장 서식 신설(2022년 8월 18일부터 시행).

① 지자체가 농지취득 자격증명원을 취득하려는 자의 농업 경영 의지와 실현 가능성을 확인해서 발급을 해준다.

② 농업경영계획서/주말체험영농계획서 작성 시 직업과 영농경력, 영농거리 등을 기재와 함께 입증자료를 의무적으로 제출해야 한다. 이때 영농거리에 특별한 제한을 두지 않았기 때문에 주거지와 먼 거리의 농지도 취득할 수 있다. 다만 합당한 목적과 실현 가능성에 대해서 뒷받침할 수 있는 서류를 제출해야 한다. 이렇게 세밀하게 검사할 수 있게 농업경영계획서 양식이 변경됨. 만약 거짓으로 작성한다면 250만원에서 최대 500만원까지 과태료를 내야 한다.

③ 공유 취득자의 농지 취득자격 심사 강화!
1필지의 농지를 공유로 가지려고 할 때 공유된 농지의 각 지분 비율과 공유자 각각 취득하려는 농지의 장소를 정확하게 기입하여야 하고 이를 보증할 수 있는 서류로 된 약정서나 도면자료를 제출해야 한다.

④ 농지취득자격증명서 발급처리기간
농업경영 목적과 주말영농 목적인 경우 7일 이내, 농지전용 목적인 경우 4일 이내, 농지위원회의 심의를 거쳐야하는 경우에는 14일 이내

둘째, 농지를 취득하려면 소유권 등기 시 농지취득자격증명서를 첨부해야 한다.

① 법원경매에서는 매각허가결정 전(낙찰받고 7일 이내)까지 농지취득자격증명서를 법원에 제출해야 한다. 제출하지 못할 경우에 매각불허가결정으로 입찰보증금이 몰수되니 입찰하기 전부터 농취증 발급 가능 여부를 확인하여 신속히 발급 받을 수 있도록 준비해야 한다.

② 경매 이외에 일반 매매나 공매절차에서는 농지취득자격증명은 소유권이전 시에 첨부하면 된다. 그렇다고 하더라도 소유권이전등기 시에 농취증을 첨부하지 아니하면 소유권이전등기를 할 수 없다는 점에 주의해야 된다.

(3) 관할 발급관청과 경매집행법원의 농지에 대한 해석 차이

농지는 그 법적지목 여하에도 불구하고 실제의 토지현상이 농작물의 경작 또는 다년생식

물재배지로 이용되는 토지를 말한다. 그런데 법원과 농지취득 발급대상 시·군청의 농지에 대한 해석이 다소 차이가 있다. 관할허가관청은 위와 같은 경우 발급하고 있으나 지목이 농지이더라도 현황이 주거지거나 공장용지를 사용할 경우 발급대상이 아니다. 그러나 경매법원은 지적법상 농지이면 농지취득자격증명을 요청한다. 이때 농취증 발급기관에 농취증발급을 신청하게 되면 이 토지는 발급대상이 아님을 증명하는 서류를 발급해 준다. 이 서류를 제출해서 소명히면 된다.

김선생의 한마디

농지자격증명을 발급받지 않고 농지를 취득할 수 있는 경우

상속에 의하여 농지를 취득하거나 또는 담보농지 취득 그리고 농지법 제36조제2항 및 제37조의 규정에 의하여 농지의 전용에 관한 허가 협의 신고를 거친 농지를 취득하는 경우로서 도시계획법 제2조제1항제2호의 규정에 의한 도시계획구역 안에 주거, 상업, 공업지역 또는 도시계획시설예정지로 지정 또는 결정된 농지, 도시계획구역안의 녹지지역, 개발제한구역 및 도시개발예정지구 안의 농지로서 도시계획법 제4조의 규정에 의한 토지형질변경허가를 받은 농지 등이다.

◈ 농지가 경매로 매각되는 경우

(1) 농지의 경매 물건정보 내역

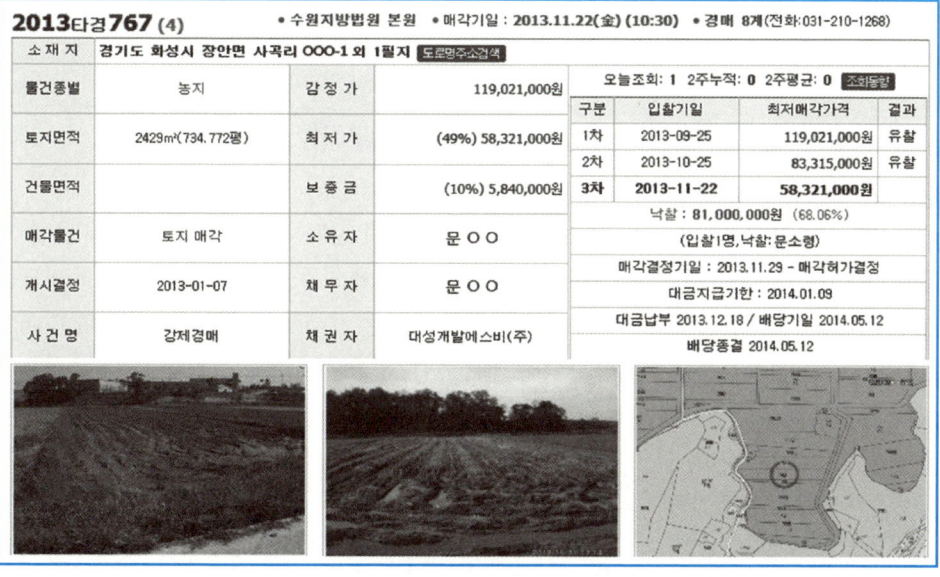

* 매각토지.건물현황 (감정원 : 정일감정평가 / 가격시점 : 2012.10.09)

목록		지번	용도/구조/면적/토지이용계획	m²당 단가	감정가	비고
토지	1	사곡리 OOO-1	농림지역, 농업진흥구역 <농지법>, 성장관리권역 <수도권정비계획법>, <...>	답 1991m² (602.278평)	49,000원	97,559,000원	표준지공시지가: (m²당)33,000원
	2	사곡리 OOO-2	위와같음	답 438m² (132.495평)	49,000원	21,462,000원	
			면적소계 2429m²(734.772평)		소계 119,021,000원	
감정가			토지:2429m²(734.772평)		합계 119,021,000원	토지 매각

* 임차인현황 (배당요구종기일 : 2013.08.20)

===== 조사된 임차내역 없음 =====

* 토지등기부 (채권액합계 : 448,550,698원)

No	접수	권리종류	권리자	채권금액	비고	소멸여부
1	2007.11.29	소유권이전(상속)	문OO		협의분할에 의한 상속	
2	2009.02.16	근저당	조암농협	70,000,000원	말소기준등기	소멸
3	2012.05.21	압류	화성세무서			소멸
4	2012.09.05	공매공고	화성세무서		한국자산관리공사2012-12676-001	소멸
5	2012.11.27	가압류	대성개발에스비(주)	64,839,894원		소멸
6	2012.11.30	가압류	김OO	156,855,402원		소멸
7	2012.11.30	가압류	대성개발에스비(주)	156,755,402원		소멸
8	2013.01.07	강제경매	대성개발에스비(주)	청구금액: 188,490,932원	2013타경767	소멸
9	2013.06.27	압류	화성시			소멸

(2) 이 농지를 경매로 낙찰받아 소유권을 취득하려면

이 농지는 일반 매매가 아니라 경매로 매각되므로 토지거래허가구역 내에 있는 농지라도 허가가 면제되므로 전매제한도 없다. 전매제한은 토지거래허가를 받는 농지만 해당된다. 그러나 농지취득자격증명은 받아야 한다. 경매에서 농지취득자격증명은 낙찰받고 매각허가 전까지 제출해야 되므로 입찰하기 전에 화성시 장안면 사무소를 방문해서 확인해본 결과 가능하다는 통보를 받을 수 있었다.

이때 함께 확인해야 되는 사항이 농지 임차인 여부다!

2013. 01. 01.부터 농지법 제24조의2 개정으로 농지 임차인 보호제도가 생겼기 때문이다. 농지 임차인이 대항요건(농지소재 시·구·읍·면의 장의 확인과 농지인도)을 갖추면 다음날 오전 0시부터 대항력이 있어서 인수할 수도 있다. 물론 말소기준 이후의 임차인이면 소멸되는 것은 주택임차인과 같지만 주택임차인처럼 배당요구해 우선해서 변제받을 권리는 없고 대항력만 있다. 그래서 일반 매매로 매매되면 또는 경매절차에서 말소기준권리이전에 대항요건을 갖춘 경우 새로운 소유자에게 대항력을 주장할 수 있게 되었다. 이 농지는 채무자가 농사를 짓고 있어서 임차인이 없었다. 이 농지를 낙찰받더라도 유의할 점은 농지취득자격증명과 임차인 이외에도 또 한가지가 있었다.

공매와 경합해서 매각절차가 진행되고 있기 때문이다.

이때 소유권을 누가 취득하게 되는가에 대해서는 다음 김선생 말풍선에 담아 놓았다. 이 농지는 시세가 1억2천만원 정도를 형성하고 있어서 8,100만원에 경매로 낙찰 받았고, 입찰보증금 영수증과 동시에 최고가매수신고인을 증명하는 서류를 받아 장안면 사무소에 농지취득자격증명서를 신청해서 적법하게 소유권을 취득할 수 있었던 물건이다.

김선생의 말풍선

법원경매와 공매가 경합해서 진행되면 누가 소유권을 취득하나?

경매와 공매가 동시에 별다른 매각절차로 진행되는 경우 채권자 등은 별도로 각각 권리신고 및 배당요구를 해야 모든 배당절차에 참여가 가능하고, 두 절차에서 모두 낙찰자가 발생할 수 있지만 소유권 취득은 누가 먼저 낙찰 받았느냐? 와는 상관없이 먼저 대금을 납부한 사람이 소유권을 취득하게 되므로, 경매낙찰자가 먼저 잔금을 납부하면 공매집행기관에 공매중지요청서를 보내게 되므로 공매절차가 취소되고, 공매낙찰자가 먼저 납부하면 경매개시결정이 기각으로 경매절차가 종결되고 경매개시기입등기는 공매절차에서 촉탁으로 말소되게 된다.

그리고 공매절차는 다음 사례와 같이 2012. 12. 06. 까지 진행되다가 남을 가망이 없어서 중지되었는데, 공매는 중지되었다가 다시 처음부터 공고하고 입찰절차가 진행되므로 유의해서 살펴봤지만, 공매절차가 진행되지 않아 경매로 낙찰 받았던 사례이다. 필자가 공매가 진행되는 것에 관심을 가지고 있었느냐? 하면 공매 낙찰자가 먼저 잔금을 납부하면 소유권을 취득하지 못하게 될 상황과 공매로 사면 더 싸게 살 수 있을 것이라는 판단 때문이다. 경매로 낙찰 받은 사람이 공매로 낙찰 받았다면 경매가 취소되기 때문에 입찰보증금을 반환 받을 수 있다. 이렇게 경매와 공매가 중복해서 진행되는 틈새 시장을 잘 활용할 수 있으면 좋은 기회가 될 수 있을 것이다.

◆ 농지가 공매로 매각되는 경우

(1) 농지의 온비드공매 물건정보 내역

캠코공매물건		상담전화 : 1588-5321
[물건명/소재지] : 경기 화성시 장안면 사곡리 OOO-1		
기본정보		**기관정보**
물건종류	부동산	입찰집행기관 : 한국자산관리공사
처분방식	매각	담당자 : 경기지역본부 / 조세정리팀
물건상태	유찰	연락처 : 031-270-4529 /
조회수	267	

물건정보

소재지(지번)	경기 화성시 장안면 사곡리 OOO-1		
소재지(도로명)			
물건관리번호	2012-12676-001	재산종류	압류재산
위임기관	화성세무서		
물건용도/세부용도	답	입찰방식	일반경쟁
면적	답 1,991㎡		
배분요구종기	2012/10/22	최초공고일자	2012/09/05

감정정보

감정평가금액	95,568,000 원	감정평가일자	2012/08/30	감정평가기관	(주)제일감정평가법인
위치및부근현황	사곡리소재 "분토골마을" 남서측 근거리에 위치, 버스정류장과의 거리 및 운행횟수등을 고려시 제반대중 교통 사정은 보통임.				
이용현황	세장형 평지로서 답으로 이용중임.				
기타사항	해당사항 없음.				

임대차정보

임대차내용	이 름	보증금	차임(월세)	환산보증금	확정(설정)일	전입일
감정서상 표시내용 또는 신고된 내용이 없습니다.						

등기사항증명서 주요 정보

순번	권리종류	권리자명	등기일	설정액(원)
1	위임기관	화성세무서		미표시
2	근저당권	조암농업협동조합	2009/02/16	70,414,246 원

입찰이력정보

입찰번호	처분방식	물건관리번호	개찰일시	최저입찰가	낙찰가	낙찰율	입찰결과	입찰상세
201212676001	매각	2012-12676-001	2012/12/06 11:00	66,898,000			유찰	보기
201212676001	매각	2012-12676-001	2012/11/29 11:00	76,455,000			유찰	보기
201212676001	매각	2012-12676-001	2012/11/22 11:00	86,012,000			유찰	보기
201212676001	매각	2012-12676-001	2012/11/15 11:00	95,568,000			유찰	보기

(2) 이 농지를 공매로 낙찰 받아 소유권을 취득하려면

공매와 경매가 경합할 때 잔금을 먼저 납부한 사람이 소유권을 가져가게 된다. 따라서 공매절차에서 낙찰 받고 경매 낙찰자보다 먼저 잔금을 납부했다면 공매낙찰자가 소유권을 취득하게 된다. 그런데 농지를 취득할 때 유의할 점이 농지취득자격증명서를 발급받는 문제인데 경매에서는 매각허가 전까지 제출하면 되지만, 공매에서는 소유권이전등기 신청 시 첨부해서

<u>소유권을 이전받으면 된다.</u> 그런데 간혹 공매 낙찰자가 사전에 확인하지 않고 대금납부 직전에 확인하여 발급이 불가 대상이라고 하면 소송을 통해 소유권을 취득할 수밖에 없는데 승소해서 소유권을 취득하기가 쉽지 않다. 다음 〈김선생 한마디〉 사례는 잔금을 납부하고 농취증을 발급받지 못해 소유권을 취득하지 못하고 있는 상태에서 농지 가격이 올라 다른 사람에게 체납자가 매각한 것을 두고 무효임을 소송으로 다투었으나 농취증을 발급받지 못한 상태에서는 적법히게 소유권을 취득하지 못했고 그러한 상태에서 체납자(=재부자)의 매매행위는 적법하다는 대법원 판결이 있다(대법 2000다65147).

공매에서 농지취득자격증명 신청은 낙찰 받고 3일 후에 매각결정이 나면 매각결정서를 발급받아 그 때부터 소유권이전등기할 때까지 언제든지 발급신청이 가능하므로, 입찰하기 전에 발급가능 여부를 확인하고 매각결정서가 발급되면 그 때부터 미리 농취증을 받아 소유권이전등기 시에 첨부해야만 다음 〈김선생 한마디〉와 같은 사례가 발생하지 않는다.

김선생의 한마디

잔금을 납부하고 농취증을 발급받지 못한 상태에서 체납자의 매매행위
공매절차에서 농지를 매수하고 대금을 완납한 매수인은 농지취득자격증명을 발급받지 못한 이상 여전히 소유권을 취득하지 못한 상태에 있었다고 봐야 하므로, 공매대상 농지의 원소유자가 그 농지에 관한 소유권자였다고 할 것이어서 원소유자가 체납액을 납부한 후 제3자에게 그 농지를 매도함으로써 그로부터 제3자 앞으로 경료된 소유권이전등기는 무권리자로부터 경료 받은 무효의 등기라고 볼 수 없다.

◆ 선행경매에서 배당요구한 선순위임차인이 후행공매에서 배당 요구해 낙찰자가 손해볼 뻔한 사례

경매의 덫에서 탈출

선행된 경매절차에서 배당요구한 선순위 임차인은 대항력만 있고 배당요구할 수 있는 권리가 없는데도 공매절차에서도 권리신고 및 배분요구를 해서 두 번에 걸쳐 낙찰자들이 보증금을 포기하는 상황이 발생했다. 그러나 마지막에 낙찰 받은 매수인은 필자의 도움으로 공매를 해제하고 보증금을 반환 받을 수 있었던 사례이다. 이 사례는 앞의 "Chapter 17의 06 전 경매에서 배당요구한 선순위임차인으로 낙찰자가 손해를 보게 된 사례(368쪽)"에 있는 내용을 참고하면 되므로 나머지 설명은 지면상 생략했다.

06 토지만 낙찰 받고 지상의 미등기건물은 토지 사용료로 보존등기 후 채권가압류한 사례

◆ **정수철이 계양농협 근저당권을 매입했다!**

계양농협은 주택을 담보로 대출을 실행하는 과정에서 아래 주택 사진과 같이 무허가건물이 있어서 대지만을 담보로 근저당권 설정했다.

그리고 채무가 상환되지 않자 부실채권으로 지정하고 매수자 정 수철에게 근저당권을 6,500만원에 양도했다. 정 수철은 양도 받은 근저당권으로 다음과 같이 경매를 신청했고 그 과정에서 매수자가 없어 50% 이하로 유찰되자 직접 낙찰 받고 대금은 상계처리해서 납부했다.

◆ 정수철이 경매를 신청한 물건정보 내역과 매각결과

2014타경00000		• 인천지방법원 부천지원		• 매각기일 : 2015.06.30(火) (10:00)		• 경매 6계 (전화:032-320-1136)	
소재지	경기도 김포시 양촌읍 누산리 000-1 외 1필지 도로명주소검색						
물건종별	대지	감정가	205,856,000원	구분	입찰기일	최저매각가격	결과
토지면적	224㎡(67.76평)	최저가	(49%) 100,869,000원	1차	2015-04-14	205,856,000원	유찰
건물면적	건물은 매각제외	보증금	(10%) 10,090,000원	2차	2015-05-26	144,099,000원	유찰
매각물건	토지만 매각	소유자	한수민	3차	2015-06-30	100,869,000원	
개시결정	2014-11-25	채무자	한수민	낙찰 : 115,170,000원 (입찰 3명, 낙찰 : 정수철) (2등입찰가 112,200,000원) 매각결정기일 : 2015.07.07. 상계신청으로 대금납부와 배당기일 2015.08.07.			
사건명	임의경매	채권자	정수철(계양농협 근저당권 매입)				

• 매각토지 . 건물현황 (감정원 : 나은감정평가 / 가격시점 : 2014.12.15)

목록		지번	용도/구조/면적/토지이용계획	㎡당 단가 (공시지가)	감정가	비고
토지	1	누산리 000-1	도시지역, 제1종일반주거지역, 최고고도지구(공항고도제한해발112.86m...)	대 194㎡ (58.685평)	919,000원 (396,900원)	178,286,000원	* 현황 단독주택(제시외건물)건부지로 이용중 * 일단지
	2	누산리 000-2	도시지역, 제1종일반주거지역, 최고고도지구(공항고도제한해발112.86m...)	대 30㎡ (9.075평)	919,000원 (405,000원)	27,570,000원	* 현황 단독주택(제시외건물)건부지로 이용중 * 일단지
			면적소계 224㎡(67.76평)		소계 205,856,000원	
참고사항	* 본건 토지 지상에 건축물대장상 타인소유(**한병철**)로 등재된 제시외건물(등기사항 전부증명서에는 미등기)이 소재하나 이에 구애됨이 없이 토지만을 정상평가하였음. (토지의 소유권행사가 제한받는 경우의 토지가액:144,032,000원)					

• 임차인현황 (배당요구종기일 : 2015.02.16)

===== 조사된 임차내역 없음 =====

기타사항	☞이해관계인 부재로 상세한 임차관계는 미상임. —한병철은 한수민의 부친인대사망함

• 토지등기부 (채권액합계 : 294,105,747원)

No	접수	권리종류	권리자	채권금액	비고	소멸여부
1(갑1)	1988.02.11	소유권이전(매매)	한수민			
2(을1)	2008.04.29	근저당	계양농협	78,000,000원	말소기준등기	소멸
3(을2)	2008.04.29	지상권(토지의전부)	계양농협		존속기간: 2008.04.29~2038.04.29 만30년	소멸
4(갑21)	2011.03.23	압류	구로세무서			소멸
5(을3)	2011.10.25	근저당	김OO	100,000,000원		소멸
6(을4)	2011.12.08	근저당	방OO	50,000,000원		소멸
7(갑27)	2014.05.10.	2번근저당권이전	정수철			소멸
8(갑28)	2014.11.25	임의경매	정수철	청구금액: 64,729,313원	2014타경00000	소멸

기타사항	☞누산리 496-1 토지 등기부상

건물등기부	※주의 : 건물은 매각제외		채권최고액		비고	소멸여부
	☞ 건물등기부는 전산발급이 되지않아 등재하지 못함.					

주의사항	☞매각외 건물을 위한 법정지상권 성립여지 있음

◆ 경매물건에 대한 물건분석과 권리분석

이 물건은 지상에 미등기건물이 있어서 대지에만 근저당권이 설정되었기 때문에 근저당설정 당시에 건물이 존재했었다. 이런 경우에 토지와 건물소유자가 동일인이었다가 달라졌다면 법정지상권이 성립한다. 그래서 폐쇄등기부를 확인한 결과 한수민의 부친인 한OO이 토지소유자로 그 지상에 무허가 건물을 신축했었다는 사실을 알 수 있었다.

그럼 동일소유자였다가 달라진 상황이 되는데 언제 어떻게 달라졌고 그 시기가 언제인가를 확인해야 하는데 토지등기부를 확인하면 알 수 있듯이 부친소유(한OO)에서 한수민(아들)으로 1988. 02. 11. 소유권이 이전되었다. 그러니 이때부터 법정지상권이 성립하게 된다. 그래도 다행인 것이 법정지상권은 묵시적 갱신을 인정하지 않기 때문에 30년만 지나면 소멸을 청구할 수 있다. 그래도 2년 이상을 기다려야 하는 문제가 남게 된다. 이러한 분석 하에 근저당권을 매입해서 경매를 신청한 정 수철이 50% 정도로 토지를 낙찰 받았다.

◆ 낙찰 받고 나서 다음과 같이 탈출하는 방법으로 성공할 수 있었다!

앞에서와 같이 법정지상권 잔존기간이 2년이 남아 있어서 건물소유자들과 협의를 하게 되었는데 건물 가격으로 1억원을 요구하고 있었다.

그래서 협상을 중지하고 어떻게 대처할까를 고민하게 되었다. 그 과정에서 해결책을 찾게 되었는데 독자 분들에게도 좋은 길이라 생각해서 글로 남기게 된 것이다. 건물은 건축물대장을 확인한 결과 돌아가신 부친 명의로(15년 전에 사망한 것으로 예측) 되어 있다는 사실을 확인할 수 있었다. 그래서 토지사용료를 원인으로 상속인들을 대상으로 채권가압류와 부당이득반환청구 소송을 다음과 같이 진행했고 그 과정에서 지상의 미등기건물을 상속인들을 대위로 해서 보존등기를 했고, 동시에 채권가압류를 할 수 있었다. 그 다음 부당이득반환청구소송에서 판결을 얻어 강제경매를 신청하면 그 무허가건물을 1,000만원 이하로 낙찰 받을 수 있을 것이라는 판단이 섰기 때문이다.

◆ 미등기건물보존등기와 채권가압류 등을 위한 신청서 작성

부동산 가압류 명령 신청서

채권자 : 정 수 철
채무자 : (망) 한OO의 상속인
　　　　1. 한수민
　　　　2. 한OO
　　　　3. 한OO

　　　　　　　　청구금액　　7,000,000 원
　　　　　　　　첨용인지액　　10,000 원
　　　　　　　　송달료　　　　53,250 원

인천지방법원 부천지원 귀중

부동산 가압류 명령 신청서

채권자 : 정 수 철 (620000-0000000)
  경기도 용인시 OO구 OO2로 OO, OOO동 OOO호
  (신봉동, 신봉마을 OOOO 1차 아파트)
  〈전화 : 010-0000-0000〉

채무자 : (망) 한OO의 상속인
  1. 한 수 민 (6400000-0000000)
  경기 김포시 양촌읍 누산리 OOO-1
  2. 한 O O (000000-0000000)
  주소불상
  3. 한 O O (000000-0000000)
  주소불상

1. **청구금액의 표시** : 7,000,000원 (내역 2015. 08. 17 부터 2015. 12. 04까지 월1,400,000원의 토지 사용료 채권)
1. **피보전권리의 요지** : 부당이득금청구소송의 청구권 보전
1. **가압류 할 부동산의 표시** : 별지목록 기재와 같음.

신청 취지

'채권자의 채무자들에 대한 위 청구채권표시 기재 채권의 집행보전을 위하여 채무자들 소유 별지목록기재 부동산은 이를 가압류한다.'라는 재판을 구합니다.

신청 원인

1. 당사자 관계

   가. 채권자는 별첨 이 사건 경기도 김포시 양촌읍 누산리O OO-1, 대 194㎡와 동소 OOO-2 대 30㎡ 양 지상 토지 등기부등본 (갑제1호증의 1-2) 및 인천지방법원 부천지원 2014타경OOOOO호 부동산 임의매매 굿옥션 경매일보 (갑제2호증)에서와 같이 인천지방법원 부천지원 김포등기소 2015. 08. 17 접수 제71487호, 2015. 08. 07. 임의경매로 인한 매각을 원인으로 소유권을 취득한 자이고,

   나. 채무자들은 위 토지 양지상 위에 별첨 건축물대장 (갑제3호증)과 같이 건축면적 60.66㎡의 미등기 건물 소유자인 망 한OO의 상속인들로서 상속으로 인한 소유권이전등기를 경료치 않고 있는 자들입니다.

2. 이 사건 채권자의 채무자들에 대한 무단 토지사용에 대한 2015. 08. 17. 부터 2015. 12. 4까지 4개월간의 월 사용료 1,400,000원 4개월치 부당이득금 청구채권 7,000,000원

   가. 별첨 이 사건 토지 (김포 양촌읍 누산리 OOO-1) 폐쇄등기부등본(갑제3호증)에서와 같이

1981.02.12 한OO(주민등록번호 불상, 1988.02.11 현재 주소: 김포시 양촌면 누산리 OOO-1)이 매수하였다가 1988.02.06 한수민에게 매매하였으며, 이후 위와 같이 경매를 통하여 채권자에게 2015.08.17 소유권이전되었던 것임에 비해 위 미등기건물은 애당초 한OO 소유이었던 것이므로

나. 이는 법정지상권이 성립된다 할 것이나, 이 경우라도 토지사용료는 채권자가 위와 같이 2015.08.17.자에 경매를 통해 소유권등기 받은 것으로서 원고에게 위 한OO이 지급하여야 한다 할 것인데,

다. 위 한OO이 연도 날짜 미상일에 이미 사망하였으므로 위 한OO의 상속인들은 채권자에게 상속비율에 따른 토지사용료를 지급하여야 함에도 채무자들은 이를 금일에 이르도록 전혀 지급치 않고 있는 실정입니다.

라. 따라서, 법률상의 원인 없이 타인의 재산 또는 노무로 인하여 이익을 얻고 이로 인하여 타인에게 손해를 가한 경우에 그 이익이 부당이득이고, 선의의 수익자는 현존이익의 범위 내에서 악의의 수익자는 그 받은 이익에 이자를 붙여 반환하고 손해가 있으면 이를 배상하여야 하는 것 (민법 제 748조) 임에 비추어 채권자의 이 사건 신청은 적법하다 할 것입니다.

3. 이 사건 가압류의 긴급성

가. 따라서, 채권자는 채무자들을 상대로 겸손히 산정한 2015. 8. 17 부터 월 140만원 상당의 비율에 의한 부당이득금 반환청구의 본안소송을 준비중에 있으나,

나. 채무자들은 달리 재산이 없으며 재산이라고는 오직 이 사건 미등기건물만이 유일한 것으로 사료되므로 채권자는 본안소송의 집행 보전을 위하여 시급히 이 건 가압류 신청에 이른 것입니다.

다. 단지, 이 건 가압류 신청에 따른 담보제공방법은 보증보험과의 계약을 체결한 증권으로 대체할 수 있도록 허락하여 주시기 바랍니다.

라. 한편, 이 사건 망 한OO의 상속인들에 대한 성명, 주민등록번호, 상속지분의 표기 등 귀원의 보정명령에 의하여 보정하도록 하겠습니다.

입증 및 첨부서류

1. 김포시 양촌읍 누산리 OOO-1, 동소 OOO-2 토지 등기사항증명서(갑제1호증의 1-2)   각 1 부
1. 인천지방법원 부천지원 2014타경25448호 부동산임의경매 굿옥션 경매일보 (갑 제2호증)   1 부
1. 이 사건 미등기건물 건축물대장(갑제3호증)   1 부
1. 위 누산리 OOO-1 폐쇄등기부등본 (갑제4호증)   1 부
1. 미등기건물 사진 (갑 제5호증)   1 부
1. 보존등기 촉탁 등록세 납부서, 대법원 증지 3,000원 납부서   1 부
1. 가압류 등록세 납부서   1 부
1. 가압류 대법원 증지 납부서   1 부
1. 가압류할 부동산 목록   1 부

1. 상속지분표   1부
1. 채무자들 제적등본, 가족관계등록부, 주민등록 초본 각   1부

2015. 12.

위 채권자 정 수 철

인천지방법원 부천지원 귀중

부동산 목록

경기도 김포시 양촌읍 누산리 OOO-1, 동소 OOO-2 양지상
[도로명주소] 경기도 김포시 양촌읍 김포대로 OOOO번길 OO

슬라브브럭조 60.66㎡

―――――――――― 이상 미등기 건물임 ――――――――――

상속지분표

	성명 및 주민등록번호	접 수	등기 원인	비 고
1	한수민	김포시 양촌은 누산리 OOO-1	2/6	
2	한OO		2/6	
3	한OO		2/6	

07 건물 전부와 대지 2분의 1을 공매로 낙찰 받아 성공한 사례

 다가구주택에서 건물 전부와 대지 2분의 1만 공매로 매각되는 사례에서 필자가 낙찰 받아 성공한 사례이다. 이러한 사례에서는 낙찰 받지 못한 대지 2분의 1을 어떻게 처리하느냐가 성공의 지름길이 될 수 있다. 그 과정에서 잊지 말아야 할 내용은 건물의 법정지상권 성립 여부다. 만일 법정지상권이 성립되지 않는다면 건물이 철거의 위험 속에 빠질 수 있기 때문이다.

이 다가구주택은 건물은 전체가 매각되고, 토지는 2분의 1 지분만 공매로 매각되는 사례이다. 구로동에 있는 이 주택은 지하철 2호선 구로디지털역에서 도보로 8분 거리에 있다. 주변은 주거지역으로 대형 유통시설과 학군 등이 발전해 있다. 감정가가 3억1,363만원인데 반해서 시세는 3억8,000만원(평당 1,700만원×22.55평)으로 감정평가가 낮게 평가된 것을 현장답사를 통해서 확인할 수 있었다. 이렇게 감정가가 낮게 평가된 물건을 찾아서 입찰에 참가하는 것, 역시 재테크에서 성공하는 지름길이다. 그런데 이 물건은 최저매각가가 250,907,000원으로 저감되었다. 아마도 건물은 전체이지만 토지가 2분의 1만 매각되는 관계로 건물이 법정지상권이 성립되지 않을 것을 염려해서, 즉 건물 철거의 위험 때문에 그랬을 것이라 판단했다. 어쨌든 필자가 257,080,000원으로 단독 입찰해서 낙찰 받고 체납자겸 소유자에게 팔아서 높은 수익을 올렸던 사례이다. 그래서 그 과정을 다음과 같이 독자 분들에게 소개하고자 한다.

◈ 다가구주택 공매물건의 사진과 주변 현황도

◆ 다가구주택 건물전부와 대지 2분의 1지분 온비드 입찰정보 내역

물건정보		입찰이력			해당공고 보기	해당공고물건 보기

물건관리번호 : 2014-08612-003 물건상태 : 낙찰 공고일자 : 2015-04-22 조회수 : 474
서울 구로구 구로동 1132- 00

처분방식 / 자산구분	매각 / 압류재산(캠코)
용도	단독주택
면적	대 74.55㎡, 건물 162.09㎡
감정평가금액	313,632,450원
입찰방식	일반경쟁(최고가방식) / 총액
입찰기간 (회차/차수)	2015-07-06 10:00 ~ 2015-07-08 17:00 (027/001)
유찰횟수	2 회
배분요구종기	2015-06-08
공매대행의뢰기관	동작세무서
집행기관	한국자산관리공사
담당자정보	서울지역본부 / 조세정리2팀 / 1588-5321

[입찰유형]
- ☐ 전자보증서가능 ☑ 공동입찰가능
- ☑ 2회 이상 입찰가능 ☐ 대리입찰가능
- ☐ 2인 미만 유찰여부 ☐ 차순위 매수신청가능

최저입찰가(예정금액) **250,907,000원**

물건 세부 정보	압류재산 정보	입찰 정보	시세 및 낙찰 통계	물건 문의	부가정보

: : < 물건세부정보 내용은 위온비드화면에서 기본적인 내용을 확인할 수 있으므로 지면상 생략함 > : :

물건 세부 정보	압류재산 정보	입찰 정보	시세 및 낙찰 통계	물건 문의	부가정보

임대차 정보

임대차내용	성명	보증금(원)	차임(월세)(원)	환산보증금(원)	확정(설정)일	전입일
임차인	김영민	25,000,000	0	25,000,000	1998-10-16	1995-11-30
임차인	이정희	9,000,000	0	9,000,000	-	1996-08-19
임차인	박수하	20,000,000	0	20,000,000	2010-01-07	2000-12-21
임차인	신미순	30,000,000	0	30,000,000	2008-10-27	2014-10-21

등기사항증명서 주요정보

번호	권리종류	권리자명	설정일자	설정금액(원)
1	위임기관	동작세무서	-	미표시
2	근저당권	신길4동새마을금고	1997-01-10	49,000,000
3	가압류	이OO	1998-02-18	62,000,000
4	근저당권	옥산실업주식회사	1998-03-05	27,725,659
5	가압류	(주)기은상호신용금고	1999-01-11	45,000,000

■ 권리분석 기초정보 (권리분석 기초자료는 입찰시작 7일전부터 제공됩니다) 🖨 권리분석 기초정보 인쇄

• 배분요구 및 채권신고현황 (배분요구서를 기준으로 작성하였으며, 신고된 채권액은 변동될 수 있습니다.)

번호	권리종류	권리자명	설정일	설정금액(원)	배분요구일	배분요구채권액(원)	말소가능 여부	기타
:	:	:	:	<이하 내용은 지면상 생략했음>	:	:		

| 물건 세부 정보 | 압류재산 정보 | **입찰 정보** | 시세 및 낙찰 통계 | 물건 문의 | 부가정보 |

■ 회차별 입찰 정보

입찰번호	회차/차수	구분	대금납부/납부기한	입찰기간	개찰일시	개찰장소	매각결정일시	최저입찰가(원)
2201408612003	027/001	인터넷	일시불/낙찰금액별 구분	2015-07-06 10:00~ 2015-07-08 17:00	2015-07-09 11:00	전자자산처분시스템(www.onbid.co.kr) 공매재산명세	2015-07-13 10:00	250,907,000

◆ 건물전부와 대지 2분의 1 지분공매 물건에 대한 권리분석

이 다가구주택은 공동소유였는데 체납자겸 소유자인 신OO이 공유물분할청구 소송을 통해서 전체를 소유하게 되었다. 그런데 왜! 건물전체와 토지는 2분의 1만 나오게 된 것일까?

필자가 권리분석을 하는 과정에서 확인한 사항은 다음과 같다.

신OO이 공유물분할청구 소송을 진행하기 전에 공동소유자 김OO 지분에 가등기가 있었고, 그 가등기 있는 상태에서 신OO이 말소하지 않고 소유권을 가져왔기 때문이다. 그러한 사정을 모르고 있는 동작세무서에선 가등기가 없는 토지 2분의 1과 건물 전체만 공매를 진행하게 된 것이다. 가등기에 기해 본등기를 하게 되면 매각절차가 무효가 되므로 그렇게 매각절차를 진행한 것이라는 사실을 낙찰 받고 확인할 수 있었다. 그리고 이 주택은 임차인 등이 거주하고 있어서 예상배분표를 작성해보니 1순위로 ① 김영민 1,200만원 + ② 이정희 900만원 + ③ 박수하 1,200만원 + ④ 신미순 1,200만원을 최우선변제금으로 배분 받고, 2순위로 구로구청이 재산세 58만원을 당해세로 배분 받고, 3순위로 ① 가압류 이OO, ② 신길

4동 새마을금고, ③ 김영민, ④ 동작세무서 등이 순위가 상호모순관계에서 있어서 순환흡수배분절차로 배분하게 되는데 이 과정에서 대항력 있는 임차인 김영민이 확정일자부 우선변제권으로 1,300만원을 배분 받게 되어 낙찰자가 인수할 금액은 없었다. 이러한 사실을 확인하고, 주택 시세가 3억8,000만원(평당 1,700만원×22.55평) 정도인데 257,080,000원에 단독으로 입찰해서 낙찰 받았다. 이 배분 절차에서는 현행법상 소액임차인도 순환흡수배분 절차에 참여시켜야 했는데도 불구하고 그러한 과정을 생략한 오류가 있었던 공매물건이다.

◆ 이 주택은 법정지상권이 성립한다. 그런데도 낙찰 받은 이유는?

이 주택은 말소기준권리를 기준으로 판단하면 토지가 체납자 신OO과 다른 공유자 김OO 두 사람 소유이고, 그 두 사람 중 일부지분이 공매로 매각되므로 법정지상권이 성립되지 않는다. 그렇지만 현재 체납자 신OO가 김OO 지분을 이OO의 가등기가 있는 상태에서 소유권을 가져왔기 때문에 체납자 신OO에 대해선 관습법상 법정지상권이 성립한다. 다만 가등기권자 이OO가 본등기를 하게 되면 관습법상 법정지상권이 성립되지 않을 뿐이다. 그런데 가등기가 형식적으로 소멸되지 않고 등기부에 등기된 권리이므로 본등기를 하고 건물을 철거를 하기란 어려울 것이라 판단했다.

필자는 그러한 상황에 대비해서 두 가지 대비책을 마련했었다!

첫 번째로 낙찰 받고 나서 김OO가 본등기해서 건물철거 소송을 하기 전에 토지만을 상대로 공유물분할청구 소송을 진행해서 그 과정에서 다른 지분을 매도 청구하는 방법이다. 대법원 판례에 의하면 공유물분할청구 소송에서 다른 지분을 매도 청구하는 것 역시 현물분할로 인정해서 그에 따라야 한다고 판단하고 있다. 이 방법으로 매도청구하면 적정하고도 합리적인 가격은 종전 공매에서 매수할 당시 감정가가 될 것이다. 그런데 앞에서 설명한 바와 같이 감정가가 낮게 책정되어 있으니 그 가격으로 매수할 수 있다면 성공적이다.

두 번째로 본등기를 하고 건물철거 소송을 진행하더라도 그 과정에서 매도청구하면 법원은 건물철거를 판단하지 않고, 건물소유자에게 매수할 수 있도록 조정하는 것을 필자는 수차례 경험한 바 있었다. 특히 이 사례는 토지 2분의 1과 건물전체를 소유하고 있기 때문에 그렇게 판단하게 될 가능성이 높다.

◆ 필자가 다가구주택을 단독으로 받았다

상세입찰결과

물건관리번호	2014-08612-003		
재산구분	압류재산(캠코)	담당부점	서울지역본부
물건명	서울 구로구 구로동 1132-○○		
공고번호	201504-01756-00	회차 / 차수	027 / 001
처분방식	매각	입찰방식/경쟁방식	최고가방식 / 일반경쟁
입찰기간	2015-07-06 10:00 ~ 2015-07-08 17:00	총액/단가	총액
개찰시작일시	2015-07-09 11:02	집행완료일시	2015-07-09 11:12
입찰자수	유효 1명 / 무효 2명(인터넷)		
입찰금액	257,080,800원		
개찰결과	낙찰	낙찰금액	257,080,800원
감정가 (최초 최저입찰가)	313,632,450원	최저입찰가	250,907,000원
낙찰가율 (감정가 대비)	81.97%	낙찰가율 (최저입찰가 대비)	102.46%

대금납부 및 배분기일 정보

대금납부기한	2015-08-12	납부여부	납부
납부최고기한	2015-08-24	배분기일	2015-09-23

◆ 매수 이후의 대응 현황

낙찰 받고 나서 체납자 신○○과 협의하는 과정에서 체납자 신○○이 필자가 낙찰 받은 건물과 토지 2분의 1을 매수할 의사가 강력했다. 그래서 매매 계약서를 작성했다. 그런데 계약금 이외에 중도금과 잔금을 지급하지 못했다. 그 이유는 주택 전체에 대해서 금융기관에서 대출을 받아야 하는데 토지 2분의 1에 대해서 가등기가 있었기 때문이다. 그래서 가등기권자에게 말소를 의뢰하니 처음엔 2,000만원을 요구했다. 준다고 하니 4,000만원을 요구한다. 터무니 없는 요구에 가등기말소청구 소송과 형사로 고소까지 했더니 고소취하 조건으로 가등기를 말소해서 대출을 받을 수 있었다. 그냥 2,000만원을 준다고 할 때 받았으면 돈을 벌 수 있었는데 고집 부리다가 놓치게 된 사례이다. 어쨌든 필자는 금융기관 대출금으로 매매 잔금을 수령할 수 있었다. 이렇게 마무리가 되어 높은 수익을 올릴 수 있었던 사례이다.

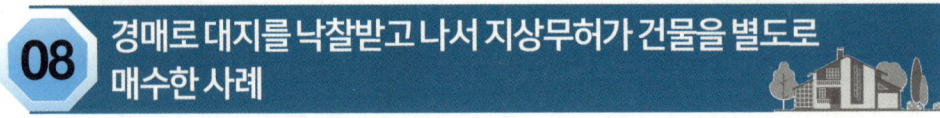
08 경매로 대지를 낙찰받고 나서 지상무허가 건물을 별도로 매수한 사례

　이 사례는 오래 전에 지상에 무허가 건물이 있는 대지가 경매로 나온 사례에서 대지를 먼저 낙찰 받고 지상의 무허가건물을 별도로 만나서 매매 계약으로 건물까지 소유하게 된 사례이다. 물론 입찰 당시 주변부동산을 방문해서 시세 등을 정확하게 분석하고 입찰한 것은 앞의 사례 등과 마찬 가지이다.

◆ 지상에 무허가건물이 있는 대지 사진과 주변 현황도

◆ 무허가건물이 있는 대지만의 입찰대상 정보내역과 매각결과

2006타경43773		• 수원지방법원 본원	• 매각기일 : **2007.06.19**(火) (10:30)	• 경매 3계(전화:031-210-1263)		
소재지	경기도 안양시 만안구 박달동 ○○○○ 도로명검색 [지도] [지도]					
물건종별	대지	감정가	199,800,000원	오늘조회: 1 2주누적: 1 2주평균: 0 조회동향		
				구분	입찰기일	최저매각가격	결과
토지면적	148㎡(44.77평)	최저가	(64%) 127,872,000원	1차	2007-03-29	199,800,000원	유찰
				2차	2007-05-08	159,840,000원	유찰
건물면적	건물은 매각제외	보증금	(10%) 12,790,000원	3차	2007-06-19	127,872,000원	
				낙찰 : 141,090,000원 (70.62%)			
매각물건	토지만 매각	소유자	위○○	(입찰4명, 낙찰:김○○ / 차순위금액 137,300,000원)			
개시결정	2006-08-31	채무자	위○○	매각결정기일 : 2007.06.26 - 매각허가결정			
				대금지급기한 : 2007.08.02 - 기한후납부			
사건명	임의경매	채권자	김○○	배당기일 : 2007.09.07			
				배당종결 2007.09.07			
관련사건	2006타경50795(중복)						

◆ 매각 토지와 그 지상 무허가건물, 그리고 토지등기부 현황

• 매각토지.건물현황 (감정원 : 한국감정평가 / 가격시점 : 2006.09.12)							
목록	지번	용도/구조/면적/토지이용계획		㎡당 단가	감정가	비고	
토지	박○○	도시지역,준공업지역,도시계획구역,도시기타용도지역지구미분류(투...)	대 148㎡ (44.77평)	1,350,000원	199,800,000원	표준지공시지가: (㎡당) 900,000원	
제시외 건물	박○○	조적조스레트	단층	주택	46.6㎡(14.097평)	77,000원	3,588,200원	매각제외
감정가	토지:148㎡(44.77평)			합계	199,800,000원	토지만 매각	

• 임차인현황 (말소기준권리 : 1998.07.22 / 배당요구종기일 : 2006.12.19)	
===== 조사된 임차내역 없음 =====	
기타사항	☞제시외 건물- 콘크리트스레트 단층 지붕 약27평 1동(김○○이 소유 및 점유)

• 토지등기부 (채권액합계 : 252,280,507원)						
No	접수	권리종류	권리자	채권금액	비고	소멸여부
1	1986.09.05	국○○이전	위○○		매매	
2	1998.07.22	근저당	김○○	60,000,000원	말소기준등기	소멸
3	2002.11.20	가압류	하○○	3,979,446원		소멸
4	2002.12.11	가압류	신○○	6,167,118원		소멸
5	2003.07.25	가압류	이○○	15,000,000원		소멸
6	2003.09.26	가압류	유○○	15,000,000원		소멸
7	2003.11.20	가압류	김○○	40,000,000원		소멸

8	2003.12.19	가압류	우○○	19,138,190원			소멸
9	2003.12.24	가압류	교○○	9,006,237원			소멸
10	2004.04.23	근저당	박○○	19,500,000원			소멸
11	2004.04.23	근저당	위○○	33,800,000원			소멸
12	2004.08.05	가압류	미○○	13,124,109원			소멸
13	2004.12.21	가압류	한○○	17,565,407원			소멸
14	2006.01.05	압류	안○○			세무-13410-11935	소멸
15	2006.09.05	임의경매	김○○	청구금액: 60,000,000원	2006타경43773		소멸
16	2006.10.19	강제경매	김○○	청구금액: 70,000,000원	2006타경50795		소멸

등기부 분석 ☞ 토지만 매각주의(건물은 매각제외)

◆ 어떻게 분석하고 입찰에 참여했나?

이 대지에는 지상에 무허가건물이 있었는데, 45년 이상된 기존무허가건물로 이행강제금이 부과되는 건물이 아니다(기존무허가건물은 건축법이 제정되기 전에 신축된 건물을 말한다). 따라서 대지를 매수하고 나서 건물만 매수할 수 있다면 높은 수익을 기대할 수 있다. 왜냐하면 주변 부동산에서 대지 가격을 탐문한 결과 시세는 평당 800만원 정도였기 때문이다. 문제는 지상무허가건물을 살 수 있는가가 관점이었지만 해결의 실마리는 항상 있기 때문에 낙찰 받고 건물소유자와 협의할 생각이었다.

◆ 대지만 매수 후 그 지상건물 해결과 어떻게 수익을 높일 수 있었나?

이 대지는 4명의 입찰자가 있었는데, 필자가 141,090,000원에 낙찰 받았다.

낙찰 받고 나서 지상의 무허가건물 소유자와 담판을 했다. 그 과정에서 2,500만원으로 매매 계약서를 작성했다. 이 매매 계약서를 가지고 만안구청 세무과에 무허가건물소유자를 변경해 달라고 하니, 무허가건물 내역이 존재하지 않으니 건물 현황도를 그려 오라고 했다. 그러면 그것을 보고 재산세를 부과하는 소유자로 인정하겠다는 것이다. 그래서 건축사에 문의해서 건물도면을 그렸고, 그 건물도면으로 구청에 신고했다. 두 달 후 구청 관계자가 현장을 방문해서 건물의 크기와 현황을 직접 실측하고, 그 근거를 가지고 필자를 건물의 납세자로 변경해 주었다. 그리고 관계공무원에게 문의했다. 내가 이 주택을 다른 사람에게 매도할 때 그사람에게도 납세자를 변경할 수 있는지를, 답변은 매매 계약서와 매도용 인감증명서만 첨부해서 가져오면 변경할 수 있다는 것이었다.

이렇게 무허가건물의 소유자를 변경하는데에 3개월 정도 소요되었고, 그 과정에서 제3자에게 높은 가격으로 매도할 수 있었다. 그리고 그 매수인에게 무허가건물 소유도 넘겼는데,

제3자가 매수 후 대대적인 집 수리절차를 거쳐서 거주했다. 그런데 사단은 1년도 안 되어 불법건축물 등으로 다투게 되었고, 그 과정에서 무허가건물 소유 여부와 그 구건물을 기준으로 수선했다는 증빙 등으로 만안구청과 다투는 과정에서 매수인은 수용보상금으로 평당 1,300만원을 받고 만안구청에 소유권을 넘겨주었다고 한다.

만안구청은 다음 사진과 같이 수용 후 공원으로 용도를 변경했다.

어쨌든 필자도 적법한 절차로 높은 수익을 올릴 수 있었지만, 매수인 역시 높은 보상금과 양도소득세까지 절세를 할 수 있었으니 두사람 모두 성공한 케이스이다.

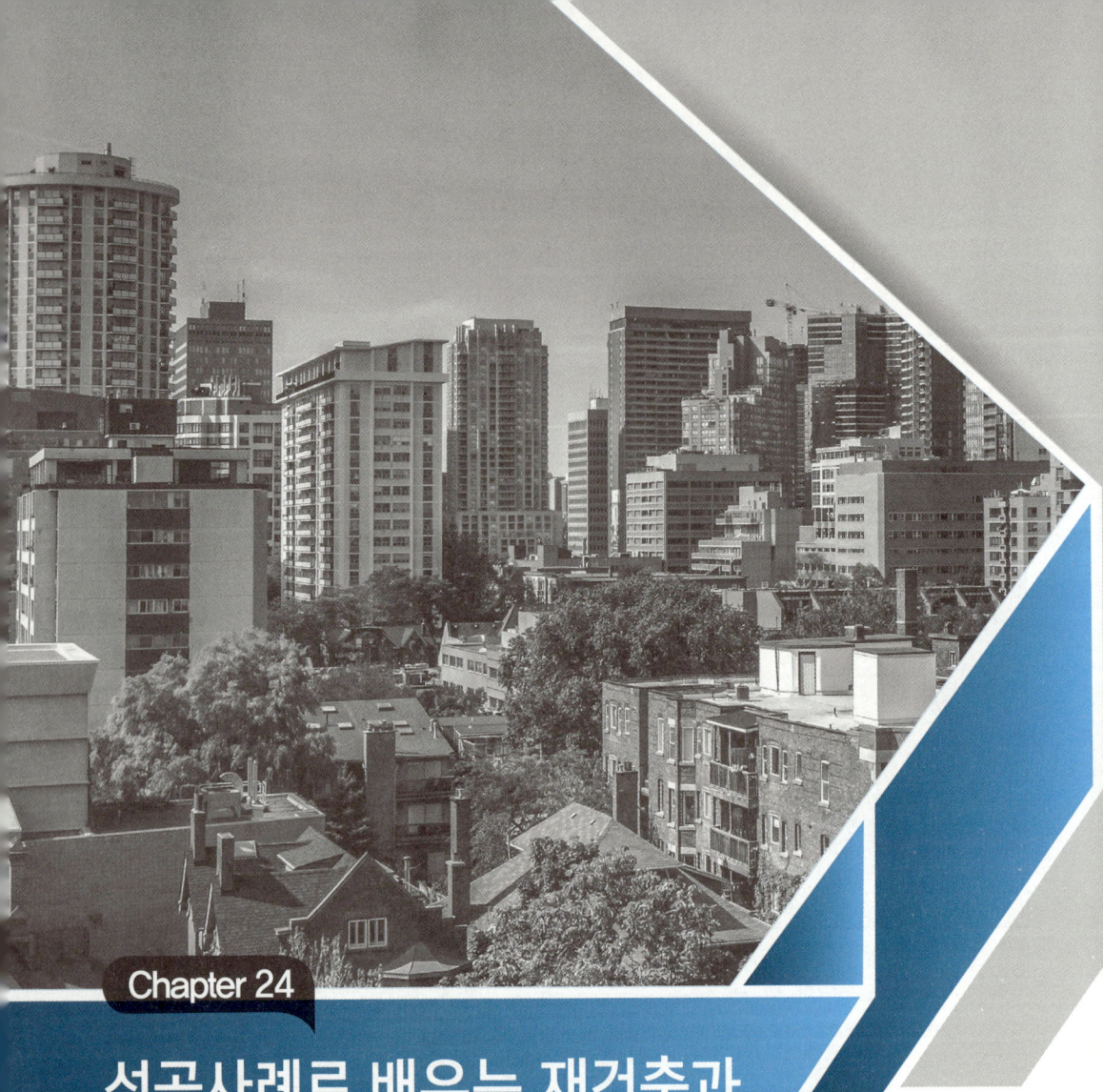

Chapter 24

성공사례로 배우는 재건축과 재개발 실전투자 이야기

01 분양권을 경매로 사려면, 꼭 알고 있어야 할 내용

◆ 조합원분양권이 경매로 매각되는 경우

조합원이 분양 받을 평형대와 이 분양 평형대가 어느 정도 가격을 형성하고 있는가를 조사해야 한다. 그리고 조합원의 종전자산 평가액과 신축아파트 평가액의 차이로 발생하는 청산금(추가부담금)이 얼마이고, 조합원의 청산금 미납금액과 이에 따른 지연이자 등을 확인해서 실제 입주하기 위해 지급해야 하는 총 납부금액을 조합에서 확인하고 입찰에 참여해야 한다. 조합원분양권을 낙찰 받아 완전하게 소유권을 행사하려면 낙찰금액＋청산금 미납금액과 이에 따른 지연이자 등을 납부해야 한다. 미납금액이 있다면 납부할 때까지 조합의 유치권 행사로 아파트를 인도 받을 수 없기 때문이다.

◆ 일반분양권이 경매로 매각되는 경우

일반분양권자가 계약금, 중도금, 잔금 중 어느 정도까지 납부했고, 그에 따라서 미납금액에 대한 추가 부담할 금액과 미납금액에 대한 지연이자 및 기타비용 등을 조합에 문의해서 정확하게 분석하고 입찰해야 한다. 미납금액이 있다면 납부할 때까지 조합의 유치권 행사로 아파트를 인도 받을 수 없기 때문이다.

◆ 조합원분양권이나 일반분양권을 매수 후 수익분석

전체 납부할 금액이 구입가가 되고, 분양 받고 입주 후에 아파트 시세와의 차액이 수익이다. 그러나 구입 당시는 입주 전 2~3년, 빠르면 1~2년 전에 분양권을 구입하게 되므로 신규 아파트의 미래가치를 정확하게 판단하기가 쉽지 않다. 따라서 이를 위해서는 주변 같은 평형, 비슷한 학군, 교통과 단지 등을 비교하여 기존 같은 평형대의 아파트 시세＋신규 아파트의 프리미엄을 계산하면 사전에 어느 정도의 수익성을 분석할 수 있다.

이 분석은 정확하게 할 수는 없겠지만, 이러한 미래불확실성은 입찰희망자 모두에게 해당되는 것이므로 온전한 아파트 보다 낮은 가격에 낙찰 받을 수 있어 성공적인 경매투자가 될 수 있다.

02 재건축 조합원입주권이 경매된 사례에 입찰하기

이 물건은 앞에서 설명한 조합원분양권과 일반분양권에 적용할 수 있는 사례이다.

◆ 입찰물건 정보내역과 입찰결과

2010타경0000 ● 서울동부지방법원 본원 ● 매각기일 : **2013.06.03(月) (10:00)** ● 경매 5계(전화:02-2204-2409)

소재지	서울특별시 성동구 금호동2가 000 [도로명주소검색]						
				오늘조회: 1 2주누적: 0 2주평균: 0 [조회동향]			
물건종별	대지	감정가	600,000,000원	구분	입찰기일	최저매각가격	결과
				1차	2012-01-16	600,000,000원	유찰
				2차	2012-03-05	480,000,000원	유찰
토지면적	83.3㎡(25.198평)	최저가	(21%) 125,829,000원	3차	2012-04-16	384,000,000원	낙찰
				낙찰 419,990,000원(70%) / 1명 / 미납			
건물면적	건물은 매각제외	보증금	(20%) 25,170,000원	4차	2012-07-23	384,000,000원	유찰
				5차	2012-09-03	307,200,000원	낙찰
				낙찰 351,777,000원(58.63%) / 1명 / 미납			
매각물건	토지만 매각	소유자	망 이관국의 상속인 이병우 외 2명	6차	2012-12-03	307,200,000원	유찰
				7차	2013-01-21	245,760,000원	유찰
				8차	2013-03-11	196,608,000원	유찰
				9차	2013-04-22	157,286,000원	유찰
				10차	2013-06-03	125,829,000원	
개시결정	2010-06-22	채무자	이OO	낙찰 : 175,000,000원 (29.17%)			
				(입찰1명,낙찰:금호17차재개발구역)			
				매각결정기일 : 2013.06.10 - 매각허가결정			
				대금지급기한 : 2013.07.18			
사건명	임의경매	채권자	고OO, 안OO	대금납부 2013.07.02 / 배당기일 2013.08.09			
				배당종결 2013.08.09			

● **매각토지.건물현황** (감정원 : 프라임감정평가 / 가격시점 : 2011.05.17)

목록	지번	용도/구조/면적/토지이용계획		㎡당 단가	감정가	비고
토지	금호동2가 000	도시지역, 제3종일반주거지역, 대공방어협조구역(77-257m)<군사기지...	대 83.3㎡ (25.198평)		600,000,000원	
감정가		토지:83.3㎡(25.198평)		합계	600,000,000원	토지만 매각

● **임차인현황** (말소기준권리 : 2008.06.09 / 배당요구종기일 : 2010.09.02)

==== 조사된 임차내역 없음 ====

기타사항	☞ 관할 동사무소에 주민등록등재자를 조사한 바, 등재자 없음

540 누구나 돈 버는 경매 투자의 비밀

• 토지등기부 (채권액합계 : 284,650,000원)

No	접수	권리종류	권리자	채권금액	비고	소멸여부
1	1973.04.30	소유권이전	이OO			
2	2008.06.09	근저당	농협중앙회 (금호동지점)	104,650,000원	말소기준등기	소멸
3	2008.06.16	근저당	안OO	150,000,000원		소멸
4	2008.06.26	근저당	안OO	30,000,000원		소멸
5	2009.05.25	압류	서울특별시성동구			소멸
6	2010.06.23	임의경매	안OO	청구금액 : 180,000,000원	2010타경9034	소멸
7	2010.11.24	소유권이전(상속)	이OO외 2명		이OO, 이OO, 이OO 각지분 1/3	
8	2011.04.22	이병우지분강제경매	고OO	청구금액 : 35,000,000원	2011타경 0000	소멸
9	2011.08.24	이병우지분압류	고양세무서			소멸
10	2011.11.01	이병우지분압류	고양시일산서구			소멸
주의사항	▶ 본건은 공사중인 금호17구역 주택재개발 아파트 부지에 속한 토지이므로 정산관계 및 권리관계를 반드시 재개발조합에 확인요함					

◆ 조합원분양권이 경매로 매각되는 물건에 대한 권리분석

이 물건은 다음 지도와 같이 5호선 신금호역이 도보로 3~5분 거리에 위치하고, 금호 17구역 주택재개발로 완공단계에 있고, 주변 입지 조건이 좋아서 많은 입찰자들이 선호하는 위치에 있는 조합원분양권이다.

(1) 수요가 높은 지역 임에도 계속적으로 가격이 떨어진 이유는 어디에 있을까?

그 이유는 이 조합원분양권을 낙찰 받으면 그 가격이 곧 아파트를 분양 받을 수 있는 총 취득가가 아니라 추가적으로 부담해야 할 금액이 많기 때문이다.

이 판단을 잘못해서 2012. 04. 16. 4억1,999만원에 낙찰 받았다가 포기하고, 2012. 09. 03. 3억5,177만원에 낙찰 받았다가 포기하는 사례가 발생했다.

이 사례는 필자가 5차 최저매각가격으로 청산금(추가부담금)의 미납금액과 지연이자 등을 계산해 본 결과 주변 아파트 시세를 초과했던 물건이다.

(2) 재건축으로 신축된 아파트를 매수하려면 얼마나 추가로 부담해야 하나?

재건축조합에 확인해 본 결과 조합원이 분양 받는 동·호수는 104동 605호 33평형이다. 이 신축아파트 분양가는 4억7,075만원이고, 종전자산의 권리가액이 296,401,287원(시유지매입금액 8,100만원 포함)으로 추가로 납부할 금액이 174,348,713원이 된다. 그런데 시유지매입대금 중에서 계약금 836만원만 납부했고, 미납금 7,264만원도 추가로 납부해야 한다. 그러니 추가로 납부해야 할 금액이 246,988,713원이다. 그리고 장기간 미납으로 지연이자가 1억원에 상당했다.

(3) 2012. 09. 03. 3억5,177만원에 낙찰 받았다가 왜 포기했을까?

낙찰가 3억5,177만원 + 추가로 납부할 금액 246,988,713원 + 수년간 미납으로 인한 지연이자 가 1억 정도로 총 취득비용은 698,758,713원이다. 그런데 주변아파트 시세는 6억5천 ~ 7억 정도니 경매로 낙찰 받아서 수익을 내기보다는 손해가 발생하게 돼 입찰보증금을 포기한 것으로 분석된다.

◆ 금호17차 재개발구역조합은 이렇게 수익분석하고 낙찰 받았다!

금호17차 재개발구역조합 2013년 06월 03일 1억7,500만원에 낙찰 받았는데, 총 취득금액은 어떻게 계약하면 될까?

낙찰가 1억7,500만원 + 추가로 납부할 금액 246,988,713원 + 수년간 미납으로 인한 지연이자 1억 정도로 총 취득비용은 521,988,713원으로 주변 아파트 시세 6억원보다 저렴하다. 그리고 신규아파트의 프리미엄까지 생각하면 성공적인 투자로 볼 수 있다.

특히 이 아파트가 이미 준공된 상태로 낙찰 받고나서 입주가 가능하다는 장점이 있어서 매수 후 투자금 회수도 가능할 것으로 분석된다. 이러한 경우 지연이자 부분만 조합과 상의해서 줄일 수만 있다면 해결의 실마리를 더 쉽게 찾을 수도 있으니 입찰하기 전에 그러한 사정을 확인하고 입찰에 참여해야 한다.

왜냐하면 조합원분양가로 신축 후 아파트를 취득해서 수익을 보기 위해서는 전체 납부할 금액이 구입가가 되고, 분양 받고 입주 후에 아파트 시세와의 차액이 수익이기 때문이다. 그러나 구입 당시는 입주 전 2~3년, 빠르면 1~2년 전에 분양권을 구입하게 되므로 신규아파트의 미래가치를 판단하기란 쉽지 않다.

이러한 판단을 위해 같은 평형, 비슷한 학군, 교통과 단지 등을 비교하여 기존 같은 평형대의 아파트 시세+신규 아파트의 프리미엄을 계산하면 사전에 어느 정도의 수익성을 예측할 수 있다.

알아두면 좋은 내용

재건축사업에서 대지지분만 매각 시 조합원분양권 지위 승계가 가능할까?

① 이 금호동 재건축조합원의 대지지분만 경매로 매각된 사례에서도 전체 분양대금과 지연이자 등을 대상으로 수익분석 후 입찰에 참여하는 과정을 분석했다. 물론 이 과정에서 종전 건물 분에 대한 권리가액은 계산하지 않았지만, 그냥 넘어갈 것으로 판단하였고, 설령 계산한다고 해도 그 금액은 그리 높지 않을 것이라는 판단에서 그렇게 한 것이지만 정확한 판단은 종전 건물 분을 계산하는 것이 올바른 판단이다.

② 조합원 지위양도(재건축 입주권 전매가능)가 투기 과열지구 내에서는 불가능하지만, 경매 또는 공매로 취득 시에는 조합원 지위양도가(재건축 입주권 전매가능) 2009년 8월 11일부터 가능하게 개정되었다(도정법 제39조 제2항 제5호)(자세한 내용은 다음 561쪽과 545쪽을 참고하면 된다).

03 재건축대상 아파트를 낙찰 받아 분양권자의 지위를 승계해 수익을 올린 사례

◆ 재건축대상 아파트에 입찰할 때 알고 있어야 할 내용은?

이 아파트는 성남시 수정구 신흥동에 위치하고, 가까이에 지하철 8호선 남한산성입구역이 있다. 그리고 재건축대상으로 이미 관리처분계획인가가 됐고, 분양신청까지 마친 상태이다. 이 아파트를 공매로 낙찰 받으면 종전 소유자가 조합에 동의했나(조합원), 동의하지 않나(비조합)와 조합에 동의했더라도 분양신청을 했는지, 하지 않았는지 등을 확인하고, 했더라도 매수인이 조합원의 지위와 분양권을 승계할 수 있는지를 분석해야 한다. 그리고 건물이 재건축으로 철거하기 전인지, 철거 후인지를 확인하고 입찰에 참여해야 한다.

첫 번째로 재건축 진행을 위한 조합설립에 동의하지 않았다면 비조합원으로 사업비를 부담하지 않아도 되는 매도청구대상자이다. **조합설립에 동의했는데 분양신청을 하지 않았다면** 조합원이면서 현금청산대상자가 된다. 이러한 현금청산대상자는 현금 청산 당시까지 사업비를 정산해서 부담해야 하나(이런 이유로 조합설립 동의 여부가 중요하다), 실무에서는 매도청구대상자와 같이 사업비를 부담시키지 않고 현금청산하는 경우가 많다. 그런데 이러한 보상을 결정할 때 감정가로 결정하게 되고, 이에 이의가 있을 때 사업시행자인 조합을 상대로 이의신청을 할 수 있고, 협의가 이루어지지 않으면 그 다툼을 가지고 법원에 매도청구 소송 등을 진행하게 된다. 어쨌든 공매낙찰자는 이러한 지위를 그대로 승계할 수밖에 없다.

두 번째로 분양신청을 했다면 ○○○동, ○○○호, 몇 평형대를 분양 받았는지와 청산금(추가부담금=신축아파트권리가액-종전아파트권리가액)을 확인해야 한다. 그리고 매수인이 조합원의 지위와 분양권을 승계할 수 있는 지를 분석해야 한다. 현재 도정법 제19조 2항에서는 주택투기과열지구 내에서만 금지하고 있고, 그 밖의 지역에서 는 그러한 제한이 없다. 이 아파트를 공매로 낙찰 받을 당시에는 주택투기과열지구로 지정된 곳이 없어서 문제가 되지 않았으나 2017년 부동산 8·2대책으로 투기과열지구가 지정되어 시행 중에 있으므로 유의해야 한다. 그렇더라도 경매나 공매로 취득할 때에는 다음과 같이 승계가 가능하다.

세 번째로 재건축으로 건물 철거 전인지와 철거 후인지에 따라 다르게 분석해야 한다. 철거 전이라면 기본적으로 몇 동, 몇 호, 몇 평형대를 분양 받았는지와 청산금만 확인하면 된다.

그러나 종전조합원이 이주하고 나서 건물이 철거되었다면 이주비(무상이주비)와 청산금 미납금, 지연이자, 시유지 등의 불하대금, 그리고 조합원분양권에 채권가압류 등이 있는 지 등을 사업시행자인 조합에서 확인하고 입찰해야 한다.

> **알아두면 좋은 내용**
>
> **투기과열지구 내 조합원지위 양도금지와 조합원분양권 전매제한**
>
> 도시정비법 제39조 제2항 주택법 제63조 제1항에 따른 투기과열지구로 지정된 지역에서 재건축사업을 시행하는 경우에는 조합설립인가 후, 재개발사업을 시행하는 경우에는 제74조에 따른 관리처분계획의 인가 후 해당 정비사업의 건축물 또는 토지를 양수한 자는 제1항에도 불구하고 조합원이 될 수 없다(재건축은 2017년 8.2대책 이후 투기과열지구에서 사업시행, 재개발은 2018년 1월 24일 이후에 사업시행).
>
> 투기과열지구 내에서 조합원지위 양도와 조합원분양권 전매 제한도 일반 매매로 취득하는 경우에 그렇다고 이해하면 된다. 그러나 법원경매나 KAMCO 압류재산공매로 낙찰 받으면 이러한 제한 없이 분양권을 취득할 수 있다. 문제는 신탁공매로 낙찰 받는 경우도 해당되느냐인데 신탁공매는 이에 해당되지 않으므로 주의해야 한다(자세한 내용은 다음 561쪽 참조).
>
> ⇨ 도시 및 주거환경정비법 시행령 제30조 제3항 도정법 제19조 제2항 제4호에서 "대통령령이 정하는 경우"란 다음 각 호의 어느 하나에 해당하는 경우를 말한다.(1~4호 내용은 생략함).
>
> **5호 국가·지방자치단체 및 금융기관에 대한 채무를 이행하지 못하여 주택재건축사업의 토지 또는 건축물이 경매 또는 공매되는 경우 등만 인정하고, 개인채권자의 경매신청으로 매수한 경우에는 허용하지 않고 있다.**

◆ 신흥주공아파트의 사진과 주변 현황도

필자가 분양신청 여부를 확인해 본 결과 24평형대를 분양 신청했고, 추가로 부담하는 청산금이 발생하지 않는 아파트였다. 그야말로 종전아파트 권리가액과 신축아파트 권리가액이 똑 같아서 추가로 부담할 금액이 없다는 뜻이다. 그래서 지인에게 입찰을 권유했고, 지인이 낙찰 받은 물건입니다. 이 아파트를 공매로 낙찰 받아 거주하다가 재건축으로 아파트가 철거되어 대체주택을 취득해서 이사하면 일시적 1주택과 1입주권 상태가 된다. 이때 매도전략으로 ① 일시적 1주택과 1입주권 상태에서 조합원입주권을 먼저 매도하는 전략으로 비과세 혜택을 볼 수도 있고(종전아파트를 2년 이상 보유하다가 철거 된 경우), ② 신축된 아파트에 동일세대원 전부가 입주해서 1년 이상 거주하는 조건으로 대체주택을 신축아파트 준공일로부터 2년 이내에 매도하여 비과세 혜택을 볼 수 있다(대체주택 비과세요건). 그리고 재건축으로 입주한 아파트는 철거 전에 보유했던 기간과 신축해서 보유한 기간을 합산해서 2년 보유 후 매도하면 1가구 1주택자로 비과세 혜택을 보게 된다.

◆ 입찰할 신흥주공아파트의 온비드 입찰정보

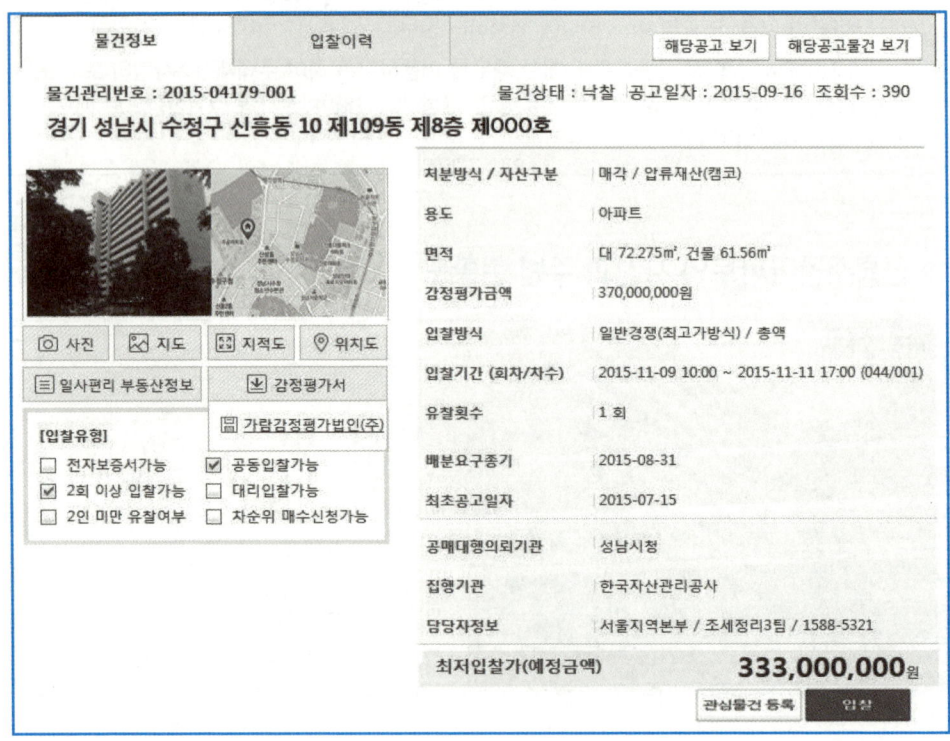

물건 세부 정보	압류재산 정보	입찰 정보	시세 및 낙찰 통계	물건 문의	부가정보

: : < 물건세부정보 내용은 위온비드화면에서 기본적인 내용을 확인할 수 있으므로 지면상 생략함> : :

물건 세부 정보	압류재산 정보	입찰 정보	시세 및 낙찰 통계	물건 문의	부가정보

■ 임대차 정보

임대차내용	성명	보증금(원)	차임(월세)(원)	환산보증금(원)	확정(설정)일	전입일
임차인	전세입주자	-	-	-	-	-
전입세대주	오세민(이금자)	-	-	-	-	2001-06-22

■ 등기사항증명서 주요정보

번호	권리종류	권리자명	설정일자	설정금액(원)
1	위임기관	성남시청	-	미표시
2	근저당권	주식회사 우리은행	1999-06-15	144,000,000
3	근저당권	대화페인트공업주식회사	2004-12-16	67,266,345
4	가압류	주식회사 아해	2009-02-20	95,025,801

■ 권리분석 기초정보 (권리분석 기초자료는 입찰시작 7일전부터 제공됩니다)   🖨 권리분석 기초정보 인쇄

▪ 배분요구 및 채권신고현황 (배분요구서를 기준으로 작성하였으며, 신고된 채권액은 변동될 수 있습니다.)

번호	권리종류	권리자명	설정일	설정금액(원)	배분요구일	배분요구채권액(원)	말소가능 여부	기타
:	:	:	<이하 내용은 지면상 생략했음>	:	:			

물건 세부 정보	압류재산 정보	입찰 정보	시세 및 낙찰 통계	물건 문의	부가정보

■ 입찰 방법 및 입찰 제한 정보

전자보증서 사용여부	사용 불가능	차순위 매수신청 가능여부	신청 불가능
공동입찰 가능여부	공동입찰 가능	2인 미만 유찰여부	1인이 입찰하더라도 유효한 입찰로 성립
대리입찰 가능여부	대리입찰 불가능	2회 이상 입찰 가능여부	동일물건 2회 이상 입찰 가능

■ 회차별 입찰 정보

입찰번호	회차/차수	구분	대금납부/납부기한	입찰기간	개찰일시	개찰장소	매각결정일시	최저입찰가(원)
220150417900 1	044/001	인터넷	일시불/ 낙찰금액별 구분	2015-11-09 10:00~ 2015-11-11 17:00	2015-11-12 11:00	전자자산처분시스템(www.onbid.co.kr) 공매재산명세	2015-11-16 10:00	333,000,000

Chapter 24 성공사례로 배우는 재건축과 재개발 실전투자 이야기

◈ 아파트를 낙찰 받으면 인수할 권리가 없이 안전할까?

　이 아파트는 감정가 3억7,000만원이었는데 입찰하기 전에 시세를 조사해 보니 4억~4억 500만원을 형성하고 있었다. 그리고 매매로 나온 아파트가 없어서 가격상승이 기대되는 아파트였다. 다음으로 아파트에서 인수할 권리를 확인해야 하는데 말소기준권리는 1999년 6월 15일에 설정된 우리은행 근저당권으로 대항력이 있는 임차인 등이 없었다. 그래서 앞에서와 같이 조합원 지위를 승계할 수 있다는 사실과 체납자겸 소유자가 분양신청한 동 호수를 확인하게 되었는데 분양신청 평형대가 지인이 선호하는 소형 평형 아파트라 2015년 11월 11일(수요일) 오전에 입찰서를 제출하고 다음날 목요일 11시 30분경에 온비드화면에서 나의온비드를 검색해서 다음과 같이 낙찰결과를 확인할 수 있었다.

◈ 지인이 14대 1의 경쟁률을 뚫고 아파트를 낙찰 받았다!

상세입찰결과			
물건관리번호	2015-04179-001		
재산구분	압류재산(캠코)	담당부점	서울지역본부
물건명	경기 성남시 수정구 신흥동 10 제109동 제8층 제OOO호		
공고번호	201509-01454-00	회차 / 차수	044 / 001
처분방식	매각	입찰방식/경쟁방식	최고가방식 / 일반경쟁
입찰기간	2015-11-09 10:00 ~ 2015-11-11 17:00	총액/단가	총액
개찰시작일시	2015-11-12 11:01	집행완료일시	2015-11-12 11:26
입찰자수	유효 14명 / 무효 1명(인터넷)		
입찰금액	362,080,800원/ 355,700,000원/ 355,290,000원/ 355,123,200원/ 352,373,486원/ 351,000,000원/ 350,110,000원/ 347,890,000원/ 347,179,999원/ 346,100,000원/ 343,999,000원/ 342,780,000원/ 341,270,000원/ 333,000,000원		
개찰결과	낙찰	낙찰금액	362,080,800원
감정가 (최초 최저입찰가)	370,000,000원	최저입찰가	333,000,000원
낙찰가율 (감정가 대비)	97.86%	낙찰가율 (최저입찰가 대비)	108.73%
대금납부 및 배분기일 정보			
대금납부기한	2015-12-16	납부여부	납부
납부최고기한	2015-12-28	배분기일	2016-01-27

지인은 다음날 온비드에서 입찰결과를 확인하고 낙찰 받은 사실을 알고 기뻐했다. 어쨌든 낙찰 받고 명도 목적으로 이 아파트를 방문했는데 체납자겸 소유자가 모친이고, 그 자녀분들이 거주하고 있었다. 그래서 낙찰 받은 사실을 입증하는 서류를 보여 주면서 명도에 관한 협의를 진행해서 쉽게 명도할 수 있었던 사례이다.

◆ 산성역 포레스티아 재건축 진행과정과 분양 후 수익분석

성남시 수정구 신흥주공아파트를 재건축하는 이 단지는 지하 3층 ~ 지상 최고 28층, 39개 동, 전용면적 59㎡ ~ 98㎡, 4089세대 규모로 이 중 일반분양은 1705세대다. 이 재건축사업은 2017년 8월 29일 특별공급을 시작으로 8월 30일 특공 당첨자 발표, 8월 31일 1순위(성남시), 2017년 9월 1일 1순위(서울시/인천 및 경기도), 9월 4일 2순위(서울시/인천 및 경기도) 청약이 진행되었다. 당첨자 발표는 9월 8일이었고, 정상계약은 13~15일이다. 입주는 2020년 7월 예정이다.

청약은 모든 평형에서 1순위에서 8:1의 청약 경쟁률로 마감되었고, 산성역 포레스티아 분양가는 ① 전용면적 59㎡A는 4억1,930만원~4억7,230만원(평당 1,796만원~2,000만원), ② 전용면적 67㎡A는 4억5,910만원~5억960만원(평당 1,744만원~1,936만원), ③ 전용면적 74㎡AB는 4억7,300만원~5억4,940만원(평당 1,618만원~1,880만원), ④ 전용면적 84㎡AB는 5억1,760만원~5억8,741만원(평당 1,570만원~1,781만원), ⑤ 전용면적 98㎡A는 5억9,780만원~6억6,680만원(평당 1,577만원~1,759만원)이다.

(1) 조합원분양가와 일반분양가는 차이는 다음과 같다!

평형	조합원분양가 (만원)	일반분양가 (1790) 만원	일반분양분	조합원분양분
59(24) 평형	370,357	417,821	142세대	433세대
67(27)평형	412,646	471,038	51세대	451세대
74(30)평형	448,369	520,746	1229세대	729세대
84(34)평형	498,983	588,373	270세대	598세대
84T(34)평형	551,933			36세대
84P(34)평형	619,853			50세대
98(39)평형	572,840	678,517	13세대	86세대
			총1705세대	총2,383 세대

(2) 네이버 부동산매물로 나온 분양권을 확인하니 다음과 같다!

거래	확인일자	매물명	면적(㎡)	동	층	매물가(만원)	연락처
매매	19.01.26.	산성역포레스티아 59A조합원입주권 판상형구조로채광과통…	77A/59	132동	9/27	64,000 매경부동산	삼성공인중개사 031-749-4545
매매	19.01.26.	산성역포레스티아 67A 산성역역세권아파트 조합원입주권	86A/67	135동	4/23	68,000 매경부동산	삼성공인중개사 031-749-4545
매매	19.01.25.	산성역포레스티아 59A타입 채광 통풍이 잘되는 구조로 선호…	77A/59	119동	8/24	64,000 매경부동산	대우공인중개사사… 031-744-3000
매매	19.01.26.	산성역포레스티아 74B 조망권 좋은 확트인 귀한 남동향의…	95B/74	104동	6/27	72,000 매경부동산	신흥탑공인중개사… 031-732-7771
매매	19.01.23.	산성역포레스티아 포레스티아 84A타입이며 통풍이 잘되는…	108A/84	116동	23/28	85,000 매경부동산	대우공인중개사사… 031-744-3000

<2019년 1월 28일 기준시점, 청산금과 이주비가 포함된 금액임>

이 신흥주공 재건축아파트를 2017년 1월에 3억8,000만원에 사서 청산금(=추가부담금) 3,000만원을 보태면 4억1,000만원에 구입한 셈이다.

(3) 취득 당시 가격과 일반분양권의 가격 차이는?

3억8,000만원에 취득한 아파트로 24평형을 분양 받는 금액은 총 4억1,000만원이다. 종전아파트 권리가액이 3억4,035만원인데 3억8,000만원을 주고 샀으니 4,000만원의 프리미엄을 주고 산 셈이다.

여기에 신축아파트를 분양받기 위해서 또다시 청산금(=추가부담금) 3,000만원이 필요하다. 어쨌든 총 취득가는 4억1,000만원인데, 일반분양가는 4억1,782만원이므로 일반분양가와 비슷한 가격이 된다.

이렇게 조합원분양권을 구입할 때 일반분양가를 고려해서 취득한다면 일반분양권 가격 시세까지는 종전조합원이 시세차익을 보게 되는 것이고, 조합원분양권을 산 사람은 매수 이후의 즐거움을 만끽하게 된다는 사실을 다음 조합원분양권이 거래되는 시세를 확인하면 알 수 있다.

<u>2018년 1월 18일에 확인해 본 결과</u> 시세가 5억3,000만원에서 5억5,000만원대를 형성하고 있었다. 매수할 당시보다 1억2,000만원(1억5,000만원-청산금 3,000만원) 정도가 오른 셈이다.

<u>2019년 1월에 확인하니</u> 6억4,000만원~6억5,000만원 선이다. 그러니 2년 만에 1억9,000만원(2억3,000만원 - 청산금 3,000만원)으로 매수 당시 분석했던 것과 예상 기대수익률이 일치해 가고 있다. 이러한 판단 때문에 재건축사업이 진행되는 과정에서 계속적으로 오르는 현상이 발생하는 것이다.

04 재건축과 재개발에서 건물이 멸실되어 토지만 경매로 낙찰 받은 경우

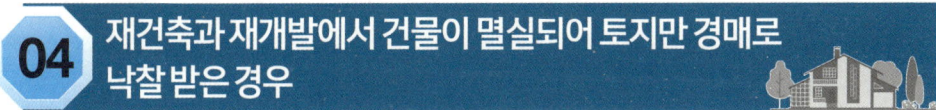

◈ 재개발에서 건물이 멸실되어 토지만 경매로 낙찰 받은 경우

① 재개발사업구역 내에서 건물 또는 토지만 소유한 경우도 분양자격 요건만 갖추고 있으면 조합원분양대상자가 되고, 그 분양대상자 물건을 경매로 취득하면 단독분양권자가 될 수 있다. 물론 청산금이 있다면 그 청산금과 지연이자 등을 납부해야 완전한 분양권을 취득할 수 있다는 사실은 앞에서 기술한 바 있다.

② 분양신청단계에서 건물과 토지를 가지고 분양을 신청했는데 건물이 멸실되어 토지만 경매로 낙찰 받은 경우라면 멸실되어 소유권이전이 불가능한 건물에 대한 조합원의 권리를 넘겨받을 수 없다. 따라서 종전 건물 소유자인 자가 건물분 조합원의 권리를 포기할 가능성이 없고, 당연히 그 주장을 하게 되어 추후에 공동조합원이 된다.

이때 청산금 부담비율은 종전 건물권리가액과 종전 토지권리가액 비율로 부담하게 되고, 그 비율에 따라 신규 아파트에서 공동소유자가 된다.

◈ 재건축에서 건물이 멸실되어 토지만 경매로 낙찰 받은 경우

① 재건축사업구역 내에서 건물 또는 토지만 소유한 경우에는 조합원분양대상자가 될 수 없고, 현금청산대상자가 된다는 것이 재개발사업과 다른 점이다.

② 분양신청단계에서 건물과 토지를 가지고 분양을 신청해야 조합원분양권을 취득할 수 있다. 이렇게 종전 조합원이 분양권을 신청한 상태에서 조합원분양권이 경매로 매각되면 청산금(분양대금 등) 미납금과 지연이자 등만 부담하면 신규분양권을 앞에서 기술한 바와 같이

취득할 수 있다. 그러나 종전 조합원이 분양권을 신청한 상태에서 건물이 멸실되어 토지만 경매로 낙찰 받은 경우라면 멸실되어 소유권이전이 불가능한 건물에 대한 조합원의 권리를 넘겨 받을 수 없다.

따라서 종전 건물 소유자인 자가 건물분 조합원의 권리를 포기할 가능성이 없고 당연히 그 주장을 하게 되어서 추후에 공동조합원이 될 수 있다. 이때 청산금 부담비율은 종전 건물권리가액과 종전 토지권리가액 비율로 부담하게 되고, 그 비율에 따라 신규아파트에서 공동소유자가 된다. 그러나 조합 측에서는 이러한 내용에 대해서 자세히 알 수가 없어서 토지만 낙찰 받은 사람이 전체 분양대금과 지연이자 등을 납부하게 되면 그를 조합원분양권을 승계한 자로 보고 신규아파트 전체지분을 소유권보존등기를 하게되는 경우도 있다. 실무에서는 이렇게 하므로 인해서 토지만 낙찰 받아 조합원의 지위를 승계한 사람이 건물분에 대해서 부당이득을 보게 되는 사례가 있다. 그러나 추후 종전 조합원이 건물분에 대해서 부당이득 반환을 청구할 수도 있다는 사실을 감안해야 한다.

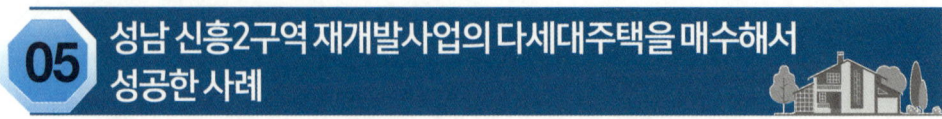

05 성남 신흥2구역 재개발사업의 다세대주택을 매수해서 성공한 사례

필자는 오래 전에 부동산중개법인 대표로, 서울시 양천구 목동에 본점과 김포 신도시에 지점을 두고 공인중개사 10여분과 함께 일을 한 적이 있다. 10년 정도 운영하다가 경매 분야에만 전념하려고 중개법인을 정리했다. 그래서 함께 근무하던 공인중개사 분들을 혼자서 할 수 있도록 독립시켜 주었다. 그런데 어느 날 마음을 정하지 못한 여성 공인중개사 세 분이 찾아왔다. 성남 재개발사업이 활성화 될 것 같으니 그 곳에서 세 사람이 할 수 있도록 사무실을 열어 달라는 것이다. 함께 근무할 때 실적과 책임감 등이 우수한 분들이어서, 세 분의 말을 따라도 괜찮겠다는 생각을 하고 2015년 봄에 성남시 수정구 신흥2동에 중개사무소를 개업했다. 개업하자마자 재개발사업의 관심도가 높아졌고, 그로인해 계약실적도 증가했다. 재개발 초기에는 단기투자로 돈을 버는 사람도 많아지기 때문이다. 필자도 이렇게 돈을 버는 것을 보고 투자하기 시작했다.

돈이란 혼자만의 노력으로도 얻을 수 있지만, 이렇게 믿을 수 있는 주변사람들이 도와주면 더 쉽다. 필자가 투자하면 공인중개사분들이 알아서 팔아주니, 크게 신경쓰지 않고 내 업무에 주력할 수 있었다. 지금도 이 분들에게 감사한다.

이번 사례는 함께 근무했던 공인중개사 김OO가 최근에 다세대주택을 일반매매로 구입해서 분양 신청한 사례이다.

◆ 신흥2구역 내의 다세대주택 주변 현황도와 주택사진

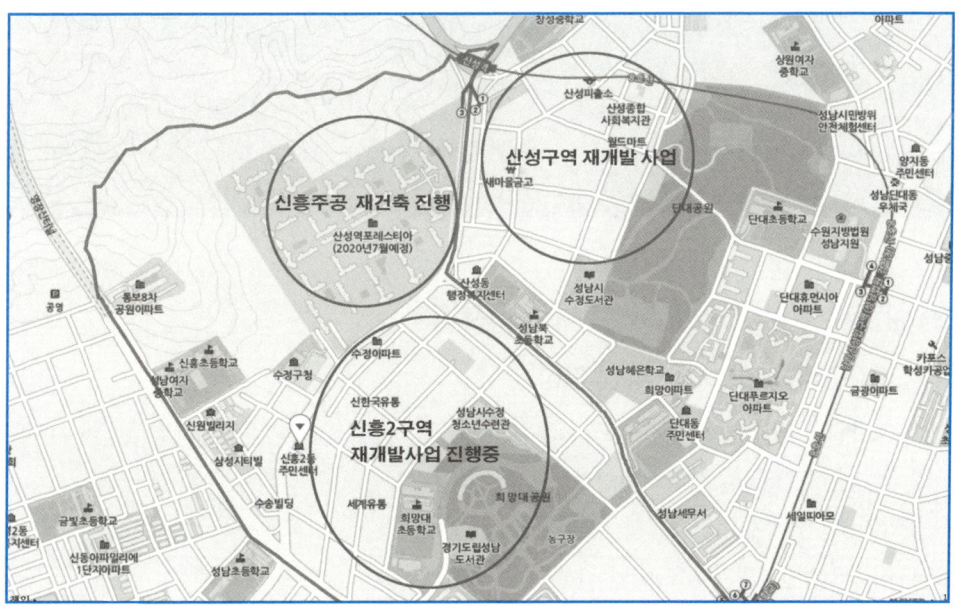

◈ 성남시 수정구 신흥2구역 재개발 사업
(1) 신흥2구역 재개발사업 추진 과정

1. 조합원수 : 2100세대
2. 2009년 12월 4일 사업시행인가
3. 2016년 6월 예정(기초조사 실시)
4. 사업시행변경인가 : 2016년 11월말 인가예정
5. 순환이주단지 입주신청 : 2016년 11월 30일 승인완료
6. 권리자 분양신청실시 : 2017년 1월 ~ 2017년 2월말 분양신청 완료
7. 관리처분인가 고시 : 2017년 6월 26일
8. 순환이주단지 이주개시 : 2017년 7월 이주 시작
9. 입주연도 : 2022년 예정

(2) 평형별 분양세대 수와 조합원 분양가

1. 총 분양세대 4774세대와 전용면적별 분양세대

(단위: 천원)

주택 형	주택 타입	전용 면적(㎡)		평형별 세대수
51㎡(18평형)	51A	51.94㎡	15평72홉	110세대
59㎡(24평형)	59A	59.98㎡	18평14홉	1,834세대
	59B	59.97㎡		
	59C	59.96㎡		
	59D	59.95㎡	18평13홉	
74㎡(30평형)	74A	74.96㎡	22평68홉	1,311세대
	74B	74.97㎡		
	74C	74.99㎡		
84㎡(34평형)	84A	84.98㎡	25평71홉	707세대
	84B	84.92㎡	25평69홉	
	84테라스-10	84.99㎡	25평71홉	

3,962세대 분양아파트 + 812세대 임대 = 총 세대수 4,774세대

2. 평형별 조합원 분양금액

조합원 평균 분양가는 평당 1,240만원 정도로 ⇨ ① 18평형 분양가격은 2억5,730만원(소형평형은 높은 가격으로 분양가 책정), ② 24평형 분양가격은 2억9,820만원, ③ 30평형 분양가격은 3억6,200만원, ④ 34평 4억120만원(중대형평형은 낮은 가격으로 책정)임.

〈일반분양가 1,540만원시 개별부담금 산정〉

(단위: 천원)

주택형	종전자산 감정평가액	비례율	권리가액	권리자 분양가	개략적 분담금	비고	일반 분양가
51	245,000	131.76%	322,812	257,300	-65,512	환급	332,963
59				298,200	-24,612	환급	385,373
74				362,300	39,488	부담	468,582
84				401,200	78,388	부담	519,253

※ 권리자 분양가는 5층 이상 평균금액으로 산정
※ 상기내용은 일반분양가 상승시 분담금 산출에 대한 이해를 돕기 위하야 작성된 참고자료이며, 실제 분담금은 추후 분양성계 및 관리처분계획 기준 변경, 실제 투입되는 공사비 등 사업비 변경시 비례율이 변경될 수 있으며 사업준공후 청산시 확정됩니다.(LH 성남재생사업단 산정)

◈ 신흥2구역 재개발사업으로 신축한 아파트 조감도

◈ 재개발대상 다세대주택을 구입할 때 알고 있어야 할 내용

김OO가 대지지분이 22.94㎡, 건물전용면적 59.86㎡(건축년도 2001년도)인 다세대주택을 2016년 2월 24일 일반매매로 2억300만원에 구입했다. 이 다세대주택은 2018년 현재 신흥2구역 재개발대상으로 앞에서 확인한 바와 같이 관리처분계획인가 후 조합원들이 모두 이주해서 철거까지 마치고 신축 중에 있다.

이러한 다세대주택을 일반매매로 구입할 때 종전 소유자가 조합설립에 동의했는지(조합원), 동의하지 않았는지(비조합)와 조합에 동의했더라도 분양신청을 했는지, 하지 않았는지 등을 확인해야 한다. 분양을 신청했더라도 매수인이 조합원의 지위와 분양권을 승계할 수 있는지를 분석해야 한다. 그리고 건물이 재개발로 철거하기 이전인지, 철거 이후인지를 확인하고 매수해야 한다. 이 다세대주택은 2016년 2월 24일에 취득해서 24평형을 분양 신청한 상태이다. 그러니 전매제한에 해당되지 않아서 중도에 조합원분양권을 파는 것도 가능하다. 그래서 그 가치는 더 높다.

◆ 이 주택으로 24평형을 분양신청하면 수익은 얼마나 발생하나?

김OO가 다세대주택으로 아파트 24평형을 분양신청해서 종전자산의 권리가액(다세대주택 평가금액)은 1억7,700만원이고, 24평형의 종후자산의 권리가액(신축아파트 조합원분양가)은 2억9,820만원으로 추가부담금 121,200,000원이 발생한다. 따라서 24평형을 분양받는데 실제 소요된 금액은 2016년 2월에 취득한 금액 2억300만원과 추가부담금 121,200,000원으로 324,200,000원이므로 조합원분양가보다 26,000,000원만큼 비싸게 산 셈이 된다.

그러나 이 가격으로 평가해서 손해를 봤다고 분석하면 안 되는 것이다. 조합원분양가는 일반분양가에 비해 낮은 가격(일반분양가의 70~80%수준)으로 평가되고, 신축 후의 아파트 시세는 일반분양가보다 높게 형성되고 있으므로, 최소한 보수적으로 평가하더라도 일반분양가를 기준으로 평가하는 것이 바람직하다.

성남시 신축 6년차 1단계 재개발구역의 아파트 시세는 평당 1,900만원에 일반분양했으며, 현재 거래되는 시세는 2,100만원~2,200만원을 형성하고 있다(2018년 1월, 신흥OO부동산의 시세조사). 그리고 현재 5년 된 25평형 아파트가 4억6,000만원이고, 2017년 8월에 분양한 산성역포레스티아가 5억3,000만원으로 거래되고 있으니 향후 건축될 신축아파트 가격은 5억에서 5억5,000만원 이상이 예상된다(2018년 1월 수정OO부동산의 시세조사). 그리고 성남 신흥2구역 조합원은 평형당 1,540만원보다 높은 일반분양가를 희망하고 있다.

성남 신흥2구역 조합원이 희망하는 일반분양가는 1,540만원×24평형 = 3억6,960만원으로 평가했다. 이렇게 계산하면 투자수익은 4,540만원이다.

그런데 재개발로 건물이 신축되는 기간과 기회비용 등을 계산하더라도 현재 신흥2구역에서 24평형대가 부동산중개업소에서 거래되고 있는 시세는 4억5,000만원에 거래되고 있고, 3~4년 후 입주할 당시에는 5억3,000만원 이상으로 거래될 것으로 예상된다.

현재 거래되고 있는 4억5,000만원으로 투자이익을 계산하면 투자이익은 4억5,000만원 - 총 취득금액 3억2,420만원으로 1억2,800만원이다.

그러나 **실제 입주할 당시 금액은 5억5,000만원으로 계산해야 하며** 그렇다면 투자이익은 2억2,580만원이 된다. 이렇게 재개발과 재건축에서 기대수익률을 계산하고, 그러한 기대 하에 돈이 되는 아파트 등을 묵혀서 팔아야 성공할 수 있다.

06 재개발구역의 상가주택 ½로 수익률 255%를 만들다!

  이 상가주택은 지하1층과 지상1~2층은 근린상가이고 3층만 주택이다. 그리고 이 상가주택은 소유자가 2명으로 각 1/2씩 공유지분으로 되어 있는데 그 중 1/2지분만 공매가 진행된 물건이다. 이 지역은 LH공사가 주관하고 대림산업이 시공하는 재개발구역으로 2017년 12월경에 4,800여 세대의 공동주택 사업이 착공될 예정이다. 그래서 매수인은 다른 공유자와 협의해서 공동으로 분양을 신청하든가, 현금청산 받는 방법이 있는데 입찰 전에 확인해 본 결과 현금청산을 받더라도 감정가 정도는 예상되는 물건이었다. 그렇게 판단하게 된 동기는 감정가가 6억700만원인데 반해서 시세는 6억8,000만원에서 7억원을 호가하고 있었기 때문이다. 따라서 3억4천만원에 공매로 낙찰 받아 감정가수준의 현금청산을 받을 경우 약 2억5천만원 정도의 수익이 예상되었다.

◆ 토지 지분공매 절차에서 공매물건의 사진과 주변 현황도

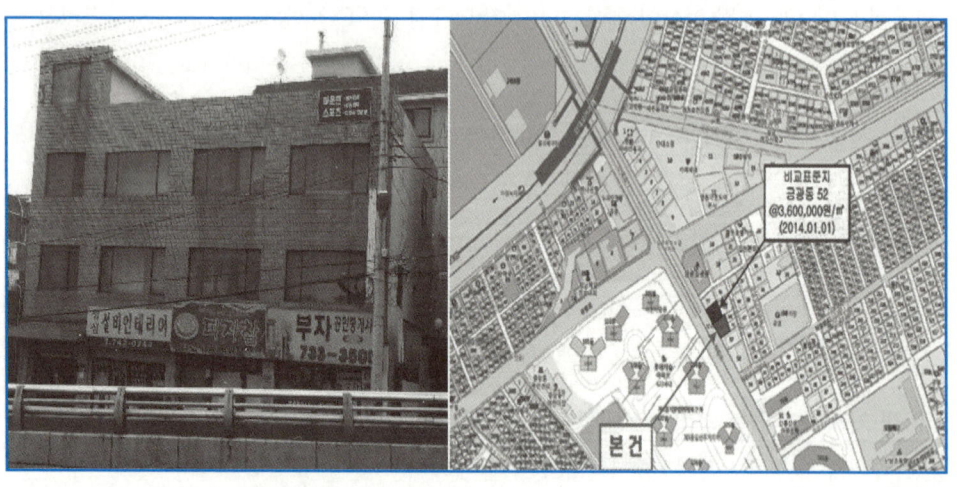

◆ 상가주택 2분의 1 지분 온비드공매 입찰정보 내역

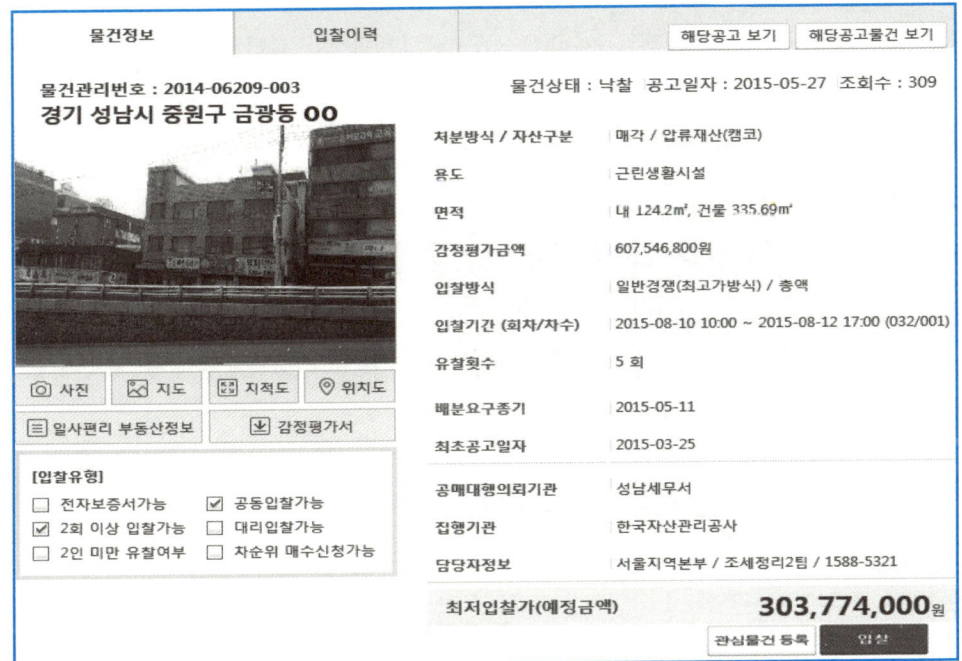

이 물건은 필자가 345,600,000원에 입찰하여 낙찰 받았고, 차순위자는 333,770,000원에 입찰하였다.

◆ 상가주택 ½ 매수 이후 대응방법과 255% 수익률 만들기!

필자가 낙찰받고 명도하러 갔는데, 체납자겸 소유자가 2층에 거주하고, 다른 공유자는 3층에 거주하고 있었다. 2층에 거주하는 체납자를 명도하고 나서, 다른 공유자 문OO와 상의하여 2층 전체를 2억원에 전세를 놓았고, 분양 신청대신 현금청산을 선택했다. 입찰 전에도 분석한 바도 있지만 감정가 정도로 현금 청산되면 매수인은 약 9천여만원 투자해서 2억 5,000만원 정도 시세차익을 볼 수 있고 입찰에 참여할 때부터 양도세 절세를 목적으로 법인 사업자 명의로 낙찰 받았다.

필자가 3억4,560만원에 낙찰 받고, 잔금대출 2억4,200만원(낙찰금액의 70%)을 받아 실제 투자금은 소유권이전등기 비용(16,934,000원) 등까지 포함해 120,534,000원이 들었다. 2017년 중순경 현금청산을 받을 것이라고 예상하고 투자하였으나, 2017년 1월 현금청산을 받았다. 현금청산금은 685,188,490원이었으며, 총수익(현금청산금)에서 본인투자원가(3억 4,560만원 + 소유권이전비용 등 16,934,000원+대출이자 15,000,000원 = 377,534,000원)를 공제할 경우 총수익은 307,654,490원이다. 따라서 현금투자 대비 수익률은 307,654,490원/120,534,000원 = 255.24%로 성공적인 투자가 되었다. 이러한 금액을 가지고 부족한 노후생활자금에 보태면 된다.

◆ 금광1구역 재개발사업에서 현금청산금을 받고 탈출하다!

성남시 금광1구역 재개발사업에서 현금청산금을 받게 된 감정평가금액과 현금청산협의요청문서를 첨부했으니 독자 분들도 이러한 물건이 일반매물로 나오거나 공매 등으로 매각되면 투자해서 성공의 기쁨을 맛보기 바란다.

한국토지주택공사 경기지역본부

문서번호 :
수   신 : 주식회사조이 귀하
제   목 : 현금청산협의요청

　에 편입된 귀 소유 토지 등에 대한 현금청산계획을 다음과 같이 정하고 「도시 및 주거환경정비법」 제47조 및 동법시행령 제48조에 따라 협의를 요청하오니 계약체결기간내에 협의에 응하여 주시기 바랍니다.

- 다   음 -

계약체결기간	2016.10.05~2016.11.03	협의 및 계약체결장소	금광1 재개발 현장사무소
계약 및 지급조건	['별첨' 보상 안내문 참조]		
제출요구서류	['별첨' 보상 안내문 참조]		

현금청산내역

구분	소재지	지번	지분면적(㎡)	물건의 종류	구조및규격	수량	보상액(원)	비고
토지	경기도 성남시 중원구 금광동	56	124.20				533,439,000	
물건	경기도 성남시 중원구 금광동	56		가옥-가외 3건	알씨및연와조,철근콘크리트조		151,749,490	

토지 현금청산명세

소유자 : 주식회사   귀하   주소 : 경기도 성남시 중원구 희망로422번길   (금광동)

일련번호	소재지	지번	공부지목	편입면적(㎡)	지분	지분면적(㎡)	보상금액
1	경기도 성남시 중원구 금광동	56	대	248.40	1/2	124.20	533,439,000

물건 현금청산명세

소유자 : 주식회사   귀하   주소 : 경기도 성남시 중원구 희망로422번길   (금광동)

일련번호	소재지	지번	물건의종류	구조 및 규격	수량(건)	단위	지분	보상금액
1	경기도 성남시 중원구 금광동	56	가옥-가	왈씨밀연와조,철근콘크리트조	671	m²	1/2	150,984,240
2	경기도 성남시 중원구 금광동	56	기타지장물-창고	판벨조, 3.3*2.2	7	m²	1/2	435,600
3	경기도 성남시 중원구 금광동	56	기타지장물-지하출입구	시멘트벽돌조, 1.1*2	2	m²	1/2	254,650
4	경기도 성남시 중원구 금광동	56	기타지장물-대문	소	1	식	1/2	75,000

알아두면 좋은 내용

투기과열지구 내 조합원지위 양도금지와 조합원분양권 전매제한

도시정비법 제39조 제2항 주택법 제63조 제1항에 따른 투기과열지구로 지정된 지역에서 재건축사업을 시행하는 경우에는 조합설립인가 후, 재개발사업을 시행하는 경우에는 제74조에 따른 관리처분계획의 인가 후 해당 정비사업의 건축물 또는 토지를 양수한 자는 제1항에도 불구하고 조합원이 될 수 없다(재건축은 2017년 8.2대책 이후 투기과열지구에서 사업시행, 재개발은 2018년 1월 24일 이후에 사업시행). 다만 양도인이 다음 각 호의 어느 하나에 해당하는 경우 그러하지 아니한다.

1. 세대원의 근무상 또는 생업상의 사정이나 질병치료 · 취학 · 결혼으로 세대원이 모두 해당 사업구역에 위치하지 아니한 특별시 · 광역시 · 특별자치시 · 특별자치도 · 시 또는 군으로 이전하는 경우
2. 상속으로 취득한 주택으로 세대원 모두 이전하는 경우
3. 세대원 모두 해외로 이주하거나 세대원 모두 2년 이상 해외에 체류하려는 경우
4. 1세대 1주택자로서 양도하는 주택에 대한 소유기간 및 거주기간이 대통령령으로 정하는 기간 이상인 경우
⇨ 도시정비법 시행령 제37조 제1항 2018년 1월 25일부터 10년 이상 보유하고, 5년 이상 거주 요건을 갖출 경우 예외적으로 조합설립과 관계없이 조합원 지위 양도가 허용된다.
5. 그 밖에 불가피한 사정으로 양도하는 경우로서 대통령령으로 정하는 경우 조합원 지위 양도가 허용된다.
⇨ 도시정비법 시행령 제37조 제2항 "대통령령으로 정하는 경우"란 다음 각 호의 어느 하나에 해당하는 경우를 말한다.
1. 조합설립인가일부터 3년 이상 사업시행인가 신청이 없는 재건축사업의 건축물을 3년 이상 계속하여 소유하고 있는 자가 사업시행인가 신청 전에 양도하는 경우
2. 사업시행계획인가일부터 3년 이내에 착공하지 못한 재건축사업의 토지 또는 건축물을 3년 이상 계속하여 소유하고 있는 자가 착공 전에 양도하는 경우
3. 착공일부터 3년 이상 준공되지 아니한 재건축사업의 토지를 3년 이상 계속하여 소유하고 있는 경우
4. 법률 제7056호 도시 및 주거환경정비법 일부개정법률 부칙 제2항에 따른 토지등소유자로부터 상속 · 이혼으로 인하여 토지 또는 건축물을 소유한 자
5. 국가 · 지방자치단체 및 금융기관(주택법 시행령 제71조 제1호 각 목의 금융기관을 말한다)에 대한 채무를 이행하지 못하여 재건축사업의 토지 또는 건축물이 경매 또는 공매되는 경우(주택법 시행령 71조 1호에서 정한 금융기관은 가.「은행법」에 따른 은행, 나.「중소기업은행법」에 따른 중소기업은행, 다. 「상호저축은행법」에 따른 상호저축은행, 라.「보험업법」에 따른 보험회사, 마. 농업은행, 수협은행, 신협은행, 새마을금고, 산림조합은행, 한국주택금융공사, 우체국은행 등)만 인정하고, 개인채권자의 경매신청으로 매수한 경우에는 허용하지 않고 있다.)
6. 「주택법」 제63조 제1항에 따른 투기과열지구로 지정되기 전에 건축물 또는 토지를 양도하기 위한 계약을 체결하고, 투기과열지구로 지정된 날부터 60일 이내에 「부동산 거래신고 등에 관한 법률」 제3조에 따라 부동산 거래의 신고를 한 경우 등은 조합설립인가 후, 또는 관리처분계획인가 후에도 조합원의 지위를 양도할 수 있다.

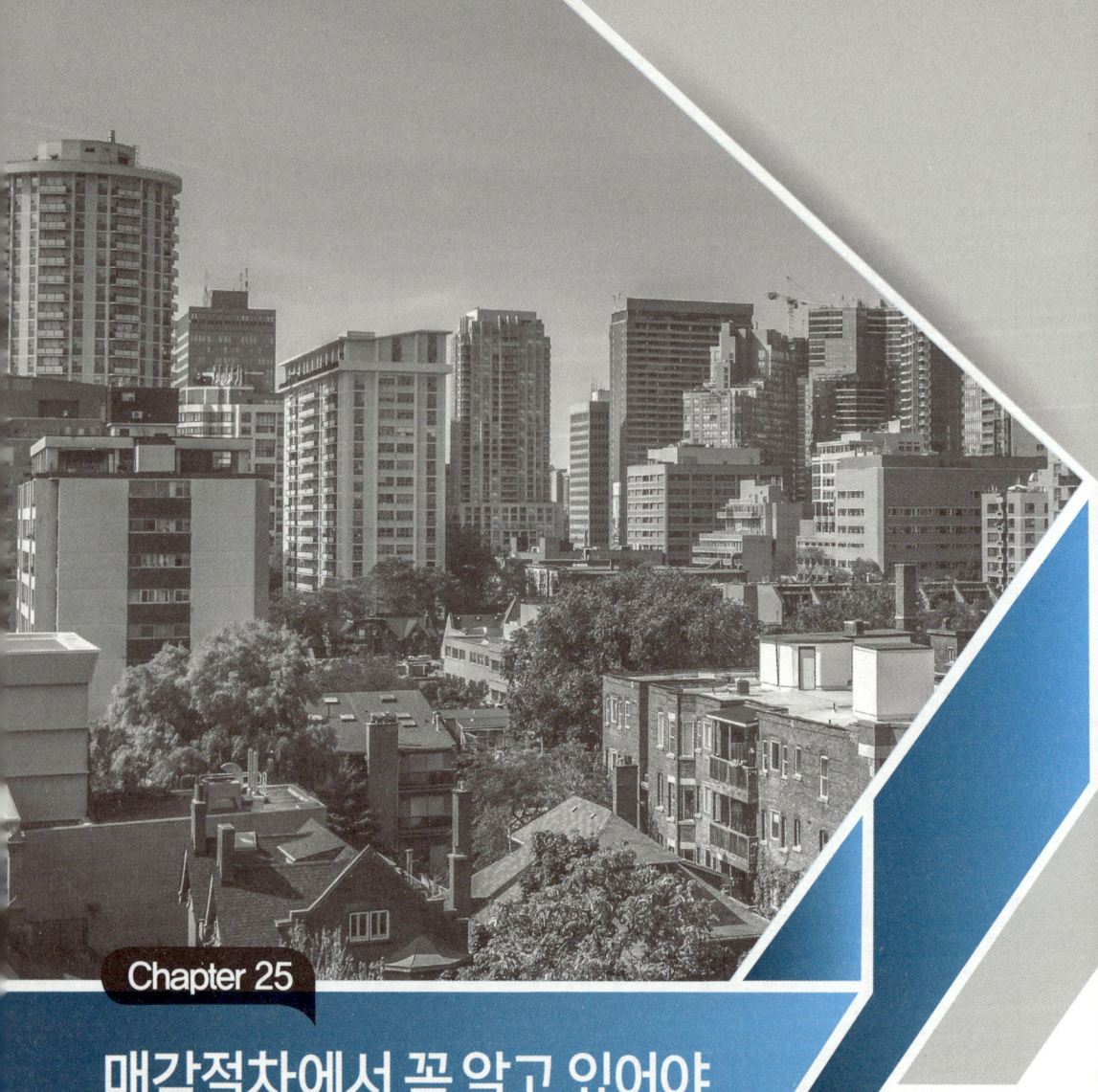

Chapter 25

매각절차에서 꼭 알고 있어야 할 경매투자 실무

01 법원의 경매개시결정과 그 기입등기촉탁

◆ 법원의 경매개시결정(민집법 제83조)

① 강제경매신청이 접수되면 집행법원은 신청서의 기재 및 첨부 서류에 의하여 강제집행의 요건, 집행개시요건 및 강제경매에 특히 필요한 요건(부동산이 채무자의 소유일 것, 압류금지부동산이 아닐 것) 등에 관하여 형식적 심사를 하여 신청이 적법하다고 인정되면 강제경매개시결정을 하게 된다.

② 임의경매신청이 접수되면 집행법원은 임의경매에 필요한 요건에 관하여 심사를 하여 신청이 적법하다고 인정되면 임의경매개시결정을 하게 된다. 경매신청서접수일로부터 2일 이내에 경매개시결정을 한다.

◆ 경매개시결정기입등기촉탁(민집법 제94조)

① 집행법원이 경매개시결정을 하였을 때에는 접수일로부터 2일 이내에 직권으로 등기공무원에게 등기촉탁을 하게 되며 등기공무원은 위 촉탁에 의하여 경매개시결정의 기입등기를 하게 된다.

② 등기관은 제94조에 따라 경매개시결정사유를 등기부에 기입한 뒤 그 등기부등본을 법원에 보내야 한다(동법 제95조).

③ 미등기부동산에 관하여 경매개시결정을 한때라도 경매개시결정등기만을 촉탁하며 등기관이 직권으로 소유권보존등기를 하는 데 필요한 서면을 첨부한다.

④ 이미 개시결정이 있는 부동산에 다른 경매신청이 있어도 두 번째 신청에 대하여도 다시 경매신청을 하고 경매개시결정등기를 촉탁해야 한다(동법 제87조 1항).

⑤ 토지에 대한 저당권자가 그 설정된 토지와 그 지상건물을 일괄매각에 붙인 때에는 법원은 그 건물에 대하여도 경매개시결정을 하고 그 등기의 촉탁을 해야 한다(민법 제365조 참조).

⑥ 공유지분에 대하여 경매개시결정을 하였을 때에는 경매개시결정의 기입등기를 촉탁하여야 한다(동법 제139조 1항).

02 경매개시결정과 이중경매개시결정 등의 압류효력은?

◆ 경매개시결정 압류 효력은?

① 부동산소유자의 처분권을 박탈하는 것이 아니라 경매신청인이나 낙찰인에게 대항하지 못하게 하는 상대적 처분금지효력으로서 압류 후에도 소유자가 목적부동산을 관리·이용할 수 있다.

② 압류의 효력발생 시기는 경매개시결정이 송달된 때 또는 경매개시기입등기가 이루어진 때 중 빠른 날에 발생한다(민집법 제83조 4항).

③ 경매개시결정이 채무자에게 고지되지 않으면 경매절차를 속행할 수 없다.

따라서 이사불명으로 송달불능 시 채권자에게 주소보정을 하게 하고 보정된 주소로도 송달불능이거나 송달장소를 알 수 없을 때에는 채권자의 신청 또는 법원의 직권으로 공시송달에 의한 송달을 하게 된다.

④ 개시결정 후 채무자가 사망한 경우 상속인에게 송달해야 하며, 법인의 경우 대표이사 개인 주소지에도 송달하고 송달이 안 될 때에는 공시송달에 의한다.

⑤ 공유지분의 경매에 관하여는 다른 공유자에게도 그 경매개시결정이 있었다는 사실을 통지를 해야 한다. 그러나 상당한 이유가 있는 경우 통지를 하지 않도록 하고 있다(민집법 제139조).

⑥ 법원의 주소보정이나 비용예납명령을 2회 이상 응하지 않는 경우 속행의사가 없는 것으로 보고 경매개시결정을 취소하고 경매신청을 각하하며 기입등기의 말소를 촉탁한다.

◆ 이중경매개시결정과 그 압류효력은?

(1) 압류의 경합(민집법 제87조)

① 강제경매절차 또는 담보권실행을 위한 경매절차를 개시하는 결정을 한 부동산에 대하여 다른 강제경매의 신청이 있는 때에는 법원은 다시 경매개시결정을 하고, 먼저 경매개시결정을 한 집행절차에 따라 경매한다.

② 먼저 경매개시결정을 한 경매신청이 취하되거나 그 절차가 취소된 때에는 법원은 제91조 1항의 규정에 어긋나지 않는 한도 안에서 뒤의 경매개시결정에 따라 절차를 계속 진행해야 한다.

③ 2항의 경우에 뒤의 경매개시결정이 배당요구의 종기 이후의 신청에 의한 것인 때에는 집행법원은 새로이 배당요구를 할 수 있는 종기를 정해야 한다. 이 경우 이미 제84조 2항 또는 4항의 규정에 따라 배당요구 또는 채권신고를 한 사람에 대하여는 같은 항의 고지 또는 최고를 하지 아니한다.

④ 먼저 경매개시결정을 한 경매절차가 정지된 때에는 법원은 신청에 따라 결정으로 뒤의 경매개시결정(배당요구의 종기까지 행하여진 신청에 의한 것에 한한다)에 기초하여 절차를 계속하여 진행할 수 있다. 다만, 먼저 경매개시결정을 한 경매절차가 취소되는 경우 제105조 1항 3호의 기재사항이 바뀔 때에는 그러하지 아니하다.

⑤ 4항의 신청에 대한 재판에 대하여는 즉시 항고를 할 수 있다.

(2) 이중경매개시결정의 시기와 그 효력

① 경락인이 경락대금을 완납하여 그 부동산의 소유권이 채무자로부터 경락인에게 이전될 때까지 이중경매신청을 할 수 있다(대법원 78마285 결정).

② 이중경매개시결정도 채무자에게 그 결정이 송달되거나 또는 경매신청등기가 되면 압류의 효력이 생긴다. 그러나 경매절차는 먼저 개시결정한 선행사건의 집행절차에 따라 진행해야 한다. 따라서 이해관계인의 범위, 경매기일의 통지, 이의, 항고 등의 적부 등도 선행의 경매사건을 기준으로 정해야 한다(대법원 94마1455 결정).

③ 이중경매신청채권자도 압류의 효력이 생기면 당연히 배당에 참가할 수 있지만 선행의 경매사건의 배당요구종기 이전에 경매신청한 경우에 한하며, 그 후 경매신청을 한 경우에는 배당에 참가할 수 없다.

④ 선행사건의 경매신청이 취하되거나, 그 절차가 취소된 경우
경매신청이 중복되어 기록첨부된 경우에 이미 개시한 경매절차가 취소되거나 그 경매신청이 취하되면 그 때에는 순차적으로 그 다음 경매신청사건에 대하여 경매개시결정이 된 것으

로 간주하므로 제1의 경매신청인을 위한 경매절차는 제2의 경매신청인을 위하여 시행된 것과 동일시하여 남은 절차만 속행하면 되고 새로운 경매절차를 진행할 필요는 없다.

즉 선행절차에 있어서 행하여진 현황조사라든가 평가 등은 특별히 원용절차를 밟지 않아도 후행절차에 그대로 원용할 수 있으며 후행사건에서는 나머지 절차만 속행하면 된다(대법원 79마417 결정).

⑤ 선행사건의 절차가 정지된 경우

선행절차의 정지사유가 해소되지 않은 채 배당에 들어가게 될 경우에 선행절차의 압류채권자에게 배당할 금액은 이를 공탁해야 한다. 후행절차로 속행하고 있는 중에 선행절차의 정지사유가 해소되는 경우에는 다시 선행절차로 환원한다.

◆ 공동경매와 그 효력은?

이는 채권자들이 공동으로 동일 부동산에 대하여 경매를 신청하는 경우로서 단독경매에 준하여 처리된다. 공동경매에서는 어느 한 채권자에 대한 집행정지나 취소사유 또는 어느 한 채권자의 경매취하는 다른 채권자에게 아무런 영향이 없으며, 아직 경매개시결정을 하지 않은 상태에서 다시 다른 채권자의 경매신청이 들어 온 경우에는 경매신청을 병합하여 1개의 경매개시결정을 하게 되는데, 이것도 공동경매이다.

03 경매개시결정에 대한 이의신청과 경매의 취소와 정지, 그리고 취하하는 방법은?

◆ 강제경매와 임의경매개시결정에 대한 이의

강제경매개시결정에 대하여는 경매개시결정에 대한 이의로 불복할 수 있다(민집법 제86조1 항). 이의의 재판에 대하여 즉시 항고할 수 있다(법 제86조 3항). 임의경매에서도 이 법이 준용된다(법 제268조). 다만 임의경매에서는 이의신청 사유로 담보권이 없다는 것 또는 소멸되었다는 것을 주장할 수 있다는 특별규정(법 제265조)이 있다.

(1) 강제경매개시결정에 대한 이의신청

강제경매개시결정에 대한 이의신청은 경매개시결정에 관한 형식적인 절차상의 하자에 대한 불복방법이기 때문에 실체적 권리관계에 관한 사유를 경매개시결정에 대한 이의의 원인으로 주장할 수 없다(대결 94마147, 대결 2004마408).

〈절차상의 이의신청 사유〉

① 경매신청방식의 하자, ② 신청인의 적격 여부(경매신청서 자체하자), ③ 매각부동산표시의 불일치, ④ 집행력 있는 정본 등 채무명의의 불일치, ⑤ 집행채권의 기한 미도래, ⑥ 대리권의 흠결 등의 절차상의 하자는 이의사유가 될 수 있다. 그러나 실체적 권리관계에 관한 사유는 이의사유가 되지 못한다(대결 90그66). 실체상의 이유를 가지고 이의신청을 하려면 청구이의의 소로 주장이 가능하다. 또한 경매개시 결정의 하자는 경매개시결정 전의 것이어야 하고 경매개시결정 이후에 발생한 매각절차상의 하자(최저매각가격의 결정, 매각기일의 공고, 통지 등의 위법)는 원칙적으로 개시결정에 대한 이의 사유가 되지 못한다.

(2) 임의경매개시결정에 대한 이의신청

임의경매개시결정에 대한 이의에도 강제경매개시결정에 대한 이의에 관한 법 제86조의 규정을 준용하고 특별한 규정으로는 이의사유로서 절차상의 하자 이외에 담보권이 없다는 것 또는 소멸되었다는 것으로 주장할 수 있다(법 제265조). 즉 임의경매는 절차상의 하자뿐만 아니라 실체상의 하자로도 이의를 제기할수 있다.

〈절차상의 이의신청 사유〉
① 경매신청방식의 하자, ② 신청인의 적격 여부(경매신청 자체의 하자), ③ 매각부동산표시의 불일치, ④ 대리권의 흠결 등 경매신청의 형식적 요건과 개시결정자체의 형식적 효력이 흠결되었음을 주장하는 것을 들 수 있다. 그러나 개시결정 후의 흠결 즉 매각부동산의 가격평가절차나 최저매각가격결정절차, 매각준비단계에 있어서 매각기일공고·통지 등에 관한 위법사유는 개시결정에 대한 이의사유가 되지 못한다.

〈실체상의 이의신청 사유〉
저당권의 부존재, 무효(저당권 설정등기의 원인무효), 피담보채권의 불성립, 무효 또는 변제·변제공탁 등에 의한 소멸, 피담보채권의 이행기 미도래, 이행기의 유예(연기) 등이 있다.
① 채무자겸 근저당권 설정자인 경우에는 근저당권의 채권최고액을 초과하는 경우 채무전액을 변제할 때까지 근저당권의 효력이 잔존채무에 미치므로 일부 변제로 근저당권이 말소되지 않는다. ② 채무자가 아닌 근저당권 설정자인 경우에는 채권최고액을 한도로 하는 것이므로 최고액을 변제함으로써 근저당권말소를 청구할 수 있다. 따라서 최고액 변제만으로 이의를 신청할 수 있다. ③ 제3취득자는 채권최고액과 경매비용의 변제를 요한다.

(3) 이의신청의 기간과 즉시항고
① 매각절차상의 이해관계인 등은 경매개시결정에 대하여 낙찰자가 낙찰대금을 완납할 때까지 이의신청을 할 수 있다(법 제86조1항). 그러나 이해관계인이 아닌 제3자는 이의의 소를 제기하여 집행력 있는 승소판결을 얻어야만 가능하다.
② 이의신청에 관한 재판에 대하여 이해관계인 등은 즉시항고를 할 수 있다(법 86조3항). 즉시 항고기간은 이의신청에 관한 재판을 고지 받은 날로부터 1주일의 불변기간 이내에 제기해야 한다(법 15조 2항). 즉시항고는 집행정지의 효력을 가지지 아니한다(법 15조6항).

◆ 경매의 취소와 정지, 그리고 제출시기
(1) 경매의 취소
① 남을 가망이 없을 경우의 경매의 취소(민집법 제102호)
제1항 법원은 최저매각가격으로 압류채권자의 채권에 우선하는 부동산의 모든 부담과 절차비용을 변제하면 남을 것이 없겠다고 인정한 때에는 압류채권자에게 이를 통지하여야 한다.

제2항 압류채권자가 제1항의 통지를 받은 날부터 1주 이내에 제1항의 부담과 비용을 변제하고 남을 만한 가격을 정하여 그 가격에 맞는 매수신고가 없을 때에는 자기가 그 가격으로 매수하겠다고 신청하면서 충분한 보증을 제공하지 아니하면, 법원은 경매절차를 취소하여야 한다.

　이는 압류권자의 무익, 무용한 집행을 방지하기 위한 규정이다.

② 부동산의 멸실 등으로 말미암은 경매의 취소(민집법 제96조 1항, 2항)

　부동산이 없어지거나 매각 등으로 권리를 이전할 수 없는 사정이 명백하게 된 때에는 법원은 강제경매의 절차를 취소해야 한다(법 제96조 1항). 경매절차의 취소 사유로 부동산의 멸실, 채무자의 경매목적물에 대한 소유권상실, 기타 법령에 의한 강제집행의 정지 등이 있다. 제1항의 취소결정에 대하여는 즉시항고를 할 수 있다(법 제96조 2항).

(2) 경매집행의 정지 또는 제한(민집법 제49조)

　강제집행은 다음 각 호 어느 하나에 해당하는 서류가 제출되는 경우에 정지하거나 제한해야 한다.

　1. 집행할 판결 또는 그 가집행을 취소하는 취지나, 강제집행을 허가하지 아니하거나 그 정지를 명하는 취지 또는 집행처분의 취소를 명한 취지를 적은 집행력 있는 재판의 정본
　2. 강제집행의 일시정지를 명한 취지를 적은 재판의 정본
　3. 집행을 면하기 위하여 담보를 제공한 증명서류
　4. 집행할 판결이 있은 뒤에 채권자가 변제를 받았거나, 의무이행을 미루도록 승낙한 취지를 적은 증서
　5. 집행할 판결, 그 밖의 재판이 소의 취하 등의 사유로 효력을 잃었다는 것을 증명하는 조서등본 또는 법원사무관 등이 작성한 증서
　6. 강제집행을 하지 아니한다거나 강제집행의 신청이나 위임을 취하한다는 취지를 적은 화해조서의 정본 또는 공정증서의 정본

(3) 집행처분의 취소·일시유지(제50조)

　① 제49조 1호·3호·5호 및 6호의 경우에는 이미 실시한 집행처분을 취소하여야 하며, 제49조 2호 및 4호의 경우에는 이미 실시한 집행처분을 일시적으로 유지하게 해야 한다.

　② 제1항에 따라 집행처분을 취소하는 경우에는 제17조의 규정을 적용하지 아니한다.

(4) 변제증서 등의 제출에 의한 집행정지의 제한(제51조)

① 제49조 4호의 증서 가운데 변제를 받았다는 취지를 적은 증서를 제출하여 강제집행이 정지되는 경우 그 정지기간은 2월로 한다.

② 제49조 4호의 증서 가운데 의무이행을 미루도록 승낙하였다는 취지를 적은 증서를 제출하여 강제집행이 정지되는 경우 그 정지는 2회에 한하며 통산하여 6월을 넘길 수 없다.

(5) 강제집행의 경우 제49조, 제266조의 정지·제한사유가 제출되는 경우

강제집행의 경우 민사집행법 제49조에 의하여 일정한 법정문서가 제출되면 집행절차를 정지하거나 제한할 수 있다. 그러나 담보권실행을 위한 경매에 있어서는 제49조의 정지·제한의 규정이 준용되고 여기에 추가적으로 담보권실행경매에 특유한 몇 가지 정지·제한사유(민집법 제266조)를 다음과 같이 추가하고 있다.

① 다음 각 호 어느 하나에 해당하는 문서가 법원에 제출되면 경매절차를 정지해야 한다.
1. 담보권의 등기가 말소된 등기부의 등본, 2. 담보권 등기를 말소하도록 명한 확정판결의 정본, 3. 담보권이 없거나 소멸되었다는 취지의 확정판결의 정본, 4. 채권자가 담보권을 실행하지 아니하기로 하거나 경매신청을 취하하겠다는 취지 또는 피담보채권을 변제받았거나 그 변제를 미루도록 승낙한다는 취지를 적은 서류, 5. 담보권 실행을 일시 정지하도록 명한 재판의 정본

② 제1항 1호 내지 3호의 경우와 4호의 서류가 화해조서의 정본 또는 공정증서의 정본인 경우에는 경매법원은 이미 실시한 경매절차를 취소하여야 하며, 5호의 경우에는 그 재판에 따라 경매절차를 취소하지 아니한 때에만 이미 실시한 경매절차를 일시적으로 유지하게 하여야 한다.

③ 제2항의 규정에 따라 경매절차를 취소하는 경우에는 제17조의 규정을 적용하지 아니한다.

(6) 집행정지서류 등의 제출 시기(민사집행규칙 제50조)

① 법 제49조 1, 2, 5호의 서류는 매수인이 매각대금을 내기 전까지 제출하면 된다.

② 매각허가결정이 있은 뒤에 법 제49조 2호의 서류가 제출된 경우에는 매수인은 매각대금을 낼 때까지 매각허가결정의 취소신청을 할 수 있다.

◆ 최고가 매수신고인이 없는 경우에 경매를 취하하는 방법

첫 매각기일이 도래하지 않은 상태, 매각을 실시한 결과 매수신고인이 없어서 유찰된 경우, 최고가매수신청인이 있었으나 매각결정기일에 매각불허가결정이 난 경우에는 채권자·채무자간의 협의가 잘 이루어지면 채권자가 단독으로 경매를 취하시킬 수 있다.

이때 취하서류로는 ① 경매신청채권자 인감증명 1통, ② 경매취하서, ③ 변제증서(담보제공증서 또는 조서정본) 등을 집행법원에 제출하면 경매기 취하된다.

이 밖에도 대위변제한 경우, 예를 들어 갑 근저당권 5,000만원 ⇨ 을 임차인 1억원 ⇨ 갑의 임의경매신청한 사례에서 을이 갑의 채권액 5,000만원을 대위변제하면 최선순위가 되어 낙찰자가 인수해야 한다. 따라서 을 임차인이 대위변제하였다면 을은 갑의 채권부존재로 갑의 저당권을 말소시키고, 법원에 경매취소 신청을 하여 경매개시결정등기를 법원촉탁으로 말소시킬 수 있다.

◆ 최고가매수인과 차순위매수신고인이 있는 경우 경매를 취하하는 방법

(1) 최고가매수인과 차순위매수신고인 모두가 경매취하에 동의해 주는 경우

이는 임의경매나 강제경매에서 동일하게 적용된다. 이 경우 취하시키기 위해서는 ① 경매취하서, ② 경매신청채권자 인감증명서 1통, ③ 변제증서(합의서), ④ 최고가매수신고인(차순위 매수인 포함)의 경락취하용 인감 1통의 서류를 첨부하여 집행법원에 제출하면 경매를 취하할 수 있다.

(2) 최고가매수신고인 등이 경매취하에 동의해 주지 않는 경우

가) 임의경매에서 경매를 취하시키는 방법

① 담보권의 등기가 말소된 등기부등본, ② 담보권등기의 말소를 명한 확정판결의 정본, ③ 담보권이 없거나 소멸되었다는 취지의 확정판결의 정본, ④ 채권자가 경매를 취하하겠다는 취지 또는 변제유예를 승낙한 유예증서 서류, ⑤ 담보권실행의 일시정지를 명한 재판의 정본 등을 집행법원에 제출해야 한다.

앞의 가)와 같이 증빙할 수 있는 서류가 없는 경우 취하하는 방법은 ① 담보채권청구전액 및 이자 + 경매예납금 + 경매비용을 집행법원 집행계에서 계산하여 그 전액을 공탁(채권자가 변제받을 것을 거부할 경우 채권전액 공탁시) ⇨ ② 담보권의 부존재에 대한 입증과 경매개시결정에 대한 이의신청 ⇨ ③ 집행법원은 채권자·채무자에 대한 심문기일을 정해서 심문이 끝나면 그 결과에 따라 집행법원 절차 내에서 임의경매는 종료된다.

나) 강제경매에서 경매를 취하하는 방법

① 채권청구전액 및 이자 + 경매예납금 + 경매비용을 계산하여 그 전체금액을 법원에 변제공탁(채권자가 변제금의 수령거부 시) ⇨ ② 경매신청채권에 대한 변제 등으로 실체적 권리관계의 불합리이유를 들어 집행력을 배제할 소인(청구에 관한 이의의 소 또는 제3자 이의의 소 또는 집행문 부여에 관한 이의의 소) 등을 수소법원에 제기함과 동시에 강제경매절차정지가처분을 병행 신청하여 강제경매진행절차가 정지되게 하고 이에 따라 부동산소유권이 상실되는 것을 막을 수 있다. ⇨ ③ 확정판결문이 결정되면 ⇨ ④ 집행법원 담당계에 제출하여 강제집행의 정지와 집행처분의 취소를 신청하면 강제경매는 모두 취소된다.

◆ 부동산의 침해방지를 위한 조치

① 채무자가 경매개시결정 이후에도 부동산을 사용하고 있으므로 부동산의 가액을 감소시키는 행위를 하는 경우에는 경매의 실효성을 확보하기 위한 조치가 필요하다. 이를 위해 매각절차를 개시하는 결정을 한 뒤에 법원 또는 이해관계인의 신청에 따라 부동산에 대한 침해행위를 방지하기 위한 조치를 할 수 있다(법 제83조 3항).

② 신청 시기는 경매개시결정 후부터 매각허가결정 선고 시까지이다. 매각허가결정 선고 이후 부동산인도 시까지는 압류채권자 또는 매수인의 신청으로 관리인에게 부동산을 관리하게 하는 보전처분이 가능하다(법 136조 2항).

04 매각(경매)의 준비 절차

　채권자의 경매신청에 의하여 법원의 경매개시결정과 그 기입등기가 이루어지고, 채무자에게 경매개시결정정본이 송달되어 압류의 효력이 발생하면 다음과 같은 매각준비절차에 들어가게 된다.

◆ 배당요구의 종기결정 및 공고·통지

(1) 배당요구의 종기결정과 그 시기

　① 배당요구의 종기를 결정하는 시기는 경매개시결정에 따른 압류효력이 생긴 때부터 1주일 이내에 해야 한다(법 84조 3항). 실무적으로는 경매개시결정과 동시에 내부적으로 미리 결정해 두고 압류효력이 발생하게 되면 즉시 배당요구종기를 결정하고 이를 공고·고지하여 채권신고를 최고해야 한다(법 제84조 2항, 4항). 그러나 부동산경매사건의 진행기간 등에 관한 예규(재민 91-5)는 배당요구종기결정은 등기필증접수일로부터 3일 안에 하도록 규정하고 있다.

　② 배당요구의 종기는 통상 첫 매각기일의 1월 이내로 정하는 것이 보통이다. 그러나 배당요구종기에 대한 예규(재민 2004-3, 제6조 1항)는 특별한 사정이 없는 한 배당요구종기 결정일로부터 2월 이상 3월 이하의 범위 안에서 정해야 한다고 규정하고 있다.

　이는 소액임차인이나 임금채권자와 선순위채권자들의 채권금액과 배당참여 여부를 미리 확정함으로서 조기에 매각조건을 확정하고 매수희망자에게 인수의 부담을 알고 있는 상태에서 경매에 참여할 수 있도록 하기 위함이며 법원으로서도 첫 매각기일 이전에 경매신청자의 무잉여 여부를 판단할 수 있도록 하여 경매절차의 안정을 도모하기 위함이다.

(2) 배당요구종기의 공고 및 고지

　① 배당요구종기가 정해지면 법원은 경매개시결정을 한 취지 및 배당요구종기를 공고해야 한다(법 제4조 2항). 이때 공고는 압류효력발행일로부터 1주일 이내에 인터넷 법원경매 공고란 또는 법원게시판에 게시하는 방법으로 한다(재민 2004-3, 6조).

② 집행법원은 배당요구를 할 수 있거나 배당요구를 해야만 배당 받을 수 있는 이해관계인에게 배당요구종기를 고지해야 한다(법 제84조 2항).

이러한 고지의 대상으로는 ㉠ 최선순위 전세권자(제91조 4항 단서의 전세권), ㉡ 법원에 알려진 배당요구를 할 수 있는 법 제88조 1항 소정의 채권자(집행정본 있는 채권자, 경매개시결정등기 후의 가압류채권자, 민법·상법·기타 법률에 의하여 우선변제권이 있는 채권자로 주택 및 상가임차인, 임금채권자, 조세채권자) 등은 배당요구를 해야만 배당 받을 수 있으므로 법원은 매각절차에서 알게 된 이들에게 고지해야 한다. 고지방법으로는 등기우편으로 발송하는 방법으로 한다(재민 2004, 제6조 3항). 고지대상에서 최선순위 전세권자는 배당요구를 하지 않으면 매수인이 인수하나 배당요구했다면 배당 받고 소멸되므로 배당요구종기일까지 배당 요구할 것인지 아닌지 여부를 선택할 수 있는 기회를 주기 위해서 배당요구종기의 공고 이외에 최선순위 전세권자에게 이를 고지해야 한다(제84조 2항).

(3) 배당요구종기의 연기 신청

① 집행법원은 특별히 필요하다고 인정되는 경우(즉 감정평가서나 현황조사가 예상보다 지연되는 경우, 채무자에게 경매개시결정의 송달이 되지 않은 경우 등)에는 배당요구의 종기를 연기할 수 있다(법 제84조 6항).

② 배당요구종기를 연기할 때에는 첫 배당요구종기결정일로부터 6월 이후로 연기해서는 안 된다(재민 2004-3, 제6조).

③ 배당요구를 연기한 경우 다시 공고하고 최선순위전세권자, 법 제88조 1항의 채권자들에게 고지해야 한다. 또한 제84조 4항의 채권신고의 최고를 해야 한다. 다만 이미 배당요구 또는 채권신고를 한 사람은 고지·최고를 하지 아니한다(법 제84조 7항).

④ 이중경매에서 선행경매사건이 취하·취소된 경우 후행경매사건으로 진행하게 되는데 후행경매사건이 배당종기 후에 신청된 것이면 배당요구를 새로 결정해야 한다(법 87조3항). 이 경우 이미 배당요구 또는 채권신고를 한 사람에 대하여는 고지·최고를 하지 아니한다.

◈ 채권신고의 최고와 그에 따른 배당요구

(1) 채권신고의 최고란?

민사집행법 제84조 4항은 법원사무관 등은 제148조 3호(첫 경매개시결정등기 전에 등기된 가압류채권자) 및 제148조 4호(저당권, 전세권 기타 우선변제청구권으로서 첫 경매개시결정등기 전에 등기되었고 매각으로 소멸하는 것을 가진 채권자) 및 조세, 그 밖의 공과금을 주관하는 공공기관에 대하여 채권의 유무, 그 원인 및 액수(원금, 이자, 비용, 그 밖의 부대채권을 포함한다)를 배당요구의 종기까지 법원에 신고하도록 최고하여야 한다.

① 이러한 규정의 의미는 배당요구를 하지 아니하여도 배당받을 수 있는 채권자들에게 배당요구 종기일까지 채권신고를 하도록 하는 것은 배당종기 시점에서 법원이 우선 채권유무와 금액 등을 확인하고 남을 가망(제91조·제102조)의 유무를 판단할 수 있도록 하는 한편 공과금을 주관하는 공공기관에 대하여 최고하도록 함에 따라 조세 등의 교부 청구권자들에게 교부청구할 수 있는 기회를 줌으로서 조세채권의 우선 회수를 목적으로 한다.

② 이 최고규정은 훈시규정이므로 이를 위반한다하더라도 매각절차가 무효로 되지 아니하고 매각허가결정에도 영향은 미치지 아니하고 매각허가결정에 대한 항고사유로 되지 아니한다(대결 79마299).

(2) 채권신고의 최고방법 및 최고시기, 통지기간

① 민사집행법 84조 4항은 법원사무관 등의 명의로 하도록 되어 있으며 최고방법에는 서면 이외에 말 또는 전화로도 가능하다. 그러나 실무에서는 서면으로 최고서를 보내고 있다.

② 최고시기 및 통지기간은 배당요구의 종기결정일로부터 3일 이내에 최고한다. 그러나 통상 배당요구종기의 결정과 동시에 최고를 하고 있다.

③ 최고를 받을 자가 외국에 있거나 있는 곳이 분명하지 아니한 경우 최고할 사항을 공고하면 되고 이 경우 최고는 공고일로부터 1주일이 지나면 효력이 생긴다.

(3) 채권신고의 최고대상

① 첫 경매개시결정등기 전에 등기된 가압류채권자에 대한 최고(법 제148조 3호)

② 첫 경매개시결정등기 전에 등기된 저당권, 전세권, 기타 우선변제청구권으로 매각으로 소멸되는 채권자(법 제148조 4호)

③ 매각대상물에 소유권이전청구권보전가등기가 되어 있는 경우 법원은 가등기권자에게 그 가등기가 담보가등기인지 보전가등기인지 여부를 법원에 신고할 것을 상당한 기간을 정

하여 최고해야 한다(가담법 제16조 1항). 이때 담보가등기권자인 경우에는 그 내용 및 채권(이자 기타 부수채권 포함)의 존부, 원인 및 수액을 신고하도록 하고 있다.

④ 법원사무관 등은 경매개시결정 후 조세, 그 밖의 공과금을 주관하는 공공기관에 대하여 목적부동산에 관한 채권의 유무와 그 원인 및 액수를 배당요구종기일까지 법원에 신고하도록 하고 있다(제84조 4항). 이때 최고대상으로 ㉠ 소유자주소를 관할하는 세무서(국세), ㉡ 부동산소재지의 시·군·구·읍·면(지방세), ㉢ 관세청장 등에 대하여 통상 2주의 기간을 두고 있다. 그러나 공과금 주관공공기관 등은 법원이 정한 기간에 구애됨이 없이 배당요구종기일까지는 교부청구하여 배당에 참여할 수 있다.

(4) 배당 받을 수 있는 채권자와 배당요구의 철회(민집법 제88조)

① 배당요구를 해야만 배당 받을 수 있는 채권자

㉠ 집행력 있는 정본을 가진 채권자, ㉡ 민법, 상법 기타 법률에 의하여 우선변제청구권이 있는 채권자, 주택임대차보호법에 의한 소액임차인, 확정일자부임차인, 근로기준법에 의한 임금채권자, 상법에 의한 고용관계로 인한 채권이 있는 자 등, ㉢ 경매개시결정기입등기 후에 가압류한 채권자, ㉣ 경매개시결정기입등기 후에 압류했거나 압류하지 않은 조세채권자(국세, 지방세), 공과금채권자(국민건강보험법, 국민연금법, 고용·산재보험법에 의한 보험료) 등은 배당요구의 종기까지 배당요구를 해야 배당 받을 수 있고 배당요구를 하지 않은 경우에는 선순위채권자라도 경매절차에서 배당을 받을 수 없고, 그로 인해 자기보다 후순위채권자가 배당 받게 되었더라도 부당이득반환청구를 하는 것도 허용되지 않는다.

② 배당요구를 하지 않아도 배당 받을 수 있는 채권자

첫 경매개시결정등기 이전에 등기를 마친 ㉠ 담보권자(저당권자, 전세권자, 담보가등기권자), ㉡ 임차권등기권자, ㉢ 체납처분에 의한 압류등기권자, ㉣ 가압류권자, ㉤ 배당요구종기 전까지 이중경매개시결정을 한 채권자, 이러한 채권자가 배당요구종기까지 법 제84조 4항의 최고에 대한 신고를 하지 아니한 때에는 그 채권자의 채권액을 등기부등본 등 집행기록에 있는 서류와 증빙에 따라 계산한다(법 84조5항).

③ 배당요구의 철회(민집법 제88조 2항)

배당요구에 따라 매수인이 인수하여야 할 부담이 바뀌는 경우 배당요구를 한 채권자(선순위 전세권자, 선순위 임차인 등)는 배당요구의 종기가 지난 뒤에는 이를 철회하지 못한다.

◈ 공유자에 대한 통지

공유지분부동산경매에서 경매개시결정을 하였을 경우에는 다른 공유자에게 그 경매개시결정이 있다는 것을 통지해야 한다(민집법 제139조 1항).

각 공유자는 경매절차상의 이해관계인(동법 제90조 3호)으로서 누가 공유자의 1인이 되는 가에 관하여 이해관계가 있고 매각절차에서 다른 공유자는 우선매수청구권(동법 제140조)을 가지고 있기 때문에 매각기일, 매각결정기일을 통지해야 한나. 이는 실무상 경매개시결정등기완료 후에 실시한다.

(1) 통지의무위반

채무자에 대한 경매개시결정의 송달과는 달리 공유지분권에 대한 통지는 이 통지가 없더라도 경매개시결정의 효력에는 영향을 미치지 아니한다. 그러나 공유자에게 매각기일과 매각결정기일을 통지해야 하고 이를 하지 않았을 경우에 매각허가결정에 대한 항고사유가 된다(대결 97마962).

(2) 통지대상에서 제외되는 경우

예외적으로 상당한 이유가 있는 경우에는 공유자에 대한 통지를 하지 아니할 수 있다(법 제139조 1항).

① 공동주택(아파트, 다세대주택 등) 등의 전유부분의 대지권의 목적인 토지의 공유지분에 대한 경매에서는 위 통지를 할 필요가 없다.

② 공유물 분할판결에 기한 공유물 전부를 경매에 의하여 매득금을 분배하기 위한 현금화의 경우 경매신청은 판결상의 원고 또는 피고도 할 수 있다(대결 79마5). 따라서 경매신청인 외에 다른 공유자는 상대방 또는 피신청인 겸 소유자로 되어 경매개시결정을 송달 받게 되므로 다른 공유자에 대한 통지법(법 139조)이나 공유자우선매수권 규정(법 140조)은 그 적용이 없다(대결 91마239).

◆ 집행관의 현황조사

(1) 현황조사는 어떻게 하나?

법원은 경매개시결정을 한 후 지체 없이 집행관에게 부동산의 현상, 점유관계, 차임 또는 임대차 보증금의 수액 기타 현황에 관하여 조사할 것을 명하게 된다(민집법 제85조 1항). 부동산을 적정한 가격으로 환가하기 위해서는 집행법원이 부동산의 현상, 점유관계 등 사실관계와 권리관계의 현황을 정확히 파악하여 적정, 타당한 매각조건을 결정하고, 일반 원매자에게 그 현황을 공시하여 경매할 부동산에 관한 정보를 제공할 필요가 있기 때문이다. 민사집행법의 규정이 적용되는 사건은 현황조사 결과 알게 된 임차인에 대하여 즉시 배당요구의 종기일까지 법원에 그 권리신고 및 배당요구를 할 것을 통지해야 한다.

(2) 조사명령 시기와 집행관의 조사권한

① 임의경매의 경우 경매개시결정 후 3일 이내, 강제경매의 경우는 등기필증 접수일로부터 3일 이내에 하게 된다. 실무상으로는 경매기입등기촉탁과 동시에 현황조사명령을 내리고 있는데 이는 경매기입등기 전에 조사를 착수하면 채무자가 목적부동산을 타인에게 처분할 염려가 있기 때문이다. 현황조사는 집행관에게 명할 수 있고 집행관 이외의 자에게는 명할 수는 없으나, 집행법원의 소재지에 집행관이 없는 경우 법원사무관 등이 직무를 대리하는 경우 법원사무관 등에게 조사를 명할 수 있다.

② 집행관은 현황조사를 위하여 건물을 출입할 수 있고 채무자 또는 건물을 점유하는 제3자에게 질문을 하거나 문서를 제시하도록 요구할 수 있다(민집법 제85조 2). 건물을 출입하기 위해서 잠긴 문을 여는 등 적절한 처분을 할 수도 있고 관할 구역 외에서도 그 직무를 행할 수 있으며 저항 받은 때에는 경찰 또는 국군의 원조를 청구할 수 있다(법 제5조 2항).

(3) 현황조사보고서

① 현황조사보고서 제출

집행관은 규칙 제46조 1항의 규정에 따라 현황을 조사한 때에는 현황조사보고서를 정하여진 날(2주 이내)까지 집행법원에 제출해야 한다. 이 보고서에는 조사의 목적이 된 부동산의 현황을 알 수 있도록 도면, 사진을 첨부해야 한다(규칙 제46조 2항).

② 현황조사보고서 사본의 비치

매각물건명세서 및 평가서 사본과 함께 비치하여 누구든지 볼 수 있도록 하여야 한다(법 제105조 2항). 다만 법원은 상당하다고 인정하는 때에는 현황조사보고서의 기재내용을 전자통신매체로 공시함으로서 그 사본의 비치에 갈음할 수 있다(규칙 제55조 단서). 비치시기는 첫 매각기일 1주 전부터 매각실시 일까지 계속 비치해야 한다(규칙 제55조 본문).

(4) 집행법원에 의한 심문

집행관의 조사보고 내용이 충분하지 못하면 추가조사, 재조사명령을 발할 수 있으나, 목적물의 동일성 여부, 부합물인지 여부, 점유관계에 관한 사실 등을 확정하기 위하여 필요한 때에는 채무자, 부동산을 점유하는 제3자 기타 참고인을 심문할 수 있다(규칙 제2조).

(5) 현황조사 후 집행법원의 임차인에 대한 통지와 농지에 대한 사실 조회

① 집행법원의 임차인에 대한 통지

집행법원은 현황조사보고서 등의 기재에 의하여 주택(상가)임차인으로 판명된 자, 주택(상가)임차인인지 여부가 명백하지 아니한 자, 또는 주택(상가)임차인으로 권리신고를 하고 배당요구를 하지 아니한 자에 대하여 소정의 양식에 의한 통지서를 법원사무관 등의 명의로 송부한다. 이 통지를 받은 임차인은 배당요구의 종기까지 배당요구를 하여야 배당 받을 수 있다.

② 집행법원의 농지에 대한 사실 조회

㉠ 농지를 취득하고자 하는 자는 원칙적으로 농지취득자격증명을 발급받아야 한다(농지법 8조1항). 따라서 경매목적물인 토지가 농지법 제2조 소정의 농지인지 조사할 필요가 있다.

㉡ 농지에 대한 집행관의 보고가 있으면 집행법원은 농지소재지 관할 시장·군수·구청장에 대하여 경매목적물인 토지에 대하여 사실조회를 함과 동시에 감정인에 대하여는 사실조회를 하였다는 취지와 감정을 유보할 것을 통지하게 된다.

㉢ 농지취득자격증명은 등기요건이고(대판 1998.2.27. 97다49251) 효력발생요건은 아니지만, 경매절차에서 농지에 대한 매수인의 농지취득자격증명의 취득 여부는 매각허가요건이다(대판 1997.12.23. 97다42991 등). 공부상 지목은 농지이나 사실상의 현황이 농지법상의 농지가 아니면 농지취득자격증명이 없다는 이유로 매각불허가를 할 수 없다(대결 86마1095).

◈ 매각부동산의 평가와 최저매각가격의 결정

(1) 부동산평가 및 최저매각기일 결정

집행법원은 등기관으로부터 기입등기의 통지를 받은 후 3일내에 평가명령을 발하여 감정인으로 하여금 경매부동산을 평가하게 하고, 그 평가액을 참작하여 최저매각가격을 정한다. 최저매각가격은 매각을 허가하는 최저의 가격으로 그 금액에 미달하는 응찰에 대하여는 매각이 허가되지 아니한다.

(2) 부동산 평가명령 시기와 평가서 제출기한

① 집행법원은 등기관으로부터 기입등기의 통지를 받은 후 3일 내에 평가명령을 발하여 감정인으로 하여금 경매부동산을 평가하게 하고, 평가서 제출기간은 2주일 이내에 제출하여야 한다. 그리고 그 평가액을 참작하여 최저매각가격을 정하게 된다.

② 평가서에는 부동산의 모습과 그 주변의 환경을 알 수 있는 도면, 사진 등을 붙여야 한다 (규칙 제51조 2항).

③ 평가서사본은 매각물건명세서사본, 현황조사보고서와 함께 일반인이 열람할 수 있도록 하기 위해서 평가서사본 1부를 더 제출해야 한다(규칙 제55조). 이때 이해관계인 등은 감정인의 평가에 대해서 불복할 수 없고 법원의 최저매각가격에 대해서만 불복할 수 있다.

(3) 최저매각가격의 결정

① 집행법원은 감정인의 평가액을 참작하여 최저매각가격을 정해야 한다(민집법 제91조 1항). 법원실무에서는 보통 감정인의 평가액을 그대로 최저매각가격으로 정하여 매각하고 있다. 법원이 감정인의 평가액을 증감하여 최저매각가격을 정하게 될 때에는 그에 대한 합리적인 이유가 있어야 한다.

② 최저매각가격이 결정되면 함부로 변경할 것이 아니나 재평가 사유가 있거나 새 매각의 경우에는 최저매각가격을 변경한다.

③ 최저매각가격의 결정이 매각기일 전이면 집행에 관한 이의신청으로 하고, 매각기일 이후에는 매각허가에 대한 이의 또는 매각허가결정에 대한 항고로 다툴 수 있다.

◆ 매각물건명세서의 작성 및 비치, 열람

(1) 매각물건명세서의 작성 및 비치

　법원은 ① 부동산의 표시, ② 부동산의 점유자와 점유의 권원, 점유할 수 있는 기간, 차임 또는 보증금에 관한 관계인의 진술, ③ 등기된 부동산에 관한 권리 또는 가처분으로서 매각에 의하여 그 효력이 소멸되지 아니하는 것, ④ 매각에 의하여 설정된 것으로 보게 되는 지상권의 개요 등을 기재한 매각물건명세서를 작성하고, 이를 매각기일의 1주일 선까지 법원에 비치하여 일반인이 열람할 수 있도록 하게 된다. 이에는 현황조사보고서 및 감정평가서의 사본도 함께 비치하게 된다.

　매각물건명세서는 응찰자에게 부동산의 물적 부담상태, 취득할 종물, 종된 권리의 범위 등과 최저매각가격산출의 기초가 되는 사실을 공시하여 신중한 판단을 거쳐 입찰에 참가하게 함으로써 적정가격에 의한 입찰을 도모하기 위하여 마련된 제도이다.

(2) 매각물건명세서의 정정

① 매각물건명세서의 작성

　매각물건명세서의 작성은 재판이 아니라 일종의 집행처분이므로 그 기재에 잘못이 있거나 변동이 생기더라도 비치열람을 한 후에라도 직권으로 정정할 수 있다.

② 매각물건명세서 사본비치 전 정정한 경우

　집행관은 매각기일에 매각을 실시하기 전에 그 정정·변경내용을 고지하고, 기간입찰에서는 법원사무관 등이 집행과 및 집행관사무실게시판에 그 정정·변경된 내용을 게시하여야 한다(재민 2004-3, 9조3항).

③ 매각물건명세서사본 비치 후 정정한 경우

　비치된 이후에 정정이 이루어졌고 정정된 내용이 매수신청에 영향을 미칠 수 있는 사항이면 매각기일 또는 입찰기간 등을 변경하여야 한다(재민 2004-3, 9조2항).

(3) 매각물건명세서의 작성·비치·열람

　① 매각물건명세서는 집행법원의 인식을 기재한 서면에 불과하고 재판이 아니므로 그 작성행위는 일종의 사실행위에 속한다.

　② 매각물건명세서·현황보고서 및 감정평가서의 사본은 일괄 편철하여 매각기일 또는 입

찰기간 개시일 1주전까지 사건별·기일별로 구분한 후 집행관사무실 등에 비치하여 매수희망자가 손쉽게 열람할 수 있게 해야 한다. 다만 임차인의 주민등록등본·초본 중 주민등록번호는 식별할 수 없도록 지운다음 비치해야 한다(재민 2004-3, 8조4항).

③ 3~4회의 매각기일 및 매각결정기일을 일괄하여 지정한 경우에도 매각물건명세서는 매각기일마다 1주일 전까지 비치해야 한다. 다만 법원이 상당하다고 인정되는 때에는 전자통신매체로 공시함으로서 그 사본의 비치에 갈음할 수 있다(규칙 55조 단서).

④ 비치기간은 매각물건명세서사본을 매각기일 또는 입찰기간의 개시일(기간입찰방식의 경우)이다. 그 1주일 전까지 비치하되 각 매각기일까지 계속 비치하며 매각대금이 납부되면 적당한 방법으로 이를 폐기한다.

◆ 경매기록 열람·복사를 신청할 수 있는 이해관계인

민사집행법 제90조, 제268조, 부동산 등에 대한 경매처리지침 제53조 제1항에 따라 경매절차에서 경매기록의 열람·복사를 할 수 있는 이해관계인은 다음과 같다.

(1) 매각절차의 이해관계인 등의 열람·복사(민사집행법 제90조, 제268조)

① **매각절차의 이해관계인**
㉠ 압류채권자와 집행력 있는 정본에 의하여 배당을 요구한 채권자, ㉡ 채무자 및 소유자, ㉢ 등기부에 기입된 부동산 위의 권리자, ㉣ 부동산 위의 권리자로서 그 권리를 증명한 사람,

② **당사자와 이해관계를 소명한 제3자**(법 제162조 1항)에 한하여 열람·복사를 허용하고, 그 밖의 자에 대하여는 열람·복사를 허용하지 아니한다.

(2) 부동산 등에 대한 경매처리지침 제53조

제1항은 매각절차상의 이해관계인(법 제90조, 제268조) 외의 사람으로서 경매기록에 대한 열람·복사를 신청할 수 있는 이해관계인의 범위는 다음과 같다(재민 2004-3 제53조)
1. 파산관재인이 집행당사자가 된 경우의 파산자인 채무자 및 소유자
2. 최고가매수신고인과 차순위매수신고인, 매수인, 자기가 적법한 최고가매수신고인 또는 차순위매수신고인임을 주장하는 사람으로서 매수신고 시 제공한 보증금을 찾아 가지 아니한 매수신고인

3. 민법, 상법, 그 밖의 법률에 의하여 우선변제권이 있는 배당요구 채권자
4. 대항요건을 구비하지 못한 임차인으로서 현황조사보고서에 표시되어 있는 사람
5. 건물을 매각하는 경우의 그 대지 소유자, 대지를 매각하는 경우의 그 지상건물 소유자
6. 가압류채권자, 가처분채권자(점유이전금지가처분채권자 포함)
7. 부도공공건설임대주택임차인 보호를 위한 특별법의 규정에 의하여 부도임대주택의 임차인대표회의 또는 임차인 등으로부터 부도임대주택의 매입요청을 받은 주택매입사업시행자

제2항은 경매기록에 대한 열람·복사를 신청하는 사람은 제1항 각호에 규정된 이해관계인에 해당된다는 사실을 소명하여야 한다. 다만, 이해관계인에 해당한다는 사실이 기록상 분명한 때에는 그러하지 아니하다.

제3항은 경매기록에 대한 복사청구를 하는 때에는 경매기록 전체에 대한 복사청구를 하여서는 아니되고 경매기록 중 복사할 부분을 특정하여야 한다.

◈ 남을 가망이 없을 경우 통지와 경매 취소

(1) 남을 가망이 없을 경우 경매법원은 어떻게 하나?

① 법원은 최저매각가격으로 압류채권자의 채권에 우선하는 부동산의 모든 부담과 절차비용을 변제하면 남을 것이 없겠다고 인정한 때에는 압류채권자에게 이를 통지하여야 한다.

② 압류채권자가 제1항의 통지를 받은 날부터 1주 이내에 제1항의 부담과 비용을 변제하고 남을 만한 가격을 정하여 그 가격에 맞는 매수신고가 없을 때에는 자기가 그 가격으로 매수하겠다고 신청하면서 충분한 보증을 제공하지 아니하면 법원은 경매절차를 취소하여야 한다.

③ 제2항의 취소결정에 대하여는 즉시 항고를 할 수 있다.

(2) 일괄매각의 경우 남을 가망 여부에 대한 판단

① 여러 개의 부동산을 동시에 매각하는 경우 각 개의 부동산에 대하여 남을 가망이 있는지를 심사해야 한다.

② 여러 개의 부동산을 동시에 일괄 매각의 결정을 한 경우 여러 개의 부동산을 전체로서 1개의 부동산으로 보아야 하고 따라서 여러 개의 부동산 중 일부에 관하여 그 부동산 자체만을 매각한다면 남을 가망이 없는 경우라도 절차를 속행하여야 하고 무잉여 취소할 것이 아니다.

(3) 매수신청에 따른 보증금 제공 방법

① 압류채권자가 매수신청을 함에 있어서는 충분한 보증을 제공해야 한다(법 제102조 2항).

② 실무상 매수신청 시의 충분한 보증금으로는 "저감된 최저매각가격과 매수신청액(우선하는 부담과 비용을 변제하고 남은 가격)의 차익"을 보증액으로 하고 있다. 즉 (매수신청액 1억원 − 최저매각가격 8,500만원) 1,500만원 이상을 제공하여야 경매절차를 속행할 수 있다.

(4) 채권자의 매수신청 시 최고가 매수신청인 결정방법

① 매각기일에 입찰자의 매수신청가격이 채권자 매수신청가격 미만이면 채권자가 최고가매수신고인이 되고, 이상일 경우 입찰자가 최고가매수신고인이 된다. 매각기일에 매수신고가 없는 경우 압류채권자의 출석유무를 불문하고 압류채권자를 최고가매수신고인으로 하여 그 이름과 가격을 부른 후 매각기일을 종결한다고 고지하여야 한다(법 제115조1항).

② 압류채권자가 매수신청가격보다 고가로 신고하여 최고가매수신고인이 된 경우 최저매각가격의 10분의 1에 달할 만큼의 보증을 추가로 제공하여야 한다.

(5) 남을 가망이 없는 경우에 이를 간과하고 경매절차를 진행한 경우

① 우선채권을 넘는 매수신고가 있으면 민사집행법 102조(남을 가망이 없는 경우의 경매취소) 위반의 하자는 치유되나 우선채권에 미달하는 때에는 법 제102조 위반의 하자가 치유된다고 볼 수 없고(대결 95마1143), 매각불허가결정을 해야 한다.
따라서 법원이 매각허가 여부를 결정하는 단계에서 남을 가망이 없음을 알게 된 경우에는 직권으로 매각불허가결정을 해야 한다.

② 남을 가망이 없음에도 매각허가결정을 한 경우 즉시 항고할 수 있는 자는 압류채권자와 우선채권자에 한하고 채무자와 소유자(물상보증인)는 항고할 수 없다(대결 87마861). 따라서 즉시항고 없이 매수인이 잔금을 납부하면 소유권을 적법하게 취득하게 된다.

05 매각기일 및 매각결정기일의 지정과 통지

집행법원은 매각의 준비로 공과주무관서에 대한 통지, 집행관의 현황조사, 감정인의 평가를 통한 최저매각가격결정 등의 절차가 완료되면 경매절차를 취소할 사유가 없는 경우에는 매각명령을 하고 직권으로 매각기일을 지정하고 공고하게 된다.

◆ 매각기일 및 매각결정기일 지정공고와 이해관계인 통지(법 제104조)

① 법원은 최저매각가격으로 제102조 1항의 부담과 비용을 변제하고도 남을 것이 있다고 인정하거나 압류채권자가 제102조 2항의 신청을 하고 충분한 보증을 제공한 때에는 직권으로 매각기일과 매각결정기일을 정하여 대법원규칙이 정하는 방법으로 공고한다.

② 법원은 매각기일과 매각결정기일을 이해관계인에게 통지하여야 한다.

③ 2항의 통지는 집행기록에 표시된 이해관계인의 주소에 대법원규칙이 정하는 방법으로 발송할 수 있다.

④ 기간입찰의 방법으로 매각할 경우에는 입찰기간에 관하여도 1항 내지 3항의 규정을 적용한다.

◆ 매각기일 및 매각결정기일 지정과 매각명령

(1) 매각기일 및 매각결정기일 지정

① 최초매각기일의 지정·게시·공고는 배당요구종기일로부터 1월 이내에 매각기일 및 그 매각기일로부터 1주일 이내로 정한 매각결정기일을 지정·공고하고 이해관계인에게 이를 통지한다.

② 매각기일 및 매각결정기일의 지정은 원칙적으로 입찰을 실시할 때마다 하여야 하나 실무상으로는 3~4회 정도의 매각기일을 일괄하여 지정하고 있다.

③ 최초매각기일은 공고일로부터 2주 후 20일 안의 날로 정하되 연월일과 시각을 특정하여야 한다. 이렇게 최초매각기일은 공고일로부터 14일 이상의 간격을 두고 하게 된다. 이 기

간은 훈시규정이 아니므로 이 기간을 어긴 때에는 매각기일을 변경하여야 하고, 매각실시 후 발견 시에는 매각허가를 불허가하여야 한다. 매각기일의 공고는 매각기일마다 하여야 하므로 최초의매각기일, 변경된 기일공고뿐만 아니라 변경 후의 기일, 새 매각기일, 재매각기일 등에 관해서도 모두 그 기일 2주전까지 공고하여야 한다.

④ 새 매각기일, 재매각기일의 지정은 사유발생일로부터 1주일 이내에 정하는데 공고일로부터 20일 안으로 정한다(재민 91-5).

⑤ 기간입찰의 경우 입찰기간에 대하여 매각기일, 매각결정기일의 지정·공고 통지에 관한 규정이 그대로 적용된다(법 제104조 4항). 입찰기간은 1주 이상 1월 이하의 범위 내에서 정하고 매각기일은 입찰기간이 지난 후 1주일 안의 날로 정하여야 한다(규칙 제68조).

⑥ 매각결정기일 - 매각기일은 지정함과 동시에 직권으로 매각결정기일을 지정·공고하여야 하는데 매각기일로부터 1주일 내로 매각결정기일을 정하여야 한다(법 제109조 1항). 법원은 매각결정기일만 변경할 수 있으며 매각결정기일을 개시한 후에 이를 연기할 수도 있다. 법원사무관 등은 최고가매수신고인, 차순위매수신고인 및 이해관계인에게 변경된 내용을 통지하여야 하는데 통지는 등기우편으로 발송한다.

(2) 매각기일 공고내용(법 제106조)

매각기일의 공고내용에는 다음 각호의 사항을 적어야 한다.
1. 부동산의 표시, 2. 강제집행으로 매각한다는 취지와 그 매각방법, 3. 부동산의 점유자, 점유의 권원, 점유하여 사용할 수 있는 기간, 차임 또는 보증금약정 및 그 액수, 4. 매각기일의 일시·장소, 매각기일을 진행할 집행관의 성명 및 기간입찰의 방법으로 매각할 경우에는 입찰기간·장소, 5. 최저매각가격, 6. 매각결정기일의 일시·장소, 7. 매각물건명세서·현황조사보고서 및 평가서의 사본을 매각기일 전에 법원에 비치하여 누구든지 볼 수 있도록 제공한다는 취지, 8. 등기부에 기입할 필요가 없는 부동산에 대한 권리를 가진 사람은 채권을 신고하여야 한다는 취지, 9. 이해관계인은 매각기일에 출석할 수 있다는 취지

(3) 매각명령

집행법원은 매각기일, 매각결정기일을 지정하면 매각명령을 발한다. 이러한 매각명령은 집행관에게 송부하지 아니하고 경매기록에 가철하여 두었다가 매각기일공고가 끝난 후에 경매기록과 함께 집행관에게 교부하여 경매를 실시하게 한다.

◈ 매각기일, 매각결정기일의 통지

집행법원은 매각기일과 매각결정기일을 이해관계인에게 통지하여야 한다(법 104조2항). 이 통지는 집행기록에 표시된 이해관계인의 주소(등기부등본, 권리신고서 또는 배당요구 신청서상의 주소 등)에 등기우편으로 발송(발송송달)할 수 있다(법 104조3항, 규칙 9조). 이때 주소는 집행기록에 의하여 알 수 있는 주소 중 최근의 주소이어야 한다. 실무상 3~4회 매각기일과 매각결정기일은 일괄하여 매각기일 공고일에 발송송달로 통지하고 있다. 집행법원이 이해관계인에게 매각기일 및 매각결정기일을 통지하지 아니하여 이해관계인이 매각허가결정에 대한 항고기간을 준수하지 못하였다면 매매대금의 완납 이후에도 추완항고가 허용될 수 있다(대결 2001마1047).

◈ 경매법원의 매각방법

매각의 방법을 다양하게 하기 위하여 호가경매, 기일입찰, 기간입찰의 3가지 방법 중 법원이 선택하여 실시할 수 있도록 하였다(법 제103조). 일괄매각의 범위도 금전채권을 제외한 다른 종류의 재산도 부동산경매절차에서 매각할 수 있도록 하였다(법 제98조, 제101조). 여기서 기간입찰의 방법은 2004. 09. 10. 민사집행법 시행에 따라 기일입찰과 함께 시행하게 되었으며 과거 일부법원에서 시행하였으나 현재 시행하고 있는 법원은 없고, 대부분이 기일입찰로 진행되고 있다. 그리고 호가경매는 실무상 부동산경매에서는 시행되지 아니하고 있다.

(1) 기일입찰

집행관이 법원의 입찰명령에 따라 매각기일에 입찰장소에서 입찰자에게 봉함한 입찰표에 입찰가격을 기재하여 제출토록 하고 그 중에서 최고가의 신고를 한 자를 최고가매수신고인으로 정한 다음 1주 후인 매각결정 기일에서 매각불허가 사유가 없으면 매각허가결정을 하는 방법이다. 기일입찰절차에서 입찰을 하려는 자는 반드시 매각기일에 본인 또는 대리인이 출석하며 입찰표를 집행관에게 제출하여야 한다.

(2) 기간입찰

일정한 입찰기간을 정하여 그 입찰기간 안에 입찰표를 직접 또는 우편으로 법원에 제출하게 하면서 법원에서 정한 보증금(최저매각가격의 10%)을 일률적으로 법원의 보관금계좌에 납입한 뒤 그 입금표를 입금증명서로 첨부하거나 지급보증위탁계약체결증명서를 첨부하게 하며 입찰기간종료 후 일정한 날짜 안에 별도로 정한 매각기일에 개찰을 실시하여 최고가매수신고인, 차순위매수신고인을 정한 다음 매각결정기일에서 매각허가결정을 하는 방법이다.

(3) 호가경매

호가매각기일에 매수신청액을 서로 올려가는 한 가지 방법으로 하게 된다. 호가경매기일을 열고 그 기일에 경매를 실시하여 최고가매수신고인, 차순위매수신고인을 결정하는 점에서 기일입찰과 유사하다. 매수신고가격은 최저매각가격 이상이어야 하며 두 번째 이후의 신고가격은 종전의 신고가격보다 고가이어야 한다. 호가경매는 타인의 매수가격을 알고 말로 호가하는 방식(규칙 제72조 1항)인데 반해서 입찰(기일, 기간입찰)은 타인의 입찰가격을 알 수 없도록 입찰표라는 서면에 기재하는 방식으로 한다(규칙 제62조 1항, 제69조).

(4) 1기일 2회 경매, 입찰

호가경매 또는 기일입찰에 의한 매각기일에서 유찰된 때에는 즉시 매각기일의 마감을 취소하고 최저매각가격의 저감 없이 그날 즉시 제2회 매각을 시도할 수 있다(법 115조4항). 이것은 절차의 신속을 위해서 하는 방법이다. 그렇다고 하더라도 3회 경매입찰까지는 허용되지 아니한다(법 115조5항). 특히 기간입찰에서는 허용될 수 없는 방법이다.

◆ 경매법원의 매각조건

매각조건이란 법원이 부동산을 매각하여 그 소유권을 매수인에게 이전시키는데 있어서 지켜야 할 조건을 말한다.

(1) 법정매각조건

모든 경매절차에 있어서 공통적으로 적용되도록 민사집행법이 미리 정하여 놓은 매각조건을 말한다.

① 남을 가망이 없을 경우의 경매 취소(법 제102조)

② 최저매각가격 미만의 매각불허

③ 매수신청인의 의무 - 매수신청인은 최저매각가격의 1/10(재매각 시에는 2/10 또는 3/10)에 해당하는 현금, 자기앞수표, 지급보증 위탁계약체결문서 중 하나를 즉시 집행관에

게 보관하여야 한다(법 113조, 규칙 제63조, 제64조). 매수신청인이 제출한 입찰표는 취소, 변경 또는 교환할 수 없다.

④ **매수인의 대금지급 의무와 그 지급시기** – 매수인은 대금지급기한까지 매각대금을 지급하여야 한다(법 제142조 2항).

⑤ **매수인의 소유권 취득시기** – 매수인은 매각대금을 다 낸 때에 매각의 목적의 권리를 취득한다(법 제135조).

⑥ **매수인이 인도청구를 할 수 있는 시기** – 매수인은 대금을 낸 후 6월 이내에 인도명령을 신청하여 인도를 받을 수 있다(법 제136조 1항).

⑦ **매각대금 지급 뒤의 조치** – 매각대금이 지급된 경우에 행하는 매수인 앞으로의 소유권이전등기 및 매수인이 인수하지 아니한 부동산 위의 부담의 말소등기는 법원사무관 등의 촉탁에 의하여 하며(법 제144조 1항), 그 비용은 매수인이 부담한다(법 144조 3항).

⑧ **부동산 위의 담보권, 용익권의 소멸, 인수(법 91조)**

⑨ **공유지분매각의 경우의 최저매각가격결정(법 139조 2항)**, 통지받은 타 공유자의 우선매수권(법 제140조)

⑩ **매수인의 자격** – 농지매각의 경우(농지법 제6조, 제8조) 매수인자격에 제한이 있다. 집행채무자, 매각절차에 관여한 집행관, 매각부동산을 평가한 감정인은 매수인 자격이 없다(규칙 제55조).

(2) 특별매각조건

법정매각조건 이외에 개별매각부동산에 대하여 별도로 지정한 매각조건으로 법정매각조건 중에서 공공의 이익이나 경매의 본질에 관계되지 않는 조건들을 이해관계인 전원의 합의 또는 법원의 직권으로 변경한 매각조건을 말한다.

① 이해관계인의 합의에 의한 특별매각조건의 변경(법 제110조)
제1항 최저매각가격 외의 매각조건은 법원이 이해관계인의 합의에 따라 바꿀 수 있다.
제2항 이해관계인은 배당요구의 종기까지 제1항의 합의를 할 수 있다.
㉠ 합의로 변경 가능한 조건 – • 매각대금의 지급방법과 시기, • 부동산 위의 담보권·

용익권의 인수·소멸에 관한 매각조건 등은 합의에 의한 변경이 가능할 것이다. 그러나 최저매각가격 외에도 매수인에 대한 소유권 이전과 같은 경매의 근본에 관한 매각조건은 이해관계인의 합의가 있어도 변경할 수 없다고 해석된다.

ⓒ 집행법원은 이해관계인의 합의에 따른 변경신청이 있으면 그에 따른 매각조건변경결정을 해야 할 것이다. 매각조건변경결정은 합의에 참가한 이해관계인에게 고지하여야 한다. 이 결정에 대하여 즉시 항고를 할 수 없다(법 제15조 1항, 제110조).

② 직권에 의한 매각조건의 변경(법 제111조)

제1항 거래의 실상을 반영하거나 경매절차를 효율적으로 진행하기 위하여 필요한 경우에 법원은 배당요구의 종기까지 매각조건을 바꾸거나 새로운 매각조건을 설정할 수 있다.

제2항 이해관계인은 제1항의 재판에 대하여 즉시 항고를 할 수 있다.

제3항 1항의 경우에 법원은 집행관에게 부동산에 대하여 필요한 조사를 하게 할 수 있다.

㉠ 법원이 직권으로 변경 가능한 조건 – ■잔금 미납으로 인해 재매각 시 입찰보증금을 최저매각가격의 20% 또는 30% 로 진행, ■토지별도등기를 매수인이 인수하는 조건으로 매각하는 경우, ■공유자우선매수청구권의 행사를 1회로 제한하는 경우, 학교, 복지법인 주무관서 매각허가서, 농지매각의 경우 농지취득자격증명원 제출을 하지 않으면 입찰보증금은 몰수하여 매각대금에 산입한다는 내용 등이 있다.

ⓒ 특별매각조건은 매각기일 공고에 기재할 필요적 기재사항은 아니다(제106조). 매각기일공고 전에 변경하였으면 공고에 기재하는 것이 바람직하며 매각기일에 집행관이 매수가격의 신고를 최고하기 전에 고지하여야 한다(112조). 이에 위반 시에는 매각불허가의 사유가 된다.

(3) 개별매각(분할매각)과 일괄매각

① 분할매각의 원칙

개별매각(또는 분할매각)은 하나의 매각절차에서 수개의 부동산을 매각하는 경우 각 부동산별로 최저매각가격을 정하고 매각하는 것을 말한다. 여러 개의 부동산을 하나의 매각절차에서 매각하는 경우에 일괄매각결정이 없다면 여러 개의 부동산은 개별매각되는 것이다(대결 1994.8.8. 94마1150). 개별매각은 법정매각조건이 아니므로 법원은 자유재량으로 일괄매각할 것인지, 개별매각할 것인지를 결정할 수 있다(대결 1964.6.24. 64마444).

② 일괄매각하게 되는 경우

일괄매각이라 함은 하나의 매각절차에서 여러 개의 부동산을 매각하는 경우에 최저매각가격의 결정과 매각의 실시를 부동산 전부에 관하여 일괄하여 하는 방법을 말한다.

㉠ 일괄매각하여야 하는 경우와 그 결정 시기 – ■대지권등기 있는 집합건물의 매각 시, ■공장저당법에 의한 저당권의 실행으로 매각이 이루어지는 경우에 공장저당물건인 토지 또는 건물과 그에 설치된 기계, 기구 그 밖의 공장의 공용물과는 유기적인 일체성이 있으므로 반드시 일괄매각해야 한다(대결 92마576), ■토지를 목적으로 저당권을 설정한 후 그 설정자가 그 토지에 건물을 축조한 때에는 저당권자는 토지와 함께 그 건물에 대하여도 일괄하여 경매를 청구할 수 있다(민법 제365조), ■토지와 지상건물이 동시에 매각되는 경우(대결 1967.8.31. 67마781)와 같이 개별매각을 하는 것보다 일괄매각을 하는 것이 현저히 고가로 매각될 수 있는 때에는 과잉매각 여부와 관계없이 일괄매각결정을 해야 한다.

㉡ 일괄매각이 허용되지 아니하는 경우 – ■과잉매각이 되는 경우, ■개별매각을 하는 편이보다 고가로 매각될 수 있으리라고 예상되는 경우에는 일괄매각을 할 수 없다.

㉢ 일괄매각결정시기와 방법 – 일괄매각의 결정은 그 목적물에 대한 매각기일 이전까지 할 수 있다(민집 제98조 3항).

 ## 06 경매법정에서 확인할 사항과 입찰서류를 작성해서 제출하는 방법

이 내용은 "Chapter 14 경매 첫걸음! 아파트와 다세대주택 법원입찰 현장학습(302~314쪽)"을 참고하면 되므로 생략했다.

01 아파트와 다세대주택 입찰에 참여하기 전에 확인할 사항
02 집행관이 입찰절차에서 유의할 점을 설명하고 있다!
03 입찰서류를 작성해서 김선생의 확인을 받아 제출하고 있다!
04 입찰 마감 후 최고가매수신고인 결정 및 입찰마감 절차
05 정 사장이 경매로 다세대주택을 낙찰받아 평생직장을 시작하다!

최고가매수신고인과 차순위매수신고인 등의 결정 후 입찰절차 종결

◆ 최고가매수신고인의 결정

　최고의 가격으로 입찰한 사람을 최고가매수신고인으로 한다. 다만, 최고의 가격으로 입찰한 사람이 두 사람 이상일 경우에는 그 입찰자들만을 상대로 추가입찰을 실시한다.

◆ 차순위매수신고의 결정

　최고가매수신고인이 대금을 납부하지 않은 경우 재매각절차를 거치지 아니하고 차순위매수신고인에게 매각을 허가하여 절차의 지연을 방지하기 위한 제도이다(법 제114조).
　차순위매수신고를 할 수 있는 자는 2위에 해당하는 매수신고인 뿐만 아니라 3위 이하의 신고인도 본조 요건을 충족하는 한 차순위신고를 할 수 있다.

　① 집행관은 최고가매수신고인을 정한 뒤 매각기일을 종결하기 전에 반드시 차순위매수신고를 최고하여야 한다.

　② 차순위매수인이 2인 이상일 경우 매수가격이 높은 사람을 차순위신고인으로 하고 같은 때에는 추첨으로 정한다.

　③ 차순위매수신고는 그 신고금액이 최고가매수신고액에서 그 입찰보증금을 뺀 금액을 넘어야 한다(동액이어도 된다).
　ex) 최고가매수신고인의 매수가가 5억인데 최저입찰가가 4억4천만원 이었다면 입찰보증금은 4,400만원이므로 차순위매수신고인의 지위를 갖는 입찰자는 5억원-4,400만원=456,000,000원 이상의 입찰자만이 해당된다.

◆ 공유자의 우선매수권

　공유물지분경매에서 공유자는 매각기일까지 매수신청의 보증을 제공하고 최고가매수신고인과 같은 가격으로 채무자의 지분을 우선매수신청하겠다고 신고를 할 수 있다(민집법 제140조 1항). 이때 법원은 최고가매수신고인이 있어도 그 공유자에게 매각을 허가해야 한다(2항). 여러 사람의 공유자가 우선매수하겠다는 신고를 하고 제2항의 절차를 마친 때에는 특별한 협의가 없으면 공유지분의 비율에 따라 채무자의 지분을 매수하게 한다(3항). 제1항의 규정에 따라 공유자가 우선매수신고를 한 경우에는 최고가매수신고인을 제114조의 차순위매수신고인으로 본다(4항).

이는 호가경매, 기일입찰, 기간입찰 모두에게도 적용된다(규칙 제71조, 제72조 4항).

◆ 특별법에 의한 우선매수신고

① 임대주택법에 의한 건설임대주택임차인의 우선매수신고

임대주택법 제 15조 1항의 건설임대주택은 민사집행법에 따라 경매하는 경우 임대주택법 15조 규정에 따라 우선 분양전환 받을 수 있는 임차인은 매각기일까지 민사집행법 제113조의 규정에 따라 보증을 제공하고 최고가매수신고가격으로 채무자인 임대사업자의 임대주택을 우선 매수하겠다고 신고할 수 있다(임대주택법 15조의2항). 우선매수신고는 매각기일 전 또는 매각기일에 집행관이 매각기일을 종결한다는 고지를 하기 전까지 할 수 있다. 이때 최고가매수신고인은 차순위매수신고인으로 간주한다.

② 부도공공건설임대주택 임차인보호를 위한 특별법 12조

부도공공건설임대주택 임차인보호를 위한 특별법 제12조에 의하여 부도임대주택의 임차인대표회의 또는 임차인 등이 주택매입사업자에게 부도임대주택의 매입을 요청할 경우 임대주택법 제15조 2의 규정에 따라 임차인에게 부여된 우선매수권을 주택매입사업자에게 양도한 것으로 간주한다. 이 경우에는 주택매입사업시행자는 법 제113조의 규정에서 정한 보증의 제공 없이 우선매수신고를 할 수 있다(특별법 제12조).

◆ 최고가매수신고인과 차순위매수신고인, 그리고 우선매수신청인 결정 방법

최고가매수신고인을 결정하고 입찰을 종결하는 때에는 집행관은 '○○○호 사건에 관한 최고가매수신고인은 금 ○○○원으로 응찰한 ○○(주소)에 사는 ○○○(이름)입니다. 차순위매수신고인을 할 사람은 신고하십시오.' 라고 한 후, 차순위매수신고인이 있으면 차순위매수신고인을 정하여 '차순위매수신고인은 입찰가격 ○○○원을 신고한 ○○(주소)에 사는 ○○○(이름)입니다.' 라고 한 다음, '이로써 ○○○호 사건에 관한 입찰절차가 종결되었습니다.' 라고 고지하게 된다.

공유지분권자에게 주어지는 공유자우선매수신청과 기타 우선매수의 권리를 가진 자가 그 권리를 행사하는 방법도 마찬 가지이다.

◆ 최고가매수신청인에게 매수신청보증금 영수증과 농지매각에서 증명서 교부

① 최고가매수신청인은 신분증과 도장, 입찰시 집행관에게서 받은 수취증을 집행관에게 제시하면 집행관은 본인임을 확인하면서 수취증을 회수하고 ⇨ 입찰표 작성 시 미리 "보증금을 반환 받았습니다" 란에 도장날인 한 것을 가위표하고 낙찰자의 도장 날인하여 무효화 시키고 매수신청보증금 영수증을 작성하여 낙찰자에게 주게 되니, 신분증과 도장, 그리고 수취증을 가지고 집행관에게 가면 된다.

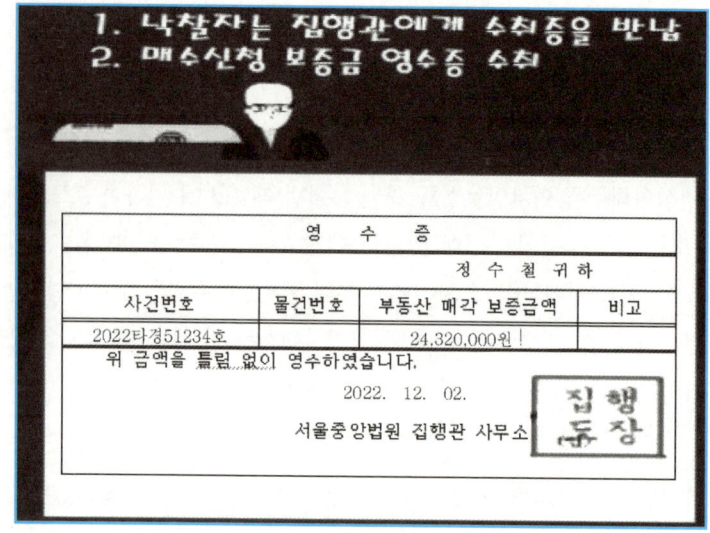

② 농지의 경우 농지취득자격증명을 발급받기 위하여 최고가매수신고인, 차순위매수신고인이라는 사실증명의 신청이 있으면 이를 교부하여야 한다(재민 97-1, 5항). 이는 최고가매수신고인으로 결정과 동시에 입찰보증금영수증과 함께 그 자리에서 발급받게 된다. 이 서류를 가지고 읍·면·주민센터(동사무소)에서 농지취득자격증명을 신청하게 된다.

◈ 매수신청보증금의 반환

① 유찰자의 매수신청보증금의 반환

최고가매수신고인과 차순위매수신고인을 제외한 다른 매수신고인(유찰자)들은 매각기일 종결의 고지에 따라 매수의 책임을 벗게 되고 즉시 매수신청보증금을 돌려 받으므로서 입찰절차가 종결된다. 낙찰 받지 못한 사람들은 신분증과 도장, 입찰시 집행관에게서 받은 수취증을 집행관에게 제시하면 집행관은 본인임을 확인하면서 수취증을 회수하고 ⇨ 매수시청보증금이 들어 있는 입찰보증금봉투를 유찰자에게 반환하게 되는 절차로 입찰절차가 종료하게 된다.

② 차순위매수신고인의 매수보증의 반환

최고가 매수인이 대금을 모두 지급한 때 매수의 책임을 벗게 되고 즉시 매수보증을 돌려줄 것을 요구할 수 있다(법 142조6항).

③ 재매각절차의 전매수인의 매수보증 반환

전 매수인은 매수보증을 돌려줄 것을 요구하지 못하나(법 138조4항), 재매각절차가 취소·취하되면 매수보증을 반환 받을 수 있다.

④ 매각불허가결정의 확정과 매수보증 반환

매각불허가결정이 확정되면 매수인 또는 매각허가를 주장하는 매수신고인은 매수에 관한 책임이 면제되고(법 제133조), 매수보증의 반환을 구할 수 있다.

◈ 새 매각과 재매각

매각을 실시하였으나 입찰자가 없어서 매수인이 결정되지 않았기 때문에 다시 기일을 정하여 실시하는 경매를 말한다. 이와 비교되는 재매각은 매각허가결정이 확정되었으나 매수인이 대금을 납부하지 아니하여 다시 경매가 실시되는 것으로 이때 전매수신고인은 재매각절차에서 입찰에 참여할 수 없고 입찰보증금은 배당재단에 몰수된다.

◈ 입찰마감의 선언

고지된 입찰마감시간이 지나면 입찰의 마감을 알리는 종을 울린 후 집행관이 이를 선언함으로써 입찰을 마감하게 된다(재민 2004-3, 32조2항). 다만 입찰표의 제출을 최고한 후 1시간이 지나지 아니하면 입찰을 마감하지 못한다(재민 2004-3, 32조). 1시간 전에 마감한 때에는 매각허가에 대한 이의사유가 된다(법 제121조 7호).

08 매각결정이 확정되는 과정

◈ 매각결정기일은?

집행법원이 매각허부에 관하여 이해관계인의 진술을 듣고 직권으로 법정의 이의사유가 있는지를 조사하여 매각허가 또는 매각불허가결정을 하는 기일을 매각결정기일이라 한다. 매각결정기일은 매각기일과 함께 공고한다(법 제104조 1항). 매각결정기일은 매각기일로부터 1주일 이내에 하게 되는데(법 제109조 1항), 이를 초과하여도 위법은 아니다. 이는 훈시규정에 불과하다. 집행법원은 매각결정기일을 이해관계인에게 통지하여야 한다(법 제104조 2항). 이 통지는 집행기록에 표시된 이해관계인의 주소에 등기우편으로 발송할 수 있다(법 제104조 3항, 규칙 제9조). 매각결정기일이 변경한 때에도 마찬가지이다(규칙 제73조).

◈ 매각허가에 대한 이의

이해관계인은 법 제121조 소정의 사유에 대하여 매각을 허가해서는 아니된다는 소송법상의 진술을 말한다. 매각허가에 대한 이의는 이해관계인 자신의 권리에 관한 이유에만 가능하고 다른 이해관계인의 권리에 관한 이유로는 신청하지 못한다.

◈ 매각불허가결정

집행법원은 이해관계인의 진술을 참고하거나 또는 직권으로 매각불허가 사유의 유무를 조사한 다음 매각불허가 사유에 해당된다면 매각불허가결정을 하게 된다. 이러한 매각불허가결정은 선고하여야 하고 선고한 때에는 고지의 효력이 있다(규칙 제74조). 이 밖에 결정서의 정본이나 등본 등을 이해관계인에게 송달하거나 공고할 필요가 없다. 그러나 실무에서는 매각허가결정과 마찬가지로 공고를 하고 있다(규칙 제11조).

◆ 매각허가결정

집행법원은 이해관계인이 매각허가에 대한 이의사유가 없다고 인정되거나 직권으로 매각불허가 사유가 없다고 인정된 때에는 법원은 최고가매수신고인에게 매각허가결정을 하게 된다(법 제126조 1항).

① 매각허가결정은 매각결정기일에 법정에서 반드시 선고하여야 한다(법 제126조 1항).

② 매각허부결정은 매각결정기일에 선고하며 이 결정은 이를 선고한 때 고지의 효력이 발생한다(규칙 제74조). 결정정본은 이해관계인들에게 송달할 필요가 없다.

③ 매각허가결정은 선고한 것 이외에 공고하여야 한다(법 제128조 2항). 공고는 법원게시판, 관보, 공보 또는 신문, 전자통신매체를 이용하는 것 중 어느 것으로도 하나의 방법으로 하면 된다(법 제11조 1항).

◆ 매각허부결정에 대한 즉시항고와 재항고

(1) 즉시항고

① 이해관계인은 매각허가 또는 불허가결정에 의하여 손해를 볼 경우에만 그 결정에 대하여 즉시항고를 할 수 있다(법 제129조 1항).

② 매각허가의 정당한 이유가 없거나 결정에 기재된 것 외의 조건으로 허가하여야 한다고 주장하는 매수인 또는 매각허가를 주장하는 매수신고인도 즉시항고를 할 수 있다(법 129조 2항).

③ 즉시항고를 하려면 매각허가결정 또는 불허가결정의 선고일부터 1주일 이내에 항고장을 원심법원(매각허부결정을 한 법원)인 경매법원에 제출해야 한다.

④ 항고장 제출 시 항고이유를 기재할 수도 있고 추후에 별도로 항고이유서를 제출할 수 있는데 항고장을 제출한 날로부터 10일 이내에 항고이유서를 원심법원에 제출하여야 한다(항고이유서를 제출하지 않으면 그 즉시항고는 각하된다).

⑤ 즉시항고의 이유는 원심재판의 취소 또는 변경을 구하는 사유를 법령위반인지 또는 사실오인인지 여부를 구체적으로 적어야 한다(규칙 제13조 1항). 항고기간 경과 후에도 추후 보완항고는 가능하다(민소법 제173조).

(2) 즉시항고에 있어서 보증금 공탁

① 매각허가결정에 대한 즉시항고를 하고자하는 모든 사람은 보증으로 매각대금의 10%를 현금 또는 법원이 인정한 유가증권으로 공탁해야 한다(민집법 제130조 3항).

② 보증금의 공탁은 즉시항고장과 동시에 제출해야 하지만, 실무에서 즉시항고장만 제출하고 보증금의 공탁이 없으면 법원은 일정한 기간(7일~10일 정도) 내에 납부하도록 통지하고, 그때까지 납부하지 않으면 항고장에 대해서 각하결정을 내린다.

③ 채무자나 소유자가 공탁하고 항고했는데 항고가 기각된 경우 보증금을 반환 받지 못하고 나중에 배당할 금액(배당재단)에 합해진다.

④ 채무자나 소유자 이외의 사람은 항고가 기각되면 항고한 날로부터 기각된 날까지 매각대금에 대한 대법원규칙이 정하는 연 2할의 이율에 의한 금액에 대하여는 반환을 요구할 수 없다. 이 지연손해금만을 배당할 금액에 넣고 나머지는 보증제공자에게 반환한다.

⑤ 매각허가결정에 대한 항고 시에 적용되는 것이므로 매각불허가결정에 대하여는 공탁할 필요가 없다.

⑥ 항고가 기각, 각하된 경우뿐만 아니라 항고를 취하하더라도 보증금은 몰수된다.

⑦ 항고가 기각, 각하되었더라도 경매신청이 취하된 경우 또는 매각절차가 취소된 경우에는 항고인은 보증금을 반환받을 수 있다.

(3) 즉시 항고의 효력

매각허가에 대한 즉시항고에는 집행정지의 효력이 없다. 다만 매각허가 여부의 결정은 확정되어야 효력이 있으므로 즉시항고가 있으면 항고심이 확정될 때까지는 매각허부결정이 확정되지 아니하므로 그 결정에 따른 후속 조치인 대금지급기한 통지나 배당기일 또는 새 매각기일을 지정할 수 없다. 따라서 사실상 매각절차를 진행할 수가 없어 실질적으로 집행정지의 효력이 있는 것과 같은 효과가 있다고 보아야 한다.

(4) 매각허부결정에 대한 이의신청 방법

① 사법보좌관에 의한 처분이 되었으므로 즉시항고에 앞서 사법보좌관 규칙 제4조에 의해 사법보좌관처분에 대한 이의신청절차를 신청할 수 있다.

② 이의신청방식 – 사법보좌관 규칙 제4조는 사법보좌관의 처분 중 그러한 처분을 판사가 한 경우라면 항고·즉시항고 또는 특별항고의 대상이 되는 처분에 대한 이의절차이다. 이의신청은 사법보좌관에게 하여야 한다. 이의신청을 사업보좌관에게 하도록 한 것은 사법보좌관 스스로 '재도의 고안'으로서 자신이 한 처분을 경정할 기회를 주기 위한 제도이다. 이 이의신청은 그 처분 고지를 받은 날로부터 7일 이내에 제기하여야 하며, 그 기간은 불변이다(사법보좌관규칙 제4조 3항). 이에 대하여 판사가 심사하여 이의신청을 각하하거나 사법보좌관의 처분을 경정하거나 사법보좌관의 처분을 인가한 후 이의 신청사건을 항고법원에 송부하여야 한다.

③ 매각허부결정에 대한 이의신청이 이유 있다고 인정된 때에는 판사는 결정으로 사법보좌관의 처분을 경정한다(사보규 제4조 6항 3호). 사법보좌관의 처분 중 일부만이 부당한 때에는 일부를 취소하고, 나머지는 인가하는 재판을 할 수 있다. 사법보좌관의 매각허부결정에 대한 판사의 경정결정에 대하여 이해관계인은 즉시항고를 할 수 있다. 이의신청 단계에서는 인지와 보증제공 서류나 항고이유서를 제출할 필요가 없다(사보규 제4조 6항 4호).

④ 이의신청이 이유 없다고 인정되는 때에는 매각허부결정을 인가하고 사건을 항고법원에 송부하는데 이때의 이의신청을 즉시항고로 본다(사보규 제4조 6항 5호). 이와 같이 이의신청의 이유가 없다고 인정되어 항고법원에 송부되면 그때부터 이의신청은 즉시항고로 보기 때문에 이의신청에는 즉시항고에 해당되는 인지와 보증제공 서류 등을 첨부해야 되고, 즉시항고의 요건도 갖추어야 한다.

(5) 매각허가결정에 대한 추후보완 항고

당사자가 책임질 수 없는 사유로 불변기간을 지킬 수 없었던 경우 그 사유가 없어진 날로부터 2주 이내에 게을리 한 소송행위를 보완할 수 있고 그 사유가 없어질 당시 외국에 있던 당사자에 대하여는 그 기간을 30일로 한다(민소법 제173조). 이해관계인이 책임질 수 없는 사유로 항고기간을 지킬 수 없었던 경우 이해관계인은 항고기간 도과 후에도 추후보완에 의한 항고를 제기할 수 있다(법 제23조 1항).

(6) 재항고

항고심의 재판에 불복하거나 손해를 받은 이해관계인은 재항고권이 있다(민소법 제442조, 법 제23조 1항). 재항고절차에는 상고에 관한 규정을 준용한다(민소법 443조2항).

(7) 준재심

매각허가결정에 민사소송법 451조1항 각 호의 재심사유가 있으면 매각허가결정이 확정된 경우에도 준재심을 청구할 수 있다(민소법 제461조). 준재심은 재심사유를 안 날로부터 30일 이내에 신청하여야 한다(민소법 제456조 1항).

◆ 매각허가결정의 확정과 그 효력은?

(1) 매각허가결정의 확정

매각허가결정일로부터 7일 후에 이의신청이나 항고가 없으면 매각허가결정이 확정되게 된다. 따라서 매각허가결정은 7일의 항고기간이 경과된 때, 매각허가결정에 대한 항고에 대한 각하·기각결정이 확정된 때 항고 각하·기각에 대한 재항고가 기각된 때에 확정된다. 이 밖에도 추완항고가 제기되어 항고심에서 추후 보완신청이 허용된 경우에도 매각허가결정이 확정되지 아니한다.

(2) 매각허가결정의 효력

매각허가결정이 확정되면 집행법원은 대금지급기한을 지정하며 이를 매수인과 차순위매수신고인에게 통지해야 한다.

대금지급기한은 매각허가확정일 또는 상소법원으로부터 기록을 송부 받은 날로부터 3일 안에 지정하되 매각허가결정이 확정된 날로부터 1월이내의 날로 정한다(규칙 제78조).

매수인의 권리의무는 사법상의 매매의 효력으로 발생하는 것이 아니고 매각허가결정의 효력으로 발생하는 것이므로 매각허가결정이 확정된 후에는 일방적 의사표시로 매수인의 권리의무를 포기하지 못한다(대결 71마283).

(3) 매각허가결정이 확정된 경우 취소신청

① 천재지변, 그밖에 자기가 책임질 수 없는 사유로 부동산이 현저하게 훼손된 사실 또는 부동산에 관한 중대한 권리관계가 변동된 사실이 매각허가결정의 확정 뒤에 밝혀진 때에는 매수인은 대금을 낼 때까지 매각허가결정의 취소신청을 할 수 있다(법 제127조1항).

② 매각허가결정이 있은 뒤에 집행정지결정정본이 제출된 경우 매수인은 매각대금을 낼 때까지 매각허가결정의 취소신청을 할 수 있다. 이 경우 집행정지결정정본이 제출된 경우에

도 매각허가결정의 확정을 저지할 수 없으므로 채무자는 즉시항고하여 매각불허가를 구해야 한다. 집행정지결정의 정본의 제출로 경매절차를 속행할 수 없음에도 집행법원이 대금지급기한을 정하여 매수인이 대금을 납부하였다면 적법하게 소유권을 취득한다(대법 94마1871 결정).

매각 대금 납부와 소유권이전촉탁등기

◆ 매각대금의 지급기한과 통지

(1) 매각대금의 지급기한

매수인은 매각허가결정 확정 후에 법원이 정한 대금지급기한까지 매각대금을 지급해야 한다(법 제142조 2항).

① 대금지급기한은 매각허가확정일 또는 상소법원으로부터 기록송부를 받은 날로부터 3일 안에 지정하되 매각허가결정이 확정된 날로부터 1월 안의 날로 정하여야 한다. 다만 경매사건기록이 상소법원에 있는 때에는 그 기록을 송부 받은 날로부터 1월 안의 날로 정하여야 한다(규칙 제78조, 재민 91-5).

② 채무인수 또는 차액지급의 방식(구 상계신청)에 의한 대금지급방식의 경우에는 대금지급기한을 따로 지정할 필요 없이 바로 대금지급기한 및 배당기일을 지정하면 된다(법 제143조).

(2) 대금 지급기한의 통지

집행법원은 매각결정이 확정되면 대금지급 기한을 정하여 이를 매수인과 차순위매수신고인에게 통지하여야 한다(법 제142조 1항). 공동매수의 경우에는 전원에 대하여 대금 지급기한의 통지를 하여야 한다.

통지의 방법에 대하여는 규칙 제8조가 적용되므로 상당하다고 인정되는 방법으로 할 수 있고, 반드시 송달의 방법으로 할 필요는 없다. 그러나 실무적으로는 통지의 중요성에 비추어서 대금지급기한 통지서를 작성하여 송달하고 있다.

(3) 매수인이 매각대금을 미납한 경우

법원이 지정한 대금지급기간 내에 낙찰자가 매각대금을 납부하지 아니하면 집행법원은 차순위매수신고인이 있는 경우와 없는 경우에 따라 다른 조치를 하게 된다.

(가) 차순위매수신고인이 있는 경우

① 매수인이 매각대금을 납부하지 아니하면 집행법원은 차순위매수신고인에게 매각결정기일을 새로이 정하여 매각허부결정을 하게 된다.

② 집행법원이 새로운 매각결정기일을 지정하게 되는 경우는 이를 새로 지정, 통지하여야 하고 그 기일은 최초의 대금지급기한 후 3일 안으로 지정하고, 그 대금지급기한 후부터 2주일 안의 날로 정하여야 한다(재판 91-5).

③ 이와 같은 재매각(차순위매수신고인에게 매각)은 매수인의 대금미납을 전제로 하는 것이어서 만일 최고가매수신고인에게 매각이 불허가결정이 내려진 경우라면 차순위매수신고인이 있었더라도 그에 매각허가결정할 것이 아니라 새매각절차를 실시하게 된다.

④ 그리고 차순위매수신고인도 대금을 지급하지 아니한 경우에는 재매각을 실시하게 된다. 이때 최고가매수인과 차순위매수인 중에서 재매각기일 3일 전에 매각대금과 지연이자, 절차비용 등의 대금을 먼저 지급한 사람이 매각부동산의 소유권을 취득한다. 그리고 매각대금을 납부하지 아니한 자의 입찰보증금은 배당재단에 귀속되어 채권자들에게 배당된다.

(나) 차순위매수신고인이 없는 경우

① 재매각과 새매각

매수인이 대금지급기한 또는 제142조 4항의 다시 정한 기한까지 그 의무를 완전히 이행하지 아니하였고, 차순위매수신고인이 없는 때에는 법원은 직권으로 부동산의 재매각을 명하여야 한다(법 제138조 1항). 여기서 재매각은 매각허가확정 후 매수인이 대금지급의무를 이행하지 아니하여서 발생하는 데 반해서, 새매각은 매각허가결정에 이르지 아니하였거나 또는 매각허가결정이 확정에 이르지 아니한 경우에만 실시한다는 점에서 차이가 있다.

② 재매각기일의 지정·공고·통지와 재매각 절차

㉠ 재매각기일의 지정은 사유발생일로부터 1주 안으로 하여야 하며 그 기일은 공고일로부터 2주 후 20일 안의 날로 정한다(재민 91-5). 재매각기일은 매각기일의 경우와 마찬가지로 이해관계인에게 통지하여야 한다(법 제104조 2항).

㉡ 재매각 절차에서 최저매각가격은 최고가매수인의 입찰 당시 최저가격이 되며 입찰보증금은 직전매각기일 최저매각가격의 2할 또는 3할을 납부히는 방법으로 진행하게 된다(규칙 제63조 2항). 즉 법원에 따라 다르게 20% 또는 30%를 특별매각조건으로 정해서 진행하게 된다.

◆ 소유권의 취득시기와 소유권이전촉탁등기

(1) 대금납부와 소유권 취득시기

경매가 진행된 담당 경매계에서 잔금납부서를 발급받아 은행에 납부하면 된다. 그리고 매각대금 납부 후, 납부 영수증을 담당 경매계에 제출하고 낙찰대금 완납증명서를 발급 받는다. 이렇게 매수인이 매각대금을 완납하면 매각목적물의 소유권을 취득한다(법 제135조).

(2) 경매집행법원에 소유권이전촉탁등기 신청방법

법원 담당 경매계에 소유권이전촉탁등기신청서와 소유권이전에 필요한 서류 등을 첨부하여 제출하면, 담당 경매계장은 ① 매수인 앞으로 소유권을 이전하는 등기, ② 매수인이 인수하지 않는 등기부상의 권리를 말소하는 등기, ③ 경매개시결정등기를 말소하는 등기 등을 관할등기소 등기관에게 촉탁하게 된다. 이때 등기우편으로 촉탁하고 있는데 3~4일 정도 소요된다. 이렇게 준비하여 본인이 직접하거나 또는 법무사에게 위임해서 촉탁등기를 신청하면 된다. 그러나 금융기관에서 대출을 받아 잔금을 지급하는 경우에는 대출금을 보호하기 위해 대출이 실행되는 날 소유권이전등기와 근저당권설절등기가 등기소에 접수되어야 하므로 이 경우에는 직접하기가 어렵다. 이런 문제점을 해결하기 위해 금융기관이 지정한 법무사 등이 매수인을 대리하여 촉탁서를 수령해서 대금납부 일자와 같은 날에 관할 등기소에 접수하고 있다.

10 인도명령신청과 점유이전금지 가처분 신청

◆ 부동산 인도명령신청과 그 당사자는?

(1) 인도명령이란?

　매수인이 매각대금을 납부한 경우에는 그 납부일로부터 6개월 이내에 채무자, 소유자 또는 부동산점유자에 대하여 매수인에게 부동산을 인도하도록 법원에 인도명령을 신청할 수 있다. 이에 따라 법원이 인도명령결정을 하게 된다. 매수인은 이 인도명령결정문을 집행권원으로 집행관에게 인도집행을 위임하여 부동산에 대한 인도를 받을 수 있다(법 제136조 1항). 이러한 인도명령은 즉시 항고로만 불복할 수 있는 재판으로 법 제56조 1호에 해당하는 집행권원이다.

(2) 인도명령의 신청인과 그 상대방

가) 신청할 수 있는 자

　매각대금을 완납한 매수인과 그 상속인 등의 일반승계인에 한하고 매수인의 특별승계인(매수인으로부터 매수한 자)은 신청인 자격이 없다. 이 경우 매수인이 매각대금을 납부하면 소유권을 취득하므로 그 권리를 갖게 되는 것이지, 소유권이전등기를 해야 하는 것은 아니다.

　① 매수인이 목적부동산을 제3자에게 양도하였다고 당연히 그 인도명령을 받을 집행법상의 권리가 소멸되는 것으로 볼 수 없다(대결 70마539).

　② 매수인의 지위를 승계한 일반승계인(상속인)은 그 승계사실을 증명하여 인도명령을 신청할 수 있고 인도명령이 결정된 후는 일반승계인은 승계집행문의 부여를 받아야 인도명령을 집행할 수 있다.

　③ 매수인으로부터 매각부동산을 양수한 자(특별승계인)는 매수인의 집행법상의 권리까지 승계하는 것이 아니기 때문에 승계를 이유로 인도명령을 신청할 수 없고, 매수인을 대위하여 인도명령신청을 하는 것도 허용되지 아니한다.

　④ 여럿이 공동으로 매수한 경우 공동매수인 전원이 공동으로 인도명령신청을 할 수 있고, 불가분채권에 관한 규정 또는 공유물의 보존행위에 관한 규정에 의하여 각자가 단독으로 인

도명령을 신청할 수도 있다. 그러나 점유가 임의인도이든 인도명령집행에 의한 인도이든 일단 부동산을 인도받은 후에는 제3자가 불법으로 점유해도 인도명령을 신청할 수 없고 명도소송으로 해결해야 한다.

나) 인도명령의 상대방

채무자, 소유자, 부동산의 점유자이다(법 제136조 1항). 여기서 채무자나 소유자의 일반승계인도 인도명령의 상대방이다.

① 일반승계인도 포함되며 상속인이 수인인 때에는 각자가 개별적으로 인도명령의 상대방이 된다.

② 인도명령의 상대방에서 소유자는 경매개시결정 당시 소유자뿐만 아니라 경매개시결정 후의 제3취득자도 포함한다.

③ 점유하는 자가 매수인에게 대항할 수 있는 권원이 없으면 인도명령의 상대방이다. 그러나 매수인에게 대항할 수 있는 권원에 의하여 점유하는 자는 인도명령의 상대방이 아니다(법 제136조 1항).

이때 매수인에게 대항할 수 있는 권리는 말소기준권리보다 우선하는 대항력 있는 임차권, 지상권, 유치권이 있고, 지상건물이나 공작물 등에 법정지상권이 성립하는 경우와 매수인이 점유자와 합의하여 새롭게 작성한 용익물권 등도 포함된다. 이밖에 대항력 있는 임차인이 배당요구해서 전액 배당받는 경우에도 배당표가 확정될 때까지는 매수인에게 임차주택의 명도를 거절할 수 있다(대판 2003다23885).

◆ 인도명령신청서를 작성해서 법원에 제출하는 방법

매각대금 납부 후 6월 이내에 집행법원에 비치된 인도명령신청서를 작성해서 1,000원의 인지를 붙이고송달료 2회 분을 첨부해 담당경매계에 제출하면 된다. 이 경우 채무자, 소유자 또는 현황조사보고서상 명백한 점유자를 상대방으로 하여 신청하는 경우에는 특별한 증빙서류가 없어도 되지만, 경매기록상 없는 점유자(승계인 등)를 상대방으로 하는 경우에는 집행관 작성의 집행불능조서등본, 주민등록등본 등 그 점유사실 및 점유개시일자를 증명하는 서면을 첨부해야 한다. 매각대금 납부 후 6월 이내에 인도명령을 신청하지 아니하면 인도명령을 신청할 수 없고, 공매의 경우처럼 명도소송을 진행하여야 한다.

◆ 인도명령결정문 등으로 강제집행하는 방법

(1) 강제집행신청

강제집행신청은 부동산을 관할하는 지방법원에 소속된 집행관이 되며 구체적인 집행은 집행관에 대한 위임이 있어야 개시된다.

① 인도명령결정 정본(또는 명도청구소송판결정본에 집행문 부여) 등의 서류를 가지고 강제집행신청서를 작성하여 부동산소재지관할 집행관사무소에 강제집행을 신청한다.

② 강제집행신청시 첨부서류로는 ㉠ 집행력 있는 정본(인도명령결정 정본 또는 명도소송 승소판결정본에 집행문 부여 받아서), ㉡ 송달증명원, ㉢ 도장, ㉣ 대리신청의 경우 위임자의 인감증명서를 첨부한 위임장, ㉤ 강제집행예납금 등이 있다.

(2) 비용예납(집행관수수료규칙 제25조)

집행관은 모든 사무를 담당함에 있어서 수수료 기타 비용의 계산액을 위임자에게 예납시킬 수 있고, 예납하지 아니할 때에는 위임에 응하지 아니한다. 또한 예납금이 부족한 때에는 추가예납을 시킬 수 있다.

(3) 강제집행 방법

① 강제집행을 신청하면 집행관사무실에서 매수인에게 전화로 집행할 일자와 시간을 정해서 통보해주는 것이 보통이나 매수인이 직접 전화나 방문을 통해 확인할 수 있다.

② 강제집행방법은 집행관이 부동산등에 대한 채무자 등의 점유를 배제시키고 채권자(매수인)에게 그 점유를 취득하게 하는 직접 강제의 방법에 의하여 강제집행한다.

③ 집행관은 채무자 또는 점유자가 집행에 저항하는 경우에는 필요한 범위 내에서 위력을 행사하여서라도 집행을 수행하여야 하고 필요한 경우에는 경찰 또는 국군의 원조를 받을 수 있다(민집법 제5조 2항).

④ 매각부동산에 점유자가 있음에도 방해할 목적으로 문을 열어주지 아니하거나 부재중이어서 집행이 불능하게 되면 성인 2인 또는 국가공무원(시, 군, 읍, 면, 동사무소 직원), 경찰공무원 1인 입회하에 강제집행을 할 수 있다. 이때 문이 잠겨 있는 경우 열쇠기술자의 도움을 받아 문을 연 후 명도집행을 하게 된다. 야간과 휴일에는 법원의 허가가 있을 때만 집행할

수 있으며 허가명령을 제시하여야 한다.

⑤ 관리실 등 관리업체를 통해 매각대상 부동산이 빈집으로 입증되는 경우에도 원칙적으로 강제집행을 할 필요가 있고, 관리 또는 경비실에 신고하고 잠금장치를 해제하여 인도할 수 있다. 그러나 장기간 방치된 유체동산이 있는 경우 국가공무원, 20세 이상의 관리사무소 직원 등의 입회하에 일정한 장소에 보관하여야 한다.

⑥ 집행관이 채무자(점유자)로부터 점유를 강제집행에 따른 인도를 받고 이를 매수인에게 인도하여야 하는데 이를 위해서 매수인은 현장에 반드시 참석하여야 한다(법 제258조 2항).

⑦ 강제집행의 목적물 이외의 물건처리방법(집안가구 등의 동산처리)

㉠ 강제집행의 목적물 이외의 집안가구 등의 동산에 대하여는 집행권원이 미치지 못하므로 이는 집행관이 제거하여 채무자에게 인도하여야 하며 채무자가 없는 때는 동거인 중에서 사리를 분별할 수 있는 친족 또는 채무자의 대리인이나 고용인에게 그 동산을 인도하여야 한다(법 제258조 4항).

㉡ 채무자가 없고 동산을 인도받을 동거인 등이 없는 경우에는 명도집행 후 채무자소유의 가재도구에 대하여 매수인보관 책임 하에 보관비용은 채무자의 부담으로 한다(법 제258조 5항). 이렇게 보관비용 등이 발생 시 매수인이 먼저 부담하고 채무자(명도대상자)에게 반환받으면 되나 실무상 어려운 점이 많다.

㉢ 가재도구의 처리방법

채무자가 장기간 가재도구를 인도해 가지 않으면 채무자에게 가재도구의 인도를 통보하고 그래도 인도하지 않으면 관할법원 집행관 사무소를 방문 비치되어있는 "집행목적물이 아닌 유체동산 경매허가신청서" 양식에 명도집행조서 사본을 첨부하여 신청하면 유체동산경매허가결정을 하게 된다. 매수인은 유체동산경매허가결정문을 가지고 매수인이 보관하고 있는 가재도구를 유체동산경매신청을 집행관에게 하여 가재도구를 매각한 후 매각대금에서 보관비용과 경매비용을 공제한 후 잔금을 법원에 공탁하면 된다. 이러한 유체동산경매절차는 채권자가 매 절차마다 일일이 신청하여야만 진행하게 되어 있다. 그러나 대체적으로 유체동산의 감정가액이 적으므로 채권자 본인이 직접 낙찰 받아서 그간 소요된 보관비용과 집행비용 등으로 상계처리하고 남은 금액은 법원에 공탁하게 되는데 남는 금액은 거의 없다. 이렇게 낙찰자가 유체동산소유권을 취득하여 처리하는 사례가 많다.

(4) 강제집행의 종료

　강제집행은 대상부동산의 점유를 채무자(점유자)로부터 빼앗아 채권자(매수인)에게 인도함으로써 종료한다. 이 경우 매수인이 점유를 취득한 후 채무자(점유자)가 다시 침입한 경우에는 형법 제140조의2(부동산강제집행효용침해)에 의하여 5년 이하의 징역 또는 700만원 이하의 벌금형에 처해진다.

　명도집행이 종료되면 집행관은 집행조서를 작성하여야 하는데 여기에는 집행한 날짜, 집행목적물과 그 중요한 사정의 개요, 집행참여자의 표시, 집행참여자의 서명날인, 집행참여자에게 조서를 읽어주거나 보여주고 그가 용인하고 서명날인 한 사실, 집행관의 기명날인 또는 서명 등을 기재하여야 한다.

◈ 점유이전가처분이란?

(1) 점유이전금지가처분이란

　부동산을 경매로 낙찰 받거나 임대차계약 종료 또는 임대차계약 해지 후 점유를 풀지 않는 점유자에 대하여 명도집행을 하기에 앞서서 부동산에 대한 인도·명도청구권을 보전하기 위한 계쟁물에 대한 가처분의 일종으로 목적물의 인적·물적 현상을 본집행시까지 그대로 보전하기 위함을 목적으로 하는 가처분이다.

(2) 점유이전금지가처분을 하여야 하는 이유

　① 부동산점유이전가처분은 경매로 낙찰받고 인도명령이나 명도소송을 진행하는 과정에서 점유가 타인에게 이전되면 이 판결로 강제집행이 불능하게 되어 또다시 명도소송을 진행해야 되므로 매수인은 소유권이전등기 이후에 인도명령신청 등과 점유이전가처분신청을 해야만 한다. 무허가 건물이나 준공검사를 받지 아니한 완공된 건물로서 등기하지 아니하였더라도 점유이전금지가처분집행이 가능하다.

　② 점유이전금지가처분집행 후 점유자가 변동되었다면 매수인은 민사집행법 제25조 동법 제31조 등을 유추하여 그 자를 상대로 승계집행문을 부여받아서 강제집행을 할 수 있다. 이때 인도명령신청이나 명도소송 등은 대금 납부 후 신청이 가능하나 점유이전금지 가처분은 소유권이전등기를 마치고 나서야 가능하다.

(3) 점유이전금지가처분절차

① 점유이전금지가처분을 법원에 신청 ▷ ② 가처분결정문이 매수인에게 송달(1주일 이내) ▷ ③ 송달받은 날로부터 14일 이내에 집행관에게 집행위임 신청 ▷ ④ 집행관과 동행하여 명도대상부동산방문 가처분결정문 부착(거실 내의 벽) ▷ ⑤ 1차 방문 시 점유자가 부재한 경우 1주일 내에 시간을 정하고 점유자가 부재가 예상되는 경우 성인남녀 2인 또는 공무원 1인과 열쇠수리공을 집행관과 함께 대동하여 문을 열고 거실 안에 부착하면 된다(이 기간은 14일에서 30일이면 절차가 모두 끝난다). 점유이전금지가처분 절차상 내용은 이와 같지만 상대방에게는 상당한 심적 압박을 주게 되어 명도를 쉽게 할 수 있다. 실무상으로는 가처분결정문 부착의 효과만으로도 강제집행이 임박해 있다는 생각을 들게 하여 명도합의를 쉽게 이끌어낼 수도 있다.

11 배당절차는 어떻게 진행되고, 왜! 배당이의가 필요할까?

◆ 경매절차에서 배당이란?

집행법원은 매각대금으로 배당에 참여한 각 채권자들(배당요구권자 등)에게 민법, 상법, 민사집행법, 주택임대차보호법, 상가임대차보호법, 근로기준법, 국세기본법, 지방세법, 기타 법률에 의하여 일반채권자들보다 우선하여 배당하도록 규정하고 있는 채권에 대해서 그 우선순위에 따라 배당해야 한다(민사집행법 제145조). 이같이 우선권을 가지는 채권자 등에게 우선 배당하고도 배당재단이 남는 경우 또는 우선권을 가지는 채권자 등이 없는 경우 우선권이 없는 채권자들 사이에서는 동순위로서 각 채권자의 채권액에 비례하여 안분배당하게 된다. 여기서 배당해야 할 매각대금이란 매각대금에서 경매집행비용(공매집행비용)을 공제한 금액이다.

◆ 배당기일의 지정 및 통지

(1) 배당기일은 어떻게 지정해야 하나?

매수인이 매각대금을 지급하면 법원은 배당에 관한 진술 및 배당을 실시할 기일을 정해야 한다(법 146조). 매각대금을 지급하면 3일 안에 배당기일은 지정하되 배당기일은 대금지급 후 4주 이내로 정해야 한다(재민 91-5). 그러나 매수인이 채무인수신청(법 143조1항)이나 차액지급신청(법 143조2항)을 한 경우 대금지급기한을 지정할 필요 없이 바로 배당기일을 지정해야 한다. 재매각을 명한 뒤 전매수인의 대금지급이 있는 경우(재매각 3일 이전까지) 재매각절차를 취소하고 바로 배당기일을 정하게 된다.

(2) 배당기일의 통지는 언제까지 해야 하나?

① 집행법원은 배당기일을 정하고 이해관계인과 배당요구채권자에게 이를 통지해야 한다(법 146조). 법원사무관 등의 명의로 작성한 배당기일통지서를 송달하는 방법으로 한다.

② 배당기일의 통지는 각 채권자와 채무자에 대하여는 늦어도 배당기일 3일 전에 도달해야 한다.

③ 매수신고인 통지 : 매수인에게는 배당기일 통지를 할 필요는 없으나 매수인이 채무인수신청 또는 차액지급신청을 한때에는 통지하여야 한다.

◆ 경매절차에서 권리신고와 배당요구

(1) 권리신고란?

이해관계인이 자기 권리를 증명하기 위해서 하는 것으로서 권리 신고를 하면 이해관계인의 지위를 갖게 된다(법 90조4항). 그러나 권리신고를 했다하여 당연히 배당되는 것이 아니고 별도로 배당요구종기일까지 배당요구를 해야 한다(법 148조).

(2) 배당요구와 경매신청자

다른 채권자가 경매를 신청했을 경우 그 부동산의 이해관계인이 경매절차에 참여하여 자기 채권을 변제 받고자 하는 의사표시이다. 이같은 채권자의 채권만족 수단은 다른 채권자의 강제집행절차에 편승하여 배당요구하는 방법과 그 외에 자신이 직접 경매신청하여 채권을 회수하는 방법이 있다. 이때 경매신청채권자는 별도 배당요구 없이도 신청 당시 채권액을 기준으로 배당참여가 가능하다.

(3) 배당요구채권자의 권리와 배당요구 시 소멸시효 중단 효력

배당요구채권자는 경매절차에서 이해관계인이 되고 매각대금으로부터 채권의 우선순위에 따라 배당을 받을 권리, 배당기일을 통지 받을 권리, 배당기일에 출석하여 배당표에 대한 의견을 진술할 수 있는 권리 등을 가진다. 집행정본을 가진 채권자가 한 배당요구는 민법 제168조 제2호의 압류에 준하는 것으로서 배당요구에 관련된 채권에 관하여 소멸시효를 중단하는 효력이 생긴다.

◆ 경매절차에서 배당 받을 수 있는 채권자

(1) 배당요구가 없어도 배당받을 수 있는 채권자

① 선행경매사건의 배당요구의 종기까지 이중경매를 신청한 채권자는 별도로 배당요구를 하지 않아도 배당을 받을 수 있다(법 제148조).

② 첫 경매개시결정기입등기 전에 등기된 가압류채권자(법 제148조 3호)

③ 저당권·기타 우선변제권자로서 경매개시 전에 등기가 되어있고 매각으로 소멸되는 권리를 가진 채권자는 배당요구가 없더라도 당연히 배당 받을 수 있다(법 제148조).

④ 용익물권인 지상권·지역권·전세권·등기된 임차권 등이 경매개시 전에 등기되었고, 말소기준권리보다 후순위는 매각으로 소멸한다. 이 중에서 후순위인 전세권과 임대차등기(주택과 상가) 등은 별도의 배당요구가 없어도 자동 배당대상자가 될 수 있다. 그러나 선순위전세권은 그 존속기간의 경과 여부와 관계없이 배당요구를 하면 소멸되고, 배당요구를 하지 않으면, 그 권리는 소멸되지 않고 매수인의 부담으로 남는다. 그리고 민법 제621조에 의한 선순위 임대차등기도 선순위전세권과 같이 대항력이 있어서 배당요구하지 않으면 소멸되지 않고 매수인의 부담으로 남는다. 그러나 배당요구를 해서 전액 변제가 이루어졌다면 소멸하게 되지만, 변제되지 않았다면 선순위전세권과 다르게 매수인이 인수하게 된다. 그리고 등기된 임차권 중에서 우리들이 잘 알고 있는 주택(상가)임대차보호법상 임차권등기명령에 의한 임차권등기는 법원의 촉탁에 의해 이루어진 것이므로 임차인이 배당요구를 하지 않아도 배당요구한 것으로 보고 배당받게 된다. 선순위인 경우도 임대차등기와 다르게 별도 배당요구가 없어도 당연히 배당에 참가하게 된다(대법원 2005다33039 판결).

⑤ 첫 경매개시결정기입등기 전의 저당권 설정 등의 가등기가 있는 경우 본등기를 하면 우선변제를 받을 수 있으므로 본등기를 경료했다고 가정하고 배당할 금액을 정하여 공탁하고

있다. 이 가등기는 최선순위인 경우에도 매각으로 소멸되므로 별도 배당요구가 없어도 배당받을 수 있다.

⑥ 경매개시 기입등기 전에 등기되어 있는 가등기권자가 담보가등기인 경우에는 법원의 최고에 따라 담보가등기권자로 채권신고를 한 경우에만 배당받을 수 있고 별도의 배당요구는 필요하지 아니한다.

⑦ 조세채권자 또는 각종 공과금채권자 등이 국세징수법상 체납절차에 의하여 경매개시결정 전에 압류 및 보전압류등기가 되어있는 경우 별도의 배당요구가 불필요하고 이것이 교부청구의 효력이 있다.

⑧ 집합건물이 신축되기 전 토지등기부에 등기된 근저당권과 가압류, 압류 등의 토지별도등기는 토지가 집합건물의 대지권으로 등기된 이상 그 집합건물의 종된 권리에 불과하고, 그 종된 대지권은 건물과 함께 매각되므로 별도 배당요구가 없어도 당연히 배당에 참여할 수 있는 채권자에 해당한다. 다만 특별매각조건으로 매수인 인수조건으로 매각한 경우에는 소멸되지 않을 수도 있다.

(2) 배당요구가 있어야만 배당받을 수 있는 채권자

① 첫 경매개시결정기입등기 후에 등기된 권리 즉 저당권, 전세권, 등기된 임차권 등은 첫 경매개시결정 후에 등기되었기 때문에 민사집행법 제148조4호에 따라 당연히 배당 받을 수 있는 채권자에 해당되지 않는다. 이들은 배당요구종기까지 배당요구가 있어야만 배당에 참여가 가능하다.

② 첫 경매개시결정기입등기 이후에 등기된 가압류채권자

③ 첫 경매개시결정등기 후에 설정된 이중경매개시결정을 배당요구종기 전까지 신청한 경우에는 별도의 배당요구가 없어도 배당 받을 수 있다(법 제148조1항). 그러나 배당요구종기 이후 후행경매신청자(이중경매신청자)는 배당에 참여할 수 없다.

④ 먼저 이루어진 경매개시결정사건이 진행되거나 정지 상태에 있는 경우, 이후 이중경매개시결정이 있다고 하여도 첫 경매개시결정기입등기 이후에 설정되었고, 이중경매개시 전에 설정된 권리자라 하더라도 배당요구의 종기까지 배당요구를 하지 아니하면 배당 받을 수 없다.

⑤ 임차인, 제3취득자 등의 필요비, 유익비 청구

　⑥ 주택임대차보호법과 상가임대차보호법상의 최우선변제금 및 확정일자부 임차인의 우선변제권은 권리신고만 해서는 배당요구로 볼 수 없으므로 배당요구종기까지 배당요구를 해야만 배당에 참여할 수 있다.

　⑦ 근로자의 임금, 퇴직금, 재해보상금 등의 최우선변제금 또는 임금, 퇴직금의 우선변제금(근로기준법 제38조)으로 경매개시기입등기 전에 압류등기를 하지 않은 경우

　⑧ 조세채권, 기타 공과금으로 경매개시기입등기 전에 압류등기를 하지 않은 경우(국세기본법 제35조, 지방세법 제31조)

　⑨ 상법상 회사 사용인의 우선변제권(상법 제468조)과 선박우선특권(상법 제861조)

　⑩ 일반채권자 등의 배당요구
　집행력 있는 정본을 가진 자와 지방자치단체의 대부료, 사용료, 수수료, 면허료, 가산금, 연체료와 과태료(행정관청에 의하여 부과된 채 확정된 과태료 채권), 법원의 과태료 등의 채권도 배당요구종기까지 배당요구해야만 배당 받을 수 있는데 이들은 일반채권자와 동순위로 안분배당 받는다.

◆ 배당요구의 철회 및 대위변제

(1) 배당요구의 철회

　배당요구는 채권자가 자유롭게 철회할 수 있으나 다만 배당요구에 따라 매수인이 인수하여야 할 부담이 바뀌는 경우 배당요구한 채권자는 배당요구의 종기가 지난 뒤에 이를 철회하지 못한다(법 88조2항). 매수인이 인수하여야 할 부담이 바뀌는 경우는 인수해야 할 부담이 새로 생기는 경우와 부담이 증가하는 경우 모두가 포함된다.

(2) 후순위권리자 등의 대위변제

　말소기준권리보다 후순위인 임차인이나 전세권자 등이 매수인의 대금납부 전에 선순위채권을 대위변제하여 근저당권 등이 소멸하면 후순위임차인 등은 최선순위가 되므로 대항력이 발생하게 된다. 이와 같이 대위변제로 인하여 매수인에게 부담이 현저히 증가되는 경우 매수인은 매각불허가신청이나 매각결정 취소를 구할 수 있다. 이러한 상황은 후순위인 가등기나

가처분 등이 대위변제로 인해 매수인의 부담이 증가되는 경우에도 마찬가지이다.

◆ 배당표원안 작성과 이해관계인에 열람

(1) 배당표원안의 작성

　채권자들이 제출한 계산서와 기록을 기초로 하여 집행법원이 채권자들에 대한 배당액 그 밖의 배당실시를 위하여 필요한 일정사항을 적은 문서로서 배당기일에 채권자들로 하여금 배당에 관한 의견을 진술시키는 기초가 되는 것을 배당표원안이라 한다. 이 배당표는 작성하는 것으로 확정되는 것이 아니고 배당기일에 채권자들 사이에 합의가 이루어졌거나 이의가 없을 때 비로소 확정된다. 채권자가 계산서를 제출하지 아니한 때에는 집행기록에 나타난 담보권이나 가압류의 내용, 배당요구나 집행력 있는 정본의 취지와 그 증빙서류에 따라 법원이 채권자들의 채권을 계산하여 배당표원안을 작성하게 된다.

　이와 같이 이해관계인 등의 이의가 없으면 배당표는 확정되고 배당기일에 참석하지 아니한 채권자는 배당실시에 관하여 동의한 것으로 본다(법 153조1항). 채무자가 이의서면을 제출하지 아니하고, 배당기일에도 출석하지 아니하였다면 이에 동의한 것으로 본다.

(2) 배당표원안의 비치와 열람

　배당기일의 3일 전까지 배당표원안을 작성하여 이를 법원에 비치하여야 한다(법 149조1항). 배당표원안의 비치는 법원사무관 등의 사무실에 비치하면 된다.

◆ 배당기일에 배당을 실시하는 방법

　미리 작성한 배당표원안은 배당기일에 출석한 이해관계인과 배당요구채권자들에게 열람시키고 그들을 심문하여 그 의견을 듣고, 필요한 경우에는 즉시 조사할 수 있는 증거들을 조사한 다음 이에 기하여 배당원안에 추가·정정할 것이 있으면 추가·정정하여 배당표를 확정하게 된다(법 149조2항, 150조). 배당이의가 없으면 배당표는 확정된다. 배당표에 대하여 이의가 있으면 그 이의 있는 부분에 대하여는 배당이 확정되지 아니하여 이의가 없는 부분을 먼저 배당을 실시하게 된다. 이때 배당기일에 참석하지 아니한 자는 배당실시에 관하여 동의한 것으로 본다.

(1) 배당절차는 어떻게 진행되나?

배당기일 지정 및 통보(대금 납부 즉 3일 이내에 지정하고 통지는 대금 납부 후 2주 이내) ⇨ 배당표원안의 작성 후 비치 열람(배당기일 3일 전까지) ⇨ 배당기일(이해관계인 열람 및 그들을 심문하여 의견 청취) ⇨ (다음 순서는 아래 도표 순서로 진행 됨)

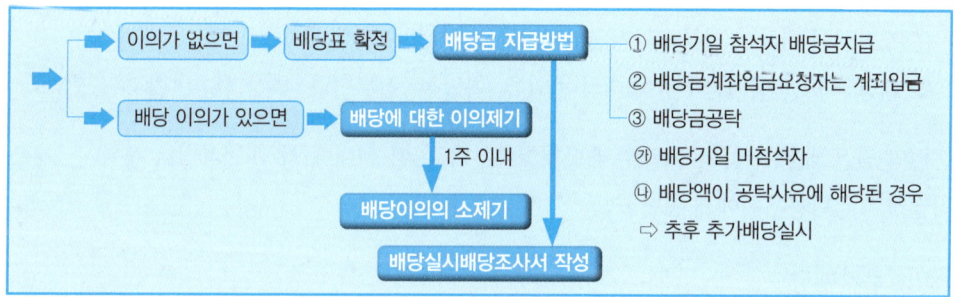

(2) 배당표가 확정되어 배당금을 지급하는 방법

가) 배당기일에 출석한 채권자
배당재단금이 법원보관금인 경우의 배당절차는 배당기일에 출석한 채권자들에 대하여 배당액을 지급한다.

나) 배당금이 공탁금인 경우
배당채권자가 공탁물수령자임을 증명하는 증명서를 교부할 경우 법원사무관 등은 공탁사무처리규칙에 따라 배당금지급증 3통, 공탁금출금청구서 2통을 전산에서 출력하여 교부하여야 한다(재민 2001-4예규). 배당금수령권자는 이들을 공탁공무원에게 제출하여 공탁금을 출금 받는다.

다) 배당금의 계좌입금방법
배당기일에 출석하지 아니한 자가 배당액을 입금할 입금계좌를 신고한 때에는 법원사무관 등은 법 160조2항의 규정에 따른 공탁에 갈음하여 배당액을 그 예금계좌에 입금할 수 있다(규칙 82조2항).

라) 배당액이 공탁사유가 발생하는 경우 다음과 같다.
① 채권에 정지조건 또는 불확정기한이 붙어있는 때에는 조건의 성취, 기한도래에 의하여 지급 또는 추가배당을 하여야 한다.
② 가압류채권자의 채권인 경우

③ 강제집행의 일시정지, 담보권실행을 일시 정지하도록 명한 재판의 정본문서가 제출된 경우
④ 배당이의의 소가 제기된 때
⑤ 배당기일에 출석하지 아니한 채권자의 배당액
⑥ 저당권자의 저당권부채권압류 또는 가압류된 경우
⑦ 저당권에 대하여 처분금지가처분이 되어 있는 경우
⑧ 배당금 또는 잉여금수령에 대하여 압류, 가압류, 전부명령, 추심명령이 발령된 경우

위와 같은 배당액 등의 공탁은 배당기일로부터 10일 이내에 각 채권자별로 공탁서 2통을 작성하여 공탁공무원에게 공탁한다.

마) 추가배당
① 공탁된 배당액은 공탁사유의 소멸로 배당을 실시함에 있어서 배당에 이의를 하지 아니한 채권자를 위하여 배당표를 바꾸어야 한다.
② 당해채권자에게 배당할 수 없게 되어 이의 여부와 관계없이 모든 채권자들을 대상으로 배당순위에 따라 배당하게 된다.
③ 이는 추가 배당하여야 할 금액만을 배당재단으로 하는 배당절차로서 집행법원은 추가 배당기일을 정하여 이를 각 채권자들에게 통지하여야 한다.

바) 잉여금의 처리방법
각 채권자들에게 배당 후 잔여금이 있는 경우 소유자(제3취득자)에게 지급하게 된다. 그러나 소유자의 잉여금채권이 압류, 가압류된 경우 지급할 수 없고 법원에 공탁하여 별도의 재배당절차를 거쳐야 한다.

◆ 배당표원안에 대한 이의 방법과 원고 승소 시 배당방법
(1) 배당표원안에 대한 이의와 배당이의 소 제기 방법
① 배당기일 3일 전에 작성한 배당표원안을 열람한 이해관계인 및 배당요구채권자들은 배당표에 기재된 내용에 이의가 있는 경우 반드시 배당기일에 출석하여 이의를 진술해야 하고 미리 서면으로 이의를 할 수 없다(법 151조1항, 3항). 다만 채무자는 배당표원안이 비치된 이후부터 배당기일이 끝나기 전까지 채권자의 채권 또는 그 채권의 순위에 대하여 서면으로도 이의를 할 수 있다(법 151조2항). 이같이 배당표에 대한 이의가 있는 채권자는 배당기일

에 참석하여 배당에 대해서 이의를 할 수 있고, 그 부분에 대하여 배당은 확정되지 않는다(법 152조4항).

② 법원은 이의가 정당하다고 인정하거나 다른 방법으로 합의한 때에는 배당표를 경정하여 배당표를 확정하고 배당을 실시한다(법 152조2항). 그러나 이에 해당되지 않으면 이의를 한 채권자나 채무자는 이의가 있는 날로부터 1주일 이내에 배당을 실시한 집행법원이 속한 지방법원에 배당이의의 소를 제기히고, 그 소 제기증명을 경매법원에 제출해야 한다. 소 제기증명으로는 소 제기증명서, 변론기일통지서 등이 있다.

③ 소 제기증명서가 접수되면 법원은 이의가 있는 금액에 대하여 전부가 소가 제기되어 있는지를 조사하고 일부가 소가 제기되어 있다면 제소되지 아니한 금액에게 대하여는 배당을 실시하게 된다.

④ 배당이의 신청이 있은 후 소 제기증명을 제출기한까지 제출하지 아니한 경우 이의를 취하한 것으로 간주하고 법원은 유보되었던 배당을 실시하게 된다. 그리고 배당이의를 한 채권자 등이 이의를 취소할 때에는 서면 또는 말로 이의를 할 수 있는데 이 경우 법원은 유보되었던 배당을 실시해야 한다.

⑤ 배당이의 소송에서 원고가 변론 준비기일에 출석한 적이 있더라도 첫 변론기일에 불출석하면 소를 취하한 것으로 간주되는지 여부(적극)(대법원 2007다34876 판결)

⑥ 무효인 근저당권 설정계약에 터 잡은 임의경매절차와 관련하여, 부동산 소유자가 근저당권자를 상대로 배당이의 소송을 제기할 수 있는지 여부(적극)(대법원 2004다51627 판결)

(2) 배당이의 소장 작성할 때 알고 있어야 할 내용

① 배당이의 소송에서 청구취지를 작성할 때 채권자가 원고인 경우에는 배당기일에 이의를 한 범위 내에서 원고가 원래의 배당표에 기재된 것보다 배당을 더 받게 될 금액을 명시해야 한다(대법 99다70983 판결). 그런데 원고의 배당액이 많아짐으로써 그만큼 피고의 배당액은 감소하게 되는 관계에 있으므로 피고의 감소될 금액 역시 표시하는 것이 실무이다.

② 청구원인을 작성할 때에도 원고는 원고의 이익이 되도록 배당표의 변경을 가져오게 하는 모든 사유, 즉 피고가 배당표대로 배당액을 수령할 수 없고, 원고에게 보다 많은 배당액이 주어져야 할 근거가되는 모든 사유를 주장해야 한다.

③ 배당이의 소에서 원고가 당사자(피고)를 선정함에 있어서 채권자(원고)가 자기보다 후순위 또는 동순위라고 지적하는 채권자들 중 아무나 상대방으로 하는 것이 아니라 원고의 청구대로 배당표를 작성했더라도 배당 받지 못할 채권자만을 대상으로 해야 한다. 즉 원고의 주장처럼 올바른 배당표를 작성했을 때 배당표상 제일 후순위 채권자부터 순차적으로 거슬러 올라가 원고의 채권액에 달할 때까지의 배당액에 관계된 후순위채권자에 대해서만 배당이의가 가능하다 는 사실을 알고 있어야 한다(법원실무제요 Ⅱ 643 ~ 644쪽 참조).

(3) 배당이의 소송절차에서 원고가 승소 시 배당방법

배당이의 소송의 심리결과 피고(배당받을 채권자)에 대한 배당이 부당하다고 하여 그 배당을 취소할 경우에는 그로 인하여 생기는 배당액은 배당이의를 하지 아니한 다른 채권자의 채권액을 고려할 필요 없이 원고(배당이의 신청자)의 채권액 범위 내에서만 전액 원고에게 귀속시키며, 만일 원고에게 추가로 배당하고 남는 돈이 있다면 이는 피고에게 그대로 남겨두고(대법 98다3818 참조), 이는 이의신청하지 아니한 다른 채권자 가운데 원고보다 선순위의 채권자가 있다고 하여도 달라지는 것은 아니다(대법 2000다41844 판결).

― 필자는 끝까지 정독하여 주신 독자 분들께 감사드립니다 ―

여기서 만족하지 말고, 한 번 더 정독해야 합니다. 그래서 이해하지 못했던 내용이나 알고 있어야 할 내용들을 표시해 두었다가 실전에 이용하시기 바랍니다.

마지막으로 이 책으로 독자 분들이 경매투자로 성공하시길 기원합니다.

◇ 제2 인생, 인터넷방송 "부동산 채움tv"를 시작하다!

▶ 인터넷 방송 • 유튜브 • 네이버tv ⇨ 부동산 채움tv
▶ 카페 https://cafe.naver.com/pauction(김동희 교수의 부사모)
▶ 홈페이지 kdh114.com

◇ 김동희 저자가 출간한 도서 안내

재건축·재개발 리모델링 투자의 비밀	재건축·재개발 리모델링 투자의 비밀	법정지상권 투자 비법	돈 되는 아파트 상가 오피스텔 살 때와 팔 때
624쪽 / 35,000원	736쪽 / 50,000원	424쪽 / 29,000원	560쪽 / 32,000원
계약서 작성의 비밀	온비드 공매 투자의 비밀	상가오피스텔 투자와 임대차 Q&A 230	한 권으로 끝내는 배당의 정석
1064쪽 / 60,000원	640쪽 / 38,000원	384쪽 / 24,000원	992쪽 / 80,000원

재건축·재개발 아파트 리모델링 투자의 비밀

560쪽 / 35,000원

신탁공매 투자의 비밀

544쪽 / 38,000원

주택상가 임대차계약상식사전

592쪽 / 30,000원

지분경매 실전투자의 비밀

672쪽 / 43,000원

부동산 초보도 한 권으로 끝내는 경매투자의 정석

806쪽 / 38,000원

지분경매 완성과 NPL 투자비법

620쪽 / 33,000원

나는 적금보다 10배 더 버는 부동산이 좋다

352쪽 / 18,000원

손에 잡히는 공매투자의 정석

620쪽 / 32,000원

경매투자 핵심강의노트

446쪽 / 25,000원

법정지상권과 집합건물 투자의 비밀

624쪽 / 35,000원

아파트 살 때와 팔 때

366쪽 / 18,000원

배당표 작성과 배당이의 실무

616쪽 / 45,000원

경매 배당금의 비밀	이제 지분경매와 특수물건에서 NPL을 찾아라	전세금 안전하게 지키는 비법	부동산 재테크 Q&A

512쪽 / 33,000원	632쪽 / 33,000원	352쪽 / 17,000원	560쪽 / 20,000원

연봉 2배 올리는 공매투자이야기	나는 경매로 평생직장을 찾았다	경매 실전 투자 비법	임대차 상식사전

576쪽 / 28,000원	400쪽 / 18,000원	548쪽 / 26,000원	479쪽 / 19,500원

지분경매의 완성	특수물건 투자의 비밀	남들 경매할 때 나는 공매한다	지분경매의 비밀

496쪽 / 23,000원	604쪽 / 27,000원	592쪽 / 25,000원	464쪽 / 20,000원

판사님 배당에
이의가 있습니다

784쪽 / 42,000원

실전공매 완전정복

862쪽 / 40,000원

공매·경매와
부동산 투자분석

1,758쪽 75,000원